Matthias Kroeger

Im religiösen Umbruch der Welt: Der fällige Ruck in den Köpfen der Kirche

Über Grundriss und Bausteine des
religiösen Wandels im Herzen der Kirche

Verlag W. Kohlhammer

ISBN 3-17-018526-8

Inhalt

Einleitung 9

1. Zur Ausgangssituation – religiöse Innovationen, aber sie dringen nicht
   durch 9
2. Die Koordination der neuen Einsichten im (sich bereits vollziehenden)
   Paradigmenwechsel: eine geistliche und gesellschaftliche
   Herausforderung 10
3. Gründe der Kirchendistanzierung: die theologische Transformationsverweigerung der Kirchen und der gesuchte religiöse und theologische
   „Ruck" 12
4. Die Kluft zwischen freier Religiosität und christlicher Tradition –
   Ort der kirchlichen und theologischen Aufgabe 19
5. Kurzer Gang durch die Gliederung des Buches 24
6. Der erwartbare Widerspruch – Schmerz und Weigerung der Verwandlung –
   Perspektiven, Rechenschaft und Ermutigung dieses Buches 29

Kapitel I
Drei Vorspiele 34

1. „Religion" und „Spiritualität" – das Erwachen der Seele und der inneren
   Stimme: selbstverständliche oder – wie alle lebendigen Phänomene und
   Prozesse – gefährdete Phänomene? 35
2. Religiöse Autonomie – anmaßende Illusion oder bereichernde Zumutung?
   Interreligiosität als Aufgabe religiöser Autonomie 54
3. Kirchliche und christliche „Distanziertheit" als Lebensform – ein
   unerlässlicher diagnostischer Begriff zur religiösen Situation der Menschen
   und der Kirchen 72

Zwei Grundbausteine – Grundlegungen
Kapitel II
Religiös sein ohne einen „Gott"? – Non-theistisch an „Gott" glauben.
Religiöse Wahrheiten und theologische Chancen im Zusammenbruch
des Theismus 75

1. Die Lage – der gesellschaftliche Zusammenbruch des Theismus als Leitidee 75
2. Das religiöse und theologische Ende des Theismus – der „Tod Gottes"...... 81

3. Eine Meta-Physik der oberen Welten? 82
4. Atheismus und Non-Theismus – eine klärende Unterscheidung 87
5. Das theologische Recht und die religiöse Weise des Non-Theismus:
   Das Geheimnis – das ungegenständliche Göttliche – ist „überall" 91
6. „Sagt es niemand, nur den Weisen"? 97
7. Religiöse Möglichkeiten und theologische Konsequenzen des Non-Theismus
   – Gefährdungen und Ungenauigkeiten der notwendigen Mystik 101
8. Das Göttliche und der persönliche, personale „Gott" 105
9. Die komplementäre Bedeutung theistischen und non-theistischen
   (trans-theistischen) Denkens 113
10. „Mein Herz ist aller Formen fähig geworden" – die Aneignung des Erbes:
    das non-theistische Mitsprechen ursprünglich theistischer Texte 119

Kapitel III
Zwei fällige Wandlungen in der Auffassung des Jesus von Nazareth
(Christologie) 125

1. Das religiöse und theologische Recht der Transformation und
   Weiterentwicklung christlicher Lehre 125
2. Von der Absolutheit zur Unbedingtheit – Kritik und Ende der
   Absolutheit des Christentums und des „Christus allein"
   (Christus als einziger Weg zu Gott) 130
3. Kritik und Ende der Lehre von der strafleidenden Genugtuung Christi –
   Luthers Alternative hierzu. Wie sind Leben und Sterben des
   Jesus von Nazareth „für uns" bedeutsam? 140
4. Schluss: Neue Perspektiven aus Luthers Ermutigung: Die „Menschheit"
   Jesu als Ausgangspunkt seiner religiösen Bedeutung 176

Weitere Bausteine – Konsequenzen
Kapitel IV
Die non-theistische Belebung und Fortschreibung christlicher
Grundworte – Neue Bedeutung der reformatorischen Theologie im
Zeichen der alternativen Spiritualität 183

1. Zwei Voraussetzungen zur Situation der freien Religiosität und die
   heutige Aufgabe 183

2. Christlich-reformatorische Leit- und Symbolworte als Angebot an das
   religiöse Bewusstsein 191
   Drei Grunderfahrungen: 195
   – „Gnade" – das geschenkte, nicht machbare Leben 195

– „Gesetz" – die Erfahrung des allenthalben ergehenden „Du sollst …" –
Bedingung der Freiheit und der religiösen Autonomie 202
– „Religiös-Sein" oder „Göttlich-Sein"? – eine hilfreiche Unterscheidung:
Lernprozess für das Verständnis von Mystik? 215

Weiterungen und Konsequenzen: 225
– Schuld und „Sünde" – Schicksalhafte Verwicklung und schwer
erkennbarer Wurzelgrund sowie Verantwortung und Tat?
Bewusstsein der Schatten, auch religiös? 225
– Die „Gleichzeitigkeit" von Licht und Schatten, unsere Zwiegesichtig-
keiten – „Der eine ganze Mensch" ist „zwei ganze Menschen":
Urgrund auch des Schöpferischen in uns 235
– „Leiden" – immer auf der Grenze zwischen Annahme und Widerstand –
ein besonderer Ort der religiösen („Gottes"-) Erfahrung? 243
– „Zweireichelehre" – Religiös-Sein und Politisch-Werden?
Das unabweislich religiöse Verhältnis zum Politischen 245
– Jesus von Nazareth – ein besonderes und gültiges Gesicht des
Göttlichen 249
– „Gott" – Urwort und bleibender Name des non-theistisch
allgegenwärtigen Geheimnisses.. 252
– Exkurs: Meditative Einheitserfahrung und christlicher Schöpfungs-
glaube – ein Präzisionsvorschlag für Meditierende 261

3. Rechenschaft des Gesagten – Prozesse und Wege der Vermittlung und
Erschließung als Aufgabe von Schweigen und Denken –
„Mit Luther über Luther hinaus" 272

Der Grundriss – das neue Paradigma
Kapitel V
Grundlinien und Umrisse der sich abzeichnenden Christlichkeit:
das neue Paradigma. Zwei Modelle spirituellen Selbstverständnisses und
pastoraler Praxis im religiösen Umbruch 281

1. Voraussetzung religiös offener Arbeit – der innere Kreis:
„Wer die Flamme umschritt, bleibe der Flamme Trabant" 281
2. Auch der innere Kreis, das innerste Heiligtum, ist im Umbruch und
Wandel der „offenen Zeit" 284
3. Zwei Modelle pastoraler/seelsorgerlicher Orientierung – eine
paradigmatische Grundentscheidung – das „offene" und das
„geschlossene" Modell 289

4. Die Theologie-verwandelnden Strukturelemente und Bestimmungsstücke
   des neuen Paradigmas 298
5. Der Weg ist das Ziel – wird er gegangen? 304
6. Aufgabe und Vorbild offensiver gesellschaftlicher Werbung –
   Modell eines neuen „Missions"verständnisses der Kirche 309

Kapitel VI
Umriss, Stufen und Vorschein einer veränderten, gebrochenen Gewissheit –
Quellen des Muts 313

1. Grundlegungen und Anfänge 315
2. Die erste Nacht der Seele 318
3. Öffnung der Seele – die bitteren Kräfte des Heils und des Heilenden 321
4. Bewährter Trost von außen und Quellen des Muts in der großen Nacht
   der Seele 322
5. Die Zwiegesichtigkeit des Göttlichen 328
6. Das Resümee: Lebensgeister – gewappnet mit Bildern und Liedern 332

Anhang:
Kapitel VII
„Gestaltwandel des Gesetzes" – Luthers reformatorische Legitimation
und Anweisung zum theologischen Wandel im Herzen des Glaubens 335

1. „Gesetz" als Urphänomen – Bedingung von Leben 335
2. Das allenthalben ergehende, nicht geschriebene religiöse Gesetz und
   Luthers Freiheitsverständnis: Fundort und radikaler Gestaltwandel
   des Gesetzes 340
3. Die Konsequenz: Gestaltwandel der Theologie bis ans Herz hinan 349
4. Beispielhafte Konsequenzen heute: 354
   – Begreifen des lutherischen Erbes als innovative reformatorische Kraft,
     nicht nur konfessionelle Tradition 355
   – Problem und Vergeblichkeit der wichtigen lutherisch-katholischen
     Rechtfertigungserklärung 355
   – Die Kirchen und die Homosexualität 358
5. Warum die Mühe um etwas, was angeblich ohnehin jeder weiß?
   „Gesetz" als unverzichtbare religiöse und theologische Kategorie 360

Anmerkungen 364

Einleitung

1. Zur Ausgangssituation – religiöse Innovationen, aber sie dringen nicht durch

Um keinen Zweifel aufkommen zu lassen – der fällige Ruck in den Köpfen und Herzen der Kirche ist längst im Gange. Neue Gestalten und Formungen des Christentums sind längst gegenwärtig und wirken sich aus: von J. Zink bis zu J.B. Metz, von C.Fr. v. Weizsäcker bis zu D. Sölle, von R. Pannikar bis zu Abishiktananda, von den Älteren – völlig präsent noch immer P. Tillich und C.G. Jung – bis zu den verschiedenen feministischen und amerikanischen/afrikanischen Befreiungstheologien, interreligiösen Dialogen und ungezählten Christinnen und Christen, Pastorinnen und Pastoren unserer Gegenwart. Viele Menschen sind in Neuland unterwegs oder schauen doch danach aus.

Dabei ist eine Übersicht über die in all diesen Positionen und Facetten und auch sonst vielfach vor sich gehenden Veränderungen allerdings schwer zu gewinnen. Nur dies scheint deutlich, dass – abgesehen von jenen eindringenden und weiterführenden Einzelnen – die allgemeinen, öffentlichen und kirchlichen Entwicklungen in diesen Fragen auffällig pointillistisch, unkoordiniert und vielfach wenig an der Wurzel, wenig gründlich vor sich gehen. Statt zusammenhängender struktureller theologischer Transformation und Innovation, die sich im Bilde der Kirche und im Verständnis des christlichen Glaubens niederschlügen, lassen sich beliebig modernisierende Oberflächenretuschen und Anpassungsstrategien beobachten. Zudem scheint eine – für die Situation bezeichnende und berechtigte – Theologieverlegenheit und -verdrossenheit, ja Theologielosigkeit mitten im Herzen der Kirche, mitten in der TheologInnenschaft, speziell auch bei den ReligionslehrerInnen um sich zu greifen, die an die Wurzel zu gehen droht, weil sie sich sowohl von der Tradition wie vom religiösen Bewusstsein abkoppelt, substanzlos wird und Veränderung durch Weglassen bzw. Ausblenden des Schwierigen und Anstößigen zu schaffen sucht. Das ist die eher liberale, die offene Seite der Kirche. Die wirklich konstruktiv wirkenden Innovationen bleiben vereinzelt, unkoordiniert und schlagen auf das Bild und die Wirkung von Kirche – außer z.B. auf den Kirchentagen oder immer wieder in den Akademien – kaum durch. Vieles Neue liegt bereit und wartet darauf, zur Wirkung und im Bilde der Kirche zur Geltung gebracht zu werden.

Im Übrigen aber bewegt sich – mitten in einer dramatischen Entfremdungssituation zwischen Kirchen und Menschen – im konfessionellen Lager im Blick auf die zentrale Rekonstruktion und lebendige Neuinterpretation ihrer fundamentalen Grundlagen und Uranliegen fast nichts (außer durch die genannten liberalen und feministischen Kräfte, die innerhalb der konfessionellen Landeskirchen wirken). Man interessiert und engagiert sich ökumenisch, auch politisch – und dies auf immer wieder wunderbare Weise (für Ausländer, für ökologische Belange u.a.), aber die alten reformatorischen (und dialektisch-theologischen) Kostbarkeiten, auf die keine neue Theologie, keine neue Religiosität bei Strafe des Substanz- und Belangloswerdens verzichten kann, werden meist nur unverändert repetiert, bleiben dem Unnötigwerden und Veralten ausgeliefert. Biblizismus und altprotestantische, barthianische oder neoliberale Restaurationen bestimmen das Bild. Auch dies alles lässt die längst und leise vor sich gehenden Innovationen und Wandlungen im Bilde von Theologie und im Wirken der Kirche punktuell, vordergründig bleiben und nicht durchdringen.

So ist es ist unübersehbar: Immer wieder streben im noch gültigen und herrschenden Paradigma Kräfte, Tendenzen und Einsichten über das alte Grundmuster hinaus, bleiben aber in dessen Bann und können seine Begrenzungen und Unzuträglichkeiten nicht überwinden und nicht abschütteln. Was alles – landauf landab – produktiv bereits geschieht und religiös bereitliegt, stößt an die Mauern der kirchenamtlich leitenden konfessionellen Theologien, welche in verkarsteter Form den eigentlichen Schatz und die Substanz der Tradition enthalten, und bleibt hinter ihnen verschlossen oder vor ihnen ausgeschlossen. (Daher so viele Vorurteile und Nichtwissen über das, was längst in den Kirchen vor sich geht.) Ein paradigmatischer Wechsel auf ein neues Niveau ist unabweislich. Dennoch – Verwandlungen gehen vor sich, neuer Wein gärt bereits in den alten Schläuchen und es geschieht viel produktive Arbeit im Zeichen des Status quo.

2. Die Koordination der neuen Einsichten im (sich bereits vollziehenden) Paradigmenwechsel: eine geistliche und gesellschaftliche Herausforderung

In dieser Situation möchte das vorliegende Buch – im völligen Bewusstsein der Relativität und Begrenztheit jedes individuellen Versuchs – einen Beitrag leisten und weiterkommen. Es möchte die neuralgischen Problempunkte, die zugleich vitale Akupunkturpunkte des insgeheim längst vor sich gehenden, aber vielfach nicht akzeptierten Wandels sind, verdeutlichen, zusammenstellen, ihre Wirkung bündeln. Es möchte fällige Flurbereinigungen vorschlagen und so den Grundriss des neuen, längst sich abzeichnenden theologischen Paradigmas hervortreten lassen. Die Zeit der zögerlichen Kleinkonzessionen, die das theologische Gesamtgebäude des biblischen und kirchlichen Weltbildes – bis hinein in Gotteslehre, Christologie oder Rechtfertigungslehre – im Unklaren fortbestehen lassen, sollte vorüber sein. Ein Ruck wird fällig, gerade auch *in* jenen Mauern und Fundamenten der kirchlich verkrusteten Substanz und Theologie. Der fällige Ruck, der kein moralischer Appell ist, weil er nicht machbar und beschließbar ist, könnte und möchte das alte Puzzle der klassischen, derzeit etwas rat- und herrenlos herumliegenden theologischen Bestimmungsstücke der Theologie – zusammen mit neu hinzugetretenen – in einem neuen, gesuchten, allenthalben bereits spürbaren Grundmuster, dem neuen Paradigma, neu ordnen; er könnte somit einen Rahmen und Zusammenhang für die vielen, verstreut bereits vor sich gehenden Innovationen und Transformationen schaffen. In diesem Rahmen könnten die vor sich gehenden Innovationen ihren Ort finden, in ihm könnten sie erst eigentlich deutlich werden und kohärent ihre Wirkung entfalten. Ohne ein solch gemeinsames, Zusammenhänge herstellendes Muster verlieren sie sich. Solange die alten „Paradigmen" (Kuhn) und „geschlossenen Theorien" (Heisenberg) in den Köpfen der Menschen und im Bilde der Kirchen dominant sind (und nur Einzelheiten verändert werden), kommen die längst geschehenden Innovationen nicht zur Geltung, bleiben sie wirkungslos, prallen ab und stagnieren. Das vorliegende Buch möchte daher die bereits transformiert an entscheidender Stelle bereitliegenden, jedoch aus dem Nebel des Unbehagens sich kaum erst heraushebenden Grundbausteine des neuen Paradigmas – exemplarisch ausgehend vom Religionsbegriff, vom Gottesverständnis und von der Christologie – verdeutlichen und zusammenfassen. Zugleich möchte es mit Luthers Mitteln und d.h. im Herzen der reformatorischen Theologie die mögliche Legitimität eines im Herzen von Theologie und Kirche vor sich gehenden Wandels belegen. Alles, was bereits geschieht, ist eigentlich dazu angetan, den fälligen Ruck im Herzen und in den Köpfen der Kirche zu erzeugen, zu verstärken und zur Klarheit zu bringen. Viel Bereicherndes und Eindrucksvolles ist darüber hinaus auch im Aufbrechen der religiösen Spiritualität *jenseits* der Kirche bereits im Gange, was den Kirchen mit theologischem Recht und Gewicht zugute kommen könnte. Dass in diesem Prozess gerade auch der Wahrung und Handhabung des reformatorischen Erbes eine unübersehbare Bedeutung zukommt speziell im Blick auf jene freie Religiosität der meisten Kirchenmitglieder und Sympathisanten der Kirche, für die Distanzierten inner- und außerhalb der Kirche, soll sich zeigen.

Dabei verstehe ich diese Arbeit an der religiösen Grundmatrix und am neuen Paradigma von Theologie als ebenso religiöse und theologische wie auch als gesellschaftliche Aufgabe und als öffentlichen Beitrag. Denn so sehr wir einerseits eine erstaunliche Lebendigkeit und bereichernde Selbständigkeit im Blick auf religiöse Fragen und politisch-ethische Solidarität der Menschen erleben, so sehr ist andererseits ein spürbares Ausbluten und eine Analphabetisierung des seelischen, religiösen und ethischen Wurzelgrundes unserer Gesellschaft und eine Steigerung der subjektiven Beliebigkeit und Eindimensionalität dieser Konsum- und Spaßgesellschaft zu konstatieren. (Die Gleichzeitigkeit motiviert-wachsamer und desintegriert-identitätsloser Elemente gehört vermutlich unwiderruflich zum Bilde unserer pluralistischen Gesellschaften.) Hinzu kommt, dass die glücklicherweise rasant anwachsende freie, von der

Kirche sich emanzipierende Religiosität unserer Gesellschaft fast durchweg unpolitisch und introvertiert, privat bleibt. In solch einer Situation ist es für eine Gesellschaft nicht gleichgültig, welche Art von religiösem Wissen und theologischem Bewusstsein repräsentiert wird. Die Kirche aber wird für die auf solche Weise von einem Vakuum bedrohte Seele unserer Gesellschaft immer unzuständiger, immer unbrauchbarer und folgenloser, wenn sie bleibt wie sie ist. Sie ist – oder sollte sein – die Öffentlichkeit von Herz und Gewissen, die Öffentlichkeit von Gebot und Gnade und eine Nahrungsquelle auch der freien Religiosität. In solch einer Situation ist jeder Versuch, die religiösen Schätze der Kirche verständlich zu machen und in Zusammenhang mit dem seelischen Erleben und religiösen Begreifen der Menschen zu bringen, *auch* eine politische Aufgabe an den Wurzeln unserer Gesellschaft. Auch die Globalisierung, die globalisierte Welt braucht eine Seele und deren öffentliche Repräsentanz.

Doch um die für diesen Gesichtspunkt notwendigen Voraussetzungen und Perspektiven in den Blick zu bekommen, müssen wir zunächst einen Schritt zurücktreten und den neuralgischen Ausgangspunkt all dieser Fragen suchen.

3. Gründe der Kirchendistanzierung: die theologische Transformationsverweigerung der Kirchen und der gesuchte religiöse und theologische „Ruck"

Dass kirchlich und theologisch vieles, wenn nicht das meiste in und an der Kirche für die Mehrzahl ihrer – distanzierten – Mitglieder fundamental in Zwiespalt und Entfremdung geraten ist, weiß inzwischen fast jedermann und jedefrau. Ein Teil dieser Krise ist sicher der weiterhin anwachsenden Eindimensionalität und der unterhaltungssüchtigen („wir amüsieren uns zu Tode") wie wirtschaftshörigen Monomanie des öffentlichen wie vielfach auch des individuellen Bewusstseins unserer Gesellschaft zuzuschreiben (obwohl auch hier nicht wenige Anzeichen gesellschaftlicher Solidarität, humanen Engagements und wachsenden religiösen Bewusstseins – gerade auch jenseits der Kirchen – als Gegengewicht sich beobachten lassen). Hiergegen ist einstweilen kein Kraut, natürlich auch nicht das einer angemesseneren Theologie oder eines zunehmenden religiösen Bewusstseins oder eines Glaubens gewachsen. Dass daher, auch in mentaler und ethischer Hinsicht, ein „Ruck" nicht nur durch die Kirche, sondern auch durch die Gesellschaft wie auch ihre Religiosität gehen muss, wenn sie sich nicht kulturell entleeren und seelisch entwurzeln will, ist inzwischen ebenfalls vor Augen und Ohren aller, die es wissen wollen.[1] Dass dementsprechend viele religiös oder spirituell unbewusste oder verschlossene Menschen die Kirche verlassen, ist nicht weiter verwunderlich und es geschieht reichlich.

Es treten aber gerade auch religiös Suchende und Ahnungsvolle aus der Kirche aus. Und hier liegt der andere Teil des Problems. Er besteht zweifelsfrei in der Verweigerung der fälligen Transformation durch die Kirchen, die Theologien und ihr dominant konfessionelles Christentum – trotz aller in ihnen vorhandenen, aber nicht durchdringenden Ansätze. Es handelt sich nämlich in all den religiösen Umbrüchen um eine Krise des christlichen Glaubens und des kirchlichen Wesens, nicht primär um eine Krise und Verschlossenheit der aufbrechenden religiösen Dimension der Menschen, welche unvermindert und erneut gesucht, gewollt und ersehnt, deren Erfüllung und Beantwortung aber den Kirchen und ihren etablierten Christentümern – aus leider guten Gründen – immer weniger zugetraut wird. So verliert das allgemeine religiöse Bewusstsein immer mehr den Kontakt zu den Kirchen, ihren Hilfen und Reichtümern. An dieser Stelle entsteht unsere, der Theologen und Theologinnen eigene geistige Aufgabe und geistliche Verantwortung, die es gebietet, sich auf diese Krise einzulassen und sie in ihrem Recht und ihren Konsequenzen anzuerkennen. Nur so ist diese – mitten im Herzen des religiösen Bewusstseins und des Glaubens – zu überwinden: „Nur was wir akzeptieren, kann sich verändern" (C.G. Jung). Es scheint einstweilen wenig bewusst und deutlich zu sein, dass auch hier, mitten im christlichen Denken und kirchlichen Wesen, ein Ruck fällig ist, der das Puzzle der bewährten theologischen Vorstellungen in einem veränderten Grundmuster, heute meist „Paradigma" genannt, neu ordnet. Dieser Ruck müsste und könnte die Kirchen und Theologien für die allenthalben bereit liegenden religiösen Wurzelgründe der freien Religiosität öffnen und im so entstehenden Dialog die traditionellen christlichen Grundbegriffe und -erfahrungen in verwandeltem Sinne wieder zugänglich machen und zur Verfügung stellen. Weil dies kaum geschieht, scheint es entsprechend wenig bekannt und verstanden zu sein, dass und warum es theologisch und religiös sinnvoll und *legitim* ist, sich auf diese Krise – durchaus in Treue zu den alten theologischen Motiven unserer Tradition – einzulassen, sie in ihrem Recht zu bejahen und ihr theologisch Folge zu geben.

In diesen Fragen weiterzukommen und einige Schritte weit Antwort und Kompass zu bieten, unternimmt dieses Buch. Denn die Krise besteht nicht nur in um sich greifender Unsicherheit und Zwiespältigkeit; sie lässt vielmehr untergründig bereits neue und ermutigende – nur eben andere als die bisher gewohnten – Einsichten und Perspektiven, Gewissheiten und Grundlinien religiösen Verstehens am Horizont auftauchen und erkennen.

An mancherlei Stellen wird ja derzeit über den unausweichlichen Wandel in Kirche und Gesellschaft nachgedacht. Der Zusammenschluss von Landeskirchen und sogar die längst geplante Konstitution der EKD als Kirche werden wieder in den Blick genommen und ernsthaft in Erwägung gezogen, überwiegend weil finanzielle Gründe dies mittelfristig erzwingen und die Revision mancher bisheriger Bestandsformen sich aufdrängt. Erst recht wird im Osten Deutschlands – im Zuge der erzwungenen Zusammenlegung vieler Parochien – über völlig neue Strukturierung der

Arbeit unter dem Druck finanzieller Verhältnisse nachgedacht. Diese wirtschaftlichen Entwicklungen veranlassen erstaunliche Bereitschaften und Revisionen im Blick auf die Veränderung der organisatorischen Strukturen und finanziellen Verhältnisse der Kirche, die man bisher kaum zu denken gewagt hatte. Was theologische Argumentationen nicht vermochten, das schaffen jetzt die Finanzzwänge. Dieselbe Veränderungsbereitschaft müsste es nun aber endlich auch im Blick auf die *religiösen und theologischen Wandlungen* geben, die theologisch faktisch nicht ernst genommen, vielmehr überwiegend verkannt und verleugnet werden. Sie müssten aber bewusst gemacht, als fällige religiöse Veränderungen theologisch wahrgenommen sowie in ihrem Recht anerkannt und in ihren Konsequenzen aufbereitet werden.

In der PastorInnenschaft bestimmter Landschaften (vorwiegend im Norden und im Osten, weniger im Süden, wo die kirchliche Lage vergleichsweise noch gefestigter scheint) wird, beunruhigt durch die anhaltenden Kirchenaustritte, über die sog. Distanzierten und die kirchliche Bindungslockerung vieler Menschen nachgedacht. Dabei ist immer wieder zu beobachten, dass dieses Nachdenken – begreiflich und nachvollziehbar, jedoch gefährlich – geschieht, weil den Geistlichen die Kundschaft zu entgleiten droht, jedoch – nach meinen Erfahrungen – mit merkwürdig wenig Verständnis für die inneren Motive und religiösen Notwendigkeiten dieser kirchen- und theologiefernen Distanzierungsentwicklung („Ich verstehe und weiß nicht wirklich, was die Distanzierten meinen"). Merkwürdig „marktorientiert" mithin und wenig religiös und theologisch begreifend erscheint diese zunehmende Frage- und Wahrnehmungsbereitschaft (deren innere Struktur unten zu besprechen sein wird). Sie verharrt vielfach und weithin an der Oberfläche und lässt das religiöse und theologische Recht der Distanzierten – mit destruktiven Folgen – auf sich beruhen.

Welches aber ist die *theologische und religiöse Innenseite* dieser anstehenden Wandlungen, die von Austritten, Distanzierungen, religiösen Wandlungen und Eindimensionalitäten (im Westen), von Weltanschauungssättigung und Ideologie-Aversion (im Osten) begleitet werden? Und ist die Theologie, mit der man diesen Entwicklungen begegnet, überhaupt bereit, auf die religiösen Implikationen der anstehenden Wurzelfragen einzugehen? Das vorliegende Buch möchte dazu anleiten, diesen von außen nahe gelegten oder gar erzwungenen Wandel als einen theologisch und religiös von innen her notwendigen, fälligen und legitimen zu begreifen. Es möchte dazu ermutigen, diesen Wandel nicht nur defensiv und resigniert zu erleiden (obwohl es für die hier liegende Trauer und Enttäuschung nur zu begreifliche Gründe gibt, weil mit diesen Prozessen auch unwiederbringliche Verluste und Abschiede verbunden sind), sondern ihn als religiös notwendig und theologisch ebenso fällig wie legitim anzusehen, ihn daher zu bejahen und theologisch (denkerisch) wie religiös (existentiell) bewusst zu gestalten. Denn was hier an Entwicklungen und Umbrüchen hereindroht, ist letztlich – trotz aller Transformationsschmerzen – eine Freude und eine Befreiung, eine Bereicherung und Erweiterung. Der Blick auf die alternative religiöse

Szene, die eine erfreuliche (natürlich nicht unproblematische) Hoffnung und seelische Belebung darstellt, zeigt, dass seit mindestens 15 bis 20 Jahren eine spürbare religiöse Aufgeschlossenheit und Bereitschaft durch den Westen unseres Landes geht. Und dass es im Osten Deutschlands vermutlich auch ein Erwachen dieser Frage geben wird, weil auf Dauer – ungeachtet jener nur zu begreiflichen Aversion und ideologischen Sättigung – kaum jemand „nicht religiös" bleiben kann, scheint mir fraglos: sei es ein Erwachen in vernünftige und prüfende, existentielle und religiös-spirituelle Lebensfragen, oder sei es ein Abgleiten in die bekannten, Unbequemes umgehenden Formen des Aberglaubens und der Trivialität. Auf was für Kirchen in Ost und West aber stößt dieses schon vielfach – oder eines Tages – aufwachende religiöse Suchen und Fragen?[2]

Die aufkeimende alternative Spiritualität – auf welche Kirchen trifft sie?
An dieser Stelle gilt es, ungeniert die Frage zu prüfen, warum diese – im Westen bestehende oder im Osten kommende – Offenheit wesentlich an den Kirchen vorbeigeht und warum man ihnen die Antwort auf vitale geistliche oder existentielle Lebensfragen – jedenfalls bei den Randständigen oder Konfessionslosen – kaum oder wenig mehr zutraut. Dies ist, so scheint mir, die entscheidende Frage, die immerfort zu wenig verfolgt und kaum verstanden wird. Man wird ihrer Beantwortung aber nicht näherkommen, wenn man sich nicht zu dem Gedanken oder Eingeständnis aufraffen kann, dass die Menschen möglicherweise religiös wie theologisch mit ihrer Skepsis, Distanz und Vorsicht gegenüber den Kirchen und ihren Theologien Recht haben. Gewiss, auch die aufgeschlossenste und verständnisbereiteste Theologie und Kirche würde derzeit nur begrenzt Echo finden (mit noch seltenerer Konsequenz des Kircheneintritts). Denn die aufbrechende Religiosität dieser eindimensionalen Erlebnisgesellschaft ist derzeit untergründig geprägt von eingefressenen Vorurteilen und Enttäuschungen auf der einen Seite und von der Suche nach raunend Interessantem, aufregend Irrationalem und faszinierend Esoterischem, von Illusionen des religiös Angenehmen und von fast abergläubischer Dominanz alles Individuellen (und Skepsis gegenüber allem Institutionellen) auf der anderen Seite. (Sollte die allseits bekannte Neigung unseres Unbewussten zu Verdrängung und Verleugnung überall wirksam sein – nur eben im religiösen Bereich und Bewusstsein nicht?) Echte Religiosität aber ist nicht nur angenehm, schon weil sie die Frage nach der Wahrheit unserer selbst nicht erspart. Gewiss, sie freut auch und vergewissert, aber sie begegnet und stellt sich auch schmerzhaften Erfahrungen: „Schrecklich ist es, in die Hände des lebendigen Gottes zu fallen" heißt es daher an einer Stelle der Bibel (Hebr 10,31). Wird man sich aber diese Dinge gerade von der Kirche sagen lassen, auch wenn diese über wichtige Einsichten und Botschaften verfügt?

Jedoch – die problematische Diffusität und Verführbarkeit der freien Religiosität, die – bei all ihrer unbestreitbaren Echtheit und Notwendigkeit! – in mancherlei Hinsicht ein allzu angepasstes Kind heutiger Ratlosigkeiten, Ausblendungen und Eindimensionalitäten bleibt, ist nur *ein* Aspekt unserer Situation. Sie dürfte die Schattenseite einer echten, tieferen Suchbewegung sein, die sich in den Tendenzen der alternativen Spiritualität kundgibt. Hier, in diesen religiösen Entwicklungen und Aufbrüchen, wäre die Substanz der christlichen Traditionen und Erfahrungen, die die Kirchen hüten – und deren Licht sie oft und unnötig unter den Scheffel stellen –, bitter notwendig und zur Geltung zu bringen. Dass dies einstweilen kaum möglich wird, so dass vielmehr die Kirchen- und Christentumsdistanzierung sich massiv – mehr als an der Oberfläche der Austrittszahlen erkennbar – fortsetzt und verstärkt, dafür liegt ein gerüttelt Anteil der Ursachen bei den Kirchen und Theologien selbst: bei der religiösen Unverständlichkeit und Verschlossenheit ihrer theologischen Anschauungen und deren Dogmatismus, bei ihrer Erfahrungsferne und vielfachen Berührungsangst gegenüber der freien „Religiosität" und undomestizierten „Spiritualität", kurz bei ihrer Transformationsverweigerung – gerade da, wo sie in der Mitte ihres Auftrags zu sein meinen. Hier ist ein Wandel und Umbruch bis ins Herz des theologischen Verstehens hinein überfällig, welches in seiner bisherigen Form vielfach dem Ernstnehmen der religiösen Empfindungen und Anliegen im Wege steht. Das ist der andere Aspekt unserer Situation. Nicht ohne Grund und Sinn ziehen Theologie und Kirche solch ebenso verständliche wie verzerrende Angriffe wie den von H. Schnädelbach[3] auf sich, solange sie sich dem fälligen, im Geheimen längst vor sich gehenden theologischen Wandel nicht stellen und die fälligen Konsequenzen nicht erkennbar ziehen. Die Anerkennung dieses Wandels ist nämlich keineswegs Verrat an der theologischen Sache, wie vielfach in Theologenkreisen gewähnt wird (was ich in der Arbeit mit ungezählten Pfarrkonventen immer wieder zu spüren bekam, vgl. unten Kapitel V). Zwar darf sich Theologie in der Tat nicht um das religiöse Bewusstsein zentrieren und sich auf dieses reduzieren, wohl aber muss sie es als seine produktive und unausweichliche Voraussetzung, als Gegenüber ihrer weiterreichenden Botschaft kennen und theologisch ernst nehmen. Dazu aber müsste sie die freie Religiosität als theologisch legitime Größe bejahen können. Die hier vorgelegten Kapitel wollen an einigen theologischen Grundbegriffen vorführen, dass ein solches Sich-Einlassen auf die Menschen, ihre Spiritualität und auf diesen Umbruch möglich und theologisch rechtens ist. Es wäre zu wünschen, dass wir uns dem fälligen Wandel nicht – wieder einmal – erst dann, wenn es zu spät ist und Kirchen und Theologien den Entwicklungen nur noch defensiv hinterherlaufen können, stellen und ihn uns widerwillig aus der Nase ziehen lassen. Das ist das Anliegen und Thema des vorliegenden Buches.

Dabei lohnt es sich vielleicht, hier schon einleitend an das Folgende zu erinnern, welches Grundlage und Voraussetzung unserer gesamten Situation sein dürfte:

Kirchendistanziertheit und religiöse Autonomie – gesellschaftlich unausweichlich
Die 1960er Jahre haben – die mit dem Ende des 19. Jahrhunderts verschärften Ent-

wicklungen fortführend – einen durchschlagenden Pluralismus unserer Gesellschaften hervorgebracht, der sich bald darauf auch religiös auswirkte. Die Bindungskraft aller Institutionen – der Parteien und Gewerkschaften wie aller Vereine, also auch der Kirchen – nahm dadurch kontinuierlich ab. Seither leben wir definitiv in einer Lage, in der es keine homogene religiöse Prägung mehr gibt, so dass die Menschen auch religiös aus einem immer breiter sich auffächernden Angebot auswählen, d.h. religiös autonom sein *müssen* – ob sie dies wollen oder nicht. Sie sind, um es mit P. Berger auszudrücken, dem „Zwang zur Häresie" ausgesetzt. Überdies nimmt die Zahl der Kirchenaustritte weiter zu, und es wächst die Zahl der Ungetauften und Unwissenden in unserer Gesellschaft, die menschlich und seelisch – also religiös – gesehen eher eine Konsum- und Erlebnis- denn eine Informationsgesellschaft ist. All diese Menschen *müssen* sich das für sie Überzeugende auf dem freien Markt der religiösen Möglichkeiten zusammensuchen, und nur wer bereit und in der Lage ist, sie auf dieser Suche und auf ihren religiös notwendigerweise autonomen Wegen zu begleiten, kann seine Botschaft in diesem Prozess der religiösen Identitätsbildung zur Geltung bringen. Seit dies so ist, ist es unangemessen und äußerst kontraproduktiv, Begriffe wie „Patchworkidentität" (oder „-religiosität") und „Synkretismus" nur als Negativbegriffe zu gebrauchen; sie entsprechen vielmehr sehr genau der heutigen Lebenswirklichkeit und -notwendigkeit. Statt sie zu verleugnen und als theologisch wie religiös illegitim zu verdächtigen, scheint es vielmehr unabdingbar, sie durch das Angebot von Nahrung zu substantiieren, durch das Angebot von Gegenbildern zu bereichern und sie in aller Freiheit (supervisorisch) zu ergänzen und zu „korrigieren". Von anderen Positionen und Sichtweisen zu lernen, ist keine illegitime „Vermischung". Jene Begriffe und die mit ihnen gemeinten Sachverhalte erzwingen die fundamentale Anerkennung der religiösen Autonomie, die in dieser pluralistischen Situation zu wählen lernen muss und die im übrigen nicht nur unausweichlich, sondern auch befreiend und bereichernd ist. Jede religiöse Theorie und Praxis, die nicht in der Lage ist, diese ebenso schöne wie zentrale Bedeutung von religiösem Individualismus/Individualität und Autonomie – trotz deren unübersehbaren Gefährdungen, Übertreibungen und Erosionen[4] – wahrzunehmen und anzuerkennen, macht sich zu einer unakzeptablen Ideologie. Und genau das ist die Lage und das Problem der Kirchen angesichts des theologisch wie religiös völlig berechtigten Distanzbewusstseins zunehmend vieler Menschen.

Auf der Linie dieser Entwicklung wächst im allgemeinen Bewusstsein seit 20 und mehr Jahren auch eine Öffnung zu interreligiösen Einsichten und Fragestellungen heran, hinter der die kirchliche Akzeptierung und theologische Förderung dieser Fragen bedrohlich weit hinterherhinkt. In der Anerkennung dieser interreligiösen Öffnung und ihrer gültigen lebensweltlichen wie theologischen Notwendigkeit liegt heute die religiöse Voraussetzung für alle theologischen Entwicklungen, für alle Aus- und Fortbildungsvorhaben in den Kirchen – was bisher kaum gesehen und akzeptiert wird. Die Folge ist eine verbreitete Ratlosigkeit und Inkompetenz der kirchlichen Arbeit in interreligiöser Hinsicht.

Management, Marktorientierung und „Kommunikation" als kirchliche Ausweichmanöver
Wie wenig diese religiösen Entwicklungen und Notwendigkeiten bisher theologisch anerkannt und berücksichtigt werden, zeigt eine andere, derzeit in den Kirchen beliebte Weise, auf den Wandel zu reagieren, ohne ans theologisch Eingemachte gehen und sich religiös irgendwie bewegen zu müssen: der Versuch nämlich, über marktkonformes Management und entsprechende Werbung oder über vermehrte „Kommunikation" ein neues Bild von der Kirche zu schaffen und so dem Problem des Mitgliedschaftsschwundes abzuhelfen – bis hin zur Preisgabe symbolhaft-sakraler Räume und Gebäude als Werbeflächen, die sich einer missverstandenen Profanitätstheorie verdankt. Was für ein Kick: Coca-Cola oder gar ein Model auf dem Kirchendach! Dieser Weg der Kommunikation und Werbung, der – in seinen sinnvollen Komponenten – eine durchaus berechtigte und wichtige Teilaufgabe des heute öffentlich Notwendigen darstellt, wird problematisch, wenn er vom primären Begreifen und Bearbeiten des theologischen und religiösen Traditions- und Verständnisabbruchs ablenkt und somit die theologischen und religiösen Aufgaben zu ersetzen droht, wie man das oft genug beobachten kann. Dann wird er zum Alibi der eigentlichen Aufgabe und zementiert die klassischen, heute sich überholenden theologischen Denkformen und Paradigmata – nach dem Motto: „Die Kirchen haben ein sehr gutes theologisches Produkt, sie verkaufen es nur eben schlecht", wie es dann von sog. Managementberatern heißt. Hiermit soll nichts gegen eine professionelle Organisations- und Personalberatung gesagt sein, derer solch große Institutionen wie die Kirchen in ihren bürokratischen, finanziellen und kommunikativen Bereichen unweigerlich bedürfen. Es bleibt aber merkwürdig, wie viel Energie, Erwartung und Hoffnung in diese Verfahren immer wieder investiert wird und wie viel Glauben und Aberglauben die Propagatoren dieser Hoffnung finden, ohne dass die entscheidende theologische und religiöse Umstellung parallel dazu thematisiert und gefördert würde! Hierhin und in die unendlichen und erschöpfenden Kommissionsarbeiten der Kirchen, die in sich als selbstreferentiellem System unendlich rotieren (was eine innerkirchliche Klage, keine außerkirchliche Bosheit über die Kirchen ist!), fließt unendlich viel Energie und Aufmerksamkeit. Während die wichtigen und hilfreichen sozialen Aktivitäten das Bild der Kirche in der Öffentlichkeit – noch – prägen, zerbröckeln die theologischen und religiösen Fundamente ins Unverständliche. Solange aber eine theologische Öffnung nicht stattfindet, konterkarieren kirchliche Unternehmungen, die nicht wirkliche Aufgeschlossenheit für religiöse und theologische Innovation implizieren, jede sinnvolle Werbung.[5] Primär und im Kern muss es daher um Anerkennung und Vollzug des innerhalb und außerhalb von Kirche und Theologie bereits vor sich gehenden unabweislichen *theologischen und religiösen Wandels* gehen.

Und es muss dabei – im Wissen um Notwendigkeit *und* Erosion der freien Religiosität der kirchlich und christlich distanzierten Menschen – um Bereicherung und theologische Erweiterung des religiösen Bewusstseins außerhalb *und* innerhalb der Kirchen (kirchlich: um die Möglichkeit wachsenden und sich wandelnden Glaubens) gehen. Das dogmatisierte innere Gefüge der kirchlichen Theologie steht dieser Aufgabe und Öffnung weithin strikt und verständnislos entgegen. „Die Konfessionen sind doch toter, als sie glauben; heute gehen wir über ihre Mauerreste hinweg", meint dazu J. Zink.[6]

4. Die Kluft zwischen freier Religiosität und christlicher Tradition – Ort der kirchlichen und theologischen Aufgabe

Freie Religiosität und Tradition – um beider Seiten willen – aufeinander zu beziehen, ist daher die entscheidende Aufgabe. Dies ist wahrlich keine neue Einsicht, aber ihre konkreten Bedingungen sind in ein neues Stadium getreten: Die Distanz zwischen freier Religiosität/Spiritualität und christlicher Tradition hat sich eminent verschärft und zugespitzt. Die Radikalisierung des weltanschaulichen Pluralismus und die durch ihn erzwungene religiöse Autonomie, welche mehr und anderes ist als die im Protestantismus bisher bekannte „Mündigkeit" der Nachkriegszeit (Gogarten, Bonhoeffer), erzwingen ebenso wie die Verstärkung der interreligiösen Präsenz in unserer globalisierten Welt ein neues Stadium des Gesprächs zwischen alternativer Spiritualität und Tradition.[7] Die freie Religiosität ist heute m.E. wichtiger und zugleich gefährdeter denn je, und die Kirchen, Theologien und ihr Glaube sind notwendiger aber auch unzugänglicher, verschlossener und unbegreiflicher denn je – und das, trotz ihrer Veränderungspotentiale, in einem von Jahr zu Jahr steigenden Maße. Alles sieht im Moment danach aus, als wenn sich das Veralten und Überflüssigwerden der reformatorisch-konfessionellen und dialektischen Theologien ebenso wie das Verblassen der biblischen Tradition durch ihr fortschreitendes Vergessen- und Nichtmehrverstandenwerden (durchaus auch in Theologenkreisen) als sanftes Verschwinden aus dem gesellschaftlichen Bewusstsein vollzieht. Dies aber wäre – im Blick auf die vielfache Ergänzungsbedürftigkeit und in manchem gar Substanzlosigkeit des allgemeinen religiösen Bewusstseins und der alternativen religiösen Szene unserer Gesellschaft – ein ungeheurer Schade: weniger für die Kirchen, auf die es – für sich gesehen – nicht so sehr ankommt, als vielmehr für die Menschen und die Ernährung und Erweiterung ihrer religiösen Fragen und Antworten. Die Kirchen sind dabei das zu gebrauchende – oder eben unbrauchbare – Gefäß für ihre kostbaren Traditionsschätze und Nahrungsmittel. Darum sind sie und das in ihnen herrschende theologische Denken, welches – sich selbst und andere – öffnen und dolmetschen, aber auch verschließen und behindern kann, so wichtig und es lohnt die

Mühe, die Theologie, das kostbare aber doch nur irdene Gefäß unseres Glaubens, für diese Aufgabe und Situation erneut bereit zu machen. Jedes Haus muss in seinen Fundamenten immer wieder neu unterfangen, jeder Mutterboden muss immer wieder gepflügt, gepflegt und neu aufbereitet werden. Kirche und Theologie demgemäß denkerisch wie seelsorgerlich in Stand zu halten und sie – theologisch – wieder auf den Stand der Gegenwart und des sich bereits vollziehenden Paradigmenwechsels zu bringen, damit sie menschlich und religiös nachvollziehbar und lebbar sind: das ist daher von vital menschlicher und auch fundamental gesellschaftlicher Wichtigkeit. Denn wenn wirklich das kritische Denken (und damit auch die gesellschaftliche Kommunikation und Praxis) auf religiöse semantische Potentiale, die ihm selbst nicht zur Verfügung stehen, angewiesen bleibt (J. Habermas) und wenn der freiheitliche säkularisierte Staat von Voraussetzungen lebt, „die er selbst nicht [gewähren noch] garantieren kann" (E.W. Böckenförde), dann muss es öffentliche Orte geben, die diese Potentiale repräsentieren: Institutionen, die seelische Wachstumsräume für diese notwendigen, aber bedrohten und sich erschöpfenden Voraussetzungen von Denken, Kommunikation, Wissenschaft, Gesellschaft und Staat bereitstellen und sie dem gesellschaftlichen Kräftespiel zur Verfügung halten – eben die Religionsgesellschaften und Kirchen. Im Gesamtparallelogramm der gesellschaftlichen Kräfte wären dann gesellschaftliche Kommunikation und herrschaftsfreier Diskurs einerseits und die religiöse Dimension und Einsicht in ihrer seelischen und institutionellen Repräsentanz andererseits bleibend aufeinander angewiesen.[8] Religion und ihre verschiedenen – seelischen wie sprachlichen (und rituellen) – Erfahrungs- und Erscheinungsformen dürften als Grundelixiere unserer – öffentlichen und individuellen – Seele, unserer Humanität und Gesellschaft unerlässlich wichtig sein. Sie sind mindestens ein – wenn nicht der – öffentlich-seelische Wurzelboden, aus dem letztlich die private wie öffentliche Subjektivität, ihre Fähigkeit zu Verantwortung und Solidarität sowie ihr Vermögen, mit den Irrationalitäten der Welt und des Menschen sinnvoll umzugehen und fertig zu werden, blüht – egal ob man von religiösen, spirituellen oder nur von irrationalen Abgründen der Seele und der Gesellschaft spricht. Die Kirchen stellen dabei – im Unterschied zur privat-individuellen Spiritualität der alternativen Religiosität – die *Öffentlichkeit* dieser Anliegen und Wichtigkeiten dar. Ohne diesen Wurzelboden können Menschen allzu leicht – im osmotisch bis in die Seele einwirkenden Kräftefeld unserer Arbeits- und Wirtschaftswelt – zu „Konsum- und Arbeitstieren" werden, die zu sein sie vielfach schon bedroht sind. Insofern stellt die in unseren westeuropäischen Gesellschaften verbreitete religions- und kirchenlose Einstellung der Aufgeklärten einen eigentümlichen Provinzialismus dar. Vermutlich kennt keine andere – auch keine hochindustrialisierte – Weltregion eine solch religiös-säkularistische Entleerung der Öffentlichkeit wie die unsere. Im Augenblick zehren wir noch immer von der seelischen Substanz und dem religiösen Erbe vergangener Generationen, welches sich zusehends verbraucht. Kaum irgendwo ist das Bewusstsein davon so gering, dass es, da wir nun einmal nicht nicht-religiös sein können, wir vielmehr „unheilbar religiös" sind, nicht auf Verneinung und Bestreitung dieser zentralen Lebensdimension, sondern auf ihre humane und aufgeklärte Gestaltung ankommt. Gerade auch die Vermeidung von Religion und ihren Fragestellungen erzeugt in jener bekannten „Dialektik der (Halb-) Aufklärung" all die unqualifizierten Irrationalitäten und Aberglaubensformen, die unsere seelische und öffentliche Lage nicht unwesentlich kennzeichnen und über die sich unsere Aufgeklärten beklagen. Es handelt sich bei all dem vielmehr um die „Dialektik" ihrer eigenen Aufklärungsweise und um die Folgen und Schatten dieser Halb"aufklärung".[9]

Dass die Gesellschaft und die mediale Öffentlichkeit der Notwendigkeit und Aufgabe des „Anderen der Vernunft" derzeit – aus möglicherweise verständlichen, irgendwann einmal hoffentlich durchgestandenen Gründen der Selbstreinigung – kaum entspricht und den daraus resultierenden Hiatus eher verschweigend befestigt denn thematisiert, das ist die eine Seite der Situation und des Sachverhalts. Die andere Seite aber besteht, ich wiederhole es, im Verhalten der Kirchen und Theologien angesichts dieser Situation und des Hiatus. Ihre Aufgabe wäre es, religiöses Denken und seine Erfahrungsräume gedanklich und kulturell in eine Form zu bringen, die verstehbar, angemessen und für vernünftige, autonome Menschen nachvollziehbar und intellektuell wie seelisch lebbar ist – obwohl oder gerade weil der Glaube auch Widerspruch und Torheit für die systemrationale Weisheit dieser Gesellschaft ist. Eine solche Gestaltung brauchbarer Theologie und nach-vollziehbaren religiösen Denkens stellt daher – im Hinblick auf die Bereitung des seelischen Mutter- und ethischen Nährbodens unserer Humanität – eine eminent gesellschaftliche und politische Aufgabe dar. Die Kluft zwischen Kirche und Gesellschaft, Kirche und religiösem Bewusstsein dürfte daher eine essentielle diagnostische Frage und therapeutische Problemzone nicht nur für unsere Gesellschaft, sondern ebenso sehr auch für die Kirchen und Theologien selbst darstellen. Hierbei aber wirkt sich die oben angesprochene Transformationsverweigerung der Kirchen und Theologien aus, die jene Verweigerung der Gesellschaft und den beschriebenen Hiatus zusätzlich begreiflich macht und verstärkt. Die Suche nach substantiellen Denk- und Lebensformen sich neu gestaltender Religiosität stellt – mitten in all den heute dringenden gesellschaftlichen Notwendigkeiten von Arbeitslosigkeit, Technik- und Bildungspolitik, Ökologie, Tierschutz und Globalisierung – eine ganz eigene, nicht minder wichtige, unübergehbare und ununterschreitbare, wenngleich leise und leicht überhörbare, leicht übersehbare Wichtigkeit dar. Geschähe in Bezug auf die Bereitung des seelischen Mutterbodens etwas Wesentliches, dann könnte das viel für den religiösen Ruck in den Köpfen und Herzen der Gesellschaft bedeuten. Weniger als dies im Blick zu haben und hieran die theologische Aufgabe und das religiöse Denken messen zu lassen, wäre unerlaubte Vergessenheit.

Der ursprünglich geplante Titel des vorliegenden Buches „Theologische Stufen zur religiösen Gegenwart" (dessen Streichung durch Freunde ich mich gebeugt habe) sollte Folgendes zum Ausdruck bringen: Das heutige, zeitgenössische religiöse Bewusstsein stellt – in all seiner Diffusität und Gefährdung – ein ganz eigenes und neues Niveau von Einsichten und Fragestellungen, Anliegen und Voraussetzungen dar, zu dem sich die unverzichtbare Theologie der biblisch-reformatorischen Traditionen erst hinaufarbeiten muss und dessen pluralistischen wie interreligiösen Bedingungen sie sich zu stellen hat. Erst dann wird sie in der Lage sein, von dort aus – unter den Strukturbedingungen dieses Plateaus – einen neuen Blick zu gewinnen, das Puzzle unserer Welt- und Lebensmaterialien sich neu ordnen zu lassen, Altes und Gegenwärtiges in neuer Perspektive zusammenzusehen und als neue Dritte Gestalt neu verstehen und zusammenwachsen zu lassen. Erst in diesem Bezugsrahmen kann die theologische Arbeit die religiöse Vermittlung richtig beginnen und neue Möglichkeiten gewinnen. Dieser Vermittlung und Aneignung bedarf auch die freie Religiosität in ihrer fast alternativlosen und allzu punktuellen Gegenwarts-, Selbsterfahrungs- und Gefühlsbezogenheit. Denn auch religiös gilt, was H.W. Henze im Blick auf die Bedeutung und „Symbolhaftigkeit der historisch gewachsenen Musik" schreibt: „Wer sich davon lösen will, fällt in ein absurdes Nichts von Voraussetzungslosigkeit."[10] Entsprechend drohen Erosionen, Ausblendungen und Gefährdungen der – notwendigen! – „natürlichen Religion" und ihrer alternativen Spiritualität: Sie schreien geradezu nach substantieller Gestaltung und Ernährung aus dem Fundus der Tradition. Ob man den weithin abgelehnten Begriff einer allen Menschen eigenen, in Herz und Gewissen geschriebenen „natürlichen Religion bzw. Religiosität und Theologie" benutzen will oder nicht: Es gibt in allen Menschen und Biographien mitgebrachte, den Individuen eigene – bewusste, unbewusste, vorbewusste – Meinungen, Bilder und Anliegen, und diese müssen ernst genommen, ernährt, entwickelt und auf die Tradition bezogen werden. Geringer ist die Aufgabe nicht. Sie lässt sich aber nicht angehen, bevor es nicht zu bestimmten Bereinigungen und öffnenden Bereitschaften im Grundmuster und Paradigma der bisherigen christlichen Theologie kommt (was theologiegeschichtlich die essentielle Öffnung zu den liberalen Traditionen und zum Religionsbegriff bedeutet). Wird die freie Religiosität und alternative Spiritualität sich derlei Angebot von den Kirchen und den Christen überhaupt noch gefallen lassen? Man muss skeptisch sein, was traurig stimmen kann, da die Tradition im Kern aus unvergleichlicher Wahrheit und Nahrung der Seele besteht, welche das freie religiöse Bewusstsein sich nicht leicht selber ausdenken und kreieren kann (darüber ausführlich Kapitel IV).

Jedenfalls sind die von den Kirchen und den bisherigen Theologien und Auslegungen des christlichen Glaubens sich emanzipierende (distanzierte) Christlichkeit und die allgemeine („vagabundierende") Religiosität der wesentliche und eigentliche Ort, dem sich die Kirche zu stellen hat und an dem die Aufgabe der Mäeutik und Hermeneutik, der Vermittlung, Verkündigung und Theologie sich zu vollziehen hat – nicht nur die kirchlichen Gemeinden. Es ist ein bereicherndes, dazu von der Geschichtlichkeit der Wahrheitsfrage erzwungenes Plateau von Fragestellungen, auf dem Theologie und christlicher Glaube gezwungen sind, sich in der allgemeinen Religiosität, also auch interreligiös, zu verorten, dort ihre spezifischen Wahrheiten und Einsichten zu verantworten und zur Geltung zu bringen. Dies aber wird kaum oder nur begrenzt möglich sein, solange die Kirchen und ihre Theologien an ihrer fundamentalen Transformationsverweigerung festhalten und die eigene Öffnung – bis hin zur Verwandlung ihrer selbst in den Herzkammern von Theologie und Kirche – nicht vollziehen. Die theologischen und religiösen Rechte und Forderungen des neuen Plateaus und die aus ihnen resultierenden Neudeutungen und Neuformungen der Grundbausteine unserer theologischen Tradition machen daher, wie und soweit sie mir zugänglich sind, den Inhalt des vorliegenden Buches aus.

Statt großer Alternativen: kleine entscheidende Rückungen

Dabei gilt es, wie mir scheint, in diesem Prozess der Verschiebung und Neudeutung der Tradition auch die erarbeiteten *theologischen Einsichten und kirchlichen Positionen* in neuer Weise aufeinander zu beziehen. Denn die im Blick auf die heutigen Aporien erwartbaren Lösungsperspektiven liegen schwerlich in großen Revolutionen oder radikalen Alternativen – dazu ist in den vorhandenen konfessionellen (und dialektischen) wie liberalen Positionen zu viel Gültiges und Bewährtes, Ununterschreitbares erarbeitet und aufbewahrt. Die vermeintlichen, immer wieder neu aufgestellten Alternativen provozieren nur die nächsten, ebenso einseitigen Gegenschläge und Reaktionen. Dieses unsinnige Wechselspiel der ständigen – angeblich neuen – Alternativen sollte nicht fortgesetzt werden, so sehr immer wieder radikale Alternativen nötig werden können, damit die notwendige Integration von Wahrheiten (hier macht der Plural Sinn!) nicht zur Stagnation führt. Es geht vielmehr um die kleinen, aber einschneidenden „Rückungen"[11] und Verschiebungen an neuralgischen Akupunkturpunkten, um die leise und langsam wirkenden Fermente, die das bewährte (konfessionelle und liberale) Material und die Kostbarkeiten beider Traditionen neu prägen und koordinieren. Dies muss nicht in einem müden Kompromiss, sondern kann in vorwärts weisender Zusammenführung und mit der Kraft paradigmatischer Neupointierung geschehen, die dem „Gesetz" der Zeit und daher dem Gestaltwandel des Gesetzes verpflichtet ist. Das wird sich hoffentlich zeigen! Damit vollzöge sich der gesuchte theologische Ruck in den klassisch theologischen (konfessionellen wie liberalen) Grundbegriffen, – wie denn bekanntlich nach der Erkenntnis Thomas Kuhns, an die hier analog gedacht werden kann, die wissenschaftliche Erkenntnis nicht allmählich und fließend, sondern in – noch so kleinen – Sprüngen durch Auftauchen eines neuen Paradigmas und Plateaus der Erkenntnis vor sich geht[12].

„Kleine Rückungen und Verschiebungen": Wenn man einen Kompass nur um eine oder zwei kleine Sekunden oder Grade verstellt, bedeutet dies nach 10 km Wanderung bereits eine enorme Abweichung vom alten Kurs und erhebliche Neuorientierung. Solche kleinen Rückungen bringen genügend Kurswechsel und Innovation. Schon aus ihnen entstünde der fällige Wandel, der jene bisherigen Alternativen in sich aufnehmen und zugleich über sie hinausführen kann. So würde das im gegenwärtigen Protestantismus symptomatische Schwanken zwischen gegenwartsfixierter Theologielosigkeit bzw. -schwäche einerseits und theologisch substantiellen Hypertheologien konfessioneller (oder barthianischer) Prägung, die an alten Paradigmen hängen und die religiöse Gegenwart (d.h. die Menschen mit ihrer Religiosität) verpassen, weil sie sie für theologisch unerheblich halten, andererseits überwunden. So entstünde – in komplementärer Zusammenführung konfessioneller und liberaler Theologien, die beide im neuen Paradigma voneinander zu lernen hätten – die Möglichkeit einer substantiellen Theologie für Distanzierte, die es bisher – als hilfreichen Rahmen für freie Aneignung und individuelle Gestaltung – kaum gibt. Die magnetfeldartig orientierende Kraft solch theologischer Theorie würde dabei, wenn sie sich denn bewähren sollte, nicht schon eine Lösung der Probleme, wohl aber Eröffnung und Bejahung, Freisetzung und Unterstützung eines gärenden, neue Perspektiven eröffnenden Prozesses bedeuten.

5. Kurzer Gang durch die Gliederung des Buches

Entsprechend werden im vorliegenden Buch seine Gedanken als Plausibilitätsangebot für das – inzwischen weitaus dominierende – Segment der Distanzierten und als *einen* Vektor im allgemeinen Kräfteparallelogramm der verschiedenen theologischen Positionen unserer Kirche vorgelegt. Ich hoffe, dass die hier vorgestellten „Rückungen" sich als einleuchtend, hilfreich und weiterführend erweisen. Daraus ergibt sich der Aufbau:

Kapitel I behandelt – da mein Bezugspunkt und Gesprächspartner nicht die akademisch-theologische Literatur, sondern die Gespräche und Bedenken aus ungezählten kirchlichen Fortbildungsveranstaltungen und religiösen Workshops mit distanzierten und aus der Kirche ausgetretenen Menschen sind – drei immer wieder aufkommende und nach Klärung verlangende Fragen:

a) Wie ist es möglich, den Ausgangspunkt religiöser und theologischer Arbeit bei den Fragen und Empfindungen der Menschen zu nehmen, daher „Religion" und „Spiritualität" als grundlegende anthropologische wie theologische Kategorien – entgegen manchen (im Prinzip durchaus berechtigten!) Bedenken – fundamental zu bejahen, gleichzeitig aber die unübersehbare Gefährdung von Religiosität und die entsprechende (traditionelle) Kritik an „Religion" und „Religiosität" in ihrer immer drohenden Gefährdung anzuerkennen und nicht aus dem Auge zu verlieren? und

b) Wie ist es möglich, auch in religiösen Fragen (also „vor Gott") von Autonomie des Menschen zu sprechen, obwohl wir in den tiefsten Dimensionen unseres Lebens uns vorgegeben und nicht machbar, nicht frei steuerbar sind (niemand kommt zu Gott, „es sei, ihn ziehe der Vater" nennt die Bibel diese Annahme unseres nur begrenzt freien bzw. „unfreien" Willens)? und

c) Was ist der präzise, legitime und produktive Sinn des Begriffs der kirchlichen wie christlichen „Distanziertheit", der inzwischen die weit überwiegende Mehrheit unserer Kirchenmitglieder – zu denen der Verfasser sich selbst zählt – charakterisiert?

Mit der Aufrichtung des Religionsbegriffes im Herzen unserer Fragestellung wird unwiderruflich die religiöse Autonomie der Menschen im Herzen der Lebensprozesse vollzogen, gleichzeitig werden die Gefährdungen und möglichen Deformationen – sowohl die der Religion bzw. Spiritualität wie die der Autonomie – zu ihrem Schutze, nicht zu ihrer Widerlegung thematisiert. Der so erst reifenden religiösen Autonomie wird – theologisch – die rote Karte ausgehändigt, mit der sie alle unakzeptierten Belehrungen, Verfremdungen und Zumutungen zurückweisen kann, bis die eigenen religiösen Wege sie dorthin führen „wohin du nicht willst".

Sodann folgen zwei Kapitel, die den grundlegenden Strukturwandel an zwei theologischen und religiösen Zentralvorstellungen exemplarisch vorführen.

Das *erste von ihnen (Kap. II)* zeigt, inwiefern der heute um sich greifende Zerfall des Theismus (als Vorstellung einer existierenden und die Welt leitenden Gottperson), den M.N. Ebertz jüngst so eindrucksvoll in einer kirchensoziologischen Untersuchung bis hinein in das katholische Milieu belegt hat[13], theologisch berechtigt, notwendig und ebenso sinnvoll wie legitim sein könnte. Kann man legitim und genuin religiös sein, wenn man denn an die Existenz einer die Welt leitenden Gottperson nicht mehr glauben kann? Wenn Bonhoeffers bekannter (und kirchlich kaum vollzogener) Satz „Einen Gott, den es gibt, gibt es nicht" treffend ist, dann wäre ein weltanschaulicher Atheismus religiös gültig und theologisch legitim. Dieser Satz fordert daher zur Verwandlung und Öffnung der Gottesvorstellung, zur theologischen Anerkennung und Beachtung der non-theistischen (trans-theistischen) mystischen Spiritualität heraus und leitet zum theologischen Begreifen und christlichen Rezipieren der heute weltweiten Wanderung und Wirkung des Buddhismus, einer Weltreligion ohne einen Gott, an. In dieser Herausforderung durch den hier längst vor sich gehenden Wandel im Gottesverständnis liegt m.E. eine der wesentlichen Schaltstellen, an denen sich entscheidet, ob die heutige theologische Rede die Logik und das Plateau des neuen Paradigmas und damit die fällige Weiterentwicklung religiöser Wahrheit legitim erreicht und in sich aufnimmt.

Das *zweite dieser beiden Grundkapitel (Kap. III)* möchte mit der Kritik zweier christologischer Leitanschauungen die Bahn auch in diesem Punkte für neues Denken freimachen. Es möchte so den gegenwärtigen Wandel erkennbar machen und seine theologische Legitimität erweisen:

a) durch Kritik der Vorstellung, „Christus allein" sei der Weg zu Gott, zur religiösen Erfahrung und zum „Heil", und entsprechend durch die Beendigung der Rede von der Absolutheit des Christentums – beides Vorstellungen, die, wie zu zeigen sein wird, religiös wie theologisch unwahr (nicht nur sozial unakzeptiert) geworden sind. Ihre Herrschaft blockiert jeden Zugang zur Wahrnehmung freier religiöser Erfahrung, auch zur Erfahrung der Gestalt Jesu, und verleitet – sekundär – zu einer ebenso falschen wie illusorischen Stellung der Christen und des Christentums in der heutigen Welt der Religionen.– Dabei wird die einfache wie schlagende Lösung, die vor Relativismus und Beliebigkeit in dieser Frage bewahrt, vorgestellt.

b) Sodann wird der fällige christologische Wandel exemplarisch erläutert an der Kritik der in Theologie und Dogmatik, Gesangbuch und Frömmigkeit verbreiteten, ja auf weite Strecken noch immer unklar dominierenden Vorstellung der Satisfaktion („Genugtuung") und des mit ihr verbundenen Sühnegedankens: Jesus Christus habe, so heißt es da, durch sein stellvertretendes Strafleiden für unsere Sünde genuggetan und so Gottes Zorn versöhnt. Das kritische – auch Theologen meist unbekannte – Stern- und Rätselargument Luthers in dieser Frage lautet, wenngleich merkwürdig verkappt und verknospt: mit der satisfactio sei „es doch zu schwach und zu wenig von der Gnade Christi geredet und das Leiden Christi nicht genug geehrt, welchem man muss höhere Ehre geben". Damit kommt ein Riss in diese – von Luther selber weithin (aber keineswegs ausschließlich) vollzogene – Vorstellung; er problematisiert ihre angeblich unersetzliche Stellung. Man mache sich deutlich, was für neue Linien im geheimen Deutungsgeflecht des Nachdenkens über das Leben und Sterben des Jesus von Nazareth sich damit andeuten und möglich werden, wenn diese kritische Relativierung mit Luthers Autorität ernst genommen und zur Konsequenz gebracht würde. Es wird sich zeigen, dass diese – in üblicher Deutung scheinbar biblischreformatorische – Vorstellung der sühnenden Genugtuung zum genuin reformatorischen Gottesverständnis durchaus in Spannung steht und dass Luther an den entscheidenden Stellen seines Denkens eine ganz andere Vorstellung und Lösung einsetzt, von der er ausdrücklich sagt, dass sie Christo die angemessene Ehre gibt. Diese aber ist außerhalb von theologischen Fachkreisen allermeist unbekannt, den Fachleuten zwar bekannt, wird jedoch von ihnen (mit wenigen Ausnahmen) – historisch zu Recht, in der Sache bedauerlich – beiseite geschoben und um ihr kardinales Gewicht gebracht.

In diesen beiden Vorstellungen – von einer existierenden und zu glaubenden Gott-Person (Theismus) und von der Bedeutung Christi (Absolutheit des Christentums bzw. Christi alleinige Heilsbedeutung in seiner Genugtuung) – liegen heute m.E. die problematischsten und unnötigsten Verschlussformeln kirchlichen Denkens überhaupt verborgen oder besser: sie liegen zutage. Sie scheinen in ihrer kirchlich-traditionellen Form allenthalben – auch unausgesprochen – durch und verstellen jeden freien Blick, jede neue Erfahrung religiöser Themen und tragen berechtigterweise zur kopfschüttelnden Abwendung vom kirchlichen Denken bei. Die an ihnen fälligen Revisionen sind es daher, deren Kritik am notwendigsten und nachhaltigsten einzufordern sind. Wer die explosiven Sprengsätze der hier vorgetragenen Gedankenreihen und des sich längst vollziehenden paradigmatischen Wandels kennen lernen möchte, lese zunächst diese Kapitel. Ich weiß wohl, dass viele Distanzierte für derlei thematische Neueröffnungen kaum noch Interesse zeigen, weil sie innerlich schon zu weit entfernt von all diesen Fragen sind. Es handelt sich jedoch um Innovationen mitten im Herzen des Credos der Kirche, einer zentralen seelischen Institution, die stellvertretend und subsidiär für viele das seelische Vakuum unserer Gesellschaft zu füllen anbietet. Diese Innovationen müssen daher eröffnet und vollzogen werden – und zwar allein aus Gründen theologischer Triftigkeit, nicht aus Gründen der „Kundenerwartung".

Das *IV. Kapitel* unternimmt es, unter Voraussetzung der aus dem legitimen theologischen Wandel sich ergebenden Verschiebungen und Rückungen, die Grundeinsichten des christlich-reformatorischen Glaubens vorzustellen und ihre Unersetzlichkeit für die freie Religiosität im Zeitalter der alternativen Spiritualität zur Geltung zu bringen. Denn gerade die freie Religiosität scheint, indem sie *auch* von Ratlosigkeit, Leerlauf, Beliebigkeit und religiösem Analphabetismus bedroht ist, jener Grundkategorien des reformatorischen Glaubens zu bedürfen, da diese – unerwartet – Akupunkturpunkte und vitale Grundwahrheiten jeder tiefer gehenden spirituellen Lebendigkeit darstellen. Wenn man sich bewusst macht, wie sehr das reformatorisch-kirchliche Denken mit dem theistisch-persönlichen Gottesbild und mit der Vorstellung verbunden war, „Christus allein" sei durch sein blutiges Opfer der Weg zu Gott und zum Heil gegangen, dann ermisst man, welche Bedeutung die fälligen Verschiebungen in eben diesen reformatorischen Begriffen – vor dem Hintergrunde des religiösen Pluralismus und seiner interreligiösen Globalisierung – haben müssen. Hier werden jene fundamentalen kleinen „Rückungen" und Kompassverschiebungen, von denen oben die Rede war, in ihrem religiös bereichernden und erschließenden Charakter anschaubar, hier lassen sie sich studieren. Hier vollzieht sich daher – altertümlich ausgedrückt – „die Rettung der reformatorischen Phänomene". (Wer die von Luther selbst in Gang gesetzte Legitimation dieser Verschiebungen und Rückungen studieren möchte, lese vorweg das VII. Kapitel, welches seines fachtheologischen Einschlags wegen in den Anhang ausgegliedert ist, aber in der Logik der Sachabfolge eigentlich vor das IV. Kapitel gehört).

Das *V. Kapitel* fasst das Gesagte im dem Versuch zusammen, den Grundriss des sich abzeichnenden Paradigmas von Christlichkeit, welches das Puzzle der alten – und neu hinzutretenden – Begriffe neu ordnet und deutet, vorsichtig zu zeichnen, die sich ergebenden Bestimmungsstücke und ihre in jenen „Rückungen" sich anbahnenden Neudeutungen zusammenzufassen und die derzeit unklar, verleugnet und unbehandelt bleibenden zu benennen. Es ist ein Versuch, über die pointillistische

Anspielung immer und immer wieder isoliert und konsequenzlos bleibender Einzelaspekte und diffus bleibender Umrisslinien hinauszukommen und durch Zusammenstellung wie durch gegenseitige Beleuchtung dieser Bestimmungsstücke die Grundlinien des sich abzeichnenden Kraftfeldes religiöser Wahrnehmung zu verdeutlichen und ins Bewusstsein zu heben.

In diesem Zusammenhang werden zwei Grundmodelle religiösen Selbstverständnisses und kirchlicher Praxis idealtypisch – mit praktisch unzählbaren Übergangs- und Mischformen – zur Debatte und zur Entscheidung gestellt: eines der „geschlossenen" und eines der „offenen" Zeit (Picht/v. Weizsäcker), eines mit der ein für alle mal feststehenden Wahrheit der kirchlichen Traditionen, eines mit in Kontinuität sich wandelnder, stets in Evolution befindlicher religiöser Wahrheit. „Ich habe euch noch viel zu sagen, aber ihr könnt es jetzt nicht tragen" – dieser Satz des johanneischen Christus (Joh 16,12) könnte zeigen, warum es legitime religiöse Motive, Entdeckungen und Fortentwicklungen gibt, die im bisherigen, traditionellen Wahrheitsverständnis des christlichen Glaubens noch keinen Platz und keine Heimat hatten.

Das *VI. Kapitel* zeigt, wie als Konsequenz aus allem Gesagten eine neue, heute mögliche – durchaus bedingte und gebrochene, aber in Stufen wachsende – Gewissheit aussehen kann. „Wenn der Wind des Wandels weht, bauen die einen Mauern, die anderen Windmühlen" (taoistischer Spruch) – und die meisten, füge ich hinzu, bauen beides, wenn sie klug sind. Sich auf den Wandel einzulassen, bedeutet nicht uferlose Ausgesetztheit und Desorientierung, sondern auch Schutz und Gewissheit – in gewissem Maße.

Das *VII. Kapitel* endlich führt an einer wesentlichen lutherischen Kategorie (also mitten im Herzen scheinbar konservativen Wissens) den Gedanken durch, inwiefern es *theologisch* legitim sein kann, sich auf den heute faktisch längst – obwohl vielfach unerkannt und unbejaht – vor sich gehenden fundamentalen religiösen Wandel einzulassen: „Gestaltwandel des Gesetzes", so lautet seine Überschrift. Denn die Erfahrung des „Gesetzes" (des Packenden und Unbedingten) ist die zentrale Eingangskategorie der (lutherischen) Theologie, die ich – entgegen allen (z.B. Barth'schen) Einwänden – für unwiderlegt und treffend wahr halten muss. Wandelt sich aber die Gestalt des Gesetzes, weil diese nach Luthers grundlegender Einsicht radikal geschichtlich und wandelbar ist, so wandelt sich mit ihm in der Konsequenz das gesamte Gefüge der theologischen Grundbegriffe bis ins Herz aller theologischen Anschauungen und religiösen Bilder hinein – ein Vorgang, dem sich die Theologie nur um den Preis ihrer eigenen Versteinerung und Überflüssigkeit entziehen kann. Im angemessenen Verständnis der Zentralkategorie „Gesetz" liegt daher m.E. die entscheidende Legitimation, sich auf den heutigen religiösen Wandel theologisch einzulassen. Ist aber an dieser Stelle, im Herzen der lutherischen Theologie, die Legitimität und Fundamentalität des anstehenden Wandels erwiesen, so sollte die stärkste Hürde, der wichtigste Legitimationsgrund der Transformationsverweigerung mitten in den konfessionellen Kirchen und Theologien gefallen sein. In diesem Zusammenhang gerät die wahrhaft revolutionäre, von den Kirchen selbst vernachlässigte Einsicht und uneingeholte Aufforderung Luthers unweigerlich und beispielhaft in den Mittelpunkt: Die Christen sollen, sagt Luther, Schöpfer ihrer eigenen neuen Dekaloge, der heute fälligen neuen Gebote, nicht nur Vollzieher jener alten, sich überholenden Gebote und religiösen Vorstellungen sein. Man ahnt, welch tief greifende Wandlungsfähigkeit Luther den Christen damit zumutet und freigibt. Gehorsam und kreative Autonomie des Menschen erscheinen hier als einander bedingende Elemente genuiner Religiosität. – Die in diesem VII. Kapitel für manche LeserInnen sicher enthaltenen (ein wenig doch fachtheologischen) Schwierigkeiten sind der Grund, warum dieses Kapitel in den Anhang verwiesen wurde. Es bleibt jedoch im Blick auf die befreiende Wichtigkeit und erfreuende Bereicherung dieses Themas allen Interessierten zugemutet, kann aber natürlich übergangen werden.

6. Der erwartbare Widerspruch – Schmerz und Weigerung der Verwandlung

Dass dieser Umriss des neuen Paradigmas und Deutungsmusters sich zu wesentlichen Teilen – wenngleich nicht ausschließlich – mit den bisherigen theologischen Kraft- und Begriffsfeldern der Kirche schneidet, jedoch über sie hinausdrängt, wird natürlich Widerspruch und den Einwand, dies alles sei nicht mehr christlich, jedenfalls nicht reformatorisch, erzeugen. Ein neues Paradigma, das immer auch Diskontinuitäten erzeugt, muss daher an diese Frage rühren und diesen Einwand erzeugen. Darüber wird zu reden sein. Dass hier die im traditionellen Sinn und Paradigma gesetzten Deutungsgrenzen des bisher Christlichen überschritten werden, ist wahr. Ob aber das hier Gesagte in einem neuen und notwendigen Sinne den legitimen Bedingungen des fortgeschriebenen christlichen und reformatorischen Erbes nicht doch genügt, ja erst recht eigentlich entspricht, muss sich erweisen. Es wird und darf in diesen Fragen auch weiterhin verschiedene, konkurrierende Verständnisweisen des christlichen Glaubens geben. Der „Ruck in den Köpfen der Kirche" bedeutet nicht, dass alle derselben Fortschreibung und Neuformulierung unseres Glaubens – welche es auch sei – folgen müssten. Das hier Vorgetragene ist nur *eine* Weise des allerdings fälligen Rucks; denn ein neues paradigmatisches Plateau und Niveau, eine neue Gestalt des „Gesetzes" ist unabdingbar. In diesem Sinne müssten die hier vorgetragenen Bestandsaufnahmen und faktischen religiösen Entwicklungstendenzen im Horizont von Kirche und christlichem Glauben als Möglichkeit und Ferment einen Platz bekommen – im Interesse der sehr vielen Menschen und ihrer religiösen Lebensmöglichkeit, die – inner- wie außerhalb der Kirche – im alten Hause der klassischen Theologien nicht mehr zu leben vermögen. Mehr als diese Möglichkeit wird nicht gefordert. Es scheint aber, als wenn mit den wahrzunehmenden und hier zusammengestellten Erfahrungen und Einsichten die religiöse Wahrheit der Distanzierten an die Pforten von Theologie und Kirche pocht. So jedenfalls, wie es ist, kann es nicht bleiben und nicht weitergehen. Ich sage dies mit tiefem Respekt vor der Unersetzlichkeit der biblisch-reformatorischen (und dialektisch-theologischen) Tradition, zu deren Vorfahrenschaft ich mich dankbar bekenne, weil ich ihr die Möglichkeit der theologischen Rezeption und Verarbeitung unserer post-christlichen religiösen Gegenwart verdanke. In ihrer Kraft lässt sich die religiöse Gegenwart grundlegend – als „Gesetz" der Zeit – ernstnehmen, ohne sich an sie zu verlieren und unter ihr Diktat zu geraten. Doch auch diese Grundlagen der reformatorisch-dialektischen Tradition müssen in den Fleischwolf der Neustrukturierung, da ihre Verwandlung Voraussetzung und Bedingung ihrer Kontinuität ist. (Darüber ist – „mit Luther über Luther hinaus" – ausführlich in Kapitel IV und VII gehandelt).

Perspektiven, Rechenschaft und Ermutigung dieses Buches

Mit all dem konzentriert sich das vorliegende Buch auf die Grundfragen der *Theologie und des religiösen Denkens* in den gegenwärtigen Umbrüchen und Revisionen – nicht auf die im Schwange befindlichen organisatorischen und kommunikativen Wandlungen und Anpassungen. Alle seine Texte sind innertheologische und innerkirchliche Rechenschaften über Legitimität und Gefährdung der theologischen Wandlungsprozesse, auf die sich einzulassen keineswegs Verrat an der theologischen Sache und keine Selbstaufgabe ist, wie eine (Selbst-) Verdächtigung lautet, die ich bei meinen vielfältigen Arbeiten in Pfarrkonventen immer wieder zu hören und zu spüren bekam. Diese Kapitel sollen daher denen, die sich des herandrängenden Wandels – ratlos oder schlechten Gewissens – nicht erwehren können, Mut und ein gutes Gewissen machen, sich auf ihn einzulassen, *wenn* dies auf religiös gültige Weise geschieht und theologisch den Bedingungen des reformatorischen (und dialektisch-theologischen) Erbes genügt. Ob dies in den hier vorgeschlagenen Deutungen der Fall ist, wird umstritten sein. Dieses Buch versteht sich aber als Anregung und Ermutigung an alle Distanzierten innerhalb und außerhalb der Kirche – im Amt und ohne Amt der Kirche –, in dem umstrittenen, jedoch lebensnotwendigen Transformationsprozess weiterzugehen und ihn zu wagen, wenn dieser – sich ohnehin vollziehend – nicht verkommen und verarmen soll. Immer wieder hört man von der wachsenden Zahl derer, die sich – mitten im Herzen der Kirchen – immer weniger trauen, zu ihren eigenen Traditionen zu stehen. Daher gilt es, den Weg – mitten hindurch zwischen vagierender, depressiver Ratlosigkeit und fröhlich-hartnäckigem Fundamentalismus – zu finden. Es gibt ihn.

Wesentliche Voraussetzungen und Folgen dieser Gedanken für das Erleben und Verstehen von Kirche habe ich in meinem Buch „Die Notwendigkeit der unakzeptablen Kirche", in dem die hier ausführlich behandelten theologischen Themen nur kurz angedeutet waren, dargelegt.[14] Denn es bleibt ja wahr, dass die Kirche für immer mehr Menschen ungenießbar, fatal und gleichzeitig doch so notwendig ist wie das tägliche Brot. Nur unter der Voraussetzung des Eingeständnisses ihrer in vieler Hinsicht unakzeptablen geistigen, religiösen, vielfach auch ethischen Verfassung ist für viele Menschen, die am Rande und in Distanz zu ihr leben, die Kirche noch begreiflich zu machen – wir zitierten es schon: „Die Konfessionen sind doch toter, als sie glauben; heute gehen wir über ihre Mauerreste hinweg". Auch werden nur unter dieser Voraussetzung, wenn sie denn begriffen würde, theologisch denkende Menschen in den Kirchen weiterhin an die fällige theologische Arbeit gehen und sich um die fundamentale Veränderung und eingreifende, nicht nur sich anpassende Öffnung und Transformation kirchlicher Rede und Denkungsart bemühen. In einer kirchlich so belasteten und problematischen Situation wie der heutigen ist die Paradoxie von der „Notwendigkeit der unakzeptablen Kirche" m.E. weiterhin das Einzige, was noch stimmt und hilft. In der Kirche selbst wird diese fundamentale Tatsache erst ansatzweise gesehen und akzeptiert, obwohl – wie gesagt – bereits viel neuer Wein in den alten Schläuchen rumort und wirkt.

Im Blick auf all dies hatte ich schon in jenem Buch von der „Notwendigkeit der unakzeptablen Kirche" den zunächst gewiss anmaßend wirkenden Satz formuliert, es könne so „theologisch und kirchlich in der Tat nicht weitergehen"[15]. Das vorliegende Buch gibt Rechenschaft und Begründung für diese Behauptung. Sie dürfte sich bestätigen, wenn die Kirchen gegenüber der religiösen Situation und den Menschen so fremd und abgeschottet bleiben, dass sie auf das ihre Tradition belebende und lebensmäßig inkarnierende Elixier einer theologisch „unreinen", aber den Menschen „natürlichen" Religiosität verzichten.[16] Sie dürfte sich aber auch beweisen, wenn die Kirchen im Blick auf Begriff und Verständnis von „Religion" nicht unzweideutig ihre biblisch-reformatorische Tradition bewahren, ohne die die freie Spiritualität bzw. Religiosität Entscheidendes entbehrt und daher substantiell von Erosion bedroht wird. Wie aber soll beides zusammengehen? Dies theologisch zu denken, soll die Aufgabe auch in diesem Buche sein.

Überschätzung oder Unausweichlichkeit theologischer Arbeit in der gegenwärtigen Lage?
Bei all dem kann es allerdings – das muss zum Schluss eingeräumt werden – eine Überschätzung der Rolle von Theologie in diesen Prozessen geben. Wie weit nämlich theologische Fragen von den Anliegen der Menschen bereits entfernt sind, mag man daran ablesen, dass solche unter den Kirchenaustrittsgründen und -anlässen kaum genannt werden. Menschliche Beziehungen, Atmosphäre der Veranstaltungen, Geldfragen, Pillenenzyklika und Homosexuellen-Ausgrenzung sowie diffuse Fremdheitsempfindungen der Kirche gegenüber u.a.m. stehen im Vordergrund des kirchendistanzierenden Bewusstseins, und positivenfalls scheint, ob der Pastor menschlich gut und sozial, der Papst kinderlieb und reisefreudig („weltoffen") ist, wichtiger

als die „Richtigkeit", Hilfsfähigkeit oder Angemessenheit theologischer Antworten und religiöser Sprache. Kirchen und Religionen können offenbar – jenseits noch so angemessener oder problematischer Theologie – in ihren Riten, Sakramenten, Fest- und Lebensformen eine bergende spirituelle Heimat sein, die atmosphärisch manchen Menschen die Annäherung leicht macht. In all diesen Hinsichten geschieht in den Kirchen – vor allem dank der Frauen in der Kirche – sehr viel Menschenfreundliches. Auch ohne Klärung theologischer Fragen lässt es sich offensichtlich gut leben.

Und dennoch – die Kommunikation mit den religiösen Grundsachverhalten und theologischen Grundworten sowie deren Verständlichkeit bleibt doch auf Dauer der fundamental wichtige und zentrale Vorgang, soll die seelische Beziehung zu den Glaubensinhalten wie auch die Kirchenbindung religiös nicht völlig ausgehöhlt werden und abreißen. Nach irreversiblem Schwund der Kirchenmitgliedschaft und aller christlich-kirchlichen Selbstverständlichkeiten kommt es auf Evidenz und Überzeugung kirchlicher Rede und Verkündigung doppelt an. Hinzu kommt, dass der rasante Aufbau nicht-kirchlicher sozialer Projekte und Hilfsorganisationen wie auch die Minderung der kirchlichen Finanzen und mit ihr der Abbau der sozialen Dienste der Kirchen (die für viele Menschen Ruf und Bedeutung der Kirchen recht eigentlich ausmachen) die Frage ihrer geistlichen Bedeutung, Verstehbarkeit und Wirkung (bzw. Unverständlichkeit und Wirkungslosigkeit) noch stärker und nackter hervortreten lassen wird. Auch wenn man sich der immer nur relativen Bedeutung der (in Lebensprozesse eingebetteten) theologischen Fragen nicht verschließt: sie bleiben, obwohl gebunden an bestimmte kommunikative Bedingungen, doch für Glauben, Leben und religiöses Empfinden und Verstehen entscheidend wichtig. Die Veränderung der menschlich-kommunikativen Bedingungen in der Kirche ist inzwischen weit gediehen, weiter als die Verwandlung der religiösen und theologischen Inhalte. Keine Kommunikation aber und kein feierlicher Ritus, auch kein Tee mit Schmalzbrot nach einer (in ihren christologischen oder theistischen Kernen) wieder einmal unbegreiflichen Predigt ersetzt den notwendigen religiösen Wandel, den fälligen theologischen Ruck in den Köpfen der Kirche und neu erschließende Möglichkeiten des Verstehens und Öffnungen in den Herzen ihrer Mitglieder.

Ich wünsche mir daher für all diese Überlegungen Leserinnen und Leser, die sich Zeit und Ruhe für möglichst viele *einzelne* dieser Kapitel nehmen und sich das Buch lieber nur in Auswahl, vielleicht auch ausgewählte Kapitel mit ihren Arbeitsgruppen, zu Gemüte führen, statt es ganz und auf einmal herunterzulesen: religiös fragende und nachdenkliche Menschen, interessierte und gebildete Laien an den Grenzen inner- und außerhalb der Kirche, keineswegs nur TheologInnen, für die dieses Buch auch, aber nicht vorrangig, gemeint ist.

Über den Versuch also, wie die theologisch legitime und religiös fällige Transformation gefördert werden und von welchem paradigmatischen Gesichtspunkt aus die Aufgabe komplementären theologischen Denkens und Arbeitens – zwischen Theologie und religiösem Bewusstsein einerseits und zwischen den verschiedenen inner-theologischen und interreligiösen Positionen andererseits – gelingen könnte, geben die folgenden Kapitel Auskunft. „Wir verstecken uns, wenn wir das Denkbare nicht denken" (C.Fr. v. Weizsäcker)[17].

Hamburg, im Januar 2004

Kapitel I
Drei Vorspiele

Die religiöse Lebens- und Lerngeschichte, auch die Aneignungs- und Abstoßungs-
geschichte im Blick auf die christliche Tradition findet heute bei den meisten Menschen – vielfach auch bei Kirchenmitgliedern – wesentlich *vor* den Toren der Kirche
statt. Hier leben sie, hier liegt daher das Hauptaufgabenfeld der Kirchen. An den hier
– zwischen Gesellschaft und Kirchen – verlaufenden Verständnis- und Missver-
ständnislinien müssen daher auch die Kirchen lernen, sich selbst offensiv und deutlich zu verstehen und zu verhalten. Die Schwellen- und Berührungsängste zwischen
Gesellschaft und Kirche sind für sie wie auch für die Menschen ein wichtiges Thema,
ja, sie sind eine wesentliche Voraussetzung ihrer Arbeit und ihres Auftrags – gerade
auch religiös und theologisch. In diese ungeschützte Zone der von den Kirchen
längst sich emanzipierenden und wild wuchernden Religiosität müssen sie sich begeben; in ihr müssen sie sich aufzuhalten und an ihr teilzunehmen lernen (was vielfach
und erweislich – entgegen dem Selbstbewusstsein von Pastoren und Pastorinnen –
nicht der Fall ist). Aber nicht nur aus seelsorgerlichen Gründen müssen sie sich auf
diese Entwicklungen vor ihren Toren (und längst in ihrem eigenen Herzen und innersten Heiligtum) einstellen, sondern weil dort Verwandlungen und kreative Neu-
formulierungen der religiösen und theologischen Wahrheit und ihrer Inhalte selbst
vor sich gehen. Nicht nur die Kirchen und deren Gemeinden sind – und dürfen sein
– der Ort immer neu sich gestaltender Theologie. Hier, vor den Toren der Kirche,
stellen sich daher immer wieder Fragen, welche einerseits dem unbestreitbaren Recht
des Wahrheitsbewusstseins der Distanzierten entspringen, weil sie deren religiöses
Wachstum betreffen, andererseits aber auf begründete theologische Bedenken im
Blick auf diese „natürliche" Religiosität der Menschen stoßen, so dass diese Bedenken der Klärung und Begründung bedürfen.[18]

Drei dieser Bedenken seien daher hier am Anfang besprochen. Ich beziehe mich
dabei im Folgenden weniger auf theologische Literatur (die im Hintergrund natürlich
beachtet bleibt) als auf lebensweltliche Einwände und mündliche Bedenken, die mir
in der Arbeit mit PastorInnenkonventen, auf Öffentlichkeitsveranstaltungen oder in
Workshops mit aus der Kirche Ausgetretenen immer wieder begegnen.

1. „Religion" und „Spiritualität" – das Erwachen der Seele und der inneren Stimme: selbstverständliche oder – wie alle lebendigen Phänomene und Prozesse – gefährdete Phänomene?

Mit Recht wird heute im religiösen Selbstbewusstsein wieder auf breiter Front – in erheblichem Umfang auch jenseits der Kirchen – vom Begriff der Religion bzw. der Spiritualität als einem innersten menschlichen Anliegen ausgegangen. Damit wird auch der Sachverhalt der in den letzten drei Generationen weithin kritisierten und abgelehnten „natürlichen" Religion bzw. Religiosität faktisch wieder vorausgesetzt, benutzt und positiv aufgegriffen. Dies ist gut und – wie zu zeigen sein wird – auch theologisch rechtens so. Was aber ist der existentielle Sinn und das essentielle Bedürfnis in dieser Entwicklung?

Religiosität und Spiritualität – das beginnende Murmeln, das aufwachende Lied der Seele
Der „existentielle Sachverhalt" von Religion ist im Kern wohl der, dass Menschen in aller Regel irgendwann einmal anfangen, über sich nachzudenken, sich ihrem Lebenswunsch, ihrer Sehnsucht, ihrer Sinnfrage – spätestens in Krisen – zuzuwenden, wenn nicht Pragmatismus, Positivismus oder irgendwelche Überbelastungen des Lebensvollzuges all dieses zudecken und verhindern. Religion beginnt an den merkwürdigsten Ecken biographischer Zufälligkeiten und irrationaler Eindrücke: wenn ein Mensch, auf irgendeiner der erwachenden Altersstufen, sich allmählich der Schönheiten, Rätsel und Probleme seines Lebens, seiner Liebe, seiner Sterblichkeit oder seiner Einsamkeit, seiner Lebensführung, seiner und seiner selbst bewusst wird und das scheinbar Selbstverständliche fragend zum Unselbstverständlichen, Erstaunlichen, Merkwürdigen wird. Und wenn er eines Tages mit Staunen und Entdeckerfreude auf das Erfreuliche, das Wunder und das Schöne oder – je nach Stimmungslage und Umweltkonstellation – auf das Anstrengende, Bedrohliche, Zwiespältige, Irrational-Unselbstverständliche oder die Unheimlichkeit der ihn umgebenden Welt und der Lebenszusammenhänge aufmerksam wird – irgendwann, früher oder später, vielleicht mit Hilfe von Eltern, FreundInnen oder LehrerInnen, die einen aufmerksam machen und helfen, Fragen zu stellen und Neues zu sehen. Bis sich all dies – allmählich und vertieft – in die Erstaunlichkeit und Irritation der eigenen Innenwelt, in die schöne und brutale Merkwürdigkeit der Lebenswelt und das Wunder des Kosmos hinein fortsetzt. Anders als bei jedem Tier sind es lange Jahre, die wir Menschen brauchen, um in unserer Welt aufzuwachen und sie uns vertraut zu machen – wenn denn dieser Prozess nicht vertrödelt wird. Wenn dann einmal beim Erleben und Bewusstwerden all dieser Dinge der Menschen laute Lust zu schweigen beginnt, dann, so meint Eichendorff, „rauscht die Erde wie in Träumen wunderbar mit allen Bäumen, was dem Herzen kaum bewusst". Irgendwann, in der Regel, beginnen Menschen – veranlasst durch glückliche oder unglückliche, schmerzhafte Erfahrungen –

ihre eigenen Fragen, Sehnsüchte und Träume zu murmeln (ob sie dies religiös nennen oder nicht). Sie stellen Fragen nach dem, was uns erfüllt und trägt, uns über uns – woher? wohin? – hinausweist, hinaustreibt, weil fraglich wird, woher und warum all dies auf uns zukommt: Wer bin ich? Wie möchte ich leben? Was erfüllt mich? Was muss ich tun? Was packt und zwingt mich unwiderleglich (akademisch gesprochen: Was geht mich „unbedingt" an)? Es stellt sich dann – allmählich deutlicher werdend – die Frage, was wohl das Schöne und Wichtige, vielleicht sogar *das* Schönste und Wichtigste oder unser Grundgefühl vom Leben sei, an dem sich alles andere bemisst und entscheidet: Woran hängen wir unser Herz? und was empfinden wir als Geheimnis in allen uns umgebenden Dingen? Dabei aber bedarf es (so noch einmal Eichendorff) eines oder mehrerer Zauber- und Symbolworte, um das in allen Menschen geheime Lied dieser Themen und die schlafende Melodie der Sehnsucht, des Schmerzes und der Notwendigkeit in unserer (inneren und äußeren) Welt zum Klingen und Schwingen zu bringen, sie zu benennen, sie allmählich in Sprache zu fassen und so die Dinge und das in ihnen verborgene, aus ihnen sprechende Rätsel bewusster zu machen, vielleicht sogar mit Ziel und Sinn zu erfüllen. Lieder und Gedichte erreichen eine Tiefe der Person und des Herzens, wie sie der Gedanke nicht erreicht. Das ist es, was – noch einmal – mit Eichendorffs Liedvers gemeint ist: Es „schläft ein Lied in allen Dingen, die da träumen fort und fort. Und die Welt hebt an zu singen, triffst du nur das Zauberwort." Ein verletzlicher, keineswegs selbstverständlicher Prozess.

Wir alle haben, so lautet die – schon als solche – belebende Vermutung, solch eine geheime, zunächst wortlose und diffuse, schlafende Melodie, eine innere Stimme in uns, die geweckt werden muss, die gewisser Zauberworte und einer Sprache bedarf, damit wir nicht in Sprachlosigkeit verstummen und in Diffusität verschwimmen. Hier trifft die (natürlich bis in ihre Träume hinein längst kulturell mitgeprägte, aber doch dem Menschen) „natürliche Religion und Religiosität", welche zunächst eine diffus-organische Kraft der sich in ihren Poren öffnenden Seele und ihrer Lebenssehnsucht ist, auf die kulturelle Tradition der Sprache und ihrer Zauberworte. Dieses Erwachen der Seele und ihres Eigenlebens – in Träumen und Sehnsüchten, Gedichten und Liedern – ist das Thema der entstehenden Religiosität oder Spiritualität. Aufkeimende Spiritualität bedeutet allermeist das zunächst und notwendigerweise diffuse Empfinden, dass es – ungekannt und unbenannt – irgendetwas gibt, was „größer ist denn unser Herz", wie die Bibel sagt (1Joh 3,20): Irrationalitäten, Mächte, die uns behüten und tragen, aber immer wieder auch Irrsale, die uns in Frage stellen, bedrohen und ängstigen, oder das Geheimnis des großen Kosmos, in dem wir leben und von dem wir umfangen sind. Nennen wir diese dem Menschen in der Regel innewohnende und naheliegende Fragestellung „natürliche Religion".[19]

Gewiss ist Religion – im allmählichen Aufwachen all solcher Fragen und Empfindungen – zunächst vitaler Lebensvollzug, oft genug unterhalb der bewussten und verbalen Ebene. Sie ist staunender, aufbrechender, handelnder, demütiger und dankbarer Vollzug des Lebens und seiner Verantwortungen. Und sie ist, wenn denn so ein Bewusstsein erwacht und ausgebildet wird, Ahnung von und Ehrfurcht vor den größeren Mächten. Aber, weil wir unweigerlich und glücklicherweise – von der Evolution begabt – mit Gedanken, Sprache und Vorstellungen leben und weil wir also worthaft Menschen sind, geschieht dies religiöse Leben und sein Erwachen irgendwann auch im Zusammenhang mit Worten, Bildern und Vorstellungen. Diese entsprechen – wenn es gut geht und sie innerlich stimmen – der Wirklichkeit des gelebten Lebens und erschließen sie. Sie verhindern und missleiten aber – wenn es oft genug schlecht geht und sie verschließend, verzerrend und unwahr sind – das wahre Leben, was immer das sei. Aber es gibt so etwas wie wahres, also auch so etwas wie unwahres, vergeudetes, vertanes Leben. Daher muss jene innere Stimme („Religiosität") immer erst aufwachen und sich bilden – in jedes Menschen freier Verantwortung. Sie, die zunächst inhalts- und bildlose, sprach- und gestaltlose Ahnung und Sehnsucht vom „wahren Leben" ist, wird zunächst meist von frühen Beziehungspersonen oder Erlebnissen der Kinder- oder Jugendzeit geweckt und in Liedern, Versen, Erzählungen versprachlicht und singbar gemacht (oder eben – wie es heute zunehmend der Fall ist – auch nicht, so dass sie stumm und diffus, blind und verführbar bleibt). Sie bedarf der Bildung, des allmählichen Erwachens, der subjektiven Bewusstheit darüber, welches die jeweils zu ihr, zu mir passenden Bilder und Worte, Geschichten und Symbole sind, die mein Herz und Gefühl, mein Bewusstsein und meine Subjektivität ausmachen und ihr entsprechen, damit sie aufwachen, meine eigene werden kann und ich in solchen Fragen nicht überfremdet werde und leer oder ratlos, sprachlos oder hohl bleibe. Ohne diese allmählich zum Sprechen gebrachte innere Stimme bleibt die Annahme jedes Glaubens, bleibt jedes innere Wissen – zunächst sinnvoll, auf Dauer aber problematisch – äußerlich, unangeeignet und fremd. Die innere Stimme, das eigene Gefühl ist der Ort des Begreifens und der Verarbeitung all dessen, was von „innen" in uns aufsteigt. Aber sie ist auch Bedingung der Wahrnehmung und Aneignung alles Wirklichen, Wahren und Gültigen in dem, was uns von „außen" her begegnet – in Menschen und Situationen, Beziehungen und Gesprächen, in Kultur und Natur, in Gottesdiensten und Riten, Theater und Konzerten. Denn es gibt außer der aufwachenden Stimme von „innen" auch eine Wahrheit „von außen", die wahrgenommen und aufgenommen, angeeignet werden muss. So erst entsteht innerer Reichtum und seelische Bildung – keineswegs nur von innen, aber nie ohne „innen". Dies alles sind langsame Wachstumsprozesse in persönlich verschiedensten Varianten.

Woher aber kommen die Themen und Erfahrungen, die „von außen" auf uns zukommen und die Seele ernähren und bereichern? Sie sind Ergebnis der Erfahrung anderer Menschen neben uns und vor uns in der Geschlechterkette der Menschheitsgeschichte: das Wissen und die Leitbegriffe, Symbolworte der Religionen und

Traditionen mithin. Die aber müssen erst angeeignet werden. „Nur dein eigenes Blut bringt den uralten Mund zum Sprechen", so beschreibt Rudolf Borchardt den hier notwendigen Verinnerlichungsvorgang.[20] Hier gibt es ganze Welten an Bildern, Symbolen, Musiken und Gedanken kennen zu lernen, die man nicht gewinnt, wenn man in sie nicht irgendwann eingeführt wird. Ihre bereichernde und leitende, innere Sprache induzierende Bedeutung zu betonen, bedeutet keine Indoktrination, denn jene Grund- und Symbolbegriffe der Tradition haben den Rang eines freien Angebots an die religiöse Autonomie und sie tragen – wie sich zeigen wird – selber Freiheitsgrade der Aneignung in sich. Die Seele muss ernährt werden; sie muss ihre eigene Wahrheit und Sprache lernen. Wenn nichts in sie hineingelegt wird, kann in Zeiten der Not nichts abgerufen werden. Dies ist keine Alternative zu den tief von innen kommenden Bildern und heilenden Formen („Mandalas") der Seele. „Natürliche Religiosität" und kulturell geprägte religiöse Sprache und Tradition müssen sich treffen, sind aufeinander angewiesen.

Dies ist um so mehr zu erinnern, als auch Folgendes zum Bilde der heutigen freien, sich von der Kirche emanzipierenden Religiosität gehört: Die meisten, die sich von den kirchlichen Traditionsinhalten entfernen, schließen sich nicht an andere Gruppen oder an religiöse Gestaltungen anderer Religionen an, sondern geraten in ein Niemandsland, das sie einer inneren Sprach- und Formlosigkeit, Ratlosigkeit und Diffusität ausliefert. Es bedarf daher Bilder, Lieder, Psalmen, Gebete, Musiken, Gedichte, vielleicht auch Riten, die die innere Formlosigkeit imprägnieren und allmählich überwinden. Gerade fremde Bilder und Worte helfen dem Selbstwerden der Seele – wenn sie denn „stimmen", stimmig sind. Wir sind in aller Regel nicht genial und schöpferisch genug, um all dies aus unserem eigenen Inneren selbst neu zu erschaffen. Potentiell, schlafend und vorbewusst sind diese inneren Stimmen und Bereitschaften in uns – so gewiss sie vielfach auch von der Eindimensionalität der uns umgebenden Lebenssysteme oder von individuellen Lebensführungen erdrückt und angepasst, damit aber gelähmt und lähmend desinteressiert werden können. Eine Sprache aber für sie, in der sie explizit, bewusst und lebendig werden können, muss erst in die Seele hineinkommen und sozialisiert werden, damit sie erinnert und abgerufen werden kann – in Zeiten der Not oder der – durchaus nicht leichter zu bestehenden – Alltäglichkeit. Auf diesen Prozess des sprachlichen Aufwachens und der Ernährung durch Bilder und Melodien kommt viel an. Aber eben dieser Prozess gestaltet sich fast immer nur leise, langsam und nebenbei, im Hintergrund – bestimmte Intensitätsphasen und Lebensstufen ausgenommen. Ständig mit derlei beschäftigt sind nur professionelle TheologInnen. Entsprechend ist Religion weitgehend nur *an* andere Lebensprozesse angebundene, „mitgeschehende", daher „mitwahrgenommene", nur selten – aber immer wieder auch und notwendig – eigens und separat für sich thematisierte und erlebte Religion, es sei denn es finden sich einladende Orte und Gelegenheiten, öffentliche und private, welche nötig sind, um mit dem überbordenden Pluralismus der Angebote fertig zu werden. So wie wir für die Nahrung des Körpers sorgen, so bedarf auch die erwachende, heranwachsende Seele ihrer Ernährung und Sorgfalt.

Von der „Religiosität" zur „Religion"

In einem solchen Wachstumsprozess lernt es die innere Stimme und Bewusstheit, sich allmählich auf das Rätsel und Geheimnis zu beziehen, welches in allem und ü- berall („ubique") wohnt und alles Sichtbare – völlig weltimmanent oder metaphy- sisch[21], äußerlich oder innerlich – überschreitet (transzendiert). So beginnt sie, sich – mitten in allen auftauchenden Rätseln, Irritationen und Fragen – dem zu stellen, was „höher als alle Vernunft", „größer denn unser Herz" ist und was – mitten in allem Relativen – unbedingt und gültig wird, packt, „stellt" und innerlich führt. So ent- puppt sich die religiöse Dimension, der explizit religiöse Sinn des existentiellen Sin- nens, Murmelns, Staunens, Dankens, Bittens, Klagens und Hoffens. „Was soll das Ganze? und was geschieht hier mit mir?" Wenn so die fragende Sehnsucht eine Ges- talt, Worte und Bilder bekommt, die ihr Form und Antwort geben, dann ergibt sich allmählich ein religiöses Bewusstsein, bildet sich Religiosität – ob man es so nennt oder nicht: Alles kann zum Ort der Erfahrung von Religion, Unbedingtheit und Transzendenz werden. Nicht alles, was sich in der erwachenden Seele regt, ist religi- ös, aber alles, was sich regt, kann zu Buchstabe, Wort, Organ und Medium der be- ginnenden Religiosität werden. Geschieht dies, so wird aus der nur „psychologisch" verstandenen „Psyche" und ihren Verarbeitungsmechanismen allmählich das, was man menschlich und religiös erst eigentlich als „Seele" des Menschen bezeichnet. Diese empfindet dann nicht nur sich selbst, sondern mit und durch sich selbst das, was die Tiefe ihrer selbst ausmacht, was über sie hinaus weist, was „größer denn un- ser Herz" ist – ob man es „Göttliches" bzw. „Gott" nennt oder nicht. Dann wird aus (Ich-zentrierter) „Religiosität" erst eigentlich „Religion"; denn diese ist mehr als unser subjektives, religiöses Gefühl. „Religion" geschieht, wo unsere Seele sich auf jenes Größere, Tiefere oder Höhere hin ausstreckt und wo wir uns selbst, unser klei- nes Ich überschreiten, nach innen oder außen „transzendieren" und einem Größeren begegnen: einer Kraft oder Autorität, die größer ist als wir selbst – mitten in und an den Dingen und Erfahrungen unserer Welt. Unsere religiösen Gefühle und unsere Religiosität werden dann das *Organ*, mit dem wir uns auf jenes Größere einstellen und zu ihm öffnen. Alles, was wir sind: Körper, Gefühle, Herz, Denken, Geist, kann zu solchem Organ werden. Solange wir uns nur um uns selbst, um unsere religiösen Gefühle drehen (und dies für den Sinn von Religion halten), tritt eine Gefährdung der Selbstvergötzung, der Vergötzung unserer religiösen Gefühle, unserer Religiosität ein, um deretwillen in der Theologie – nicht ohne Grund, wie sich weiter unten zei- gen wird – kritisch und immer wieder *auch* ablehnend von Religion gesprochen wird.[22]

In all diesen seelischen Wachstumsprozessen sind wir Menschen frei, die Symbole und Namen für jenes Größere selbst zu wählen, oder auch – sei es aus Wurstigkeit, sei es aus frommer Hemmung (beides gibt es) – es namenlos und unbenannt zu lassen. Daher können keine Religionstheorie und keine Kirche sich zu Besitzern oder Verwaltern dieser inneren Stimme, ihrer Erfahrung und angemessenen Benennung aufwerfen oder ein Deutungsmonopol behaupten; es darf hier auch keine Vereinnahmung geben, wenn Menschen ihre eigene Religionslosigkeit behaupten und wahren wollen.[23] Darum müssen aber andere (religiöse) Menschen sich nicht ausreden lassen, dass für sie Religion – und mit ihr auch der christliche Glaube – bedeutet, dass wir zu eben der Wirklichkeit hin geschaffen sind, die größer als unser Herz und unser religiöses Bewusstsein ist und die in vielen Schicksalen und Erfahrungen dieser Welt und unseres Lebens begegnen kann. Wir dürfen daran festhalten, dass in aller Wirklichkeit die Spuren des Geheimnisses sich finden lassen, welches, weil es das erste und letzte ist, „göttlich" genannt wird. Das Angesprochenwerden von diesem Geheimnis kann in den verschiedensten Weisen und Formen geschehen. Manchmal drängt es sich auf, manchmal nicht. Niemand muss.

Darum gibt es individuell wie gesellschaftlich sinnvoller- und notwendigerweise immer wieder das Aufbrechen und Aufwachen der religiösen Stimme, und es gibt seit geraumer Zeit bei uns das Erwachen der alternativen Spiritualität jenseits der Kirchen zu beobachten und zu achten, weil sich dieses Bedürfnis oft genug nicht mehr mit den kirchlichen Formen seiner Interpretation und Gestaltung zufrieden geben will und kann. Zu dieser existentiellen oder religiösen Dimension unseres Herzens, unserer Seele, auch unseres Verstandes sind wir, so meint der Heilige Augustin, geschaffen: „Gott, du hast uns zu dir geschaffen, und unser Herz ist unruhig, bis dass es ruht in dir". Auf sie hin sind wir angelegt, die Beziehung zu ihr ist uns einerschaffen – auch jenseits des Wirkungsbereiches aller Kirchen und Religionsgemeinschaften und deren dogmatischen Deutungstraditionen. (Denn dass wir religiös bzw. spirituell sind, heißt nicht, dass wir christlich sind oder werden müssen, so wenig „religiös" zu sein schon bedeutet, an einen persönlichen Gott zu glauben oder glauben zu müssen. Christlichkeit und Theismus sind nur *eine* Gestalt und Lösung der religiösen Frage.) Die Notwendigkeit dieser inneren – religiösen oder existentiellen – Vorgänge aber zu erkennen und sie vernünftig-denkend zu begleiten, das heißt wahrhaft „aufgeklärt" sein – dies sei gegen jede „unvollendete Aufklärung" (C.Fr. v. Weizsäcker) gesagt, die das Thema „Religion" verdrängt und das Ende von Religion durch Aufklärung erhofft. Aufgeklärte Aufklärung wendet sich gegen Aberglauben und Deformation (der Religion wie der Vernunft), nicht gegen die Unausweichlichkeit von Religiosität, Religion und Spiritualität selbst. „Die Wissenschaft führt an die Schwelle einer Erfahrung, die sich der Meditation, aber nicht der Reflexion erschließt. Dies ist vernünftig. Das begriffliche Denken kann einsehen, dass es den Grund seiner Möglichkeit nicht begrifflich bezeichnen kann" und dass es mithin von Voraussetzungen lebt, die es selber nicht schaffen kann. Wir zitierten diese Einsicht schon.

Weitere Erfahrung von außen – die politische Welt als Ort religiöser bzw. spiritueller Erfahrung
Ich sagte vorhin, dass *alles* zum Ort und Medium von Unbedingtheit und Transzendierung, zum Auslöser der inneren Stimme werden könne. Wenn aber überall, dann kann nicht nur von „innen", sondern auch von „außen" her religiöse Erfahrung gemacht und in Gang gesetzt werden, und das nicht nur in der Begegnung mit der Tradition, mit Texten, Bildern und Gedanken anderer Generationen und Kulturen. Es gehört hierzu ebenso das Angesprochen- und Gepacktwerden von ästhetischen Erfahrungen des ergreifenden oder erschütternden Schönen – sei es im Kino, im Museum, im Theater oder in der Natur – oder von menschlichen, ethischen und eben politischen Erfahrungen: den Erfahrungen von Ungerechtigkeit und Leiden. Auch diese äußeren Eindrücke werden oft zum Anfang der Erfahrung von Unbedingtheit oder einer inneren bzw. religiösen Identität. Darum ist in christlicher Perspektive – nach dem sog. Doppelgebot Jesu – der „Nächste" und mit ihm unabweislich auch die Gesellschaft und das Politische ein Ort, an dem religiöse oder „Gottes"erfahrung ihren Ausgang nehmen kann – unabhängig davon, ob man dabei an einen existierenden Gott glaubt oder nicht. Gewiss, auch diese Erfahrung „von außen" bedarf der inneren Wahrnehmung, Annahme und Verankerung; aber auch sie ist ein möglicher und legitimer Auslöser der inneren Stimme, die man heute meist Empfindung von „Solidarität" oder „Verantwortung", traditionell „Gewissen" nennt. Das „Gewissen" (ein innerstes und bewusst werdendes Wissen) ist es, welches mich zwingt, mich auf etwas einzulassen und irgendeinem Gefühl Folge zu geben, welches meinem normalen, üblichen Leben und Wohlbefinden vielleicht gar nicht nahe liegt; es veranlasst mich, mich der politischen Erfahrung von menschlichem Leid und von Ungerechtigkeit auszusetzen, sie in mich einzulassen, mich ihnen zu stellen. Der Ausgangspunkt dieser Erfahrung ist dann zunächst nicht eine innere Frage, sondern eine von außen aufgezwungene Notwendigkeit, die ich an mich heran oder in mich herein lasse, weil aus ihr eine innere Notwendigkeit oder („religiös") das Gebot „Du sollst lieben …" spricht. Dies weist noch einmal darauf hin, in wie hohem Maße unser Inneres auch von außen her lebt, von außen her provoziert, belebt und ernährt wird, der „Außenleitung" bedarf und ihr zugänglich ist. Dieser Ausgang der religiösen Erfahrung vom Politischen ist immer wieder für viele Menschen eine Möglichkeit und Notwendigkeit ihrer beginnenden inneren Stimme und Bewusstheit. Die politischen Theologien, die dies thematisieren, sind daher eine unverzichtbare Notwendigkeit im Raum der Kirche und irgendwann auch ein Angebot, eine Herausforderung für jede seelische, innere Welt; denn die freie Religiosität ist heute fast durchweg unpolitisch und nur innerlich. Es ist gut, sich auch dieser von außen, von Politik und Gesellschaft induzierten Möglichkeit des religiösen Erwa-

chens immer bewusst zu sein. Man sollte diese Möglichkeit aber nicht dogmatisieren und zur Notwendigkeit, zum Zwang erklären. Sie ist für die meisten von uns erst einer der späteren, weiteren „wachsenden Ringe, die sich über die Dinge ziehn".

Diese so ganz verschiedenen Erfahrungen – die von innen wie die von außen – sind es, die sich wellenartig in den Menschen in immer weiteren Kreisen allmählich ausbilden, ausbreiten.

Die Allmählichkeit der inneren Stimme und der Gewissheit

Erst wenn mit diesen Erfahrungen ein gewisses Wachstum und inneres Einswerden – durch Selbsterfahrung, Fremderfahrung, tägliches Tun, Meditation oder anderes – in uns stattfindet, entsteht eine aus all dem allmählich erwachsende innere Stimmigkeit und Gewissheit. Die religionspsychologische Kultur der 1970er und 1980er Jahre mit C.G. Jung einerseits und den verschiedensten Formen der asiatischen Meditation andererseits haben die Wichtigkeit dieses Themas mit Macht in den Mittelpunkt gestellt und – angesichts unserer Unerfahrenheit mit der Stille und der Ängstlichkeit vor deren (zunächst drohender) Leere – eine Kultur des zu lernenden Schweigens für viele Menschen wichtig und auch für die christlichen Kirchen unabweisbar gemacht. So – nicht nur, aber immer mehr auch so – wächst die religiöse innere Stimme, wird der innere rote Faden dieser Themen in uns angesponnen.

Diesen auf Dauer unverleugbaren inneren Zug gibt es im Menschen offensichtlich, und unsere biographische Aufgabe und Verantwortung ist es, ihm Raum zu schaffen, ihn wachsen zu lassen und zu gestalten – oft mit notwendigen Unterbrechungen, durch Liegenlassen oder durch Phasen der Trivialität und Ablenkung, die wir auch brauchen. Auch diese innere Stimmigkeit und Gewissheit kann sich – wie die beginnende innere Stimme – nur allmählich bilden, sie fällt nicht vom Himmel, wird nicht einfach „zugesprochen", sondern braucht einen langsamen und allmählichen Prozess des Hineinwachsens und Innewerdens. Nicht immer ist alles Wichtige wichtig, nicht immer alles Wahre dran und wahr.

Gefährdungen und Verführungen der religiösen Suche – Götzen und Vergötzungen

Jedoch, dieser Bildungsprozess ist deformierbar – wie jeder lebendige Wachstumsprozess. Auf seinem Wege lauert von jeher immer wieder eine Gefahr, welche darin begründet ist, dass wir als wesenhaft bezogene, gesellschaftliche, dialogische und osmotische Wesen offen und in Beziehung leben. Wir sind daher offen für Bilder und Suggestionen jeder Art, für positive wie für negative Einflüsse und Sozialisationen, für seelisch Wahres und Unwahres; von beidem ist unsere Gesellschaft voll.

Dies müssen wir wissen und daher lernen, in einem Prozess der inneren Bewusstwerdung und Unterscheidung alles Andrängende zu handhaben. Zu den Themen und Begriffen „von außen" gehören daher – außer den oben besprochenen lebensnotwendigen – auch die ständig auf dem Unterhaltungs- und Weltanschauungsmarkt sich uns aufdrängenden Sekundär- und Tertiärmaterialien, die Herz, Geist und Gemüt allzu leicht besetzen, wenn ihnen keine innere Sprache und Gegenwelt entgegengesetzt wird. Die daraus sich ergebende innere Leere und Wehrlosigkeit, ja drohende Verformung – was immer das nach individuellem Urteil, das jeder für sich zu verantworten hat, sein mag – dürfte ein wesentliches Element der faktischen (nur zu oft sekundär d.h. von Surrogaten besetzten) Quasi-Religiosität sein, die immer um uns her und in uns umgeht. Diese Situation und Aufgabe zu bewältigen, muss in Krisen und auf Irrwegen immer wieder neu gelernt werden, indem unser Gefühl für derlei Verführungen und Klärungen sich allmählich entwickeln muss. Wovon lasse ich mich in meinem „dunklen Drange" zu leben besetzen und erfüllen? Dies zu klären und zu handhaben, dazu bedarf es der wachsenden Erfahrung der inneren Stimme, der Kraft einer Gegenwelt und der Bildung von inneren Qualitätskriterien, die sich in den Lebensprozessen ergeben – individuell und in eigener Verantwortung, aber auch im Dialog mit anderen Menschen, Generationen und Traditionen. Niemand schafft sich allein aus sich selbst. Gut, wenn man Orte solcher Thematisierung und Klärung findet; für derlei Themen müssen sie strukturell und atmosphärisch geeignet sein, wenn sie gute Orte sein wollen.

Dasselbe gilt es auch in religiöser Hinsicht zu beachten. Denn spirituelle Erfahrung lehrt, dass es so etwas wie wahres und unwahres Leben, also auch gültige und unwahre Religiosität, Glauben und Aberglauben, dass es Gott und dass es so etwas wie Götzen und Vergötzungen gibt – was immer jeder darunter in völliger Freiheit seiner Wahrnehmung und Entscheidung verstehen mag. Nur *dass* es dergleichen – zunächst nur als Hypothese – gibt, sollte jeder/jede wissen und beachten. Wenn wir nicht eine der Gestalten und Symbole der wirklichen Wahrheit oder wahren Wirklichkeit – d.h. des Göttlichen (welchen Sinn, Namen und Gesicht dieses auch immer haben möge!) – wählen und uns sinnvoll mit ihnen auseinandersetzen, dann werden wir – so sagt eine alte, bewährte Regel – auf die Unwahrheit des Abgöttischen oder Götzenhaften (in welcher Gestalt auch immer) hereinfallen und sie im Herzen haben[24]. Denn dieser Platz im Herzen bleibt auf Dauer niemals unbesetzt. Wir entgehen, so lautet die anthropologische Theorie, dem Glauben an irgendetwas nicht: „man kann nicht nicht-religiös sein", wir sind „unheilbar religiös" (N. Berdjajew). Denn jeder glaubt, um zu leben und das Leben bejahen zu können, irgendetwas. Wer sich daher dieser Frage nicht sinnvoll und vernünftig d.h. angemessen zuwendet – was immer das für jeden und jede heißen mag –, wird zum Opfer von Schlecht-Irrationalem, Sinnlosem, Surrogathaftem, welches die ihm zugemutete Last der Lebenserfüllung auf Dauer nicht tragen kann. Es gibt eben so etwas wie Götzen: das sind die kreatürlichen oder vorletzten Größen, denen die Erfüllung der entscheidenden und letzten Lebenserwartung zugemutet wird und die sie, als vorletzte eben, nicht erfüllen können und daher enttäuschen müssen. Und diese Surrogate gewinnen Macht und erfüllen das Innere, je weniger wir – vorbereitend und in trial-and-error-

Prozessen prüfend – mit eigenen Bildern und Alternativen erfüllt und gewappnet, je leerer und anfälliger wir für sie sind. Von dieser Art sind z.b. der Glaube an Horoskope (nichts gegen seriöse!), die „quasi-religiöse", abergläubische Überidentifikation mit Musik- oder Fußballgruppen („Hertha, du bist mein Gott", „Gibt es einen Fußballgott?"), die Hochstilisierung und idolartige Verehrung von Menschen (Michael Jackson, Elvis Presley, Diana …), die zu Recht dekuvrierende Bezeichnung unserer üppigen Kaufhäuser als Kathedralen der Gegenwart, die Gefährdung und Überanstrengung von Liebe und Sexualität durch fast unendliche Erwartung an sie[25] oder das alles Seelische einebnende Vertrauen auf einen weltanschaulichen Pragmatismus bzw. Positivismus in verschiedensten Varianten. Eine realistische Religionstheorie und -wahrnehmung darf sich nicht zu schade und zu nobel sein, auf all diese Erscheinungen als Teil und Thema der faktischen Religiosität aufmerksam zu machen. Denn sie und viele andere stehen immer bereit, die Stelle des Glaubens und des Herzens einzunehmen, welches nach Sinn sucht, nach Erfüllung sich sehnt und sich auf Dauer nie der Erfüllung enthalten, nie leer bleiben kann, – nicht zu reden von der weltanschaulichen, fast religiösen Gläubigkeit, mit der der Globalisierung des Marktes, der durchdringenden Ökonomisierung aller Lebensbereiche oder den technologischen Möglichkeiten von Wissenschaft und Technik vertraut und Zukunftsbewältigung wie Lebenserfüllung zugetraut wird. Wahrlich nicht nur bestimmte Arten von „Religion" können Opium fürs Volk sein! Wer an nichts Gültiges glaubt, glaubt an vieles, was in das Vakuum des Herzens einströmt, und erfüllt sich mit vielen Wichtigkeiten, um die bohrende Stille und beunruhigende Leere und Ratlosigkeit zu übertönen (bis zu fast weltanschaulich-religiösem Jubel und entsprechend tiefgreifender Verzweiflung bei Sieg oder Verlust in bestimmten Fußballspielen). Derlei nutzt sich, da es Surrogate sind, ab. Daher die wachsende Beschleunigung im Wechsel medialer, gedanklicher oder unterhaltender Moden der Erlebnis- und Spaßgesellschaft. Diese kleinen Götzen verbrauchen sich schneller als die stabilen und immer schon großen, von denen die eigentlichen Götzen von Format: Mammon und Sexualität sich dauerhaft erhalten. Sie stellen ja auch in ihrer Schönheit und Wichtigkeit – abgesehen von Kunst und Religion – die größte Bereicherung und Verführung in der Schöpfung dar und müssen daher immer wieder erst erlebt, durchgestanden und lebensmäßig durchgearbeitet werden, damit man ihre Stellung in der wahren und eigenen Prioritätenliste herausfinden kann. „Woran du dein Herz hängst, das ist dein Gott", so hat Luther diesen Sachverhalt bündig benannt. Und sollte Jesus letztlich doch Recht haben, wenn er meint „Niemand kann zwei Herren dienen: … Ihr könnt nicht Gott dienen und dem Mammon", dem wahren Leben und der Sexualität bzw. dem Kapitalismus (Mt 6,24)?[26] Glücklich, wer in seiner Lern- und Lebensgeschichte irgendwoher gehört hat und weiß, dass es ein oberstes „X" – eine unbekannte Größe und Instanz – gibt, dessen Stelle – um der Integrität der eigenen Seele willen – freigehalten werden muss und neben dem du keine anderen Götter als das wahre Leben, als die Wahrheit des Lebens haben sollst. Gewiss hat dieses oberste „X" verschiedene Gesichter und Varianten: das mag sein und muss ausprobiert werden. Aber diese Frage zu kennen und diese Stelle fragend zu umkreisen und offen zu halten, das kann beim allmählichen Herausfinden der eigenen Werte- und Prioritätenskala vielleicht doch wachsamer und bewusster machen. In der Theologie hat man hierfür die Formel von der notwendigen Unterscheidung des Letzten von allem Vorletzten, Geschöpflichen und Kreatürlichen gebildet. Wer nicht bedenkt, dass es irgend ein Letztes gibt – auch wenn er/sie nicht weiß, was und wie dieses ist –, wird immer wieder allzu leicht und unbedacht Surrogaten den Wert von Letztem geben und sich so Lebensunwahrheit und Enttäuschungen einhandeln. Die Götzen können das Versprechen des Lebens und der Erfüllung, das sie geben oder ausstrahlen, nicht erfüllen und einhalten. Allein schon zu wissen aber, dass es so etwas wie Götzen und unwahres Leben gibt, hilft und macht wachsamer.

Dabei ist es oft genug notwendig und fast immer unvermeidbar, dass wir in eigenen Lebensprozessen – vorübergehend? – in solche unhaltbaren Verabsolutierungen und Überidentifikationen hineingeraten, an Vorletztes – menschlich, politisch, kulturell – unser Herz hängen und es vergötzen, dabei allmählich die innere Unwahrheit dieser Grenzverletzung erleben und uns aus ihr dann allmählich herausarbeiten müssen. Dies macht den Reiz und Schmerz der eigenen Lebensfindung aus. Man kann eine Frau oder einen Mann wahrhaft abgöttisch lieben, was zum Schönsten gehört, das man erleben kann, aber auf Dauer nicht bekommt und was nicht geht, weil es menschlich und seelisch unwahr ist. Man kann politische Ziele oder sexuelle Beziehungen mit geradezu religiösem Rang ausstatten, an sie glauben und sich die entsprechenden Resignationen einhandeln. Das sind die lebendigen Prozesse des lebendigen Religiös- und Gläubigwerdens. Religion und Spiritualität sind notwendigerweise immer wieder undomestizierte und irrlaufende Formen der Urerfahrung, bis man findet, was man für sich als letztlich gültig, wahr, religiös, als „göttlich" bezeichnen möchte. Man sieht – es handelt sich bei der religiösen Frage nach Wahrheit bzw. Unwahrheit des Lebens, nach wahrem Göttlichen oder Götzen um vitale Fragen der Lebensentwicklung und um den Kanon der Wertigkeiten und Wichtigkeiten: Fragen, die durchwandert, durchirrt und durchlebt werden müssen.

Es gehört daher zum Wissen alterfahrener Religion und ihrer Theorie (Theologie) – keineswegs nur unserer christlichen –, dass es so etwas wie Wahrheit und Unwahrheit, also auch „Götzen" (bzw. das im Buddhismus so eindrucksvoll thematisierte Anhangen an der Gier) in diesen Fragen gibt. Dies erweist und bewährt sich selbst dann, wenn niemand außer uns selbst, auch keine religiöse Institution, darüber zu entscheiden hat, was Wahrheit und was „Götze" ist. Auf diese bewährte Einsicht aber hinzuweisen und Kritisches über die Gefahr der Vergötzung zu erinnern – das dürfen und müssen die Traditionen und Institutionen religiöser Erkenntnis als kollektive Erinnerungsformen religiöser Erfahrung den Menschen präsent halten und der Gesellschaft nicht schuldig bleiben. So wie es in Psychologie und Psychotherapie gewisse Gesetze und Strukturen (Übertragung, Widerstand, Projektion u.a.) gibt, die den psychologischen Prozess steuern und strukturieren, ohne die Freiheit der Beteiligten aufzuheben oder einzuengen, ja vielmehr gerade erst Freiheitsgrade durch Einsicht in sie gewähren und ermöglichen, so beeinträchtigt es auch die Freiheit religiöser Entwicklung nicht, sondern fördert und konstituiert sie geradezu erst, wenn man gewisse Grundgesetze und Sachverhalte religiösen Lebens und ihrer möglichen Verirrung kennt und zu beachten lernt. Zu diesen gehört das Wissen und Bewusstsein von religiöser Projektion und Übertragung, also von Unterscheidung echter und falscher, wahrer und vergötzter Religion. Überall soll es Missbrauch geben, nur in der intimsten aller seelischen Fragen, der religiösen („woran hängst du dein Herz"), nicht?

Schon allein dadurch, dass wir diese Unterscheidung lernen, bedenken und allmählich unsere Erfahrung mit ihr machen, wird das (religiöse) Lebensbewusstsein aufmerksamer, wachsamer und kann nach Kriterien und Fallstricken – in eigener Verantwortung, aber eben auch von den Einsichten und Anregungen religiöser Traditionen profitierend – sorgfältiger Ausschau halten. (Vermutlich wissen diejenigen, die die Kaufhäuser als Kathedralen der Gegenwart bezeichnen, gar nicht, was sie sich und der Frage und Suche nach dem Leben damit antun!) Dabei bleibt es – noch einmal sei dies betont – völlig frei und den eigenen Erfahrungs- und Entscheidungswegen vorbehalten, was hier bewährt und was unecht sei, aber erlebt und durchlebt werden muss dies. Auch diese Erkenntnis ist einer der religiösen, spirituellen „Ringe", die sich „über die Dinge ziehn" müssen. Die Unterscheidung von Gott und Götzen, echter und falscher Religion ist keine autoritär-dogmatische, sondern vielmehr eine, die gerade nach der Autonomie des religiös urteilenden und wachsenden, wachsamen Menschen ruft, der die Tiefe seiner eigenen Seele zu bedenken lernt. Hierfür muss es Orte religiösen Lernens geben.

All dies betrifft das Thema Religion und Religiöswerden.

Kurze Erinnerung an klärend-kritische Theologiebegriffe

An dieser Stelle wird vielleicht begreiflich, warum in mancherlei theologischen Traditionen[27] „Religion" immer wieder kritisch betrachtet und *gegen* Gott, Glaube, Reich Gottes, Christus und Offenbarung gestellt wurde und wird. Dies geschieht, weil sich Menschen in ihrer „Religion" oder „Religiosität" allzu leicht nur um das ihnen und ihrem religiösen Gefühl Sympathische, Schöne und Angenehme, also eher um sich selbst und ihre religiösen Gefühle drehen, hingegen das „Fremde", Entgegengesetzte und Heilige des Göttlichen, das Schmerzhafte ebenso wie Schuld und Schatten gerne verleugnen und so im Vollzug ihrer Religion und Religiosität sich an ein Stück Unwahrheit, Verdrängung oder gar Selbstvergötzung verlieren. Es gehe um Gottes Willen, nicht um unsere Wünsche, so hat K. Barth diese Einsicht einst zusammengefasst.[28] Im Religionsbegriff – und entsprechend in dem, was man heute verbreitet „Spiritualität" nennt – ist deswegen stets diese Gefährdung mitzuerkennen und daher mit Recht Vorsicht – gegenüber uns selbst also – geboten. Daher ist in der Tat diesen Bedenken und Vorbehalten, sofern sie eine ständige *Möglichkeit* – allerdings keine kategorische *Notwendigkeit* – bezeichnen, Recht und Folge zu geben.

Indessen – ähnlichen Gefährdungen sind alle jene oben genannten christlichen Gegensatzbegriffe (Glaube, Offenbarung, Gott, Reich Gottes, Christus) immer wieder in ganz ähnlicher Weise ausgesetzt gewesen und immer wieder auch erlegen.[29] Generell muss daher auch im Blick auf den Religionsbegriff die Regel gelten, dass der Missbrauch eines Begriffs und einer Vorstellung die Legitimität seines Gebrauchs nicht aufhebt. In diesem Sinne wäre bei einem Begriff, der so fundamental die anthropologischen und spirituellen Grundlagen des Menschseins betrifft und ausdrückt, eher auf Sorgfalt und Vermeidung der Gefahren zu achten, als seine Illegitimität zu erklären und seine Aufhebung zu verlangen. All jene dialektisch-theologischen und anderen (konfessionellen) Kritiken am Religionsbegriff sollten daher der Sorgfalt und Präzision des Religionsbegriffs, nicht aber seiner Ablehnung zugute kommen. Welcher Name sollte denn sonst der dem Menschen einerschaffenen „natürlichen" (und selbstverständlich auch deformierbaren und gefährdeten) Korrelationsfähigkeit zu „Gott", zum Göttlichen, zum Ewigen („was immer oder wer immer das sei") und zu religiösen Themen gegeben werden wenn nicht der der Religion oder Spiritualität? Es ist eine Disposition des Menschen, der der Hl. Augustin mit seinem bereits zitierten Satz „Du hast uns zu dir geschaffen …" unsterblichen Ausdruck gegeben hat. „Religion" und „Spiritualität" sind einstweilen noch immer die kulturell und menschheitsgeschichtlich am meisten anerkannten Namen dieses anthropologischen Sachverhalts, obwohl derzeit auch diesen gegenüber – nicht nur dem Christentum – eine neue Entfremdung und erstaunliche Distanzierung zu beobachten ist: Von vielen Menschen wird zur Zeit religionskritisch vor allem die Konnotation von Religion mit Unterdrückung (biographische Erfahrungen mit der Kirche, unter Hinweis auf Inquisition und Hexenverfolgung) und anti-autonomer Unfreiheit der Kirche empfunden.[30] Daher sollte m.E. – auch wenn man diese Begriffe „Religion" bzw. „Spiritualität" innerlich als theologische Kompassbegriffe festhält – formal und pastoral auf ihrer Verwendung nicht bestanden werden. Gleichgültig, welchen Namen man dieser anthropologischen Grundkonstante („man kann nicht nicht-religiös sein", „wir Menschen sind unheilbar religiös", „wir sind zu ihm geschaffen") geben mag – Existentialität, Lebensbewusstheit, Religion, Spiritualität oder sonst einen: der Sachverhalt selbst sollte, beschreibend und phänomenologisch, im Mittelpunkt der Aufmerksamkeit und Überlegung stehen. Seine Namen aber müssen der individuellen Entscheidung frei und überlassen bleiben.

Steigen wir nun – im Bewusstsein der beschriebenen Gefährdungen – noch einige Stufen tiefer in die Erfahrung von Religion hinein. Denn jetzt muss sich zeigen, ob auch im Zusammenhang von Religion, Religiosität und Spiritualität diejenige Tiefe der religiösen oder „Gottes"erfahrung erreicht wird, um deren Ausblendung willen Religion und Religiosität kritisiert und als unerlaubter Weg und Versuch des Menschen, von sich aus zu Gott zu kommen, immer wieder abgelehnt wird.

Religion über alle Vernunft, im Finstern glauben – Spiritualität „über uns hinaus"
Seele und Religiosität, die in der oben beschriebenen Weise wachsen, sind die Wurzel der ganz eigenen Aneignung und Überzeugung. Als solche können sie aber auch an den Rand ihrer selbst, sogar über sich selbst hinausgeraten und so vielleicht erfahren,

dass man manchmal nur „im Finstern", „über alle Vernunft" leben, glauben, vertrauen und nicht wirklich wissen kann, was Wahrheit für die Seele ist. Hier kann – irgendwann, nicht gleich und dann individuell durchaus verschieden – auch erfahren und gelernt werden, dass wir alle von uns selbst erdachten, uns einleuchtenden Bilder und Begriffe fahren lassen müssen, weil das letzte ungekannte (daher „göttlich" genannte) Geheimnis alle unsere Bilder und Begriffe übersteigt. Das sind die wehrlos durchzustehenden Finsternisse, von denen Johannes v. Kreuz immer wieder spricht. Hier kann auch erfahren und bewusst werden, dass in „Religion" und religiöser Erfahrung nicht nur angenehme Dinge geschehen und zugemutet werden, weil Wahrheit nicht nur zu Gefallen ist. Schuld, Schicksal, Sterben, Zumutungen der menschlichen und politischen Erfahrung erscheinen oft genug in den jeweiligen biographischen Verwickelungen, die angenommen werden müssen. So treiben sie uns über uns hinaus und erweitern unseren Lebens- und Fragehorizont. Wer sich auf den Weg solch religiöser Erfahrung begibt, riskiert, dass ihm dort ganz andere Dinge widerfahren, als er/sie sich das gedacht hat. Das ist es, was man in der Theologie die Erfahrung des „Extra Nos" (Etwas „über uns hinaus", „außer uns", jenseits unserer Kategorien und Möglichkeiten) nennt, welches von außen kommen (erfahren oder „zugesagt werden") muss. Ein solches Extra Nos kann aber auch mitten im Herzen (von „innen"), aus der inneren Tiefe und Biographie aufsteigend sich ereignen und bewusst werden. Um eine von C.G. Jung immer wieder benutzte Analogie in Anspruch zu nehmen: Auch Träume können solche begegnenden Stimmen und Botschaften sein, die über alle Erwartung und vorgenommene Vorstellung gehen. Ihnen muss man, obwohl sie aus dem eigenen Inneren auftauchen und in ihm erscheinen, gehorchen: eben weil sie aus dem eigenen Inneren kommen, daher unwiderleglich sind, zugleich aber doch als fremde Stimmen, die im eigenen Unbewussten erscheinen, Gehorsam verlangen und durchaus Unangenehmes zumuten können. Daher konnte C.G. Jung davor warnen, mit diesen Themen zu spielen, ohne Not sich in solche allzu tiefen und innerlichen Erfahrungen zu begeben, hinter die eigenen Kulissen schauen zu wollen und so „das Allerschwierigste, ja das Unmögliche" zu wagen: „sich selber in seinem erbärmlichen Sosein [zu begegnen und] anzunehmen. Schon der bloße Gedanke daran kann einen in Angstschweiß versetzen".[31] In solchen Erfahrungen wird daher die Beliebigkeit der „Religion im Angebot", der Religiosität im „Supermarkt" überwunden, die, wiewohl immer eine Gefahr darstellend, doch ein notwendiger Ausgangspunkt und eine vielfach unvermeidliche – daher nicht zu scheltende – Durchgangsstation, nicht aber notwendiges Endergebnis sein müssen. In ihnen geschieht das allmähliche Erwachen der Seele, beginnt das Eigenleben der Seele, das Lernen der Transzendenz d.h. des Hinauswachsens über sich selbst (nach innen oder nach außen), über das kleine Ich in das größere „Selbst" (wie Jung in Anlehnung an indische Sprechweisen sagt).

In den zweideutigen Zonen solcher Zufälligkeit und Beliebigkeit also fängt der

Prozess, den Jung das „Erwachen der Seele" nennt, unvermeidlich an und er führt allmählich– sich differenzierend und präzisierend – durch sie hindurch hin zu der größeren Wahrheit, die wir suchen (oder ahnen). So entsteht genuine Religion und Spiritualität, Erfahrung jenes Größeren, die man sich nicht aussucht, die einem vielmehr widerfährt. Ein langer Weg. Im religiösen Verständnis wird Seele oft erst *allmählich* zu einem Organ und Gefäß für das, was größer ist als sie selber, – durch etwas, das sie in (von außen oder von innen her) begegnenden Erfahrungen „stellt" und „packt", sie in Schicksalen und Lebenswegen führt und zwingt. Immer wenn die Alltäglichkeit unserer bürgerlichen Welt einen Riss bekommt und Beunruhigung, Freude, Dank, Erfahrung eigener Schmerzen, Erschrecken über die eigenen Leiden und die Leiden anderer oder der Einbruch des Heiligen – in welcher (ästhetischen, ethischen oder sakralen) Weise auch immer – durch die so entstehenden Ritzen hindurchdrängt, dann ist eine Grenze unserer bisherigen Welt erreicht und eröffnet. Und immer, wenn die Unabschüttelbarkeit des Liebesgebots im Privaten oder Öffentlichen, Politischen sich aufdrängt und die Normalität unseres bequemen Lebens unterbricht (um dann in dieser Normalität und unter ihrer Oberfläche begleitend weiter mitzugehen), dann ist das „Jenseits" unserer bürgerlichen Welt, dann sind die immer wiederkehrenden Stunden der Wahrheit gekommen. Immer weitere „Ringe" der spirituellen Erfahrung sind es also auch hier, die sich „über die Dinge" und durchs Herz ziehen und die sich im Begegnen Gottes bzw. des Göttlichen und der konkreten menschlichen oder politischen Wirklichkeit bilden und ergeben können.[32]

Das entstehende geistliche Alphabet – von der Kirche respektiert und ernährt?
Dieser Prozess zwischen Bildung und Gefährdung der inneren Stimme, von dem hier nur beispielhaft ausgewählte Stufen und Weisen angesprochen wurden, schafft langsam in den betreffenden und beteiligten Menschen eine Bildlichkeit und Sprache. Er erzeugt die Grundbuchstaben der je eigenen Religiosität und Spiritualität – oder eben nicht. In diesem negativen Falle entsteht (oder bleibt) ein Vakuum, was heute vielfach, mehr als früher, der Fall ist, und welches dann, wie vielfach belegt, zu neurotischen Entwicklungen führen kann.[33] Es ist ein Schade für die Menschen und unsere Gesellschaft, nicht für die Kirchen, wenn diese Bildungsprozesse der inneren Stimme verdeckt oder unmöglich bleiben, weil die seelische Kraft hierzu fehlt, alles zum Event werden muss oder die Gewalt der Medien all dies verschweigt oder verdächtigt. Sofern die Bildung der inneren Stimme und ihrer Sprache aber geschieht, können die mehr oder weniger entwickelten oder bewussten Anfänge eines inneren roten Fadens, der inneren Kontinuität entstehen, kann jenes Erwachen der Seele und d.h. faktisch der Religiosität bzw. Spiritualität beginnen. Die innere Stimme ist Ausdruck der Tiefe und Wahrheit, die im Selbst oder in zwischenmenschlichen oder politischen, ethischen, ästhetischen oder kosmischen Begegnungen (in der Natur) erfahren werden kann. Daher ist diese innere Stimme von einer unendlichen individu-

ellen und geschichtlichen Plastizität und Vielfalt – wie aber auch von einer erheblichen Verführbarkeit und Gefährdung.

Dies alles aber, was fragend, wahrnehmend, verehrend oder erschreckend im Gefühl und im Denken von Menschen erscheint, sich regt und vor sich geht, das darf erwarten, dass es – in all seiner Anfänglichkeit oder stotternden Diffusität, Unsicherheit, vielleicht durchaus auch in seiner Nichtigkeit oder drohenden Vergötzung – von den Kirchen und ihren Geistlichen ernstgenommen und geachtet wird. Nur dann kann es sich heraustrauen und in Kontakt mit neuen Themen und Informationen, mit den im Leben und Sterben bewährten Bildern und Grundworten des christlichen Glaubens geraten. Erst wenn das Vertrauen zu den Kirchen entsteht, dass man mit all solchen eigenen und anfänglichen Gedanken, Phantasien und Empfindungen sich heraustrauen und sie aussprechen darf, ohne zensiert zu werden und Ablehnung zu erfahren, können die Kirchen zu Orten wachsender freier Religiosität und wirklichen Glaubens werden. Gewiss, zunächst ist Religiosität oft jener mehr oder minder unverbindliche „Gemischtwarenladen" dessen, was auf dem Markte ist. Woher anders als aus dem allgemeinen und diffusen Angebot der Öffentlichkeit sollen denn die Erstinformationen und Ausgangspunkte der eigenen Entwicklung auch genommen werden, da die Familientraditionen immer weniger prägen? Der christliche Glaube und seine Kirchen genießen das Vertrauen, ein solcher Ausgangspunkt sein zu können, ebenso schicksalhaft wie schuldhaft nur noch bedingt. Aber nur wenn dies von der Kirche und ihrer pastoralen Arbeit eingesehen wird, und wenn diese spezifische religiöse Ausgangslage anerkannt und – als Bedingung der Freiheit – bejaht statt unwahrgenommen diffamiert wird (geschehe dies noch so subkutan und unausgesprochen), dann kann die wahrlich notwendige Hilfe zur Klärung dieser diffusen Ausgangssituation durch die Kirche angenommen werden; dann kann die Substanz der christlichen Grundworte und Texte, Lieder und Bilder in den Wachstums- und Lernprozess eingeführt und zur Geltung gebracht werden, kann an der Überwindung der Ratlosigkeit und Beliebigkeit im religiösen „Gemischtwarenladen" gearbeitet werden. „Nur was wir akzeptieren, kann sich verändern", heißt es dazu bei C.G. Jung.[34] Diese Hilfe aber wäre von ungeheurer Wichtigkeit, da die heranwachsende Religiosität nun einmal – wir sagten es bereits – der bewährten Traditionen und gültigen Angebote „von außen", also auch der Kirchen und anderen Religionsgemeinschaften, bedarf. Denn die innere Frage, Suche, Sehnsucht und ihre allmählich aufwachende Stimme, das innere Organ (Troeltsch: das religiöse „Apriori") ist zunächst diffus und beginnt sich erst zu ahnen und zu bilden – weit über die bisher bekannten Formen hinaus. „Wer lebt schon ohne Vorlage?", hat ein kluger Zeitgenosse dazu gemeint. Auch im Geistigen und Moralischen kann und muss das Rad der Geschichte nicht immer von neuem erfunden werden, auch wenn wir deren Aneignung und Neugestaltung immer neu durchmachen müssen.

Entsprechend hat die Tradition der Religionen – nicht nur der christlichen, aber auch ihre – im Leben und Sterben bewährte Grundbuchstaben des beginnenden innerlich-existentiellen Alphabets (die man aufnehmen und verändern, in die man sich aber auch – weil man vielleicht innerlich sonst überfordert wäre –, fügen, bergen und – sei es auf Zeit – sich ihr anschließen, die man übernehmen, mitmurmeln, mitbeten und nachsprechen kann). Die aufwachende Seele bedarf der Spracherlernung, der gedanklichen Klärung, der Ernährung durch Texte, Bilder und Lieder, die sie erreichen und erfüllen. Sie bedarf – religiös oder nicht so genannt – des Aufwachens, des Sprechen- und Empfindenlernens und der (ggf. kritischen) Hilfen hierzu. Sie bedarf aber nicht der kirchlichen oder theologischen Zensur, Ablehnung und Herabsetzung, weil sie vielleicht – dogmatisch oder politisch gesehen – eher ungenügend, unwahr oder eo ipso abgöttisch wäre – selbst wenn wir Theologen dies, in mancher Hinsicht oft völlig zu Recht, meinen. Aber theologische Richtigkeit und seelische Richtigkeit sind zweierlei, wenngleich zusammenhängende Dinge, die es allmählich unterscheiden zu lernen gilt! Auch falsche Nahrung, die sich als unverträglich oder Gift erweist, muss oft erst ausprobiert werden. Daher können und dürfen die Begriffe „Religion" und „Spiritualität" sowie ihre Derivate – gerade auch in ihrer schillernden Zweideutigkeit und Gefährdung (denn es gibt auch eine Unbedingtheit und Obsession des Bösen) – ohne Berührungsängste bejaht und benutzt werden, müssen dabei aber kritisch und im Bewusstsein ihrer möglichen und biographisch wie gesellschaftlich nahe liegenden Gefährdungen, Verirrungen und Erosionen gehandhabt, anerkannt und gefördert, unterstützt werden. Sie müssen zu Kritik, Korrektur und Erfahrung angeleitet und begleitet werden. Die fällige Anerkennung des Begriffes der („natürlichen") „Religion" und „Religiosität" („Spiritualität") impliziert eine andere Annäherung an Menschen und deren innerliche Situation als die der ebenfalls unerlässlichen protestantischen (konfessionellen und dialektischen) Offenbarungstheologien. Diese haben – so wichtig sie auch sind – diesen Begriff und die entsprechende „ansprechbare" Seite im Menschen ernst zu nehmen selten angeleitet. Sie haben sie vielmehr – ebenso wie die politischen Theologien beider Konfessionen – heruntergespielt und qualifizieren sie noch immer ab. Es gibt aber m.E. keinen Grund, jene Begriffe (Religion, Religiosität, Spiritualität, natürliche Religion), welche anthropologische Konstanten und Bedingungen darstellen und Ausgangspunkt religiöser Erfahrung und Aneignung sind, zu verdächtigen und abzulehnen – zumal sie heute in fundamentaler Transformation begriffen sind und daher oft kaum mit den klassischen Begriffen und Vorstellungen von „Religion" zur Deckung zu bringen sind. Sie sind wahrzunehmen und zu bestätigen. Es gibt aber auch keinen Grund, diese unumgänglichen Notwendigkeiten und befreienden Möglichkeiten unserer Menschlichkeit zu überschätzen und ihre Irrtums-, Verführbarkeits- und Illusionsanfälligkeiten – speziell angesichts der ungeheuren, geradezu osmotischen Präge- und Verführungskraft des (auch weltanschaulich) globalisierten kapitalistischen Marktes – zu übersehen und zu unterschätzen[35], wie man im Umkreis des heute wieder versuchten theologischen

Neoliberalismus reichlich erleben kann. Denn es geht nicht um irgendeinen literarischen Hochbegriff von „Religion" oder „Spiritualität", der zu verteidigen wäre, sondern um die aus diffuser und gefährdeter Religiosität allmählich entstehende Religion und Spiritualität alltäglicher Menschen. Wir haben daher kirchlich die Potenz des Religiösen, d.h. die Sehnsucht der Menschen und Herzen, in jeder Biographie zu unterstellen, zu ehren und Bereitschaft, Räume und Strukturen bereitzustellen, in denen sie – in all ihren objektiven oder subjektiven Eigenheiten und (zunächst nur von uns Theologen oft vermeinten) Verirrungen und Umwegen – wachsen können. Es gilt von der Hypothese der Schöpfungslehre, dass in jedem Menschen das schlafende Lied und die murmelnde Seele verborgen und natürlich sei, auszugehen und mit ihr zu arbeiten – wie gefährdet (und theologisch insuffizient) die innere Stimme auch sein mag. Nur dann werden wir als Pastorinnen und Pastoren diese Wege fördern. Wer hierzu theologisch nicht bereit ist, sollte gar nicht erst anfangen, mit Menschen geistlich arbeiten und umgehen zu wollen. In ihrer Ablehnung der bürgerlichen Religiosität atmen jene im Kern immer noch religionsverächtlichen Theologien, deren Hörer und Hörerinnen doch eben bürgerlich sind, eine Nichtachtung all der kleinen inneren Empfindungs-, Wachstums- und Erkenntnisschritte, die unabweislich sind, wenn theologische Aussagen nicht autoritär bleiben oder unverständlich an den Menschen vorbeigehen sollen.[36]

Nur in solcher Allmählichkeit der Themen und Bewusstheiten kann die notwendige Begegnung der – natürlich! – „bürgerlichen Religiosität" mit der Wahrheit, die „größer denn unser Herz" ist (mit dem „Extra Nos" d.h. mit dem, was jenseits unserer kleinen religiösen Gefühle wahr ist und uns nur allmählich näher kommt), stattfinden und der Zusammenhang mit ihr entstehen. Alle größeren Themen theologischer Einsicht, der konfessionellen und dialektischen ebenso wie die der politischen Theologien (und des ehemals religiösen Sozialismus), die das Gebot, das aus den „Erniedrigten und Beleidigten" spricht, und das Leiden anderer solidarisch thematisieren, müssen in der Kirche und ihren Theologien aufbewahrt und als lebendige Themen eingeführt werden, damit das religiöse Bewusstsein ihnen entgegenwachsen kann.

Es macht darum keinen Sinn, theologisch das alte Spiel der unproduktiven und unnötigen Gegensatzbehauptung gegen religiöses Bewusstsein und (nach-) bürgerliche Religiosität fortzusetzen – mag sie aus biblischen bzw. konfessionellen Offenbarungstheologien oder politischen Theologien, die hier eine unheilige Allianz bilden, sich auch nahe legen. Theologien, die den Spagat zwischen heutiger Religiosität und dem vielfältigen Erbe der biblisch-reformatorischen, dialektisch-theologischen und religiös-sozialen Tradition nicht einüben und die immer notwendige Bifokalität der Ausgangspunkte nicht festhalten, sind keine gute Anleitung zu pastoralem Handeln (die Neoliberalen, die die Aufgabe des Spagats bzw. die Bifokalität spiegelverkehrt auf ihre Weise nicht wahrhaben, ebenso wenig). Gerade die unverzichtbaren theologischen und politischen Themen, die von jenseits der bürgerlichen Religiosität kommen müssen, müssen unweigerlich in Zusammenhang mit den Menschen und ihren inneren Wegen, mit ihrem allmählichen religiösen oder spirituellen Begreifen gebracht werden. Ansonsten verlieren sie ihre Subjekte. In der hier zu suchenden Verbindung zum Verstehen der Menschen muss vorrangig die so oft betonte Praxis der Theologie liegen. Würde ich selbst nicht ständig im Angesichte „bürgerlicher" Menschen, die an der Grenze und jenseits der abbrechenden Kirchlichkeit und Christlichkeit leben, die Notwendigkeit der kleinen Schritte erleben und bearbeiten, ich würde wahrscheinlich auch auf die „Richtigkeit" der großen theologischen und politischen Themen der Theologie konzentriert sein und die menschlichen Prozesse der Beteiligten und der Beteiligung eher übersehen und vernachlässigen. Es gilt, Religion und Religiosität – als Voraussetzung und Ausgangspunkt – fundamental anzuerkennen, sich auf ihre Erfahrungen einzulassen, den Religionsbegriff grundlegend anzuerkennen und dann, innerhalb dieser Voraussetzung, all das zur Geltung zu bringen, was Religion, Religiosität und Religionsbegriff bis an ihre Grenzen, ja über diese hinaus führt und sie zu sprengen droht: was „extra nos" und größer denn unser Herz und Gewissen ist. Hierum geht es, wenn man in der Theologie von „Offenbarung" und „Wort Gottes" spricht. Allein eine Theologie der Bifokalität und der Ellipse, die mit zwei Brennpunkten zu rechnen und zu arbeiten in der Lage ist, hält den religiösen wie den theologischen Sachverhalten und Erfordernissen stand. Macht man sich denn – bei all den großen Entwürfen, die die Kirchen beherbergen müssen, wollen sie sich nicht auf das Maß des religiösen bürgerlichen Bewusstseins reduzieren – keine Vorstellung davon, auf welchen langsamen Wegen die Überzeugungsprozesse von Menschen wachsen?

Wird dies theologisch ernstgenommen und gewollt? Sind unsere Kirchen und Theologien solche räumlichen und geistigen Orte des Vertrauen- und Sich-öffnen-Könnens? Sie stehen bisher – aus gutem Grunde – nur wenig in diesem Rufe: a) weil sie allzu oft die entscheidende Voraussetzung, nämlich die Erkennung und Anerkennung des Religionsbegriffs (bzw. der mit ihm gemeinten Phänomene) nicht in ihrem theologischen Raster haben und daher den Umgang mit „Religion" weder verstehen noch wollen und b) weil sie in ihren Antworten die Tatsache, dass es auch ganz andere als christliche – nämlich interreligiöse – Antworten auf die religiöse Frage gibt, nicht in ihrem Horizont haben und daher nicht berücksichtigen. An der Fähigkeit, mit diesen Vorgängen und Entwicklungen prozesshaft umzugehen, lässt sich fortbildungsmäßig arbeiten. Der hier mittlerweile entstandene Hiatus zwischen dem suchenden religiösem Bewusstsein und den Kirchen ist nur teilweise Schicksal.

Gerade auch in den Infragestellungen und Gefährdungen der Begriffe „Religion"/„religiös" und „Spiritualität"/„spirituell" erhält und bewährt sich also das Recht und die Mehrwertigkeit, Transformation und Mehrdeutigkeit eben dieser Begriffe. In diesem Sinne müssen sie – trotz jener tatsächlich bestehenden Gefährdungen und der daher zu Recht bestehenden Bedenken – m.E. völlig sinnvoll anerkannt und im Gebrauch bleiben. Dies gilt um so mehr, als es heute hilfreich und befreiend ist, wenn man die Unterscheidung von „religiös" und „christlich" bewusst einführt und einübt: Wir sind alle („unheilbar") religiös bzw. spirituell, deswegen aber nicht schon „christlich". Schon diese Unterscheidung setzt ganze Perspektiven möglicher Entwicklung und Gestaltung für autonome Subjekte frei und verlangt nach Begleitungskompetenz und Freiheit in den Kirchen, die aber den Ruf dieser religiösen wie interreligiösen Kompetenz und dieses Geistes bisher – begründetermaßen – nur wenig noch genießen. Religion und Religiosität, Spiritualität und Interreligiosität sind Stufen zur religiösen Gegenwart, die den konfessionellen (und dialektischen) Theologien unserer Kirchen theologisch wie seelsorgerlich vielfach erst noch bevorstehen. Diese Stufen zu ersteigen, würde den fälligen Ruck in den Kirchen bedeuten.

2. Religiöse Autonomie – anmaßende Illusion oder bereichernde Zumutung?

Mit welchem Recht aber wird – das ist die nächste Frage, die der Vorklärung bedarf – ein theologisches Recht „religiöser Autonomie", d.h. der Autonomie auch in religiösen und spirituellen Fragen, vorausgesetzt und angenommen? Ist Autonomie wirklich in religiösen Fragen, im Angesichte Gottes also, eine angemessene Kategorie? Kann sie wahr und möglich sein? Bestimmen wir uns wirklich bis in unsere tiefsten Tiefen hinein selber?

Die gesellschaftliche Unausweichlichkeit religiöser Autonomie
Die historische und gesellschaftliche Zwangsläufigkeit religiöser Autonomie wurde oben bereits angesprochen. Die konfessionelle Homogenität der Territorien und des religiösen Bewusstseins hat sich seit den Flüchtlingsströmen nach 1945 und erst recht seit den durchdringenden Pluralisierungsschüben der 1960er und (speziell religiös) der 1980er Jahre zunehmend und glücklicherweise aufgelöst, was zu größerer Freiheit und Vielfalt geführt hat. Seither müssen wir alle – ob wir es wollen oder nicht – zwischen verschiedenen, kirchlichen und ganz anderen religiösen Einladungen, Aufforderungen und Angeboten wählen. Eindeutige Herkunft aus christlichen Familien prägt nur noch begrenzt die religiöse Identität. Die religiöse Lage stellt sich seither unausweichlich zunächst als die jenes „Gemischtwarenladens" oder „Supermarktes" dar, in dem wir wählen und mit dessen Angeboten wir unsere Erfahrungen zu machen haben, um wählen und entscheiden zu lernen. Das ist die Situation, die, wie schon gesagt, P. Berger in seinem eindrucksvollen Buch als den unausweichlichen „Zwang zur Häresie" diagnostiziert und beschrieben hat. Seither sind wir alle darauf angewiesen, selbständig, also „autonom" nach unserem besten Wissen, Ge-

wissen und Erfahrung zu suchen, auszuprobieren und herauszufinden, was für uns überzeugend ist, was hilft, was zu uns passt und für uns stimmt. So ist Autonomie – abgesehen davon, dass sie für viele Menschen (nicht für alle, s.u.) eine wunderschöne und bereichernde Erfahrung von Freiheit ist – eine unausweichliche, z.T. auch belastende und überfordernde Notwendigkeit und ein Schicksal, irreversibel und keine bloße Willkür (solange jedenfalls die demokratischen und pluralistischen Strukturen sich bei uns erhalten). Religiöse Autonomie bedeutet mithin die Tatsache, dass wir alle – jeder Mensch in sich und für sich – die oben besprochene religiöse Stimme, die Möglichkeit religiöser Bewusstheit zu entwickeln haben und dass wir die Gestaltung dieser Möglichkeit – z.B. die Wahl zwischen den mancherlei inner- wie außer-christlich umlaufenden Lebenskonzepten und Gottesbildern – selber zu verantworten haben. Die innere, religiöse Stimme kann geweckt (oder auch vertrödelt) werden, und wir müssen verantworten, welchen religiösen Traditionen wir uns aussetzen und in welchen Institutionen wir sie spüren, üben und buchstabieren wollen. Religiöse Autonomie ist eine essentielle Bedingung, unter der das religiöse Erbe der Religionen – auch der christlichen – uns nahegebracht und von uns angeeignet werden kann.

Dies gilt auch, wenn diese Entscheidungen und Entwicklungen uns faktisch immer wieder über die Grenzen unserer Selbstbestimmungsfähigkeit und Voraussicht hinausführen; wenn sie uns buchstäblich über den Kopf wachsen. Denn unsere Entwicklung und unser Verhalten in diesen Themenbereichen sind nicht einfach Gegenstand unserer „Entscheidung". Wollen können wir wohl, aber wollen wollen – wenn wir nicht wollen –, das können wir nicht, formuliert Schopenhauer diese ebenso simple wie fundamentale und allgegenwärtige Begrenzung unserer Selbstmächtigkeit, die Freud mit der Formulierung vom Ende des Herr-im-Hause-Standpunktes unterstreicht. Dies aber bedeutet, dass wir uns selber vorgegeben und in diesen tieferreichenden Fragen in der Tat nur sehr begrenzt Subjekte unserer Entscheidungen sind. Ohnmacht und Unbewusstheit sind ein Element eben dieser unbestreitbaren Autonomie.

Und dennoch verantworten wir jene Möglichkeit und Notwendigkeit unausweichlich. Gerade auch gegenüber dem Anspruch der Kirchen, in diesen Fragen über die notwendigen Wahrheitskriterien zu verfügen, hat schon die Aufklärung berechtigtermaßen, wenn auch überzogen, dieses Freiheitsbewusstsein behauptet und verteidigt: die Vernunft sei in religiösen Dingen suffizient und urteilsfähig; der autonome Mensch müsse sich den Anmaßungen der Kirchen nicht beugen, die da vorgeben, der Mensch sei in religiösen Fragen, da er einmal in Sünden verfinstert und sein Herz verdorben sei, auf Bibel, Kirche und also auf die Priester angewiesen. Seither gibt es – in verschiedenen historischen Stufen der gesellschaftlichen Entwicklungen verschärft und zugespitzt – die zugemutete, unausweichliche und unbestreitbare Autonomie auch in religiösen Angelegenheiten.

Doch gehen wir noch einen Schritt weiter und tiefer. Widerspricht die Erkenntnis und Bejahung des religiösen Autonomiebewusstseins nicht einem essentiellen und in der Tat unbestreitbaren religiösen Sachverhalt, dass wir nämlich unsere eigene religiöse Offenheit nicht herstellen können, dass wir vielmehr zu Gott, zur Tiefe unserer Seele eher gezogen werden denn dass wir selbstmächtig ziehen und entscheiden, ob und wohin wir gehen? Stimmt es nicht, dass in der genuin religiösen Erfahrung gerade jene Mächte, die „größer denn unser Herz" sind, sich an uns als mächtig erweisen und uns – sei es als überwindendes Gesetz des „Du sollst", sei es als Erfahrung der beschenkenden Gnade, als Erfahrung des Geistes oder des zu Schweigen und Anbetung bezwingenden Heiligen – in unserer Autonomie als begrenzt zeigen? So wäre also unsere Konstitution in diesen Fragen, speziell in religiöser Hinsicht, eher als Ohnmacht und Bestimmtwerden denn als Selbstbestimmung zu verstehen. „Es kann niemand zu mir kommen, es sei denn, ihn ziehe der Vater", heißt es dazu im Johannesevangelium (6,44). In allen tieferen Ebenen und Dimensionen unseres Lebens – nicht nur den religiösen – können wir uns nicht selber „machen", sind wir uns vielmehr vorgegeben. Dies dürfte eine unwiderlegliche seelische Wahrheit sein. Kann also, wo es um Gottes Offenbarung – um das Erscheinen des Göttlichen im Herz und Gewissen – und um die wurzelhafte Tiefe religiöser Erfahrung geht, so etwas wie Autonomie anderes als Anmaßung und Selbsttäuschung sein? Suchen wir, wenn wir das Höchste suchen, nicht manchmal – oft, immer? – eher uns selbst und was uns gefällt oder bestenfalls einleuchtet, als die schmerzhafte Wahrheit Gottes bzw. des Göttlichen? Der freie Wille will, wenn er tut, was er will, gerade nicht Gott, sondern sich selber, hat Luther in seinen frühen Disputationen dazu gewarnt. Sind wir in diesen Fragen (Luther: „quae supra nos", die „über uns hinaus" sind) nicht eher uns vorgegebene, von irgendwelchen undurchschaubaren Mächten (Luther: von Gott oder Satan, also von Wahrheit oder Unwahrheit und Ausblendung) eher gerittene, denn autonom entscheidende Wesen? Und – wir sind wohl unserer Hände, sind wir aber auch der Wurzeln unseres Tuns, unserer Herzen mächtig? Ist dann aber die reformatorische Einsicht nicht im Recht, die den Glauben als nicht im Vermögen des Menschen liegend, sondern als zu empfangende Gnade und Gabe des Heiligen Geistes beschreibt? Ist dann nicht tatsächlich die Behauptung menschlicher Autonomie in religiösen Fragen eine rein „idealistische" Selbstüberschätzung und Unwahrheit des Menschen, wie hier gelegentlich eingewandt wird?

Ja, mir scheint, es sei umstandslos zuzustimmen, dass dem so ist, wie diese Bedenken es sagen, sofern sie auf eine Gefährdung der Autonomie, auf ihre selbstmissverständliche Anmaßung und auf eine Bedingung ihres angemessenen Verständnisses hinweisen. Nicht allerdings belegen diese Bedenken die kategorische Unmöglichkeit oder das religiöse Unrecht der Autonomie. Denn diese kann, da sie zur verantwortlichen Mitte des Menschen gehört bzw. diese geradezu ausmacht, nicht beiseite geschoben und aufgehoben werden. Wohl aber muss sie – wenn ihr diese Erfahrungen geschehen – zum Organ und Einfallstor eben dieser Erfahrungen werden: sie muss sich ihnen öffnen. Das Autonomiebewusstsein hatte ohnehin die drei Demütigungen Kopernikus', Darwins und Freuds zu lernen und zu integrieren. Das verwandelt auch das Autonomiebewustein. Um also Sinn und Unsinn, Notwendigkeit und Bestreitung der Autonomie in religiösen Fragen zu verstehen, gilt es, Recht und Sinn beider Einsichten zu bestimmen. Es genügt nicht, eine religionssoziologisch-psychologische Ebene (auf der die Autonomie gelte) von einer theologischen (auf der sie abzulehnen sei) zu unterscheiden. Das würde nur auf eine Schizophrenie der Ebenen hinauslaufen – zumal die Begrenzung der Autonomie ja auch schon auf der soziologisch-psychologischen Ebene gilt, weil Autonomie ohne Interdependenz in Irrealität und Illusion führt (R.C. Cohn). Vielmehr muss der Schnittpunkt beider Ebenen, in denen wir leben, aufgesucht und bedacht werden, und dieser könnte, so scheint mir, wie folgt beschrieben werden:

Obwohl die angesprochene Entscheidung und Selbststeuerung in religiösen Fragen, sobald sie gewisse Oberflächenentscheidungen überschreitet und tiefer dringt, uns überfordert und jedenfalls kein (oder nur begrenzt) Gegenstand unserer Entscheidung und Selbstbestimmbarkeit ist, so stellt sie dennoch eine bleibende Zumutung und Forderung an unsere Verantwortlichkeit dar.[37] Dass wir unserer selbst nicht mächtig und doch für uns verantwortlich sind, dies beides muss zusammengedacht werden, nicht anders als in der Liebe und in unserem ganzen Leben, das wir auch nicht „machen" können und doch mitverantworten. So wahr das verantwortliche Ich – menschlich, psychisch und politisch gesehen – seine Interdependenz, Bedingtheit und Vernetzung als gleichursprünglich mit seiner Autonomie erkennen muss, ohne dass dies die Autonomie aufhebt, so wahr lassen sich auch religiös Ohnmacht und Empfangen als Modalitäten und Präzisionen eben des autonomen, sich verantwortenden Ichs begreifen.[38] Entsprechend macht nach Luthers Einsicht die Forderung des Gesetzes den Menschen für seinen Glauben und Unglauben verantwortlich und haftbar (spricht ihn im Versagensfalle entsprechend schuldig), und das, obwohl eben das 1. Gebot etwas fordert, was man mit keinem Tun und Machen, vielmehr nur mit Herz und ganzer Existenz, also nur im Empfangen erfüllen und verantworten kann. „Gott gebietet das Unmögliche", so lautet die klassische, nur scheinbar paradoxe (oder besser: sehr wohl begriffslogisch paradoxe, aber völlig lebenslogische) Formulierung Luthers[39]. Dies macht unsere Nicht-Selbstmächtigkeit offenbar – und dennoch wird es sinnvoll und wahr geboten, denn Verantwortung und Ohnmacht koexistieren in jedem wahren Leben als Elemente desselben Subjekts. Daher gebietet die Unbedingtheit und göttliche Wirklichkeit – egal ob man sie persönlich/theistisch vorstellt oder nicht – sinnvollerweise das Unmögliche, das Nicht-Mach- und Leistbare! „Ihr sollt vollkommen sein, wie euer Vater im Himmel vollkommen ist" (Mt 5,48) – wie macht man das? und „Gib mir, mein Sohn, dein

Herz!" (Spr 23,26) – aber das Herz ist nicht machbar; über es bestimmen wir nicht. Daher geht es auch hier, bei der Autonomie in religiösen Fragen und Prozessen, um ein Überwundenwerden, welches der Herzens- und Erfahrungseinsicht gerade auch des autonomen Menschen geschieht. Zu dieser Einsicht in Freiheit wird der autonome Mensch überwunden, wo er innerlich zustimmt. In dieser Erfahrung wird er er selbst und bleibt verantwortlich, nur eben in seinem Selbstverständnis verändert. Hier wird nicht – gegen Willen und Einsicht in fremdem, aufgedrungenem Gehorsam – die Heteronomie aufgezwungen, der Wille und das Ich werden nicht gebrochen, sondern die anmaßende, unrealistische Unwahrheit der immer wieder inflationären Autonomie wird überwunden und die wirkliche Wahrheit des freien autonomen Menschen, der zu neuer Einsicht in seine Grenzen, in sein Bestimmt- und Überzeugtwerden und zu neuem Willen veranlasst und verwandelt wird, wird freigelegt. Es ist noch immer derselbe, in seinem Ichsein, seinem Rückgrat nicht zerbrochene, jedoch zu neuer Einsicht überwundene und gezwungene, verwandelte Moses oder Jeremia, der, nachdem er den Ruf Jahves zunächst ablehnte und widersprach, schließlich doch gehorcht (Ex 3f, Jer 1)[40]. Gesetz und Gnade sind Erfahrungen und Begrenzungen, die auch dem autonomen Menschen widerfahren. Sie sind Modifikationen des „freien" Menschen, welche die Autonomie, Selbstständigkeit und Mündigkeit nicht aufheben, sondern in den uns zukommenden Grenzen auf eine sinnvolle Weise gerade erst ermöglichen und bewahren, damit unsere Autonomie nicht einer Inflation und Annahme letztinstanzlicher und krebsartig wuchernder, hypertropher Selbstvergötzung erliegt. Erst das Wissen um Interdependenz macht die Autonomie wahr, hebt sie aber nicht auf. Darum gilt es, der Autonomie die Prozesse ihrer eigenen Wahrheit und Selbstfindung zuzumuten, nicht aber sie zu bestreiten. Alleine das Wissen von Gnade und Ohnmacht erlöst die Autonomie vom Fluch ihrer Selbstüberforderung und Selbstgesetzlichkeit. Hier hat die Autonomie etwas zu lernen – nicht nur religiös. Denn das Bewusstsein der Nichtmachbarkeit unseres Lebens, unserer Bedürftigkeit und Angewiesenheit auf Empfangen ist vielfach in unseren Allmachtsphantasien untergegangen. Die Erfahrung essentieller Ohnmacht gehört daher zum Bewusstsein der Autonomie hinzu, in es hinein. Demut ist eine glaubende, existentielle, empfangende (nicht aktive, nicht ethische!) Daseinsmöglichkeit auch des autonomen Menschen. Auch der Mensch mit aufrechtem Gang und ungebrochenem Rückgrat kann es lernen, sich demütig zu verneigen, zu danken und das Geheimnis über uns – und in uns – zu verehren. Und wenn ihm dies – in eigentümlicher Verflechtung von halbbewusstem Wollen und ahnendem Nichtwissen – geschehen ist, dann ist ihm widerfahren, was beim Propheten so heißt: „Ich werde gefunden von denen, die mich nicht suchten", spricht Gott, die Urmacht des Lebens (Jes. 65,1). Das Wunder von bestimmten Lebenswegen, die man geführt wurde, kann auch der Autonomie widerfahren und dann nachvollziehbar begreiflich werden. Das ist kein Widerspruch zur Autonomie, sondern das allmähliche Wachsen ihrer Herzensklugheit. Autonomie hat all dies zu lernen, aber sie bleibt Autonomie, Subjekt des Lebens.

So passen und gehören Autonomie und religiöse Erfahrung, Gotteserfahrung genau zusammen. Denn Gott will den freien, sich vor ihm verantwortenden Menschen, keine Marionetten, wie der alte Gogarten immer wieder betonte, indem er Hölderlins Satz zitierte, „die Götter haben dem Menschen gegeben, dass er die Freiheit verstehe, aufzubrechen wohin er will". Solche Autonomie ist Sinn der Schöpfung, nicht ihr Gegensatz. Solch ein „Ich", ein fragiles und sich selbst ebenso vorgegebenes wie selbstbestimmtes „Ich" bin ich. Dabei bin ich allerdings kein rein passiver, objekthafter „truncus et lapis" („Stumpf und Stein")[41], dem jene Erfahrungen geschehen. Ich begreife und tue in freiem Gehorsam und gehorsamer Einsicht, was ich innerlich „muss", und gerate dabei an die Grenzen meiner selbst und meiner Selbstmächtigkeit. Vernunft und Herz können lernen, dass es etwas Größeres gibt, dem sie sich zu beugen haben; dass es Gründe und Erfahrungen gibt, aus denen wir unseren Verstand (und unser Herz) gefangen geben in den Gehorsam Gottes oder Jesu Christi. „Die Vernunft", pflegte Emmanuel Hirsch zu sagen, „konnte im Blick auf die göttlichen Dinge – nach Luthers durchaus begründeter Erfahrung mit der spätscholastischen Theologie – wohl eine ‚Hure Vernunft' genannt werden, sie musste aber so nicht bleiben, sie konnte ihre eigene Selbstüberschreitung und -begrenzung in Gott lernen, wie der deutsche Idealismus bewies." Und selbst wenn man dieses Beispiel „Idealismus" – wohl nicht zu Unrecht – bezweifelt, so behält doch die Grundüberlegung Hirschs an dieser Stelle Recht.

Gewiss also ist das Autonomie-Bewusstsein – zumal im Kontext unserer Gesellschaft und im Sog ihres Machbarkeitswahnes[42] – in diesen Fragen des Synergismusverdachts hochrangig gefährdet, ja Religion und Autonomie geraten in ihm – nur in ihm! – bis hart an den Rand ihrer Unverträglichkeit und Gegensätzlichkeit. Daher ist die Warnung vor einem illusionären Idealismus (nicht aber die prinzipielle Ablehnung!) der religiösen Autonomie berechtigt und notwendig. Man darf sich also – bei aller Betonung der berechtigten religiösen Autonomie – keiner Illusion über die gefährdete Art und Weise, keiner Illusion über Schwäche, Grenze und drohenden Leerlauf, über Ratlosigkeit und Vakuum eben dieser Autonomie auch in religiöser Hinsicht hingeben. Wenn Autonomie nicht von jenseits ihrer selbst ernährt und erfüllt, substantiiert und erweitert, in ihren Ausblendungen und Verdrängungen, die sie umlauern und gefährden, unterstützt und gnädig geführt wird, dann erliegt sie der Eindimensionalität, Hypertrophie und Unwahrheit ihrer selbst und unserer Gesellschaft. Die geschenkte Freiheit und Autonomie des Glaubens geht nicht lückenlos in der Freiheitsgeschichte der Moderne und in deren Selbstverständnis auf, sondern überschreitet, korrigiert, heilt und bewahrt diese im Sog ihrer „Dialektik der Aufklärung". Doch es ist eben die Autonomie, die hier geheilt, nicht aber aufgehoben wird! Denn dieses Wissen vom Bestimmtwerden durch „Mächte", durch Gnade und Gesetz kann Element der Autonomie und ihres Bewusstseins werden. Auch der aufrechte Gang und das Rückgrat des Menschen ist, wenn er es hat, ein Geschenk, das nicht von ihm selbst gemacht ist („was hast du, das dir nicht gegeben wäre?", 1 Kor 4,7). Und dies kann er dankbar und demütig wissen. Dieses Selbstverständnis bietet religiöse Einsicht der Autonomie als Möglichkeit an. Autonomie muss nicht illusionär und grenzenlos sein.

Dies schließt trial-and-error-Prozesse der sich erst erfahrenden Autonomie – schon gar in bestimmten biographischen Zyklen – nicht aus, sondern ein. Wenn Menschen in ihrer Sozialisation nicht lernen, dass es in der Weltgeschichte einen aufmerksam, wachsam machenden Satz wie diesen „Ich bin der Herr, dein Gott, du sollst keine anderen Götter haben neben mir" gibt und dass es die Stelle einer obersten, innersten oder tiefsten Instanz, auf die sich hören lässt, freizuhalten gilt, ist es für ihr Autonomiebewusstsein nur zu naheliegend, zunächst sich selber für die höchste Instanz in ihrem Leben zu halten (was sie in einem bestimmten Sinne natürlich unbestreitbar auch sind); und an die Stelle bestimmter unterdrückerischer Gottesbegriffe muss der Mensch sich auch – rechtens – setzten. „Hast du's nicht alles selbst vollendet,/ Heilig glühend Herz? ... Ich dich ehren? Wofür? ... Hat nicht mich zum Manne geschmiedet/ Die allmächtige Zeit/ Und das ewige Schicksal,/ meine Herren und deine?", so formuliert der Prometheus des jungen Goethe dem Göttervater Zeus seine Absage. Die Grenze aber zwischen beglücktem Selbst-, stolzerfülltem Kraftbewusstsein und unsinniger Anmaßung muss erst erlebt und erfahren werden, bis das Selbstbewusstsein an die harten Grenzen der Bedingtheit auch seiner Autonomie stößt und daraus über sich lerne. Selbst die Gottesabsage kann die höheren Mächte – „die allmächtige Zeit und das ewige Schicksal" – wissen und ehren (und diese werden der neue Ort der trans-theistischen religiösen Erfahrung und Wahrheit). Diese Wege, Phasen und ihr immer erst zu durchschauender Wahn sind unersparbar und müssen durchschritten, daher – wenngleich nicht warnungslos – akzeptiert werden. „Irret euch nicht ...".

So müssen Autonomie, Selbstständigkeit und Mündigkeit auch in religiöser Hinsicht als hermeneutische Schlüsselbegriffe im Prozess und Bewusstsein ihrer religiösen Neubegründung und Neuinterpretation erhalten bleiben. Erst so werden und bleiben Religion und Glaube auch als Elemente unseres Selbstverständnisses konstitutiv; sie werden hier zum Anfang der Einsicht, dass auch die Autonomie in der unwiderleglichen Erfahrung des „Du sollst" ebenso konstituiert wie begrenzt wird und dass sie selber wesentlich geschenkt, d.h. in der Wahrheit des Geschenkcharakters des Lebens, der Gnade also, begründet ist. Erst so ist ihre eigene Wahrheit und die Bedingung ihrer eigenen Möglichkeit realistisch begriffen. Darum steht mitten im Herzen gerade auch des liberalen religiösen Denkens die Einsicht von der „schlechthinnigen Abhängigkeit" (Schleiermacher) des religiösen Bewusstseins – nicht als Widerlegung, sondern als Präzisierung und Modifikation des autonomen religiösen Bewusstseins. Es ist der autonome Mensch, dem in seiner Religiosität diese Merkwürdigkeiten, Wunder und Verwandlungen widerfahren können. Die Einsicht in den „unfreien Willen" des Menschen und sein Leben „allein aus Gnaden" können als Element und Erfüllung der Autonomie verstanden werden. Auch religiös gilt, dass Autonomie ohne Interdependenz in Illusion und Ideologie führt.[43]

Diese Klärung und Aufklärung des Autonomiebewusstseins erkennt das Geheimnis, das allenthalben, also auch in uns, wohnt und wartet (und das nach einer Formulierung Augustins und der Kaschnitz uns näher ist, als wir uns selber sein können), als Voraussetzung seiner eigenen Vernunft und führt daher unser religiöses Bewusstsein über sich selbst hinaus – ins Unbekannte des „Extra nos" –, wo wir eher Geführte denn bewusst Entscheidende und Gestaltende sind:

„Lass mir dich", spricht Gott zur Seele, „ich will dir Meisters genug sein, ich will dich führen den Weg, darinne du mir gefällig wandelst. Dich dünkt, es sei verderbt, wenn es nit geht wie du denkst, dies Denken ist dir schädlich und hindert mich. Es muss gehen nit nach deinem Verstand, sondern über deinen Verstand. Senk dich in Unverstand, so gebe ich dir meinen Verstand. Unverstand ist der rechte Verstand. Nit wissen wohin du gehst, das ist recht wissen, wo du hingehst", so lautet die unsterbliche Formulierung Luthers in seiner 1. Bußpsalmenauslegung.[44]

Weil wir in eben diesen Prozessen unser Leben verantwortende Personen bleiben, macht auch diese Meditation Luthers die Notwendigkeit und Berechtigung unserer ganz eigenen inneren Erfahrung und der religiös autonomen Entscheidung und Gestaltung, die wir unserem Glauben geben, nicht ungültig; sie hebt die Wahrheit und Zumutung der Autonomie nicht auf. Mitten in dieser Überforderung bin doch ich es, der/ die sehnt, sucht, bittet, betet, hofft und beschenkt wird – oder eben nicht! Darum lohnt es sich, Bachs Vertonung der paulinischen Einsicht immer wieder zu hören: „Denn wir wissen nicht, was wir beten [und glauben] sollen, wie sichs gebühret", woraus sich die Hoffnung ernährt, dass ein größerer Geist unserer Schwachheit aufhelfe und uns mit unaussprechlichem Seufzen vertrete (Röm 8,26). Es ist ein Sich-verhalten- und Sich-entscheiden-Müssen am Rande und oft schon jenseits dessen, was wir vermögen. Und doch müssen wir selbst dies entscheiden und gestalten, weil wir eben darin auf die Verantwortung für unser innerstes Leben angesprochen werden.

So wird die Bejahung der Autonomie zum Drehpunkt und Angelhaken, an dem das autonome Subjekt in Prozesse jenseits seiner Selbstbestimmung und jenseits seines üblichen Selbstverständnisses von Autonomie verwickelt wird. So gilt es, die Kompatibilität von Autonomie und „Gnade" wie auch von Autonomie und „Gesetz" denken zu lernen und einzuüben. Wir sollen die Autonomie religiös bejahen, ihre Beziehungsfähigkeit zu Gott bzw. zum Göttlichen religiös zu empfinden und theologisch zu denken und dabei unsere Ohnmacht zu begreifen lernen. Auch diese Einsicht, dass Gotteserfahrung, religiöse Erfahrung und Autonomie zusammengehören, scheint eine der für die kirchlichen Theologien – gerade da, wo sie mit

Recht das Erbe der reformatorischen Gnadenlehre zu bewahren suchen – erst noch zu gewinnende Stufe zur religiösen Gegenwart zu sein. Auch hier wartet ein fälliger Ruck auf die Menschen der freien Religiosität wie auch auf das Denken der Kirche. Sonst reichen diese in ihrer Meinung von der Unvereinbarkeit von Gesetz, Gnade und Autonomie dem üblichen modernen Selbstverständnis spiegelverkehrt die Hand, nach welchem Autonomie und die Behauptung von Gesetz und Gnade unvereinbar sei.[45]

Gesellschaftlich unausweichliche und theologisch wahre Interreligiosität – eine Aufgabe religiöser Autonomie

Das Gesagte bringt eine weitere, hier einzuführende Konsequenz mit sich. Wenn Menschen immer weniger von einer bestimmten religiösen oder kirchlich-christlichen Prägung ausgehen und durch Situationen und Stationen religiöser Wahl-, Lern- und Identifizierungsgeschichte in einer pluralistischen Gesellschaft hindurchwandern, dann ist es von vornherein nicht sehr wahrscheinlich, dass sie zu einer allein und spezifisch christlich-kirchlichen Prägung ihrer religiösen Identität gelangen. Vielmehr kommen dann – so ist es faktisch – immer mehrere Varianten und Möglichkeiten aus verschiedenen religiösen und lebensweltlichen Anschauungen und Einflussbereichen zur Geltung. Dabei entsteht – in mehr oder minder hohem Maße und Grade – das, was man heute (mit völlig zu Unrecht immer wieder degoutantem Unterton) eine *Patchworkidentität* und den *Synkretismus* der religiösen Vorstellungen zu nennen sich angewöhnt hat[46]. Diese Phänomene und Begriffe sind der notwendige und hilfreiche Rahmen, innerhalb dessen das autonome Subjekt wahrzunehmen, sich zu verhalten und zu entscheiden lernen muss. Sowohl die distanzierte Beziehung zu den konfessionell-christlichen Angeboten wie auch viele *alternative religiöse (meditative) Praxisformen* und die hilfreiche Kraft *religionspsychologischer Konzepte* (C.G. Jung u.a.), die oft als belebend, bereichernd und neu motivierend empfunden werden (z.B. in non-theistischer Meditation und Yoga), stehen hier als Möglichkeit und Angebot vor Augen. Der christliche Glaube ist nun einmal nicht der einzige Weg zu Gott, zum Göttlichen. Deswegen stellt das Erleben interreligiöser Alternativen eine berechtigte und willkommene Erweiterung der religiösen Lebensmöglichkeiten dar, die letztlich auch bereichernd und erweiternd auf das christliche Bewusstsein zurückwirken. Viele Menschen, auch aus den christlichen Gemeinden, nehmen an diesen Möglichkeiten inzwischen beglückt und dankbar teil. Diese Alternativen zu sehen und sich in ihnen verhalten zu lernen, gehört in die Kompetenz religiöser Autonomie von Menschen, die ihren Weg suchen. Es wird unausweichlich Zeit zu begreifen, was ein in diesen Dingen zutiefst erfahrener Priester, Bede Griffiths, aus Shantivanam-Ashram in Tamilnadu/Indien zu bedenken lehrt:

„dass der Dialog [sc. der Religionen], wenn er richtig verstanden wird, nicht ein Kompromiss mit Irrtum, sondern ein Prozess der Bereicherung ist, bei dem jede Religion sich selbst der Wahrheit, die in der anderen Religion gefunden wird, öffnet und die zwei Seiten in der gemeinsamen Suche nach Wahrheit zusammenwachsen. Jede Religion muss die fundamentale Wahrheit in ihrer eigenen Tradition bewahren und zur gleichen Zeit dieser Tradition sich zu entfalten erlauben, wenn sie anderen Aspekten der Wahrheit ausgesetzt wird. So beginnen wir zu begreifen, dass es zwar nur eine Wahrheit gibt, diese Wahrheit aber viele Gesichter hat, und dass jede Religion gewissermaßen ein Gesicht dieser einen Wahrheit ist".

Gewiss dürfte man jedes dieser Gesichter Gottes eine seiner Offenbarungen nennen.[47] Die religiöse Autonomie ist also theologisch völlig im Recht, wenn sie diese Aspekte und Möglichkeiten religiöser Erfahrungen in ihren Wahrnehmungs- und Wahlbereich einbezieht.

Außer der gegenseitigen Anerkennung der Einheit der Religionen im Bewusstsein des Einen Göttlichen in allen religiösen Gestalten gibt es hier aber noch einen zweiten Aspekt, mit dem die religiöse Autonomie auf ihren Wegen umzugehen lernen muss. Die – auch religiöse – Globalisierung bewirkt nämlich nicht nur Toleranz, sondern faktisch auch eine Abschleifung kultureller Profile und Reduzierung kultureller wie religiöser Vielfalt durch die Annahme ihrer letztlichen Einheit und Identität. Daher gilt es rechtens und fruchtbar, dass wir außer der Betonung der Gemeinsamkeiten und des Einen Göttlichen hinter allen verschiedenen Formen und Gesichtern *auch die sinnvolle und produktive Verschiedenheit* der Religionen mit ihren entsprechenden Stärken und Schwächen beachten sollen. Nur dann wird es zu keinem sinnlosen Durcheinander kommen, in dem sich die Profile verlieren, sondern zur Bereicherung der jeweiligen Religion durch gegenseitiges Voneinander-Lernen gedeihen. Ein großes Gebirge und ein uralter Turm können – von verschiedenen Seiten betrachtet – sehr verschiedene Einsichten und Ansichten erbringen. Kein Mensch muss – allenfalls vorübergehend – seine Individualität verlieren, wenn er zu anderen An- und Einsichten hin offen ist und von ihnen lernt. In dieser Perspektive muss und darf es auch eine geschwisterliche, mit gegenseitiger Kritik verbundene Konkurrenz geben, in der die sich ergänzenden Stärken und Einsichten als verschiedene Facetten der einen Wahrheit in und hinter all ihren Gesichtern und Namen sich herausstellen könnten. Allzu oft wird religiöse Toleranz und Gleichheit nur deswegen so umstandslos gefordert, weil man den Inhalten ohnehin nur noch gleichgültig gegenüber steht. (Ähnliche Toleranzforderungen im Blick auf die eigenen politischen Anschauungen werden sehr viel seltener erhoben; hier herrscht vielfach – „politisch korrekte" – Intoleranz oft genug vor). Gerne wird daher die Vielheit und angenommene Gleichheit der Religionen zum ausweichenden Alibi, zum Grund sie nicht ernst zu nehmen. Alle Religionen aber wollen, lehren und sind in ihrer Weise Unbedingtheit, nicht distanziertes Vermeiden und Ausweichen. Erst im Ernstnehmen – der eigenen wie der fremden – Inhalte und daher im Ernstnehmen und Betonen der Unterschiede und in der Konkurrenz der religiösen Inhalte kann substantielle und produktive Interreligiosität erst wirklich entstehen, und sie darf, indem sie das Gemeinsame und die *Stärken* des anderen wahrnimmt und anerkennt, auch die *Schwächen* bei sich und darum auch bei den anderen wahrnehmen und kritisch ansprechen. Ohne dieses Miteinander von *Kritik und Anerkennung* gibt es keine Interreligiosität. Kritik aber scheint heute fast nur als Verletzung der Toleranz angesehen zu werden – begreiflich, weil diese anerkennende Toleranz erst zu lernen ist. Im interreligiösen Dialog ist heute noch wenig von dem möglich, was Paulus – voller Liebe und Respekt – zu den Geschwistern aus gemeinsamer jüdischen Wurzel sagen konnte: „Sie eifern um Gott, aber mit Unverstand" (Röm 10,2). Derlei wird z.B. im jüdisch-christlichen Dialog gerne ausgeblendet, es muss dies aber – außer Respekt und Anerkennung – auch geben. Dass verschiedene Religionen und Religionsstifter genuine Offenbarungen des Göttlichen sind und gebracht haben, gibt keinen Anlass, immer nur ihre Gleichheit zu betonen und ihre Verschiedenheiten und Schwächen zu vernachlässigen und einzuebnen: Sie haben – jede einzelne – in der Menschheitsgeschichte verschiedene Rollen, Aufgaben und Bedeutungen und sollen sie auch behalten. Die Differenz bereichert. Dies zu beachten hat die religiöse Autonomie bisher wenig zu lernen und zu üben Anlass gehabt.

In dieser Perspektive werden vermutlich wir Christen erleben, dass so manche unserer religiösen Einsichten im künftigen interreligiösen Konzil und lebenslangen Vergleich der Religionen ihre nicht einzuebnende Bedeutung behalten, ihre unüberwindliche Stärke und Evidenz bewähren und in bestimmten Fragen den Vorrang vor anderen Religionen bewahren, vielleicht auch bei ihnen interreligiös rezipiert und sich auswirken werden. Zu diesen Elementen könnte m.E. die Klarheit der Unterscheidung von Gott und Mensch im Schöpfungsglauben, die Reinheit der Erkenntnis der Gnade, die Predigt des Reiches Gottes speziell für die Armen, kultisch und ethisch Unreinen und Untouchables, die Radikalität in Verständnis und Kritik des Gesetzes mit Folgen im radikalen Gnadenverständnis oder die theologia crucis – Leiden und Elend als Ort besonderer Gotteserfahrung – gehören.

Es wird uns aber auch die Erkenntnis widerfahren, dass in gewissen anderen Fragen andere Religionen aufgrund der Eigenheit ihrer Perspektiven mehr und anderes von der Wirklichkeit des Göttlichen verstanden haben, so dass ihnen in diesen anderen Fragen der Vorrang gebühren wird und wir von ihnen zu lernen haben. Hierzu könnte gehören, dass der Taoismus mit Yin und Yang, Lord Shiva, der die Welt als Nataraja im Tanzen schafft und zerstört (um selber nach 40 Millionen Kalpas wieder in das Brahman einzugehen), aber auch Zen und Advaita mit dem Jenseits aller Gegensätze neue Zugänge und Perspektiven (schwerlich schon Lösungen) für die Frage nach dem Göttlichen und dem Bösen eröffnen als die jüdisch-christlich-islamischen Denkweisen, die immer bei dem – endlich zu überholenden, in seiner bisherigen Fassung obsolet gewordenen – Problem der Theodizee enden. Wir könnten aber auch lernen, was der Taoismus über die in Yin und Yang polare Struktur auch des Göttlichen uns lehrt, oder wie die Schönheit Gottes bzw. des Göttlichen überwältigend im Islam und im Hinduismus eher zu erfahren ist als im Christentum, obwohl diese Facette der religiösen Wahrnehmung auch christlich kompatibel ist. Besonders auch kann uns die Provokation und Bereicherung in Vedanta, Advaita und Zen bereichern, die zur Überwindung des religiösen Dualismus und Theismus, der Gegenständlichkeit des Göttlichen, bedingt auch zu der zu denkenden Einheit – Nichtzweiheit – des Wirklichen anleiten; in einer Situation, in der das Lernen der ungegenständlichen Meditation und das Eingehen in die Stille der vielleicht wichtigste Ausgangspunkt eines für uns eigenen Weges wird, haben Zen und Advaita uns mehr ins Schweigen und ins Begreifen der Ungegenständlichkeit geführt als unsere eigenen Traditionen, weil sie die Leere und das Nichts als Ziel der Meditation verstanden. Auch haben wir vielleicht die Anfragen des Islam im Blick auf die tritheismusverdächtige Fassung unseres Trinitätsglaubens neu zu hören. Oder es haben uns Philosophie und Meditation des Buddhismus das Loslassen von aller Lebensgier, welche Ursprungsort vielen Leids ist, zugänglich gemacht – weit über das hinaus, was unsere christliche Moralität und Praxis in dieser Frage bisher vermochten. Könnte schließlich die Verehrung des Lingams Lord Shivas auch unsere Tradition zwingen, das angemessene religiöse Verstehen mitten im Herzen der Sexualität – einer zentralen Schöpfungskraft – zu thematisieren und uns anleiten, auch Sexualität als Symbol und Repräsentanz des Göttlichen (von durchaus religiöser Wichtigkeit mithin!), nicht aber in Identifizierung und somit Vergötzung des Göttlichen und der Sexualität zu begreifen? Es gibt keinen vernünftigen Grund, dieses Voneinander-Lernen, welches Selbst- und Fremdkritik einschließt, als religiös unerlaubten Synkretismus zu verdächtigen.

Daher ist es nicht notwendig – wie immer wieder aus falsch verstandener Toleranz gemeint wird –, unterschiedslos Wahrheit und Einsicht in allen Religionen anzunehmen und gleichzusetzen. Denn es gibt in der menschheitlichen Religionsgeschichte durchaus Stärken und Schwächen, so etwas wie Entwicklung und Fortschritt. Die Frage ist nur, wie wir uns anderen Stufen religiöser Erkenntnis gegenüber verhalten, wie also Fortschritt und Dialog, die sich nicht gegenseitig einebnen dürfen, sich zueinander verhalten – ob in Respekt oder in Verächtlichkeit und Anmaßung. Alle Religionen sind gleichen Rechts, haben als Lebensform gleichermaßen bergende und beheimatende Funktion, aber sie sind darum nicht alle gleicher Einsicht. Wagt man diesen Satz auch im Blick auf die eigene Religion – denn auch wir Christen sind nicht in allem gleich tiefer Einsicht, vielmehr lernbedürftig –, dann darf man ihn auch im Blick auf andere wagen. Religionen werden im Wandel aller Verhältnisse immer wieder – als Lebensformen und Lebensräume – für ihre *eigenen* Gläubigen zu eng und ungenügend, „falsch", vielfach unter dem Einfluss und Eindruck interreligiöser Erfahrungen und weiterdrängender Einsichten. Daher werden sie zum Wandel gezwungen – und hier gilt es den hilfesuchenden vergleichenden Blick auf andere Religionen, gibt es – ungerechnet die kulturellen Verschiedenheiten – Stärken und

Schwächen: bei uns und bei den anderen. Man muss sich auch im Zeitalter des interreligiösen Dialogs nicht auf jedes Gottesbild oder jede zweideutige Gesetzlichkeit, nicht auf jede Anbetung (Vergötzung) von Natur, nicht auf jede Absolutheitsanmaßung, nicht auf jeden Biblizismus und jede Verrechtlichung von Religion, nicht auf jede Advaita-Identität des Menschlichen und Göttlichen, nicht auf jede polytheistische Regression (so wichtig eine solche immer wieder sein mag) oder jede Remythisierung der Natur so einlassen, als wäre alles offen und neu zur Disposition gestellt; als wäre der Gang der Religionsgeschichte seit deren naturreligiösen oder animistischen, gesetzlichen oder theistischen Anfängen preiszugeben, zu wiederholen und neu aufzurollen. Die Erfahrung der religiösen und ethischen Aporien (z.B. in den Menschenrechtsfragen) belehrt, ohne dass wir vergessen dürften, was für eine lange Entwicklungsgeschichte wir – zumal seit der Aufklärung – durchgemacht und in Anspruch genommen haben. Gleiche Zeiträume sind anderen zuzubilligen.

Nicht von jeder Religion haben wir daher gleich viel zu lernen. Manche betrachten – speziell nach den bösen Erfahrungen des vergangenen Jahrhunderts – das Judentum als unseren primären und notwendigsten lebensweltlichen Gesprächspartner, was aus Gründen unserer politischen, menschlichen und kirchlichen Geschichte zunächst sicher richtig ist. Aber auch aus religiösen? Könnte es nicht sein, dass wir aus religiösen wie theologischen Gründen – auch wenn die Begegnung und Beschäftigung mit Judentum und Islam die in unser Lebenswelt sich vorrangig aufdrängenden sind – mehr an den Dialog mit den asiatischen Religionen (Shivaismus, Buddhismus, Advaita, Taoismus) gewiesen sind; denn diese bergen in ihrer Grundverschiedenheit und Andersartigkeit von uns Ungesehenes und Ungelerntes, ganz Neues an religiöser und Gotteserkenntnis. Könnte es nicht sein, dass wir also im Kern unserer fälligen Revisionen und Fortschreibungen mehr an sie als an den Dialog mit Islam und Judentum gewiesen sind? Denn deren strukturelle (monotheistische, Gesetz, Bund/Gnade u.a.) Analogien repräsentieren wir Christen, aus gemeinsamer Herkunftsgeschichte, in unserer Tradition und Theologie selber schon; deren Einsichten haben sich in unserer religiösen Erfahrungsgeschichte unvergesslich und eigen profiliert. Das islamische Verständnis Allahs im Koran z.B. ist (obwohl es unweigerlich derselbe Gott hinter den verschiedenen Bildern ist, um die wir „wetteifern" sollen) gewiss nicht das Verständnis des Vaters Jesu Christi. Und das Gesetzesverständnis in Islam und Judentum hat offensichtlich die Dialektik des Gesetzes, die Jesus und Paulus an den Tag gebracht haben (dass nämlich das Gesetz zum Leben gegeben ist, aber in unserem Gebrauch und Missbrauch eher zur geistlichen Lebensminderung und seelischen Eindimensionalität führt), nicht so schmerzhaft in den Mittelpunkt der eigenen Orientierungen gestellt; der Glaube an das Gesetz (in welchen verkappten Formen auch immer) als Weg und Möglichkeit des Heils ist daher – ohne die vertieft erlittene Ohnmacht des Gesetzes – im Kern nicht so eigentümlich profiliert worden wie bei uns. Dies sollte nicht verwischt werden. Ähnliches dürfte vom Verständnis der Gnade als dem rein im Empfangen zu erfahrenden, nicht zu verdienenden und durch keine Gesetzeserfüllung erreichbaren Lebensgeschenk gelten.

Dies alles zu übersehen und zu vergessen, haben wir keinen Anlass; vielmehr ist es in den interreligiösen Dialog – auch den ganz alltäglichen bei uns – einzubringen. Mögen die Religionen als Lebensformen ihrer jeweiligen Kultur gleichermaßen gültig, wahr und hilfreich sein, was nur in Respekt vor der gemeinsamen Gottsuche und in gemeinsamem Gebet und Meditation anzuerkennen ist – die religiöse Entwicklung der Menschheitsgeschichte wird und sollte die Verschiedenheit der Stärken und Schwächen, der Fortschritte und Regressionen nicht einebnen. Was aber in diesen Prozessen sich als Wahrheit herausstellen wird und welches die – bei aller bleibenden Verschiedenheit – entstehenden Gemeinsamkeiten sind, das unterliegt keinem (oder nur sekundär einem) menschlichen Konsens- und Beschlussvermögen, vielmehr primär dem Gehorsam gegenüber der Erfahrung Gottes, des Göttlichen und den daraus sich allenfalls ergebenden Gemeinsamkeiten, die es erlauben, gemeinsam die Knie vor der Macht und Wahrheit, die über und in uns ist, in Synagoge und Moschee, Tempel und Kirche zu beugen. Es müssen Gemeinsamkeiten sein, in die der Geist uns führen muss (Joh 16,13); der aber ist nicht nur im Lehramt und Schriftverständnis der christlichen Kirchen. Dabei entstehen hier, soviel ich sehe, Gemeinsamkeiten, die keineswegs nur ethischer und moralischer Natur sind. Vielmehr sind es – das dürfte das eigentlich Aufregende und Verheißungsvolle an diesen Entwicklungen sein – spezifisch religiöse Analogieerfahrungen, die sich gegenseitig bereichern und befruchten, in vertiefte Urerfahrungen des Einen Göttlichen führen und z.B. die Sekundarität des Ethischen gegenüber der Meditations- oder Gotteserfahrung (heilsam und schmerzlich im Blick auf die bei uns grassierende Ethisierung aller menschlichen Fragen) manifest werden lassen. Hier werden wir alle noch durch andere Tore gehen.

All dies ist genügend Basis für einen lebenspraktischen und religiösen Dialog allerseits, der das gemeinsame Suchen Gottes bzw. des Göttlichen in völliger Solidarität der Religionen ermöglicht. Weder Israel noch das Christentum sind alleine einer Erwählung teilhaftig geworden. Unter anderen und neuen Aspekten der Gotteserfahrung sind andere Religionen durchaus auch anderer und neuer Erkenntnis und Erwählung gewürdigt. Wenn wir dem Judentum seine exklusive Erwählung – soweit eine solche gelehrt oder gedacht wird – absprechen, dann sollten wir nicht selbst durch unseren Glauben, „Christus allein" sei der Weg zu Gott, solchen Anspruch fortsetzen. Hier sitzt die religiöse Provinzialität und die zu überwindende Verleugnung der Interreligiosität im Herzen unserer Kirche. Sollte Gott, der „uralte Turm" (Rilke) nicht von sehr verschiedenen Seiten umkreist werden und immer neue Gesichter zeigen können, die ein einziger Blick nicht erfassen kann – und sei er wie der des Jesus von Nazareth in seiner Art unvergleichlich und unüberholt, aber nicht ausschließlich gültig? Man muss auch hier nicht siegen wollen. Ich jedenfalls bekenne, dass durch all diese Begegnungen, Erfahrungen und Lernschritte mein Leben und mein Verständnis von Religion und Christentum, von meinem christlichen Glauben unendlich reicher und freier geworden ist.

Dies alles ist natürlich nicht in den Blick zu bekommen, wenn man die Christologie – unerlaubt, wie ich meine – statt der Gottesfrage radikal in den Mittelpunkt der Theologie und des religiösen Fragens stellt, so dass die fundamentalen religiösen Gemeinsamkeiten im Horizont der gemeinsamen „Gottes"frage nicht mehr erscheinen können. Wenn aber „Gott", das göttliche Geheimnis, im Zentrum des religiösen Bewusstseins steht, und Jesus von Nazareth der (ein) „Weg" zu ihm ist, dann gibt es viele Verbindungslinien hin zu diesem gemeinsamen Mittelpunkt.

An dieser Stelle gilt es zu beachten, dass es zwei ganz verschiedene Gesichtspunkte und Interessen im Blick auf den interreligiösen Dialog und den Grad, sich auf ihn einzulassen, gibt. Die einen leben – mehr oder minder identifiziert – im Hause ihrer Religion und Kirche und suchen *von da aus* – unter Beachtung der Grenzen, Differenzen und irreduziblen Eigenart ihrer und anderer Religion – eine Beziehung zu anderen Religionen, in begrenztem und bestimmtem Ausmaß. Aus dieser Perspektive ist überwiegend die offizielle Dialogliteratur bestimmt. Die anderen – religiös und kirchlich nicht oder wenig identifiziert – leben hingegen am Rande ihrer Kirchen/Religionen und auf dem offenen Markt zwischen den Häusern der Religionen/Kirchen und suchen – außer in ihrer religiösen Selbstwahrnehmung – aus den verschiedenen Angeboten und Religionen das heraus, was sie überzeugt und was ihnen zu Orientierung und Identitätsbildung hilft; manche von ihnen dabei noch von einer geheimen Matrix ihrer religiösen (christlichen) Herkunft geleitet, andere auch dies überhaupt nicht mehr: Eine Matrix der Überzeugung muss sich – langsam genug – überhaupt erst bilden. Hier spielen Grenzziehungen und Differenzbewusstsein keine oder nur eine geringe Rolle. „Synkretismus" ist hier ein elementares und legitimes Stichwort. Beide Perspektiven – die (überwiegend) identifizierte und die (überwiegend) nicht identifizierte – sind nötig und haben ihr Recht: beide.

Die aus all dem sich nahelegende interreligiöse Öffnung ist lebensweltlich für viele Menschen – auch innerhalb ihrer christlichen Kirchenmitgliedschaft – schon längst und zu Recht ununterschreitbare und selbstverständliche Voraussetzung ihrer Suche geworden, also menschlich und hermeneutisch hilfreich; sie ist darüber hinaus religiös wie theologisch wahr. Der wachsenden religiösen Autonomie sind diese hilfreichen und bereichernden Perspektiven zur Verfügung zu stellen. Es sind Fragen, die den religiös suchenden, über die konfessionellen Christentümer hinausstrebenden, in eigener Verantwortung seine Theologie und religiöse Erfahrung zusammensuchenden Menschen essentiell angehen. Die christlichen Theologien und Kirchen aber bleiben hier weitgehend stumm, abweisend und unausgebildet. Sie helfen nicht weiter bei qualifizierter Verarbeitung dieser Fragen in dem in der Tat religiös globalisierten Gemischtwarenladen; sie fördern nicht bei der Aneignung bzw. Verarbeitung spezifisch christlicher Einsichten angesichts interreligiöser Fragen. An dieser Stelle der pluralistischen und interreligiösen Umweltverschiebung liegt vermutlich – außer bei Begriff und Lebensgefühl der religiösen Autonomie (die gegenüber der bisher bekannten „Mündigkeit" ebenfalls pluralistisch und interreligiös verschärft ist) – die deutlichste Veränderung und Radikalisierung der (nicht nur kirchlich, sondern auch) „christlich distanzierten" Einsicht gegenüber den Wahrnehmungen und Akzentsetzungen der letzten Generation. Und dies mit paradigmatischem Gewicht. Auch hier bleiben für die kirchliche Theologie noch einige Stufen zur religiösen Gegenwart zu erklimmen. Wenn mir auf einer Pastorenkonferenz eingewandt wurde, man sei in diesen Fragen nicht ausgebildet, daher inkompetent und ohnmächtig, dann lässt sich eben nur zurückzufragen, ob sich Menschen und Gemeinden nach dem Ausbildungsstand der PastorInnen zu richten hätten – oder ob es nicht eher umgekehrt sein sollte?[48]

Dabei gibt es gute theologische Gründe, Menschen zu ihren religiösen Umwegen Mut zu machen. Denn wir bleiben Europäer, werden keine Asiaten, wenn wir diese hilfreichen und notwendigen Umwege gehen. Die interreligiöse Bereicherung kommt also letztlich unserem christlichen Ursprungsglauben zugute. Eine durch Martin Buber bekannte Geschichte, die ich in eigener Nacherzählung wiedergebe[49], beleuchtet die Wichtigkeit und Unabweislichkeit solcher Wege und Umwege aufs Schönste:

Der Rabbi einer polnischen, galizischen Stadt – sagen wir aus Lemberg – träumt, er solle nach Prag gehen, dort werde er einen Schatz finden. Er wundert sich, erzählt es seiner ebenfalls erstaunten Frau und lässt den Traum kopfschüttelnd auf sich beruhen. Aber er träumt den Traum in der nächsten Nacht wieder und wundert sich erneut. Als er aber in der dritten Nacht denselben Traum noch einmal träumt, weiß er, gehorsam dem alten Wissen, dass Träume Boten Gottes sind und Gehorsam verlangen, dass er gehen muss, bricht auf und kommt nach Prag.

Dort ist Kaisermanöver, alle Brücken des goldenen Prag sind gesperrt, von Militär besetzt, so dass ihm nur übrig bleibt, sich an einer der Brücken auf der gegenüberliegenden Straßenseite auf den Rinnstein zu setzen und zu warten. Er tut dies am ersten und zweiten Tage. Als er aber am dritten Tage sich wieder dort niederlässt, kommt ein misstrauisch werdender Offizier auf ihn zu und fragt, was er hier wolle; ob er vielleicht ein Spion sei, der die Truppen zu zählen und auszuspähen den Auftrag habe. „Wenn ich dir sagen würde, warum ich hier bin", entgegnet der Rabbi, „würdest du mich auslachen; es ist zu kurios." Der Offizier, der sich seinerseits langweilt, drängt ihn vertraulich, ihm den Grund seines Hierseins zu erzählen, und als der Rabbi nach einigem Zögern schließlich (ohne zu sagen, wer und woher er sei) die Geschichte seines Traumes von dem verheißenen Schatz – ein wenig peinlich berührt und doch schmunzelnd – preisgibt, lacht der Offizier seinerseits und meint: „Ja, Träume sind wirklich etwas Verrücktes. Auch ich habe seit Tagen einen sich wiederholenden Traum: Ein Rabbi in Lemberg – komisch, nicht? warum gerade Lemberg! – hat in seinem Wohnzimmer unter dem Ofen einen Schatz verwahrt, ohne es zu wissen!" Der Rabbi hört, begreift, kehrt um und findet den ihm unbewussten Schatz – in seinem eigenen Wohnzimmer. Er bedurfte des Umwegs, um ihn zu heben.

Diese Geschichte entspricht genau den Erfahrungen, die heute bereits viele Christen machen, und sie macht Mut, sich auf alternative religiöse Erfahrungen einzulassen. Sie kann Pastoren und Pastorinnen ermutigen, die Akzeptierung und Begleitung dieser Wege und Umwege autonomer, unweigerlich auf den religiösen Markt geworfener Menschen nicht als unsinnig und als außerhalb ihrer Aufgabe liegend zu betrachten. Vielmehr gilt es zu begreifen, dass auf diesen Wegen zu helfen eine wichtige und bereichernde pastorale Aufgabe auch christlicher Verkündigung (und eine bisher fast vermiedene Aufgabe theologischer Ausbildung an den Fakultäten) ist. Allzu viel Mehltau liegt inzwischen auf den christlichen Begriffen und Theologien („bloß erst mal weg vom Christentum" lautet vielfach das vorläufige Ende der Erfahrungen mit Kirche und Konfirmation), so dass diese Umwege für viele Menschen etwas essentiell Notwendiges und hilfreich Aufschließendes geworden sind. Solche Möglichkeiten und Motive sind bereichernde Folgen und Formen der unausweichlichen religiösen Autonomie und des gesellschaftlichen wie des religiösen Pluralismus, die beide theologisch zu bejahen und zu handhaben wir lernen müssen und dürfen. All dies sind daher speziell Fragen, die eine Herausforderung und Bereicherung für Menschen freier Religiosität bedeuten. Sie stellen sich diesen Fragen heute längst mehr als die konfessionellen Kirchen und ihre pastorale Arbeit. Auf diesen Wegen gehen und leben zu lernen, ist daher eine wunderschöne und notwendige Aufgabe der religiösen Autonomie.

Autonomie – ein generell gültiges Konzept?
Es bleibt aber zum Stichwort der (religiösen) Autonomie noch ein letztes, zunächst ganz untheologisches Bedenken einzubeziehen. Trifft nämlich, so lautet die Frage, die Annahme der möglichen und notwendigen religiösen Autonomie nicht nur für vergleichsweise wenige Menschen zu? Wie viele Menschen teilen denn das Selbstkonzept von Autonomie? Gibt es nicht sehr viele Menschen, die diese weder wünschen, weil sie sich lieber in Beziehungen und Lebens- bzw. Familienverhältnisse einfügen statt sich selber autonom zu verhalten, noch auch vielfach können, weil sie zu solcher Autonomie weder bildungs- noch entwicklungs- oder kräftemäßig in der Lage sind? Gerade auch in religiöser Hinsicht gibt es mit Sicherheit viele Menschen, die weder den Wunsch noch das Vermögen haben, autonom ganz eigene Wege sich zu suchen.

In der Tat ist Autonomie kein unbegrenzt gültiges und akzeptiertes Lebenskonzept; es wäre auch sinnlos und tyrannisch, dies zu erwarten. Daher sind die genannten Einwände, die auf eine Differenzierung der Annahmen über Autonomie als Konzept von Selbstsuche und Identitätsfindung zielen, treffend und unumwunden zuzugeben. Es gibt unzweifelhaft – vermutlich viele – Menschen, die diesem Selbstkonzept nicht folgen, es auch nicht wollen und die – von ihrem psychologischen Typus her – sich lieber einfügen, sich im Verbande sehen und mit anderen, in der Herde, mitgehen als selber gestalten und vorangehen. (C.G. Jung nennt sie in seiner Studie über „Die Ehe als psychologische Beziehung" im Unterschied zu den aktiv „Enthaltenden" die eher passiv „Enthaltenen", und B. Hellinger hat in letzter Zeit im Zusammenhang seiner Familienaufstellungen mit bemerkenswerten Hinweisen den faktischen Vorrang der Familienbindung vor der individuellen Autonomie betont[50]). Gerade für solche Menschen kann Kirche berechtigtermaßen ein Ort des Sich-Anschließens und Einfügens in den Glauben der großen christlichen Gemeinschaft, Ort des – wie man früher sagte – „Köhlerglaubens" sein („ich glaube, was die Kirche glaubt", sentire cum ecclesia). Diese Möglichkeit ist zu sehen und zu bejahen. Doch auch für diese Menschen gilt: Es spielen, ob wir das bewusst mit dem Konzept von Autonomie verbinden oder nicht, auch bei den Sich-Einfügenden und Sich-Anschließenden ihre *eigenen* instinktiven Neigungen oder Aversionen, Vorurteile und Ablehnungen eine entscheidende Rolle; auch ihre Meinungsbildung verläuft in den Bahnen ihrer eigenen inneren Gefühls- und Überzeugungsbildung. Auch ihnen gegenüber gilt es, den Umgang mit ihnen zu lernen, ihre latente Religiosität zu verstehen und die Verkündigung auf sie zu beziehen, sie auf ihren Wegen wahrzunehmen und in ihrer Weise zu fördern. Die Wahrnehmung der in ihnen verborgenen Religiosität bleibt daher eine wesentliche Voraussetzung und Hilfe im Klärungs- und Förderungsprozess der religiösen Sozialisation auch dieser Menschen. Ihre mehr oder weniger bewussten Voraussetzungen und Neigungen ernst zu nehmen und willkommen zu heißen, scheint daher auch in diesen Fällen theologisch berechtigt wie seelsorgerlich das einzig Angemessene zu sein. Auch mit dieser verdeckten und vielleicht ungewollten Form von Selbstständigkeit haben wir kirchlich unabweislich umzugehen; sie haben wir zu unterstellen. Unselbstständige Menschen fühlen sich durch direktive, sie übergehende Sprechformen ebenso abgestoßen und ausgeschlossen („Ich habe immer, wenn ich in die Kirche komme, das Gefühl, mit dem was ich denke und empfinde, hier nicht willkommen zu sein"). Auch sie bestätigen also die grundlegende, wenngleich hier verkappte Funktion und notwendige Anerkennung der Autonomie in religiösen Fragen. Gerade auch hier wird sich erweisen, ob Kirche und Theologie die religiöse Autonomie aus dem Herzen unseres Glaubens fördern und zumuten, weil wir alle als Töchter und Söhne der Freiheit gemeint sind, oder ob sie – sobald der gesellschaftliche und individuelle Erwartungsdruck wegfällt – diese Autonomie wie eine endlich überwundene Krankheit und Unwahrheit wieder fallen lassen und übergehen werden.

3. Kirchliche und christliche „Distanziertheit" als Lebensform – ein unerlässlicher diagnostischer Begriff zur religiösen Situation der Menschen und der Kirchen

Warum lohnt es sich, den seit längerem etablierten Begriff der „Distanziertheit" zu benutzen? Das ist eine dritte, letzte, immer wieder gestellte Frage. Ist er nicht zu unbestimmt? Wird er nicht vollends ungenau, wenn man davon auszugehen hat, dass es in der Tat auch *in* der Kirche zunehmend viele Menschen gibt – durchaus auch in pastoralen und leitenden Ämtern der Kirche –, die sich als „distanziert" verstehen und sich z.B. durch meine Schilderung (im oben genannten Buch) exakt angesprochen und verstanden fühlten (wie mir oft genug versichert wurde)?

Indessen – so vielfältig und ungenau, innerhalb wie außerhalb der Kirche zu orten, das Phänomen der Distanziertheit ihr gegenüber auch sein mag, – in einem Grundzug und einer Facette ihres Empfindens und Wollens sind diese so verschiedenen „distanzierten" Menschen sich sehr präzise ähnlich oder einig: in dem mehr oder minder entschiedenen Bewusstsein, dass sie gegenüber der aus biographischen Gründen sehr verschieden empfundenen offiziellen Kirche deutliche Vorbehalte haben und dass sie zu ihr in einem sehr bestimmten Abstand stehen. Daher wollen sie von ihr – trotz bleibender Mitgliedschaft – religiös, theologisch oder ethisch nicht vereinnahmt werden, sondern – im Bewusstsein ihrer religiösen und ethischen Selbstständigkeit – Distanz zu ihr halten. Diese Distanziertheit ist ebenso sehr ein Phänomen der Verbundenheit wie der Abstandnahme, also durchaus Zeichen einer einstweilen bestehenden (wenngleich tendenziell abnehmenden) *Beziehung*, und ihre Botschaft lautet „ja, ich bin Christ und Mitglied der Kirche, aber nicht ohne weiteres und nicht so, wie die Kirche es – dogmatisch und ethisch – will"!

In dieser negativen, abgrenzenden Eindeutigkeit liegt die Klarheit des Begriffs „Distanziertheit". Sie wird sehr wohl innerhalb wie außerhalb der Kirche und ihrer Ämter empfunden und kann unendlich viele Formen annehmen und Gestaltungen aus sich entlassen; darin gründet die unendlich schillernde Vielfalt und scheinbare Undeutlichkeit dieses Begriffs. Aber jener gemeinsame Grundton der Abgrenzung ist für das Verhältnis vieler Menschen zur Kirche – bei aller Verschiedenheit und Ungenauigkeit im Verständnis und Empfinden der „Distanziertheit" – entscheidend und heute grundlegend, er muss also in der Kirche als wesentliches Element des Verhältnisses zu ihr festgehalten und berücksichtigt werden. In dieser – nur in dieser! – Hinsicht ist gerade die oft verschwimmende Distanziertheit ein völlig klares und eindeutiges Phänomen und der Begriff, der sie benennt, völlig eindeutig und unentbehrlich. Aus jener gemeinsamen Grundhaltung der Abgrenzung ergibt sich die berechtigte Tendenz, immer wieder ganz allgemein von „der" Kirche oder „den" Kirchen zu sprechen, weil sie unter diesem Gesichtspunkt distanzierter Theologie und Religiosität – bei aller innerkirchlichen Differenzierung, die die Insider empfinden –

doch in zentralen Hinsichten recht einheitlich empfunden wird und das Reden über sie rechtens generalisierbar scheint. Das unter Theologen berechtigte Drängen auf Differenzierung des Begriffs und die Kritik an der Verallgemeinerung in Urteilen über „ *die* Kirche" kann – unter diesem Gesichtspunkt – leicht zum Alibi der Vermeidung und Abwehr eben dieser Position und ihrer Kirchenkritik geraten (denn natürlich ist immer weitere Differenzierung notwendig, so dass Kritik – vor lauter Differenzierung – unmöglich würde). Die Kritik bzw. der Vorbehalt ist aber – unter dem Gesichtspunkt distanzierter Religiosität – so allgemein gemeint und eben darin präzise.

Inzwischen hat sich allerdings der Zustand der Distanziertheit gegenüber dem bisher etablierten Begriff von Distanziertheit um eine wesentliche neue Nuance angereichert; das Phänomen der Distanziertheit hat sich radikalisiert. Distanziertheit bedeutet nicht mehr nur eine Distanz der *Kirche*, ihren liturgischen Vollzügen und ihrer gemeinschaftlichen Atmosphäre gegenüber; sie ist auch nicht nur eine skeptische, eher fremde und ratlose Verhaltenheit gegenüber dem Leben und den (politischen und gewissen ethischen, die Lebensformen betreffenden) Anschauungen der Gesamterscheinung Kirche, bei grundsätzlicher (passiver) Anerkennung und Geltenlassen der kirchlichen Lehre – mangels vorhandener Alternativen. So war es bisher. Inzwischen aber ist Distanziertheit auch zu einer religiösen Distanz, zu einem *religiösen und theologischen Veränderungs- und Umdeutungswillen im Blick auf zentrale theologische Anschauungen und religiöse Implikationen der bisherigen Theologien* geworden. Die Bildung theologischer Anschauungen wird nicht mehr einfach den Kirchen überlassen und hingenommen; das Bewusstsein des Rechts eigener religiöser Empfindungen und Vorstellungen hat sich unübersehbar verstärkt. So ist das Selbstbewusstsein vieler Distanzierter in ihrer Umdeutung und synkretistischen Neumischung theologischer Annahmen und religiöser Vorstellungen kräftiger und radikaler geworden; es kritisiert bewusster und gestaltet ungenierter selber, ohne darum die Beziehung zur Kirche und zum christlichen Glauben aufgeben zu wollen. Es glaubt z.B. sehr oft nicht länger im Zeichen des „Christus allein", und im Blick auf das zentrale Verständnis Gottes bzw. des Göttlichen wächst die Kritik am Theismus unübersehbar. Ein eher mystisches, non-theistisches Verständnis des Göttlichen gewinnt Boden und prägt die Auffassung aller anderen Grundbegriffe der christlichen Lehre mit. So sind die Distanzierten – angeregt und bestärkt von den Kontexten sich abzeichnender Alternativen in der religiösen Szene – nicht nur der Kirche und ihren Vollzügen, sondern auch ihrer Lehre, dem theologischen Begriff und Verständnis des „Christlichen" und seinen klassischen Inhaltsdefinitionen gegenüber kritischer und eigenständiger geworden. Entsprechend folgt und glaubt man den kirchlich weiterhin subkutan ausgestreuten Suggestionen, dass es Christsein nur in der Gemeinde gebe, zu Recht immer weniger. Konnte es früher heißen: „Bei aller Kirchendistanziertheit – Christ bin ich auch", so wird jetzt der anerkannte und klassische Begriff des Christlichen nicht mehr einfach vorausgesetzt, sondern gerade er wird im Zeichen der oben angegebenen Komponenten verändert und umgedeutet: „Soweit ich Christ bin, bestimme ich Inhalt und Auffassung dieses Glaubens mit." Christliche und andere (buddhistische, jungianische, esoterische) Motive mischen sich zu einer neuen religiösen Konfiguration und Identität, die sich aber vielfach weiterhin – noch, auf abschüssiger Verbundenheitsskala – als christlich versteht.[51]

So ist aus der nur „kirchlichen" vielfach eine „christliche" Distanziertheit geworden: „christlich – aber nicht so wie die Kirche"![52] Beide Facetten der „kirchlichen" wie der „christlichen" Distanziertheit scheinen mir für das gegenwärtige Wahrnehmen und Verstehen der kirchlichen Situation wie für das Verhalten der Kirche zu den distanzierten Menschen in ihr, an ihren Rändern und außerhalb ihrer, wichtig zu sein. Weil aber die Aspekte und Grade der Distanzierung individuell und ungeheuer verschieden sind, ist der Begriff der „Distanziertheit" notwendigerweise schwimmend, offen und ungenau, nicht exakt definierbar. Eben als solcher ist er aber – bei aller sinnvollen und wünschenswerten Offenheit (und daher auch notwendig fließenden Ungenauigkeit) seines Verständnisses – m.E. weiterhin notwendig, hilfreich und weiterhin unverzichtbar. Die Anerkennung und Einbeziehung dieses Sachverhalts – sowohl in die theologische Reflexion als auch in die kirchliche Arbeit – dürfte eine weitere Stufe und harte Nuss für das kirchliche Bewusstsein, seine Arbeitsformen und seinen fälligen religiösen wie theologischen Ruck sein. Die bereits angesprochene Tatsache aber, dass viele Menschen, auch Pastorinnen und Pastoren *in* der Kirche sich als distanziert verstehen und bezeichnen, bedeutet – vordergründig geredet – eine nicht unwichtige Hoffnung für die Kirchen: Mitten in ihnen leben und wirken offene, suchende, weil selbst pluralistisch bestimmte, in religiöses und theologisches Neuland hinein denkbereite Menschen, die kirchlich in ihrem Denken nicht festgelegt sind. Die Kehrseite dieser Tatsache – der immer wieder festgestellte Mangel an bewusster corporate identity in der Kirche – sollte man nicht kritisieren: Sie ist der Schatten und die Rückseite einer aussichtsreichen Stärke.

Soweit die einleitende Vorklärung der drei Begriffe Religion, religiöse Autonomie und kirchliche bzw. christliche Distanziertheit für den hier in Frage stehenden Kontext.

Kapitel II

Religiös sein ohne einen „Gott"? – Non-theistisch an „Gott" glauben.
Religiöse Wahrheiten und theologische Chancen im Zusammenbruch
des Theismus[53]

> „Die Äthiopier behaupten, ihre Götter seien stumpfnasig und
> schwarz, die Thraker, blauäugig und blond", „die Menschen
> nehmen an, die Götter seien geboren, sie trügen Kleider, hätten
> Stimme und Körper – wie sie selbst." „Wenn aber die Rinder
> und Pferde und Löwen Hände hätten und mit diesen Händen
> malen könnten und Bildwerke schaffen wie Menschen, so wür-
> den die Pferde die Götter abbilden und malen in der Gestalt von
> Pferden, die Rinder in der von Rindern, und sie würden solche
> Statuen meißeln, ihrer eigenen Körpergestalt entsprechend."
>
> (Xenophanes von Kolophon)[54]

> „Der Himmel und aller Himmel Himmel können dich nicht fas-
> sen. Wie sollte es denn dies Haus tun, das ich gebaut habe?"
>
> (Tempelweihgebet Salomos, 1Kön 8,27)

1. Die Lage – der gesellschaftliche Zusammenbruch des Theismus als Leitidee

Seit gut eineinhalb Jahrzehnten geht eine Welle alternativer Religiosität durch unser
Land, die den Kirchen fast nicht mehr zugute kommt; man traut es ihnen immer
weniger zu, dass sie Antwort auf aufbrechende religiöse Fragen zu geben, diese Fragen zu fördern und weiterzuentwickeln in der Lage sind. „Religiös sein: ja, aber nicht
auf die Weise der Kirche", das dürfte weithin die Grundformel in dieser Entwicklung
sein.

Was aber sind die Gründe für diesen Hiatus zwischen Kirche und religiöser Erfahrung? Mir scheint, einer der entscheidenden Gründe für das Abreißen der Verständlichkeit der kirchlichen Verkündigung – und damit zugleich ein Indiz für die religiöse
Unakzeptabilität der Kirche – liege vor allem im verbreiteten kirchlichen Gottesbegriff. Die Worte „Gott" und „Christus" scheinen zu einer Art hochrangiger Verschlussformel geworden zu sein, bei deren Benutzung die Jalousien regelmäßig he-
runtergehen, wenn die Üblichkeit christlicher Predigt einen wieder einmal überfällt.
Obwohl theologische Gründe oder Diskrepanzen gegenüber der kirchlichen Lehre
bei den Motiven zum Kirchenaustritt kaum eine Rolle spielen, meine ich doch, dass
letztlich hier, in diesen Fragen, die Hauptursache der Entfremdung von der Kirche
liegt. Wenn diese Gleichgültigkeit gegenüber den Inhalten der christlichen Predigt

sich aber fortsetzt, wird hier – im Innersten der religiösen Verhältnisgewinnung und Sozialisation – der Faden endgültig reißen. Und es scheint, als sei er vielfach und auf weite Strecken – bis mitten hinein in das bestehende volkskirchliche Bewusstsein – fast unwiderruflich schon gerissen.

Dieser einen zentralen Schaltstelle des allgemeinen Traditionsabbruchs wende ich mich im Folgenden zu. Denn an dieser Stelle ist im religiösen Bewusstsein ein Wandel im Gange, der viele Menschen von der Kirche, ihren Denk- und Redeweisen entfernt und entfremdet, der aber ein erhebliches theologisches und religiöses Recht – gegen die Kirche und die übliche Form ihrer Lehre – auf seiner Seite hat. Es ist ein Wandel, in dem sich – zunächst diffus und unqualifiziert, vielfach sicher auch unbewusst – eine Einsicht abzeichnet, die religiös und theologisch weiter fortgeschritten und entwickelt ist als die Kirchen und Theologien es vielfach selbst sind. Es wäre nicht das erste Mal in der Geschichte der Neuzeit, dass das öffentliche religiöse Bewusstsein der kirchlichen Lehre voraus ist und sie zur Anerkennung neuer theologischer Sachverhalte und Konsequenzen zwingt. Die Entstehung der Toleranz, die Anerkennung der sog. natürlichen Religion und der mit ihr verbundenen religiösen Autonomie, die Liberalität in der Überwindung konfessioneller Denkformen und Lebensgestaltungen oder die zunehmende und selbstverständlich werdende Bejahung der Interreligiosität sind solche Beispiele. Worum aber geht es in diesem Falle der Kritik am Gottesbegriff und dem ihm inhärenten Theismus?

Es ist noch nicht lange her, da gehörte es fast zu den Selbstverständlichkeiten unserer Gesellschaft, dass man an einen existierenden Gott glaubte, und dies, obwohl seit mehr als 200 Jahren immer wieder Wellen der Infragestellung des theistischen Gottesglaubens durch die westeuropäische Kultur und auch durch Deutschland gegangen waren. Der Glaube an eine die Welt schaffende und regierende „Person" Gottes gehörte – so diffus und verschieden er auch verstanden sein mochte – zu den leitenden Selbstverständlichkeiten unserer Kultur. So war es natürlich zu Luthers Zeiten unbestritten, dass auch alle Heiden an einen Gott glaubten – nur eben, wie sie es taten und was für ein Gott es war, an den sie glaubten, das war strittig.

Dieser Glaube blieb sogar nach einigen dramatischen Einbrüchen im 18. und 19. Jahrhundert noch in Geltung: nach dem deutschen sog. Pantheismusstreit (Lessing) und Atheismusstreit (Fichte), nach dem Eindringen des französischen Materialismus und Positivismus (seit ca. 1830) und nachdem im 19. Jahrhundert das Phänomen des Atheismus in der Religionskritik verschiedenster Art (Feuerbach, Marx, Freud) thematisiert und auf sehr verschiedener Weise die Infragestellung des selbstverständlichen Theismus in Gang gesetzt worden war. Ja, der Theismus blieb sogar überwiegend in Geltung, nachdem zu Beginn des 20. Jahrhunderts eine sozialdemokratische Kirchenaustrittskampagne und nach 1918 eine zweite massive Kirchenaustrittswelle stattgefunden hatten. Noch die älteren Befragungen in den ersten dreißig Jahren unserer Bundesrepublik weisen dies Fortbestehen des persönlichen und theistischen

Gottesglaubens zweifelsfrei aus. Erst in den letzten 15 bis 20 Jahren ist diese weltanschauliche Voraussetzung immer mehr in Zweifel gezogen und in Frage gestellt worden, auch wenn noch immer eine Mehrheit der westlichen Deutschen die Beziehung auf „Gott" in der Verfassung festgehalten wissen möchte.[55]

Dieser heute epidemisch sich vollziehende Zusammenbruch des Theismus als gültiger und verbreiteter Weltanschauung und religiöser Vorstellungsform geht zwar wesentlich außerhalb von Theologie und Kirche vor sich, hat aber bereits jetzt nennenswerte – und gern übergangene – Folgen in den Kirchen selbst und im religiösen Bewusstsein vieler Kirchenmitglieder. Zunehmend viele unter ihnen können dem Glauben an einen persönlichen, theistischen Gott nicht mehr folgen. Dennoch bleiben sie in der Kirche, so dass die Kirchenmitgliedszahlen heute höher sind als die Zahlen derer, die an einen „Gott" glauben – ganz abgesehen von der steigenden Zahl derer, die ihrem Selbstverständnis nach noch an „Gott" glauben, aber mit ihrer Vorstellung von diesem Glauben zunehmend in Zwiespalt und Kollision mit Kirche und christlichem Glauben geraten sind.[56]

Es vollzieht sich mithin eine schleichende Umformung des religiösen Bewusstseins, welche meist ratlos hingenommen, übergangen und daher wenig reflektiert wird. Denn massenhaft setzt sich – innerhalb wie außerhalb der Kirche – allmählich die Überzeugung bzw. die Vorstellung durch, dass es so etwas wie einen – schon gar als „Person" – existierenden und die Welt in seiner Vorsehung regierenden Gott gar nicht gibt. Erstaunlich viele Menschen glauben ihrer eigenen Erklärung nach wohl an einen „Gott", wollen, wie gesagt, seine Nennung auch in der Verfassung weiterhin gewahrt wissen, verharren aber faktisch in ihrem Glauben in Diffusität und halb gewolltem, halb ungewolltem Nichtwissen, und vollziehen so – in ihrer Verweigerung der christlich dogmatischen Bestimmtheit der kirchlichen Lehre von „Gott" – die Kritik des bisher herrschenden Theismus. „Ich glaube auch, aber nicht wie die Kirche" – diese bereits zitierte, immer wieder anzutreffende Formel der kritischen Distanznahme von den kirchlichen Bestimmungsstücken des christlichen Glaubens darf man getrost auch auf die Vorstellung von einem persönlichen Gott beziehen. Diese Tatsache dürfte ein wesentliches Element der nicht mehr nur „kirchlichen", sondern auch „christlichen" Distanziertheit darstellen.

Innerkirchliche Kritik am Theismus – nur zögernd und unklar
Es vollzieht sich hier epochal, was in Kirche und Theologie bisher eher am Rande in einem insgeheim berühmten Satz D. Bonhoeffers vorgedacht und ausgedrückt wurde: „Einen Gott, den ‚es gibt', gibt es nicht."[57] Hier ist, wie so manches Mal schon in der Neuzeit, das moderne religiöse Bewusstsein – auf eine oft freilich diffuse und unqualifizierte Weise – dem theologischen Bewusstsein in Theologie und Kirche voraus. Denn es ist seit geraumer Zeit mit Recht immer schwerer begreiflich, dass alles in der Theologie entmythologisiert bzw. als entmythologisierungsfähig an-

gesehen wird (so wird selbstverständlich natürlich der Teufel, das personale Wider-spiel Gottes, der Entmythologisierung preisgegeben), nur eben „Gott" und die Vor-stellung von ihm nicht. Man weiß in den theologischen Prolegomena jeder anständi-gen Dogmatik, dass der menschliche „Person"-Begriff nicht ohne weiteres auf „Gott" übertragen werden darf, so dass wir faktisch nur „symbolisch" oder „analog" von einem „persönlichen" „Gott" reden können. Doch wird dem faktisch keine Fol-ge gegeben. In Sprache und Syntax von Theologie und Predigt wird ständig so getan, als wenn da ein handelnder, hörender und eingreifender Gott wäre: „Er" „tut", „handelt", „ist", „will …". Kein geringerer als der katholische Theologe K. Rahner hat dies in seiner Rede „Erfahrungen eines katholischen Theologen" 1984 (kurz vor seinem 80. Geburtstag) eindrücklich formuliert:

„Die erste Erfahrung, von der ich sprechen will, ist die Erfahrung, dass alle theolo-gischen Aussagen, wenn auch noch einmal in verschiedenster Weise und verschiede-nem Grad, analoge Aussagen sind. An sich ist das eine Selbstverständlichkeit für jede katholische Theologie, wird auf irgendeiner Seite jeder Theologie ausdrücklich ge-sagt, ist auch für einen Theologen seit *Erich Przywara* selbstverständlicher geworden. Aber ich meine, dieser Satz wird faktisch doch immer bei den einzelnen theologi-schen Aussagen vergessen, und das Erschrecken über dieses Vergessen ist die Erfah-rung, von der ich reden will.
Ich fange ganz simpel an. Für ein ganz primitives schulmäßiges Verständnis des Begriffes der Analogie ist ein analoger Begriff dadurch gekennzeichnet, dass eine Aussage über eine bestimmte Wirklichkeit mit Hilfe dieses Begriffes zwar legitim und unvermeidlich ist, aber in einem gewissen Sinne immer auch gleichzeitig zurückge-nommen werden muss, weil die bloße Zusage dieses Begriffes auf die gemeinte Sa-che hin allein und ohne gleichzeitige Rücknahme, ohne diese seltsame und un-heimliche Schwebe zwischen Ja und Nein, den wirklich gemeinten Gegenstand ver-kennen würde und letztlich irrig wäre. Aber diese geheime und unheimliche, zur Wahrheit einer analogen Aussage notwendige Zurücknahme wird meistens nicht deutlich gemacht und vergessen … Das vierte Laterankonzil sagt ausdrücklich, man könne über Gott von der Welt aus, also von jedwedem denkbaren Ausgangspunkt der Erkenntnis aus, nichts an Inhaltlichkeit positiver Art sagen, ohne dabei eine *radi-kale Unangemessenheit dieser positiven Aussage* mit der gemeinten Wirklichkeit selbst an-zumerken. … Wie wenig ist diese theologische Selbstverständlichkeit etwas, das wie eine Entelechie wirklich radikal und unerbittlich unsere gesamte Theologie in allen ihren Aussagen durchdringt, wie sehr klingen unsere Aussagen von den Kathedern und auch von den Kanzeln und aus den geheiligten Dikasterien der Kirche so, dass man nicht gerade deutlich merkt, sie seien durchzittert von der letzten kreatürlichen Bescheidenheit, die weiß, wie man wirklich allein von Gott reden kann, die weiß, dass alles Reden nur der letzte Augenblick vor jenem seligen Verstummen sein kann, das auch noch die Himmel der klaren Schau Gottes von Angesicht zu Angesicht füllt."[58]

Das zeitgenössische Zerbrechen und die Verweigerung des Theismus entspricht also in der Sache nur zu genau der hier von Rahner angesprochenen, innertheologisch fälligen Kritik und der Forderung einer Neuorientierung der Rede von Gott. Das religiöse Bewusstsein vollzieht diese Kritik und Neuorientierung epidemisch, massenhaft und, wie ich meine, zu Recht.[59] Das Recht dieses Motivs wird noch bestärkt, wenn man bedenkt, dass die gesamte theologische und religiöse Tradition der Bibel (beider Testamente, mehr allerdings die des Alten Testaments) und des Christentums, speziell in ihren mystischen Elementen, un- und überpersönliche Elemente im Gottesbegriff kennt, die man nur einmal zusammenstellen und sich bewusst machen muss: „Der Himmel und aller Himmel Himmel können dich nicht fassen. Wie sollte es denn dies Haus tun?", so zitierten wir schon oben im Motto dieses Kapitels das Tempelweihgebet Salomons, die Psalmen sind voll solcher überpersönlichen Ansprachen Jahves, und dass wir „in ihm leben, weben und sind" (Apg 17,28), das weiß – aus antikem Erbe – auch das Neue Testament. Auch Luthers Theismus ist sich dessen bewusst: „Wiewohl er überall ist in allen Kreaturen und mocht ihn im Stein, im Feuer, im Wasser oder auch im Strick finden", „Ists ein unaussprechliches Wesen über und außer allem, das man nennen oder denken kann."[60] Enthalten ist also dies Wissen von den überpersönlichen Elementen im Gottesverständnis in der Tradition – speziell der der Mystik – längst. Die Frage ist also nur, ob es angemessen bewusst gemacht und in seiner heute – im Zeichen religionskritischer und interreligiöser Entwicklungen und Einsichten – sich erst entpuppenden Reichweite angemessen zur Geltung gebracht wird. Macht man sich dies bewusst, so findet man leichter Zugang zu dem inneren Recht der heute sich massiv aufdrängenden Fragen und Entwicklungen.

Es ist daher im Folgenden eine in der Theologiegeschichte längst in Ansätzen bekannte und verdrängte, heute jedoch allgemein gewordene, grundlegend verschärfte und neu gestellte Frage erneut zur Geltung zu bringen und in ihren Konsequenzen zu verfolgen. Die damit aufgegebene Analogie- oder Symbolbezogenheit religiöser Rede ist mithin der eine Grund, der das religiöse Reden auf neue Weise zu Konsequenzen zwingt, die bisher in der Kirche nicht wirklich gezogen wurden, auch wenn wichtige Schritte auf diesem Wege (z.B. durch die sog. personale Interpretation) durchaus getan wurden. Indem man aber die Gottesfrage nur noch in personalen Relationen und in der Kategorie des Vertrauens, nicht mehr in einem (natürlich unmöglichen) Gottesbeweis zu lösen sucht, bleibt immer noch ungeklärt und die Frage umgangen, ob es diesen Gott, dem zu vertrauen wäre, überhaupt „gibt". Es „gibt" hier aber – nach Bonhoeffers klarer Aussage und aller kritischen Einsicht – keine Person und kein Personanaloges Wesen – das muss angesichts der unendlichen Zweideutigkeiten, die an dieser Stelle herrschen, deutlich gesagt werden.[61] Im Folgenden setze ich daher das Wort „Gott" in Anführungsstriche, um anzudeuten, wie fraglich und neu zu bedenken Sinn und Bedeutung dieses Wortes sein müssen.

Konsequenzen aus der Theodizee-Frage
Unmöglichkeit und Kritik eines einfachen, kirchlich üblichen theistischen Gottesverständnisses haben allerdings noch eine weitere Ursache: die Unsinnigkeit und Un-

erträglichkeit der bisher üblichen Fassung des Theodizee-Problems. In ihr soll es ein „persönlicher", personartiger, wenn auch in seinen Geheimnissen unbegreiflicher Gott sein, der die einen im Unglück bewahrt, die andern im Autounfall, im Irak-, im Jugoslawienkrieg oder erst recht im Holocaust grausam umkommen lässt. Die Erfahrung und Bewusstwerdung auch dieser Unmöglichkeit und Unsinnigkeit zwingt zu einer Revision der theistischen Gottesvorstellung, wobei es zunächst immer wieder nur zu Teilrevisionen kommt: Man spricht z.B. Gott die Allmacht ab, lässt ihn aber weiterhin als theistische – nur eben ohnmächtige – Person bestehen. Hierdurch wird kein Problem in diesem Vorstellungskomplex gelöst. Mit Recht weigert sich das religiöse Bewusstsein daher zunehmend, diesen (und anderen) Unverträglichkeiten, ja Unsinnigkeiten länger zu folgen und die theistische Voraussetzung der bisherigen Theodizee-Vorstellung weiter anzunehmen und fortzusetzen. Einen solchen Gott, der eingreifen und helfen könnte, es aber nicht (oder nur manchmal) tut, den „gibt es nicht". Weniger die Frage nach dem Leid als vielmehr die Kritik der auch hier, beim Leidensthema, zugrunde gelegten weltanschaulichen Vorstellungen einer metaphysischen Gottperson wird hier zum Fels des um sich greifenden Atheismus.

All dies drängt auf eine Revision des Gottesbildes hin und beginnt sie im öffentlichen Bewusstsein rechtens zu vollziehen. Der Atheismus ist weitgehend nur erzwungener Reflex und begreifliches Echo des kirchlich dominierenden Theismus. Mit jenem bereits zitierten Satz „Einen Gott, den ‚es gibt', gibt es nicht" war Bonhoeffer sich selber und der bisherigen klassischen Theologie voraus. Dieser Satz ist wie die Vorabschattung einer Erkenntnis, die erst jetzt – auf neuem Plateau – wirklich begriffen wird (vielleicht auch jetzt erst, nach den sich vollziehenden Radikalisierungen dieser Frage, wirklich begriffen werden kann) und sich in ihren Konsequenzen voll zu entfalten beginnt. Bonhoeffer selbst verstand diesen vorauseilend kreierten Satz in seiner heute zwingenden Tragweite noch kaum (wie die Kontexte seines Satzes zeigen). Das heutige Bewusstsein aber vollzieht in Form der grassierenden (freilich oft unklaren und qualitätslosen) Ratlosigkeit und eines tendenziellen Atheismus die Unmöglichkeit des klassischen Gottesbildes.

Es ließe sich zur einführenden Bestandsaufnahme und Differenzierung dieses Sachverhalts noch mancherlei ausführen, aber die Tatsache, dass das zeitgenössische Bewusstsein eine eindeutige Tendenz zur Kritik und Ablösung des Theismus (und mancher anderen Elemente der etablierten Christlichkeit) zeigt, sollte hinreichend deutlich und unwidersprechlich sein. In dieser Tendenz aber hat das religiöse Bewusstsein ein zwar ungeklärtes, aber m.E. doch unbestreitbares, der Klärung zuzuführendes *theologisches und religiöses Recht* auf seiner Seite. Dieses religiöse und theologische Recht (und nicht der statistisch belegbare Einbruch im traditionellen Gottesglauben, denn das zeitgenössische Bewusstsein irrt ja auch oft genug) ist letztlich von Gewicht und Bedeutung. Dem ist nunmehr nachzugehen.

2. Das religiöse und theologische Ende des Theismus – der „Tod Gottes"

Ich sagte, eine *Revision des Gottesbildes* stehe an und sei fällig. Zunächst in der Tat nur eine Revision des Gottes*bildes*, nicht die mit ihm gemeinte Wirklichkeit. Denn trotz des epidemischen Zusammenbruchs der theistischen Gottesvorstellung – eine tragende, schaffende und begnadende, aber auch richtende und in Abgründen oft auch bedrohende, immer wieder auch vernichtende Grundwirklichkeit, die wir – nach einer geradezu unheimlich präzisen Formulierung Luthers – nicht einfach nur lieben, sondern „fürchten und lieben" sollen, die *gibt es*. Man beachte, welch anderen Rang der Satz „Es gibt eine letzte Wirklichkeit" als der „Es gibt einen Gott" hat! Denn es gibt ein letztes Rätsel und Geheimnis, aus dem wir alle kommen und in das wir alle gehen.[62] Dieses Geheimnis in allen Poren und Dimensionen der Welt, das uns näher ist, als wir uns selber sein können, nennen wir – „wie und wer immer es sei" – das göttliche, eben weil es die letzte denkbare Wirklichkeit ist. Diese letzte, uns umfangende Wirklichkeit gibt es. Gestorben aber oder immer mehr im Sterben begriffen ist das bisher gültige Bild, das wir uns von ihr gemacht haben. Es stirbt das Bild eines irgendwo existierenden theistischen Gottes, den „es gibt".

Und doch – bei der Gewalt und Bedeutung, die Bilder haben – ist es mehr als nur der Tod eines Bildes, was sich hier vollzieht. Denn der alte Glaube und sein Gottesbild waren ein Kraftfeld, eine Lebensform und eine Gewissheit. So ist es vielmehr der Tod und das Ende einer geistigen und seelischen Realität, einer angenommenen, geglaubten Weltordnung. Es ist das Ende der Gewissheit, dass die Welt von einer Gott-Person regiert und letztlich – wenn auch auf mancherlei Umwegen, in mancherlei Anfechtungen – behütet ist, dass das Böse besiegt wird und so die Welt letztlich auf den Sieg des Guten und des Heils zugeht. Nicht nur ein Bild, vielmehr eine ganze geistige Welt, eine Weltsicht und ihre Gewissheit, die sich in allzu vielen Hinsichten ja auch nicht bewährt hat, stirbt in diesem Umbruchsprozess dahin.

So ist das Ende der Vorstellung eines irgendwo und irgendwie „im Jenseits" existierenden Gottes sowohl Wandel eines Bildes als auch tatsächlich Tod und Ende einer von dieser Vorstellung geprägten geistigen Realität und ihres Kraftfeldes: Es geht um Tod und Ende dieses als eigene jenseitige Wesenheit „existierenden" Gottes und der entsprechenden Weltsicht, des ganzen entsprechenden Welterlebens. Es stirbt die Weise der bisherigen religiösen Gewissheit und die Konsistenz des alten Glaubens (nicht die ihm zugrunde liegende, von ihm gemeinte Realität, der wir uns neu anzunähern haben). Hört man in einer Kirchenpredigt „Gott liebt den Menschen" oder „Gott liebt dich und ist mit Dir", so provoziert diese Beteuerung unweigerlich das Bedenken, dass es doch solch einen Gott gar nicht gebe, und der gesagte Satz fällt ins Leere.

Ich erinnere mich noch genau des Schreckens und der Befreiung auf einer Wanderung im Sinai, als ich mir eingestehen musste, dass jene „oben" unvorgestellte Stelle, an der man meist (mit allen Abschwächungen und Einschränkungen, aber eben doch!) Gott irgendwo „im Jenseits" empfindet, *leer* ist. Ich musste mir eingestehen, dass es diesen Gott so gar nicht gibt, aber nicht weil nichts bzw. ein Nichts wäre, sondern weil „Er/ES" so und da, wie im Theismus unweigerlich (im Banne der Personvorstellung, die insgeheim und zwangsläufig nach einer Ort- und Raumvorstellung verlangt) immer vorgestellt, nicht ist, sondern dass „ER", „ES" oder „SIE" (im Sinne der völlig berechtigten feministischen Anliegen) *allenthalben und in allen Dingen als Dimension gegenwärtig* ist. Diese Vorstellung aber sprengt die Personvorstellung des in einem Jenseits existierenden Gottes unwiderruflich. Vielmehr gibt es statt irgendwo an einem jenseitigen Ort allüberall *das Göttliche* als Geheimnis, Dimension und Wurzel *aller*, auch der hiesigen und weltimmanenten Wirklichkeit: „mitten in unserem Leben jenseits". Diese wunderschöne und gültige Formel hat noch einmal Bonhoeffer für diese Einsicht geschaffen. Es gibt das tragende, schaffende und bedrohende, richtende, vernichtende Geheimnis: das göttliche, d.h. das letzte in allen Dingen.[63]

3. Eine Meta-Physik der oberen Welten?

Dabei möchte ich gar nicht bestreiten, vielmehr ganz offen lassen, ob es nicht vielleicht wirklich eine Meta-Physik, eine Wirklichkeit jenseits unseres üblichen, der Aufklärung folgenden Weltbildes und seiner „Physik" gibt, in der der klassische Theismus seinen Gott angesiedelt hatte. Jede schamanistische, esoterische, paranormale oder durch Drogen geleitete Erfahrung (analog den Träumen) weiß dies bzw. nimmt es im Einvernehmen mit allen religiösen Jenseitsvorstellungen der großen Religionen an. Jede außersinnliche (extra-sensory) okkult-parapsychologische, außerleibliche Wahrnehmung (near-death- und extra-body-awareness) glaubt und weiß, dass eine solche Wirklichkeit – durch einen hauchdünnen Schleier von der Normalwahrnehmung unserer Alltäglichkeit getrennt und verborgen – existiert. Nicht dass ich ein Gläubiger dieser diversen esoterischen Vorstellungsformen wäre, aber dass sich in ihnen eine Ergänzung und Korrektur unserer bisherigen, der Aufklärung des 17.–19. Jahrhunderts entstammenden Weltsicht und Wirklichkeitsauffassung meldet und dass es hier mehr gibt, als die bei uns noch immer dominierende Schulweisheit der klassischen Aufklärung es sich träumen lässt, das möchte ich nicht bestreiten.[64] Nur – dass diese „Jenseitswelten" und esoterischen Kräfte oder die jenseits unserer biologisch konstituierten und begrenzten Wahrnehmung liegenden Wirklichkeiten spezifisch religiös seien, dass sie als solche geistlicher oder gar dem Göttlichen, welches doch eine Dimension jeder – dieser wie jener – Wirklichkeit ist, näher sein sollen als unser hiesiges Normalleben – das ist, meine ich, zu bestreiten. Auch jene Welten sind ein weiterer Teil der Schöpfung und ihre Kräfte sind geschöpfliche, nicht göttliche Kräfte. Martin Buber hat in seinem wunderbaren „Gog und Magog", in dem die verschiedenen Schulen der Chassiden über Art und Wirksamwerden der oberen Lichtwelten streiten, immer wieder gezeigt, dass diese oberen Lichtwelten „noch nicht ER" sind – in dieser Formel möchte ich den Tenor der eindrücklichen

Beschreibungen Bubers zusammenfassen. Auch die „oberen Lichtwelten", in denen Gestorbene als Geister leben und sich weiter entwickeln sollen, oder die esoterisch gedachten Kraftfelder, die seit den 1920er Jahren durch Steiners Anthroposophie (aus theosophischem Erbe) bei uns im Gespräch sind, sind – welchen Realitätsgrad auch immer man ihnen zugestehen möchte – „noch nicht ER".[65] Es gibt noch ein anderes Jenseits als das der medialen und drogengeleiteten Erfahrung. Das bedeutet nicht, dass man, um zu „IHM" zu kommen, noch weiter, in noch höhere Welten aufsteigen müsste, sondern nur, dass es eines anderen, neuen Augenaufschlags bedarf, um mitten in diesen hiesigen natürlichen wie in jenen meta-physischen Licht- und Kraftwelten das göttliche Geheimnis als „überall" verborgene Dimension und Wirklichkeit zu entdecken und zu erfahren. Eine Entdeckung jener Welten mag weltanschaulich eine Erweiterung und Veränderung sein – religiös ist sie kaum wesentlich, weil sie religiös nichts Neues oder Anderes vor Augen führt – obwohl einiges vielleicht deutlicher, eindrücklicher: Die fast flächendeckende Entängstigung von Todes- und Höllenvorstellungen ist diesen Erfahrungen oder Wahrnehmungen – vermeintlich oder nicht – bereits zu verdanken. Eine eigene Jenseitswelt Gottes aber muss es nur geben, solange man einen extramundanen theistischen Gott annimmt. Den aber „gibt es nicht". Mag eines Tages jene Meta-Physik sich nahe legen: Eine Metaphysik Gottes bzw. des Göttlichen gibt es nicht, weil „ER/ ES" von anderer, nicht-gegenständlicher Art ist und keine eigene meta-physische Welt braucht. Dies hat die Religions- und Philosophiekritik von Kant bis Heidegger, der in der Metaphysik die Vermeidung der genuinen Frage nach dem Sein und eine Verstärkung der Seinsvergessenheit erkennt, gezeigt und Habermas („Nachmetaphysisches Denken", 1988) hat es noch einmal evident nachvollzogen. Die möglicherweise anzunehmende Meta-Physik der esoterischen Realitätserweiterung ist selbst noch immer Physik und Schöpfung; sie hat mit der klassischen (gestorbenen) Metaphysik der philosophischen Gottesfrage nichts zu tun.[66]

Das Göttliche „überall" jenseitig

Das Göttliche ist also Grund, Wurzel und Geheimnis *aller* Wirklichkeit – in menschlichen Beziehungen, ethisch, politisch oder ästhetisch („in jeder Blume"), esoterisch/jenseitig oder weltimmanent. Es ist das Unbedingte, das als Dimension in jeder Wirklichkeit wahrgenommen und erfahren – oder eben verpasst und verleugnet – werden kann. Dieses Unbedingte und das Geheimnis in aller Realität aber kann auch begreifen, glauben, wissen, wer an keine existierende Gott-Person glaubt. Auch ohne den traditionellen Theismus kann man sich diesem Unbedingten und dem Geheimnis in allen Dingen annähern und aussetzen – oder sich verweigern und verschließen. Denn das Göttliche ist eine religiöse, unbedingte Qualität und Dimension *aller* Dinge, keine metaphysische Entität oder Substanz hinter den Dingen in einer Jenseitswelt. Das ist das „Überall" („Ubique") der lutherischen Schöpfungs- und Abendmahlslehre. Als solche überall enthaltene und verborgene Wirklichkeit und Möglichkeit des Unbedingten oder Göttlichen ist diese Wahrnehmung und Erfahrung nicht an die theistische Vorstellung eines existierenden Gottes gebunden. Dies wird – mit Recht – heute immer mehr erkannt. Auch das Denken über und Umgehen mit den Jenseitswelten kann „IHN" ebenso verhüllen und verpassen, so dass es darauf ankommt, auch in ihnen „IHN/ES/SIE" erst angemessen wahrzunehmen, zu entdecken.

Diese Veränderung und Verschiebung der Vorstellung von einer irgendwo existierenden Gott-Person zu dem un- und überpersönlich überall und in allem wartenden und begegnenden Göttlichen und Geheimnis ist mehr als ein Gestaltwandel des alten theistischen Gottes und seines Bildes. Es ist mehr als der bloß vorstellungsmäßige Gestaltwandel desselben Gottes und des Glaubens an ihn. Es ist vielmehr das Eingreifen und Sich-Auswirken einer neuen Gestalt und Vorstellungs*form* in den *Inhalt* des Vorgestellten. Mit dem Wandel vom theistischen Gott zum non-theistischen Göttlichen kommen neue Wahrnehmungen und Erfahrungen des Göttlichen ins Spiel und in den Blick. Es ist das Ende und der Tod des theistischen Gottes, seiner Weltregierung und der bisherigen Auffassung von seiner Güte; es ist das Ende der Gewissheit, die das personale Gottesbild versprochen (und in entscheidenden Aspekten, die nun zu Revisionen zwingen, nicht eingehalten) hatte. „Glauben Sie an einen Gott?" – „Nein, ich glaube an etwas viel Größeres."

So geht es im Blick auf den „größeren Gott"[67], das „größere Göttliche" – größer nämlich als unsere bisherigen (auch christlichen) Vorstellungen – und im Wahrnehmen des allumfassenden Göttlichen „über" dem theistischen Gott um einen neuen Blick auf eine erweiterte religiöse Wirklichkeit. Das ist mehr als ein Bildwandel: Es ist ein den Blick erweiternder Wahrnehmungs- und Realitätswandel, der sich epidemisch und berechtigt vollzieht. So viele Deutungen und Inanspruchnahmen die Rede vom „Tode Gottes" – seit Nietzsches Verkündigung vom Hinsterben der gesamten Metaphysik und all der jenseitigen Werte- und Anschauungswelten im Abendland (auch als Folge der Kant'schen Kritik) – schon erfahren hat: Man wird sie alle getrost auch auf den hier in Frage stehenden Sachverhalt beziehen dürfen und müssen. Sie verdichten sich in der immer durchschlagender werdenden Einsicht vom Tode des theistischen Gottes und vom Ende seiner Metaphysik. Hierin hat die bereits zitierte abendländische Kritikgeschichte von Lessing, Fichte, Schleiermacher bis zu Nietzsche, Heidegger und Habermas noch einmal Recht.

Immer wieder kann man dabei in Theologie und Kirche Stimmen hören, die da meinen und sich freuen, dass die Mode und der Spuk der „Gott-ist-tot"-Theologien inzwischen wieder vorüber seien. Hier ist die fundamentale Botschaft und Diagnose, die z.B. in Heideggers Nietzsche-Interpretationen vorliegt, in der Theologie noch nicht angekommen; die Theologie spielt unnötigerweise ihre – unaufgebbaren – Motive und wichtigen Argumente in den Restzonen verblichener Metaphysik[68]. Dabei ist nicht zu bezweifeln und zu bestreiten, dass an jenen Theologien seit den 1960er Jahren, speziell an ihren vielfach leichtherzigen theologischen Durchführungen, sehr viel Modisches haftete. Dennoch haben sich jene Stimmen zu früh und noch dazu falsch gefreut. Denn es bleibt bei dem, was C.F. v. Weizsäcker unübertrefflich und anschaulich in einer Predigt hierzu formuliert hat:

„Wer nicht in seinem eigenen Bewusstsein, in seinem Leben erfahren hat, was es heißt: ‚Gott ist tot‘, wie soll der einem heutigen Menschen helfen können? Dieses Wort spricht eine Erfahrung aus, eine Grunderfahrung unserer Zeit. Diese hat viele Formen ... Weiß man das in der Kirche, dass dies die Wirklichkeit von heute ist? ... Wie oft habe ich einen Theologen, einen Pfarrer, einen frommen Menschen entweder gefragt oder prüfend angeschaut, ob ich ihn fragen könnte und habe erfahren: Er konnte mir nicht helfen. Er war noch auf seiner gesicherten Insel und wusste nicht, wie es auf dem hohen Meer der Ungewissheit aussieht, oder er klammerte sich an den Felsblock seines Glaubens, und da konnte er nicht in den Abgrund sehen, um nicht schwindlig zu werden. Er tat sein Bestes, mir zu helfen. An ehrlicher Selbstkritik und an gutem Willen hat es in der Kirche, soweit ich sie erlebt habe, nicht gefehlt, oder, soweit sie fehlten, war das nicht mein Kummer; denn solches Versagen ist allgemein menschlich. Aber auch die zu großem Einsatz Bereiten fanden oft nicht die Tür zur Wirklichkeit des Menschen ihnen gegenüber. Sie wussten nicht, vorsichtig gesagt, dass der Gott, an den sie ihn wiesen, ihm das Gesicht nicht mehr zeigte, das sie noch sahen oder zu sehen meinten. Sie waren beim Gott der Väter um den Preis, nicht bei der Wirklichkeit zu sein."[69]

Der Tod des theistischen Gottes und das Ende der Metaphysik, die früher eine sehr verschieden interpretierte Problemannonce und Voraussage weniger vorausschauender Köpfe waren, ist inzwischen ein epochaler und unwiderruflicher Vorgang geworden, eine unwiderlegliche Grunderfahrung unserer Zeit, die nur die Kirchen und die in ihnen noch immer dominierenden Theologien des alten Paradigmas noch nicht erreicht hat. Die hermeneutischen Konsequenzen und Möglichkeiten dieser Entwicklung wurden und werden theologisch weithin noch kaum rezipiert, wodurch sich Kirchen und Theologien unübersehbar und zunehmend religiös isolieren. Denn es handelt sich hier nicht um einen modischen und längst überholten Zwischenfall der 1968er Jahre, von dem heute niemand mehr redet, wie man in Theologie und Kirche gerne meint.[70]

Die klassisch-theistischen Vorstellungen von „Gott" sterben, und die non-theistischen („un- und überpersönlichen") Potentiale, Hinweise und Anleitungen, die in den alten Theologien am Rande immer schon mit enthalten waren, werden nun in den gegenwärtigen Umbrüchen zentral. Sie rücken in den Vordergrund und kommen erst jetzt ganz zu ihrer Konsequenz, zur Geltung und zu ihrem Recht, wie es sich in einem neuen Paradigma gebührt. (So wie die Gültigkeitsgrenzen der Newton'schen Physik, die im alten – d.h. in Newtons – Paradigma nur undeutlich, am Rande enthalten und nicht erkennbar waren, erst im neuen Paradigma – nach Einstein und Bohr – in den Vordergrund traten und deutlich zur Geltung gebracht werden konnten.) Erst heute treten – vom non-theistisch-mystischen Gesichtspunkt aus – die Unzuträglichkeiten des ehemaligen Theismus in ganzer Schärfe hervor. Es liegen Welten zwischen diesen beiden Weisen. Die meisten, die die hier entscheidende Trennlinie nie überschritten haben und diesseits ihrer leben (weil sie sie gar nicht empfinden und kennen), wissen gar nicht, wie ungeheuer breit und stark diese ihnen verborgene, allen anderen aber manifest spürbare Grenzlinie ist und wie tief der hier liegende Graben ist.

So ist es derzeit, als wenn eine Verschalung springt und eine Hülle, welche Wahrheit schien, sich als vergängliche und vergehende Weltanschauung entpuppt: die Vorstellung eines als persönliches Wesen existierenden Gottes. Was theologische Wahrheit schien, erweist sich allzu sehr als Weltanschauung, als weltanschaulich geprägte Vorstellung. Das Vergehen des theistischen Gottesbildes ist für die, die in ihm verankert und beheimatet sind, schmerzlich und heute wie ein Abfall an allen Fronten, bis hinein in Kirche und Theologie: „Es ist ein Weinen in der Welt,/ Als ob der liebe Gott gestorben wär,/... Das Leben liegt in aller Herzen/ Wie in Särgen./ ... Es pocht eine Sehnsucht an die Welt,/ An der wir sterben müssen" (E. Lasker-Schüler). Immer wieder kann man – nur zu begreiflich – erleben, dass Menschen, die im alten Paradigma leben, andere Menschen, die an Gott im alten, „wörtlichen" und gegenständlichen Sinne nicht mehr glauben können, als unehrliche Christen und Verleugner betrachten, die andere täuschen. Ich kenne dieses Erschrecken und die Ratlosigkeit, die solches non-theistische Denken und Reden für viele bedeutet, aus der Zeit, in der ich diesen theologisch sinnvollen und notwendigen Umbruch quälend noch nicht verstanden hatte, sehr genau und kann daher beide Sichtweisen nachvollziehen. Wer dem neuen Verständnis nicht folgen kann, sondern im alten Hause und im Grundgesetz des alten Glaubens leben will, kann und mag es ruhig weiterhin tun. Denn auch dieses alte Denken und Verstehen ist nur ein Symbol (was seine Gläubigen freilich meist nicht wahrhaben wollen, weil sie es für objektiv wahr halten), welches für die, die es noch glauben und verstehen können, ebenso gültig sein kann wie für uns, die wir das nicht mehr können, ein anderes neues Paradigma und Symbol gültig und oft allein noch möglich und zugänglich ist. Menschen aber, die in jenem alten Paradigma und im alten Haus der klassischen Theologie nicht mehr leben und sich dort nicht mehr verstehen können, müssen sich unter das „alte Gesetz" nicht mehr beugen, das die konfessionellen Theologien erhalten und uns immer wieder auferlegen möchten. Diese Freiheit hat Paulus für uns ein für allemal erstritten, als die Judenchristen ihm und Titus die Beschneidung als Bedingung für den Eintritt in den wahren Glauben auferlegen wollten (Gal 2).[71] Der Wechsel der Denk- und Vorstellungsformen ist ein oft zwar schmerzlicher (denn es gibt so etwas wie eine Wehmut nach dem alten Haus) und ein anstrengender Vorgang (denn der neue Weg muss in der freien, ungeschützten Weite der widerstreitenden Erfahrungen erst gesucht werden). Aber er ist eben doch durch die in ihm vollzogene Symbolverschiebung eine *Befreiung* und ein Fortschritt – exakt wie in der Musikgeschichte, als Menschen im alten Haus und im Grundgesetz der klassischen Tonikabezogenheit nicht mehr leben konnten, ausbrachen und mit Schönberg – nach einer Übergangsphase (der sog. Atonalität seit 1908) – ein neues Grundgesetz und Paradigma in der Zwölftonreihe (seit 1923) fanden oder wenigstens – wie die weitere Entwicklung zeigte – zu suchen aufbrachen und zu finden meinten – und dies, wie bei Schönberg, mit einer grundlegenden und eindrucksvollen Verehrung und Beachtung der klassischen Tradition. Dergleichen gilt es auch theologisch zu vollziehen: Nur wer das reformatische Erbe mit dem Erbe des Pantheismus- und Atheismusstreits zusammenzubringen in der Lage ist, genügt beiden; Pantheismus- und Atheismusstreit sind heute zum Nadelöhr reformatorischer Wahrheit geworden. An dieser zwiespaltsvollen und gefährlichen Schwelle zeigt sich: Was dem einen bedrückender Verlust, ist dem anderen Erweiterung und Befreiung. Hier gilt es daher, weiterweisende Klärung zu suchen.

4. Atheismus und Non-Theismus – eine klärende Unterscheidung

Um das Verständnis des Durch- und Ausbruchs aus dem theistischen Gottesverständnis in einem ersten Schritt begrifflich zu klären und zu erleichtern, möchte ich die Konsequenz dieses Vorgangs zunächst ganz neutral als *„Non-Theismus"* benennen.[72] (Man könnte auch von „Trans-Theismus" sprechen, wie ich sagen hörte). Mit diesem unbelasteten, über Theismus wie Atheismus hinausweisenden Begriff kann man neue religiöse Varianten und Möglichkeiten des religiösen oder „Gottes"-verständnisses benennen und freilegen, die von den Konnotationen sowohl des Theismus wie auch des Atheismus entlastet sind. Denn das umgangssprachliche, meist vorausgesetzte Verständnis von „Atheismus" ist allzu oft mehrdeutig und unklar. In ihm liegen sehr verschiedene Bedeutungen ineinander verwoben vor. Entsprechend sind die sich als Atheisten verstehenden Menschen oft im Blick auf das von ihnen Gemeinte durchaus unentschieden oder unklar. Die überwiegende Zahl der sich „Atheisten" nennenden Menschen kann nur eben – dafür gibt es genügend viele Hinweise – an einen irgendwo existierenden, persönlichen Gott nicht mehr glauben. Sie verstehen sich aber durchaus als religiös und sind daher durchaus bereit und völlig offen für die Wahrnehmung des Unbedingten, des Geheimnisses in allen Dingen. Sie haben ein Gespür für die Wahrnehmung des Gebotes und die Forderung des „Du sollst ... (lieben)" ebenso wie für den fundamentalen Geschenkcharakter des Lebens, d.h. – in religiöser Sprache ausgedrückt – sie sind offen für die Erfahrung von Gnade, aber auch für das Allgetragen-, Alldurchwirkt-, Vielbedroht- und Gefordertsein, also für Staunen, Ehrfurcht, Demut und Dankbarkeit. All diese Erfahrungen, auch wenn sie ohne einen persönlichen Gott gedacht werden, sind jedoch exakt Erfahrungsweisen des Göttlichen und Bestimmungsstücke des Glaubens. Man kann sich ihnen durchaus öffnen und annähern, ohne an einen persönlichen, existierenden und regierenden Gott zu glauben. Daher die heute allenthalben symptomatische Sympathie für buddhistische Motive und deren geheime Wanderung durch die westliche Welt; denn der Buddhismus ist – jedenfalls im Urbuddhismus und im „kleinen

Fahrzeug" und dann wieder im Zen – die große Weltreligion, die in die Erfahrung der religiösen Tiefe aller Dinge, auch unserer selbst, führt, ohne dabei den Glauben an einen Gott zu verlangen oder vorauszusetzen. Hier, im Buddhismus, wird – zunächst im Sitzen, Atmen, Loslassen, Nichtwissenmüssen und -dürfen, dann auch in den gedanklichen Hilfen und Anregungen (z.B. im Begriff der Leere/Sunyata) – eine Möglichkeit des religiösen Seins eröffnet, das keine theistischen Eingangsbedingungen stellt. Dergleichen – zunächst – prätentionslose Einleitung und Hilfe zum Schweigen wie in den östlichen Meditationsformen gibt es in Christentum und Kirche bisher kaum. (Dass im weiteren Hintergrund des Buddhismus auch ein hochtheoretisches und auch hochdogmatisches Gedankengebäude steht, welches die Intention der Meditation definiert und leitet, macht man sich meist nicht bewusst. Ob sehr viele, die heute vom klassischen oder Zen-Buddhismus affiziert sind, auch der in ihm essentiellen Voraussetzung folgen wollen, dass die Welt und alles Leben Leiden ist und das Ich, die Individualität, die entscheidende Illusion, die baldmöglichst zu durchschauen und zu überwinden ist, darf man getrost offen lassen.) Eben jene Überwindung theistischer Vorstellungen aber entspricht heute dem Bewusstsein und der Notwendigkeit sehr vieler Menschen: religiös zu sein oder es sein zu wollen, aber nicht an einen (theistisch vorgestellten) „Gott" glauben zu müssen, zu können und es auch nicht mehr zu wollen.

All dies kann sich für viele – in unserem kirchlich geprägten und vom Theismus aus definierten religiösen Klima, von dem man sich absetzen möchte – nur unter dem Begriff „Atheismus" (im Osten Deutschlands auch unter dem Begriff „Konfessionslosigkeit") verstehen und verbergen. Nur die wenigsten von ihnen dürften „Atheismus" – selbstmörderisch konsequent – als Verneinung jedes tragenden Grundes, jedes transzendenten Sinnes, jedes Gehorsams, jedes Beschenktseins, jedes Unbedingten und Gebotenen verstehen, in Reduktion ihres Lebens auf reinen Positivismus, Pragmatismus, auf Willkür, Beliebigkeit und Vordergründigkeit aller Dinge. Diese derzeit im Zunehmen begriffene agnostische Tendenz kann mit Recht als (konsequenter) „Atheismus" bezeichnet werden. Es lohnt sich daher, für jene anderen, eben beschriebenen – durchaus religiösen bzw. spirituellen – Auffassungsvarianten, die weder theistisch noch atheistisch sind, auch einen anderen Begriff als den des Atheismus zu wählen. Allzu vieles von dem, was sich heute als Atheismus versteht, ist nur Konsequenz und fast erzwungener Reflex des bisher christlich und kirchlich allzu selbstverständlichen Theismus, speziell auch im Zusammenhang naturwissenschaftlicher Fragestellungen. So schlage ich für die religiösen, aber nicht an einen Gott glaubenden Selbstauffassungen den Begriff des (trans-theistischen) „Non-Theismus" vor.

Durch diese Unterscheidung eines „Atheismus", der jede Tiefe des Seins und jede Transzendenz bestreitet, von einem „Non-Theismus", der nur die personhafte Vorstellung eines (irgendwie und irgendwo) „existierenden" und die Welt regierenden

Gottes nicht mehr vollziehen kann, entsteht eine Mittelposition, die die Engführungen des Theismus überwindet. Diese Mittelposition gewährt einerseits die Möglichkeit, auch non-theistische Erfahrungen und Vorstellungen als genuin religiöse, auch als christliche, anzuerkennen (was bisher weitgehend – außer im Zusammenhang mystischer Denkformen – ungewöhnlich ist). Und sie eröffnet und unterstützt andererseits die Möglichkeit und Bereitschaft, sich *induktiv* auf den Weg zu machen und es in praktischer Erfahrung wie denkender (religiös-theologischer) Erwägung darauf *ankommen* zu lassen, wie jeder und jede Einzelne für sich im Laufe seines/ihres Lebens das Gesicht, die Gestalt und das Symbol jener letzten non-theistischen Wirklichkeit und Unbedingtheit erfahren, verstehen und benennen will. Es kann dann zunächst offen und der individuellen Erfahrung und Entscheidung überlassen bleiben, welche Bestimmungsstücke und Gesichtszüge man im Laufe seiner Erfahrungen und Lernprozesse dem Geheimnis und dem Unbedingten zuschreiben will, ob und wie jemand von „Gott", vom Göttlichen, von der „Göttin", vom „großen Geheimnis in allen Dingen" oder sonst irgendwie sprechen möchte oder ob man jenes letzte Geheimnis lieber unbenannt und namenlos im Schweigen lässt. Mit der Anerkennung eines Non-Theismus jenseits von Theismus und Atheismus eröffnen sich viele religiöse Wege und Perspektiven.

Viele Menschen, die im Banne kirchlicher Denkweise gelernt haben, alles, was vom Theismus abweicht, für „gottlos" anzusehen, können derlei nur für christlich verboten und illegitim ansehen und müssen sich daher schlechten Gewissens zurückzuziehen. Durch die hier eingeführte Unterscheidung aber werden sie zu ihren eigenen religiösen Wegen befreit. Auch das ist ein wichtiger Vorteil der neutralen Bezeichnung „Non-Theismus", die alle Annäherungen, Benennungen und Präzisionen der religiösen Autonomie der Einzelnen überlässt. Mitten im Herzen einer scheinbar feststehenden theologischen Frage werden somit Spielräume eröffnet und der religiösen Autonomie ihr Platz im Zentrum der Gottesfrage angewiesen. Menschen können dann – gerade auch im Rahmen und Zusammenhang christlicher und kirchlicher Lernprozesse – christliche Grundeinsichten bereichernd und bestärkend in ihre non-theistische Auffassung des Göttlichen aufnehmen, ihre religiöse Erfahrung neu bestimmen, auslegen und – non-theistisch gedeutet – sich erst richtig zugänglich machen und neu erschließen. Wer non-theistisch z.B. die Erfahrung des Gesetzes und der Gnade macht, *ist* in eben der religiösen oder spirituellen Erfahrung, die – traditionell und klassisch gesprochen – die Erfahrung Gottes oder des Göttlichen genannt wurde. Dabei können die non-theistische Erfahrung und die christliche Tradition sich wechselseitig auslegen und einander bereichern. Dies alles aber erschließt sich erst, wenn die christliche Legitimität des Non-Theismus als *Möglichkeit* offen heraus anerkannt und in diesem (vorstellungsmäßigen und weltanschaulichen) Sinne christlicher Glaube und Non-Theismus (umgangssprachlich: Atheismus) als kompatibel verstanden und anerkannt werden.

Auf den sich damit öffnenden, induktiven Wegen religiöser Aneignungen und in den hier entstehenden Dialogen erhält dann unweigerlich auch ein interreligiöses Wünschen, Lernen und Wissen seinen legitimen Platz. Dieses prägt bereits vielfach das Bedürfnis und die Wahrheit der religiösen Erfahrung und ist kein exotischer oder illegitimer Luxus mehr. Denn hier im Kreise der Weltreligionen sind ebenso wie in der alternativen religiösen Szene Deutschlands gedankliche und praktische (Meditieren!) Hilfen und Anregungen gegeben, die wir brauchen, weil sie uns weiterhelfen. Denn wir alle sind in der Regel keine religiösen Genies, die unsere religiöse Innenwelt aus uns selbst heraus stets neu erschaffen können. Auf dem „Markt der religiösen Möglichkeiten" sind aber nicht nur christliche Hilfen und Anregungen vorhanden. Die spezifisch christlichen Hilfen und Beiträge werden vielmehr in dieser Freiheit – unter den bereichernden Bedingungen der Konkurrenz der interreligiösen Angebote, Wahrheitsansprüche und Hilfen – vielfach erst wieder zugänglich. Der Durchgang durch sie nimmt den Mehltau, der allzu oft auf den christlichen Begriffen liegt, hinweg. Diese interreligiösen Möglichkeiten aber verstärken oft und deutlich die non-theistischen Elemente und Akzente im religiösen Verstehen und Denken, da sie meist dem asiatischen Raum (Taoismus, Advaita/Vedanta, Buddhismus/Zen, Sufismus) entstammen. Die Öffnung des christlichen Erbes für diese non- und trans-theistischen Elemente, die längst – verdrängt und unterbelichtet – in ihm aus eigenem Erbe enthalten und verborgen sind, dürfte sich als die eigentliche interreligiöse Brücke zwischen den Religionen und als entscheidendes und fälliges Ferment in der Transformation des christlichen Glaubens selbst erweisen.

Auf diesem offenen und induktiven Wege und unter non-theistischen Bedingungen bewähren sich – das ist meine Erfahrung und Überzeugung – merkwürdig und beglückend viele traditionelle Bestimmungsstücke des christlichen Glaubens, wie wir das noch ausführlich kennen lernen werden. Sie entfalten ihre hilfreiche Potenz ebenso stark wie ehemals im Zusammenhang des alten theistischen Paradigmas und vermögen non-theistisches Selbstverständnis zu bereichern. Die Erfahrung von Gnade, Gebot u.a. führt hin zu entscheidenden Erfahrungen des Göttlichen, des Unbedingten und zur Frage, was für eine Macht es wohl sei, die sich da in Gnade und Gesetz über mein Herz und Gewissen als mächtig erweist. So werden die traditionellen Bestimmungsstücke des Göttlichen und des Glaubens der religiösen Erfahrung geöffnet, sie werden entdogmatisiert und in die Lage versetzt, das meist diffuse religiöse Bewusstsein zu präzisieren und zu substantiieren. Die religiösen (theologischen) Grundbegriffe werden aus geschlossenen zu mehrwertig-offenen, sich transformierenden Begriffen. Das Erfahrungswissen und der Glaube der christlichen Tradition werden so mit non-theistischem Selbstverständnis kompatibel und gehen mit ihm zusammen. Dies ist m.E. die für das religiöse Erfahren entscheidende fällige Öffnung im theologischen Denken.[73]

5. Das theologische Recht und die religiöse Weise des Non-Theismus: Das Geheimnis – das ungegenständliche Göttliche – ist „überall"

Gehen wir aber nun eine Stufe tiefer und stellen die Frage noch einmal: Worin besteht letztlich die Wahrheit und das Recht der Kritik am Theismus und des Umbruchs in den Non-Theismus, welcher viele Menschen religiös offen sein lässt, aber nicht mehr an einen Gott im klassisch-theistischen Sinne zu glauben zwingt? Denn dies muss klar sein (ich wiederhole es daher): Die Tatsache des statistisch eklatanten Umbruchs in dieser Frage bedeutet noch kein theologisches Recht und keine religiöse Legitimität dieses Umbruchs. Allzu viele Tendenzen des heute zeitgenössischen (auch des religiösen) Bewusstseins gibt es, denen theologisch, christlich, religiös, ethisch oder politisch widersprochen werden muss. Das soll in diesem Buche an genügend vielen Stellen deutlich werden. Was aber ist – christlich-theologisch gesehen – der berechtigte Grund dafür, den (ursprünglichen) Buddhismus – eine Religion ohne einen Gott –, der heute auch im Westen um die Welt geht, in einem zentralen Motiv christlich und theologisch zu rezipieren: nämlich in der Überwindung der Götter und also auch (des theistischen) Gottes? Worin besteht das Recht, dem öffentlich sich vollziehenden Umbruch hin zum Non-Theismus christlich-theologisch zu folgen und der Annahme zuzustimmen, dass dieser sich ausbreitende Non-Theismus dem dogmatischen Theismus in Theologie und Kirche in gewissem Sinne voraus ist? Welche Einsicht steht hier bevor? Ich suche den Einstieg in diese Frage in zwei Stufen.

Die göttliche Wirklichkeit – nur symbolisch zugänglich
Der *erste* Gedankengang ist ein sehr einfacher und leicht zugänglicher, in religiöser Erkenntnis längst bekannter. Er lautet:

„Gott wohnt in einem Licht, da niemand zukommen kann", so heißt es im 1. Timotheusbrief des Neuen Testaments (1Tim 6,16). Niemand kann – mit welchen Mitteln auch immer – in dieses Geheimnis dringen. Dieses Geheimnis wird nicht durch Auflösung und Aufhebung seines Geheimnischarakters angemessen erkannt, sondern gerade nur unter Wahrung und Anerkennung desselben als bleibendes Geheimnis wahrgenommen; es wird im nichtwissenden Verehren „verstanden".[74] Dass „… niemand zukommen kann", bedeutet unweigerlich, dass wir mit nichts, mit keinem begrifflichen Denken, auch nicht mit theologischen Begriffen, zu diesem Geheimnis vordringen können. Gerade die Wahrung dieses Geheimnisses, nicht seine Aufhebung oder Auflösung bedeutet Erkenntnis des Geheimnisses, also Offenbarung. Das göttliche Geheimnis und seine Offenbarung sind keine aufzulösenden Rätsel. Auch die Offenbarung Jesu hebt dieses Geheimnis nicht auf, sondern lehrt uns, es als solches zu begreifen und uns zu ihm zu verhalten.

Dies ist der eine, erste Grund, warum die letzte göttliche Grundwirklichkeit nur in

Symbolen, Bildern und Analogien erkannt, beschrieben und verstanden werden kann. Symbole und Analogien verwendet man zwingend nur, wenn das Gemeinte anders als eben in Symbolen und Bildern nicht ausgesagt werden kann, weil das Gemeinte und Gesuchte *direkt* und *gegenständlich* nicht erfassbar und nicht beschreibbar, nicht sagbar ist. „Was ist Gott?", fragte ein kleiner Fisch einen großen. „Wie soll ich Dir das Meer erklären, in dem wir schwimmen", antwortete der große Fisch. Diese Antwort überholt den Theismus und die Vorstellung des persönlichen Gottes, indem sie „Gott" zum *Namen* einer uns umgebenden, umfangenden, überpersönlichen Wirklichkeit macht. Kein begrifflich-gegenständliches, die gemeinte Wirklichkeit vereinzelndes und verendlichendes Denken erreicht und versteht die uns umgebende und tragende Wirklichkeit, die über alle Vernunft ist. Wenn es aber so ist, dann soll man nicht dauernd theologisch so sprechen, als wenn es ein solches vereinzeltes und gegenständlich-verendlichtes göttliches Wesen gäbe, das tut oder zulässt, spricht oder schweigt. Der zwingend symbolische Charakter theologischer Aussagen belegt und bestätigt den nur indirekt zu begreifenden, ungegenständlichen Charakter der religiösen Wirklichkeit. Wir glauben nicht an „einen Gott", welcher ein verendlichtes, vereinzeltes Jenseitswesen wäre, ihn bzw. ein solches gibt es nicht. Vielmehr ist „Gott" (so wie alttestamentlich Jahve!) eine *Name,* – *Name* einer uns in allen Poren umgebenden, umfassenden, tragenden (immer wieder auch richtenden und bedrohenden) überpersönlichen Wirklichkeit. Sie, das Göttliche und Geheimnis aller Dinge, ist der Kern aller Wirklichkeit, das Wirkliche des Wirklichen.

Die Bilder, Symbole und Analogien, in denen daher geredet werden muss, sind nun aber menschliche; sie sind als verständliche, also vermittlungsfähige und vertraute Metaphern dem jeweiligen kulturellen Umfeld entnommen. Folglich sind sie geschichtlich und wandelbar. Als geschichtliche und wandelbare aber stehen sie nicht ein für alle Male fest, sie dürfen und müssen vielmehr legitimerweise auch verändert und ausgetauscht werden, wenn sie ihre Aussagekraft, um derentwillen sie gewählt wurden, verlieren. Wir selber suchen, wählen und verantworten daher in unserer religiösen Entwicklungsgeschichte die zu wählenden und für uns aussagefähigen Formen, Symbole und Bilder (wobei sich natürlich die Frage nach der Angemessenheit oder Unangemessenheit bestimmter Symbole und Analogien stellen muss). Und genau dies ist die Stelle, an der die religiöse Autonomie der Menschen in die theologische Theoriebildung und in die religiöse Symbolbildung, -veränderung und -verschiebung legitimerweise eingreift. All das ist Element jener unausweichlichen, unendlich fortgehenden Semiose, die alle Kultur, also auch die religiöse und theologische durchwirkt und durchwaltet.[75] Dass nur Wandel die Erhaltung wesentlicher Wahrheit und Tradition gewährt, ist eine alte Einsicht konservativen Denkens.

Auch das Symbol des „Gottes", schon gar des „persönlichen Gottes", der „Person" (oder gar der „Persönlichkeit") Gottes, ist eines der Symbole, die – im Fortschritt der heute naturwissenschaftlich geprägten Weltwahrnehmung – dem Wandel, speziell auch dem Wandel der Erkenntnis-, Religions- und Weltanschauungskritik, unterliegen und im Laufe der Zeit – begreiflicherweise – immer weniger verständlich werden. *Damit* der Sinn und Inhalt auch dieses Symbols erhalten und verständlich bleiben kann, muss er hinterfragt, in Frage gestellt und dem Wandel unterworfen werden. „Das Symbol ‚Persönlicher Gott‘ ist irreführend“, heißt es daher bündig in Paul Tillichs Systematischer Theologie.[76] Das Recht der Wandelbarkeit ist in diesem Zusammenhange freilich nur ein Nebenaspekt. Das hier entscheidend Wichtige ist der zwingend symbolische und konsequent analoge Charakter religiöser Bilder und theologischer Aussagen, weil er die Nichtgegenständlichkeit der göttlichen Wirklichkeit wahrt und offenbart.

Was aber besagt die Tatsache, dass die göttliche Wirklichkeit nur in Symbolen und Bildern zugänglich ist und dass sie – wenn überhaupt – nur in solchen ausgesagt werden kann, für Art und Charakter dieser Wirklichkeit? Damit beginnt ein zweiter Gedankengang, der uns weiter in die These vom theologischen und religiösen Recht des Non-Theismus hineinführen soll.

Die Nichtgegenständlichkeit des Bindu
Ein anderer Grund für die fundamentale Notwendigkeit von Symbolen (wie man eher in protestantischer Theologie) oder Analogien (wie man meist in der katholische Theologie sagt) liegt in der bereits erwähnten sog. *Nichtgegenständlichkeit des Göttlichen*.[77] Was ist mit ihr gemeint?

Um zunächst eine Anschauung vom Gemeinten zu geben und nicht ins allzu Abstrakte und Reflektierte zu geraten, gebe ich zuerst ein plastisches Beispiel aus dem indischen (Advaita-) Sprach- und Bildraum. Es ist die Lehre vom sog. „Bindu“ im Shri-Yantra[78]:

36. Shri-Yantra

* Abbildung aus Heinrich Zimmer, Indische Mythen und Symbole, Tafel 36, erschienen bei Diederichs, im Heinrich Hugendubel Verlag Kreuzlingen/München.

Man sieht mehrere Dreiecke vor sich, die so ineinander verschachtelt sind und immer kleiner werden, dass sie eine konisch zulaufende Perspektive bilden und auf einen Punkt im Unendlichen hinweisen. Dieser Punkt aber, auf den alles zuläuft, darf niemals eingetragen werden – das ist die entscheidende Lehre vom „Bindu" (d.h. vom „Tropfen"): Obwohl alle Dinge der Welt auf das letzte Geheimnis zulaufen und auf es hinweisen – der Hl. Augustin hat genau in diesem Sinne von den Spuren Gottes (den vestigia trinitatis) in allen Dingen gesprochen –, ist dieses letzte Geheimnis doch von ganz anderer Art, so dass der Bindu nicht eingetragen werden darf. Wir würden ihn unangemessen und illegitim vergegenständlichen, in unsere gegenständlichen Sachebenen hineinziehen, einordnen und ihn so zu einem Gegenstand unter anderen machen. Er muss uneingetragen und offen bleiben, so deutlich und klar er auch da ist. Sonst machen wir „Gott" oder das „Göttliche" zu einem – wenn auch noch so ausgezeichneten – Teil unserer geschöpflichen Wirklichkeit; wir vergegenständlichen ihn dann. „ER", „ES" oder „SIE" ist aber kein (wenn auch noch so großer und wichtiger) Teil, sondern Inbegriff, umfangender Grund und Abgrund aller Dinge, Urgrund aller Schöpfung aller Dinge. Er ist eben – noch einmal in Tillichs bzw. Heideggers Sprache – nichts Seiendes, sondern das Sein selbst.[79] Auf diesen in unserer Gegenstandswelt nicht einzuordnenden und „ganz anderen" (R. Otto), „mitten in unserem Leben jenseits" bleibenden (D. Bonhoeffer) Charakter des Göttlichen weist der Begriff der Ungegenständlichkeit hin und hält ihn fest. Der theistische Gott ist daher der eingetragene Bindu. Der uneingetragene Bindu aber ist – mystisch gesprochen – die „heilige Leere", die unserem Wissen und Erfahren, unserem Nicht-Wissen und Nicht-Erfahren-Können, unserem Verehren und Anbeten gebührt. Genuin religiöse Erfahrung muss und darf daher auch den theistischen Gott übersteigen. Das ist der Grund, warum an der Stelle, an der im christlichen Glauben „Gott" steht, im ursprünglichen Buddhismus und im Zen das qualifizierte „Nichts" und die „Leere" als Ursprungsort von Sein und Wahrheit stehen. Die ungegenständliche Meditation bedeutet daher an dieser Stelle eine unvergleichlich hilfreiche und nachhaltige Verstärkung, Unterstützung und Provokation zur Einsicht des Bindu und seiner genuinen Bedeutung im christlichen Gottesverständnis.[80] Hier liegen unendliche Schätze und entscheidende Transformationen der Gotteserkenntnis, die die christlichen Zen-Meister und der christlich-buddhistische Dialog vorbereitet haben, die mancherorts bereits wirken und darauf warten, endlich rezipiert und zur Geltung gebracht zu werden.[81]

In diesem unausweichlichen Übergang vom – das Wesen des Göttlichen verkennenden und verleugnenden – Theismus zum Non-Theismus begegnet das, was – auf altem neuplatonisch-mystischem Traditionshintergrund – Meister Eckehart die „Gottheit" über „Gott" nennt, welche alle Eigenheit der Person und Namen hinter sich gelassen hat, oder was Paul Tillich an einer berühmten Stelle als die Erfahrung des „Gottes über Gott" beschreibt: Es ist die Erfahrung des Göttlichen über dem klassisch-theistischen Gott, symbolisch „Gott" benannt, welches erscheint, wenn der Glaube an „Gott" in den Zweifeln und im Nichts untergegangen ist. Es ist die Erfahrung des „größeren Gottes", des größeren Göttlichen über den vergehenden menschlichen Vorstellungen (als welche sich auch der theistische Gott erweist) – nach der bereits zitierten Formulierung, mit der P. Schwarzenau die Begegnung des Christentums mit den großen Weltreligionen treffend resümiert hat: „größer" nämlich als unsere bisherige (vereinzelnde) Vorstellung von „ihm", so wie im Hinduismus plastisch das unpersönliche göttliche Brahma über den großen Göttern (Shiva, Vishnu, Brahma, Kali ...) steht, die aus jenem Göttlichen (Brahma) als vorübergehende geschichtliche Konfigurationen und Konkretionen des Göttlichen immer wieder entstehen und – nach zwar unendlich langer Zeit (nach 40 Millionen Kalpas, ein Kalpa = eine Ewigkeit), aber eben doch – vergehen. Auch die vorgestellten Götter – und mit ihnen der eine monotheistische Gott – sind Zeiterscheinungen des großen Göttlichen, die wir zu überschreiten haben. „Gott um Gottes willen lassen" – das ist daher die Weisung Meister Eckeharts.[82]

Diese Einsicht, dass es die Erfahrung eines Göttlichen über dem theistischen, vereinzelten, vergegenständlichten Gott gibt, lässt sich auf anderer Ebene in eine weitere Konsequenz verfolgen und so verdeutlichen: Es ist eine alte philosophische Erkenntnis unserer Kultur, dass wir die Vergegenständlichung (also die verfälschende Eintragung des Bindu) immer dann vollziehen, wenn wir – wie Plato im Parmenides-Dialog gezeigt hat – das Göttliche in die unserem Sprechen und Denken inhärente prädikative Satzstruktur hineinziehen und mit ihr bezeichnen: „ER", „ES", „SIE" „ist" so und so, „tut" das und das, „will" dieses wohl und jenes nicht (und eben davon sind die Dogmatiken und Predigten voll). Diese prädikative Satzstruktur suggeriert unweigerlich und ständig eine vergegenständlichte (hypostatische bzw. hypostasierte) göttliche Person und verführt zur Vergegenständlichung des Göttlichen. C.Fr. v. Weizsäcker hat auf die fundamentale Bedeutung dieses Platonischen Parmenides-Dialogs für die Philosophie und Religion des Einen, welches den Ursprung und die Einheit aller Dinge im letzten unsagbaren Geheimnis meint und dem Advaita-Denken über den Bindu entspricht, immer wieder hingewiesen.[83]

In diesem Parmenides-Dialog zeigt Plato, wie letztlich aller Vielheit der Dinge, mit denen wir leben und die wir sind, das begrifflich nicht darstellbare Eine zugrunde liegt; er zeigt, dass wir unsere gegenständliche Vielheit nicht wirklich begriffen haben, solange wir nicht weit genug nach der Bedingung der Möglichkeit zurückgefragt haben, in der das Viele und Duale im Einen, im Urgrund und unsagbaren Geheimnis, aus dem alles Viele kommt, begründet ist. Alles ist im Einen (traditionell-religiös: „in Gott"), aber wir können dieses Eine begrifflich-gegenständlich (in prädikativer Satzstruktur) nicht aussagen, weil wir es auf diese Weise verfälschen würden. Nur dem (vor- oder überbegrifflichen) meditierenden Denken wird diese Ureinheit und -voraussetzung zugänglich: „Die Wissenschaft", formuliert C.Fr. v. Weizsäcker,

„führt an die Schwelle einer Erfahrung, die sich der Meditation, aber nicht der Reflexion erschließt. Dies ist vernünftig. Das begriffliche Denken kann einsehen, dass es den Grund seiner Möglichkeit nicht begrifflich bezeichnen kann."[84] Das begriffliche Denken kann also selbstkritisch wissen, dass es von Voraussetzungen lebt, die ihm zugrunde- und vorausliegen und es erst ermöglichen – ganz ähnlich der von E. W. Böckenförde beschriebenen juristischen Einsicht, dass der freiheitliche säkularisierte Staat von Voraussetzungen lebe, „die er selbst nicht [schaffen und gewähren noch] garantieren kann".[85] Dieses Jenseits des Denkens, der Wissenschaft und des Staates muss im ungegenständlichen Geheimnis bleiben und ist daher nur meditativ oder symbolisch zugänglich, darum aber nicht minder wahr, nur eben von anderer Art. Indem wir nach der Bedingung der Möglichkeit von Welt fragen, stoßen wir auf ein Geheimnis, welches der Meditation und der religiösen Einsicht als das letzte Geheimnis erscheint und daher als das göttliche bezeichnet, aber nie direkt und gegenständlich wahrnehmbar wird. So wie „Zeit" – ein schönes Gleichnis – nie an sich, sondern immer nur an den vergehenden und sich wandelnden Dingen wahrgenommen werden kann, so auch das Geheimnis des Einen. „Im faktisch Seienden wird das Sein mit wahrgenommen", heißt es daher bei v. Weizsäcker – nur so, indirekt und verborgen, nie als eigene Entität oder Substanz, nie als eingetragener Bindu wird das Sein selbst, als Geheimnis und Ursprung der „Menge der wachsenden Möglichkeiten" wahrgenommen. Diese religionsphilosophischen Überlegungen helfen, auch wenn sie zunächst noch kühle und distanzierte Reflexion sind, zur Wahrnehmung eines urreligiösen und urbiblischen Sachverhalts.[86]

So sind wir umfangen und getragen, begleitet und konstituiert von einem Geheimnis, einer vorbegrifflichen Wirklichkeit, die wir ohne Verfälschung seiner Art nicht begrifflich, vereinzelt, gegenständlich beschreiben können; wir können es vielmehr nur – in Wahrung seines Geheimnischarakters – mit einem Symbol oder einem Namen bezeichnen und an der Schöpfung „mitwahrnehmen". Genau dieser Einsicht entsprechend hat J. Habermas im Blick auf jede kritische und kommunikative Theorie erkannt und betont, dass eben die Voraussetzung, von der vernünftiges Philosophieren und jede Kommunikation lebt, nicht streng philosophisch d.h. begrifflich denkend, vielmehr nur religiös zu haben sei; daher bleibe unser Denken auf die semantischen Potentiale religiöser Sprache für die – anders einstweilen nicht zugängliche – Grundlegung allen rational-kommunikativen und auch ethischen Denkens angewiesen. Auch hier – im nach-metaphysischen und nach-theistischen Denken – wird also, philosophisch und respektvoll, die Nichteintragbarkeit des Bindu genau gesehen und respektiert.[87]

In der mit diesen Einsichten (Bindu, Parmenides) herausgestellten ungegenständlichen Art des allenthalben zugrunde liegenden Geheimnisses – mag man es göttlich nennen oder nicht – liegt der tiefste und eigentliche Grund für die berechtigte Kritik am Theismus und für das religiöse und theologische Recht all derer, die sich faktisch von ihm (und jeder Substanz- und Personmetaphysik) distanzieren und verabschieden. Der Theismus, gegen den man sich heute rechtens wendet, ist – noch einmal sei es wiederholt – der illegitim eingetragene Bindu. Die damit bezeichnete konstitutive Ungegenständlichkeit des Göttlichen war letztlich auch in der oben zitierten Einsicht Bubers, dass jene oberen Lichtwelten „noch nicht Er" seien, gemeint: „ER"/„ES"/ „SIE" ist von anderer, ungegenständlicher Art, ist daher auch nicht gegenständlich in einer der noch so hohen oder höheren Welten, die es geben mag – oder auch nicht. Zu dieser „anderen" Art der Nichtgegenständlichkeit ist „noch nicht" durchgedrungen, wer den Bindu einträgt. Ein metaphysisch vorgestellter Gott ist „noch nicht ER".

Diese selbe Erkenntnis des ungegenständlichen Einen, des Geheimnisses in allen Dingen steht daher auch dem theologischen Monotheismus bevor. Der Monotheismus der abrahamitischen Religionen, entstanden und herausgearbeitet aus den Bedingungen polytheistischer Kontexte und Vorfahren, war nach den Erfahrungen der Antike ein unendlicher Fortschritt, der die Einheit des Göttlichen – und diese zweifellos in verschiedenen, kulturell konkreten, daher notwendig immer wieder Polytheismusverdächtigen Gesichtern – zu begreifen anleitet. Aber er bleibt in aller Regel – als Rest und Erbe seiner antiken Entstehung – metaphysischer, vergegenständlichender Theismus: von den vielen Göttern eben nur noch der eine. Daher dürfte auch ihm seine eigene nächste Stufe, seine non-theistische Verwandlung und ungegenständliche Imprägnierung – in diversen, bisher vielfach häretisierten mystischen Tendenzen längst vorbereitet – als Element seiner Möglichkeiten und Notwendigkeiten bevorstehen. Ohne diese non-theistisch/mystische Durchdringung überholt sich auch die kritische Wichtigkeit der in ihm erreichten Konzentration des Einen hinter den notwendigerweise vielen Gesichtern des Göttlichen, die in der Religionsgeschichte auftauchen, und er bleibt bei einem – letztlich wieder gegenständlichen – Gottwesen stehen. Diese Aufgabe und nächste Stufe seiner selbst steht ihm auch dann bevor, wenn er in theistischer Form in diversen vom Polytheismus besetzten Weltgegenden noch immer ein befreiender Erkenntnisfortschritt bleiben muss. Aber bei uns macht er sich vorkritisch-naiv, wenn er sich den Bedingungen des ungegenständlich Einen und Göttlichen nicht stellt und sie vollzieht.[88]

6. „Sagt es niemand, nur den Weisen"?

An dieser Stelle sei eine Zwischenüberlegung eingeschoben. Sollte nämlich nicht im Blick auf diese Fragen und Einsichten das Goethe'sche „Sagt es niemand, nur den Weisen, weil die Menge gleich verhöhnet" (welches bei ihm in Bezug auf ein Leben gemeint ist, das – nur im Sterben zu erfahren – nach „Flammentod sich sehnet") ins Spiel gebracht und bedacht werden müssen? Könnte es nicht wahr sein, dass auch die non-theistischen Gedanken über die Ungegenständlichkeit des Göttlichen sich – aus Gründen möglichen Missbrauchs und möglicher Irritation – einer allzu direkten Vermittelung und Veröffentlichung entziehen, so dass Goethe recht gehabt hätte, als er im Blick auf Fichtes Publikation seiner „atheistischen" Philosophie in Jena dessen Torheit tadelte, weil jener derlei auf dem Markt der Öffentlichkeit ausgebreitet hatte. Fichte:

„Jene lebendige und wirkende moralische Ordnung [sc. Des kategorischen Imperativs] ist selbst Gott; wir bedürfen keines anderen Gottes … Es liegt kein Grund in der Vernunft, aus jener moralischen Weltordnung herauszugehen, und vermittels eines Schlusses vom Begründeten auf den Grund noch ein besonderes Wesen, als die Ursache desselben, anzunehmen … Denn wenn man euch nun auch erlauben wollte, … ein besonderes Wesen, als Ursuche jener moralischen Weltordnung anzunehmen, was habt ihr denn nun eigentlich angenommen? Dieses Wesen soll von euch und der Welt unterschieden sein, es soll in der letzteren Begriffen wirken, es soll sonach der Begriffe fähig sein, Persönlichkeit haben und Bewusstsein. Was nennt ihr denn nun Persönlichkeit und Bewusstsein? Doch wohl dasjenige, was ihr in euch selbst gefunden, an euch selbst kennen gelernt, und mit diesem Namen bezeichnet habt? Dass ihr aber dieses ohne Beschränkung und Endlichkeit schlechterdings nicht denkt, noch denken könnt, kann euch die geringste Aufmerksamkeit auf eure Konstruktion dieses Begriffs lehren. Ihr macht sonach dieses Wesen durch die Belegung dieses Prädikats zu einem Endlichen, zu einem Wesen euresgleichen, und ihr habt nicht, wie ihr wolltet, Gott gedacht, sondern nur euch selbst im Denken vervielfältigt."

Zur Veröffentlichung dieses Gedankenganges im Atheismusstreit hatte Goethe, der inhaltlich mit Fichte weitgehend übereinstimmte (wobei natürlich nicht eine „moralische" Weltordnung sein Zielbegriff war), an andere Adresse geschrieben: „… hast du von unserm alten Herrn und Meister Benedict *Spinoza* nicht so viel gelernt, dass wir und unseresgleichen bloß im stillen gedeihn?" Dergleichen denkt man, aber man sagt es nicht, lautete mithin die Botschaft, und so beteiligte Goethe sich an der Entlassung Fichtes.[89] Natürlich hätte der gleiche warnende Vorbehalt für Lessings Jacobi-Gespräch gegolten, dessen Publikation durch Jacobi Goethe tadelte. Lessing wusste, warum er die dort geäußerten Gedanken nicht publik machte (bis Jacobi ihn posthum und denunziatorisch in die Öffentlichkeit zerrte und Mendelsohn dabei gleich mitdesavouierte).

Ich habe dies oft überlegt, und speziell Goethes Gedicht hat mich mit der Veröffentlichung dieser Gedanken lange zögern lassen, da der gängige Atheismus heute vielfach qualitätslos-eindimensional geworden ist und missverstehender Beifall von dieser falschen Seite immer hereindroht. Indessen – damals gehörten, trotz aller Aufklärung, die Bekenntnisschriften zu den Voraussetzungen der öffentlich-rechtlichen Ordnung, so dass das Aussprechen solcher Fragen eine Verletzung der öffentlichen Grundlagen, des common sense und alles damals Gültigen bedeutete. (Goethe selbst war als Weimarischer Beamter auf die lutherischen Bekenntnisschriften vereidigt und wusste z.B. sehr wohl, warum er sein frühes Prometheus-Gedicht nur im

Freundeskreis bekannt machte und sich gegen dessen Publikation wehrte). Heute aber drängen sich diese Fragen allgemein und öffentlich auf. Sie liegen – ob man es will oder nicht, ob es überfordert und zu leichtherzigem Missbrauch verführt oder nicht – buchstäblich mit dem um sich greifenden schlechten, qualitätslosen Atheismus auf der Straße, in der Öffentlichkeit. Sie stellen sich allgemein und müssen daher allgemein und öffentlich aufgegriffen, bearbeitet und differenziert, qualifiziert und gedeutet werden. Zudem haben sich die hier liegenden Anfragen und berechtigten Zweifel seit Lessing, Fichte, Schleiermacher, aber auch um weitere Schritte und Stufen seit Tillichs († 1965) auch in dieser Hinsicht bahnbrechenden und befreienden Einsichten in ihrer Dringlichkeit radikalisiert. Sie sind im Zerfall des Theismus epidemisch und aggressiver geworden, sind aus dem Hintergrund (in dem sie selbst bei Tillich klar, doch vergleichsweise unaufdringlich noch gehalten wurden) in den Vordergrund getreten. Daher musste hier die Einführung der Nichtgegenständlichkeit, wie sie am Beispiel des Bindu immerhin nachvollziehbar ist, in schlicht-bildhafter Form, damit sie verständlich bleibe, versucht werden.

Vor dem Hintergrund jener unwiderleglichen Überlegungen und Einsichten des Non-Theismus, die seither unter der Decke grollen, heute massenhaft werden und ins allgemeine Bewusstsein einwandern, kann man dies sagen: Die oben angedeuteten Ausführungen über die Ungegenständlichkeit des Göttlichen erlauben es heute vielleicht, die Mitwahrnehmung des letzten Geheimnisses zu denken und ins Auge zu fassen, welches in jeder noch so alltäglichen Situation und Wahrnehmung sich verbirgt, „mit"meldet und die Bedingung ihrer Möglichkeit ist – „so man des wahrnimmt" (Röm 1,20), „mit"wahrnimmt. Oder, um es noch genauer zu versuchen: Dies ist die Art, in der wir uns gedanklich und begrifflich zu jenem unbegreiflichen Geheimnis einstellen und zu ihm verhalten können. Denn Wahrheit ist uns – nach der Einsicht des sog. pragmatischen Wahrheitsverständnisses – nicht zugänglich wie das Bild im Abbild, sondern nur wie der Schlüssel, der das Schloss (unseres Verhaltens) schließt. Wahrheit ist dann nicht Bild der Wirklichkeit, sondern Schlüssel und Anweisung für unser Verhaltens ihr gegenüber. Unsere Begriffe orientieren – als Wahrnehmungsorgane – unser Verhalten zu einer angenommenen Wahrheit, schließen aber diese selbst nicht auf, schauen nicht hinter den Vorhang (hinter dem nichts „ist" als die „heilige Leere", also dasselbe wie vor dem Vorhang); sie sind nicht direktes Wahrheitswissen, aber ein indirektes Wahrheitswissen und angemessenes Wahrheitsverhältnis und -verhalten eben doch. Dies setzt – entgegen postmodernen Suggestionen – die Möglichkeit von Wahrheitsbewusstsein und Wahrheit durchaus voraus. Wir kennen das Geheimnis dieser ungegenständlichen Wahrheit nicht oder nur begrenzt; sie bleibt im Geheimnis, das sie ist.[90] Für dieses Wahrheitsbewusstsein aber, welches die Bedingungen seiner Möglichkeit kritisch zu bedenken lernt, ist das Eine, das letzte Geheimnis, Voraussetzung aller denkbaren Realität. Es ist als Grenzbegriff denkbare Voraussetzung aller Dinge und bleibt, wie Meister Eckehart oben zeigte, aller Eigenheit, Substanz und Personhaftigkeit entkleidet: Ein gegenständliches Nichts, „heilige Leere"; es gibt „es" nicht, wie es auch das „Sein selbst" nicht „gibt"; dieses wird nur „am" Daseienden „mit"wahrgenommen. Das ist der eigentliche Grund des „Niemand hat Gott je gesehen" (Joh 1,18; 1Joh 4,12) – soviel ich weiß, auch in esoterischen Berichten durchweg nicht; denn auch metaphysisch bleibt das Göttliche ungegenständlich-verborgen und nur als Geheimnis offenbar. Das ist es, was Nikos Kazantzakis im Roman seiner lebenslangen Gottsuche „Rechenschaft vor El Greco" als letzte Stufe seiner Erkenntnis schildert:

„Doch wir, Ahnherr, wissen das grosse Geheimnis; wir offenbaren es, wenn auch niemand daran glaubt; besser, wenn niemand daran glaubt; der Mensch ist ohnmächtig und bedarf des Trostes; würde er daran glauben, so wäre er zu Tode erschrocken. Welches Geheimnis? ... Dass auch dieses Eine nicht existiert."[91]

In wie hohem Maße Menschen vor der Ungegenständlichkeit des Göttlichen – d.h. vor dem Bilderverbot – erschrecken und sie nicht aushalten, kann man daran studieren, wie mitten im Buddhismus, der ursprünglich die Vergleichgültigung der Götter erzeugte und eine Religion ohne Götter, ohne Gott war, der Buddhismus des „großen Fahrzeugs" (Mahayana) entstand, der mit einer Fülle von Göttern in Tushitahimmeln und in Tempeln bzw. vor Altären für die Bodhisattvas die eigentlich religionskritischen Einsichten des Gautama Buddha wieder ermäßigte und verließ. Ähnliches vollzieht sich natürlich allerwärts, auch im Christentum: Es fällt auch hier schwer, sich der Gegenständlichkeit und der Bilder zu enthalten – ohne Bilderstürmerei. So erhalten sich immer wieder die sich verselbstständigenden und vergegenständlichenden Theismen und Polytheismen als verzerrende Bilder und gefährdete Repräsentanten des ungegenständlichen Einen. Daher gilt es, das fast unvermeidliche Bildbedürfnis, das suggestiv und subkutan zur Vergegenständlichung drängt, anzuerkennen *und nur eben seinen projektiven Status zu wissen.*

So sehr man auch diese Bilder und Weisen göttlicher Präsenz achten wird, es gilt zu wissen: Nie kann und darf das Göttliche als separate und vergegenständlichte Entität oder metaphysische Substanz verstanden werden; es ist immer nur das in und an allen Prozessen der geschöpflichen Welt „Mit"wahrgenommene, als Dimension anwesende Geheimnis – so wie „Mitwahrnehmung" auch in Meditation und in Symbolen die Weise seiner Erkenntnis ist, die uns hilft, uns zu ihm zu verhalten: Auch Meditation erreicht, schaut und erfährt „IHN/ES/SIE" nicht und nie direkt und unmittelbar. Der Begriff der non-theistischen Ungegenständlichkeit als Wahrnehmungs- und Verhaltensorgan hilft uns, uns zum ungegenständlichen Einen im wissenden Nicht-Wissen und Im-Rätsel-Lassen zu verhalten. So allein werden geistliche Menschen „Haushalter über Gottes Geheimnisse" (1Kor 4,1). Es ist dasselbe eine ungegenständliche Wunder und Geheimnis, das in jeder Blüte, in jeder Landschaft, in einem Bilde Emil Noldes oder Franz Marcs, in Haydns Sonnen- oder Mozarts Haydn-Quartetten, in John Coltranes „A love supreme" oder in tief frommen und schlichten Dorf- oder Bauernmusiken Bayerns oder Österreichs, in jedem sexuellen Akt (wenn er die Differenz wahrt und die Identitätsanmaßung vermeidet), im Gebot, das aus allen Erniedrigten und Beleidigten spricht, wie in allen Gottesdiensten und Tempeln „mit"wahrgenommen und verehrt (oder übersehen und verachtet) wird – keine eigene göttliche Substanz und Entität. Es ist das Rätsel und Geheimnis „der" Natur, „des" Menschen, „der" Schönheit und „der" Schrecken und Schmerzen dieser Welt: schon dieser Genitiv kann – wenn ernst genommen – die ontologische Differenz und das Geheimnis genügend und angemessen wahren. Das Geheimnis, welches das göttliche genannt wird, bleibt immer das „ganz Andere", nie zu vereinnahmende, nie zu identifizierende. Es ist überall, bleibt aber immer verborgen, gerade auch wo es in langsamen und langen Annäherungen, immer wieder versuchten, verworfenen und verbesserten Bildern, Symbolen und Analogien durchaus wahrgenommen und verstanden wird.

In all diesen nunmehr besprochenen Wahrnehmungen und Einsichten ist die eigentliche und sachliche Kritik des Theismus begründet. Weil das zeitgenössische Denken diese Kritik, die auch in den älteren theistischen Traditionen vielfach vorbereitetes und mitenthaltenes aber unterbelichtetes Hintergrundswissen war, faktisch und intuitiv, ohne sich dieser Hintergründe und Möglichkeiten bewusst zu sein, vollzieht, ist es im Recht und darf, ja muss theologisch rezipiert, bejaht und unterstützt werden. Es braucht seine, den Theismus transzendierende, non-theistische Tendenz und Voraussetzung nicht zu verstecken oder aufzugeben, um als genuin religiös anerkannt werden zu können. Es könnte und müsste nur allmählich sich selbst genauer und bewusster zu verstehen lernen (wozu es inzwischen durch diverse Autoren klug angeleitet wird[92]).

Wohin aber führt das epidemische Ende des Theismus als regierender religiöser Vorstellung und die Einsicht in die berechtigte Kritik am Theismus? Denn hier entsteht ein Problem: Wie soll man religiös – von „Gott", vom Göttlichen – denken und sprechen ohne die vergegenständlichende prädikative Satzstruktur, die uns doch unvermeidbar ist? Oder soll man hier nur schweigen dürfen?

7. Religiöse Möglichkeiten und theologische Konsequenzen des Non-Theismus – Gefährdungen und Ungenauigkeiten der notwendigen Mystik

Aus dem Wissen dieser Aporie stammen in der Geschichte der Religion bzw. der Theologie, speziell der Mystik, zunächst die alten Annäherungsversuche der sog. *theologia negativa*. In dieser ist die Einsicht formuliert, dass man vom Göttlichen in der uns gewohnten Satzstruktur nichts „positiv" aussagen, vielmehr immer nur sagen kann, was es nicht ist. Insofern kann das Unsagbare – weil prädikativ Ungegenständliche – immer nur umkreist werden. Schon dieser Hinweis legt dem theologischen und religiösen Reden sinnvolle Zurückhaltung auf und rechtfertigt alle Hemmungen, von religiösen Erfahrungen und „Gott" allzu direkt und umstandslos zu reden, wie theologisch vielfach und ungeniert üblich.

Entsprechend wird auf der Linie dieser Einsichten verstanden, dass es angemessenes religiöses Wissen nur als *Nichtwissen* („Wolke des Nichtwissens", „docta ignorantia"), im *Schweigen* oder in einem von allen Begriffen und allem gegenständlichen Denken leer werdenden *Meditieren* gibt, weil dieses über alle Gegenständlichkeit, über alle Vorläufigkeiten und alle Dualismen der Schöpfung hinausführt – wohin, darüber ist weiter unten zu reden (Kapitel IV). Ungegenständliche, auch begrifflich leer machende Meditation und atmendes Schweigen sind hier der Weg. Ihrer bedarf – auch aus Gründen einer Revision des Gottesverständnisses – jede künftige religiöse Kultur des Schweigens, die wir einstweilen noch außerhalb der Kirche besser und überzeugender lernen als in ihr. Weil wir das meditierende Schweigen und die ungegenständliche nicht-wissende Meditation nicht gelernt und kein Vertrauen zur Erfahrung aus dem Schweigen haben, reden wir so viel, und dann natürlich prädikativ. Vor das Reden aber haben die Götter unausweichlich das Schweigen gesetzt. Ungegenständliche Meditation ist daher ein unabweislicher Weg, ein essentielles Element in diesen Fragen und Annäherungen. Und wenn dabei noch beachtet wird, dass die „heilige Leere", die hier im Mittelpunkt steht, nicht nur voller Heil und Erfüllung, sondern auch voller irritierender Schrecken und Zittern sein kann, weil sie vom Vergehen des Menschen vor der Heiligkeit des Göttlichen weiß, so dass ihr „Fürchten und Lieben" gebührt, dann ist diese Weise des religiösen Erkennens bzw. Verhaltens wahrlich „nicht ferne vom Reiche Gottes" (Mk 12, 34). Schweigen und Nichtwissen werden zu Bedingungen religiöser und theologischer Rede.[93]

Diese Erinnerungen an die theologia negativa und an das „gelehrte Nicht-Wissen" können erste Markierungen am Wege unserer Orientierungssuche sein. Was aber hilft hier, wenn man nicht nur beim Schweigen und Anbeten bleiben will, welches auf lange Strecken notwendig und legitim ist, – oder besser umgekehrt: Wie könnte ein angemessenes Reden – als vorletzte Möglichkeit vor dem schließlich allein gültigen Schweigen – möglich werden?

Hier hilft ein *zweiter*, ebenso wesentlicher, unter unseren derzeitigen Umständen wohl einzig weiterführender Weg, der in der konsequenten Bewusstheit und Anwendung von etwas wahrlich nicht Neuem besteht: in der nur in Symbolen und Analogien verfahrenden theologischen Rede, die die Nichtgegenständlichkeit des Göttlichen realisiert und respektiert. Denn *das Symbol ist die Wahrung des Nichtgegenständlichen im Kontext und auf der Ebene gegenständlicher Wirklichkeit und dualen, gegenständlichen Redens und Denkens.*

Diese Einsicht hat erhebliche und hilfreiche Konsequenzen, wird oder würde sie konsequent gehandhabt. (Für viele Theologien stellt sie aber eine Zumutung weil Demütigung des Anspruchs dar, von Gott direkt, ihn aus seiner Offenbarung gegenständlich bezeichnend und nicht nur symbolisch sprechen zu können, und wird daher oft abgelehnt.) Dies hinfort in unserer theologischen Landschaft unübersehbar und unüberhörbar klargemacht zu haben (obwohl es weiterhin hartnäckig vernachlässigt wird, vgl. oben die Klage K. Rahners), ist eines der großen Verdienste Paul Tillichs, der eben wegen der bei ihm grundlegenden Beachtung der Nichtgegenständlichkeit die Begriffe „Symbol" und „Dimension" (welche weder „Teil" ist noch „Schicht" – beide wären Vergegenständlichungsweisen) für das theologische Denken zentral und unausweichlich gemacht hat. Alles, was über die Ungegenständlichkeit und das theistische Missverständnis des Göttlichen zu sagen war, einschließlich des alten Parmenides-Arguments von der Vergegenständlichung, die Gott zu einem – wenn auch noch so ausgezeichneten – *Teil* der Wirklichkeit macht, findet sich bereits bei ihm immer wieder mit Nachdruck gedacht und durchgeführt. Und es ist ja wahr: Die Erfahrung des Göttlichen ist im Laufe der letzten zwei Generationen auch für das durchaus religiöse Bewusstsein indirekter und tiefer verborgen, schwerer zugänglich geworden als es zuvor war, da die Subjektivierung des persönlich vorgestellten Gottes dem Verschwinden jeglicher Objektivität Gottes aus der Welt der Erfahrung zu genügen schien. Die konstitutive Verborgenheit des Göttlichen im Symbol ist – für das religiöse Bewusstsein – durchaus ein neuer Stand. Dieses Bewusstsein von der theologisch allein möglichen Rede von „Gott" in Symbolen und Analogien und daher die Notwendigkeit der Erlernung konsequent symbolischer Rede ist die zweite Konsequenz und Entsprechung im Blick auf die Nichtgegenständlichkeit des Göttlichen (des „Bindu"). Salopp und funktionalistisch, aber plastisch hat man daher vom „Heer der Metaphern" als der „Nachfolgeorganisation der Wahrheit" gesprochen.[94]

Drittens aber führt uns diese Bewusstheit der zu wahrenden Nichtgegenständlichkeit des Göttlichen zur Aufmerksamkeit auf die unweigerlich wieder wichtig werdenden und aufzunehmenden mystischen Traditionen. Diese erfahren nicht ohne Grund derzeit – genau parallel zum Zerfall des Theismus und zur geheimen Weltwanderung und -ausbreitung buddhistischer und taoistischer (Yin-Yang) Motive – soviel Belebung und Aufmerksamkeit. Mit Recht hat man daher von der Mystik als der „Zukunft des Christentums" gesprochen (Rahner, Zink, Sölle u.a.).

Diese Tatsache der verbreitet aufkommenden Erschließung der Mystik steht im Hintergrunde der Sprechweise vom „Göttlichen" statt von „Gott". „Mystisch" soll daher in diesem Zusammenhang nur bedeuten, dass das Göttliche zunächst nicht als personales Gegenüber vorgestellt wird, sondern als ein *in* allen Dingen uns umfangendes und tragendes Göttliches, in dem wir „leben, weben und sind" (Apg 17,28), in dem wir als die kleinen Fische schwimmen und dessen wir „innewerden" sollen – das göttliche Geheimnis und Unbedingte als Macht und Kraft, Leben des Lebens und Tod des Todes, Grund und Abgrund „überall", in allen Dingen und also auch in uns selber.[95]

Je wichtiger aber die mystische Tradition heute wird, umso präziser und klarer muss sie verstanden und gefasst werden. Mir scheint aber, es sei nicht zu übersehen, dass eben diese mystischen Traditionen im Laufe ihrer Geschichte oft mit ungeklärten, vielfach unbedacht übergangenen Problemen und unbeachteten religiösen wie theologischen Grenzverletzungen behaftet wurden. Ich meine speziell die Verletzung der Einsicht des 1. Artikels des christlichen Glaubensbekenntnisses, der die Geschöpflichkeit alles Seienden festhält und die Göttlichkeit des Geschöpflichen verneint. Diese, wie mir scheint, unbestreitbar-kritische Einsicht wird aber heute in epidemischen Ausmaßen verletzt durch die verbreitete Annahme des Göttlichen, welches wir angeblich selber sind – sei es in der indischen Form des „aham brachma asmi" („ich bin das Göttliche"), sei es im Sufi-Satz des hingerichteten Halladsch „ana'l-haqq" („Ich bin die absolute Wahrheit"), sei es in christlichen Sätzen, z.B. denen des Angelus Silesius: „Gott wohnt in einem Licht, zu dem die Bahn gebricht; *Wer es nicht selber wird*, der sieht ihn ewig nicht"[96]. Auch das verbreitete Verständnis des sog. Pantheismus als „alles *ist* Gott/göttlich" steht zu den kostbaren Wahrnehmungen und Einsichten der christlichen Schöpfungslehre in unübersehbarer Konkurrenz; es verletzt eine Wahrheit des Kreatürlichen. *In* allem ist und erscheint das Göttliche, das große Geheimnis, es kann aber mit keinem Geschöpflichen identisch *sein*. Die berechtigte Kritik des dualistischen Theismus kann und darf unmöglich die latente Vergöttlichung des Menschen bedeuten.[97]

Je wichtiger daher heute die Mystik wird, um so wichtiger wird die Aufgabe ihrer Präzision oder gar Korrektur. Denn all dies kritisch Gesagte weist nur auf Unklarheiten und Schwächen, auf eine dringende Präzisionsbedürftigkeit hin, nicht aber auf eine prinzipielle Unmöglichkeit oder religiöse Illegitimität des mystischen Denkens, die – speziell im Protestantismus – oft behauptet worden ist.[98] In eben den – unter den genannten Gesichtspunkten durchaus widerspruchsbedürftigen – Traditionen des indischen Advaita-Denkens, des Zen-Buddhismus oder des islamischen Sufismus und in der christlichen Mystik-Tradition liegen unzählbare Hilfen und Anregungen zum Verstehen der Nichtgegenständlichkeit und zum Verhalten ihr gegenüber. Das schließt aber ein kritisches und präzisierendes Verhältnis zu ihr nicht aus, sondern ein.[99]

Im Übrigen: Die gesamte Naturwissenschaft der Neuzeit – von Kopernikus und Kepler bis hin zu Einstein, Bohr, Heisenberg, Schrödinger oder v. Weizsäcker (nicht z.B. Planck oder Jordan!) – ist aus gutem Grunde von einem Strom platonisch-mystischer und dabei dezidiert non-theistischer Gedanken und Religiosität begleitet und durchzogen. Ohne Rezeption und Begreifen dieses Stromes kann und wird es keine theologisch produktive Beziehung zu den für unser Leben, Denken und Überleben fundamentalen Naturwissenschaften geben. Durch das in Kirchen und Theologien noch immer überwiegend etablierte theistische Denkmodell ist aber die religiöstheologische Aneignung und Beziehung zu dieser ganzen naturwissenschaftlichen

Reflexionswelt weithin ausgeschlossen und abgebrochen. (Wobei allerdings eher die Kirchen und klassischen Theologien die ausgeschlossenen sind – ausgeschlossen von einer fundamentalen Denkmöglichkeit, für die in dieser Generation m.E. vor allem C.Fr. v. Weizsäcker steht.) Die Wendung zum Non-Theismus ist auch unter diesem Gesichtspunkt des Verhältnisses zur Naturwissenschaft eine Lebensfrage der Moderne. Ihre Verweigerung scheint einer der entscheidenden Gründe (oder doch Indizien) für die zunehmende Isolation der Kirchen und der Theologien – nicht nur in der Wissenschaftswelt – zu sein.[100]

8. Das Göttliche und der persönliche, personale „Gott"

Gibt es nun aber kein Persönliches, Personhaftes in dieser Erfahrung des un- und überpersönlichen Göttlichen? Dies ist oft die ängstliche Frage, die am Ende solcher Überlegungen sich immer wieder stellt. Die Antwort muss lauten: Doch, ja, das gibt es, wenngleich unter bestimmten Voraussetzungen und Randbedingungen. Sofern nämlich – ich gebe hier noch einmal einen Gedankengang Tillichs wieder – jene verschiedenen Erfahrungen des Unbedingten uns als Menschen in unserem Personzentrum betreffen und ansprechen, eignet dem Göttlichen und der Erfahrung des Unbedingten offensichtlich sehr genau eine personale Dimension und Weise. Wir können, meint Tillich, vom Göttlichen nur in Symbolen sprechen, aber eben das Symbol des personalen „Gottes" oder „Göttlichen" sei nach allen Erfahrungen und all unserem Wissen das dem Menschlichen und Göttlichen entsprechendste. „Von allen Symbolen sind die anthropomorphen Gott am meisten angemessen. Nur durch sie kann er für den Menschen der lebendige Gott sein."[101]

Es gehört also zu den Möglichkeiten des religiösen Mutes, dass er – im völligen Bewusstsein des ungegenständlichen und überpersönlichen (non-theistischen) Göttlichen und im klaren Wissen, dass es keine separate Gottperson gibt – ins Dunkel der diffusen und zwielichtigen Erfahrungen hinein, die wir ständig machen, die Ansprache des „Du" wagen kann: „Du" – „wer immer Du seist", so lautet die essentielle Unschärfeformel des Aischylos im Zeus-Hymnus der Orestie, – eine Formel, die das notwendige Nicht-Wissen, das Im-Geheimnis-Lassen und die Relativierung der Personvorstellung in Theologie und Frömmigkeit wunderbar ausdrückt[102]. Es geht also um den Mut zum personalen Sein, wie man mit einer Tillich-analogen Formulierung sagen könnte, oder, mit Luther zu sprechen, um das Laufen „zu Gott wider Gott" – zum personalen Du wider das Wissen des non-theistischen Göttlichen. Denn dieses Persönliche am überpersönlichen Göttlichen muss wider alle Wahrscheinlichkeit und Erfahrung des Bösen, Dunklen, Zwiespältigen, Unpersönlichen immer erst wieder gewagt werden.[103] Die in solcher Anrede unterstellte Personalität des Göttlichen ist also tatsächlich, wie in der Religionskritik seit Xenophanes[104] oder Feuerbach immer wieder ausgesprochen, ein Bild, das Menschen sich auf Grund von Erfahrung gemacht und an den Himmel geworfen haben. Personalität ist ein Bild, eine Projektion, die wir uns machen (denn das „Geheimnis" „ist" keine Person), – allerdings eine begründete, denn das Geheimnis ist bzw. wirkt personal. Projektion ist nämlich eine menschlich fundamentale und notwendige, der Erfahrung vorausgreifende und gewisse Erfahrungen, die erst später sich bewähren und bewahrheiten, antizipierende Grundkraft schon des Kleinkindes und seines psychischen Organismus'. Sie ist eine Wahrnehmungskraft und -gabe des seelischen Vermögens, ja oft genug Bedingung der Möglichkeit, überhaupt Erfahrungen zu machen, keine bedauerliche Fehlentwicklung, keine bloße Verirrung ins Irreale, als die sie meist gesehen wird; das wird sie erst, wenn sie maßlos und unkontrolliert, ohne Realitätsbindung bleibt. Projektionen werden daher sinnvollerweise nie ganz vermieden, sondern nur immer wieder der Kontrolle d.h. der Wahrnehmung ausgesetzt und so ggf. graduell, Schritt um Schritt, durch Anpassung an und Ausrichtung auf die Realität korrigiert.[105] Dies führt zu einem neuen Bewusstsein und zu neuer, verbesserter (hier: religiöser, theologischer) Theorie (Dogmatik). „Glaube und Unglaube im Streit um die Wirklichkeit" – so hatte Ebeling diesen Vorgang der theologischen Realitätskontrolle versuchter, projektiver, daher immer wieder mit sich wandelnden Lebenswelten wechselnder religiöser Vorstellungen einst überschrieben.[106]

Erinnern wir uns noch einmal jenes hilfreichen „pragmatischen" Wahrheitsverständnisses, nach dem Wahrheit nicht als Abbild des Bildes verstanden wird, sondern wie der Schlüssel im Schloss wirkt, indem sie durch Entsprechung und Anpassung der Realität zu entsprechen und sich schlüssig in ihr zu *verhalten* anleitet. Sie gewährt – noch einmal – keinen Blick hinter den Vorhang, denn hinter dem Vorhang ist „nichts", nichts Gegenständliches, vielmehr religiös dasselbe wie vor dem Vorhang: Sunyata, erfüllte „Leere", Geheimnis des Seins in allen Poren und Dimensionen. So ist Wahrheit Vorausgriff, Versuch und Projektion, die sich im Verhalten bewährt – oder eben nicht. So bewährt sich die – ggf. schmerzliche – Lebensdienlichkeit und erschließende Kraft religiöser Begriffe und Theologien – oder eben nicht (was zur Korrektur zwingt). Der eingangs als Motto zitierte Xenophanes-Satz spricht den Projektionscharakter der anthropomorphen Gottesvorstellung plastisch und unwiderleglich aus, er offenbart ihn, widerlegt diese damit aber nicht, erhellt vielmehr seinen – auch religiös – bleibenden und produktiven Wert, macht nur eben seinen Status deutlich. Auch die Offenbarungstheologien und -religionen sind dieses in trial and error sich ausprobierenden Prozesses nicht enthoben – wie man an ihrer immer und immer wieder sich erweisenden Zeitgebundenheit erkennt, vielmehr sind sie Teil desselben. Man kann das un- und überpersönliche Geheimnis, das Göttliche mit „Du" anreden, muss aber wissen, welchen Status solcher Sprachgebrauch hat, nämlich den eines Symbols, eines vorbehaltsvoll zu handhabenden Bildes vom Göttlichen, das wir uns machen – manchmal mehr, manchmal weniger begründet. Daher der Wandel und das Schwanken der Gottesbilder in der Theologiegeschichte (auch in den Offenbarungstheologien). Die zentrale Wichtigkeit biblischer Texte und Aussagen erspart diesen Prozess nicht, gibt in ihm aber Kompass und Substanz (und verhindert seine funktionalistische Degeneration).

Dies alles muss man sich klarmachen, um damit einer beliebten Form der Religionskritik den Wind aus den Segeln zu nehmen: als wäre der projektive Charakter einer Annahme (oder einer immer wieder zu korrigierenden theologischen Theorie) bereits der Beweis ihrer Einbildung, Irrealität und Unwahrheit. Dieser Beweis wäre erst erbracht, die Evidenz des Illusorischen wäre erst gegeben, wenn tatsächlich unberechtigte, der Kritik auf Dauer nicht standhaltende Elemente in einer Annahme, in einem Glauben enthalten sind und evident werden. Derlei wird in den folgenden Kapiteln bei den religiösen Grundaussagen über die Erfahrung des Göttlichen immer wieder zu prüfen und bewähren sein. Auch im Blick auf theologische Sachverhalte sollte es daher tatsächlich so etwas wie eine „empirische Metaphysik" geben, denn die Tatsache, dass das Göttliche „ganz anders" und über alle Vernunft ist, ist kein Freibrief – für wen auch immer –, darüber willkürlich und unkontrolliert zu spekulieren und Behauptungen aufzustellen.[107] Beides muss es geben: Wahrnehmung, Berufung auf Wirklichkeit, Korrektur theologischer Annahmen an der Realität einerseits sowie visionäre oder utopische Überschreitung des Empirischen, Antizipation und Vorausgriff, ohne die es nur schlechte Anpassung und Reduktion des Wirklichkeitsverständnisses geben kann, andererseits. Jede Theologie, auch jede sich als Offenbarungstheologie verstehende, bleibt Theorie und Zusammenfassung des aus Bibelverständnis und Wirklichkeitserfahrung Wahrgenommenen. Sie unterliegt daher der empirischen Kontrolle, ob sie angemessen unsere Erfahrung zu erklären und neue zu entwerfen vermag (was z.B. der Theismus und die bisherige Theodizee-Theorie – jedenfalls für unsere Erfahrungskontexte – nicht dauerhaft vermochte, obwohl er in den Kontexten der alten Welt sehr wohl schlüssig und hilfreich war). Die Anrede des unpersönlichen Göttlichen als „Du", die immer wieder gewagt werden kann, wäre dann als berechtigte und vorgreifende, wagende Projektion zu verstehen und zu bejahen, eben weil „die anthropomorphen [Symbole] Gott am meisten entsprechen". Diese Anrede erkennt, unterstellt und betont etwas Legitimes, weiß aber sehr wohl, dass sie menschliches Symbol ist und – in der reflektierten und erfahrungsmäßigen Kontrolle ihrer Realitätshaltigkeit – immer wieder zu bewährende Projektion und zu wagende Zumutung, ja Unterstellung des „Du" im Blick auf das überpersönliche Göttliche. Es ist ein Rätsel und Geheimnis in allen Dingen, welches an den Rändern der Welt und an den Brüchen der Dinge und der Welt immer wieder aufbricht, und wir suchen mit projektiven Deutungen – gespeist aus der Erfahrung früherer Generationen (genannt „Tradition") – uns diese verständlich zu machen und – im pragmatischen Wahrheitsverständnis – uns zu ihm zu verhalten.[108]

Eine solche, religionsgeschichtlich (da aus den Polytheismen der antiken Welt herausgewachsen) durchaus begreifliche, dennoch inzwischen illegitime und über-holungsbedürftige Projektion dürfte schon in der Behauptung einer existierenden, allzu wörtlich und gegenständlich gemeinten Gottperson vorliegen: statt vieler Göt-ter nur noch der Eine, der in ihnen allen – als verschiedenen Gesichtern des Einen – schon immer nur gemeint sein konnte. Wir sprachen bereits davon. Sie stellte einen ungeheuren Fortschritt der Erkenntnis dar, eine erhebliche Annäherung an die Eine, den vielen Gestalten der Götter zugrunde liegende Wirklichkeit des Göttlichen. Nicht erst heute (vielmehr schon in den indischen, altgriechischen und germanischen Mythen des Götteruntergangs) wird diese Wahrnehmung in ihrer Form der Vorstel-lung vom Werden und Vergehen der Götter/des Gottes als überholbar deutlich: Wie überdimensionale Menschenpersonen werden sie vorgestellt. Xenophanes bleibt daher auch hier, im Blick auf den Monotheismus, zu bedenken.

Eine andere, hier nicht zu verfolgende Projektion dürfte in der heute beliebten Annahme liegen, die göttliche Wirklichkeit sei ganz und gar nur Liebe – als wenn die Erfahrung des Tremendum und Numinosum, des Heiligen und Erschreckenden, Richtenden und Vernichtenden nicht auch in diesen Bezirk gehörte. Die Erfahrung des Göttlichen ist auch Liebe und unendlich geschenktes Leben, aber wahrlich nicht nur dies! Luther weiß genau, dass es zwei Worte Gottes gibt – das gnädige und das richtende, in De servo arbitrio auch unheimlich vernichtende Wort, auch wenn er das gnädige und schaffende als „eigentliches Werk“ – allerdings nur „in Christus“ – eindeutig vorordnet.[109] Hier gibt es verbreitet Projektionen, die der Erfahrung nicht standhalten und zurückgenommen werden müssen. Klärung und Präzision des Sin-nes einer solchen Projektion und ihres anthropologisch sich bewährenden Symbols sind eine kreative Leistung des menschlichen Symbolisierungsvermögens[110], welches eine (projektive) Deutung der Wirklichkeit schafft und einer Religions- und Projek-tionskritik durchaus standzuhalten in der Lage ist – eben: „Glaube und Unglaube im Streit um die Wirklichkeit“. Exakt dieses scheint angemessen (und man muss es im-mer wieder darauf ankommen lassen), die göttliche Wirklichkeit als *„personal“* (in unserer Beziehungsfähigkeit auf sie) und *überpersönlich, nicht aber als „persönlich“* (als vorgestellte Person, schon gar nicht als „Persönlichkeit“, wie unsinnig über längere Strecken der Theologiegeschichte hin immer wieder geschehen) zu beschreiben. Ich zitierte bereits Tillich: „Das Symbol ‚Persönlicher Gott‘ ist irreführend“, das Symbol des „personalen“ Göttlichen hingegen angemessen, und ungegenständlich und wortlos, aus der Tiefe leuchtende Farbkompositionen Rothkos, die Farbkaskaden Delaunays oder die verdämmernden und sich auflösenden Lichtwelten Cezannes u.a. sind seine Bilder.

Theodizee und Bittgebet in non-theistischer Perspektive
An dieser Stelle löst sich wohl auch das immer wieder umstrittene und umkreiste, im alten Paradigma nicht lösbare Problem des Bittgebets zu Gott, so wie sich auch ein

neuer Grundriss und neue Lösungsperspektiven für die Theodizee-Frage ergeben (die aber beide hier nur anzudeuten sind). Denn wenn es einen Gott, den es gibt, nicht gibt, dann gibt es auch einen Gott, der im Guten wie im Bösen – und sei es auf Gebet hin – handelnd eingreifen könnte, gar nicht. Da helfen keine Teilkorrekturen – indem z.B. dem weiterhin theistisch vorgestellten Gott die Allmacht abgesprochen und seine Ohnmacht (mit patripassianischen Metaphern) angenommen wird. Die ganze Fragestellung der Theodizee muss als unzutreffend und unsinnig überwunden werden, denn einen solchen Gott „gibt es nicht". Natürlich kann man weiterhin annehmen, dass ein Gott sei, der Gebete erhöre, sich aber in seinem Ratschluss vorbehalte, die einen Bitten zu erfüllen, die anderen nicht – was, wie bekannt, oft genug zu manifest zynischen Konsequenzen und zur absurden Annahme von Willkür oder Grausamkeit eben dieses Gottes führt. Das theistische Gottesbild dürfte daher nicht länger eine plausible Lösung dieser Aporie sein. Das non-theistische Paradigma hingegen erklärt das „Schweigen Gottes" besser, weil es gar keinen Gott gibt, der reden könnte und gegenständlich, als jenseitige Person oder Substanz existiert, als externe Macht eingreift und Wunder tut (oder eben nicht) und gelegentlich Bitten erhört (oder eben nicht). Von der Art ist die ungegenständliche göttliche Wirklichkeit, das im Schweigen seines Seins letzte Geheimnis aller Dinge, offensichtlich nicht. Der so vorgestellte Gott ist gestorben, besser: Es hat ihn so nie gegeben, und die Vorstellung von ihm (und die ihr entsprechende Art von Weltsicht und Gewissheit) ist ebenfalls gestorben; diese Projektion ist zurückzuziehen. Es gibt keinen extra-mundanen eingreifenden Gott, sondern nur ein allenthalben – hier oder metaphysisch – innewohnendes, verborgenes und wehrloses Geheimnis, mit dem es eins zu werden gilt. Diese berechtigte Einsicht des Non-Theismus ist mit ihrer Veränderung bzw. Verschiebung des Symbols ein wesentlicher Erkenntnisfortschritt. Denn sie bereitet der unendlich oft und quälend wiederholten Frage: „Warum lässt Gott das und das zu, erhört nicht mein Gebet – und warum das gerade mir?" ein Ende. Diese Frage lehnte sich immerzu gegen das alte theistische Paradigma auf und verfing sich doch immer wieder – selbst noch in der Kritik – in ihm und in den alten weltanschaulichen Bildern von dem die Welt zu ihrem Heil regierenden Gott, an die wir alternativ- und aussichtslos gewöhnt waren. „Dir hat kein Gott dies zugedacht – es gibt einen solchen überhaupt nicht!", so lautet die neue, herbe, erst zu lernende Antwort. Die Frage nach der Bedeutung und Wirklichkeit eines blinden Schicksals, innerhalb dessen es immer noch tragende Kräfte und Gewissheiten gibt, spitzt sich jetzt erst – angemessen – zu.

Das alte Paradigma samt der alten Theodizee-Frage wird hier erkennbar destruktiv und menschlich wie göttlich unwahr, und es ist reif, als falsche Frage und als unreifes, vorkritisches, unangemessenes Gottesbild entlarvt zu werden. Wenn geschieht, was wir wünschen, so sind das keine scheinbaren Erfüllungen von „IHM". Und wenn ausbleibt, was wir wünschen, wenn furchtbare Unglücke, Kriege oder Genozide geschehen, dann ist auch dies nicht von „IHM" – einer Gott-Person, die es auch anders machen könnte – zugelassen oder mitgewollt: All dies sind Vorstellungen, die unweigerlich ins Unsinnige und Zynische geraten, sobald man überlegt, warum den einen geholfen wird, die anderen aber gleichzeitig leiden und umkommen sollen. Das soll der Wille eines persönlichen Gottes sein? Die Berufung auf Gottes ewiges Geheimnis und auf seinen Ratschluss an dieser Stelle ist nur ein Alibi für unangemessenes Denken und die sich überholende theistische Denkweise. Man muss den non-theistischen und symbolischen Status aller theologischen Aussagen beachten, um niemanden in solch unsinnige Annahmen und Konsequenzen sich verirren zu lassen. Aus all jenen unsinnigen Aporien erlöst nur ein angemessenes Denken in dieser Frage. Auch hier gilt: „Wir verstecken uns, wenn wir das Denkbare nicht denken."

Entsprechend ist das ein Eingreifen Gottes suchende Bittgebet – mit den entsprechenden Vorstellungsvoraussetzungen – offensichtlich problematisch geworden. Denn wir stehen keiner göttlichen Person gegenüber, die einzugreifen in der Lage wäre, sondern wir sind von guten und schlechten, bösen Kräften und Mächten umgeben, die alle in unergründetem Zusammenhang mit dem ungegenständlichen Geheimnis stehen. Wir können unsere – berechtigten und herzensnotwendigen – Wünsche, Bitten, Hoffnungen und Sehnsüchte aussprechen und an den Himmel werfen, aber es gilt dabei – meditierend oder betend, im Wissen, dass der Sehnsucht keine eingreifend-theistische Gottperson entspricht – mit dem (in alter Sprache) „göttlichen Willen", mit den Kräften des Heils, die allenthalben mitten in allem Unheil *auch* in der Welt sind, eins zu werden und sich in „IHN/ES" („Gott"), in sie (die schmerzhaften Kräfte des Heils) zu fügen: „Nicht mein, sondern dein Wille geschehe". Dann kann man für Erfüllungen und Rettungen, wenn sie denn geschehen, dankbar sein, und man kann Unglück und Leiden mit „Furcht und Zittern" als Heimsuchung und Gericht annehmen oder den Widerstand gegen sie versuchen – im Wissen, dass sie von keinem Gott an mich persönlich adressiert, sondern Zufalls- und Schicksalsfügungen sind, die ich aber geistlich anzunehmen lerne, in Annahme und Widerstand. Auch Unglück und Schlimmes lassen sich als Herausforderung und Heimsuchung auffassen, ohne dass sie von einem existierenden Gott als Strafe, Sühne oder Grausamkeit gemeint wären.

Es gilt also hineinzuwachsen in die zunächst unpersönliche Wirklichkeit des Geheimnisses, des Grundes und Abgrundes[111], und mitten in dieser Wirrsal „zu Gott wider Gott" zu laufen, das „Du" zu wagen und der zugesagten und verheißenen Gnade des „Fürchte dich nicht, ich bin bei dir …", die die Bach'sche Motette unvergleichlich ins Herz singt, zu glauben – sei es in Freude und Errettung, sei es in Leid und Sterben. Trost und Gewissheit offenbaren sich hier als allmählicher Prozess des geistlichen Wachstums und des Hineinwachsens, des Einswerdens mit dem Ganzen, des Innewerdens des göttlichen Grundes, der uns trägt, mitten im Leiden und Sterben. Sie sind nicht plötzliche Erkenntnis und Überzeugung (obwohl es dies in seltenen und extremen Momenten – auch als seelsorgerlich zugesagte Tröstung – durchaus geben kann). Aber es gibt keinen plötzlich eingreifenden (Lessing: „extramundanen") Gott. Erst der Prozess des Annehmens und Einswerdens – hindurch durch alle Phasen des Kampfes und Widerspruchs (E. Kübler-Ross) – bringt den wachsenden Trost in der wachsenden Seele, der auch Menschen, die an keinen persönlichen Gott mehr glauben, zugänglich ist. Die „dunkle Nacht der Seele, der Sinne und des Geistes" (Johannes v. Kreuz) ist – auch im wissenden Unwissen des „Göttlichen" und des überpersönlichen Geheimnisses – zu durchwandern. Diese Weise der veränderten Gewissheitsbildung lässt sich hier nur andeuten, sie bleibt aber – auf neuer Stufe – bei der Einsicht der alten theistischen Frömmigkeit, nichts zu wollen, was „Gott" nicht will – doch ohne die Absurditäten der Vorstellung eines Gottes, der all das Böse willentlich geschehen lässt, obwohl anders zu verfahren in seiner Hand läge. Aber – obwohl an dieser Stelle das non-theistische Paradigma evident wahrer, für viele Menschen hilfreicher (wenngleich schmerzlicher und illusionsloser) und das einzig mögliche ist: Auch unter diesen non-theistischen Voraussetzungen bewährt sich die religiöse Substanz des alten Trostes. Es erweist sich dieselbe Wahrheit im Wandel der Zeiten und Anschauungen, dass wir gefordert, gerichtet und getragen, umfangen sind von einer doppeldeutigen Macht und einem Geheimnis, das wir „fürchten und lieben" sollen und das über alle Vernunft ist – gleichgültig ob wir aus der Not gerettet werden oder nicht. Hier gibt es, wie sich zeigen wird, eine überraschend große gemeinsame Schnittmenge zwischen den Erfahrungen des alten und des neuen Paradigmas. Gleiche und ähnliche Erfahrungen und Einsichten erscheinen hier, nur eben in anderem Lichte und in veränderter, verschobener Deutung.[112]

Die Möglichkeit personalen Sprechens besteht also auch im nach-theistischen Vorstellen und Reden, doch sie steht hier – in merklicher Umkehrung der klassischen Tradition und Logik – nicht im selbstverständlichen Mittelpunkt. Sie ist keine Voraussetzung am Anfang religiöser Aussagen und frommen Sprechens. Sie ist keine zu leistende Eintritts- und Mindestbedingung oder religiöse Legitimitätsformel (die – versteht sich – so selten explizit ausgesprochen, aber doch kirchlich-faktisch immerzu als die echt religiöse und einzig genuin christliche subkutan und suggestiv vorausgesetzt wird). Sie steht jetzt am Rande, als mögliches Ende, als mögliche Konsequenz eines immer wieder zu wagenden Weges und einer immer wieder auszuprobierenden Modalität des Sprechens – wenn überhaupt. Die personale Sprechweise wird oft gar nicht gewollt, und sie muss auch nicht immer realisiert werden, denn an der Stelle, an der im theistischen Paradigma das Gebet zu Gott steht, steht im nach-theistischen Verständnis meist die Meditation, die sich in das umfangende und tragende, un- und überpersönliche Göttliche hinein loslässt und im Meditieren und Sich-Ausstrecken der Seele Anschluss an die immer *auch* vorhandenen Kräfte des Heils sucht. Denn diese Kräfte des Heils gibt es allenthalben – mitten in einer Welt, die ebenso von den Kräften des Heils wie des Unheils erfüllt ist. Oft genug aber bleibt nichts als das Bejahen und Einswerden mit den Bitterkeiten und Toden, wie Elisabeth Kübler-Ross es uns gezeigt hat. Dieses Sich-Öffnen und Hingeben aber („Bereitet doch fein tüchtig den Weg dem großen Gast …") kann schließlich den Charakter der Ansprache an das „Du" annehmen. Diese personale Ansprache muss also immer – als das Äußerste und Unselbstverständliche – erst gewagt werden: „zu Gott [zum personalen Du] wider Gott [entgegen dem unpersönlichen Göttlichen] zu laufen", zu „Gott" als dem gesuchten Gesicht und der geglaubten Gestalt des ewig unbestimmten, rätselhaften „Göttlichen" – sei es im Namen Jesu, oder eben anderer Offenbarer. „Gelobt seist du, Niemand./ Dir zulieb wollen/ wir blühen./ Dir/ entgegen" (P. Celan).

Diesen letzten Schritt zum „Du" werden viele Menschen nicht mitgehen; sie müssen es auch nicht. Aber möglich ist dieser zu wagende Schritt. Er ist kompatibel mit dem nach-theistischen Verstehen des Göttlichen. Mit *und* ohne die Benennung der religiösen Erfahrung als „Gottes"erfahrung kann solche Erfahrung gültig und inspirierend, ja inspiriert sein – je nach Menschentypus und Lebensphase. Es muss daher beide Formen von Sprache und Seelsorge geben, beide müssen gelernt sein. Legitim – auch christlich legitim – ist nicht allein die theistische Sprechweise. Wo solche Wege und Erfahrungen symbolischer und non-theistischer Fassung und Benennung als Möglichkeit und Element unseres Glaubens, unserer Religiosität einbezogen und freigegeben sind; wo sie also in der Nähe und im Zeichen des Gottesbegriffs, im Zeichen des Symbol- und Grundwortes „Gott" durchwandert werden, da wird „Gott" – dieses menschheitsgeschichtlich gültige und letztlich doch wohl bleibende Ur- und Grundwort – zum Inbegriff und Namen all dieser über unser kleines Ich und seine Religiosität hinausschießenden Erfahrungen: „Gott" wird wieder zugänglich und annäherbar. Der Verzicht auf das theistische Bild schafft Freiheit, sich zu öffnen für das Geheimnis und Rätsel des Größeren und Ganzen, in dem und umfangen von dem wir sind.

Im klassischen Denken war der Theismus selbstverständliche Voraussetzung und Mitte; die abweichenden mystischen (implizit oft non-theistischen) Traditionen standen am vielfach häretisierten Rande. Im neuen Paradigma aber steht umgekehrt die Erfahrung des Göttlichen und Einen Überpersönlichen im Mittelpunkt, die personale Anrede hingegen steht sehr unselbstverständlich, allenfalls als zu wagende – eher am Rande oder am Ende des Weges: keinesfalls häretisiert. Auf diese Weise eröffnet das Bewusstsein des symbolischen Sprechens und des nicht-gegenständlichen „Gott"verstehens religiöse Wege von Freiheit und Erfahrung.

Dies neu sich eröffnende non-theistische Verständnis sollte jedoch nun nicht seinerseits die nächste, wiederum allein gültige neue Orthodoxie aufrichten oder versuchen wollen, ältere (theistische) Sprechweisen, in denen ja Menschen immer noch leben und sterben, nun ihrerseits zu häretisieren oder abschätzig herunterzureden, auch wenn die non-theistische Erkenntnis des neuen Plateaus zu Recht ein Gefälle der religiösen Entwicklung und Legitimität sowie einen Fortschritt in ihrem Erkenntnis- und Symbolbewusstsein schafft. Auch was wir heute neu suchen, ist nicht *die* gültige Wahrheit, die andere Weisen mindern wollen dürfte. Nur eben den Alleinanspruch der direkten, gegenständlichen, den Symbolcharakter verleugnenden Bedeutung der alten Sprache – als sei sie direkt-persönlich und gegenständlich wahr – müssen wir in Kirche und Theologie zurückzuweisen und zu überwinden lernen.

Damit aber zu einem letzten Gedankenschritt.

9. Die komplementäre Geltung theistischen und non-theistischen (trans-theistischen) Denkens

Ich hatte eine merkwürdige und mir eindrucksvolle Erfahrung in Indien. Ramana Maharshi in Tiruvannamalai war ein Heiliger jener meditierenden Advaita-Frömmig- keit und ihres Nicht-Zweiheit-Denkens, welches auch die Unterscheidung von Menschlichem und Göttlichem zu überwinden trachtet. Gleichzeitig aber war er ein täglicher Verehrer von Lord Shiva in Bhakti- (d.h. Liebes-) Frömmigkeit zu diesem persönlich vorgestellten Gott, dem er immer wieder im Tempel puja (Opfer) dar- brachte. Heute steht vor seinem samadhi ein Lingam, über dem puja dargebracht wird. So lebte er – hin und her – zwischen seinem Ashram am Arunachala, dem Berg, in dessen Zeichen er die götterüberwindende Advaita-Erkenntnis meditierend gewonnen hatte, und dem Shiva-Tempel von Tiruvannamalai, gleichzeitig also in „mystischer" Einheit mit dem überpersönlichen Advaita-Göttlichen, soweit, dass er sogar selbst als eine Erscheinung (darshan) dieses Göttlichen angesehen werden konnte, *und* in klassisch-theistischer Bhakti-Frömmigkeit und -verehrung Lord Shivas, deren Gegensatz doch im Advaita-Denken gerade überwunden werden soll. Hier wird das, was meist als Gegensatz erscheint, auf merkwürdige und wunderbare Weise zusammengesehen (obwohl die Primarität und Letztlichkeit des Selbst für ihn immer klar war).

Ich habe das zuerst nicht verstanden, wohl weil ich selbst zu sehr im alternativen Denken dieser Fragen befangen war. Seither aber meine ich immer mehr die Ange- wiesenheit beider Formen aufeinander und die Weisheit der komplementären Be- zogenheit beider verstanden zu haben, die in dieser komplexen Frömmigkeitsform bei Ramana Maharshi (und seinem christlichen Schüler Abishiktananda) aufbewahrt und vorgelebt ist: Das Advaita-Denken (im Hinduismus wie im Zen) schützt das theistische Denken davor zu vergessen, dass es wirklich nur symbolischen, analogen Rang hat, und schützt es vor den ihm innewohnenden Vergegenständlichungsten- denzen; es ruft das theistische Denken zur Ordnung der überpersönlichen Elemente im Verstehen des Göttlichen. Umgekehrt aber beschützt das theistische Denken (im

Bewusstsein seiner allein möglichen symbolischen Fassung) auch das mystische Verstehen und Denken vor einem Verschwimmen in Ungenauigkeit. Denn das ständige Sprechen vom „Göttlichen" und vom „Empfinden" des Göttlichen dürfte, nachdem es die Freiheit vom Weltanschauungszwang einer vorgestellten Person-Gottheit und den Reichtum des Unbegrenzten und Vorstellungslosen erbracht hat, doch auf Dauer durch eine qualitätslos werdende Diffusität *gefährdet* (nicht notwendig charakterisiert!) sein, die sich in der Willkür der verschwimmenden Integrationen und Vermischungen von Menschlichem und Göttlichem zu verlieren droht. Hier entsteht auch heute immer wieder allzu leicht jenes „flimmernde Durcheinander von Göttlichem und Menschlichem", dessen bis heute unüberholte Kritik einst Anlass für die Entstehung der Dialektischen Theologie (Friedrich Gogartens) war[113]. Dies jedenfalls ist meine Erfahrung. Das mystisch-ungegenständliche Verstehen bedarf möglicherweise doch seinerseits, vom personalen Verstehen des theistischen Denkens immer wieder zu (einer anderen Seite) der Ordnung und Wahrheit der Dinge gerufen zu werden. Speziell im Begreifen der Geschöpflichkeit des Menschen, im Abstand von Schöpfer und Geschöpf, im Wissen des „ganz Anderen" des Göttlichen und Heiligen und im verantworteten, zur Verantwortung rufenden „Du" bedarf es vielleicht doch immer wieder einer Korrektur und Ergänzung. Denn es bekommt uns Menschen nicht, im – vielleicht notwendigen – Denken der letzten Einheit den Unterschied von „Menschlich" und „Göttlich" zu vernachlässigen und in einer allzu leicht drohenden diffus-symbiotischen Vermischung oder angemaßten und realitätslos eingebildeten Nähe und Vertraulichkeit mit Gott und dem Göttlichen zu enden. (Wir sprachen bereits von den versuchlichen Gefährdungen der Mystik und des Advaita-Denkens, im Islam ebenso wie im Christentum – zu schweigen von den Gefährdungen der heutigen esoterischen und New-Age-Religiosität). Die hier notwendigen kritischen Vorbehalte und Anfragen sind wahrscheinlich – aus christlichem Gesichtspunkt – nicht nur im Blick auf heutigen Missbrauch, sondern auch bereits im Blick auf bestimmte ureigene Grundannahmen in Buddhismus, Taoismus, Hinduismus und Meditation wert, als wichtige Themen im interreligiösen Dialog angesprochen und bewusst gehalten zu werden.[114]

Es gibt aber noch einen weiteren Grund, der – trotz aller fundamentalen Notwendigkeit und Wahrheit des non-theistischen Denkens – für die bleibende Nicht- oder Schwervermeidbarkeit des theistischen Denkens spricht. Ihn entnehme ich noch einmal einem Gedankengang C.Fr. v. Weizsäckers. Unser biologischer Apparat scheint nämlich, so v. Weizsäcker, mit einer konstitutiven Neigung zur binären, d.h. dualen Logik ausgestattet zu sein, denn – biologisch gesehen – nehmen wir wahr und denken wir zunächst in Raum und Zeit und daher gegenständlich.[115] Deswegen bedarf unser Verstehen zunächst – als eines unüberspringbaren Ausgangs- und Durchgangspunktes für Wahrnehmung und Verstehen – der Rezeption, Anerkennung und klärenden Durcharbeitung der gegenständlichen (in unserem Falle: theistischen) Vorstellungen. Auf diese gegenständlichen Voraussetzungen spricht unser Denken und Vorstellen unvermeidlich immer wieder an, von ihnen geht es aus; ohne sie gerät es leicht ins Verschwimmen. In dieser gegenständlichen Gebundenheit unseres Erkenntnisapparates dürfte es wohl auch begründet sein, dass man Kindern gegenüber – in märchenhaft angemessener Weise – zunächst von Gott in klassisch-theistischer Sprache als einer großen geheimnisvollen Wunder- und Autoritätsperson im Jenseits der Welt sprechen muss und darf, um sie in die Erfahrung des Göttlichen einzuführen und einzuleben. Dann aber kommt unweigerlich – wenngleich nicht notwendig für alle – die Stunde, in der man darüber hinausgehen und sagen muss: Dies war kindgemäß (und gegenständlich) geredet, jetzt aber bist du allmählich groß und musst (kannst) verstehen, dass dies nur Bilder für etwas unserem Verstande Unbegreifliches waren. Du musst und darfst – befreiend – lernen, dass wir alles nur „durch einen Spiegel in einem dunklen Wort" sehen. So muss eine kritische Reflexion des gegenständlichen Denkens und der Einstieg in das Begreifen des Nichtgegenständlichen und Symbolischen immer erst allmählich näher gebracht werden. (Hier bewährt und erklärt sich noch einmal die Stärke des symbolischen Denkens, weil es die Einsicht und Möglichkeit der Ungegenständlichkeit im gegenständlichen Reden und Denken gewährt und festhält.) Auch vielen Erwachsenen und ihrem kindlich gebliebenen Gottesbild ist das Recht auf diese vorkritisch-gegenständliche Auffassung nicht abzusprechen, auch wenn jener Umbruch, die Umstellung und der Tod ihres Vatergottes und Vaterbildes ihnen als Möglichkeit – nicht als Zwang – oft genug bevorsteht: wenn sie nämlich mit diesem Bild in Schwierigkeiten geraten; es sei denn, sie verharren in ihm, weil es ihrer Lebensweise und Geistigkeit entspricht oder wenn es – oft genug – eine religiöse Anleitung und Bildung in dieser Perspektive nicht gibt.[116] In dieser biologischen Fundierung unserer Ausgangswahrnehmung ist das Begehren und die Möglichkeit religiöser Bilder und der Ikonographieprogramme aller – auch der christlichen – Religionen begründet. So wenig die anschaubare Gestalt des Gautama Buddha die unanschauliche Ungegenständlichkeit des samadhi in Frage stellte, vielmehr unterstützte, so vermag auch die Anschauung des Jesus von Nazareth, seiner Mahlgemeinschaft mit den Ausgestoßenen und seines Kreuzes die Unanschaubarkeit des Göttlichen zu erläutern: Er ist *das* bzw. *ein* – gültiges – Gesicht des unanschaubaren und in seiner Heiligkeit verbrennenden Gottes („Niemand hat Gott je gesehen").

Auch unter diesem Gesichtspunkt steht das theistische Denken und Vorstellen völlig gleichberechtigt und notwendig neben dem ungegenständlichen. Hier darf daher seelsorgerlich nichts dogmatisiert werden. Aber für Menschen, die in den alten Bildern und klassischen Auffassungen nicht mehr leben können, muss und darf unser Denken – in jeder Biographie – immer wieder erst allmählich lernen, das gegenständliche Denken zu transzendieren und neue Ebenen der ungegenständlichen Wirklichkeit und des Erkennens zu gewinnen; es muss lernen, dass es semantische

Potentiale der Religion gibt, die dem kritischen Denken selber nicht zugänglich, aber von ihm immer vorauszusetzen sind; dass es unserem Verstande und gegenständlichen Begreifen vorausliegende Wirklichkeiten gibt, die nicht mit begrifflichem Denken, wohl aber mit Singen, Beten oder Meditieren erreichbar sind. Immer wieder ist zu erinnern, dass die gegenständlichen Ebenen, auch die allenfalls metaphysischen, „noch nicht Er" sind; immer wieder ist der bereits zitierte Satz v. Weizsäckers zu lernen: „Die Wissenschaft führt an die Schwelle einer Erfahrung, die sich der Meditation, aber nicht der Reflexion erschließt. Dies ist vernünftig. Das begriffliche Denken kann einsehen, dass es den Grund seiner Möglichkeit nicht begrifflich bezeichnen kann." Insofern ist der Theismus ein notwendiges und legitimes, aber immer zu überwindendes, zu übersteigendes Element und Sprungbrett des non-theistisch verstandenen Göttlichen.

Insoweit also muss es eine komplementäre Verhältnisbestimmung und Bezogenheit beider Vorstellungsformen des Göttlichen geben, die die beiden in normaler Logik unvereinbaren Weisen des Theismus und Non-Theismus in einer neuen Logik zueinander ins Verhältnis bringt. Dabei bleibt die theistische Weise eine letztlich vorkritisch-naive, der Überholung und symbolischen Korrektur bedürftige Weise (so sehr die non-theistische Weise von ihr zu lernen hat). Sie hat eben die überpersönlichen, non-theistischen Elemente – unterbelichtet und verdrängt – wie einen Sprengsatz in ihrem Erbe, zu denen sich zu bekennen sie lernen muss. Die spätestens heute fällige Gleichberechtigung wenn nicht Prärogative des non-theistischen Denkens, die die mystischen und verdrängten Elemente der klassischen Theologien aufwertet und in den Vordergrund, ja in den Mittelpunkt stellt, muss dabei grundlegende Matrix bleiben und als solche festgehalten bzw. gelernt werden. Die duale und d.h. gegenständlich-theistische Gottesauffassung ist – vermöge der biologischen Grundausstattung unseres Daseins und Erkenntnisvermögens – immer nur zu überschreiten, nie ganz auszuschalten und aufzuheben. Daher bleibt die theistische Auffassung von bleibender, immer nur zu überwindender, zu überschreitender Bedeutung.

Die ungezählten Varianten zwischen beiden Polen

Es drängt sich aber eine weitere Zuordnung beider theologischen Fassungen des „Gottes"verständnisses auf, in der die theistische Vorstellungsform nicht mehr zwingend als die zu überholende, zu überschreitende erscheint und die beiden Weisen daher nicht mehr im strengen Sinne als komplementär, vielmehr als gleichzeitig und gleichgültig einander zugeordnet erscheinen. Statt gegeneinander abgegrenzte Gegensätze zu sein, können beide vielmehr – als aufeinander bezogene Pole – eine Fülle von Varianten und Nuancen zwischen sich entwickeln und aus sich heraussetzen. So kann – oder könnte – der Theismus unter dem Einfluss und Eindruck des Non-Theismus neue Möglichkeiten in sich entwickeln und die alten, von jeher in seinen Hintergründen mit enthaltenen (ungegenständlich-überpersönlichen) Konnotationen des „Gottes"verständnisses neu entdecken, verstärken und in den Vordergrund seines Denkens holen (von den entsprechenden Lern- und Erweiterungsmöglichkeiten des Non-Theismus wurde bereits gesprochen). Wer der Vorstellung, dass Gott allenthalben („ubique") zu finden und die „Rechte" Gottes überall sei, einmal den kleinen Finger gereicht hat, hat dem Non-Theismus und dem Überpersonal-Unpersönlichen im Gottesverständnis bereits die Hand gereicht. In solchem Falle würde der Theismus eine eigene, legitim weiter bestehende und aus eigenem Erbe non-theistisch angereicherte Form des Gottesverständnisses werden, die nicht ohne weiteres vom Non-Theismus überwunden und überholt werden muss.

Ich gestehe, dass mir die Möglichkeit, Legitimität und Fruchtbarkeit dieser Auffassung erst an einer musikgeschichtlichen Analogie bewusst geworden ist. Schon seit den mittleren 1960er Jahren, als ich Friedrich Gogarten zu seinem 80. Geburtstag meinen Aufbruch und Abschied aus seiner (mir bleibend wichtigen) Theologie, der ich wie einem Vaterhause dankbar verbunden bleibe, auf den Geburtstagstisch legte, war mir der Gestaltwandel des Gesetzes und der Aufbruch aus einem alten Paradigma am musikalischen Auf- und Ausbruch Arnold Schönbergs und seiner Schüler aus dem Gesetz der Tonikabezogenheit (deren Auflösung bereits in der Spätromantik vorbereitet war) erlebbar geworden – als Bild dessen, was ich auch theologisch – nur undeutlich ahnend (Luther: „Ich war wie in blindes Pferd, ich wusste wohl etwas und wusste doch nichts") – suchte. Dieser Vorgang war und bleibt mir bis heute ein gültiges Bild der Notwendigkeit eines radikalen Wandels in Treue zum alten Erbe, Urbild des Gestaltwandels des Gesetzes: So lässt sich das neue Gesetz suchen – in völliger Verehrung für die Vorbilder und Meister des alten Hauses und Gesetzes.[117]

In der Folgezeit hatte ich aber zu lernen, dass dieser Umbruch in das neue alternative Paradigma der Zwölftonmusik wirkungsgeschichtlich keineswegs ausschließliche, vielmehr nur begrenzte Bedeutung und Wirkung in Bezug auf die Produktivität des musikalischen Geistes und Wandels hatte. Ich begann zu sehen, dass neben dem Fortwirken der seriellen Musik (die das *neue* Paradigma in Webern, Stockhausen, Boulez u.a. repräsentierte) ganz andere und neue Formen, Variationen, Erweiterungen und Eroberungen der weitergeführten klassischen – inzwischen meist „klassizistisch" genannten – Traditionen entstanden. Dabei erwiesen sich die Vertreter einer sich fortgesetzt wandelnden Modernisierung auf der Basis *des sich erweiternden alten Paradigmas* kaum weniger produktiv und fruchtbar als die Schönberg-Nachfolger: von Stravinski und Ravel/Debussy über Hindemith, Busoni und Respighi bis zu Korngold, Henze, Messiaen, dem späteren Avo Pärt oder Penderetzki (die letzteren in wiederum kreativer Mischung beider Traditionslinien) u.v.a. Sie alle repräsentieren gültige, dem Gestaltwandel des Gesetzes entsprechende und vollauf genügende Musik.[118]

An dieser Analogie wurde mir allmählich, aber unweigerlich deutlich, dass auch theologisch und religiös mit fruchtbaren Erweiterungen und Verwandlungen des

Theismus und seines klassischen Paradigmas zu rechnen sein könnte. In dieser Perspektive könnte etwas möglich werden, was theologisch – im Blick auf die Überschreitung des Theismus – bis heute, wenn ich mich nicht irre, noch kaum sichtbar ist. Ich musste – und muss es nunmehr – für möglich halten, dass dem Theismus vielleicht eine ähnliche – hier: religiöse – Kreativität, wenn nicht sogar gleiche Legitimität zu Eigen werden könnte, wenn er sich im Sinne der Rahner'schen Kritik des Theismus bewegen und weiterentwickeln sollte. Längst liegen ja die „überpersönlichen", „personalen" (aber nicht „persönlichen") Elemente des Gottesverständnisses im Hintergrund des klassischen Theismus verborgen und bereit (mehr im Alten als im Neuen Testament), die sich aktivieren und weiterentwickeln lassen. Wer das symbolische bzw. analoge Denken oder die Vorstellung der Ubiquität Gottes bzw. des Göttlichen in sich aufnimmt, hat sich bereits den Elementen des überpersönlichen Göttlichen ausgesetzt, die das Persönliche im Gottesverständnis tendenziell begrenzen und überschreiten. Die ständigen Anthropomorphismen des Theismus werden hier möglich und erträglich, sobald ein klares Bewusstsein des Gegenständlich-Theistischen und des primär Symbolischen und Ungegenständlichen sie begleitet und trägt. Vielleicht werden Theologen wie K. Rahner selbst Initiatoren oder Leitfiguren eines solch analogiebewussten und selbstkritisch erneuerten („klassizistischen") und mystischen Theismus. Die Texte der späten Dorothee Sölle, die ihre eigenen frühen Klarheiten („Atheistisch an Gott glauben") nicht mehr festhielt, liegen auf dieser Linie. Auch im Blick auf diese Übergangsformen dürfte aber gelten, dass die entscheidende Innovation und die Überwindung des klassischen Theismus' im klaren Non-Theismus, nicht in den klassizistisch möglichen Kompromissformen liegt.[119]

Ob dies eine ernsthafte Möglichkeit in Theologie und Kirche ist oder werden wird, kann heute nicht vorausgesagt werden. Ich erlaube mir skeptisch zu bleiben, da diejenigen, die ich auf der inner-theistischen Möglichkeit bestehen sehe, meist sehr ungebrochen und anti-symbolisch theistisch denken und sprechen. Das Problem der analogielosen Rede und die allzu direkte Benutzung und Übertragung des Personbegriffes auf Gott wird zwar eingeräumt, aber nicht zur Geltung gebracht und nicht aus seiner gegenständlichen Verkrustung „erlöst". Der Bindu wird ungeniert eingetragen. Dennoch muss man diese Entwicklung für möglich halten. Ihre Realisierung würde sich an der Frage erweisen, ob sie theismuskritische Menschen erreicht und ihnen die Tore der Kirche öffnet. Wird es der sich allenfalls erneuernde Theismus schaffen, in jedem Gottesdienst und jeder Lehr- bzw. Bibelstunde wenigstens einmal – in Gebet, Predigt und Katechese –Raum für das Überpersönliche, Ungegenständliche im Gottesverständnis zu eröffnen, auf diese Weise sein eigenes Erbe zu vollziehen und ihm eine Heimat im christlichen Denken und Glauben zu geben? Dann könnte allmählich das Wort „Gott" wieder mehrwertig werden und seine uralten, heute dramatisch neu herausgeforderten Möglichkeiten neu in sich entfalten. Eine unendliche Fülle von Varianten und Übergangsformen könnte sich so zwischen klassischem Theismus und gesuchtem Non-Theismus entwickeln. Sie würden auch ein komplementäres Nebeneinander von non-theistischer Meditation und theistischem Gebet samt einer Fülle möglicher Übergänge zwischen beiden ermöglichen. Doch wie gesagt: Die entscheidende Innovation und klärende Priorität dürfte beim Non-Theismus, nicht bei den unendlich vielen möglichen Kompromiss- und Übergangsformen liegen.

Es bewährt sich also – das sei mein Schluss –, wie es einem neuen Paradigma gebührt, das begrenzte und erneuerte In-Geltung-Bleiben der alten Einsichten, deren Unschärfe- und Unwahrheitskoeffizienten jetzt aber unübersehbar hervortreten und klar benennbar werden. Bisher herrschte der Theismus, er stand in der Mitte der Aufmerksamkeit, und am Rande lebten, mühsam toleriert, verdrängt oder gar häretisiert, die mystischen Traditionen und die non-theistischen, überpersönlichen Elemente. Jetzt aber ist es umgekehrt: Das mystische und symbolische, die Nichtgegenständlichkeit konsequent – oder in Stufen und Mischformen –vollziehende Verständnis des Göttlichen wird zur Hauptsache, zum Mittelpunkt, zum strukturbildenden Paradigma auf dem neuen Plateau der Entwicklung. Es hat aber die personal-theistischen Motive und Sprechformen zwingend und unabschüttelbar bei sich, als etwas, das im Mut zum personalen Sein im Angesicht aller Schrecken und Sinnlosigkeiten, im Angesichte des Bösen immer erst als ein „Dennoch" gewagt werden muss – und kann. Ohne dieses Element des Personalen und der persönlichen Anrede bliebe eine Möglichkeit des Religiösen, wie die Religionsgeschichte sie *auch* erbracht und entwickelt hat, ausgeblendet und unterschritten. Hier bleibt dem mystischen Non-Theismus religiös auf immer zu lernen, was die reformatorischen und dialogischen Theologien wie auch die Frömmigkeit der alten Beter und Beterinnen gerade vor dem undurchdringlichen Schleier des Göttlichen erkannt und mit Leid und Schmerzen an Einsicht erarbeitet haben: „Siehe, er steht hinter der Wand und sieht durch die Fenster, das ist so viel [wie]: unter den Leiden, die uns gleich von ihm scheiden wollen wie eine Wand, ja eine Mauer, steht er verborgen und sieht doch auf mich und lässt mich nicht. Denn er stehet und ist bereit zu helfen in Gnaden, und durch die Fenster des dunklen Glaubens lässet er sich sehen."[120] Allein schon das Beten des „Vater Unser" belehrt hier die Seele eines Weiteren, Besseren, Neuen.

10. „Mein Herz ist aller Formen fähig geworden" – die Aneignung des Erbes: das non-theistische Mitsprechen ursprünglich theistischer Texte

Wer mit Symbolen umgeht, muss einkalkulieren, dass verschiedene Menschen verschiedene Symbole benutzen und unterschiedliche Symbolsprachen sprechen. Es kommt also alles darauf an, dass in Theologie und Kirche gelernt wird, verschiedene Sprachen zu sprechen und in einer bildungsmäßig längst differenzierten, zunehmend multikulturell und daher interreligiös geprägten Umwelt auch in verschiedenen Sprachen zu denken – je nach dem, mit wem man es zu tun hat. „Mein Herz ist aller Formen fähig geworden" – diese wunderschöne Meditation des Ibn 'Arabi aus der Zeit der Reconquista, in der die spanischen Könige sich die „allerchristlichsten Könige dreier Religionen" nannten[121] und Sizilien sich anschickte, ebenfalls eine Heimat der Interreligiosität zu werden, wird auch heute zu einer lebensnotwendigen Grundformel: den Kirchlich-Altgläubigen ein solcher zu werden, den „Heiden", Heidenchristen, Atheisten, Distanzierten und Non-Theisten auch ein eben solcher – nicht aus Herablassung oder Anpassung, sondern weil beide Weisen Wahrheit sein und daher Recht haben könnten. Möglichst viele Menschen in Theologie und Kirche müssten Gelegenheiten suchen, in die non-theistischen Lebenswelten einzutauchen und ihr religiöses Recht – innerlich für sich selbst wie seelsorgerlich für andere – willkommen zu heißen und sich klar zu machen.

Wie könnten solche komplementären Bezogenheiten und Brücken am Schnittpunkt theistischer und non-theistischer Sprachwelten aussehen? Schauen wir, wie ein non-theistisches Sprechen und Mitdenken ursprünglich theistischer Texte, in dem beide voneinander lernen und eine gemeinsame Schnittmenge herausbilden könnten, aussehen könnte. (Das Folgende gibt keine laut oder liturgisch nutzbare Sprache ab. Vielmehr ist es nur als Hilfe zum innerlich übersetzenden Mitmurmeln und Mitsprechen theistischer Texte gedacht.) Beginnen wir mit Luthers Morgensegen:

„Ich danke dir, mein himmlischer Vater"
Ich danke dir, großes Geheimnis und göttliche, schaffende und begnadende, also wahrlich väterliche und mütterliche Urmacht allen Lebens. (Von den dunklen und bedrohlichen Seiten dieses Geheimnisses, dieser Grundmacht, die es *auch* gibt, ist jetzt nicht zu reden.)
„durch Jesum Christum deinen lieben Sohn"
Ja, ich danke dir im Geiste Jesu v. Nazareth, der uns dich neu zu sehen gelehrt und in seinem Leben und Sterben zu glauben, offen und empfangend vor dir – im Angesichte deiner *auch* gnädigen und väterlichen Grundmacht und Schöpferkraft – zu leben ermöglicht hat. Eben so ist er der „Christus", d.h. einer, der die Hoffnungen und Erwartungen erfüllt, unsere Verschlossenheit öffnet und auf diese Weise „uns wiederbrachte zu Gnad bei Gott" – er, der zwar nicht der einzige Weg zu „Gott", aber doch ein gültiges Gesicht Gottes und ein in Leben und Sterben bewährter Weg ist.
„Dass du mich diese Nacht vor allem Schaden und Gefahr behütet hast"
Ja, ich stimme zu und sage „Du" zu dir, du namenloses Geheimnis, „wer und was immer du seiest", und danke für das Behütetsein in meinem Leben, auch in dieser Nacht, was wahrlich eine Gnade und ein Geschenk, nichts Selbstverständliches ist.
„und bitte dich, du wollest mich diesen Tag auch behüten vor Sünden und allem Übel, dass dir all mein Tun und Leben gefalle"
Ja, ich wünsche mir auch heute, behütet und wohlgefällig, reinen Herzens und vertrauend zu sein, auch wenn ich weiß, dass ich so nicht bin, und auch weiß, dass kein „Gott" eingreift und mich behütet. Dennoch bitte und hoffe ich dankbar auf Behü-

tung durch die Kräfte des Heils und des Guten in dieser hochambivalenten Welt, denen ich mich beuge und füge.

„Denn ich befehle mich und meinen Leib und meine Seele und alles in Deine Hände. Dein heiliger Engel sei mit mir"

Auch wenn ich nicht an Engel glaube, aber doch an die Kraft irgendwelcher guten Geister, Kräfte und Energien, die es ohne Zweifel gibt – in welcher Form auch immer, jedoch schwerlich persönlich und engelhaft.

„dass der böse Feind keine Macht an mir finde."

Dass die bösen Kräfte dieser Welt, die mich zum Unglauben, d.h. zu Verschlossenheit und Nicht-Vertrauen auf das Geschenk des Lebens, und zum Bösen, d.h. zur geheimen oder bequemen Zustimmung zu oder Anpassung an das viele Unrecht und Zweideutige, was in mir und um mich ist, verlocken und verleiten; dass diese Kräfte nicht zu mächtig sein mögen.

„Amen."

Dies möge wahr sein und an mir wahr werden. Ich wünsche es mir.

Entsprechend lässt sich auch das *Vater Unser* aneignen und sprechen:

„Vater unser im Himmel"

Ja, noch einmal: Du schöpferisches Geheimnis bist wahrlich voller Gnaden, also mit Recht väterlich und mütterlich genannt, im Himmel und auf Erden: also überall, wo du bist und waltest (da ist der Himmel), aber eben im Himmel, d.h. in einer uneingelösten Dimension unserer Welt, hautnah anwesend, aber unter Schleiern und Gegensätzen verhüllt und verborgen.

„geheiligt werde Dein Name"

Zu preisen ist dies wunderbar-schreckliche Geheimnis der Welt und auf der Zunge und im Herzen in Ehrfurcht zu halten, anzubeten. Zu preisen bist Du, wunderbarschreckliches Geheimnis, das wir „fürchten und lieben" sollen.

„dein Reich komme, dein Wille geschehe"

Da es nicht äußerlich hereinbrechen wird (wie Jesus und das Spätjudentum es meinten), möge es in unseren Herzen, auch in meinem beginnen – mit seiner Begnadung und seinem „leichten Joch", und seine Wahrheit möge sich etwas mehr bei uns auswirken, nämlich

„wie im Himmel so auf Erden"

Jene immer gesuchte und zu verehrende göttliche Wahrheit in allen Dingen – sie ist also dazu bestimmt, unter uns Wirklichkeit zu werden und nicht schizoid-dualistisch abgespalten in irgend einem Himmel zu bleiben (wie eine missverstandene Zweireichelehre immer wieder behauptet). Aber traue ich mich, trauen wir uns, darum zu bitten, dass wir das „Joch der basileia" [des Reiches] auf uns nehmen? „Dein Wille geschehe" – das wäre schön und gut für die Welt, aber es wäre oft und meist zu schwer für uns, die Konsequenzen dieser Hoffnung mitzutragen und für sie einzustehen. Will ich das („denn wir wissen nicht, was wir beten und wünschen sollen, wie sichs gebührt")? Aber ich spreche ängstlich diese Bitte mit und bitte um Mut und Wahrheit, weil ich weiß, wie viel sie zumutet, aber auch wie viel Heil sie bedeutet.

„Unser tägliches Brot gib uns heute"

Es ist wahrlich – mitten im Überfluss von Lebensmitteln in unserer Welthälfte – keine Selbstverständlichkeit, dass wir zu essen haben. Mit welchem Ritus – sprechend oder eine Minute schweigend – können wir beim Essen dieses Unselbstverständliche uns bewusst machen und dem Dank für das wundersame Satt-Werden Regelhaftigkeit verleihen?

„Und vergib uns unsere Schuld"

Lehre uns, du unergründliches Geheimnis, in der angeblichen „Zeit der Gesetz- und Schuldlosen" zu begreifen, dass und ob und wie es so etwas wie „unsere Schuld" gibt, da wir doch meist unter ihr nicht leiden. Und wie werden wir ihrer – unserer „unerkannten Sünde" – bewusst und ledig, was ist hier Wahrheit und was Masochismus? Lehre uns bedenken, dass wir leben sollen, auf dass wir klug werden.

„wie auch wir vergeben unseren Schuldigern"

Wo hilft verzeihen? wo trauern? und wo zornig sein? Ich bitte um Hilfe: zu verzeihen, gut sein zu lassen, wo dies richtig und hilfreich ist, und zornig zu sein, wo dies wichtig und wahr ist; und ich bitte um die Weisheit, eines vom anderen zu unterscheiden, die Grenze zwischen beidem zu erkennen, ein sinnvolles Verständnis für Schuld und Vergebung zu finden. Wie das tägliche Brot, um das wir bitten, scheint diese Bitte auf etwas Lebensnotwendiges hinzuweisen, hinzuführen, das glaube ich. Lerne ich das Lebensnotwendige dieser in unserer derzeitigen Gesellschaft weitgehend verschwundenen, verdrängten Wahrheit und dieser Bitte? Ich bitte um Hilfe und Einsicht.

„Und führe uns nicht in Versuchung"

Versuchung von außen und Versuchung von innen, beide sind ständig da: im Bequemleben, im Nicht-Widersprechen, im faktischen Zustimmen, also im Geschehenlassen des Unguten und Bösen, des Lieblosen, d.h. der mannigfachen fundamentalen Unwahrheiten (Illusionen) und Ungerechtigkeiten unserer Gesellschaft und im Verleugnen meiner eigenen Doppelgesichtigkeit und ihrer Schatten, durch die ich mich an den Ungerechtigkeiten und ungerechtfertigten Wohltaten dieser Gesellschaft beteilige. Nur die anderen und das System sind schuld? Gehört der Hunger und das Böse zur täglichen, nicht nur seltenen oder außerordentlichen Wahrheit unseres Lebens? Was für ein schlichtes und vielleicht wirklich unendlich wahres Gebet und Flehen, Sehnen des Herzens, uns selber nicht bewusst, hat Jesus sich da wunderbar – in gut jüdischer Tradition – ausgedacht: „führe uns nicht in Versuchung". Ja, das spreche ich mit, lasse mich mitnehmen zu solchem Bitten, Meditieren, Beten.

„Sondern erlöse uns von dem Bösen"

So ein Böses gibt es also, nicht nur im Menschen, in uns, in mir selber, sondern auch um uns her, in unserer freiheitlichen Gesellschaft und Zivilisation, noch immer präzise „Kapitalismus" genannt, die mit der osmotischen Suggestion eines ganzen Markt- und Konsumsystems Macht und Gewalt über unsere und andere Seelen in vielfacher Weise ausübt. Davon – von den undurchschauten Suggestionen – bitte ich erlöst zu werden und in Freiheit und Wahrheit, vielleicht sogar ein bisschen in der Liebe zu leben.

„Denn dein ist das Reich und die Kraft und Herrlichkeit in Ewigkeit"

Ja, es gibt dich, du großes Geheimnis, größer denn unser Herz, im Hintergrund und Kern aller Dinge, nie für sich, für „dich" alleine, aber als „mitwahrgenommene" Dimension aller Dinge. Dies ist die Wahrheit, du bist die Wahrheit und die zu verehrende, anzubetende Herrlichkeit in der hochambivalenten, aber eben doch *auch* herrlichen Schöpfung, deren Geheimnis zusammen mit allem Bösen – in Yin und Yang – in Furcht und Liebe, Zittern und Staunen, Klage und Dank zu verehren ist. Ja, es gibt – bedroht aus innerster Polarität – das gnädige und furchtbare Wunder der Schöpfung. Ich preise es, ich preise dich, Geheimnis. – Aber ist „dein das Reich", die Herrschaft? Wenn du aber das Geheimnis auch des Bösen bist und in allem Bösen

das Böse wirkst (wie Amos 3,6 und Luther in De servo arbitrio wissen), dann ist „dein" dieses ganze aus Polaritäten des Guten und Bösen zusammengesetzte „Reich". Dann hätte Paulus Recht, dass wir schaffen sollen, dass wir selig werden „mit Furcht und Zittern". Ich beuge mich und gebe meinen Verstand gefangen in den Gehorsam deines Geheimnisses. „Dennoch bleibe ich stets an dir ..." Es gibt, Du bist das Geheimnis – mitten im Leben und mitten im Sterben jenseitig, unausweichlich. Wie immer du seist – ich bin dir ausgeliefert: „Führe ich gen Himmel, so bist du da. Bettete ich mich in der Hölle, siehe, so bist du auch da", „Von allen Seiten umgibst du mich und hältst deine Hand über mir. Solche Erkenntnis ist mir zu wunderbar und zu hoch; ich kann sie nicht begreifen" (Ps 139).
„Amen",
Ja das glaube ich. Schaffe in mir, Gott, ein reines Herz, und gib mir einen neuen gewissen Geist.

Sage niemand, dass solch gemeinsames Sprache-Hören und Sprache-Lernen der Theisten und Non-Theisten – „Mein Herz ist aller Formen fähig geworden" – in den Kirchen schon längst im Gange sei. Bisher ist nur das theistische Sprechen den Kirchen und ihren Theologien mehr als vertraut: unerlaubt selbstverständlich und üblich. Denn so viele Einzelne es in den Kirchen unzweifelhaft gibt, die zuinnerst diesen Einsichten und Notwendigkeiten nahe sind – die dominierende, die kirchliche Atmosphäre und die das Bild der Kirche bestimmende Sprache ist noch immer ungebrochen, meist ungeniert und unbegriffen theistisch. Hier liegt eine eminente Fortbildungsaufgabe. Wer einmal auf das non-theistische Element aufmerksam geworden ist, wird es allenthalben in unserer Sprache und Kultur, in Literatur und Kunst – verstreut und versteckt, also ohne Konsequenz, aber unaufdringlich präsent – wieder finden und wieder erkennen, kaum jedoch in der Kirche. Es ist das versteckte und instinktive Geheimwissen, die geheime Selbstverständlichkeit der Distanzierten, welche religiös zu bejahen und theologisch aufzugreifen, ins Recht zu setzen ist.

Wenn wir auf diese Weise und im Zuge dieser Entwicklungen eine solch religiös non-theistische, ungegenständliche Sprache, die heute epochal wird, zu verstehen und zu sprechen lernen, öffnen sich Tore – in uns selbst und für andere. In der Anerkennung non-theistischen (umgangssprachlich: atheistischen) Vorstellens als christlich kompatibel vollzieht sich die Öffnung der Theologie: Aus einem (hier im Blick auf den Gottesbegriff) geschlossenen dogmatischen System wird ein offenes Denken, das immer neuer Symbolwandlungen und Semiosen fähig ist. Zwar hängt der Kirche konstitutiv ein schlecht-dogmatischer Schein und Schatten an, aber dies ist freilich nur ein Schein, denn im Kern muss christliche Theologie nicht „dogmatisch" sein; sie ist – recht verstanden – ein System in der „offenen Zeit", dem aus den religiösen Biographien und geschichtlichen Entwicklungen stets „offene", neue Dimensionen, Deutungen und Entwicklungen zuwachsen können. Dennoch gibt es in den Kirchen (besser: die Kirchen geben) tausend gute, d.h. schlechte Gründe für jenen Schein und Schatten. Auf den beschriebenen Wegen könnte seine Überwindung einsetzen. Dann würde die induktive Erfahrung des Religiösen, genauer: des Göttlichen in aller Wirklichkeit – an dieser zentralen Stelle der sich öffnenden Gotteserfahrung – neu in Gang gesetzt und möglich. Das Sprechen vom Göttlichen und die induktive Benutzung des Wortes „Gott" bliebe dann nicht länger ein Irritations- und Verhinderungsbegriff, der es derzeit allzu oft geworden ist. Es könnte geschehen, dass das Wort „Gott" wieder zum Inbegriff auch non-theistischer (trans-theistischer) Erfahrungen wird. Denn das Wort „Gott" ist keine Gattungsbezeichnung oder Kategorie einer oder vieler Jenseits-Personen (der wahre Gott unter vielen Göttern), sondern ist der *Name* einer uns umfangenden und tragenden, beschenkenden und begnadenden, aber auch richtenden und infrage stellenden, immer wieder auch vernichtenden Grundwirklichkeit. Mit und in unendlich vielen Gesichtern. Würde dies allgemein bewusst, dann könnte das Wort „Gott" – entschränkt von seinen theistischen Engführungen – ein zu Freiheit und Erfahrung einladendes Nachdenklichkeitswort werden, nicht mehr die hervorragende und hochambivalente – weil auch „irgendwie" als wahr vermutete – Verschlussformel der Kirchen.

Doch bis dahin ist es noch weit. Die weitgehende Nicht-Rezeption des Tillich'schen oder v. Weizsäcker'schen Werkes wie auch der mystischen Tradition durch das konfessionelle und dialektisch-theologische Denken in unseren Kirchen ist ein unabweisbarer Beleg dafür. Es wird vermutlich noch eine längere Zeit hingehen, in der das Wort „Gott" nur mit Vorsicht und in Anführungsstrichen benutzt werden sollte, bis klar und allgemein bewusst wird, dass es der *Name* des großen Geheimnisses ist, das uns umgibt und in dem wir leben, weben („uns bewegen") und sind. Solange haben wir alle Zeit der Welt, im Gebrauch dieses *Wortes* – nicht im Entdecken und Finden, Anbeten, Verehren, Fürchten und Lieben der mit ihm eigentlich gemeinten *Wirklichkeit* – zurückhaltend zu sein. „Stets daran denken, nie davon reden"! Die Kirchen müssen sich die Möglichkeit, von „Gott", vom größeren Gott, von Gott über Gott zu sprechen, erst wieder verdienen.

Aber der Weg ist nun frei, die unbegrenzten Erfahrungen dieser Grundwirklichkeit können beginnen – auch für die, die im alten Hause und Gesetz des Theismus nicht mehr leben wollen und an keinen existierenden Gott mehr glauben können. Sie sollen sich auf ihrem Wege bestärkt und legitimiert fühlen. Wir haben hier nur von den gedanklichen und begrifflichen Umstellungen für die religiöse, die „Gottes"-Erfahrung gesprochen. Angemessenes Denken ist noch keine Erfahrung, keine Wirklichkeit und kein Leben, es öffnet lediglich für diese. Unangemessenes Denken aber verstellt die Wirklichkeit, verschließt die Erfahrung, macht sie unmöglich; es weist sie in eine falsche Richtung.

Nichts weiter als angemessene, Erfahrung eröffnende und ermöglichende theologische Theorie möchte das Gesagte sein. – Zu den inhaltlichen Aspekten und Bedeutungen der religiösen oder „Gottes"-Erfahrung siehe weiter Kapitel IV.

Kapitel III
Zwei fällige Wandlungen in der Auffassung des Jesus von Nazareth (Christologie)

1. Das religiöse und theologische Recht der Transformation und Weiterentwicklung christlicher Lehre

Es scheint, als sei im vergangenen Jahrhundert das Thema der Christologie (Bedeutung Jesu Christi für das Heil der Menschen) so überbetont worden, dass heute, da das religiöse Denken sich von der Kirche emanzipiert und innerkirchlich der Gegenschlag gegen die sog. dialektische (und konfessionelle) Theologie sich vollzieht, seine Unterbelichtung stattfindet und seine abgründige Wichtigkeit aus dem Blick gerät. „Von mir aus müsste Jesus nicht gestorben sein" – das ist nur eine unter den mancherlei saloppen Formulierungen, die man hören oder lesen kann.

Indessen, es scheint, als wenn es noch einiger kritischer Klärungen und Aufräumarbeiten bedürfe, damit für neue Perspektiven – vorrangig vermutlich aus neuer Evangelien-Lektüre der zweiten Naivität – Raum entstehen kann. Vielleicht ist jüngst nicht ohne Recht gesagt worden, dass unter den vielfältigen Bemalungen des Jesus-Bildes, die die Dogmengeschichte des Christentums wie einen Firnis über die Gestalt Jesu gelegt habe, erst ein Bruchteil seiner Gestalt entdeckt und für uns wiedergewonnen sei. Selbst wenn dies nicht ganz stimmen und eine Übertreibung darstellen sollte, regt diese Hypothese doch zu einem neugierigen Blick auf diese von allzu viel dogmatischer Richtigkeit und Selbstverständlichkeit, von Unkenntnis und Vorurteil inzwischen verschüttete Gestalt der religiösen Weltgeschichte unserer Menschlichkeit an. Diese Neugier könnte helfen, die festgeschriebene Richtigkeit und korrekte Langeweile, die sich inzwischen – auch theologisch – wie ein Mehltau um die Person Jesu gelegt hat, zu lüften. Erst wenn man bedenkt, dass Jesu Verkündigung für das religiöse Bewusstsein seiner Zeit eine Blasphemie und keine fromme Selbstverständlichkeit war, entdeckt man vielleicht das Neue und Aufregende an seiner Gestalt wieder.

Hinzu kommt, dass es für das christliche Bewusstsein meist scheint, als sei durch die bekannten christlichen Theologoumena alles, was über Jesus zu denken ist, bereits ausgesprochen und festgelegt. Aber dass auch in den dogmatischen Fundamenten der Theologie – nicht nur in der Christologie – sich legitimerweise etwas bewegen und verändern kann und darf, zeige folgende Überlegung:

Die Bedeutung des Jesus von Nazareth wurde von den altchristlichen Gemeinden und Autoren in den ihnen zugänglichen, plausiblen und hilfreichen Vorstellungen beschrieben. Dass er kein Mensch wie wir war, der aus unseren wahrlich doppeldeutigen und sündhaften Zusammenhängen stammt, dass er „nicht von dem Geblüt noch von dem Willen des Fleisches noch von dem Willen eines Mannes", sondern aus Gott geboren war (Joh 1,13), dass Gott in ihm war (2Kor 5,19), so dass er versucht gleich wie wir, doch ohne Sünde, d.h. ohne Unglauben war, welcher die eine wirkliche Wurzelsünde ist (Hebr 4,15). Das drückte man – in vorsichtigen Andeutungen – bereits im Lukasevangelium dadurch aus, dass man ihn vom Heiligen Geist gezeugt und also von der Jungfrau Maria geboren dachte (Mt 1,18ff, Lk 1,35). Das war eine zu jener Zeit begreifliche und darum erklärende, hilfreiche Vorstellung, denn derlei gab es damals mehrfach, vielfach. Die antike Welt war voll von solchen göttergezeugten Menschen. So mancher der griechischen Helden aus den homerischen Gedichten war von einem Gott mit einer menschlichen Jungfrau gezeugt. Die Legenden vieler über die Kulturlandschaft verstreuten Orte besagten, dass hier eine Nymphe von diesem, dort eine Halbgöttin von jenem Gott ein Kind, einen heros eponymos geboren hatte. Das war begreiflich, war im allgemeinen Denk- und Verständnishorizont verankert. So besagte auch die Behauptung der Jungfrauengeburt nichts anderes, als dass Jesus von Nazareth gottentsprungen, gottentsprossen war.

Aber eben das, was damals ihn zu verstehen half und die Gestalt Jesu in ihrer Bedeutung zugänglich machte, wird heute – unter unseren Verständnisbedingungen – zum Hindernis, zur Verschlusskategorie des Verstehens. Die immer noch – in ihrer fast oder unklar biologisch-biologistischen Fassung – gelehrte Vorstellung von der Jungfrauengeburt als einem biologischen Mirakel der Jesus-Geburt wirkt vielfach fort und bedeutet eher eine Verwirr- denn eine Verständnis- und helfende Erschließungskategorie. So sehr also die Alten ihre Kategorien verwenden durften, um ihr Anliegen, die Bedeutung Jesu verständlich zu machen, so sehr dürfen und müssen auch wir – gerade um das Motiv und die Aussage über Jesus als einem in besonderer Weise aus Gott und Gottes Geist geborenen Menschen zu erhalten – die alten Vorstellungen verlassen und dasselbe neu, anders ausdrücken. Auch die scheinbar unverbrüchlich gültigen und bereits in der alten Kirche dogmatisierten Vorstellungen sind nur historische, daher relativierbare und dem Wandel auszusetzende Vorstellungen. Auch sie sind ein Teil und Element jener unendlichen Semiose, der alle – speziell auch die symbolischen – Sprachformen immerfort unterworfen sind.[122] Wir sollen daher Inhalt und Aussage der alten theologischen Vorstellungen nie unterschreiten, denn sie sind „wahr" – oder könnten wahr sein (in dem, was sie meinen). Aber wir sollen und dürfen sie überschreiten – hinein in neue Vorstellungsformen und Aussagen. Wir müssen bei ihnen nicht stehen bleiben, müssen uns ihnen nicht für alle Zeit dogmatisch beugen. Man kann sie – innerlich umdeutend – im Konsens der Kirchen der Ökumene mitsprechen, muss sich aber über den theologischen Status ihrer Aussagen klar sein: sie sind historisch dolmetschende (hermeneutische) Kategorien, nicht absolute Aussagen – auch wenn sie Element des altkirchlichen Dogmas von Christus sind.

Eben dies gilt daher z.B. auch von der Vorstellung der sog. Lehre von den zwei Naturen Christi, die da besagt, dass Jesus wahrer Mensch und wahrer Gott zugleich sei (Konzil von Chalkedon). Dies zu sagen war damals berechtigt und begreiflich, weil in der Spätantike die sog. Substanzmetaphysik eine gängige Vorstellung und Denkvoraussetzung war, der gemäß alles, was „wirklich" ist, „Substanz" haben oder sein müsse.[123] Wollte man also ausdrücken, dass in dem Menschen Jesus von Nazareth Gott wirklich erschienen sei, so musste (oder konnte) man das damals so ausdrücken, dass er als wahrer Mensch zugleich auch substantiell wahrer Gott gewesen sei – mit bzw. in zwei Naturen, deren Verhältnisbestimmung dann immer wieder umstritten war und blieb, einmal ganz abgesehen von den politischen Umständen, unter denen dieses Dogma durchgesetzt wurde (man muss diese nicht länger für providentiell ansehen). Nicht alle christlichen Kirchen der alten Welt teilten den Glauben an das Symbol von Chalkedon.[124]

Die dogmatischen Aussagen der alten Kirche sind also ihrerseits durchaus historisch, zeitbedingt und daher überholbar, veränderbar. Denn eben das, was damals verständlich machte, dass Gott in Jesus Christus (erschienen) war, und was dazu half, das Geheimnis der Person Jesu in Einheit mit Gott zu denken, das hindert heute das Verstehen der gemeinten Aussage durch seine historische und höchst zeitbedingte Form. Wir dürfen und müssen also, gerade um die gleiche Aussage, dass Gott in Jesus war (2Kor 5,19), festhalten zu können, über die damalige Form hinausgehen und einen neuen Ausdruck für diesen Glauben suchen. Zumal wenn wir bedenken, dass Jesus das Gottesprädikat für seine Person weit von sich gewiesen hat, als er das Prädikat „gut" ablehnte, indem er auf die Anrede „guter Meister" sagte: „Was heißest du mich gut? Niemand ist gut denn der einige Gott" (Mt 19,17). Alles hier Nötige lässt sich sagen, ohne dass wir uns der spätantiken Substanzmetaphysik bedienen, uns ihr fügen und in ihren Formen glauben müssten. Der dolmetschenden, hermeneutischen Bedeutung, nicht aber den substanzontologischen Aussageformen des Dogmas haben wir uns zu stellen. Gott war in Christus, aber dieser war nicht Gott. Der notwendige Unterschied unserer heutigen (gesuchten) Christologie gegenüber der altkirchlichen und reformatorischen besteht also darin, dass – so schreibt Friedrich Gogarten in einer Methodenreflexion seiner späten Christologie – wir uns der Frage zu stellen haben, „was es bedeutet, wenn das für die Christologie entscheidende Problem, nämlich die Einheit von Gott und dem Menschen in der Person Jesu v. Nazareth nicht, wie die altkirchliche Christologie es getan hat, metaphysisch, nämlich mit Hilfe des Begriffs der zwei Naturen, der göttlichen und der menschlichen, sondern geschichtlich gedacht wird."[125] Erst in solchem Denken und Fragen werden die Konsequenzen der heute bibelwissenschaftlich völlig selbstverständlichen Menschlichkeit Jesu auch im Blick auf die Christologie gezogen und wirklich ernstgenommen.

Das heißt also, dass man im ökumenischen Glauben der Christenheit bleiben kann, ohne sich den Vorstellungen des altkirchlichen christologischen Dogmas fügen zu müssen. Auch die scheinbar unausweichliche Aussage, dass Jesus auch wahrer Gott sei, bleibt daher historisches Interpretament, das wir – verstehend – mitsprechen können, bei dem wir aber nicht stehen bleiben müssen. Wir dürfen und müssen es vielmehr – hinein in neue Interpretationen und Dimensionen – überschreiten, um den gemeinten Sinn zu erhalten und uns zu erschließen. Nur unterschreiten sollen wir dieses Dogma und seinen Sinn nicht: In Jesus von Nazareth erschien die göttliche Wirklichkeit auf neue Weise und wurde neu sichtbar, erkennbar.[126] Er war Mensch, Sohn Gottes, wie wir alle Söhne und Töchter Gottes sind – nur dass er es in besonderem Sinne, mit dem Vorrecht und Segen des „Erstgeborenen unter vielen Brüdern [und Schwestern]" war, wie es Röm 8,29 heißt: also „der" Sohn. Er war ein Mensch wie wir, geboren wie wir, doch ohne Sünde, ohne Unglauben, in ungebrochenem Glauben und Vertrauen zu seinem Vater lebend. Was er tat, tat er in der ungebrochenen Kraft seiner Gottesbeziehung. Er lebte aus Gott, und Gott war in ihm. Gewiss, er kann – aus guten Gründen – als Inkarnation ewig-vorzeitlicher Weisheit oder der Weltvernunft, des Logos, die sich in ihm versammelt, angesehen und verstanden werden, aber darum muss er nicht als präexistente Person geglaubt werden. Diese altkirchlichen Implikationen der Annahme seiner Göttlichkeit kann man zu verstehen und nachzuvollziehen lernen, ohne auf ihre dogmatische Gültigkeit sich verpflichtet zu fühlen. Ihr Inhalt bleibt eine Mahnung, denn in ihm ist mehr denn unser religiöses Bewusstsein, ohne dass jene historische Deutungsform kanonisiert werden muss.

Auch hier in der Christologie darf also legitimerweise Neues gedacht und Altes fortgeschrieben, darf in den Fundamenten Veränderung geschehen und gedacht werden, wenn man sich einmal der allgemeinen und unendlichen Semiose bewusst ist, der alle Sprache unterworfen ist. Auch hier gilt: „Wir verstecken uns, wenn wir das Denkbare nicht denken." Der fällige theologische Paradigmenwechsel kann also auch hier neues theologisches Denken freisetzen und im Kontext der heute vor sich gehenden religiösen und inter-religiösen Verschiebungen und Öffnungen neue Verständnismöglichkeiten und Plausibilitäten schaffen.[127]

In dieser Perspektive werde ich mich auf den folgenden Seiten dieses Kapitels mit zwei Fragestellungen und fälligen Veränderungen beschäftigen, die sich – mit guten theologischen Gründen und paradigmatischer Kraft – aufdrängen: zunächst mit der Kritik der altchristlichen und bis heute meist festgehaltenen Behauptung, dass Jesus „allein" der Weg zu Gott sei („solus Christus"), worin auch letztlich die Annahme von der Absolutheit des Christentums gründet. Sodann mit der Annahme, dass sein Werk, sein Sterben als Opfer zu verstehen sei, durch welches er – mit seinem Blute als dem des Opferlammes – dem Zorn Gottes genuggetan habe, so dass wir mit Gott versöhnt werden. Auch diese beiden Annahmen waren, wie sich zeigen wird, einstmals sehr wohl begreiflich, hilfreich und sinnvoll, sie verschließen aber heute den Zugang zum Wirken und zur Bedeutung Jesu „für uns" mehr, als dass sie ihn eröffnen. Sie verhindern also eben das, was sie leisten sollen und seinerzeit auch leisten konnten. Gewiss bedeutet sein Sterben etwas „für uns", also wohl auch ein Opfer – aber in welchem Sinne ein „Opfer"? Wirklich um Gottes Zorn zu versöhnen? oder um etwas ganz anderes zu bewirken – nämlich um uns Menschen, die wir durch eine durch die Welt gehende „Krankheit zum Tode" von unserem göttlichen Ursprung getrennt und ihm gegenüber verschlossen sind, mit Gott zu versöhnen, unsere Verschlossenheit wieder zu öffnen und uns wieder „zurecht zu bringen"? Exakt wie Paulus es 2Kor 5,19 beschreibt: „Gott war in Christus und versöhnte die Welt mit sich selber"! Nicht Gott, wir Menschen sind zu versöhnen. Wir werden dabei zu sehen haben, dass unter entscheidenden Gesichtspunkten Luther eben diese Einsicht aus der Neuentdeckung seines reformatorischen Gottesbegriffes unterstützt und dass er über die klassische Satisfaktions- (Genugtuungs-) lehre hinausführt, obwohl er sie selber weitgehend noch mitvollzieht. Dabei wird auch die Lehre vom Zorne Gottes eine neue Klärung und Zuordnung erfahren, die ja wahrlich kein Fündlein von Theologen ist, sondern – wenn man sie non-theistisch liest – auf die Möglichkeit einer grundlegenden Verkehrung unserer menschlichen Verhältnisse und religiösen Beziehungen hinweist, welche vielleicht wirklich der Wendung bedürfen.

Ich schreibe das Folgende in dem gewissen Vertrauen, dass die Gestalt des Jesus von Nazareth in ihrem Leben und Sterben für unseren Glauben und unser religiöses Existieren von – religionsgeschichtlich – zwar nicht einzigartiger, aber doch existentiell vollgültiger und unersetzlicher Bedeutung ist. Deswegen ist ihre Betrachtung und Erschließung gerade in unseren Zeiten des Umbruchs und der auch religiösen (interreligiösen) Globalisierung ein Elixier des religiösen Findens (nicht nur Suchens) und der religiösen Konkretion und Erschließung des Göttlichen (nicht nur der Wiederholung altkirchlicher Erklärungen und des heute unendlichen und unnötigen Verständniskampfes mit diesen). Es wird sich zeigen, dass mit der Kritik an der Absolutheit wie der an der Satisfaktionslehre weder einem allgemeinen und unverbindlichen Relativismus in die Hände gearbeitet noch die Bedeutung des Lebens und Sterbens Jesu gemindert oder bestritten wird. Nur eben die Deutung seiner Bedeutung und seines Wirkens muss und darf sich, um verstanden und erhalten werden zu können, verschieben. Der Weg zu dieser Neuerschließung muss und darf eröffnet werden. Die heute verbreitete Abneigung und gefühlsmäßige Ablehnung und das daher vielfältige Verschweigen dieser beiden Topoi genügt nicht; sie bedürfen einer deutlichen theologischen Klärung und Widerlegung, damit der Weg für Neues frei wird.

2. Von der Absolutheit zur Unbedingtheit – Kritik und Ende der Absolutheit des Christentums und des „Christus allein" (Christus als einziger Weg zu Gott)

Biblischer Ursprung und ehemaliges Recht dieser Vorstellung

Es ist alte christliche, schon biblische Anschauung, dass uns „in keinem anderen Heil" und „auch kein anderer Name unter dem Himmel den Menschen gegeben" ist, „darin wir sollen selig werden" (Apg 4,11f).

Und entsprechend sagt der johanneische Christus: „Ich bin der Weg und die Wahrheit und das Leben. Niemand kommt zum Vater denn durch mich" (Joh 14,6). Diese Sätze und dieser Glaube waren ursprünglich höchst begreiflich und wahr. Sie setzen voraus, dass in der Welt, in der Jesus auftrat, der Glaube an das unmittelbar bevorstehende Ende der Welt verbreitet war und dass auch Jesus selbst offensichtlich diesen Glauben teilte, wenn er z.B. in der Aussendungsrede sagt: „Ihr werdet mit den Städten Israels nicht zu Ende kommen, bis des Menschen Sohn kommt" (Mt 10,23) und an anderer Stelle: „Wahrlich ich sage euch: Dies Geschlecht wird nicht vergehen, bis dass dieses alles geschehe" (Mt 24,34) oder schließlich bei Markus: „Es stehen etliche hier, die werden den Tod nicht schmecken, bis dass sie sehen das Reich Gottes mit Kraft kommen" (Mk 9,1). Wenn in solch einer letzten Weltenstunde einer kommt, der die Wahrheit Gottes in neuem Licht lehrt und zeigt, dass Gott nicht so ist, wie im zeitgenössischen (jüdischen) Glauben angenommen; dass das Heil nicht an die Reinheits- und Sabbatgebote, nicht an das Gesetz und an den Tempel gebunden ist, sondern dass das „Reich" vielmehr vorrangig den Armen, den SünderInnen und Hurern, die das Gesetz nicht halten, gegeben werde, dass dem Zöllner eher als dem Pharisäer das Heil widerfahre (Lk 18,14) und dass das Reich Gottes durch nichts und niemand herbeigezwungen werden kann (Mt 11,12), dann wäre es – in solch einer letzten Weltenstunde – eine Verleugnung des angebotenen Heils, die hier angebotene Wahrheit zurückzuweisen, vielleicht nach einer anderen Ausschau zu halten und sie so zu relativieren: „Schön dieses Angebot, aber möglicherweise gibt es ja auch noch ein anderes, noch eine andere Person, die Gleiches oder Ähnliches anbietet. Wollen wir uns noch ein wenig weiter umschauen!" Nein, was Jesus zeigte, was er über Gottes Art und Gottsein offenbarte und in Mahlgemeinschaft und Sündenvergebung – anmaßend, wie man fand – vorwegnahm, das war – so glauben wir Christen seither – die Wahrheit Gottes, des Göttlichen, welches regnen lässt über Gerechte und Ungerechte (Mt 5,45) – Wahrheit in letzter Stunde. Dass man also im urgemeindlichen Bewusstsein der apokalyptisch hereindrohenden Weltenstunde dieses Angebot Jesu und seine Person für den einzigen „Weg" zu Gott und für den einzigen „Namen", in dem das Heil zugänglich sei, ansah, war existentiell wahr und nur zu begreiflich. Dieses Bewusstsein war daher damals nicht unwahr oder (auch von heute aus gesehen) nicht unsinnig, vielmehr nachvollziehbar. Solch kritische Situationen können auch in unserer Welt immer wieder entstehen und sie stellen uns dann erneut – wie z.B. im Kirchenkampf der 1930er Jahre – durchaus vor eine Entscheidung, die der damaligen nicht unähnlich ist. Darum haben die Lutheraner des Jahres 1933 vermutlich recht daran getan, den berühmten ersten Satz der sog. Barmer Erklärung („Jesus Christus … ist das eine Wort Gottes, das wir zu hören, dem wir im Leben und im Sterben zu vertrauen und zu gehorchen haben") in einer kritischen Stunde zu unterschreiben, auch wenn sie – wie sie eben damals ganz zu Recht in ihrem Schöpfungs-, Gesetzes- und Staatsverständnis und mit wenig Recht in ihrem Verhalten zeigten – keineswegs die Ausschließlichkeit der Christusoffenbarung lehrten und glaubten.

Die geschichtlich und lebensweltlich-interreligiös gewandelte Lage

Indessen, es kam damals – trotz der Endzeiterwartung Jesu und der Urgemeinde – nicht das Ende der Welt und die Herabkunft des Menschensohnes; das Reich Gottes brach nicht herein. Jesus verkündete das Reich Gottes, es kam aber – um das bekannte Apercu von A. Loisy zu zitieren – nur die Kirche! Die Welt ging weiter und es veränderten und weiteten sich die Erfahrungshorizonte. Man sah bald, dass Gott sich auch den Heiden bezeugt hatte (Apg 4,17; 17,26f), und man musste sich zu diesen anderen Weisen der Gotteserkenntnis in Beziehung setzen, was durch die Lehre vom logos spermatikos geschah, nach der in aller Schöpfung schon vor Christus der Wahrheits"same" ausgestreut war. Und es gab bald nicht mehr nur römische Katholiken, die orthodoxen Ostkirchen und schließlich noch Protestanten, sondern es gab hinter den Bergen, jenseits der christlichen Horizonte, noch „Heiden". Es trat der Islam in den Gesichtskreis und später – seit der Beginn der Asienschifffahrt – der Hinduismus, der Konfuzianismus, der Buddhismus u.a.m. Es entstand als Ergebnis dieser mittelalterlichen und frühneuzeitlichen Entwicklungen und Entdeckungen für unseren Denk- und Bewusstseinshorizont – um nur ein großes Beispiel zu nennen – mit Hegels Religionsphilosophie der erste große Versuch, die Entwicklung des religiösen Bewusstseins und des objektiven Geistes selbst im Durchgang durch die verschiedenen Religionen und Religionsstufen zu verstehen und darzustellen. So kam es – nach dem 1. Weltparlament der Religionen (Chicago 1893) – im Weiteren seit 1901 zum International Congress of Religious Liberals und zum „Weltkongreß für freies Christentum und religiösen Fortschritt". Dieser Kongress wurde für 1910 nach Deutschland eingeladen, was zu heftigen Auseinandersetzungen führte. Die interreligiöse Ökumene stand ante portas. Es war die Zeit, in der aufgrund dieser und anderer Entwicklungen Ernst Troeltsch ein kleines, aber indizienreiches Büchlein vom Ende der Absolutheit des Christentums schrieb (1902).[128]

Diese Entwicklung setzt sich seither – immer intensiver werdend – fort, sie radikalisiert sich in den gegenwärtigen Entwicklungen der auch geistigen und religiösen Globalisierung und verlangt nach geistiger – theologischer – Rezeption und Verarbeitung. Wir müssten uns schon die Augen ausreißen, wenn wir nicht sehen wollten, dass es auch andere gültige Religionen als Wege zu Gott gibt; dass man auch in Moscheen, Synagogen, Tempeln niederknien, beten, anbeten, das göttliche Geheimnis in anderen Gestalten als den christlichen verehren und erkennen kann. Wer einmal in Moscheen mitgebetet, mit Buddhisten oder Taoisten meditiert und für Lord Shiva puja dargebracht und diese Erfahrung in sich zugelassen hat, wird schwerlich noch die Stirne haben, dies alles einfach als Heidentum abzutun. Gewiss gibt es dort allenthalben auch reichlich Aberglauben und Verzerrung des Göttlichen, aber – seien wir getrost – auch in unseren Kirchen, auch im Christentum gibt es reichlich Verzerrung und Aberglauben, bis ins Herz der kirchlichen Gotteslehre und der Christologie hinein. Gibt es etwa nicht mancherlei Überbetonungen der Christologie, bei denen Gott hinter Jesus Christus geradezu verschwindet? Und gibt es im (konfessionellen) Protestantismus nicht eine geradezu abergläubisch-biblizistische Überschätzung des Bibelbuchstabens, eine eher bürgerliche denn christliche Gesetzlichkeit und abergläubische Selbstverabsolutierung, die sich der eigenen Geschichtlichkeit entziehen möchte?[129] Haben wir nicht in den protestantischen Denominationen diverse Fundamentalismen, deren jüngster bei der Begründung des Irakkrieges dramatisch hervortrat? Gibt es im weltweiten Katholizismus nicht genügend Aberglauben vitalster Ausprägung – nicht nur in seinem Verhältnis zu indigenen Kulten in Brasilien und anderswo, sondern auch bei uns in der Frömmigkeitspraxis des Heiligen- und Marienkults? Gibt unser Glaube keinerlei Anlass zu Religions- und Ideologiekritik am und im eigenen Hause, wie Ragaz oder der junge Tillich sie einst etablierten? Ist das alles schon vergessen? Dass der christliche Glaube unser Haus und unsere Heimat ist, sollte nicht hindern, derlei auch bei uns wahrzunehmen und offen einzugestehen. Es dürfte also derselbe Gott, dasselbe göttliche Geheimnis sein, das hier wie dort in den Religionen hinter verschiedenen Perspektiven, Gesichtern und Gestalten verehrt wird. Wer dies gesehen, im Niederknien, Beten, Meditieren miterlebt und innerlich mitvollzogen hat, der wird das „solus Christus" nicht mehr als Wahrheit – die es einst war! – nachvollziehen und nachsprechen können.[130]

Dies zu sehen, fällt offensichtlich ähnlich schwer wie nach 1945, als die protestantischen Flüchtlingsströme des Ostens in bis dahin homogen katholischen Territorien (nur selten umgekehrt) einfielen, konfessions-verschiedene Menschen einander zu lieben und zu heiraten begannen und es schwer fiel anzuerkennen, dass es derselbe Gott in den verschiedenen, verfremdeten, verfeindeten Konfessionen war. Wer – in den konfessionell bisher einheitlichen Landschaften – noch kaum Katholiken oder Protestanten gesehen hatte, dem lag es allzu leicht nahe, die jeweils anderen – als eben Ungläubige – nicht anzuerkennen. Heute ist diese gegenseitige Anerkennung lebensweltlich vielfach selbstverständlich und durchgesetzt (nur kirchlich und theologisch, speziell katholisch, noch immer nicht durchgestanden).

Ähnlich wird es mit der heute fälligen interreligiösen Anerkennung gehen, denn es vollziehen sich heute bereits analoge Entwicklungen der Annäherung. Die tiefsitzende Verweigerung der Interreligiosität ist also nichts weiter als das Fortdauern der ehemaligen Provinz homogener Religiosität und Christlichkeit in der kirchlichen und akademischen Theologie. Die lebensweltliche Annäherung wird hier unweigerlich entsprechende Öffnungen schaffen.

Wird es dann aber nicht Zeit, die sich abzeichnende paradigmatische Öffnung bewusst und sehenden Auges zu vollziehen? Denn dass das Reich Gottes nur im Bannkreis der jüdisch-christlichen Welt bestehe und wirke, ist doch wohl eine sich derzeit überholende Halbierung der theologisch fälligen Weltsicht. Auch bei den „Heiden" – wir zitierten es bereits – hat sich Gott „nicht unbezeugt gelassen": Er ist „nicht ferne von einem jeglichen unter uns" „auf dem ganzen Erdboden" (Apg 14,17 und 17,26f). Was die Alten hier im Blick auf das griechisch-römische Heidentum begreifen mussten und theologisch produktiv aufzunehmen lernten, das steht uns im Blick auf die religiöse Globalisierung analog bevor (auch wenn wir von den lukanischen und später von den bei den sog. Apologeten vollzogenen Verarbeitungsformen abweichen und über sie hinausgehen müssen). Auch die Menschen der asiatisch-östlichen Welthälfte sind doch wohl „zu ihm" hin geschaffen. Sollten die christlichen Kirchen den exklusiven (und inklusiven!) Erwählungsanspruch, den sie mit Recht dem Judentum, soweit es an dieser Vorstellung festhält, verweigern (obwohl dieser Anspruch Israels dereinst im Blick auf die Entstehung des Monotheismus, die prophetische Götzenkritik u.a.m. durchaus zu Recht bestand!), nun ihrerseits verlängern? Sollten sie sich selbst in Christus für „allein" erwählt halten und mit erstaunlich reduziertem Blick und „gehaltenen Augen" gegenüber der nicht jüdisch-christlichen Welt, speziell der des asiatischen Ostens, die Rolle der allein oder vorrangig erwählten Religion weiterspielen? Hätte dem die christliche Theologie nicht endlich – auch in ihren akademischen Ausbildungsstätten und Ausbildungsordnungen – Rechnung zu tragen und die Zeichen der gottgegebenen Zeit selbst zu erkennen, statt – erstaunlich genug – die Konsequenzen der Interreligiosität, wie man erklärt, Gott überlassen zu wollen?[131] Kirchen und Theologien würden durch die auch pastoral fällige Interreligiosität an Herzensweite und Argumentationsfähigkeit gewinnen.

Insofern stellt die heutige Konzentration auf den – fraglos wichtigen – jüdisch-christlichen Dialog und den Bund Gottes in diesen beiden Religionen eine flagrante Blickverengung und die Konstitution einer neuen Provinzialität dar, die derzeit in die Verfassung bestimmter evangelischer Kirchen eingearbeitet und so verfestigt wird.[132] Wird im Zusammenhang des jüdisch-christlichen Dialogs gegenüber dem Judentum die Aufhebung des „solus Christus" – nicht sehr folgenreich – bereits eingefordert (Fr.W. Marquardt u.a.), so dürfte dies ein kleiner, schon jetzt zu kurz greifender Vorschein künftig fällig werdender Bemühungen sein, den christlichen Glauben im Zusammenhang weltweiter interreligiöser Ökumene zu verorten und dies in der Auslegung unseres Credo bewusst zu machen. Erst dann hätten wir religiös und theologisch unseren Platz in der Welt begriffen. Gott ist keineswegs ein Wesen nur jüdischer Namen und Benennung.[133] Dass die hier fälligen Öffnungen nicht darauf zielen können, eine Religionsvermischung vorzunehmen, dass es vielmehr auf bereichernde Lernbereitschaft ankommt, und dass die hier fälligen Revisionen und Wandlungen letztlich keinem menschlichen Konsens, sondern der die Menschen gewinnenden Evidenz gehorsamer geistlicher Erfahrung überantwortet bleiben müssen, das sagten wir schon.

Die Zögerlichkeit der interreligiösen Annäherungen scheint überwiegend darin begründet, dass die meisten Menschen – zumal Theologen –, die die Einsicht in diese Notwendigkeit verweigern, noch wenig Kontakt mit Menschen und vor allem mit Lebenswelt und Frömmigkeit dieser Menschen hatten, weil sie mit ihnen noch nicht gebetet, in ihrem Tempel, ihrer Synagoge oder Moschee noch nicht niedergekniet sind und meditiert haben. Eben darin aber dürfte sie der Glaube an das „solus Christus" hindern. So scheint es ihnen unvorstellbar, dass es derselbe Gott ist, den zu suchen und als unaussprechliches Geheimnis unter neunundneunzig, hundert oder (im hinduistischen Vishnuismus) eintausendundacht Namen anzubeten wir unterwegs sind. Die Interreligiosität wird zur Anfechtung. Man sagt dann gerne, man *hoffe,* dass es derselbe Gott sei, wage aber im Blick auf die bestehenden erheblichen Differenzen nicht, dies festzustellen und anzuerkennen. Es scheint jedoch, als hätten wir von eben dieser Annahme auszugehen, sie zu wagen und von ihr – als einer entscheidenden Voraussetzung – aus Differenz und Übereinstimmung (beides!) zu thematisieren. Nur so – in solchem Vorgriff – lässt sich ja auch der römisch-lutherische Dialog, der katholischerseits so desavouiert wurde, rechtfertigen. (Darf man hoffen, dass es auch hier derselbe Gott ist? Manchmal möchte man, bedenkt man die unerlaubte Hochrangigkeit des Kirchen-, Amts- und Sakramentsverständnisses im Katholizismus, daran zweifeln!) Warum also nicht ein Gleiches im Blick auf den interreligiösen Dialog wagen? Dass viele Theologen bisher hierfür keine Zeit, keine Kraft und keine Gelegenheit oder Anlass in ihrer Biographie hatten, muss andere Christen nicht daran hindern, dieses Thema und diesen Dialog längst zu vollziehen. Das Bewusstsein der Theologenschaft hinkt hier weit hinter den Einsichten der allgemeinen religiösen Öffentlichkeit her. Ich wüsste daher nicht, woher diejenigen, die weiterhin das „solus Christus" festhalten, den Mut, eher die Anmaßung nehmen, den Gläubigen anderer Wege zu bestreiten, dass auch ihre Wege und ihre Gebete wahr (nicht nur subjektiv echt) sind – außer eben aus dem Glauben an das „solus Christus". Diese Ausschließlichkeit des christlichen Weges aber ist *nicht mehr* wahr, ist *nicht mehr* zu halten, sie verkommt allmählich zur theologischen Provinz, die wir zu überwinden haben. Nein, es ist der eine Gott, das eine Göttliche in und hinter allen Masken und Gestaltungen.[134]

In diesem weiten Felde der verschiedenen Wege zu Gott, zum Göttlichen aber ist

Jesus und seine – in ihrer Weise wahre, ja einzigartige, in Leben und Sterben bewährte und gültige – Art, Gott zu sehen, nicht der einzige Weg zu Gott. Das „Christus alleine", das „solus Christus" ist nicht nur sozial – im derzeitigen geistigen Klima – unakzeptabel geworden, es ist vielmehr vor allem *religiös und theologisch unwahr geworden* und muss daher aufgegeben werden. Dies hat die Theologie m.E. zu begreifen und durchzuführen. Das Ende der Absolutheit – sowohl des Christentums wie auch der Christologie – ist längst gekommen, und dies im Blick auf alle drei genannten Modelle von Absolutheit, die die neuzeitliche Theologiegeschichte ausgebildet hat.

An dieser Stelle meldet sich allerdings das Bedenken, ja die – zunächst nicht unbegründete – Ängstlichkeit, ob die Verneinung der Absolutheit und des „solus Christus" nicht in haltlosen Relativismus und zu völliger Beliebigkeit des Glaubens führe. Hierauf aber gibt es eine eindeutige und hilfreiche Antwort.

Von der Absolutheit zur Unbedingtheit

Die Antwort liegt m.E. in einer kleinen, aber genialen und erhellenden Begriffsverschiebung, die Paul Tillich in den frühen 1920er Jahren eingeführt hat. Ihre an dieser Stelle ungemein hilfreiche Bedeutung wird zu meinem Erstaunen wenig beachtet (Analoges wird aber in den o.g. Religionstheorien durchaus auch gedacht). Ausgangspunkt war die drohende, speziell im Werk jenes E. Troeltsch thematisierte (keineswegs durch ihn veranlasste!) Relativierung aller dogmatischen wie philosophischen Setzungen durch das Geschichtlichwerden (Historisierung) aller Werte und Setzungen, auch der theologischen Anschauungen, Bilder und Symbole im Ende der Absolutheit. Die Angst und das grassierende Empfinden eines völligen und haltlosen Relativismus war damals die Folge. Als Antwort hierauf hat Tillich eine These aufgestellt, die zunächst sehr akademisch und theoretisch klingt, die aber alsbald eine wunderbare und schlichte Klarheit in dieser Frage schafft. Ich nenne diese These Tillichs zunächst in ihrem theoretischen Wortbestand und erläutere sie dann. Tillich sagt nämlich, dass nach dem Ende der Absolutheit noch immer die „Unbedingtheit" – das ist die Absolutheit unter den Bedingungen der Relativität und Geschichtlichkeit – möglich und gegeben sei.[135] Hinter dieser anscheinend unscheinbaren Verschiebung von „absolut" zu „unbedingt", die eine geniale begriffliche Erfassung eines Blick- und Perspektivenwechsels in unseren Denk- und Deutungshorizonten darstellt, verbirgt sich Folgendes:

Wenn ein Kind sagt „Meine Mammi ist die beste", so macht das Kind scheinbar eine unsinnig absolute Aussage. Gemeint aber ist sinnvollerweise nur eine unbedingte Aussage: „Meine Mammi ist die beste *für mich*". Dieser Satz will nichts Absolutes, Allgemeingültiges über die anderen Mütter anderer Kinder aussagen, sondern er drückt nur „unbedingt" die existentielle Bedeutung dieser Mutter für dieses Kind aus. Dass meine Mammi die beste ist, stellt nicht in Frage, dass eine andere Mammi auch die beste ist (und wo dergleichen doch geschieht, da handelt es sich – das weiß jeder vernünftige Mensch – um kindliche Sandkastenstreitereien). Dasselbe dürfte in der Beziehung liebender Menschen gelten: „Für mich" bist Du die/der Schönste, die/der Richtige! Die Unbedingtheit ist die Absolutheit „für mich". Hinter der Bestreitung einer Absolutheit lauert daher nicht ein völliger Relativismus – „alle Mütter und Frauen sind gleich und egal" –, sondern hinter der Bestreitung der Absolutheit eröffnet sich die wunderbare Möglichkeit der Unbedingtheit.

So kann auch der Glaube an Jesus als den, der „für mich", „für uns" das Gesicht Gottes, der Weg zu Gott, die Wahrheit Gottes und das Leben bedeutet, „unbedingt" sein. Er muss nicht auf der Absolutheit seiner Aussage beharren, die ein allgemein gültiges Urteil auch über andere Wege impliziert. Auch nach dem Verzicht auf die Absolutheit der christologischen Aussage gilt, was der Choral singt: „In meines Herzens Grunde /dein Nam und Kreuz allein / funkelt all Zeit und Stunde, / drauf kann ich fröhlich sein." Keineswegs also bedeutet das Ende der Absolutheit und des „Christus allein" den Einzug der achselzuckenden Beliebigkeit und völligen Relativität des Glaubens („ich kann so, könnte aber auch anders"), sondern es bedeutet und eröffnet – mitten in der völligen Relativität alles Geschichtlichen, auch der Christologie und der Wege zu Gott – noch immer die mögliche Unbedingtheit des Glaubens, meines Glaubens. In diesem Bewusstsein der Unbedingtheit lassen sich die oben zitierten Sätze urchristlichen Glaubens (Apg 4,12 und Joh 14, 6) neu lesen und von Christen bejahen. Dabei besagt die Unbedingtheit nur etwas über meine/unsere Wertung des Jesus (nicht absolut!), nichts hingegen über Inhalt und Grund seiner Wahrheit und Verkündigung.

Gewiss könnte man nun – historisch nicht ganz koscher – die Fortdauer des „Christus allein" aufrechterhalten, indem man formuliert: „für mich" ist er „alleine" der Weg zu Gott und der Name, in dessen Zeichen ich leben und sterben möchte. Diese Lösung ist mir von Menschen, die das „solus Christus" beibehalten möchten, immer wieder vorgeschlagen worden. Man kann diese Deutung des „solus Christus" natürlich vornehmen (da es kein Definitionsmonopol irgendeiner Position gibt) und man kann diese Möglichkeit vielleicht – als Krücke und Brücke – gelten lassen, bis alle verstanden haben, was es mit dem Ende der Absolutheit auf sich hat. Man muss sich aber klar darüber sein, dass dies nicht die ursprüngliche Meinung des „solus Christus" war. Denn es war seinerzeit – und meist auch von denen, die heute diese These vertreten – natürlich gemeint, dass Christus als der Herr die Mächte und Gewalten, die Götzen und falschen Götter überwunden und gefangengeführt hat (Kol 2,10.15; Eph 1,21 und 4,8) und dass er also wirklich der einzige Herr über die anderen Wahrheiten und Götter, die sich somit als Götzen erweisen, und der einzige Weg zum Heil Gottes ist (was heute „inklusiv" in der Tat nicht oder abgeschwächt behauptet wird). Dieser Christus ist der altkirchliche Pantokrator, der uns von den byzantinischen Ikonen ebenso wie aus den Mandorlen von Autun, Chartres, Monreale, Istanbul und anderswoher anschaut. „Er allein" als das Heil und der Weg zu Gott meinte ursprünglich nicht die Selbstbeschränkung auf „er ist der alleinige Weg zu Gott für mich". „Er" war objektiv als der einzige Herr und der einzige Weg gemeint. Und soweit Paulus mehrfach von „Urelementen der Welt" (die stoicheia tou kosmou) und von „Mächten und Herrschaften" (die exousiai kai archai, Röm 8, Gal 4) spricht, dürfte dieser Gedanke und der Glaube an sie bis heute begründet und berechtigt sein – denn immer und überall gibt es derlei religiös vergötzte Mächte, die der Dekuvrierung, Entmythologisierung, Entideologisierung und Entmächtigung bedürfen. Eben das kann in „seinem" Namen geschehen. Dasselbe kann aber durchaus auch im Namen und in der Kraft anderer genuin religiöser Erfahrungen geschehen. Nicht alle Götter, die außer dem „Einen" Gott Abrahams, Isaaks und Jacobs sind, müssen Götzen sein; sie können auch andere Namen und Gestalten desselben Einen Göttlichen darstellen: Allah, Lord Shiva, das Dao, das im satori erfahrene ungegenständliche Nichts oder Eine. Wenn man jetzt also jene Wendungen („er allein der Herr", „er allein der Weg", „er allein der Name des Heils") so für sich umformuliert und ermäßigt, so ist das im Blick auf den historischen Ursprungssinn ein wenig erschlichen. Auch hebt dieses Deutungsverfahren die inzwischen durch alle Anmaßungen und Dominanzen des Christentums entstandenen misstrauischen Ärgernisse und Unwahrheiten nicht auf, sondern fügt ihnen eine weitere, Missverständnisse schaffende Doppeldeutigkeit und Unklarheit hinzu (weil alle Welt natürlich den ursprünglichen Sinn der Formel zurecht als Ausschluss anderer Heilswege im Sinne hat und sich hierauf bezieht). Vor allem aber erspart diese persönlich-unbedingte Deutung der ursprünglich und seit langem absolut gemeinten Formel das hier fällige Umdenken; sie klärt und gesteht die hier anstehenden Revisionen im Grundriss der Christologie nicht, sondern vermeidet sie.

Die hier durch den Verzicht auf das „solus Christus" sich vollziehende Öffnung im Herzen der christlichen Theologie bedeutet daher eine entscheidende Öffnung zur Interreligiosität. Wie auch sollte man in ein dialogisches Verhältnis interreligiöser Art zu anderen religiösen Traditionen kommen, solange man die eigene Position als absolut oder „allein" (und sei es inklusiv) gültigen Weg zu Gott ansieht. Statt vorweg festzustellen, dass Jesus Christus alleine das (normative und endgültige) Heil sei, gilt es vielmehr – gemäß dem Johannes-Wort „So jemand will des [Vaters] Willen tun, der wird innewerden, ob diese Lehre von Gott sei" (Joh 7,17) – es induktiv darauf ankommen zu lassen, ob und wieweit sich die Offenbarung Jesu Christi in ihrer Kraft an Menschen erweist und bewährt. Die hier fällige innere Öffnung findet daher nicht erst im Dialog mit Menschen anderer Religionen, sondern vorrangig bereits statt, wenn wir Christen – bei uns selbst – ein Gefühl für unsere religiöse Lern- und Ergänzungsbedürftigkeit bekommen: wenn wir uns bei anderen Religionen umschauen und sehen, wie viel wir an neuen Blickrichtungen und an Einsichten, in denen unsere eigene Tradition nicht weiterführt, zu gewinnen haben; auch wenn wir merken, wie viel Wunderbares wir selber haben, was sich bewährt und beim Suchen und Umschauen Bestand hat und erkennen, dass wir diese Öffnung nicht fürchten müssen, sondern in Ja und Nein, in Aufnehmen, Ablehnen und Geltenslassen der Verschiedenheiten eine wunderbare Bereicherung zu erfahren haben. Am Punkte dieser allerinnersten Transformationsverweigerung oder eben -öffnung liegt unsere Aufgabe – sowohl im Blick auf die Wahrheitsfrage wie auch im Blick auf den Weltfrieden, den es ohne wahrhaft gemeinte, nicht nur funktional und strategisch aufgefasste Toleranz – in bleibend ausgrenzendem Wahrheitsanspruch – nicht geben kann. Unsere eigene, inzwischen multikulturelle und daher unweigerlich religiös globalisierte, interreligiöse Umwelt verlangt zu Recht eine Klarstellung dieser Frage.

Dabei darf es allerdings keine allein aus Gründen des friedlichen Zusammenlebens oder des Entgegenkommens im gewünschten Dialog sich notdürftig und nur äußerlich anpassende Interreligiosität und keine nur strategisch gemeinte Versöhnung geben. Nur sofern und soweit die Wahrheitsfrage selbst eine echte Interreligiosität ermöglicht und wenn es einen theologisch begründeten, legitimen Verzicht auf das „solus Christus" gibt, wird es mehr als eine mühsam und nur äußerlich erbrachte, theologisch unehrliche Toleranz geben. Wenn das „solus Christus" religiös und theologisch wahr wäre, dürfte es in keinem Dialog und um keiner gesellschaftlichen Verständigung willen preisgegeben werden. „Denn wir können nichts gegen die Wahrheit" (2Kor 13,8). Die Gültigkeit des „solus Christus" ist aber alleine aus religiösen und innerchristlichen Gründen und Evidenzen dahingefallen. Die Wahrnehmung und Erfahrung anderer Religionsformen, die Teilnahme an deren Einsichten und den Weisen ihrer Verehrung und Anbetung, die zunehmend viele Menschen heute – längst nicht mehr nur im Kontext des jüdischen und muslimischen Glaubens, sondern auch aus den Quellen östlicher Spiritualität – schon vollziehen, ist der wahre Grund der Einsicht in das innerlich unwahr gewordene „solus Christus". Das Ende der seinerzeit apokalyptischen Situation und die Weitung des Gesichtskreises einer interreligiösen Ökumene, wie im lukanischen Geschichtswerk und bei den Apologeten begonnen, sind unausweichliche Schritte auf diesem Wege. Daher das theologisch legitime Ende des „solus Christus" und die bleibende Unbedingtheit unseres Glaubens an „ihn". Genau einhundert Jahre sind seit der Thematisierung dieser Frage in der oben genannten Schrift von Ernst Troeltsch vergangen. Wird es nicht Zeit, dass wir lernen, die in ihr enthaltene Forderung sinnvoll und substantiell einzulösen? Die ausschließlich kirchlich-lebensweltliche Einbindung allzu vieler Theologen und Theologinnen lässt diese Erfahrung nicht bei ihnen ankommen. Die theologischen Gründe ihrer Verweigerung überholen sich jedoch.

Der somit anstehende Verzicht auf das „solus Christus" scheint mir die erste Zentralstelle der Christologie, an der im neuen Paradigma – auf dem Wege von der Absolutheit zur Unbedingtheit des Christentums – eine Revision des christlichen Glaubens bis ins Herz seines bisherigen Selbstverständnisses und seiner Religiosität ansteht. Ihre Revision greift in vielerlei Belange und Aspekte unseres alltäglichen Lebens und unserer religiösen Existenz grundlegend ein und setzt Entwicklungskräfte im Herzen der Theologie und unserer religiösen Kultur frei. Das Ende jeder (noch so inklusiven) Absolutheit bedeutet keine Beliebigkeit – wie sie heute in religiösen Fragen vielfach grassiert –, sondern die Eröffnung neuer toleranter Unbedingtheit, die sich des Reichtums der religiösen Wege, auch des eigenen, freut, gleichzeitig aber die eigene Lernbedürftigkeit und Erweiterungsfähigkeit kennt und begrüßt.

Damit sind wir in eine Zeitstufe eingetreten, die man heute – zu Recht – die postchristliche nennt. Man mache sich bewusst, wie sehr die alte Kultur des christlichen Abendlandes sich in den allenthalben aufgestellten Altarbildern, Kreuzwegen, Portalgewänden der Kathedralen, bäuerlichen Hausbalken, Buchmalereien, Bibel-, Mess- und Gesangbuchswirkungen bis in Sprache und Kultur unserer westlichen Gesellschaften, in Weltchroniken und in ihrer Selbstdefinition und -datierung als Zeit „nach Christi Geburt" um den Gekreuzigten, Pantokrator und wiederkommenden Weltenrichter drehte, der mit seinem kosmischen Tun tatsächlich die absolute Mitte der Zeit und der Welt bedeutete. Diese Zentrierung unserer Welt ist vergangen, die Prägekraft und Wirkung dieses Grundmusters läuft aus, ihre Absolutheit (deren Schatten bis heute nachwirken) ist unwahr geworden. Das Christusbild ist nicht mehr dominant, es ist vielmehr zu einem Element unter mehreren geworden, welches gültig ist und wirken kann, wenn es „unbedingt" geglaubt wird. Der sich in der oben beschriebenen Weise als unbedingt verstehende christliche Glaube kann nunmehr auch andere Elemente, andere Eröffnungen religiöser Erfahrung aus verschiedenen Religionen in sich aufnehmen und sich mit ihnen zu einem neuen Amalgam, einer neuen bereicherten Gestalt des immer noch christlichen, im Zeichen der Gestalt Jesu v. Nazareth sich verstehenden Glaubens verbinden. Die Christusbilder bleiben wahr, berechtigt und gültig, aber nicht mehr alleine. Selbst in ihrer nunmehr begrenzten, von wunderbaren Parallelen und geschwisterlichen Konkurrenzen umspielten Reichweite, in der sie letztlich nur gewinnen, behalten sie die Möglichkeiten der unbedingten Wahrheit. Jesus als der Christus hat nicht mehr „ein für alle mal" objektiv das Heil vollbracht, aber im Wirkungs- und Bannbereich seiner Person und des Glaubens an ihn ist die Möglichkeit der Öffnung unserer religiösen Verschlossenheit gegeben – „so du gläubst". Diese Bedingung des Heils („so du gläubst") war schon im alten Paradigma enthalten, stand aber in Spannung zum Objektivitätsanspruch des christlichen Glaubens im „ein für allemal" beschafften Heil. Jetzt aber – im neuen Paradigma – tritt eindeutig hervor, dass der christliche Glaube eine subjektive Möglichkeit des Heil- und Ganzseins bedeutet.

In dieser Perspektive ist aus einem geschlossenen Weltbild und ihrer – im Zulaufen auf das jüngste Gericht eben dieses Christus – geschlossenen Zeit die „offene Zeit" geworden, die alles, auch die religiösen Erfahrungen, öffnet und verwandelt.[136]

In welche Wandlungen uns dies noch führt, weiß derzeit niemand zu sagen. Aber dieser Weg lässt sich gehen mit den Hinweisen, Einsichten und dem „Verhalten" (E. Fuchs) des Jesus von Nazareth und mit den Lebenseröffnungen, die sein Leben, Sterben und der Glaube an seine (und unsere) Auferstehung bedeuten. Und der Weg durch die interreligiöse Ökumene profiliert und erneuert (wie Kapitel I gezeigt) die Wahrnehmung eben des Jesus-Geschehens, indem sie den um es gelagerten Mehltau von ihm nimmt.

Jedoch, es meldet sich nun sogleich noch eine zweite Stelle, an der die klassische Christologie zum eklatanten Hindernis für einen induktiven und öffnenden Glauben an Jesus als einen – nicht den einzigen – gültigen und wahren Weg zum wahren Leben, zu „Gott", zum Göttlichen geworden ist. Ihr wenden wir uns jetzt zu.

3. Kritik und Ende der Lehre von der strafleidenden Genugtuung Christi – Luthers Alternative hierzu. Wie sind Leben und Sterben des Jesus von Nazareth „für uns" bedeutsam?

Fragt man nämlich, auf welche Weise das Leben und Sterben des Jesus von Nazareth für uns von Bedeutung und er „für uns" gestorben sei, so lautet die letztlich noch immer verbreitete Antwort der klassischen Theologien im Protestantismus wie im Katholizismus, Christus habe durch sein Sterben, durch sein „Blut" als Opferlamm uns vom Banne des Zornes Gottes und von der Sünde erlöst, für uns die Strafe erlitten und uns so mit Gott versöhnt, uns das Heil erworben. In ungezählten Varianten – bis hinein in die Messopfertheorie der katholischen Kirche – wird diese Auskunft festgehalten, reihenweise auch in unserem evangelischen Gesangbuch und in unseren Dogmatiken. Ihr theologischer Zentralbegriff ist die „Genugtuung" (satisfactio), die Christus als Opfer am Kreuz mit seinem Blut für uns erbracht habe.[137]

Indessen, nicht nur dass seit Voraufklärung (Sozinianer) und Aufklärung das moderne religiöse Bewusstsein – auch im liberalen Protestantismus[138] – an dieser Antwort zunehmend Anstoß nimmt und dieser Vorstellung achselzuckend und fremd gegenübersteht (was natürlich noch kein theologisch gültiges Argument wäre), veranlasst kritische Rückfragen. Entscheidend ist vielmehr, dass es auch theologisch durchschlagende Gründe gibt, dieser Anschauung klar zu widersprechen und ihre Verabschiedung zu fordern. Das theologische Bewusstsein hat dabei – soviel ich erkenne – noch nicht realisiert, dass man jener üblichen Satisfaktionschristologie speziell mit dem Gewicht und der Autorität der Einsichten Luthers widersprechen kann. Sollte dies stimmen, so hätte das allgemeine religiöse Bewusstsein zusätzlich gute theologische Gründe auf seiner Seite und wäre dem klassischen theologischen und kirchlichen Bewusstsein in der Bestreitung der Satisfaktionschristologie – wieder einmal – entscheidend voraus. Hier kann sich ein besseres Verständnis dessen, warum Jesus von Nazareth „für uns" gelebt haben und gestorben sein könnte, entwickeln – ohne Rückgriff auf die Satisfaktionslehre.

Es lohnt sich also, an dieser Stelle einem zentralen Thema und einer zentralen – wenngleich merkwürdig verkappt gebliebenen – Einsicht Luthers die Aufmerksamkeit zuzuwenden. Denn hier, an einer entscheidenden Stelle der christlichen Religionsgeschichte, tut sich ein Riss in der klassische Satisfaktionslehre, in der von ihr vorausgesetzten Sühneanschauung wie auch in dem entsprechenden Gottesbild auf: ein Riss, der zur Problematisierung dieser ganzen Vorstellung anleitet und eine echte und verständliche Hilfe zu deren Überwindung darstellt. Es genügt nicht, die Satisfaktionslehre, nur weil sie einem nicht passt oder einleuchtet, durch Ablehnung und Vernachlässigung (was nach meiner Beobachtung vielfach geschieht) einfach zu übergehen. Es bedarf vielmehr – auf dem Boden ihrer eigenen Voraussetzungen – ihrer klaren Widerlegung und Überwindung durch theologisches Durchleuchten und Aufdecken ihrer inneren Unhaltbarkeit, damit der Weg frei wird für neue Klärungen und Verständnisweisen. Nur so wird diese Satisfaktionstheorie, deren Überholung fällig ist, überwunden und zugleich ihr berechtigtes Motiv gewahrt. Und Luther scheint – entgegen dem bisherigen Anschein – mit seiner Autorität eine wesentliche Anregung zu solcher Widerlegung und Alternative zu bieten, obwohl gerade in seinem Namen und unter Berufung auf ihn bis zum heutigen Tage (in den konfessionellen Theologien) eben diese Satisfaktionslehre im Schwange ist. Sehen wir zu und machen zunächst in äußerster Kürze klar, wie es zu dieser Lehre und Auffassung – sinnvollerweise – überhaupt kommen konnte.

Der neutestamentliche Ursprung der Versöhnungslehre
Im Neuen Testament finden wir den Ursprung dieser Theorie in fast allen seinen literarischen Schichten, ausgehend von den Formeln des Passahmahles Jesu, wo von Opfer und Blut „für euch", „für viele", „für die Sünden" und von „meinem Blut des Bundes" bzw. vom „neuen Bund in meinem Blut" die Rede ist, an anderer Stelle auch (wiewohl aus juristischem, nicht kultischem Vorstellungskreis) von der Hingabe („Lösegeld") des Menschensohnes „für viele" (Mk 10,45). All dies wurde dann in mancherlei Variationen des Gedankens von der Versöhnung Gottes, vom Opfer im Blute des Lammes zur Stillung des göttlichen Zornes weiter expliziert: bei Paulus (in einem Motivstrang), in den johanneischen Schriften, im 1. Petrus- und im Hebräerbrief. Diese Anschauungen kann man leicht verstehen, wenn man sich erinnert, dass es für jeden antiken Menschen, auch für jeden Juden, ein in seiner Notwendigkeit völlig plausibler Vorgang war, dass Opfertiere geopfert wurden, um für geschehene Sünden Sühnopfer darzubringen und so die Götter bzw. den Gott Israels zu versöhnen. Besonders anschaulich geschah dies in Israel am großen Versöhnungstag, eindrücklich nachzulesen Lev 16, wo zwei Böcke dargebracht wurden: einer als Sühnopfer im Tempel, ein anderer, der – nachdem ihm durch Handlauflegung des

Hohenpriesters die Sünden des Volkes aufgelegt wurden – in die Wüste (zu „Asasel") geführt wurde. Trotz erstaunlicher Brechungen und Zurücknahmen dieser Logik schon in Altisrael und im nachexilischen Judentum, die die Forschung in letzter Zeit erarbeitet hat, dürfte diese Voraussetzung noch immer zutreffen.[139]

Der Vorgang des Sühneopfers war in der Umwelt Jesu und in der Urgemeinde allen Menschen bekannt. Wollte man also sagen, Jesus habe uns von der Sünde befreit, so musste man Jesus nur als das Opferlamm – für unsere Sünden dargebracht – bezeichnen. Jedermann verstand dann, dass unsere Sünde gesühnt und wir mit Gott versöhnt waren. Nahm man noch den Gedankengang des Hebräerbriefs dazu, demzufolge Jesus sich als Hohepriester selbst als Opferlamm dargebracht hatte, so war unmittelbar deutlich, dass kein anderes Opfer mehr notwendig war, weil sein Opfer „ein für alle mal" gültig war. Das war in der jüdischen – wie im Blick auf Opfer und Sühne in der gesamten antiken – Umwelt eine begreifliche und zugängliche Metapher. Daher die immer wieder auf das kultische Opfer, die Sühne und Versöhnung anspielenden Bilder im Neuen Testament. Gott hatte Jesus als Opferlamm und Gnadenstuhl gegeben.[140]

Indem aber, so muss man hinzufügen, diese verständlichen und daher gültigen Metaphern gebraucht wurden, blieb unversehens und unbemerkt auch das in ihnen implizierte Gottesverständnis in Geltung und als Element enthalten bzw. vorausgesetzt: Der hier vorausgesetzte Gott war ein Gott, der solcher Opfer, der Sühne und eines solchen Weges der Sündenbefreiung bedurfte (obwohl schon in Israel die prophetische Tempel- und Opferkritik vielfach eingesetzt hatte: „Ich habe Wohlgefallen an Barmherzigkeit und nicht am Opfer", Hos 6,6, im NT zitiert Mt 9,13). Es war der Gott der verletzten kultischen Ehre und Herrlichkeit, und mit dieser Gottesauffassung war die Notwendigkeit des Sühnopfers gegeben, die in der weiteren altchristlichen (speziell westlich-lateinischen) Theologie eine entscheidende Rolle spielen sollte. Auch die Vorstellung des Hebräerbriefes, dass Jesus als das versöhnende Opferlamm im Selbstopfer „ein für alle mal" – von ihm selbst als Hohepriester in einer und derselben Person – dargebracht wurde, um so die Reihe der Opfer „ein für alle mal" zu beenden, hielt noch die Opfervorstellung – eben als Deutungskategorie der Opferbeendigung – fest und befestigte, tradierte so das implizierte Gottesbild und machte in der Folge durch ihre Mehrdeutigkeit durchaus nicht mehr (oder nur gebrochen) biblische Deutungen von Sühne und Genugtuung möglich. Nicht anders als bei der oben besprochenen Vorstellung von der Jungfrauengeburt oder von der Gott-Natur Jesu muss auch hier gelten, dass eben das, was einst als Deutungskategorie plausibel und hilfreich war, es heute – hier im Blick auf Kult, Genugtuung und Sühne – längst nicht mehr sein muss und daher einer anderen Deutungskategorie weichen darf. Dies dürfte speziell dann gelten, wenn im Blick auf das implizierte Gottesverständnis – in der Reformation – eine neue Erkenntnisstufe und Klarheit erreicht war, wenngleich auch sie noch gebrochen, wie wir sehen werden. (Eine solche Änderung und Neudeutung des Todes Christi darf um so eher stattfinden, als weder im apostolischen noch im „nizänischen" Glaubensbekenntnis jene Deutung des Todes Christi als Sühne festgeschrieben, wenn auch oft vorausgesetzt wurde.)

Die mittelalterliche Satisfaktionslehre – Anselm v. Canterbury
Ähnliches gilt auch im Blick auf die Wiederbelebung des Sühne- und Versöhnungsgedankens in der germanischen Welt des frühen Mittelalters. Hier waren zunächst in der alten Kirche sehr verschiedene Bilder und Theorien zur Deutung des Todes Christi wirksam gewesen, speziell in der westlich-lateinischen Theologie war der Satisfaktionsgedanke (durch Tertullian und Gregor als Hauptstationen) vorbereitet und verbreitet. Im frühen Mittelalter wurde nun eine theologische Interpretation des Heilswerkes Christi gefunden, die – in ständigen Brechungen und Umdeutungen – eine entscheidende Voraussetzung für das kirchliche Denken im weiteren Mittelalter, aber auch in der Reformation und in der kirchlichen Neuzeit bis in unsere Tage werden sollte. Man nimmt wohl zu Recht an, dass diese Vorstellung von der Verletzung der Ehre Gottes, für die es eine „Genugtuung" geben müsse, aus der germanischen Standes- und Ehrenvorstellung stammt. Vor deren Hintergrund entwickelte Anselm v. Canterbury, Erzbischof daselbst († 1109), in einer berühmten Schrift „Warum musste Gott Mensch werden?" jene Theorie der notwendigen Genugtuung.[141] Sehen wir uns, um diesen Sachverhalt zu veranschaulichen, zunächst einen Text aus einem verwandten, etwas früheren Bereich, aus der althochdeutschen Übertragung der Evangelien in die germanische Welt im sog. „Heliand", an.

Da stammt Jesus von Joseph, dem edlen Abkömmling, und Maria, der Tochter einer Edelsippe, ab. Er selbst ist der liebe Landeswart und Landeshirte, der Drost der Völker, aller Degen bester, aller Könige kräftigster. Seine Jünger sind seine guten Gesippen, Helden und ziere Degen. Matthäus war ein Amtmann, zeigte Treue und edles Aussehen, Jakobus und Johannes waren eines Helden Söhne. Als Jesus zur Bergpredigt sich niedersetzte, standen da „die weisen Männer gern um den Gottessohn, die guten Helden, willig, die wackern, trugen nach seinen Worten Begehr, schwiegen und bedachten, was ihnen dieser Scharen König, der Waltende, wollte mit Worten verkünden." Klar, dass Petrus das Schwert für ihn zog, als die Verhaftung im Garten Gethsemane drohte: „ihm wallte der Mut", „Nicht war im Herzen ihm Furcht, nicht Zweifel noch Zagen. Sondern er zog die Klinge …", während Judas, dem Treuebrecher das Geschick sich erfüllt. Den Juden war Jesus abhold, weil sie Gottes Ehre dem Tempel nicht zu geben wussten. Den Heldensöhnen dieses Landes aber sollte Jesus, der heilige Krist, das Himmelreich bringen, dieser Helden jeden sollte er von Sünden, von den Meintaten entsühnen und für dieses Volk seine Seele hingeben, die Strafe für dies Volk dulden, sie alle erlösen und ihnen Heil schaffen mit seinem lieben Leben. „… keine Buße genüge, die Sünde zu sühnen", damit die Gnade des Herrn erlangt werde. An Jesus wird deutlich, dass „gar manchem Manne, der eine Meintat verübt, man ihm erlasse die leidige Schuld, Sünde und Vergeltung", wie des Himmelreichs Herrscher es dem Petrus nach seiner Verleugnung tat. Dessen Helden-Versagen quält hier ganz besonders.[142]

Macht man sich den atmosphärischen Hintergrund und die Logik der ritterlichen

Ehr- und Standesanschauung in ihrer Übertragung auf die Bibel bewusst und denkt ihn sich nun bezogen auf das Erlösungswerk Christi, dann kommt – bestärkt durch jene biblischen und traditionellen Motive – die sog. Satisfaktions- (Genugtuungs-) Theorie in ihrer Fassung durch jenen Anselm von Canterbury heraus. Sie war in diesem kulturellen Kontext und Rahmen offensichtlich verständlich und gut nachzuvollziehen. Daher ihre durchschlagende Wirkung.

Gottes Ehre, so heißt es da, ist durch die Sünde der Menschen beleidigt, seine Gerechtigkeit (iustitia) ist verletzt. Entweder wird als Folge dieser Untat die (Todes-) Strafe am Menschengeschlecht vollzogen oder aber es muss der Ehre Gottes und seiner Gerechtigkeit – sowohl um seinet- wie um der Weltordnung willen – *genug getan werden*, und zwar von jemandem, der Mensch ist, weil er die Genugtuung (satisfactio) in Stellvertretung der Menschen vollbringen muss. Außerdem muss es aber, weil kein Mensch, sondern nur ein Gott an die Ehre Gottes heranreichen und ihr genugtun kann, auch ein Gott sein, der diese Genugtuung vollzieht. Es konnte mithin nur der Gottmensch Jesus von Nazareth sein, als den ihn die altkirchliche Dogmatik im oben besprochenen Dogma von Chalkedon zu verstehen angeleitet hatte, der das Sühnopfer für die beleidigte Ehre Gottes und die in ihr verletzte Weltordnung – uns zugut und an unserer statt – vollzog. „Aut poena aut satisfactio" („entweder Strafe oder Genugtuung") – das war die Formel für dieses von Gott selber – den Menschen zu gut – inszenierte kosmische Geschehen. Dieses Geschehen war die einzige hier mögliche Alternative zu Gericht und Verhängnis für das Menschengeschlecht und die Weltordnung, weil sie der Gerechtigkeit genüge tat. Jeder Mensch verstand damals diese Vorstellung und ihre zwingende Logik. So konnte, indem man diese Gedanken benutzte, alle Welt einsehen, dass Jesus uns die sühnende Befreiung aus einem lebensbedrohenden und der Lösung, Erlösung bedürftigen Zustand gebracht hatte, indem er für unsere Sünden geopfert wurde, starb und „genugtat".

Dabei wurde weiterhin jene Gottesvorstellung vorausgesetzt und expliziert, die man sich bewusst machen muss: Es war ein Gott der verletzten Ehre und Gerechtigkeit, der zwar einerseits den Menschen gnädig helfen wollte, der aber andererseits um seiner Ehre und Gerechtigkeit (iustitia) als Prinzip der Weltordnung willen das Sühnesterben am Kreuz veranlassen musste, weil nur so das Heil zustande kommen konnte. Die Folge dieses Zwiespalts im Gottesbegriff war ein ständiges Schwanken Gottes und der Menschen zwischen zwei Motiven: zwischen Gerechtigkeit und Gnade, zwischen Furcht und Vertrauen. Es war ein Gott, der selbst diese Erlösungsveranstaltung den Menschen zugute unternahm, aber eben doch einer, der dieser Sühneveranstaltung selbst – als des Garanten des ordo – bedurfte, um seiner Barmherzigkeit Raum geben zu können. Es war eine sühnende und strafende und erst so und dann begnadende „Gerechtigkeit" Gottes, von der man hier ausging.[143]

Genau an dieser Stelle des Gottesbildes sollte Luthers Distanz und Alternative einsetzen. Doch bevor wir diesen Einschnitt und die Neuwerdung in der Tiefenstruktur der Theologie Luthers betrachten, haben wir zuerst die traditionelle Sprache und Vorstellung in Luthers Versöhnungsanschauung zu vergegenwärtigen. Sie klingt nämlich so, als wenn sie mit dem Denken jenes Anselm ganz eins und einverstanden wäre.

Luther und die Satisfaktionslehre – die Normalwahrnehmung

Da ist nämlich zunächst – erstaunlicherweise – festzustellen, dass Luther sein ganzes Leben lang in der Tat – neben anderen Vorstellungen, die wir kennen lernen werden – auch die oben beschriebene Satisfaktionslehre übernommen und fortgeführt hat. Seine in ungezählten Kombinationen und Varianten immer wieder auch benutzte Grundformulierung lautet tatsächlich weiterhin: „Christus hat für unsere Sünden genuggetan", den Zorn Gottes gestillt und so Gott mit uns und uns mit Gott versöhnt, hat durch sein Sterben erst aus dem zornigen Richter einen gnädigen Vater gemacht und uns von unserer Sünde erlöst. Um eine erste Hilfe zum Verständnis dieser Formulierungen zu geben, sei darauf hingewiesen, dass Luther, indem er die (spät-) mittelalterliche Sprache und ihre Bilder aufgriff, sagen konnte, dass im Sterben und in der Genugtuung Christi für unsere Sünden das Entscheidende zum Heil der Menschen geschehen sei. (Die vielen wunder- und liebevollen spätmittelalterlichen Altarbilder, auf denen Engel den Gekreuzigten – auf Goldgrund oder vor Landschaftshintergrund – umfliegen und das nach dem Lanzenstich aus seiner Seite fließende Blut mit Kelchen auffangen, machten und machen dies anschaulich.) Luther musste diesen Gedanken nur radikalisieren und betonen, dass die Genugtuung Christi in seinem Leiden und Sterben „allein" der Grund unseres Heils sei, dass hier also etwas geschehen sei, was wir nun nicht mehr tun und versuchen müssten: Nicht meine Genugtuung (im sog. 3. Teil der Buße), so lautete darum seine ständige Polemik, sondern die Genugtuung im Blut des versöhnenden Opfers Christi macht mich meines Heils gewiss. Den anschaulichen Bildern der damals gültigen Frömmigkeit musste er also nur eine andere Deutung geben: Er musste ihnen nur eine verdeutlichende Logik von der alleinigen Heilsbedeutung des Todes Christi – ohne unsere Genugtuung – unterlegen, um ein, wie er empfand, durchaus neues d.h. uralt-neutestamentliches Verständnis von dessen wiederzugewinnen. Auf diese Weise vollzog er sein Bewusstsein eines ungeheuren Abstandes von der (spät-) mittelalterlichen (sog. scholastischen) Theologie, welches er seit seiner reformatorischen Wende und Entdeckung hatte. Wir werden die mentalen und sachlichen Gründe Luthers für das Festhalten an diesen traditionellen Formulierungen noch kennen lernen. Wie Luther beides – die alte Sprache der satisfactio und das neue Denken über die „Gerechtigkeit" Gottes zusammenbekommt – oder eben nicht, das werden wir zu sehen haben.

Erstaunlich aber bleibt dieses Festhalten Luthers an der traditionellen Sprache und Vorstellung, weil die Entstehung seiner neuen reformatorischen Theologie – trotz mancher Strittigkeiten in der Deutung und Datierung dieser neuen Einsicht – exakt mit einer grundsätzlichen Neubestimmung jener „Gerechtigkeit" (iustitia) Gottes einsetzt. Hier erscheint eine ganz andere Gottesvorstellung als die traditionelle des Anselm v. Canterbury.

Luthers einschneidende Erkenntnis – die Alternative

In seiner sog. reformatorischen Erkenntnis „im Turme" seines Wittenberger Augustinerklosters, die eine unüberholte Großtat der Reformation darstellt, entdeckt Luther sein – nach langen Schmerzen und Quälereien in Ansätzen gefundenes – neues Gottesbild, an dessen Konsequenzen er in einer längeren Entwicklung noch zu arbeiten hatte. Deklinieren wir es im theistischen Denken, dem Luther – angereichert durch viele mystische und trans-theistische Elemente – klar folgt und anhängt, zunächst einmal durch.

Luther hatte jene alte Vorstellung von der Gerechtigkeit Gottes, die das Gute fordert und jedem nach seinen Werken vergilt (sog. aristotelische oder iustitia distributiva), bis an den Rand seiner seelischen Contenance erlitten, weil sie ihn vor unabsehbare und unerfüllbare Forderungen stellte, die ihn bis zum manifesten Gotteshass trieben. Dann aber hatte er – nach diversen vorbereitenden und marternden Studien – zu einem noch immer umstrittenen Zeitpunkt relativ plötzlich und erlösend die Einsicht, dass die „Gerechtigkeit" Gottes nach der Auffassung des Paulus (speziell in seinem Römerbrief) von ganz anderer Art als in der überlieferten und bisher gültigen Vorstellung jener vergeltenden iustitia distributiva sei, die je nach Taten und Lohnanspruch „zuteilt" und entsprechend bei Nichterfüllung Strafe oder Sühne verlangt. Er fand, dass die „Gerechtigkeit" Gottes vielmehr reinweg schenkend, gnädig und schaffend sei. Nicht steht die Gnade Gottes seiner Gerechtigkeit gegenüber, sondern seine „Gerechtigkeit", d.h. seine Art und Natur, *ist selber* gnädig und schenkend. Sie schafft aus dem Nichts (Röm 4,17) und schenkt dem, der nichts ist und gilt, das gültige ewige Leben:

„Gottes Natur ist, dass er aus nichts etwas macht. Darum wer noch nicht nichts ist, aus dem kann Gott auch nichts machen … Darum nimmt Gott nicht auf denn die Verlassenen, macht nicht gesund denn die Kranken, macht nicht sehend denn die Blinden, macht nicht lebend denn die Toten, macht nicht fromm denn die Sünder, macht nicht weise denn die Unweisen, kurz, er erbarmt sich nicht denn der Elenden und gibt nicht Gnade denn denen, die in Ungnaden sind."

„Da fühlte ich mich völlig wiedergeboren und wie durch offene Tore in das Paradies selbst eingegangen" – so kommentiert Luther später das Erlebnis dieser Erkenntnis in einem berühmten Rückblick auf seine Frühentwicklung.[144]

Dieser schenkenden Gerechtigkeit nun entsprechen wir nicht, wenn wir das geforderte Gute unsres Lebens in irgendwelchem Guten selber tun und leisten wollen, sondern nur dann, wenn wir Gott das entscheidende Gute – nämlich Recht und Sinn unsres Lebens – schaffen lassen, wenn wir uns von ihm beschenken lassen und so als glaubende d.h. empfangende (lateinisch: accipere, fides apprehensiva) Menschen vor ihm stehen und leben. Alles entscheidende Gute, unser Gutsein und Leben, ist ein Geschenk; in ihm sind wir uns vorgegeben; wir machen uns nicht, sondern wir empfangen es und leben aus Gnaden. Unsere „Gerechtigkeit" ist daher, wenn wir das verstehen, von ganz neuer und anderer Art (als die o.g. iustitia distributiva), nämlich so, wie ein guter Lehrer seinen Schülern oder eine Mutter ihren Kindern „gerecht" wird und zu ihnen „passt". (Gott) gerecht sein heißt also „passen zu" ihm, passen zum schenkenden und aus dem Nichts schaffenden Gott. Gerecht vor Gott – passend zum Grundgesetz des Lebens – sind wir nicht, wenn wir das Gut unseres Lebens selbst zu tun meinen, sondern wenn wir uns unser Leben von ihm schenken lassen. Das Grundgesetz unseres Lebens, dem wir entsprechen und gerecht werden müssen, ist primär und grundlegend das des Empfangens, erst dann und sekundär – bestenfalls komplementär, nicht aber dominant – das des Tuns. Denn in unseren Wurzeln und in unserem Rückgrat schaffen und machen wir uns nicht selbst, da sind wir zunächst und grundlegend Empfangende. Dies ist – so Luther – die erste Grundwahrheit unseres Existierens, die dann auch alles mögliche Tun aus sich entlässt („ein guter Baum bringt gute Früchte"). Von dieser neuen Grunderkenntnis aus datiert Luthers lebenslange Feindschaft gegen Aristoteles (mit seiner „philosophischen" oder „aktiven" Definition von „Gerechtigkeit", welche der anselmischen genau entspricht). Gerechtigkeit im religiösen Sinn („vor Gott") bedeutet dann bei Luther, aus der Verschlossenheit der Sünde (d.h. des Unglaubens) wieder in die Offenheit und in das Empfangen „vor Gott" (coram deo) zu kommen und so, als empfangender Mensch, wieder zum schenkenden Gott zu „passen", ihm gerecht zu sein. Schenken und Schaffen sind Gottes und des Lebens natura naturalissima.[145] Das war Luthers für ihn grundstürzende und erlösende Entdeckung. Sie bedeutete natürlich nicht, dass es in Verständnis und Wahrnehmung des Göttlichen nur Gnade, Liebe, Barmherzigkeit und nicht auch Polaritäten und Antinomien des Richtenden, Bedrohenden, ja Vernichtenden gebe, wie zu zeigen sein wird.

Diese Entdeckung bedeutete eine Revolution im Gottesbegriff, die ihre Folgen in allen Dimensionen und Begriffen der Theologie haben musste. Sie machte aus dem, was bisher nur (immer auch vorhandener) Teil und schwankendes Element im Gottesbegriff war, das Grundlegende und Ganze: das gnädige Schenken und Wirken der göttlichen Urmacht, der wir primär im Glauben und Empfangen, nicht im Tun entsprechen und „gerecht" werden. Ein solcher Gott brauchte kein Opfer und keine Versöhnung; er schickte ja selber seinen Sohn, um den Menschen zu helfen und er musste in seiner (nunmehr neu verstandenen Art von) Gerechtigkeit, die primär nichts fordert, sondern nur schenkt, nicht versöhnt werden. Das musste das Ende der alten Versöhnungs-, Opfer- und Genugtuungstheorie sein.

Und in der Tat folgt Luther – auf einer bestimmten und unbestrittenen Hauptlinie seines Denkens – genau dieser Logik und schildert eben dies anschaulich in einem seiner bekanntesten Lieder, in dem er den Beginn dieses Versöhnungswerkes im Dialog zwischen Gott und Christus im Himmel beginnen lässt („Nun freut euch, lieben Christen g'mein …"). Hier zeigt er, dass Gott nicht erst versöhnt werden musste, sondern dass er vielmehr selber das Erlösungswerk der Menschen in Gang setzte, indem er Christus auf die Erde schickte. Die Ausgangslage für uns Menschen ist: „Dem Teufel ich gefangen lag, dem Tod war ich verloren, mein Sünd mich quälte Tag und Nacht, darin ich war geboren. Ich fiel auch immer tiefer drein, es war kein Guts am Leben mein, die Sünd hat mich besessen. Da jammert Gott in Ewigkeit mein Elend übermaßen [unser Elend, keine Genugtuung für die Ehre Gottes ist der Grund des Kommens Christi], er dacht an sein Barmherzigkeit, er wollt mir helfen lassen; … Er sprach zu seinem lieben Sohn: ‚Die Zeit ist hier zu erbarmen; fahr hin, meins Herzens werte Kron, und sei das Heil dem Armen und hilf ihm aus der Sünden Not, erwürg für ihn den bittern Tod und lass ihn mit dir leben.' … Der Sohn dem Vater g'horsam ward, er kam zu mir auf Erden … den Teufel wollt er fangen. … Er sprach zu mir: Halt dich an mich, … ich geb mich selber ganz für dich, da will ich für dich ringen; … Vergießen wird er mir mein Blut, dazu mein Leben rauben; das leid ich alles dir zugut, das halt mit festem Glauben. Den Tod verschlingt das Leben mein, mein Unschuld trägt die Sünde dein, da bist du selig worden" (EKG 341). Also – keine sühnende Genugtuung Christi für die verletzte Ehre oder die erst noch zu gewinnende Barmherzigkeit eines gekränkten, zornigen Gottes ist der Sinn des Wirkens, Leidens und Sterbens Christi – und das, obwohl die benutzten Formeln und Bilder fast traditionell klingen und scheinbar der Satisfaktionschristologie („ich geb mich selber ganz für dich", „vergossenes Blut", „das leid ich alles dir zugut", „mein Unschuld trägt die Sünde dein") zu entsprechen scheinen. Sie sind, wie man klar sieht, vielmehr in einem – noch näher zu bestimmenden – neuen Sinne zu lesen und zu deuten. Gewiss also trägt er meine Sünde – durchaus in der nachklingenden Metapher des Opferlammes, aber eben dies nicht, um den zornigen Richtergott allererst zu versöhnen und seine Barmherzigkeit zu erlangen, sondern um etwas ganz anderes zu schaffen und zu ermöglichen. Diesen neuen Sinn der alten Formeln muss man zu beachten und zu verstehen lernen, wenn man in das Verständnis Luthers und seines Denkens eindringen will. Diesen Sachverhalt der Neudeutung der alten Formeln findet man bei Luther auf weite Strecken. Er macht das Beibehalten der alten Sprache und Vorstellung auf dem Grund einer ganz neuen Deutungslogik in einem ersten Schritt bis zu einem gewissen Grade möglich und verständlich.

Was aber ist der neue Sinn des Lebens und Sterbens Christi? Schon an diesem Liede wird etwas deutlich, was sich an einer Fülle weiterer Texte Luthers vertieft und für sein Denken bestimmend wird, dass Luther nämlich als Sinn des Kommens Christi dies angibt: „hilf ihm aus der Sünden Not, erwürg für ihn den bittern Tod", Christus kam, den Teufel zu „fangen" und den Tod zu „verschlingen". Das aber bedeutet, dass Luther – unbestritten in der Lutherforschung – im Herzen seiner Darstellung und Deutung des Leidens und Sterbens des Jesus von Nazareth (neben der – in Harmonie oder Konkurrenz? – fortdauernden Genugtuungslehre) noch eine ganz andere Theorie und Deutung benutzt. Welche Vorstellung ist dies?

Luther nennt sie den „Kampf Christi mit den Mächten". In ungezählten Predigten, in mehreren Liedern, speziell Osterliedern, und an zentralen Stellen seiner Vorlesungen hat Luther diese Vorstellung immer und immer wieder nachdrücklich entwickelt. Was immer Luther in seinen anderen Gedankenreihen und verwendeten Begriffen sonst noch gesagt und gemeint haben mag – es kann das Zentralmotiv des Mächtekampfes, das wir jetzt in Augenschein zu nehmen haben, nicht in Frage stellen. (In welchem Verhältnis dabei das Motiv des Mächtekampfes zur Tradition der Sühne- und Genugtuungstheorie steht, werden wir zu besprechen haben). Was aber hat es zunächst mit dem Mächtekampf Christi auf sich? Was ist mit ihm gemeint?

Der Kampf Christi mit den Mächten – was sind die Mächte?
Die Voraussetzung und die Hintergründe dieses Kampfes im Sinne Luthers paraphrasiere ich einführend so: Wir sind geschaffen, um aus Glauben und aus Gottes Hand, aus Gott unserem Ursprung und Schöpfer, im Empfangen, mit offenen Händen und Herzen zu leben: im Glauben d.h. im Vertrauen zu ihm. Aber es ging und geht seit Weltbeginn durch Adam und es geht noch heute eine „Krankheit zum Tode" (S. Kierkegaard) durch die Welt, die den Menschen mit der Neigung infiziert, statt mit offenen, empfangenden Händen lieber mit geschlossenen Händen und Fäusten zu leben und das Leben mit unseren eigenen Werken selber machen statt es empfangen zu wollen. Zwar sollen wir auch etwas tun und machen, dazu hat uns die Schöpfung Hände gegeben und mit Taten beauftragt, aber das Entscheidende, aus dem wir in der Wurzel unserer Existenz leben, ist das Empfangen, welches das Tun erst aus sich heraus setzt. Wir aber glauben und vertrauen mehr auf unsere tuenden und geschlossenen Hände, weil wir unser Leben selber machen wollen, als auf das Vertrauen, Glauben und Empfangen. So entsteht eine fundamentale Unwahrheit in unserer Lebens- und Selbstauffassung, die auf Dauer ihre Folgen haben muss. Die verschlossenen Hände bedeuten in Luthers Sprache die Verschlossenheit, die incurvatio unseres Herzens, welche uns als Macht der Sünde d.h. als Unglaube besetzt und bestimmt. Dieser Unglaube aber ist nach Luther die einzig wirkliche und entscheidende Wurzel- und Ursünde und Verfehlung des Menschen, aus der alle anderen – moralischen und ethischen – Verfehlungen seines Lebens nur erst folgen. Nicht primär das Unrechttun, sondern das wurzelhafte und existentielle Verschlossensein macht die Verkehrung des Unheils (der „Sünde") aus, so wahr das Tun dem Sein erst folgt (operari sequitur esse); erst sekundär ist moralisches Unrechttun auch religiöse „Sünde" und Ausdruck derselben. Diese Verschlossenheit ist die erste und entscheidende Urmacht, die uns in unserem Verhängnis verschließt. Sie ist kein individueller Beschluss, den wir beliebig oder willentlich aufheben könnten, sondern es

sind die Mächte der Widergöttlichkeit, die uns in Verschlossenheit halten und mächtiger sind als jeder individuelle Wille. Ja, sie haben uns so sehr bestimmt und durchdrungen, dass wir ihnen zuinnerst zustimmen und glauben und daher Gott und das Leben aus ihm, das Leben aus Glauben letztlich gar nicht wirklich wollen: Wenn der freie Wille tut, was er will, meint Luther, dann tut und will er die Sünde, das Selbstsein und Selbermachen: die Abwendung von Gott. Luther nennt diese Mächte zunächst die von Teufel, Tod, Hölle und Sünde.[146] Von der „Sünde" als Macht des Unglaubens sprachen wir eben.

Vor allem aber hält uns das „Gesetz" – für Luther die oberste der Mächte – in dieser Verschlossenheit fest (Gal 3,23 „wurden wir unter dem Gesetz verschlossen"), denn das Gesetz ist das Mittel, dessen sich der Teufel, die Urmacht jener Verkehrung, wie Luther ebenso plastisch wie mythologisch sagt, bedient, um uns in der Verschlossenheit, in der incurvatio und also im Unglauben zu halten. Das (von uns missverstandene) Gesetz scheint uns die Forderung des zu tuenden Guten nahe zu legen und lenkt dadurch all unsere Aufmerksamkeit auf Ethik und Moral, was zu einer verhängnisvollen Moralisierung unseres Lebens und unserer Selbstauffassung führt. Der Teufel, der Durcheinanderwerfer, verhindert dabei, dass wir erkennen, dass der geheime Sinn aller (zehn und mehr) Gebote doch nur in dem einen und ersten Gebot besteht, welches Liebe, Vertrauen zu Gott, Offenheit zu unserem Ursprung (woraus alles andere zu tuende Gute dann erst folgt) erwartet: „Gib mir, mein Sohn, dein Herz". Im Unglauben verstehen und wollen wir das Offensein und Empfangen (des Glaubens) als Sinn der Lebenseinstellung und damit Gottesbeziehung nicht einmal mehr; auch und gerade auf dem Höhepunkt unseres religiösen Empfindens wollen wir oft eher sittlich-tätig als glaubend-empfangend sein und verstehen uns entsprechend. Gutes tun und ethisch sein – das scheinen uns bis zum heutigen Tage die entscheidenden Eigenschaften eines „guten" Menschen. Ist es nicht oft genug so? Wir wollen letztlich, zutiefst und insgeheim uns selber mehr als die Wahrheit, die „größer denn unser Herz" ist und die von unserem Empfangen spricht, d.h. wir wollen die Sünde, den Unglauben, das Selbst-Sein und Selber-Tun des Heils, des Guten. Vor lauter Ethisierung und Moralisierung kennen wir nur noch das Tun des Guten als die religiöse und existentielle Grundfrage des Lebens. Eben das vermeinte Gute aber ist – in dieser Perspektive und Einsicht – eine Grundverkehrung unserer Lebenswirklichkeit und -wahrheit. Wir verlernen und verlieren so das Verständnis für alles, was man nicht machen kann, was man nur empfangen und geschenkt bekommen kann im Leben; wir leben mit einer falschen Einstellung und Haltung zum Leben. Und eben diese Blindheit gehört zu der Macht, mit der die Mächte uns besetzen und beherrschen. Könnte es nicht sein, dass unser Tun und Leben erst dann – politisch wie menschlich – zurecht kommen kann, wenn unser fundamentaler Allmachtswahn („Gotteskomplex"), in dem wir an die Machbarkeit aller Dinge (religiös: an die Rechtfertigung vor Gott durch Werke) glauben, in den Fundamenten unserer Existenz seine Erlösung, sein Maß gefunden und seine Grenze gelernt hat?

So bilden diese Mächte, die uns in der Verschlossenheit halten und vom tiefsten und eigentlichen Leben abhalten, ein ganzes Kräftefeld, welches stärker ist als all unser Vermögen, als unsere Einsicht, ja auch als unser Wollen, welches sie sozusagen unterwandert haben. In unserer Verschlossenheit und Sünde (Sünde = Getrenntsein von Gott, vom Urgrund) missverstehen und missbrauchen wir den eigentlichen Sinn des Gesetzes, die eigentliche Forderung und damit den innersten Sinn und die Struktur unseres Lebens. So wird das Gesetz, das in seinem Kern und ersten Gebot als Hilfe und Weisung zum Leben gegeben war, zum Tode und zum Unheil. Daraus ergibt sich eine Verwirrung und Verkehrung unseres gesamten Lebens. Auf diese Weise sind Sünde, Tod, Teufel, Hölle und das in seinem Sinn missverstandene und verkehrte Gesetz die Mächte, die uns im Unheil festhalten. Indem sie uns vom wahren Leben, d.h. vom Empfangen unseres Lebens abhalten und uns verschließen, schaffen sie einen Fluch d.h. eine uns zuinnerst anhängende Verkehrung des Lebens. Es liegt ein Fluch über solchem in seiner tiefsten (religiösen) Dimension verschlossenen Leben – auch wenn wir dies, selbst auf längere Sicht, nicht bemerken bzw. die Verkehrung der Welt, die wir sehr wohl erleben, nicht auf diese Urverkehrung beziehen. „Sünde" in diesem Sinne ist eine überpersönliche Macht, die uns so weit bestimmt, dass wir sie oft nicht einmal erkennen. Wir werden ja auch – um diese Analogie zu gebrauchen – nicht nur sozial, sondern auch asozial sozialisiert. Entsprechend werden wir auch religiös in solcher Macht der Verschlossenheit – und in deren weiterer Folge auch von Gewalt und Egoismus – geprägt und sozialisiert. Und durch Identifikation, Zustimmung und Nachvollzug dieser uns umgebenden und prägenden Mächte werden wir schuldig.

Weil diese Kategorien der Lebensverkehrung und -verschlossenheit derzeit allgemein wenig nahe liegen und auch dem religiösen Bewusstsein kaum mehr bekannt sind, bedurfte es dieser etwas ausführlichen Erläuterung der Kategorie der „Mächte". Auch sie sind etwas, was das heutige Selbstverständnis von Autonomie zu lernen und in sich aufzunehmen hat.

Zu diesen Mächten gehört nach Luther – für manche sicher nun erstaunlich – noch eine weitere Macht, die für Luther zusammen mit dem Gesetz Ausdruck der Lebensverkehrung und -verhinderung ist und darum aufgehoben und besiegt werden muss: Es ist der „*Zorn Gottes*". Denn das Gesetz richtet den Zorn an (Röm 4,15). In der gebotenen (hier nicht fachtheologischen) Kürze sei der Sinn dieses Begriffes oder besser: Dieses Phänomens erklärt, welches man sich am besten durch folgende Analogie deutlich macht:

Wenn eine Beziehung – eine Freundschaft oder eine Liebe – verletzt oder zerstört wird, dann entsteht – wenn diese Beziehung wesentlich, nicht nur oberflächlich war – kein Vakuum und keine Tabula rasa in und zwischen den Personen, sondern die

Verletzung der Beziehung hängt ihnen als Störung, als zuinnerst bohrende und verstörende Negativität und Verzerrung ihres Lebens an; dann ist das innere Gesetz dieser Liebe oder Freundschaft verletzt. Überträgt man dies analog auf die religiöse Erfahrung – theistisch: auf die Beziehung zu Gott –, dann bedeutet die Verschlossenheit und Abgetrenntheit („Sünde") vom göttlichen Urgrund als gestörte Beziehung und Verletzung des Lebensgesetzes nicht einen neutralen Raum und eine nunmehr eingetretene Nicht-Beziehung. Vielmehr hängt – so wahr das Göttliche, das Geheimnis, als schaffender und lebenspendender Urgrund unsere Wahrheit ist – die gestörte Nicht-Beziehung dem Menschen als Verkehrung, Lebensstörung, Lebensunwahrheit und – wie man nicht nur religiös sagt – als Fluch an. Denn wenn die religiöse Wirklichkeit uns essentiell und daher nicht abschüttelbar ist („man kann nicht nicht-religiös sein"), dann hängt sie uns im Störungsfalle verkehrt und negativ an. Dies ist kein theologisches Fündlein, sondern eine simple Wahrheit vitaler Lebenswirklichkeit – man erinnere sich nur einer in ihrem Kern verletzten Liebe oder Freundschaft, die, wenn sie tief ging und nicht bereinigt wurde, einem ungelöst und unversöhnt anhängt! Wo nicht Liebe und Gnade und unsere Offenheit zum Empfangen beider ist, da ist die Verkehrung der religiösen Lebenswirklichkeit, göttlicher Fluch und Zorn.[147]

Erst wenn man die göttliche Grundwirklichkeit, das Geheimnis theistisch als Person denkt, kommt man auf die Idee, es handele sich beim Zorn um den Zorn einer erzürnten Gottperson, die merkwürdig nachtragend und rachsüchtig ist und aus ihrer verletzten Gerechtigkeit Sühne verlangt. Zorn ist aber für Luther die verkehrte Wirkung der Lebensmacht, die in ihrem Segen und Heilgeben verhindert ist: Wo wir nicht mehr Empfangende sind, wird alles zum Fluch des Tuns, der uns anhängt, zum Fluch der Verkehrung, nicht die Rache- oder Höllenvorstellung eines in seiner Ehre und Gerechtigkeit beleidigten Gottes. Keine großmütige Verzichts- oder Gnadenerklärung eines umgestimmten Gottes würde dieses Verhängnis ändern, solange wir in unserer Verschlossenheit und Abgewandtheit verharren und gebannt sind. Keine einfache Vergebung oder Liebe würde etwas verändern. Darum muss das, was die Verkehrung hervorgerufen und das Gesetz der Beziehung verletzt hat (die Verschlossenheit, der Unglaube), aufhören, gebrochen werden und sterben: Es muss zuerst eine Veränderung und Öffnung des menschlichen Herzens und ein Sterben seines Unglaubens, der Urquelle des Unheils, der als Fluch über der Welt liegt, geschehen, bevor sich etwas ändern kann und Vergebung einen Sinn macht. Die Mächte und der Bann des uns besetzenden und verschließenden Unglaubens müssen gebrochen werden. Darum geht es. Dass dies geschehen muss, ist darum, sagt Luther, keine zusätzliche und tyrannische Forderung Gottes, sondern eine in der Sache begründete Notwendigkeit.[148] Gerade wenn und weil die göttliche Urmacht schenkende Liebe ist, ist die Abwendung von ihr – wenn denn das göttliche Geheimnis aller Dinge die tiefste Dimension unserer Menschlichkeit ist – Zorn und Verkehrung.

Es ist also eine – heute verbreitete – Verharmlosung der religiösen Erfahrung, wenn sie nur als Liebe verstanden wird, nicht auch – im Falle der gestörten Beziehung – als anhängender Fluch und Verstörung, Zerstörung. Theistisch geredet: Gott will in seinem Herzen etwas anderes: lieben und schenken, aber er kann es nicht, weil all seine Gaben von uns nicht angenommen, vielmehr verkehrt, missbraucht und missverstanden werden. So ist der Zorn die objektive Verkehrung in der Außenwirkung Gottes zur Schöpfung hin; er ist in Luthers reformatorischer Anschauung nicht in Gottes väterlichem Herzen, sondern nur sein den Menschen zugewandtes Gesicht. So handelt es sich auch nicht um die Hölle eines rächenden Gottes, sondern um die Hölle und das verkehrte Leben, welches unsere „Sünde" hier – in unserem Leben – schafft. Diese Hölle der Verkehrung muss beendet werden. (Dass Luther in seiner mittelalterlichen Weltvorstellung gleichwohl all jene Konstrukte auch kannte und mitführte, ist selbstverständlich.)[149]

So liegt in der Lehre vom Zorne Gottes eine Tiefendimension religiöser Erfahrung verborgen bzw. tritt zutage, die mit dem Erschreckenden und Vernichtenden des Göttlichen zu tun hat. Gott, die ungegenständliche religiöse Dimension aller Wirklichkeit, ist überall wirksam, auch in der Hölle und im Teufel – er ist für Luther die Kraft allen Lebens, das Geheimnis und ein „Treiber" in allen Dingen. Religiöse Erfahrung ist nicht nur Erfahrung des Schönen und Gnädigen, der Liebe Gottes, sondern auch des Fordernden, Bedrohenden und Vernichtenden im Falle der Verkehrung. Eben dies wird in der Lehre vom Zorne Gottes thematisiert. Insofern gehört es – zunächst – zu den Schwierigkeiten, aber auch zu den angst- und anfechtungserfahrenen Stärken Luthers, dass er, indem er die Liebe und Gnade Gottes als Fundamentalkategorie der Gotteslehre in neuer Radikalität und Konsequenz entdeckt und gelehrt hat, dennoch die zweite Seite, die Rückseite der Erfahrung des Göttlichen nicht übersieht, übergeht oder wegstreicht: die Erfahrung des richtenden Gesetzes und des bedrohenden und vernichtenden Zornes, die auch eine fundamentale Wahrheit religiöser Erfahrung und des Göttlichen sind. Diese Erfahrung ist – gegen eine lange Verleugnung in Aufklärung, Liberalismus und heutigen Neigungen – festzuhalten. (Wer sie religionsgeschichtlich kennen lernen will, lese R. Ottos „Das Heilige" oder Mircea Eliades entsprechende Bücher.) Erst in dieser Realitätswahrnehmung wird die Sentimentalität der ständigen kirchlichen Rede von der Nur-Liebe Gottes überwunden.[150]

Wer sich solche „Mächte" anschaulich verständlich machen und bildhaft-dramatisch die Wirkungen eines verhängnisvollen, jeden einzelnen überfordernden Fluches vor Augen stellen will, lese des Aeschylos Orestie, in der die Rachegeister, die Erinnyen, dem Orest unabschüttelbar anhängen und der Befriedung bzw. Aufhebung bedürfen: mythologische Bilder einer heute fast verdrängten, nicht aber untergehenden, sondern – gerade in ihrer Nichterkanntheit – höchst wirksamen Dimension.[151]

All diese nunmehr angesprochenen Verschlossenheiten und Verkehrungen, die uns besetzen, und die Mächte, die uns in der Verschlossenheit festhalten, – sie sind es, von denen wir erlöst werden müssen, damit wir wieder teilhaben können an dem wahren Leben, das es nur in der Offenheit zum Ursprung unseres Lebens, im Empfangen und Vertrauen gibt – von wem und zu wem auch immer, nenne man diese Urdimension „Gott" oder nicht. Wer so befreit lebt, lebt nach Luther wieder vor (coram) und im Angesichte der Urinstanz, empfangend und dankend. Diese Perspektive muss man verstehen, wenn man verstehen will, warum Luther meint, dass das Leben und Sterben Christi „für uns" etwas bedeuten und uns befreien kann. Darin muss daher nach Luther das uns „erlösende" Werk Christi bestehen, dass er eben diese Mächte, die uns in unserer Verschlossenheit und Abgeschlossenheit vom wahren Leben halten, besiegt und uns aus dieser Verschlossenheit und von den Mächten, die uns in ihr halten, erlöst, befreit und so wieder zum Offensein „vor Gott", zum Empfangen und also zum Glauben zurückbringt. Er hat „uns wiederbracht zur Gnad bei Gott", heißt es daher im Weihnachtslied. Ob man glaubt, dass Jesus in seinem Leben und Sterben dies faktisch bewirkt habe und bewirken könne, ist dann eine zweite Frage. Man muss nur zuerst einmal sehen, was nach Luther das Lebensproblem ist, auf das die Christologie, d.h. das Leben und Sterben Christi, antwortet – „für uns". Die Bilder und Begriffe, die die Passion Christi bei Luther deuten, sind dabei diese: Er habe mit seinem Tode den Tod, die Sünde, die Hölle, den Teufel „verschlungen", „erschlagen", „besiegt", „zerstiebt"; er habe die Sünde „ausgelöscht" und den Tod „zerknirscht", die Mächte „erschreckt", uns von den Tyrannen „erlöst" und sie „an einem Tage [zu Ostern] geschlagen", sie „überwunden" – alles dies durch sein Blut, d.h. durch sein (Selbst-) Opfer, sein Leiden und Sterben, und das eben nicht im satisfaktorischen Sinne. „Das Erkenntnis und der Brauch und Nutz Christi ist nichts anderes denn der Glaube, dass er mein Sünd auf sich hat genommen und sie erwürget durch sein Auferstehung."[152]

Hier gibt es nun eine ganze Serie von Texten und Liedern Luthers, die in diesem Sinne das Leiden und Sterben Christi in den Mittelpunkt stellen und deuten. In einer Vielzahl von Osterpredigten und in dem großen Osterlied „Christ lag in Todesbanden" finden wir diese Anschauung: „Den Tod niemand zwingen konnt bei allen Menschenkindern; das macht alles unsre Sünd, kein Unschuld war zu finden. Davon kam der Tod so bald und nahm über uns Gewalt, hielt uns in sei'm Reich gefangen … Jesus Christus, Gottes Sohn, an unsrer Statt ist kommen und hat die Sünd abgetan, damit dem Tod genommen all sein Recht und sein Gewalt … Es war ein wunderlicher Krieg, da Tod und Leben 'rungen, das Leben behielt den Sieg, es hat den Tod verschlungen. Die Schrift hat verkündet das, wie ein Tod den andern fraß, ein Spott aus dem Tod ist worden" (EKG 101). Sowohl in den Oster- wie in den Passionspredigten ist dies der dominante Topos der Schilderung und Deutung des Leidens und Sterbens Christi. Die Passion Jesu schafft nicht erst die Versöhnung Gottes und die Gewinnung seiner Liebe, die Öffnung seines väterlichen Herzens, sondern sie ist *Erweis* seiner Liebe, in der er uns diesen Menschen, seinen Sohn als Befreier schickt und in dessen Leben und Sterben unsere Befreiung sucht. Die Stellen sind Legion, an denen Luther die Passion Christi eben als Erweis der Liebe Gottes, nicht als Ort und Gelegenheit beschreibt, bei der sein Zorn erst in Liebe verwandelt und versöhnt werden müsste: „Durch die *Liebe* Gottes ist ihm die Sünde auferlegt", die in Christus erzeigte Gnade ist „nicht die seines Willens, sondern die des Vaters". Gott ist nicht Richter, sondern liebender Vater, und die angemessene „Betrachtung des heiligen Leidens Christi" erschreckt zwar und schreckt den in seinem Glauben an sich und seine Werke verschlossenen Menschen aus seinem Selbst-Aberglauben auf, findet dann aber ihren Höhepunkt in der Erkenntnis von „Gottes Herz und sieh, dass Christus die Liebe dir nit hätte mocht erzeigen, wenn es Gott nicht hätt gewollt in ewiger Liebe haben, dem Christus mit seiner Lieb gegen dir gehorsam ist. Da wirst du finden das göttliche gute Vaterherz."[153]

Hier wird noch einmal deutlich, dass und warum auch der Zorn Gottes zu den Mächten gehört, die im Siege Christi über die Mächte gestillt und aufgehoben werden: Indem unsere Verschlossenheit geöffnet und wieder empfangend wird, wird die Verkehrung aufgehoben, die dem Schöpferwillen Gottes widerfuhr. Kein Zorn ist mehr nötig, keine Verkehrung findet mehr statt. Die Stillung des Zornes *ist* die Aufhebung unserer Verkehrung der Lebens- und Schöpfermacht: Sie besteht in ihr. In Analogie zur Passion könnte man sagen: Wenn der Zorn dich erschreckt *hat*, dann schau nicht länger auf ihn hin: Er hat sein Werk getan; denn das ist sein Werk. In diesem Sinne wird im Kampfe Christi auch der Zorn Gottes „hingelegt" (zu Fall gebracht) und vernichtet; auch er wird im Mächtekampf besiegt und aufgehoben.[154] Gottes väterliches Herz – das war die reformatorische Entdeckung – musste nicht durch Sühne oder satisfactio erst gewonnen werden, aber die Verkehrung seiner Wohltaten, die zwischen ihm und uns stand, musste *bei uns* aufgehoben werden. Es besteht also – unter Voraussetzung der reformatorischen Erkenntnis – kein Gegensatz zwischen der Liebe und Gnade Gottes und dem Faktum des Zornes in der Verkehrung unserer Herzen und unserer Welt. So erklärt sich die Tatsache des „Zornes" neben und mit der reformatorischen Erkenntnis der rein schenkenden und schaffenden Gerechtigkeit Gottes problemlos.

Am ausführlichsten führt Luther diesen Gedankengang in der großen berühmten Auslegungs-Scholie zu Gal 3,13 im sog. großen Galaterkommentar vor.[155] Die Wendungen, in denen er dort schildert, wie die Sünden auf Christus, der persona maxima, auf seinem Halse liegen und wie er unsere Sünden auf sich genommen hat, sie für uns trägt, sich für uns und unsere Sünden (pro peccatis nostris) opfert etc., finden sich hier und in ungezählten anderen Predigten. Dabei klingen wieder viele von diesen Formulierungen zunächst und scheinbar so, als folgte Luther mit ihnen der traditionellen Deutung des Leidens und des Erlösungsgeschehens als Versöhnung Gottes bzw. durch Sühne und Genugtuung Christi in seinem Strafleiden für unsere Sünde zur Stillung des Zornes. Sie sind aber – im Zusammenhang dieser Scholie –, wenn man einmal auf diese Möglichkeit, ja Notwendigkeit aufmerksam geworden ist, die Begriffe in diesem neuen Zusammenhang und Sinn zu lesen, zwingend – nicht freilich immer – im Sinne der Überwindung der Macht der Mächte zu deuten: Die Sünden liegen auf ihm, er trägt sie für uns, er opfert sich für uns und unsere Sünden – nämlich im Sterben und Auferstehen seines Mächtekampfes, in dem die Sünden besiegt und verschlungen werden. „Christi Leiden verschlingt [!] wahrhaft die Sünde, den Tod [est vere voratrix peccati, mortis]. Dies ist die Ehre, die ihm gegeben werden muss" [„Is honor dandus ei"]. Sogar die Bilder vom Mittler, (Opfer-) „Lamm" (agnus), „Opfertier" (victima) und von seinem Blut (= Leiden), die fast suggestiv im Sinne des stellvertretenden Strafleidens zur Stillung des göttlichen Zornes gemeint scheinen und meist so gelesen werden, werden von Luther oft genug – ich wiederhole: nicht immer – exakt auch im Zusammenhang des Mächtekampfes benutzt und lassen sich oft – eindeutig und zwingend – in diesem neuen Sinne lesen. Damit verschiebt sich für eine große Zahl der Formulierungen Luthers der scheinbar selbstverständliche und traditionelle Sinn seiner Formulierungen, der allermeist nur beachtet und urgiert wird, und es ergibt sich die Möglichkeit und sehr oft das Übergewicht der Vorstellung vom Mächtekampf. Das in der Sekundärliteratur gelegentlich beobachtete „Gefälle" – von der Vorstellung der Versöhnung Gottes hin zur Befreiung des Menschen von den Mächten – bestätigt und befestigt sich immer und immer wieder. Dieser Kampf und Sieg ist das eigentliche Werk Christi, mit dessen Beachtung Christus erst die eigentliche Ehre gegeben wird. „Auf dieses Bild muss man hinsehen. Wer dies glaubt, der hat." In diesem Werk und in diesem Bilde des Mächtekampfes sind die „capitalia nostrae theologiae" gebündelt. Dieser subkutan neu wachsende Sinn der traditionellen Begriffe in Luthers Theologie ist – gegen die übliche Lesart – mehr zu beachten. Er erweist sich zwar nicht als der einzige, doch aber als der reformatorisch grundlegende und auch in den traditionellen Ausdrücken vielfach entscheidende Deutungssinn des Heilswerkes Christi.[156]

Kein Gott und keine Gerechtigkeit Gottes ist hier also zu versöhnen, keine beleidigte Ehre Gottes ist wiederherzustellen, sondern wir Menschen sind zu versöhnen und zu befreien. Luther kommt in dieser Motivreihe zu genau demselben Schluss, zu dem auch Paulus an einer anderen berühmten Stelle (2Kor 5,19 kommt: „Gott war in Christo und versöhnte die Welt mit ihm selber [er versöhnte die *Welt und uns*, nicht sich selber!] … So bitten wir nun an Christi Statt: Lasset [ihr!] euch versöhnen mit Gott!" *Wir* sind zu versöhnen und zurechtzubringen, nicht Gott. Das ist das Werk, das Christus nach dieser Deutung Luthers vollbringt: Christi Passion „verschlingt" und besiegt die Mächte. „Das ist die Ehre, die ihm zu geben ist!" Die Satisfaktionschristologie, die sich allermeist auf Paulus zu stützen meint, ist auch bei

Paulus, wie oben gezeigt, nur ein metaphorisch gebrauchtes Neben-, kein Haupt-motiv.

Luther benutzt dabei verschiedene Bilder und Metaphern zur Schilderung des Kampfs und Sieges Christi, in der Hauptsache die – ihm bereits überkommene – Vorstellung, Christus habe seine Gottheit in seinem Leibe und Fleische versteckt, so dass der Teufel, als er sich an Christus vergriff, nicht wusste, mit wem er es zu tun hatte, und, als er sich an Christus und seinem äußerlichen Fleische verbiss, an dem unter seiner Menschheit verborgenen Angelhaken hängen blieb und so gefangen wurde. Erkennbar bedürfen solche Mythologien und Bilder der Übersetzung in heute zugängliche Symbole und Plausibilitäten und durch existentiale Interpreta-tion.[157] Denn selbst wenn auch hier gelten sollte, dass wir ohne Mythen, Bilder und Symbole nicht auskommen und erkennen können[158], so darf dies keineswegs bedeu-ten, dass die alten Mythen und Metaphysiken – auch die Luthers – damit schon ins Recht gesetzt wären und fortdauern müssten. Die vorigen Andeutungen haben aber vielleicht schon eine Idee davon gegeben, was Luther im Kerne meint. Wiederholen wir es: dass wir Menschen keine neutrale Tabula rasa sind, die beliebig von neuem und von vorne mit sich anfangen können; dass wir vielmehr in unserer seelischen Struktur wie auch von äußeren, gesellschaftlichen Mächten und Ideologien besetzt und geprägt sind: von den Meinungen (opiniones) des Selber-Machens, Selber-Kön-nens, von den Selbstverständlichkeiten der Moralisierung und Ethisierung allen Le-bens und von der der Verleugnung unserer essentiellen Ohnmacht und Empfangs-bedürftigkeit an den Wurzeln unserer Existenz. Die Mächte, die dabei auf uns ein-wirken und uns in diesen fast selbstverständlichen Lebensauffassungen bestärken und zementieren, würde man heute vielleicht am ehesten als „Ideologien" der „Machbarkeit", des „Gotteskomplexes" (H.E. Richter), des „Habens" statt des „Seins" (E. Fromm) bezeichnen. Ideologien sind Mächte in den Köpfen, Herzen und Abgründen einer Gesellschaft und ihrer Menschen. Hierher gehören daher auch alle die Suggestionen, die oben (Kapitel I) unter dem Stichwort „Gefahr der Vergöt-zung" angesprochen wurden: die mit der suggestiven Macht des Systems auf Men-schen, die keine Gegenwehr und Gegenposition haben, einwirken. Zu diesen „Mei-nungen" und „Mächten" dürfte heute wohl auch – neben der verbreiteten Illusion der Selbstmächtigkeit und -machbarkeit unseres Lebens – die verbreitete und be-liebte Selbstvergötzung in der Verwechslung von „religiös sein" (was wir sind) und „göttlich sein" (was wir nicht sind)[159], u.a.m. gehören.

So gibt es wahrlich sehr verschiedene Mächte, die uns verschließen – nicht nur die Schuld, wie kirchlich üblich und überbetont; die Sünde ist in Luthers Reihe der Mächte nur eine von fünfen! Luther ist es dabei besonders wichtig herauszustellen, dass „Sünde" keine schlechte oder böse Einzeltat, sondern unser Gefangensein in den Suggestionen des Unglaubens und der Verschlossenheit ist, und dass wir unser Bestimmtsein in all diesen Fragen wahnhaft uns zu verhehlen suchen und bei einem illusionären – statt realistischen und angemessenen Verständnis von Autonomie und „freiem Willen" zu bleiben geneigt sind. Dabei ist die Blindheit, die die Mächte wie mit einer Zensur-Schere in unseren Köpfen und Herzen bewirken und die nur aus einem externen Blickwinkel („extra nos") überhaupt wahrzunehmen ist, eine zentrale Pointe seiner Gedankenführung. Es sind daher solche „Mächte" und Blindheiten, nicht aber individuell-freie Entschluss- und Dispositionsmöglichkeiten, mit denen wir in diesen Fragen und Kraftfeldern zu tun haben. Könnte dies nicht auch im Blick auf unser Verhältnis zur empfangenden, gelassen-loslassenden und nicht-machbaren Seite unseres Lebens, also für unser Verhältnis zum Vertrauen, Empfangen und Glauben, religiös gesprochen: zum Leben aus Gnaden und zu unserer essentiellen Ohnmacht gelten?[160] Nur der Blick von außen und die Brechung dieser obsessiven Kräfte und Mächte, die in der Regel stärker als wir selber sind, hilft hier weiter. Das ist es, was für Luther im Werke Christi geschieht. Darüber nachzudenken, inwiefern dies im Sterben Christi geschehen könnte, ist eine zu weitläufige eigene Aufgabe, als dass sie hier versucht werden könnte. Hier gilt es nur, die Frage und Perspektive zu erarbeiten, die nach Luther im Blick auf das Leben, Leiden und Sterben des Jesus von Nazareth eröffnet wird: dass wir unter lebenverhindernden und lebenverschließenden Bedingungen, Kräften und Selbstverständlichkeiten leben und dass es auf die Lösung des Bannes und die Brechung und Besiegung der Verschließungsmächte ankommt.

In ihm – allerdings nicht nur in ihm, so wäre heute hinzuzufügen – wäre dann das Urbild eines anderen Lebens gegenwärtig und, wo wir meditierend und glaubend in seinen Macht- und Bannbereich geraten, bei uns wirksam. Keineswegs ist ja – in irgendeinem Sinne „objektiv" – „ein für alle Mal" (Hebr 9,26ff) die Befreiung oder Versöhnung und Erlösung geschehen, wenn kein Gott zu versöhnen war – dies hat sich nun als ein Irrtum erwiesen. Auch die endzeitliche Annahme Jesu, der Satan sei gefällt und wie ein Blitz vom Himmel gefallen (Lk 10,18), ist offensichtlich – in irgendeinem objektiven Sinne – nicht zutreffend; er ist nicht gefällt, wirkt auch nicht nur – obwohl „gefällt" – „nach", sondern wirkt fort. Wohl aber hat sich – seit die Macht eines neuen und anderen Lebens erschienen ist – die Möglichkeit eröffnet, dass die Macht des Satans im Herzen und Glauben von Menschen gebrochen und eine Erlösung vom Bann der Mächte geschieht, sofern wir – in unserem Sterben und Loslassen des alten Menschen und seiner Ideologien – dem Sterben des Jesus von Nazareth und seinem vertrauenden neuen Leben geistlich „gleichförmig" werden. Und sofern das Unheil der Welt in dieser Frage zu groß und mächtig für unser kleines Sterben ist, hat vielleicht wirklich sein Leben und Sterben am Ort des Unheils und Fluchs etwas bewirkt und gewendet. Keine objektive Veränderung, aber die *Möglichkeit* der Bannbefreiung und Lebenseröffnung besteht nunmehr in unserer Welt. Das jedenfalls ist die Blickrichtung, die die Kategorie des Mächtekampfes eröffnen möchte. Es ist eine auf vitale Lebensfragen, auf Lebensbedrohungen und

-verkürzungen bezogene Fragerichtung. Sind wir nicht vielleicht wirklich von Ideologien d.h. von Lebensverkürzungen bedroht? Und was für „Mächte", Kräfte, Kräftefelder könnte es – außer den Ideologien und Verzerrungen, die uns bewusst sind – noch geben? Es scheint, als gäbe es – entgegen dem, was die „unvollendete Aufklärung" wahrhaben will – auch so etwas wie Besessenheiten, Aberglauben, Irrationalitäten und Dämonien, von denen gerade auch wir aufgeklärten Menschen und Gesellschaften besetzt sind und immer wieder befreit werden müssen. Die Verkündigung und das Sterben des Jesus von Nazareth könnten – so gesehen – ganz andere und ungewohnte Blicke auf unser Leben eröffnen, wenn wir uns die Gelegenheit und die Zeit nehmen, uns immer wieder ein wenig mehr in seine Gestalt, seine Bergpredigt und seine Lebens- und Sterbensgeschichte hineinzufinden und uns von ihnen ergreifen zu lassen. Was würde geschehen, wenn wir – um zunächst diese vordergründige Ebene zu wählen – uns ihrem Banne, ihrer Wirkung immer wieder aussetzten, die betreffenden Texte läsen, sie bibliodramatisch spielten und ihre Musiken und Vertonungen – von Schütz' Matthäus-Passion bis zu Penderetzkis Lukas-Passion und a. Pärts Berliner Messe – in uns auf- und ernstnähmen? Könnten es nicht Schritte zur Wahrnehmung und Brechung von allerlei undurchschauten und bisher unbenennbaren Mächten, Dämonien und Ideologien werden?

Soweit zunächst dazu, dass (Paulus und) Luther keine beliebigen oder unerheblichen theologischen Theorien aufstellen, wenn sie von Fluch und Zorn der Urmacht und Urstruktur des Lebens („Gottes") sprechen, von denen wir befreit, erlöst werden müssen. Das gilt auch dann, wenn uns eine solche Theorie vielleicht etwas zu groß und zu abstrakt vorkommen sollte, weil wir – mit unserer begrenzten seelischen Kapazität – diese Tiefe der Einsicht derzeit nicht erreichen: dass nämlich missverstandene und verkehrte Religion eine uns anhängende verkehrende Macht und Blindheit, mithin einen Fluch bedeuten kann (da wir einmal religionslos d.h. wurzel- und geheimnislos nicht sein können) – auch wenn wir uns dies nicht bewusst machen. Vielleicht leben wir längst in einem Verhängnis der Lebensreduzierung, die wir nur nicht mehr bemerken, weil wir uns schon so an sie gewöhnt haben? Deswegen müssen wir diese Wahrheit oft erst an anderen Menschen, an großen Erfahrungen und deren literarischer Darstellung lernen und uns klarmachen. Es könnte ja sein, dass es Abgründe unserer Lebendigkeit gibt, an die wir mit unserer kleinen Seele nicht oder kaum heranreichen, dass es aber Menschen gibt (die man dann vielleicht „Offenbarer" in der Menschheitsgeschichte nennt), die diese schweren Tiefen als ihr Schicksal – uns zugut – erfahren und durchleben müssen; die den Bann lösen und „für uns" Dinge erschließen können, welche uns zu groß, zu tief, zu schwer sind und uns in unseren Abgründen dennoch angehen und bestimmen. Es könnte sein, dass diese dann als öffentliche Personen[161], stellvertretend für uns – und vielleicht sogar für das seelische und geistige Weltganze – etwas durchstehen und gewinnen, dessen Lösung für uns Bedeutung und Folgen hat und dessen Schwere und Tiefe wir dann nicht mehr durchstehen müssen, wenn wir uns an die Wirkung ihrer lösenden und befreienden Kraft- und Lebenssphäre anschließen („halt dich an mich"). „Wenn mir am allerbängsten wird um das Herze sein, so reiß mich aus den Ängsten kraft deiner Angst und Pein", heißt es in dem Choral, in dem Paul Gerhardt Luthers Einsichten fast wörtlich verdichtet hat.

Dabei ist schließlich noch zu beachten und nicht zu übersehen, dass es sich – in eben diesem Mächtekampf – durchaus um so etwas wie ein stellvertretendes Leiden und Sterben Christi, ein (Selbst-) Opfer „für uns" („für unsre Sünd gegeben") handelt, nur muss es in keiner Weise den Sinn eines satisfaktorischen Strafleidens oder Opfers zur Versöhnung des göttlichen Zornes haben. Ein solches Leiden und Sterben, in dem jemand für andere stellvertretend sich hingibt oder opfert, kann es ja durchaus und immer wieder geben und es kann viel bedeuten. Aber ein solches (Selbst-) Opfer Christi kann und muss – in der Perspektive des Mächtekampfes verstanden – nicht den Charakter und die Bedeutung eines Sühnopfers und einer Genugtuung zum Zwecke der Versöhnung Gottes haben. Eine solche muss es – nach Luthers neuer Einsicht – nicht mehr haben und geben, weil die göttliche Gerechtigkeit solche Genugtuung gar nicht will: „Das sag ich, dass man aus keiner Schrift bewähren kann, dass [die] göttliche Gerechtigkeit etwas peyn [poena] oder genugtuung [satisfactio] begehre".[162] Diese Einsicht gilt es dann bis in die fällige Neudeutung unserer Lied-, Abendmahls- und Messtexte hinein zu berücksichtigen.

Dies alles lässt sich heute nicht nur dann verstehen, wenn man annimmt, dass Jesus als der Christus „Gott" war, wie Luther in steter Anhänglichkeit an das altkirchliche Dogma und seine Zwei-Naturen-Lehre glaubte. Es erschließt sich auch unter der Voraussetzung, dass er nicht Gott war, sondern dass „Gott", die göttliche Urmacht und das Geheimnis der Welt, „in ihm" (2Kor 5,19) war, in ihm mächtig war und dass Jesus in der Kraft der Verbundenheit und Einheit mit ihm lebte, starb und die Mächte überwand. Er war versucht gleich wie wir, doch ohne Sünde (Hebr 4,15). In der Kraft seines ungebrochenen Glaubens und Vertrauens zu Gott, welches von der Ursünde des Menschengeschlechts nicht infiziert war, lebte, wirkte und starb dieser Mensch, vielleicht wirklich in diesem Sinne „einziger" bzw. „einzigartiger" („eingeborener") Sohn Gottes (obwohl wir alle Söhne und Töchter Gottes sind). Er solidarisierte sich mit dem religiösen Menschheitsschicksal („Gott gegenüber"), stellte sich in Geduld und Gehorsam gegen Gott, seinen Vater, an die Stelle des tiefsten Verhängnisses und der Gottlosigkeit, Gottferne, wo Sünde und Lebensverkehrung („Zorn") regieren, setzte sich in aller Wehr- und Gewaltlosigkeit seines Glaubens dem Unheil aus und ließ es an sich geschehen, erlitt diese Verkehrung, *offenbarte* dadurch den tödlichen Widerstreit der Frömmigkeit des Gesetzes und des Kultes (Tempelkritik in Jerusalem) wider die Predigt vom Reiche Gottes für die Armen, Huren, Zöllner, kultischen Outlaws und Untouchables und *löste* so in seinem Sich-Aussetzen und Erleiden des Verhängnisses die Verkehrung für die, die ihm glauben, d.h. die sich in den Bannbereich seiner Wirkung stellen und ihm in diesem Prozess gleichgestaltig, gleichförmig werden. Darüber und wie das Geheimnis seiner Person und Wirksamkeit vielleicht sich denken lässt, ist hier nicht weiter zu reden.[163] Wichtig ist an dieser Stelle nur, dass im Herzen von Luthers Theologie, wenn er die capitalia theologiae nostrae schildert, allermeist bzw. – je nach Lesart – sehr oft keine satisfactio für die beleidigte und zu versöhnende Ehre oder Gerechtigkeit Gottes mit einem Blutopfer, keine satisfaktorische Sühne für unsere Sünde an einen verletzten oder zornigen Gott, sondern unsere Befreiung aus der Macht des Unglaubens durch sein Leiden und seinen Tod steht. Dies ist ein – wenn nicht das – Zentralmotiv Luthers, auch wenn er daneben immer wieder die traditionellen Anschauungen und Bilder benutzt, die aber oft genug einer entsprechenden neuen Deutung unterzogen werden. Dieses Zentralmotiv muss man verstehen und sich einprägen. Es gibt dem ganzen Denken über das Leiden und Sterben Christi einen neuen, anderen Sinn und führt zu einem Ruck in der Christologie. Man muss sich nur bewusst halten, dass mit dem Mächtekampf nicht der „ganze" (historische) Luther mit all seinen Mehrdeutigkeiten und Übergangsformulierungen vorgestellt ist, sondern eine – jedenfalls entscheidende und in sich konsistente – Motivreihe aus seiner Erlösungs- und Befreiungslehre.

Es bleibt daher nun an dieser Stelle unweigerlich noch die – nun schon mehrfach angesprochene – Frage zu klären, wie sich die Theorie des Mächtekampfes zu der traditionellen Deutung der Genugtuung und Sühne bei Luther verhält; denn mit dem Gesagten ist noch nicht geklärt, wie diese beiden Deutungstypen einander zuzuordnen sind. Die traditionelle Deutung stellt – wenn sie das Motiv des Mächtekampfes nicht ganz übergeht oder der Satisfaktionstheorie ein- und unterordnet – bestenfalls beide nebeneinander und erklärt, die satisfactio und Sühne sei primär eine *Versöhnung Gottes* und seines Zornes, deren es nach Luther ebenso bedürfe wie sekundär dann auch der *Befreiung der Menschen* durch den Mächtekampf Christi. Entsprechend betont sie – unzweifelhaft zu Recht, dass Mächtekampf und „fröhlicher Wechsel und Streit" bei Luther in der Regel nur unter der Voraussetzung der Sühne und Versöhnung Gottes gültig und möglich seien. Wem daher die Klarheit des bisher besprochenen Mächtekampfmotivs genügt, deren Linie wir bisher – wegen ihrer meist unterbetonten und unbekannten Zentralbedeutung – alleine betont und herausgestellt haben, der mag hier die Lektüre dieses Abschnitts beenden und sich mit dieser neu gewonnenen Perspektive begnügen. Mit dieser Linie und Motivreihe ist aber nicht nur nicht der ganze Luther, sondern auch nicht die ganze Fragestellung durchgesprochen. Denn Liebe und Gnade müssen durch ihr Widerspiel in Gericht und Vernichtung gehen, sollen sie nicht sentimental und unwahr bleiben bzw. werden. Den nur lieben Gott und die nur schöne Religion gibt es auch hier nicht. Was daher (auf den nächsten 10 Seiten) folgt, ist zwar wichtig und interessant, aber – für theologisch ungeübte Leser und Leserinnen – zunächst sicher anstrengend, weil es die sprachliche Zwiegesichtigkeit und sachliche Zweideutigkeit Luthers klärt. Es mag daher zunächst übersprungen werden. In der Sache aber gehört gerade auch die gründliche Klärung dieser Fragen zu den Bedingungen und Ermöglichungen des fälligen christologischen Rucks in den Köpfen der Kirche.

Die Konkurrenz der alten und der neuen Deutung – „Mächtekampf" und „sühnende Genugtuung im Strafleiden Christi": „die satisfactio gibt Christo zu wenig Ehre …"
Welches also ist das Verhältnis jener beiden Deutemuster? Stehen sie wirklich so problem- und spannungslos nebeneinander, dass sie gar keine konkurrierenden Deutemuster sind, wie von der weit überwiegenden Mehrzahl der Lutherforscher angenommen wird? Hierzu ist zunächst noch einmal festzuhalten, dass Luther in der Tat lebenslang den Topos von der Genugtuung Christi zur Stillung des göttlichen Zornes und zur Versöhnung der Menschen gelehrt und in seinen Bildern deutlich belebt hat. Gott ist dann – entgegen den obigen Zitaten – zunächst sehr wohl noch der vernichtende Richter, dessen Zorn erst noch im Sterben Christi gestillt werden muss, damit aus ihm ein gnädiger Vater wird, und seine Gerechtigkeit ist eine, die Genugtuung, Bezahlung u.a.m. verlangt, damit sie gnädig sein kann. Luther kann daher auf dieser Linie die alten Bilder der (sog. forensischen) Gerichtssprache und der kultischen Sühne festhalten, in denen durch das Opfer Christi Gott versöhnt und wir „um Christi willen" mit Gott versöhnt und gerecht gesprochen werden. Die Erlösung des Menschen kann in dieser Perspektive nicht stattfinden, bevor der Zorn Gottes durch die Genugtuung Christi versöhnt ist. Luther spricht unbestreitbar weiterhin mit doppeltem Focus von der Versöhnung Gottes und seines Zornes, von der Genugtuung für seine „Gerechtigkeit" und sein Gesetz wie – dann auch – von der Erlösung des Menschen von den Mächten. Denn erst die Genugtuung Christi macht aus dem zornigen Richter den liebenden Vater. Keine Lösung der Frage nach dem Verhältnis der Theorie der Genugtuung zu der des Mächtekampfes bei Luther kommt an der Feststellung und Würdigung dieser merkwürdigen doppelten Tatsache und Zweigleisigkeit vorbei. Und die konventionelle Deutung hält dies für angemessen und widerspruchsfrei, da der „Gerechtigkeit" und dem „Gesetz", die beide verletzt sind, Genüge geschehen müsse, denn deren Verletzung habe Feindschaft zwischen Gott und dem Menschen geschaffen. Diese Genugtuung ist durch die straferstattende oder sühnende Stellvertretung Christi in der Kraft seiner verborgenen Gottheit für uns geschehen und sie wird uns zur Gerechtigkeit angerechnet (imputiert). Auf die Länge und die Fläche seiner Äußerungen gesehen hat Luther in der Tat beide Lösungen tatsächlich nebeneinander benutzt und die Versöhnung Gottes als Voraussetzung der Erlösung des Menschen von den Mächten behauptet. Es ist, als wenn Luther hier ganz in Geist und Sinn jenes Anselm v. Canterbury spräche und dächte.[164]
Wie soll man sich dieses Nebeneinander der schenkenden „Gerechtigkeit" Gottes, die uns den Christus als Befreier schickt, einerseits und der Sühne und strafleidende Genugtuung fordernden „Gerechtigkeit" eines Gottes, der in Passion und Versöhnungswerk Christi erst versöhnt werden muss, andererseits erklären? Gibt es hier wirklich keinerlei Spannung? Für jeden, der die reformatorische Entdeckung der schenkenden Gerechtigkeit und das daraus folgende Zentralmotiv des Mächtekampfes für grundlegend nimmt, ist diese Spannung unübersehbar.
Sie tritt bei Luther an zwei merkwürdigen und verborgenen Stellen explizit hervor,

an denen er das friedliche Nebeneinander – zunächst oder scheinbar – aufkündigt, den Gegensatz klar heraus formuliert und die Bedingungen angibt, unter denen allein am alten Deute- und Sprechmuster festgehalten werden kann. An der ersten dieser Stellen, die ein früher Nachhall der reformatorischen Erkenntnis ist, spricht Luther gleich zu Anfang seiner öffentlichen Wirkung in dem „Sermon von Ablass und Gnade" (1518) im Blick auf den 3. Teil des Bußsakraments von der Genugtuung, die die Gläubigen nach innerer Buße und deren Beichte zu leisten hatten:

„Das sag ich, dass man aus keiner Schrift bewähren kann, dass [die] göttliche Gerechtigkeit etwas peynn [poena, Strafe] oder Genugtuung [satisfactio] begehre oder fordere von dem Sünder denn allein seine herzliche und wahre Reue oder Bekehrung …"[165]

Obwohl dieser Satz zunächst, wie gesagt, nur für das Bußsakrament, nicht für die Versöhnungs- oder Erlösungslehre formuliert ist, begründet Luther seine Kritik an der Bußgenugtuung doch viel grundsätzlicher und allgemeiner, nämlich mit einer weit über die Bußlehre hinausreichenden Begründung aus seinem neuen Verständnis Gottes und der göttlichen Gerechtigkeit, die dergleichen Genugtuung und Leistung gar nicht will, eben weil sie eine – „aus unschätzlicher Gnad" – rein schenkende Gerechtigkeit ist. Und Luther verbindet diese fundamentale Begründung aus dem Gottesverständnis mit der Ablehnung eben jener oben vorgestellten anselmischen Formel, mit der in dessen Versöhnungslehre das theologische Grundlagenverständnis festgelegt worden war: „aut poena aut satisfactio" („entweder Strafe oder Genugtuung"), hieß es bei Anselm, und exakt diese Formel wird von Luther im Namen seines neuen Gerechtigkeitsverständnisses für ungültig erklärt und überboten. Was im Zusammenhang der Bußlehre formuliert ist, wird damit eindeutig in Kategorien der Versöhnungslehre behandelt und in seinem – potentiellen – Geltungsradius erweitert. Die göttliche Gerechtigkeit *will* weder Strafe noch Genugtuung. Das müsste nach diesen kategorischen Formulierungen eigentlich in der Versöhnungs- wie in der Bußlehre gelten; das Verständnis der göttlichen Gerechtigkeit als einer gnädigen, schenkenden schließt die Möglichkeit einer Genugtuung aus. Und das bedeutet: Die zu erbringende „Strafe oder Genugtuung" ist nicht deswegen unmöglich, weil wir etwa zu schwach sind und daher Christi und seiner Hilfe und Heilstat bedürfen, sondern: Die Genugtuung ist nicht möglich, weil die göttliche – neu verstandene – Gerechtigkeit solche Genugtuung gar nicht will! Darum, aus diesem Grunde allein, kann sie niemand erbringen. Und ich setze um der Klarheit willen gleich die eigentlich unausweichliche Konsequenz hinzu: Weil Gott selber eine solche Genugtuung nicht will, kann natürlich auch Christus eine solche Genugtuung nicht erbringen, denn sie ist nicht das, was Gott will. Von früh an rumort also diese neue Logik Luthers untergründig in seinem Denken wie hier in Bezug auf das Bußsakrament. Sie schafft sich sowohl einen neuen christologischen Fokus im Mächtekampf als auch allenthalben, wie wir sahen, eine neue Deutungslogik der alten Sprachmuster in der Versöhnungslehre, ohne indessen hierin durchzudringen und generell zu werden. Keine Genugtuung in diesem Sinne kann – eigentlich – mehr stattfinden, kein Gott muss mehr versöhnt werden. Die reformatorische Erkenntnis der Natur und Art („Gerechtigkeit") Gottes schließt das anselmische Verständnis aus; sie und die ihr entsprechende satisfactio „passen" nicht mehr zu Luthers neuem Verständnis der göttlichen Art und Gerechtigkeit. Dennoch hat Luther diese Konsequenz nicht generell vollzogen.

Dasselbe wird noch schärfer in einer singulären Osterpredigt des Jahrs 1531 wiederholt – im zeitlichen Kontext der um die Augsburger Verhandlungen (1530) neu entfachten Rechtfertigungsdebatten. Auch sie geht von der Buße und von deren 3. Teil (der „Genugtuung", satisfactio) aus und kritisiert diese fundamental, indem – diesmal explizit auf die Versöhnungslehre bezogen – die Unmöglichkeit der Genugtuung herausgestellt wird.

Da Luther in dieser Predigt über Lk 24, 36ff, wo von Buße und Vergebung die Rede ist, predigt, spricht er über das Bußsakrament der katholischen Kirche. Nur den Papisten zuliebe habe er den Begriff der Genugtuung in der Hoffnung, er würde sinnvoll gebraucht werden, durchgehen lassen, so dass nicht der Menschen, sondern Christi Genugtuung mit ihm gemeint sein würde. Weil die Romanisten aber diese bessere Einsicht und Deutung nicht angenommen und vollzogen haben, wollen wir uns rein von ihnen scheiden, ihre Worte in unserer Schule bzw. Kirche nicht länger dulden und das Wort „Genugtuung" den Richtern, Juristen und Henkern überlassen. Das Wort Reue zwar wolle er, Luther, bestehen lassen, wiewohl es zu schwach sei. „Und auch dies ist zu gering: Christus hat für unsere Sünden genuggetan, sondern es heißt [bedeutet] eine Erlösung für [im Blick auf] die Sünden, die Hölle." Die zweite Nachschrift gibt fast denselben Wortlaut und bestätigt das fast beiläufig hingesetzte aufregende Urteil: „So dieses Wort ‚Christus hat für unsere Sünden genuggetan' ist ouch zu gering, da er [Christus] ist ein Erlöser und Erlediger von Tod, Sünde und Teufel." Die Befreiung, Erlösung und der Mächtekampf, nicht eine Versöhnung Gottes wird mithin als die eigentliche Pointe des Sterbens Christi verstanden. Und auch die dritte, sekundär erweiterte Nachschrift gibt diese Passage fast wortgleich wieder: „Und ob man gleich das Wort Genugtuung wollte behalten und dahin deuten, das Christus hat für unsere Sünde genug getan, so ist es doch zu schwach und zu wenig von der Gnade Christi geredet, und das Leiden Christi nicht genug geehrt, welchem man muss höhere Ehre geben, da er nicht allein für die Sünde genug getan, sondern uns auch erlöset von des Tods, Teufels und der Höllen Gewalt und ein ewiges Reich der Gnaden und täglicher Vergebung, auch der übrigen Sünde, so in uns ist, bestätigt, und also uns geworden … eine ewige Erlösung und Heiligung …"[166]

In der Tat also, man kann im Sinne Luthers von der satisfactio reden, er bestreitet sie nicht ganz, sondern nennt sie komparativisch „zu schwach", zu „gering". Sie ist also ein uneigentlicher und ungenauer Begriff, denn die Befreiung von den Mächten ist das Hauptziel des Wirkens Christi, welches jedes Mal ausdrücklich bezeichnet wird. Sie erst gibt ihm die angemessene Ehre. Die Begründung der Kritik aber ist eindeutig und grundsätzlich formuliert.

Obwohl also auch dieser Satz zunächst wieder im Zusammenhang der Bußsatisfactio formuliert ist, zeigt er doch ganz unzweideutig, grundsätzlich und präzise die Kritik der Genugtuungskategorie im Blick auf die gesamte Erlösungslehre (und sagt von ihr in der erstaunlichen Interpolation Crucigers, dass sie Christus und seinem Werk nicht genug Ehre gebe). Wieder wird – wie schon bei der ersten Stelle – für die Kritik der Bußsatisfactio das ganze Gewicht des christologischen und soteriologischen Arguments eingesetzt. Ausdrücklich von der satisfactio Christi, nicht von unserer menschlichen Bußleistung wird gesagt, sie sei – als Kategorie – zu schwach und zu gering! Luther erwägt die Möglichkeit, den Begriff allenfalls – nur allenfalls – auf die Erlösung Christi zu beziehen und dann gelten zu lassen („Und ob man gleich …"), findet ihn aber auch da „zu gering" und möchte ihn eher gemieden sehen. Er ist zu schwach (weil nur eine Teilwahrheit: Christi Werk ist auch, aber nicht nur satisfactio) bzw. unbrauchbar (weil unangemessen). Was zunächst nur im engeren Zusammenhang der Buß-Genugtuung formuliert ist, wächst sich ausdrücklich zu einer generellen Formulierung aus: Christi „satisfactio für unsere Sünde" ist zu gering geredet, sie gibt Christus nicht die angemessene Ehre, wie Cruciger hinzufügt. Wohl aber gibt der Mächtekampf, wie wir Luther an anderer Stelle sagen hörten, Christus die angemessene Ehre („Is honor dandus ei") und beinhaltet die capitalia nostrae theologiae, die Hauptstücke unserer Theologie. Das sollte ja wohl – entlastet von den Vorstellungen von Blut, Sühne, Genugtuung und stellvertretendem Strafleiden – genügend sein für das Verständnis des Heilswerkes Christi. Der Genugtuungs-Topos ist – für Luthers Verständnis – nicht in der Lage, die entscheidende Pointe des Heilswerkes Christi auszudrücken. Man kann sich schwerlich eine deutlichere Formulierung der Konsequenz der reformatorischen Erkenntnis denken und wünschen.

Es ist, als wenn hier ein haarfeiner Riss in den Selbstverständlichkeiten von Luthers Versöhnungs- und Erlösungsverständnis zutage tritt, wenn man diese beiden Textstellen bedenkt und so – einen kleinen Moment lang – einen Blick in die offensichtlich „eigentlich" gemeinte Tiefenstruktur seiner Theologie wirft. Geht man dem Wortlaut und der syntaktischen Verbindung der Argumentation nach, so müsste man Luthers Weisung, der Begriff solle nicht mehr benutzt werden, deutlich auch auf die versöhnende satisfactio beziehen. Dennoch muss es – erstaunlicherweise – dabei bleiben, dass auch in dieser Predigt die *generelle* Kritik der Genugtuung in den Themenkomplex der Bußlehre verkappt und – in eigentümlicher Schwebe zwischen den Themenkreisen – auf die Buße beschränkt bleibt. Denn dass der Begriff in unserer Schule bzw. Kirche nicht mehr benutzt werden solle, das bezieht Luther letztlich doch wieder eindeutig nur auf die Bußsatisfactio, nicht auf die Versöhnungslehre. Die generelle Konsequenz der doch so generell formulierten Kritik wird nicht gezogen.

Wie soll man sich dies erklären? Beide zitierten Stellen kritisieren in unübertrefflicher Klarheit und mit aller wünschenswerten Deutlichkeit die satisfactio im Versöhnungswerk, dennoch bleibt Luther bei seiner Rede von der satisfactio, allerdings oft und deutlich relativiert durch den Mächtekampf. Er entdeckt die schenkende Gerechtigkeit Gottes als grundlegende Erkenntnis seiner Theologie, und dennoch lehrt er – begrifflich zwar selten, aber immerhin deutlich – die Strafe, Sühne, Loskauf und Versöhnung des Zornes fordernde Gerechtigkeit Gottes. Was ist der Grund dafür, wo liegt die Hemmung im Ziehen der Konsequenz?

Bevor wir hierauf die Antwort suchen, haben wir zunächst mit Luther noch einen weiteren Schritt in Bezug auf die Kritik und Relativierung der Satisfaktionskategorie zu gehen, um die Binnenstruktur dieses Begriffs und die Gründe, aus denen Luther ihn festhalten kann, besser zu verstehen. Denn die Kritik der gängigen Satisfaktionsvorstellung setzt sich bei Luther in Ansätzen und seltenen Andeutungen noch in der von ihm subkutan eröffneten Umdeutung eben dieses Begriffes selbst fort. Dies ist – bevor wir die Konsequenz ziehen und die Lösung zeigen – abschließend kurz darzulegen.

Luthers Umdeutung des Begriffs der Genugtuung – seine neue Zielrichtung
Wie gezeigt, ist für Luther das Gesetz die oberste der Mächte, von denen wir befreit werden müssen: Es richtet den Zorn an, es offenbart die Sünde. Die Verletzung des „Gesetzes" einer Beziehung aber ist – ich erinnere zum Verständnis an die oben bereits in Anspruch genommene Analogie der verletzten Freundschaft oder Liebe[167] – kein Vorgang, der einfach übergangen, vergeben und vergessen werden kann; das würde nichts bewirken oder verändern. Er muss geheilt werden, damit die in ihm geschehene Verkehrung und Verletzung eines Lebensvorgangs wieder aufgehoben und entmächtigt wird. Das Gesetz hat Recht, ihm muss daher mit seiner Forderung

genuggetan und gestorben sein, meint Luther: „Es ist notwendig, dass der Mensch sterbe, wenn er vom Gesetz frei sein will." Daher ist, wir zitierten es schon, die Forderung, dass dem Gesetz genuggeschehen müsse, für Luther keine zusätzlich tyrannische Forderung Gottes. Erst wenn die alte, das innerste Gesetz der Beziehung verletzende Haltung und Einstellung (des Unglaubens, der Verschlossenheit) gestorben ist, ist der Bann der Verkehrung und Verschlossenheit gebrochen, ist die alte Ordnung und Offenheit wieder hergestellt. Das ist der Grund, warum Luther in seiner Frühzeit das notwendige Sterben des Gläubigen und seines alten Adam, in welches Christus den Menschen mit hineinnimmt, so betont. Später, in seiner klassischen Zeit betont er – außer dem Sterben des alten Menschen in der Buße, damit der neue Mensch entstehen kann –, dass Christus für uns sich dem Recht des verletzten Gesetzes aussetzte, damit wir nicht in diese Tiefen der Gottverlassenheit und -ferne hineinmüssen, in die er – als persona maxima und publica – für die Sünde der Welt hineinging, sie durchstand und den Bann und Fluch des Gesetzes löste, was aber das Sterben des alten Menschen in uns nicht erspart, sondern unterstützt, ja erst ermöglicht. Indem Christus sich diesem Sterben aussetzt und es an sich geschehen lässt, steht er die Gottferne in einer für uns unerreichbaren Tiefe durch und bricht so – das ist der jetzt neu zu besprechende Aspekt – die Macht des Gesetzes: Gott sandte seinen Sohn, uns von den Tyrannen und Mächten, unter die wir geraten waren, zu erlösen und durch Leiden und Sterben „genugzutun". Wie tat er das „gewaltiglich"? „Auf diese Weise": *Dem Gesetz tat er genug*, er erfüllte es ganz und gar, denn er liebte Gott von ganzem Herzen, von ganzer Seele, von ganzen Kräften, von ganzem Gemüte und gehorchte seinem Willen in allem Gehorsam, gehorsam bis zum Tode am Kreuz. Sodann liebte er seinen Nächsten als sich selbst, so dass er für ihn sein Leben ließ. Indem er so das Gesetz erfüllte, konnte das Gesetz ihn nicht mehr verklagen, auch Sünde, Tod, Teufel und Hölle, die ihn verklagen, verschlingen und fressen wollten, konnten dies nicht, vielmehr verschlang er sie und fraß den Tod, siegte so und machte all dies uns gemein und schenkte es uns. Dies sind die fremden Werke Christi, die für uns „genugtun".[168]

Das aber bedeutet: Luther setzt in diesem Zusammenhang der Gesetzesthematik den Satisfaktionsbegriff zentral ein, hält ihn in Geltung, deutet ihn aber radikal um. Er versteht und benutzt auch die Genugtuung als Metapher und Mittel des Mächtekampfes: Um den Fluch und die Verschlossenheit des Gesetzes, die auf uns liegen, zu lösen, setzt Jesus sich dem Bann und Fluch des unerfüllten Gesetzes in Vertrauen und gewaltloser Hingabe aus, tut damit dem Gesetz „genug" („für unsere Sünden") und löst so den Fluch und Bann des Gesetzes („für uns"). Auch die satisfactio selbst – samt allen Metaphern der Opfertheorie – wird also hier (und *kann* seither als Deutung des Begriffs immer wieder) zum Mittel des Mächtekampfes werden (was allerdings nur im Ansatz an wenigen Stellen, die eine Interpretationsmöglichkeit eröffnen, geschieht, keineswegs konsequent durchgeführt wird). Nicht Gott wird versöhnt, sondern die Macht des Gesetzes wird durch das Genugtun Christi gebrochen. Dabei gilt mit Sicherheit: Wenn Luther genauer angibt, wem die Genugtuung Christi geschieht, so ist es in der weit überwiegenden Mehrzahl der Stellen das Gesetz, dem Genüge geschieht oder geschehen muss – also einer der Mächte, die im Verhältnis zwischen Gott und Mensch herrschen, nicht aber Gott selber oder seiner Gerechtigkeit (obwohl auch dies manchmal gesagt werden kann)! Auch hier – in der Tiefe seiner Denkstruktur, nicht auf das Gros seiner Äußerungen gesehen – muss kein Gott durch eine satisfactio versöhnt werden. Vielmehr gilt: Indem dem *Gesetz* genuggeschah, wurden *wir* befreit und geöffnet zu unserem Ursprung, zu unserer Tiefe, zu unserem und aller Schöpfung Geheimnis hin, wenn wir uns dem Bannbereich seiner Wirkung, seines Lebens und Sterbens aussetzen und in ihn hinein mitnehmen lassen (ihm glauben, unter seine Flügel uns verkriechen, im fröhlichen Wechsel). Gerade die Genugtuung, die meist – ebenso wie die Lehre vom Zorn – als Beleg für die Fortdauer der Lehre vom Gott-versöhnenden satisfaktorischen Strafleiden und Opfer bei Luther angesehen wird, kann bei ihm also auch dem Verständnis und der Lesart vom Mächtekampf dienen und diesen realisieren; sie kann als Mittel, die Macht und den Bann des Gesetzes zu brechen, gelesen werden. An den vielen Stellen, an denen nur formelhaft die Genugtuung als das erlösende Werk Christi genannt wird, muss daher offen bleiben, in welchem Sinne sie verstanden werden muss (mit der ständigen Möglichkeit, dass in der Tat beide Deutungen miteinander und durcheinander gehen). Jedenfalls eröffnet sich aber eine ganz neue Perspektive, auch diesen Begriff der satisfactio, der so oft in formelhaft resümierenden Wendungen benutzt wird, anders und neu, aus der Einheit Jesu mit Gott und für die Befreiung der Menschen, zu verstehen: Der sterbende Jesus setzt sich dem Fluch des Gesetzes aus und bricht dadurch dessen Bann und Fluch. Eine neue Möglichkeit, die alte Wahrheit zu verstehen, ist hier eröffnet. Das eigene Sterben des alten Menschen und seiner Verschlossenheit wird nicht erspart und ist – in unseren kleinen Dimensionen – die Genugtuung gegenüber dem Gesetz, welches als Grundgesetz des Lebens Glauben – d.h. Offensein und Empfangen –fordert. Auch von diesem unserem Sterben gilt Goethes „Und solang du das nicht hast,/ dieses: Stirb und werde,/ bist du nur ein trüber Gast/ Auf der dunklen Erde." Dies Sterben des kleinen Ego scheint eine unausweichliche religiöse Wahrheit alles Geschöpflichen. Aber im Blick auf die uns überfordernde Macht der Mächte und das daraus resultierende Unheil der überindividuellen Lebensverkehrung in Welt und Gesellschaft geschieht in Christi, der persona maxima und publica, Sterben etwas, was über unseren kleinen und privaten Tod hinausgeht und für uns, wenn wir glaubend und in unserer alten Art sterbend an ihm teilhaben, Bedeutung haben kann. Dies ist ein Sterben, das Christus die angemessene Ehre gibt – dies zu denken regt Luther an. Wie dies alles sich denken, verstehen und übersetzen lässt, ohne das „Gesetz" zu mystifizieren, bleibe hier offen; es überfordert unseren Zusammenhang. Es könnte aber lohnen, dem nachzudenken. Denn es gilt festzuhalten: Bis in die Möglichkeit, den Genugtuungsbegriff auf solche Weise umzudeuten und festzuhalten, führt Luther sein Grundmotiv und sein neues „Gerechtigkeits"verständnis durch, dass nicht Gott versöhnt, sondern wir befreit werden müssen und durch Teilhabe am Geschick Jesu befreit werden können. Im Lichte dieser nun schon mehrfach angesprochenen Neudeutung der alten Begriffe und der Beachtung des neuen inneren Sinnes auch der „Genugtuung" darf man somit die oben zitierte Kritik und Emotion gegenüber der satisfactio als geheimen Indikator und als Sonde für den unter den weiterhin benutzten traditionellen Begriffen verborgenen neuen Sinn eben dieser Begriffe und Vorstellungen ansehen.

Dennoch bleibt Luther aufs Ganze gesehen bei seiner traditionell-sühnenden Deutung und predigt sie formelhaft, wenn auch nicht alternativlos, vielmehr immer wieder durchsetzt von Fragmenten und Ansätzen der neuen Deutung. Selbst in der eben zitierten Predigt von der Genugtuung gegenüber dem Gesetze muss (p.294) durch Christi Leiden aus dem zornigen Richter erst ein gnädiger Vater gemacht werden. Es hat nicht den Anschein, als wenn Luther eine Spannung zwischen beiden Modellen empfunden habe. Wie lässt sich dies nun erklären?

Erste Erklärung der Zwiegesichtigkeit in Luthers Versöhnungslehre

Luther ist mit seinen Aussagen am Heil des Menschen interessiert. Daher genügt es ihm zu betonen, dass nicht wir Menschen für unsere Sünde genugtun müssen und können, sondern dass Christus dies für uns getan hat: Schaue auf ihn und flüchte dich unter seine Flügel angesichts des göttlichen Zornes; er hat für Dich genuggetan, du musst es nicht mehr tun. In der Fachtheologie nennt man dies die von früh an betonte „soteriologische" Orientierung der Theologie Luthers. So kann Luther – gültig – das Werk Christi im Rahmen der alten Formeln für Menschen der alten Anschauungen deuten, und er tut es. Damit aber bleiben, sofern Luther dem traditionellen Schema folgt, im Gottesverständnis die alten (vor-) neutestamentlichen und vorreformatorischen Strukturen erhalten: Gott braucht Versöhnung, ausgleichende oder loskaufende Verdienste – und seien es die Christi – und einen Versöhner und Mittler, der ihn, den Feind der Menschen, versöhnen und aus einem verdammenden Richter zu einem barmherzigen Vater machen muss. Man mache sich dies noch einmal klar: Das neue Gottesverständnis sagt: „Du kannst keine Verdienste vor Gott erwerben, Du kannst Leben und Rechtfertigung nur aus Gnaden geschenkt bekommen, denn Gott (in seiner neu verstandenen „Gerechtigkeit") ist ein „aus unschätzlicher Gnade" Schenkender. In der Christologie aber lebt das alte Muster – scheinbar ungebrochen – fort: Es ist ein Gott, der Opfer und Versöhnung will, und Christus ist es, der Verdienste und (kultische) Loskaufsleistungen und Satisfaktionen „für uns" erbringt – Leistungen, die der schenkende Gott eigentlich gar nicht mehr will und schon längst abgelehnt hat. Luthers Motiv des barmherzigen Gottes und des aus Gnaden geschenkten Lebens schwankt nicht, wohl aber schwankt die Durchführung dieses Motivs zwischen dem Gott, der aus Liebe zum Menschen und zu seiner Befreiung die Passion Christi veranlasst, und dem Gott, der durch eben diese Passion erst versöhnt werden muss. Somit stellen jene beiden satisfaktionskritischen Stellen den Vorschein einer fälligen Klarstellung dar, deren Notwendigkeit Luther nicht empfand, weil er in der Logik der alten Welt und ihrer Bilder lebte. Ihm genügte die Vorstellung, dass Christus uns errettet hat. „Er hat genuggetan für uns" – das ist die stehende Formel, mit der dies ausgedrückt wird. Ihn störte nicht, dass es völlig verschiedene Gottesbegriffe waren, die im Hintergrund der verschiedenen Begriffe standen. Das soteriologische Interesse dominierte und überdeckte die heute hervortretenden Unstimmigkeiten. Nur wer die eigentliche Unverträglichkeit der Anschauung von den Verdiensten und Satisfaktionen Christi mit dem neuen schenkenden Gerechtigkeitsbegriff sieht und empfindet, wird daher das Gewicht jener einsamen satisfaktionskritischen Stellen empfinden und würdigen. Das ist der Grund, warum in der Lutherliteratur diese Stellen so selten – und wenn, dann meist konsequenzlos – wahrgenommen und gewürdigt werden.

Die beiden Formulierungen, in denen Luther das Werk Christi deutet – Versöhnung Gottes durch das strafleidende satisfaktorische Opfer und Mächtekampf –, sind also nicht zwei Seiten einer Medaille, als welche dieses Schwanken fast immer ausgegeben wird. Es handelt sich vielmehr um das Schwanken zwischen zwei widersprüchlichen Durchführungsformen eines einheitlichen und identischen Motivs. Sie meinen in der Tat dasselbe – weswegen Luther insoweit keine Spannung empfinden musste –, sie widerstreiten einander aber im Blick auf den vorausgesetzten Gottesbegriff und die Durchführung: entweder im stellvertretenden Sühneleiden oder im Mächtekampf. Dass die versöhnende satisfactio kein eigenes unerlässliches Motiv darstellt, erkennt man mühelos schon daran, dass Luther an zentralen Stellen – z.B. im zitierten Lied „Nun freut euch, lieben Christen g'mein" oder in der Christologie-

Erklärung zum 2. Glaubensartikel (zu „Jesus Christus unser Herr") im Großen wie im Kleinen Katechismus – fast allein die Befreiung und den Mächtekampf, nicht aber die Versöhnung Gottes in Anspruch nimmt. Aber das Nebeneinander beider Vorstellungen, die Luther keine Mühe machte, schafft den Nebel ständiger Unklarheiten und Zwiespälte, die nur nicht empfindet, wer selbst noch in jenen alten Logiken lebt und denkt.[169]

Man sieht also: Hier sind Konsequenzen in der Christologie, Versöhnungs- und (impliziten) Gotteslehre zu ziehen, und die Widersprüche Luthers sind auf der Linie seiner reformatorischen Entdeckung zu bereinigen. Die beiden oben zitierten – relativ einsamen – Texte stellen mithin die Vorboten und Andeutung eben dieser zentralen und fälligen Revision dar. Sie sind der haarfeine Riss in der überfälligen Verkrustung der traditionellen, von Luther mitgeschleppten vorreformatorischen Versöhnungslehre. Deren zwingende Revision ergibt sich, sobald die Voraussetzungen im Verhältnis zur Tradition sich ändern. An dieser Stelle setzt der seit Luther eingetretene historische Wandel der Lebenswelt, ihrer Deutungslogik und ein durchaus klärender und echter Fortschritt in der Verschiebung der benutzten Symbole und der plausiblen Bilder ein. Da wir heute in der Logik jener juristischen („forensischen") und kultischen („Sühnopfer") Vorstellungen und ihrer Versöhnung nicht mehr leben, nicht mehr leben müssen und auch nicht leben können, tritt für uns der immanente und verborgene Zwiespalt und die Inkonsequenz Luthers unübersehbar hervor und die Entlastung, die Luthers Umdeutung der alten Bilder und Anschauungen damals brachte, hilft nicht mehr. Seine reformatorische Entdeckung des schenkenden Gottes, das daraus folgende Motiv des Mächtekampfes und jene zwei satisfaktionskritischen Stellen sind daher hilfreicher Vorschein einer Klärung, die Luther nicht mehr selbst vollzog, die aber unsere Aufgabe ist. Selbst wenn Luther nicht in jenen wenigen Texten den Hinweis auf eine künftige und fällige Klärung und Konsequenz gegeben hätte, müssten und dürften wir diese Klärung und Konsequenz seiner reformatorischen Entdeckung dennoch vollziehen. Er gibt aber an jenen beiden Stellen einen unzweideutigen Hinweis auf die unter der Oberfläche lauernde Revision und das eigentlich und in Zukunft Notwendige. Jene beiden Stellen entpuppen sich in dieser Perspektive, treten aus ihrer Verknospung heraus und beginnen aufzublühen. Sie werden zu Wegweisern in die nächste fällige Stufe der Christologie. Hier liegt unsere Aufgabe: die satisfactio entweder umzudeuten oder aber abzutun. Denn in der Tat – die satisfactio gibt Christo zu wenig Ehre, weil sie die neu entdeckte Art der schenkenden Gerechtigkeit Gottes nicht ehrt! Luthers reformatorischer Gerechtigkeitsbegriff ist – sofern man ihn für angemessen hält, ihm vertraut und ihn ernst nimmt – Fundament, Chance und Anlass, den Zwiespalt aufzuheben und zu bereinigen, der schon in den alttestamentlichen Voraussetzungen des neutestamentlichen, mittelalterlichen und Luthers eigenem – sofern er der klassischen Tradition folgte – Gottesverständnisses lag und bis zum heutigen Tage liegt. Die Klarheit, die Luthers reformatorische Entdeckung der umsonst – „aus unschätzlicher Gnad" – schenkenden Art und Gerechtigkeit Gottes brachte, muss sowohl auf die Implikationen der neutestamentlichen wie der traditionell kirchlichen Bild- und Sprachwelt, damit aber auch auf die Sprech- und Deutemuster von Luthers eigener Erlösungslehre angewandt werden. In der Logik der antiken und mittelalterlichen Welt, die mit den oben dargelegten kultischen und juristischen Voraussetzungen lebte, waren jene Bilder, die sich um die Satisfaktionsvorstellung rankten, hilfreich und erschließend. Heute sind sie es nicht mehr, daher dürfen sie ersetzt und ausgetauscht werden. Sie erweisen sich als Bilder und Projektionen eines Gottes, den es nach reformatorischer Erkenntnis gar nicht gibt – als Bild und Projektion mithin, die heute zurückzuziehen und nicht mehr wahr ist – wenn sie es je war. Denn der Vater Jesu Christi, der in den Evangelien erscheint, scheint kein versöhnungsbedürftiger Gott gewesen zu sein. Die unersetzliche paulinische Gesetzes- und Rechtfertigungslehre drückt dasselbe wie Jesu Verkündigung des Reiches Gottes für die Armen, Huren und Zöllner aus, aber speziell das Mittel der paulinischen und (im Hebräerbrief u.a.) späteren Darstellung – sofern sie Christus zum sühnenden Opfer und zum „Gnadenstuhl" (Röm 3,25) machte – war nur bedingt mit jenem Motiv der umsonst schenkenden Gnade identisch. Der somit vorausgesetzte Gott blieb halbwegs der alte, einer Versöhnung bedürftige Gott.

In solchen allmählichen und schrittweisen Umformungen gehen historische Wandlungen vor sich. Von ihren mitgeschleppten antiken – z.T. auch biblischen – Voraussetzungen haben wir uns heute zu lösen.[170] Luthers reformatorische Entdeckung und seine zwei satisfaktions-kritischen Stellen waren – endlich! – all jenen Opfer- bzw. Sühne- und Verdienstvorstellungen voraus. Sie zeigen an, was zu geschehen hat. Sie stellen die Matrix und Blaupause dar, die wir – mit dem Gewicht und der Autorität des Mächtekampfmotivs Luthers – in die Versöhnungslehre zu übertragen haben. Wir, die wir nicht mehr in der Welt kultischer Sühnevorstellungen leben, dürfen Luther beim Wort und bei der Konsequenz seiner eigenen reformatorischen Entdeckung nehmen, die Satisfaktions- und Sühnevorstellung hinter uns lassen und andere Bilder, Metaphern und Symbole zur Deutung des Lebens und Sterbens des Jesus von Nazareth in Geltung setzen. Welche? – das steht uns offen und frei. Dass aber das Motiv der uns besetzenden und verschließenden Mächte und der Befreiung von ihnen außerordentlich angemessen und erschließend sein kann, das, meine ich, hat Luther überzeugend dargelegt. Die letztlich doch entscheidende Einsicht in das existentiell (und vielleicht auch ontologisch) tiefgreifende und fortwirkende Verhängnis der Verletzung des religiösen Lebensgesetzes und der Genugtuung ihr gegenüber wird in dieser Weise heute besser gewahrt als im Beharren auf ehemals gültigen kultischen und rechtlichen Vorstellungen.

Dabei haben wir uns abschließend noch dies zu vergegenwärtigen: Die Vorstellung der schenkenden und aus dem Nichts schaffenden Gerechtigkeit (genauer: qua ipse nos iustos facit) besteht nicht nur aus dem Wissen, dass die göttliche Wirklichkeit eine schenkende und begnadende ist. Sie impliziert und weiß auch, dass diese Gnade erst in der Unterscheidung vom fordernden Gesetz und vom faktischen – vernichtenden – Gericht im Falle der menschlichen Verschlossenheit hervortritt; dass es daher bei Luther zwei Worte Gottes – das des tödlich verklagenden und vernichtenden Gesetzes und das des Evangeliums – gibt, nicht nur eines. Sie weiß, dass niemand sich auf Dauer ungestraft und folgenlos gegen das elementare, wahre und unbedingte – daher „göttliche" – Lebensgesetz des „Du sollst" vergeht und dass daher in den Tiefen der Gottheit und des Göttlichen bedrohliche und vernichtende Elemente, die man heute – eher verharmlosend – die „dunklen Seiten Gottes" nennt (die Luther in De servo arbitrio erschütternd und tiefergreifend anspricht), erfahrbar werden: Sie alle sprengen fast den Rahmen dessen, was man noch mit der Urwahrheit der Gnade und des geschenkten Lebens zusammenbringen zu können meint, und können daher nur in einem streng komplementären Denken mit dem Gnadenverständnis zusammengedacht werden. Ohne sie würde aus Gnade und Liebe des über allen Abgründen ermöglichten Lebens eine von Sentimentalität bedrohte Unwahrheit des nur lieben Gottes werden. In all den unübersehbar richtenden und vernichtenden Erfahrungen aber – wie immer man sich zu ihnen in Beziehung setzen mag – erscheint keine im kultischen oder juridischen Sinne zu versöhnende und erst umzustimmende Gottheit. Es wird diesen Erfahrungen auch nicht durch Satisfaktion an einen unversöhnten Gott entsprochen, vielmehr genügt auch ihnen das Motiv der Genugtuung, die dem Urgesetz des Lebens geschehen muss – im „kleinen Tode" von uns kleinen Menschen und in der Lösung und Bannbrechung durch den Mächtekampf einer persona maxima und publica, wie beschrieben. Im Mächtekampf erscheinen Erfahrungen und Mächte, deren Fluch und Bann immer wieder gebrochen werden muss – nicht auf einmal, „ein für allemal" und schon gar nicht im klassisch-sühnenden Sinne des stellvertretenden Strafleidens einem verletzten Gott gegenüber. Auch im Blick auf diese – in höchster Spannung bis hin zur scheinbaren Gegensätzlichkeit – widerstreitenden Erfahrungen des Göttlichen wird keine Versöhnung verlangt oder satisfactio erzwungen, vielmehr bestätigt sich deren Kritik und Aufhebung. Soweit ich irgend sehen kann – ob man in Luthers beschriebener Weise die verschiedenen Facetten der Gotteserfahrung zuordnet, ob man in Tillichs Weise die Spannung zwischen Liebe, Macht und Gerechtigkeit bedenkt oder ob man in asiatischer Spiritualität als Christ meditiert (Abishiktananda, Enomya-Lasalle, Jäger) – immer zeigt sich eine Erfahrung des Göttlichen, die keine Sühne begehrt, wohl aber unsere Öffnung und Bereitung zum Loslassen und Empfänglichwerden verlangt. Das Sterben des alten Menschen und Christi tut dem Unheil genug und bricht es auf, bricht seine Macht, und das befreiende Leben und Sterben des Jesus von Nazareth unterstützt oder ermöglicht eben die hier geschehende Entmachtung der Mächte. Nur eine antike Vorstellung von Kultus, Sühne und Recht im Gottesverhältnis und eine unsinnig-theistische Vorstellung von einem zornigen und umzustimmenden Gott verlangt auch im Falle der – dann notwendigerweise – fortdauernden heiligen Gerechtigkeit eine sühnende satisfactio. Für Luther aber wird auch diese Genugtuung gegenüber dem Zorn und dem Gesetz von einem gnädigen Gott ermöglicht und gesandt, nicht von einem erst noch zu versöhnenden für sich verlangt.[171]– All dies musste leider, nachdem jene satisfaktorischen Gedankenreihen im verbreiteten Traditionsdenken tief verankert sind, ausführlich vorgestellt und durchüberlegt werden.

Die Zweideutigkeit in Luthers Sprache und Bildern – Voraussetzung unserer heutigen Aufgabe

Die nunmehr beschriebene Zwiegesichtigkeit Luthers blieb also bestehen und dauerte fort, selbst nachdem er die doch eigentlich fälligen Konsequenzen so klar vor Augen gestellt hatte. Um in diesen Sachverhalt noch tiefer einzudringen und ihn zu bewältigen, muss das Gesagte noch einmal in Kürze mit neuem Akzent zusammengefasst werden:

Luther stand auf der Schwelle zweier Zeiten und Welten und war einerseits grundkonservativ, der Vergangenheit und Tradition, wo immer es ging, treu und zugewandt; jeder Fortschritt war ihm doch nur Rückkehr – zum Neuen Testament. Solange immer möglich, blieb er daher auch in Sprache und Denken der Bibel und der Kirche, die beide ihm – in der oben beschriebenen Ambivalenz – jene Bilder von Sühne, Opfer, Strafleiden und Genugtuung darboten. Er blieb in ihnen, indem er sie christologisch radikalisierte: Christus allein vollzieht die Sühne, tut genug – für uns.[172] *Und* er war andererseits aus Gründen der Tiefe seiner Gotteserfahrung, seines Gotteshasses, durch den er gegangen war, in unglaublich vorwärtsschauende und unerwartbare Neuentdeckungen des Göttlichen aufgebrochen, von denen wir im Laufe dieses Buches noch einige kennen lernen werden.

So war er ein Januskopf und blickte zugleich nach vorne wie nach hinten. Man kennt dies aus seinen frühen und späteren Vorlesungen: Über lange Seiten hin repetiert er immer wieder konventionell und fast langweilig das – in der Frühzeit katholisch, in der Spätzeit protestantisch – Übliche und Erwartbare: die Auslegung im vierfachen Schriftsinn oder die reformatorischen Formeln. Aber dann plötzlich – mitten in jenen allzu gewöhnlichen Deutungspassagen – kommt es immer wieder zu atemberaubenden Tiefengrabungen und Erkenntnisexplosionen, die die Abgründigkeit und anhaltende Revolution seines erfahrungsgeleiteten Denkens ausmachen, um deretwillen er seit Jahrhunderten immer und immer wieder gelesen wird. Seine tiefgreifende Verhaftung an die Tradition war der Grund, warum er auch im Falle unseres Themas – zusätzlich gehalten durch die neue Deutung der Genugtuung für das Gesetz – die alte Sprache beibehielt, sie dabei teils konventionell, teils immer wieder völlig neu benutzte und in ihr – tendenziell – die inneren Ansätze und Voraussetzungen einer wirklich neuen Deutung anlegte, wie wir an dem deutlich neuen Verständnis traditionell klingender Formulierungen sahen. So konnte und musste er die von uns heute wahrgenommene prinzipielle Unverträglichkeit beider Deutungsmodelle gar nicht empfinden, solange er sich in den christologisch verschärften Bildern bewegte und ihre tiefer (im Gottesverständnis) liegenden Voraussetzungen nicht jedes Mal problematisierte. Christi „Verdienste" und satisfactio sagten, weil sie „mir" zugeeignet wurden, dasselbe aus wie die geschenkte Gerechtigkeit, die aus dem neuen Gottesbegriff folgte. Daher das Nebeneinander zweier Gerechtigkeitsbegriffe, welches allein in dieser doppelten Sprechebene, nicht in der Notwendigkeit einer doppelten Versöhnung – Gottes und der Menschen – begründet ist! Er konnte seinen Zorn auf die juristische Kategorie, als die er die satisfactio sah, durch deren Umdeutung in den Kategorien des Mächtekampfes und der Gesetzeslehre zügeln. Zwar weisen seine zitierten Kritiken am Satisfaktionsbegriff unwiderleglich auf den unter der Oberfläche seines Denkens lauernden Zwiespalt hin, aber er behielt die traditionellen Wortfelder bei, die – von heute aus gesehen – einer ständigen Doppeldeutigkeit ausgesetzt bleiben: Sie können – sehr oft – im Zeichen des Mächtekampfes gelesen werden, sie können und müssen aber oft genug auch eindeutig im Zeichen der klassischen Sühnetheorie und ihres unterschwellig mitlaufenden traditionellen Gerechtigkeits-Begriffes gelesen werden. Und an einer ganzen Serie von Stellen, an denen der Kontext nicht erläuternd hilft, weil nur resümierende Kurzformeln verwendet werden, bleibt die Doppeldeutigkeit unentscheidbar erhalten, deren Fortdauer er im Folgenden die Hand reichte und die er so mitverantwortete. Der traditionellen Lesart Luthers ist daher – leider – unumwunden *auch* Recht zu geben. Dieses Ineinander der alten und der neuen Welt in den Sprachfeldern Luthers ist ein instruktives Beispiel für die Allmählichkeit historischer Wachstums- und Übergangsprozesse. Bedenkt man, wie langsam Luther – nach seinem wiederholten Selbstzeugnis – sich nur aus seinen alten Mustern herausarbeitete und dass er ausdrücklich und speziell in der Christologie sich erst am Anfang wähnte, so wird man diese Doppeldeutigkeit begreiflich und umso weniger verwunderlich finden, als man die tiefgrabenden Motive seiner Neuentdeckungen und -akzentuierungen beachtet und gewichtet.[173]

Konsequenz und Provokation aus Luthers bleibender Doppeldeutigkeit

Wie also soll man sich nun zu dieser Doppeldeutigkeit Luthers stellen? Wer dem historischen Luther wortgetreu folgen zu müssen meint, wird an der klassischen Anschauung der Satisfaktionstheorie, in der der Zorn Gottes durch Christi Blut und Opfer versöhnt werden muss, festhalten und das Motiv des Mächtekampfes als angemessene Ergänzung – bestenfalls – daneben stellen. Er wird beide aufeinander beziehen und miteinander gültig sein lassen, wenn er das stellvertretende Strafleiden nicht vor- und den Mächtekampf als „sekundär" nachordnet – wie es seit Jahrhunderten in der bis heute gültigen altprotestantischen Lesart Luthers geschieht. Wer so verfährt, wird sich mit deutlichem Recht auf den historischen Luther berufen können, dabei aber den Sprengsatz des reformatorischen Gerechtigkeitsverständnisses, sein den Gesamtzusammenhang neu deutendes Mächtekampfmotiv und die unübersehbaren Umdeutungen Luthers wie auch das unzweideutige Gefälle hin zum Mächtekampf vernachlässigen, einkapseln und – als „sekundär grundlegend" – relativieren.

Man kann aber auch – und das scheint unsere Aufgabe – die mit dem Mächtekampf gegebene Motivreihe, in der kein Gott zu versöhnen, sondern wir Menschen – angesichts unserer Verschlossenheit, des Zornes und des Gesetzes (wenn man sich dies, wie oben angedeutet, klarmacht und non-theistisch übersetzt) – zu befreien sind, betonen und als Konsequenz der reformatorischen Erkenntnis zentral gewichten. Wer so denkt, wird sich auf die zwar seltene, aber symptomatische und unzweideutige Kritik Luthers am Satisfaktionsbegriff beziehen, wird die damit in Gang gesetzte Umdeutung der traditionellen Termini generalisieren und das tun, was Luther noch nicht tat: Er wird die gelegentliche und erwartbare Kritik des Satisfaktionsbegriffs generalisieren und fundamental durchführen. Man kann sich dabei zusätzlich auf Luthers weitgehende – nicht ganz durchgängige – Umdeutung der konventionellen Begriffe (eingeschlossen den der satisfactio, der das Schiboleth des Gegenmodells im stellvertretenden Sühnestrafleiden *scheint*) stützen und diese Neudeutung für das Verständnis des Lebens und Sterbens Christi grundlegend in Anspruch nehmen. Man muss dabei aber die generelle Kritik und Aufhebung dieses Begriffs auf eigene Kosten und Verantwortung vollziehen. Denn Luther selbst hat seiner an diesem Punkte formulierten Alternative – trotz jener prinzipiellen, aber eben isoliert gebliebenen Kritik am Satisfaktionsbegriff – keine generelle Folge gegeben, sondern er hat sich mit Umdeutungen und Andeutungen begnügt – was er, wie gesagt, um so mehr konnte, als auch die traditionelle Formulierung in seiner Umdeutung und Zuspitzung das „für uns" des Heilstodes Christi klar zur Aussage brachte. Dies ist hinzunehmen, ja bis zu einem gewissen Grade, wie gezeigt, für einen Januskopf wie Luther verständlich. Faktum ist jedoch, dass, wer die Satisfaktionschristologie mit Luthers eigensten Worten kritisieren und dem Mächtekampf alleine den Vorrang geben möchte, zwar Luthers originale Stimme und seine Umdeutungen für sich in Anspruch nehmen kann, jedoch auf eigene Verantwortung mit Luther über Luther hinausgehen muss – im Wissen, dass er von Luther formal nur zweideutig und inkonsequent, wenngleich genuin gedeckt ist. Wer diesen Umbau und die entsprechende Neuakzentuierung Luthers nicht will, will faktisch das Ende seiner Bedeutung.

„Mit Luther über Luther hinaus" – wir stoßen hier zum ersten Mal auf eine Formel, die uns noch des Öfteren sich nahe legen und aufdrängen wird. Luther gibt staunenswerte Anregungen, die er aber selber nicht mehr konsequent vollzogen hat. Wobei ebenso erstaunlich ist, dass er die Konsequenz nicht zog, wie dies, dass er ungeheure Anregung gab und wie weit er – mitten in seinen rückwärtsgewandten Konservativismen – in Neuland hinein vorausdachte. Man kann Luther natürlich, wie gesagt, konservativ – wörtlich und historisch „erhaltend" – betrachten und benutzen; das ist die eine, berechtigte und rückwärtsgewandte Seite des Januskopfes. Man kann aber – und muss m.E. – auch die andere, nach vorne gerichtete Seite seines Januskopfes in den Mittelpunkt rücken und die von Luther angedachten und erst ansatzweise ins Spiel gebrachten Perspektiven und für manche durchaus angsterregenden Innovationen ins Auge fassen, weiterverfolgen, sie verlängern und verstärken. Es gibt Wahrheiten, die nicht konservativ, vielmehr nur in ihrer Fortentwicklung und Verwandlung zu erhalten sind. Man muss und darf daher den innovativen – doppeldeutigen – Übergangszustand, den Luthers Theologie im Blick auf unser Thema darstellt, nicht zementieren und vergötzen. Die gängige Deutung tut dies – historisch korrekt, dogmatisch suggestiv, als hätte die rückwärtsgewandte Janusseite Luthers auch theologisch ohne weiteres Recht. Luther wird dann in den gerade erst begonnenen Innovationen eingefroren, statt dass man ihn in seinen Neueröffnungen zu betonen und weiter zu verfolgen suchte.[174]

Das Bild des historischen Luther ist also klar: nämlich mehrdeutig. Wer aber den Gegensatz und die Unverträglichkeit von Luthers und Anselms Gerechtigkeitsbegriff empfindet und den haarfeinen Riss in Luthers eigenen Argumentationen einmal gesehen hat, durch ihn einen Blick in Luthers Tiefenstruktur geworfen und die Umdeutungen aller Zentralbegriffe im Zeichen des Mächtekampfes wahrgenommen und gewichtet hat, der wird die Überwindung der sühnenden satisfactio verstehen, ihre Abschaffung vollziehen und alleine im Motiv des Mächtekampfes eine zukunftsfähige Deutungskategorie Luthers erblicken. Am besten gibt man die Kategorie der

Satisfaktion ganz auf, oder aber man nutzt und versteht sie – angemessener, „klüger" (prudentius) – im nicht-sühnenden Sinne. Selbst wenn Luther in dieser Frage formell zwiegesichtig und undeutlich blieb, können und müssen wir auf eigene Verantwortung die Konsequenz aus der klaren Bekundung seiner Motive ziehen und zur Eindeutigkeit in dieser Frage fortschreiten. Die bei Luther in der Bußlehre wie in der Versöhnungslehre angelegten Vorbehalte gegenüber der Satisfaktionstheorie sind daher zu vollziehen, und sie vollziehen und lösen sich speziell auf non-theistischer Ebene und in deren Logik leicht und unproblematisch. Ihr Gebrauch ist nicht mehr (wie zu Luthers Zeiten) eine wenigstens ungefähr plausible und in Umdeutung verständliche Möglichkeit, vielmehr deren genaues Gegenteil: Ihre Vorstellungen rufen begreifliche Irritationen und ebenso berechtigte wie unnötige Abwendungen von der Christologie hervor. Sie bewirken heute vielfach eine Wendung zur Reduktion: zur Jesulogie, wenn nicht überhaupt kopfschüttelnde Abwendung vom christlichen Glauben, wie z.B. in der – wie man nun sieht, speziell in diesem Punkte völlig berechtigten – Attacke von H. Schnädelbach „Der Fluch des Christentums" geschehen[175].

Geht man also mit Luther über Luther hinaus, so wird mit Luthers Hilfe und Autorität die verbreitete neuzeitliche Kritik an der Satisfaktionslehre theologisch ins Recht gesetzt (ohne der den satisfaktionskritischen Traditionen meist inhärenten Bestreitung oder Ausblendung der Lehre vom Zorne Gottes nachzugeben). Wir dürfen uns dieser Theorie quitt und ledig fühlen. Wer noch dazu im Sinne hat, wie viel Irrsal und irritierte, ja verzweifelte und abgestoßene Ratlosigkeit dieses ganze, von Gott – zu seiner Selbstversöhnung – inszenierte Drama der satisfactio durch Christi Blut als dem Opferlamm erzeugt hat, ermisst die Erleichterung, die eintritt, wenn diese ganze Vorstellung überwunden und abgetan wird. Damit hat Luther vollzogen und ermöglicht, was Nikos Kazantzakis auf seiner lebenslangen Gottsuche die fällige „Erlösung von der Erlösung" genannt hat – die Erlösung von der absurden Vorstellung eines irgendwie erst zu versöhnenden Gottes, um die die westlich-christliche Dogmatik sich lange genug drehte. Erlösung von der Versöhnung![176] Es ist die Erlösung vom anselmisch-melanchthonischen „Gerechtigkeits"begriff, den Luther im Kern klar verabschiedet, in den Konsequenzen unklar und inkonsequent beibehalten hat. Das ganze Drama im vorgestellten innertrinitarischen Verhältnis wird, wenn Luthers Innovation in der reformatorischen Erkenntnis und dem ihr allein gerecht werdenden Motiv des Mächtekampfes Recht hat, überzählig und überflüssig – auch dann, wenn Liebe und Gerechtigkeit polar und antinom im Verständnis des Göttlichen zu unterscheiden sein sollten. Damit ist der Weg frei für den fälligen Ruck und fröhlichen Wechsel, der im Herzen der kirchlichen Christologie zu vollziehen ist.

Es muss uns daher hier nicht näher beschäftigen, wie die Zweideutigkeiten und Unentschiedenheiten von Luthers traditioneller Sprache im Protestantismus grundlegend wurden und wie sie – speziell durch die Wirkung seines Freundes und Nachfolgers Melanchthon (durch dessen Rückwendung zum alten aristotelischen und faktisch anselmischen Iustitia-Begriff) – bis zum heutigen Tage mit verheerenden Wirkungen missverstanden wurden; wie sie um ihre innere Spannung, ihre Umdeutungen und um den ihnen immanenten haarfeinen Riss gebracht, in ihrem Reichtum eingeebnet wurden und sich zu einer eindeutig melanchthonisch-altprotestantischen Lesart Luthers verfestigten, die bis heute weitgehend regiert.[177] Die satisfactio gibt zwar Christus zu wenig Ehre, aber da sie eine verständliche und verbreitete Kurzformel der Tradition für ein „pro nobis" („für uns") geschehenes Werk Christi war, zudem die Einsicht von der nicht nur gnädigen, sondern eben auch vernichtenden Macht des Göttlichen als tremendum festhielt und die Möglichkeit ihrer Überwindung aufzeigte, benutzte Luther sie dennoch – gewiss zweideutig, aber doch zeitgeschichtlich begreiflich und sachlich ein echtes Anliegen beinhaltend. Mit dieser Doppeldeutigkeit aber hat die Autorität Luthers den anselmisch-aristotelischen Umdeutungen Melanchthons die Hand gereicht, sie bis zum heutigen Tage verstärkt, seine eigene Theorie scheinbar eindeutig gemacht und die Melanchthons scheinbar legitimiert. In dieser fast selbstverständlich gewordenen altprotestantischen Lesart sind die alternativen und widerstrebigen Elemente von Luthers reformatorischer Erkenntnis und deren Interpretation im Mächtekampf annähernd und erneut untergegangen, seit sich die Lesart Aulens – wie ehedem die v. Hofmanns – widerlegt zu haben schien.

Aus allen Ecken des Werkes Luthers lugt somit das Angebot und die Anregung einer neuen Wendung und Struktur religiösen Verstehens und theologischen Denkens auch an dieser zentralen Stelle der Christologie hervor. Es wird Zeit, dass wir die von Luther angedeutete Wendung und inaugurierte Fortschreibung vollziehen, ihn selbst wie auch das Luthertum von der Petrifizierung und Orthodoxie seiner selbst auch an diesem Punkte befreien und uns eines wunderbaren und hilfreichen, bisher aber verpuppt und verknospt gebliebenen Motivbündels bemächtigen. So würden wir uns durch die neuen Perspektiven von Luthers Christologie überraschend bereichern.

Warum die hier erkennbare Wandlungsfähigkeit Luthers bis in das Herz seiner Theologie reicht, aus dem Innersten seiner Theologie stammt und dort legitimiert ist, wird sich im weiter unten folgenden VII. Kapitel „Der Gestaltwandel des Gesetzes" zeigen.

4. Schluss: Neue Perspektiven aus Luthers Ermutigung: Die „Menschheit" Jesu als Ausgangspunkt seiner religiösen Bedeutung

Es ist, als wenn an diesem Lehrstück exemplarisch das Verhältnis zur Tradition unserer Kirche durchgespielt werden müsste – ob wir es nämlich wagen, dem vorwärtsweisenden Gesicht Luthers Folge zu geben. Das Gleiche ließe sich abschließend in Bezug auf einen anderen Aspekt von Luthers Sicht der Person des Jesus von Nazareth und seiner religiösen Bedeutung fragen und verdeutlichen. Denn natürlich war der Lutherus Janus mit seinem einen Blick der altkirchlichen Zweinaturenlehre von Chalkedon – auf die oben hingewiesen wurde – zugewandt und gläubig ergeben. Mit seinem anderen Blick jedoch setzte er – innerhalb eben dieser Lehre von der Gottperson Christi – ganz unerhörte Neuakzentuierungen, die immer wieder zu Reflexionen über die Häresien, die er streife (Monophysitismus, Subordinationismus, Modalismus), Anlass gaben:

So mahnt Luther von früh an (in der 1. Psalmenvorlesung), dass man, wenn man Christus und sein Werk begreifen will, gerade nicht bei der Gottheit einsetzen dürfe, dass man vielmehr gerade bei der Menschheit anfangen müsse; diese seine Menschheit werde die Gottheit (die Erfahrung des Göttlichen in ihm) schon mit sich bringen (secum adducit).

Es ist daher festzuhalten, resümiert er bald darauf (in der Hebräerbrief-Vorlesung), wir sollten uns „früher auf die Menschheit als auf die Gottheit Christi" besinnen, denn seine „Menschheit ist unsere heilige Treppe, auf der wir zur Gotteserkenntnis hinaufsteigen … Wer also auf heilsame Weise zur Liebe und Erkenntnis Gottes aufsteigen will, lasse alle menschlichen und metaphysischen Regeln über die Erkenntnis seiner Gottheit fahren und übe sich zuerst in der Erkenntnis der Menschheit Christi."

Entsprechend schreibt er 1519 an seinen Freund Spalatin: „Durch die Menschheit Christi werden wir zum (in den) unsichtbaren Vater gerissen, den wir bewundern, weil wir hören, dass er so große Dinge mit uns durch diese Menschheit Christi tut. Und dies ist die eine und einzige Weise, Gott zu erkennen … Deswegen wiederhole und mahne ich noch einmal: wer immer auf heilsame Weise von Gott denken oder über ihn spekulieren will, der soll fortan alles außer der Menschheit Christi hintan setzen … Dann soll man dort nicht stehen bleiben, sondern weiter eindringen und denken: Siehe, nicht aus eigenem Willen, sondern aus dem Willen des Vaters tut er dies und das. Da wird man beginnen, am allersüßesten Willen des Vaters Gefallen zu finden, den er (uns) in der Menschheit Christi zeigt … In diesem Willen kann der Vater gewisslich und vertrauensvoll ergriffen werden … Vernachlässigt man aber diesen Weg, bleibt nichts als der Absturz in einen ewigen Abgrund (barathrum). Denn auf andere Weise will er nicht, dass man zu ihm komme, ihn erkenne, ihn liebe …"

Die Tendenz all dieser Aussagen Luthers lässt sich in seiner berühmten Formulierung zusammenfassen, dass man jede wahre Theologie nicht von der Höhe, „von oben", von der Gottheit her, sondern vielmehr „von unten", „ab imo", von der Menschheit her ansetzen müsse, damit sie sich nicht in müßigen Spekulationen verliere, sondern den von Gott selber gewiesenen Weg nehme.[178]

Der Grund für all dies liegt in der schon in Luthers Frühzeit zugunsten einer Existentialisierung einsetzenden Kritik am Substanz-Begriff und an einer schon früh unübersehbaren soteriologischen Konzentration der Zweinaturenlehre, so dass er nicht Christi göttliche substantia, sondern das „Für uns" seiner Menschheit und Gottheit d.h. seines Amtes und Werkes betont. So kommt es zu Formulierungen, die man schwerlich anders denn als erhebliche und kritische Neuakzentuierungen (innerhalb) der altkirchlichen (chalcedonensischen) Christologie bezeichnen kann. „Es ist nicht der Christus des altkirchlichen Dogmas, nicht der zur Rechten Gottes des Vaters Sitzende, den Luther sucht, sondern der irdische Mensch", schreibt daher Fr. Gogarten zur Kennzeichnung von Luthers Motiventwicklung (im genauen Wissen, dass Luther eben dies *auch* sagen kann) und zitiert Luther:

„Wer da Christus' Leben und Wandel ließe fahren und wollt ihn jetzt auf ein eigen Weise suchen, wie er im Himmel sitzt, der würd abermal fehlen. Er muss ihn suchen, wie er gewesen und gewandelt hat auf Erden. Da wird er das Leben finden, da ist er uns zum Leben, Licht und Seligkeit kommen, da ist alles geschehen, das wir glauben sollen von ihm."

Setzen wir noch eine für das traditionelle Verständnis der altkirchlichen Kategorien doch wohl erstaunliche Stelle hinzu:

„Also haben ihn die Sophisten gemalet, wie er Mensch und Gott sei, zählen seine Beine und Arme, mischen seine beiden Naturen wunderlich ineinander, welches denn nur eine sophistische Erkenntnis des Herrn Christi ist, denn Christus ist nicht darum Christus genennet, dass er zwei Naturen hat, was gehet mich dasselbige an? Sondern er trägt diesen herrlichen und tröstlichen Namen von dem Amt und Werk, so er auf sich genommen hat, dasselbige gibt ihm den Namen. Dass er von Natur Mensch und Gott ist, das hat er für sich, aber dass er sein Amt dahin gewendet und seine Liebe ausgeschüttet und mein Heiland und Erlöser wird, das geschieht mir zu Trost und zu Gut, es gilt mir darum, dass er sein Volk von Sünden losmachen will."[179]

Schon früh hatte Luther gemeint, dass die dogmatische Entscheidung des Athanasius (im Blick auf die Wesensgleichheit Jesu mit Gott) für uns heute nur noch Buchstabe sei, wenn wir sie nicht mit Geist erfüllen und neu verstehen. Wir werden auf diesen ebenso bezeichnenden wie folgenreichen Gedanken in anderem Zusammenhange noch einmal zu sprechen kommen.[180] Schon hier aber sehen wir – diese eben zitierten Fundamentalvariationen und Akzentverlagerungen gegenüber bzw. innerhalb der altkirchlichen Christologie sind es, die das Neuverstehen der alten Lehre „im neuen Geiste" ausmachen: Dass er zwei Naturen hat – was geht mich das an? Sein Amt für mich, sein Mächtekampf, der geht mich an! Was ist seine Gottheit, sein Werk und Amt? Dass er – nach Gottes Art – im Sterben das Leben der Glaubenden schafft und im Namen Gottes Barmherzigkeit erweist. Sein Amt macht seine Gottheit aus. So bezieht er „alles auf den Vater als den Urheber: Wie er befiehlt, so handle ich; was ich von ihm höre, das sage ich. Immer bezieht er seine Gottheit auf den Vater. Das ist eine schönere Kunst, denn wirs verstehen. Ich habs sehr gern; es wäre nicht so klar geredet vom Vater und den Personen." Nur in seinem Bezug auf und in seinem Gehorsam gegenüber dem Vater besteht seine Gottheit und seine Kraft, aus der er die Macht der Mächte durchsteht – nur also eine Theologie und ein Glaube, die bei der Menschheit Christi einsetzen, genügen den Kriterien Luthers. Alles andere wird zur theologia gloriae – einschließlich der Zweinaturenlehre![181] Man lese nur einige Predigten Kyrills v. Alexandrien, um den ungeheuren Abstand Luthers zur altkirchlichen wie altlutherischen Orthodoxie zu ermessen.

Man kann natürlich auch hier – völlig zu Recht – betonen, dass Luther sich immer im Rahmen der altkirchlichen Christologie verstand, wie es meist – und korrekt – in der Fachliteratur geschieht. Man kann aber auch hier auf das zweite, zukunftsweisende Gesicht des Januskopfes sehen, es beachten und in seine Konsequenzen zu verfolgen trachten, welche weiterführen als nur bis zum „Weiterdenken" oder „Vertiefen" der altkirchlichen Formen. Es wird hier von Luther vielmehr ein Gefälle in Gang gesetzt, welches auf Dauer über die altkirchliche Begriffs- und Vorstellungswelt hinausdrängt. Wenn man nämlich in jenen Zitaten Luthers Distanzierung vom Substanz- und Naturbegriff und seine Hinwendung zum relationalen Denken, zur soteriologischen Existentialisierung und zum „Gebrauch" (usus) ernst nimmt (nicht was Christus metaphysisch in se, in seiner Substanz und Natur, sondern was er mit und für uns ist), wenn man seine ganz ungewöhnliche Betonung der Menschheit Christi beachtet und dies mit der soteriologischen Neuakzentuierung seiner Theologie kombiniert, dann ist die Erkenntnis unausweichlich, dass Luther faktisch die Überwindung des altkirchlichen Naturenbegriffs und seiner Substanzmetaphysik[182], die dort grundlegend waren, zu inaugurieren beginnt – auch wenn er selber beide Begriffe, selbst christologisch, noch weiterhin verwendet. Dann vollzieht sich hier bei ihm schon im Kern und Ansatz die – von Fr. Gogarten, weithin unbeachtet, längst eingeklagte – Anwendung des geschichtlichen Denkens auf die altkirchliche und reformatorische Metaphysik. Addiert man hierzu die – im II. Kapitel beschriebene – Unmöglichkeit jeder Substanzmetaphysik durch den nichtgegenständlichen Non-Theismus, dann ergeben sich unzweideutig Pflicht und Recht, den Überschritt über die altkirchliche und reformatorische Metaphysik – auch die Luthers selbst – hinaus zu wagen. Und es stellt sich – erneut mit Luther über Luther hinaus – auf eigene Kosten und eigenes Risiko die Aufgabe, tatsächlich ganz neu und geschichtlich bei der Menschheit des Jesus von Nazareth einzusetzen und es darauf ankommen zu lassen, welches Verständnis von Gott, vom Göttlichen die Erfahrung und das Verstehen seiner „Menschheit", seines Menschseins als Treppe zu neuem Verstehen Gottes bzw. des Göttlichen uns eröffnet und „mit sich bringt" (secum adducit). Dann wird zwingend – mit Luther über Luther hinaus – Jesus kein Gott mehr, sondern der „eingeborene" Sohn und Mensch in der Kraft Gottes und in der Einheit mit ihm. Was Luther in jenen Zitaten andeutet, sind ja nur erste Konsequenzen dessen, was ihn von den Naturen Christi zu seinem Amt und Werk im Mächtekampf, vom sog. „Substanzdenken" zum Denken in Beziehungen geführt hat. Die weiteren Folgerungen aus den hiermit eröffneten Perspektiven hat Luther, der erst anfangsweise dem geschichtlichen Denken sich näherte, natürlich noch nicht ziehen können. Die Voraussetzung dafür wurde erst im konsequent geschichtlichen Denken der Neuzeit geschaffen. In der Verarbeitung und in den Spuren seines Erbes werden die fälligen Konsequenzen dieser beginnenden Innovation christologisch dennoch bisher kaum gezogen. Es sollte wohl möglich sein, die essentielle religiöse – christologische – Bedeutung des Jesus von Nazareth ohne Bezug und Bedingung der spätantiken Begriffe „Natur" und „Substantia"/"Hypostasis" zu denken und zu deuten. Der Hiatus zwischen der neutestamentlichen Forschung, die vom Menschen Jesus von Nazareth – ohne eine zweite göttliche Natur – ausgeht, und der altkirchlich-reformatorischen Metaphysik bedürfte endlich der Thematisierung und Schließung. Und Luther ist es, der auch hier zu diversen Übergängen und Fortschreibungen Anlass und Legitimation gibt – exakt so, wie wir es oben im Blick auf die traditionelle Satisfaktions- und Sühnetheorie zu sagen hatten.[183] Auch im Blick auf die Metaphysik des Substanz- und Naturen-Begriffs muss sein Neuansatz zu Konsequenzen geführt werden; er sollte nicht schon in seinem allerersten Stadium, welches Luthers biographischer und zeitgeschichtlicher Ort war, eingefroren bleiben. Auch hier drängt sich, wenn man sein vorwärtsweisendes Gesicht ernstnimmt, mit dem Gewicht und der Autorität Luthers eine Rückung auf, die schwerlich länger – es sei denn um den Preis der Schizophrenie – vermieden und aufgeschoben werden kann. Auch hier gilt, dass – gerade wenn die alten Einsichten erhalten werden sollen – wir sie geschichtlich verändern und neu denken müssen, wie oben im Blick auf Jungfrauengeburt und Zweinaturenlehre bereits angezeigt.– Mit alledem ist nicht ausgeschlossen, vielmehr gerade einzuschließen, dass die altkirchlichen Bekenntnistexte der Christenheit – im Bewusstsein konsequent geschichtlicher Um- und Neudeutung ihrer in Kontinuität zu erhaltenden Motive – als damals zeitgeschichtlich angemessene Aneignungen verstanden und heute mitgesprochen werden können.

So schließt sich der Kreis dieses Kapitels. Ein neuer Weg zur Entdeckung der Gestalt des Jesus von Nazareth könnte sich von diesen Verschiebungen her eröffnen, wenn die Verwandlung der exklusiven Absolutheit in die freigebende Unbedingtheit, das Begreifen des Mächtekampfes statt der Satisfaktionschristologie und der Substanz- und Naturen-Metaphysik zum konsequent geschichtlichen Begreifen der Person des Jesus v. Nazareth in seiner Einheit mit „Gott", mit der Urmacht des Göttlichen, dem nächsten Denken freie Bahn schaffen sollten. Diese Verwandlungen hinterlassen kein Vakuum, keine Beliebigkeiten, sondern eröffnen und begründen neue Verständnis- und Lebensmöglichkeiten, neue Abenteuer der Unbedingtheit. Man denke nur an die vielen Jesus-Geschichten vom Reiche Gottes und von seiner Mahlgemeinschaft mit den Hurern, Zöllnern und Säufern, an die Bergpredigt und dass Gottes Barmherzigkeit regnen lässt über Gerechte und Ungerechte, an seine ungeheure Gesetzeskritik und -reduktion in seiner Darlegung des Doppelgebotes der Gottes- und der Nächstenliebe, in denen „das ganze Gesetz und die Propheten"

„hanget"; man denke an die wunderbaren Choralverse P. Gerhardts „Wenn ich einmal soll scheiden ... Erscheine mir zum Schilde", in denen er exakt die frühen Luther-Sermone in Verse gefasst und J.S. Bach zur Vertonung hinterlassen hat. Mit all dem könnte ein neues Fragen und Denken über Jesus v. Nazareth und seine Bedeutung für uns in Gang kommen. Dies Fragen ist längst im Gange, wird jedoch von den altkirchlichen und altprotestantischen Lesarten seiner Person kaum gefördert, eher behindert. Es muss sich auch in die Grenzen der alten klassischen Theologien – weder der altkirchlichen und altprotestantischen noch der römisch-katholischen oder orthodoxen – nicht mehr fügen noch von ihnen sich fesseln lassen. Der unendliche Mehltau, den all jenes dogmatisch Richtige schon auf jede Frage streut, könnte sich verlieren. Daher bleibt abzuwarten, ob die so freigelegte Gestalt Jesu im Kräfte-, Beziehungs- und Fragefeld der gegenwärtigen religiösen Situation nicht eine ganz neue Wertigkeit gewinnt. Vielleicht hat sich ja wirklich bisher nur ein begrenzter Teil seiner möglichen Bedeutung unter den Bedingungen der altkirchlichen und altprotestantischen Übermalung entfalten können. „Für das Verstehen entwickelt vor allem die Anwendung des gegenwärtigen Lebens auf die Lehre Kraft und Gültigkeit", so lautet Luthers Anweisung hierzu.[184] In der Person des Jesus v. Nazareth und in seiner Gotteserfahrung liegen zwar nicht alle (in der Fülle der Religionsgeschichte möglichen), aber doch zum Leben und Sterben genügende und gültige, insofern alle notwendigen „Schätze der Weisheit und der Erkenntnis" verborgen. Ebenso wohnt in ihm nicht alle, aber doch eine gültige und genügende, insofern alle notwendige „Fülle der Gottheit leibhaftig" (Kol 2, 3.9). In dieser Auffassung wird anderen Wegen zum Göttlichen, die wir heute kennen und die uns – auch als Christen – bedeutungsvoll sein können, nicht zu nahe getreten und doch der eigene Glaube gewahrt.

Nur so weit war jetzt zu kommen, nur so weit sollte meine Begründung der auch hier fälligen Wandlungen und Rückungen, die wiederum weiteres eröffnen, jetzt führen. Noch die schönsten Weihnachtslieder und die tiefsten, unersetzlichsten Passionslieder sind von diesen inzwischen unwahr und kontraproduktiv gewordenen Absolutheits-, Genugtuungs-, Versöhnungs-, Präexistenz- und anderen Komplexen durchzogen und geraten daher – von Jahrfünft zu Jahrfünft – immer weiter ins Abseits. Es wird Zeit, dass den hier fälligen Revisionen Bewusstsein und Raum, kirchen-öffentlicher Raum für erklärte und legitime Freiheit gegenüber diesen Vorstellungen der Tradition geschaffen wird. Dann kann Neues wachsen, auch wenn nicht immer die Stunde der Christologie ist. Vielleicht müssen wir derzeit zunächst die Gestalt und Bedeutung des historischen Jesus neu wahrzunehmen lernen (Jesulogie) – und das besonders angesichts der Tatsache, dass in unserem Glaubensbekenntnis das ganze Leben und Wirken Jesu (zwischen Geburt und Passion) überhaupt keine Rolle spielt, sondern (aus damals – nicht mehr heute – guten Gründen) übersprungen wird; daher vielleicht auch die Überbetonung seines Todes. Die Mahnung

Luthers, sich an die Menschheit Jesu zu halten, weil diese die Gottheit mit sich bringen werde, könnte in der Wahrnehmung dieser Möglichkeit bestärken. Es könnte ja sein, dass – ganz in des historischen Jesus Sinn – die Bedeutung seines Kommens, mindestens derzeit, ebenso treffend durch die Mahlgemeinschaft mit den Sündern wie durch den Mächtekampf verdeutlicht würde (weil auch diese Mahlgemeinschaft, indem sie ein anderes Leben mit Vollmacht einsetzt, eine Entmächtigung der Mächte werden könnte). So könnten im Gefolge solch verschobener Wahrnehmungen und Wichtigkeiten allmählich auch die Grundmuster neuer Christologien im neuen Paradigma entstehen.

Aber mehr noch – da nicht immer die Stunde der Christologie und ihrer Dringlichkeit ist: Es könnte vielleicht (in der gegenwärtig wieder aufwachenden allgemeinen Frage nach Religion und Religiosität) nicht einmal die Stunde der Gestalt Jesu und der Christologie, sondern eher die der Frage nach der religiösen Grundwirklichkeit, also nach der (non-theistischen!) „Gottes"frage überhaupt sein, – eine Frage, die oft und lange von der Christologie verdrängt und überblendet, ja völlig illegitim mit ihr vertauscht wurde. Der Sinn unseres Glaubens ist der Glaube an „Gott", an die göttliche Grundwirklichkeit und Urmacht, und Jesus ist der Weg: ein Weg dorthin, nicht aber das Ziel, zu welchem ihn mancherlei Biblizismen und Pietismen machen. „Was heißest du mich gut? Niemand ist gut denn der einige Gott", sagt Jesus dazu (Mt 19,17). Wenn aber die neue naive und wildwüchsige religiöse Frage ihre Zeit gehabt hat, wird sie vielleicht alte und erprobte Hilfen und Hinweise nicht mehr verschmähen, wie sie es in ihrem derzeitigen Aufkeimen – erstmalig jenseits der Kirchen – meint tun zu sollen. Dann aber könnte Jesus v. Nazareth zum Hinweiszeichen, zum eröffnenden Weg werden, zu dem (wie im Bilde des Matthias Grünewald) ausgestreckten Zeigefinger – hin zu einer ganz neuen religiösen Logik, hin zu dem uns umfangenden (non-theistischen) Geheimnis aller Dinge, welches „größer denn unser Herz" ist. Eben beim Begreifen dieses „Größeren" kann er mit seinem Leben und Handeln, Leiden und Sterben wahrlich eine Hilfe, ein Wegweiser, ein Erlöser und eine Offenbarung werden. Wird das Denken über ihn dann in einem – nachvollziehbaren und geschichtlichen, religiös zugänglichen – Zustande sein, auch wenn das Geheimnis seines Lebens und Sterbens aller Religion und all unserem Glauben voran bleibt?

Kapitel IV

Die non-theistische Belebung und Fortschreibung christlicher
Grundworte – Neue Bedeutung der reformatorischen Theologie
im Zeichen der alternativen Spiritualität

1. Zwei Voraussetzungen zur Situation der freien Religiosität und die heutige Aufgabe

Will man sich diesem Thema nähern, so möge man sich – als Voraussetzung des nun
Folgenden – zunächst der beiden in Kapitel I bereits dargestellten Sachverhalte noch
einmal kurz erinnern:
a) Die seit einiger Zeit bei uns jenseits der Kirchen sich ausbreitende alternative Spiritualität stellt – bei all ihrer *(auch* mitenthaltenen) Gefährdung und Diffusität – eine
berechtigte und befreiende Erweiterung und Bereicherung der religiösen Situation,
auch für Menschen der christlichen Gemeinden dar. Sie stärkt die wählende und
gestaltende Autonomie der Menschen in religiösen Fragen in einer Weise, wie es die
Kirchen bisher kaum gewollt und vermocht haben, und sie gewährt neue Zugangs-
weisen und Erfahrungen, die religiöse Grundfragen neu erschließen. Die manchmal
zuerst verunsichernde, dann aber meist beglückende Erfahrung und Wahrnehmung
der eigenen religiösen Stimme und der inneren spirituellen Mitte im Schweigen,
Atmen, Meditieren, Nachdenken und in unmittelbarer, geradezu körperlicher Erfahrung, ohne dass begrifflich-kirchliche correctness, theologische Anweisungen oder
biblische Lesungen einem gleich belehrend dazwischenfahren, sind eine Befreiung
und Erweiterung. Orte und Strukturen, die zu Stille und Meditation helfen und zu
ihnen anleiten, sind das erwünschte und in der Kirche selten zu findende Mittel und
Medium. Wie substantiell und eindrucksvoll dies in der Kultur unserer allgemeinen
Religiosität vorhanden sein kann, zeigen – um nur ein Beispiel zu nennen – die in der
„Szene" weitverbreiteten spirituellen, vom späten J.E. Behrendt aufbereiteten Musiken mit ihren wunderschönen Textzugaben.
  Diese Erfahrung der Meditation und der vorbegrifflichen, ganz eigenen inneren
(heute meist „mystisch" oder „spirituell" genannten oder empfundenen) inneren
Stimme ist ein Jungbrunnen religiöser Gegenwärtigkeit, Offenheit und Gewissheit,
aus der heraus die Aneignung und Anverwandlung der Tradition neu erfolgen kann.
Sie ist daher theologisch zu bejahen, und es gibt kaum einen Grund, den Zeiten der
nur kirchlich geprägten Religiosität nachzutrauern, auch wenn sie einmal Heimat
war.[185] Wir leben religiös und theologisch in aufregenden und verheißungsvollen, die
subjektive Religiosität wie die objektive Interreligiosität vielfältig erweiternden und
bereichernden Zeiten.

b) Eben diese freie Religiosität ist jedoch auch bedroht und gefährdet. Jeder Prozess, alles Geschöpfliche, auch also religiöse Aufbrüche und theologische Versuche, sind – wie jeder trial-and-error-Prozess – in sich von Zweideutigkeit, Ausblendung und Missbrauch bedroht und gefährdet.[186]

Denn die religiöse Offenheit und der religiöse Pluralismus sind ja nicht einfach der Weg der Wahrheit, sie sind *auch* von Inhaltslosigkeit und Ersatzlösungen bedroht. Die wenigsten, die aus der Kirche austreten oder sich von ihr distanzieren, treten in den Raum einer anderen geistlichen Form und Gestaltung über, sie treten vielmehr in ein sprachliches und gefühlsmäßiges Vakuum und Chaos, in Ratlosigkeit, Sprachlosigkeit und religiösen Analphabetismus, in ein Niemandsland hinein aus[187]. Dies ist mir ein Ergebnis ungezählter Workshops, die ich mit Distanzierten und Ausgetretenen seit 20 Jahren über religiöse Themen halte – Workshops also gerade mit Menschen, die offen und bewusst suchend sind. Sie haben oft ein diffuses und suchendes inneres Gefühl, aber kaum eine Sprache, Psalmen-, Bibel- oder andere (Gedicht-) Verse, vielfach auch kaum Musiken und Bilder, die der inneren Stimme Inhalt und Ausdruck zu geben vermögen. Keine Großeltern oder Eltern, kein Religions-, Konfirmanden- oder Deutschunterricht haben ihnen Lieder, Gedichte oder das innere Murmeln prägende Verse in die Seele gelegt. Die wahrlich hoch zu schätzenden und dankenswerten Lichtseiten unserer marktwirtschaftlichen, freiheitlichen und rechtsstaatlichen Gesellschaft und die faszinierenden und eindrucksvollen Entwicklungen der Globalisierung haben mit dem religiösen Pluralismus auch eine große geistliche Freiheit und ein geistliches Erwachen, Wahrnehmen und Suchen – gerade auch jenseits der Kirchen – ausgelöst oder bestärkt. Sie haben aber auch – bis hinein ins Geistliche und Religiöse – ihre gefährdenden und destruktiven Schattenseiten, die nicht zu sehen, zu benennen und einzukalkulieren frivol wäre. Sie verstärken – hier bewährt sich die alte Beobachtung D. Riesmanns („Die einsame Masse", dt. 1958) ein weiteres Mal – massiv die „Außenleitung" unserer Menschlichkeit, lassen (durch die Kraft, die sie absorbieren) wenig Aufmerksamkeit und Energie für die Entwicklung der Innenorientierung übrig, bieten – in ihrer fast durchgehenden Privatisierung alles Humanen, Ethischen und Religiösen – kaum eine wirklich öffentliche Kultur des Subjektiven an.

Diese uns umgebenden kulturellen Konstellationen in den Medien oder unserer allgemeinen Öffentlichkeit verleiten in der Regel – mit der Macht, die sie über uns osmotische Wesen haben – eher zu Zerrissenheit, Eindimensionalität, Ausblendung oder Beliebigkeit, eher zu seelischer Überfüllung mit Ersatzgrößen denn zu Konzentration und heilender Identität. Wo sie hellsichtig und stark sind wie z.B. in den Bildern von G. Baselitz, führen sie vor Augen, wie Wald und Menschen, eben die Welt, auf dem Kopf stehen. Oder sie zeigen – so ein anderes Bild der Hamburger Kunsthalle (von R. Gober) – einen festlichen Raum (mit Brautkleid in der Mitte), der mit einer Tapete ausgekleidet ist, auf der in endloser Wiederholung das Kleinbild eines schlafenden Weißen und eines gelynchten Farbigen reproduziert wird. Dabei sind an der Wand Plastikpäckchen mit „besonders geruchsaufnehmender und desodorierender" Katzenstreu abgelegt, damit wir all das Schauerliche nicht immerzu wahrnehmen und riechen müssen, was unsere Welt mitkonstituiert – sonst wäre der Raum, in dem wir uns wohnlich und verdrängungsreich eingerichtet haben, nicht bewohnbar.[188] Hierzu kommt noch, dass unsere Welt zunehmend von einer alle Poren und Nischen durchdringenden Ökonomisierung, von wachsender Gewaltbereitschaft (die in den Medien zur faszinierenden Unterhaltung wird), von Tendenzen der sog. Erlebnis- und Spaßgesellschaft sowie von einem Überglauben an die Lebens- und Sinnbedeutung der Technologieentwicklung oder der derzeit vielfach unter der Hand zu einer biologistischen Weltanschauung werdenden Neurowissenschaften bestimmt wird, die alle durch die Gemüter ziehen und die Geister bestimmen. (Dabei werden die Schulen – bis hinein in die Finanzpläne für Geräteausstattung und Anstellungskriterien – immer mehr dem erwünschten Leistungsstandard, der technischen „Fitness" für das neue Jahrtausend, kaum der geistigen, seelischen und menschlichen Bewältigung und Gestaltung dieser Tendenzen dienstbar gemacht.) Nach all dem ist es nur zu wahrscheinlich, dass eine Kultur, die diese Tendenzen in maßstabsloser Globalisierung verdoppelt und multipliziert, nur schwer zu einer tiefer gehenden Identität der Menschen Freiraum und Ermöglichung bietet. Diese müssen vielmehr angestrengt gegen sie und ihre mächtigen Suggestionen immer erst erworben werden. Sie stellen eher eine Korruption aller Maßstäbe und damit auch des religiösen Bewusstseins, mit dem ein Mensch an das ihm Lebenswichtige und ihn Erfüllende glaubt, dar.

Denn zu jenen gesellschaftlichen Tendenzen, welche auch die Innenseite unserer Menschlichkeit mächtig mitbestimmen, ist – anthropologisch – hinzudenken, dass wir Menschen osmotische Wesen sind, die von uns umgebenden Einflüssen sukzessive durchzogen und geprägt werden. Um derlei zu bestehen, bedarf es einer inneren Gegenwelt, die dies wahrzunehmen, zu sortieren und zu verarbeiten anleitet. Dies ist speziell plausibel, wenn man bedenkt, wie jemand nach einem langen Arbeitstag müde heimkehrt und dann eher wehrlos der ungeheuren kulturellen „Leichtigkeit des Seins" ausgesetzt ist, die visuell und akustisch die täglichen Programme erfüllt und die in der Tat dann alleine noch zu ertragen ist. Daher ist begreiflich, warum Schweigen, Stille, Übung in Selbstsein und Selbsterfahrung so leicht ratlos und wehrlos, zerrissen und kraftlos, wenngleich unabdingbar, bleiben. Mit der Kraft des wirtschaftlich-technologischen und des kulturellen, vielfach – abgesehen von vielen wunderbaren Sendungen (in ganz anderen Hörer- und Zuschauersegmenten) – hochambivalenten Systems der Medien geht eine ungeheure seelische Erosion überall da vor sich, wo keine innere Gegenwehr und Gegenwelt vorhanden ist. (Eine angemessene Schul- und Bildungspolitik würde natürlich hier den entscheidenden Schlüssel darbieten.) Die Möglichkeit, sich zum spirituellen Geheimnis unserer Menschlichkeit zu verhalten, ja seiner überhaupt ansichtig zu werden, verliert sich begreiflicherweise. Es herrscht in der „Innenwelt der Außenwelt der Innenwelt" vielfach eine erhebliche – im Blick auf die Kraftverhältnisse durchaus suggestive – innere Diffusität, die auf Angebote, Klärung, Gegeninformation und seelische Grundernährung angewiesen ist – wenn man denn irgendwo hinzugehen, sich zu öffnen und Alternativen zu erkunden wagt. Im schlechteren Falle wird diese innere Leere mit Lautstärke überdeckt („wir amüsieren uns zu Tode"). Auch der mächtig sich aufdrängende Markt all der lebenverheißenden, das innere Vakuum erfüllenden quasi-religiös wirkenden Surrogatangebote (bei denen man nicht einmal an die okkulten oder esoterischen Einladungen denken muss) spricht immer wieder an, übermannt die Wehrlosen, befriedigt nur noch das kurzfristige Bedürfnis und übertönt die diffuse Sinnleere. Um große Worte, sie jedoch rechtens zu gebrauchen: Mitten in jenem berechtigten und auch von Wahrheitsbewusstsein weil von Lebenswillen getragenen Suchen findet *auch* eine mit der Gewalt der ökonomischen, kulturellen und sozialen Strukturen gesteigerte seelische Erosion statt – eine Seins- und Gottesvergessenheit, Selbstvergötzung des religiösen Gefühls, Verwechslung von Religiösem und Göttlichem, Vermeidung und Verleugnung von Leid und eigenen Schatten, Verlust religiöser und menschlicher Substanz, der Wahrheitsfrage wie der ethischen Konsequenz von Religion (speziell im Politischen). „Unsichtbar macht sich die Dummheit [hier also die Torheit in Bezug auf die Seele", Lk 12,20], indem sie große Ausmaße annimmt", heißt es dazu bei B. Brecht.

Dies alles ist, weil es sich um Schicksale handelt, ohne Vorwurf, nur mit Trauer zu sagen, denn es bedeutet die Feststellung einer ungeheuren Überforderung der freien Subjektivität und Religiosität. Die innere Neigung, ja Notwendigkeit, Altäre zu erbauen und höchste Werte zu haben, bedarf immer erst der Klärung und Reinigung ihrer direkten und indirekten Religiosität.[189]

So sehr wir also religiös und theologisch in aufregend aufbrechenden und bereichernden Zeiten leben, so sehr gilt doch auch religiös: „Wahrlich wir leben in finsteren Zeiten" (Brecht), in „traurigen Zeiten" (Luther), in Zeiten der „Gottesfinsternis" (Buber). Wenn dies, wie die Zitate zeigen, auch keine neue, sondern nur eine sich notwendigerweise immer wieder aktualisierende Perspektive ist, so hat all dies doch heute (vermöge der Dominanz technisch-ökomomischer Kategorien, der ihnen folgenden Konsum- und Spaßgesellschaft und des weitgehenden Zusammenbruchs einer geistigen Gegenwelt) gesteigerte Bedeutung und öffentliche Gewalt. Ich sage – noch einmal – nicht, es sei alles, immer und nur so skeptisch zu sehen: Die rechtlichen, politischen und kulturellen Freiheiten wie auch die technischen und ökonomischen Entwicklungen sind *auch* mit Dank zu schätzende Güter. Ich sage nur, dass all dies mit ungeheuren seelischen Unkosten und Schattenseiten verbunden ist, und dass die Tendenzen dieser inneren Bedrohungen und Erosionen in erheblichem Ausmaß stattfinden und mit erheblicher Gewalt verbunden sind, ganz abgesehen von der in diesen Zusammenhängen sich zusätzlich steigernden sozialen Ungerechtigkeit. So-lange wir – vor lauter Zustimmungs- und Bejahungsbedürfnis – diese Schatten nicht sehen bzw. sie positivitätssüchtig und kritikunwillig verleugnen, drohen die ambiva-lenten Entwicklungen noch deutlicher ins Negative zu kippen. Sie drohen im Inne-ren von Menschen unwidersprochen zur Herrschaft zu gelangen und eine erhebliche seelische Erosion anzurichten, weil sie auf keine innere Gegenwehr, Gegenmacht und Alternative stoßen.

Gewiss, es gibt in unserer Gesellschaft nicht nur jene Bilder von Baselitz und Go-ber, sondern auch manche Gegenbilder gültigen Lebens: Musiken verschiedenster Art, Literaturen, Bilder und Plastiken, Schauspiele und Kathedralen. Aber diese blei-ben eher privat und abgedrängt, verfügen über wenig gesellschaftliche Kraft, sie be-setzen die Öffentlichkeit (im Unterschied zur Wirtschaft) nicht, und diese Situation wirkt osmotisch und prägend auf ungezählte Menschen, die keine innere Gegenwelt haben. Nicht dass es jene ambivalenten Kräfte gibt, sondern dass sie – angesichts der bis ins Seelische hinein ungeheuren Macht des Marktes – so schwer politisch, kultu-rell und menschlich zu balancieren, zu bewältigen und zu gestalten sind, ist das Problem. Wir haben keinen Werteverlust oder -mangel, wir „kennen" und „haben" Werte im Überfluss, aber es gibt – sicher auch durch Dominanz der Außenwelt – einen Verlust der Anverwandlung und der seelischen Integration dieser Werte. Es gibt einen Mangel an installierten Prozessen des Wachstums und der Identität mit diesen im Übermaß vorhandenen, aber nicht geglaubten, nicht in uns hineingewach-senen Orientierungen, die somit abstrakt und vagierende Theorie bleiben. Die kultu-rellen Orte, die – von Familie bis Kirche bis Schule und zu den Gewerkschaften – für diese Prozesse vorgesehen sind, sind eher schwach, bedroht und ohnmächtig. So sehr diese Institutionen für diese Situation mitverantwortlich gemacht werden müs-sen – es lohnt doch auch, den Gedanken zu denken und an die Einsicht zu erinnern, dass jede Gesellschaft eben die – überforderten – Institutionen (Kirchen und Schu-len, Familien und Gewerkschaften) hat, die sie verdient! Mit 15–20 Jahren Verzöge-rung hat auch uns erreicht, was E. Frankel in den USA als öffentliche Krankheit der seelischen Sinnleere und des existentiellen Frusts diagnostizierte.[190]

Es ist daher nicht Anmaßung und Verrat an der Wertschätzung unserer *auch* – für viele, keineswegs für alle, im Weltmaßstab gesehen nicht einmal für die meisten Menschen – dankbar zu nehmenden westlich-demokratischen Welt und an der Beja-hung der freien Religiosität und deren Autonomie, wenn man *auch* diese Schatten-seiten und Gefährdungen sieht, die auf der sich befreienden und neu aufbrechenden, ebenso aber wehrlos dem allem ausgesetzten Religiosität lasten, und sie beim Namen nennt (wie mir gelegentlich von Neoliberalen vorgehalten wurde). Oft genug bestäti-gen die TeilnehmerInnen der oben genannten Gruppen diese Beschreibung der Problemlage. Diese Schatten zu sehen, bedeutet also nicht einen insgeheim ange-maßten Machtanspruch von Theologie oder Kirche. Es geht zunächst nur um die klare Einsicht in die Bedrohung und die Anerkennung der Lernbedürftigkeit auch der freien Religiosität. In ihrem Interesse ist es eine Frage und Aufgabe aller Religionsgesellschaften, aber auch der Kulturpolitik und der Medien, einen Platz für die religiöse Lerngeschichte und das religiöse Aufklärungsbewusstsein unserer Gesellschaft zu schaffen und somit Raum für eine öffentliche Subjektivität herzustellen. Denn die religiösen Individuen alleine bleiben machtlos und überfordert angesichts der Gewalt der ökonomisch und technologisch installierten Eindimensionalität. Für diese Einsicht scheint die Zeit zwar noch nicht gekommen. Aber von dieser Leerstelle geht eine seelische Verwüstung und Verwilderung aus, die sich gesellschaftlich bereits massiv auszuwirken beginnt.

Mit dieser Annahme der diffusen und bedrohten Religiosität wird nicht versucht, jemanden irgendwohin zu dirigieren oder auf den Wegen seiner religiösen Autonomie zu gängeln. Vielmehr kann, wer solcherlei Bedenken hegt und ausspricht, respektvoll, paritätisch und ohne autoritativen Anspruch Anregungen, Hinweise und Alternativen, die ansonsten längst aus dem Blick geraten sind, als produktive Zumutung anbieten. Das unausweichliche Nadelöhr aller religiösen Einsicht ist und bleibt die entstehende religiöse Autonomie. Diese braucht – wie jedes sich entwickelnde Bewusstsein – Raum für Irr- und Umwege, Wachstum, Information, Gespräch, Reibung und Korrektur. Woher in aller Welt kommt die verbreitete Meinung und Ideologie, dass in allen menschlichen Dingen trial and error, Lernen, Austausch, Widerspruch, Sich-Abarbeiten und Konfrontation hilfreich und nötig seien – nur eben in religiösen Angelegenheiten nicht? Woher rührt die Annahme, dass hier etwas oder alles nur deswegen schon gelten und wahr sein, weil ich oder jemand es so meint, weil die Freiheit der Meinung herrscht und speziell religiös „mein Bauch mir gehört"? Allenfalls das Übermaß an religiöser Gängelung, welches Menschen entweder erfahren haben oder – im gängigen antiinstitutionellen Affekt – auf Gerüchte hin unterstellen, erklärt die Allergie gegen jeden religiösen Widerspruch, Einspruch und Hinweis, schon gar wenn er von den Kirchen und ihren TheologInnen kommt. Die nachdrückliche Bejahung des religiösen Bewusstseins sollte also nicht zu seiner falschen, vermeintlich verehrungsvollen, in Wahrheit kritiklosen Überschätzung der religiösen Autonomie führen. Dass es eine Zeit geben kann, in der kein Mensch einen anderen belehren muss, weil alle das Gottesgesetz selber in sich haben (Jer 31, wie man gelegentlich zitiert finden kann), heißt ja nicht, dass heute solch eine Zeit sei, und auch nicht, dass es in solcher Zeit – außer dem religiösen Selbstwissen – nicht auch gegenseitige Hilfe und kritische Hinweise füreinander geben sollte.

Hilfen und Ernährung für die leerlaufende Seele?

An dieser Stelle spätestens stellt sich die Frage nach Angeboten und Hilfen, die es auf den Wegen dieser gesellschaftlich wie persönlich wichtigen Lerngeschichte geben sollte. Muss es nicht Hinweise auf die Gefahren und Erosionen wie auf hilfreiche

Erfahrungen früherer Generationen und anderer Kulturen, auf religiöse Grund-begriffe und erprobtes spirituelles Orientierungswissen für das frei wachsende religiöse Bewusstsein geben dürfen – wenn es in freier, offener Art und als non-direktives Angebot vorgestellt wird? Kritische und helfende Hinweise auf vorhandene religiöse Schätze und Nahrung der Seele sind kein Widerruf der religiösen Freiheit und Autonomie, sondern ihr Pendant, ihr Komplement und ihre hilfreiche Ergänzung, vielleicht sogar Bedingung ihrer Möglichkeit, die wir uns untereinander auf unseren freien Wegen schulden – und zwar wirklich untereinander und gegenseitig, denn auch die theologische und kirchliche Welt hat hier etwas zu lernen (wovon in Kapitel V ausführlich gesprochen wird). In jedes Menschen Freiheit steht es, solche Einsprüche, Hinweise, Ergänzungs- und Korrekturvorschläge, wenn sie als freie Themen und Zumutungen dargeboten werden, anzunehmen – oder eben abzulehnen. Auch die religiöse – wie auch die kirchliche – Meinung, Einsicht und Freiheit braucht ihre sich abarbeitende Lerngeschichte und Erweiterung. Was frühere Generationen und andere Kulturen an religiösem Wissen (welches gleich – hier unten – vorgestellt wird) erworben haben, sollte daher nicht vorenthalten werden und dem religiösen Bewusstsein nicht entgehen. Nur was an Gestaltung und Bildung der inneren Stimme in die Seele hineingelegt wird, kann ja bei Bedarf – in Zeiten der Not, der Freude und am schwierigsten: in Zeiten der mediokren Alltäglichkeit – wieder aus ihr herauskommen, sprechen, murmeln und wirken. Wo eine religiöse Sozialisierung (wie in der ehemaligen DDR, inzwischen reichlich auch im Westen) nicht stattgefunden und die Seele das Murmeln nicht gelernt hat, muss der Stummheit des Herzens eine Sprache und ein religiöses Alphabet angeboten werden. Das Rad auch dieser Wahrheiten muss nicht immer erst wieder neu erfunden werden; der in seinen Speichen und Naben – zwischen allen Worten – verborgene Sinn kann und muss weitergereicht werden, weil er bewährt, hilfreich und wahr ist. Wir einzelne Menschen sind in der Regel nicht von dem Format und der Genialität, dass wir unsere religiöse Welt und Wahrheit aus unserem Inneren ganz neu und selbständig erschaffen können. Daher wiederhole ich meine Überzeugung: Nur wer Tradition und damit einen Kompass hat, kann auf Dauer frei und ohne sich völlig zu verlieren, wirklich in Neuland aufbrechen und andere auf solchen Wegen begleiten. Gewiss, man kann auch – vielleicht auf Zeit – ins völlig Unbekannte aufbrechen und ohne Kompass gehen, und in bestimmten biographischen Phasen wird es manchem/mancher immer wieder nötig sein, auch religiös völlig unzensiert aufzubrechen, im Wandern das eigene Nichtwissen zu erfahren, das Nicht-wissen-Dürfen zu genießen und sich dabei auch zu verlaufen, zu verlieren – wie ehemals der verlorene Sohn, der nicht ohne Grund bei den Trebern als einer notwendigen Station seines freien Weges zum Vater landete. G. Baselitz sagt daher zu Recht über die *auch* notwendige Aufgabe alles Lebendigen, sich von Altem zu befreien: „Der Künstler zerstört leidenschaftlich, was vor ihm da war, um wieder lebendig zu sein".[191] Dies gilt auch religiös. Gemessen an dieser Notwendigkeit erscheinen die Kirchen, ihre Theologien und Frömmigkeiten als die zu Hause gebliebenen zweiten Söhne des Gleichnisses: fromm und zu Hause geblieben, theologisch korrekt, aber eben ein wenig langweilig und unproduktiv. Der Vater hat in jenem Gleichnis den Sohn nicht aufgehalten und hat ihm nicht die (wahren!) Erkenntnisse des zweiten Sohnes als Bedingung der Rückkehr fest- und vorgeschrieben. Kälber aber werden nur für die Aufbrechenden und Verlorenen geschlachtet (wenngleich auch die anderen, Zuhausegebliebenen, an den Erträgen der Aufbrüche teilhaben und am Festmahl der Aufgebrochenen – mit den Gesprächen über das auswärts Erlebte und die neu sich ergebenden Konsequenzen – teilnehmen sollen).

Indessen – es darf und muss legitimerweise auch die zweiten Söhne und Töchter geben, die, während die ersten aufbrechen und den neuen, eigenen Weg zum Vater entdecken und erleiden, zu Hause bleiben und das Erbe bewahren und bereit halten. Erst beide zusammen erhalten, bereichern und erneuern das Erbe im kulturellen Gedächtnis einer Gesellschaft.[192] Und da wir in der Regel, wie gesagt, nicht die Genies der Selbstneuschöpfung sind und auch die menschlichen, seelischen und gesellschaftlichen Kosten eines Totalabbruchs der Tradition zu hoch und seelisch schwer zu bezahlen sind, weil sie auf längere Sicht in religiöse Barbarei und Niemandsland, in Trost-, innere Sprachlosigkeit und seelische Erosion führen, scheint es nicht ratsam, auf alle Kontinuitäten und die vorhandenen Angebote sehenden Auges und dauerhaft zu verzichten. Denn dies ist – neben der ersten, von Baselitz formulierten – die andere Wahrheit, die wir in H. W. Henzes Worten bereits zitierten: Wer sich von der Symbolhaftigkeit des historisch Gewachsenen ablösen will, „fällt in ein absurdes Nichts von Voraussetzungslosigkeit". Auch vor uns nämlich waren Geschlechter, die ihre religiösen Erfahrungen mit Leben und Sterben, mit „Gott" und dem Göttlichen, mit Angst, Trost und mit den in uns liegenden Selbstverführungen gemacht haben. Sollten wir Menschen der freien, kirchlich nicht gebundenen und distanzierten Religiosität dies alles unbeachtet lassen, in den Wind schlagen und von vorne anfangen? Vielleicht auf Zeit, um uns von dem Mehltau, der auf allen Traditionen, auch den „wahren", speziell den kirchlichen liegt, zu befreien, – aber schwerlich auf Dauer. (Dafür gibt es jene zweiten Söhne und die religiösen Institutionen, die in der Zwischenzeit das Erbe erhalten, denen wir zu Dank verpflichtet bleiben.) Das neuzeitliche und aktuelle religiöse Bewusstsein kann sich – in seinem Analphabetismus – selbst nicht genügen, wo immer es einigermaßen hellsichtig mit sich selber ist. Wenn es stimmt, was Umberto Eco beobachtet hat, dass die Menschen moralisch oft besser seien als ihr moralisches Denken[193], dann könnte dies möglicherweise auch religiös gelten: Die unabweislich sich irgendwann meldende und murmelnde Stimme der religiösen Sehnsucht und der gesuchten Grundorientierung ist „besser" und „wahrer" als die religiöse Inhaltslosigkeit, Sprach- und Formlosigkeit, die diese Stimme sich derzeit allzu oft wählt und gibt. Beides – Reichtum,

Unausweichlichkeit und Korrektur wie auch Ernährungsbedürftigkeit des religiösen Bewusstseins – muss die Kirche für ihre Seelsorge – in Predigt, Religions- und Konfirmandenunterricht, in Einzel- und Gruppengespräch – kennen und lernen. So kann sie – partizipierend und selbstbewusst – ihre Aufgabe und Unersetzlichkeit vollziehen. Das religiöse Bewusstsein braucht Hilfen, Anregungen und Substanz von jenseits seiner selbst, weil es immer Verkürzungen und Ausblendungen erliegt (was spiegelverkehrt von den Selbstdogmatisierungen der Kirche natürlich auch gilt). Es bedarf eines Extra Nos, eines Wissens, das größer als es selber und mit dem es nicht schon identisch ist – *wenn* dieses in öffnender, freilassender, interreligiös bewusster Weise herangebracht und vorgestellt wird. Ob das religiöse Bewusstsein sich derzeit eher für Baselitz oder für Henze – beides sind notwendige Wahrheiten, Gleichzeitigkeiten und Phasen – entscheiden und ihre Einsichten hören wird, bleibe offen. Mit beidem muss Kirche, müssen wir TheologInnen zu arbeiten lernen. Auch wenn gerade die oben angedeuteten seelisch-eindimensionalen Machtverhältnisse gegen die Annahme sprechen, Menschen könnten sich dem Angebot substantieller religiöser Vorgaben öffnen, so besteht doch die Aufgabe, die symbolischen Vorgaben von Religion und Glaube in eine Gestalt zu bringen, in der sie überhaupt zugänglich und nachvollziehbar sind.

2. Christlich-reformatorische Leit- und Symbolworte als Angebot an das religiöse Bewusstsein

Genau an der Stelle dieses potentiellen, sich immer wieder ergebenden Bedarfs aber liegt und hilft – informierend, orientierend und ernährend, nach meiner Erfahrung und Überzeugung – der Schatz der interreligiösen wie der christlichen Tradition, und dieser speziell in seiner reformatorischen Zuspitzung, von der ich im Folgenden sprechen will: ein wahrer Schatz an bewährter anthropologischer und religiöser Einsicht, an Kompassfunktion ins unausweichliche Neuland, ein Schatz an Aspekten, Erfahrungen und Wahrheit. Er kann – speziell im Bewusstsein der interreligiösen Situation und Notwendigkeit – für die wachsende und neu aufbrechende, in neue Welten und Paradigmen wandernde religiöse Erkenntnis – in, jenseits und auf der Grenze der Kirchen und des Christentums – viel bedeuten, weil er wahr ist, nicht exklusiv wahr, aber doch wahr und gültig: bewährtes Brot, keine Steine, unbedingte, wenngleich keine absolute Wahrheit, erprobt und bewährt im Leben und Sterben von Generationen – mit erstaunlichem Wiedererkennungswert in anderen religiösen Mustern und biographischen Selbsterfahrungen. Es sind Grundbausteine, die längst vor ihrer kirchlich-konfessionellen Überformung gelegt worden sind und weit über diese Überformung hinaus Wahrheit und Gültigkeit für neu sich bildende Religiosität haben. Und es sind religiöse Leitbegriffe, die – wenn sie nicht dogmatisiert, sondern induktiv, in offenen Prozessen und daher verwandlungsfähig eingeführt und freigesetzt werden – lebendige Symbole, Grundbuchstaben und Grundworte eines religiösen Alphabets, einer neu sich formierenden religiösen Sprache werden könnten. Sie sind nicht einfach zu schluckende, hinzunehmende Richtigkeiten, vielmehr Perspektiven von Durchblick und Aufdeckung, Angebot von religiös-seelischen Grundstrukturen – zur freien Auswahl, Aneignung und Veränderung an das autonome religiöse Individuum. Als solche stehen sie genau an der Stelle bzw. an den Stellen, an denen die religiöse Konturierung und Identitätsbildung unweigerlich immer wieder sucht, fragt und ohne Hilfe solcher Begriffe und Namen von außen allzu leicht diffus und formlos bleibt, sich verläuft; sie stehen genau an den Stellen lebendiger Akupunkturpunkte vitaler Lebensprozesse. Die alternative religiöse Szene, das religiöse Bewusstsein, verwildert und verarmt, das meine ich sicher zu sehen, ohne solche religiösen Leitbegriffe und Orientierungshilfen (aller großen Religionen, nicht nur des Christentums), hier: speziell auch der reformatorischen Grund- und Symbolworte, deren besondere Hilfsfähigkeit sich im Folgenden zeigen soll. Und die Kirche ihrerseits erstarrt ohne diese produktive Verwilderung der an ihr teilnehmenden und suchenden religiösen Menschen. Wollte man dem allgemeinen religiösen Bewusstsein solche Grundbausteine und -begriffe vorenthalten, um seine Freiheit nicht zu beeinträchtigen, so wäre das so, als wollte man der psychologischen (Selbst-) Erkenntnis und den therapeutischen Heilungsprozessen die in der Geschichte der Psychologie mühevoll erarbeiteten Grundbegriffe vorenthalten, z.B. also auf die therapeutische Handhabung der Einsicht von Übertragung, Projektion und Widerstand verzichten und die Klienten diese Einsichten zuerst neu finden und erfinden lassen (was in einem bestimmten Sinne natürlich jedes Mal geschieht, aber nicht zum blinden Vergessen und Übergehen der im Verhalten des Therapeuten hilfreichen Kompasstheorie führen darf). Denn es sind religiöse Grundwahrheiten der Schöpfung und der Seele, die hier zu erinnern und erneut ins Spiel zu bringen sind; eben sie aber bleiben diffus und verlieren sich, wenn sie verschwiegen und nicht benannt werden. Allein schon, dass es so etwas wie „Vergötzung" und „Aberglauben" gibt, bedarf der Bekanntmachung und hilft der zu erweckenden Wachsamkeit. Auch hier gilt, dass man nur sieht, was man weiß (L. Curtius).

Als solche in Generationenerfahrung herausdestillierten und geronnenen Grunderfahrungen und -einsichten lassen sich nun speziell die reformatorischen Grundbegriffe auffassen, einführen und verständlich machen. Möglich ist diese Rückbeziehung auf ältere Stufen der Erkenntnis, weil – nach der wissenschaftsgeschichtlichen Wahrnehmung Thomas S. Kuhns formuliert, die hier natürlich nur ein analoger und ex post stimmiger Hinweis, kein Theologie generierendes Argument sein kann – ältere Plateaus Einsichten, die den neueren möglicherweise verloren gingen, aufbewahren können. Dazu C.Fr. v. Weizsäcker: „In der Religionsgeschichte, wie überhaupt in der Kulturgeschichte, ist jedoch Kuhns Bild der Paradigmen, deren spätere oft auch etwas nicht mehr leisten, was frühere geleistet haben, richtiger als in der Physik. Die Ebenen der christlichen Theologie bewahren Schätze, die gerade auf der Ebene der aufklärerisch verstandenen Vernunft unsichtbar, unprüfbar bleiben."[194] Ältere Plateaus und ihre Einsichten werden – wie an der Plateau- und Paradigmentheorie später noch auszuführen ist – nicht einfach ungültig, sie offenbaren nur im Zeichen eines neuen Paradigmas spezifische Unschärfen an ihrer bisherigen Form, – Unschärfen, die nunmehr erst hervortreten und deutlich erkennbar, benennbar, überwindbar werden.[195]

Das könnte die – zunächst nur theoretische, sogleich praktisch zu überprüfende – Möglichkeit der fortdauernden Gültigkeit dieser christlich-reformatorischen Grund- und Symbolworte bedeuten. Es bedeutet aber auch unweigerlich deren Neuinterpretation, Verschiebung und Rückung auf dem neuen Plateau, damit die – inzwischen allzu deutlich hervorgetretenen – Unschärfen und Unzuträglichkeiten dieser alten Begriffe überwunden werden. Denn seit langem gibt es das Empfinden des Substantiell- und Gültigseins der biblischen und kirchlichen Theologien – dies aber zugleich mit dem ebenso konstitutiven Empfinden des nicht mehr Stimmigen, Abständigen und nach neuer Evidenz Verlangenden eben dieser klassischen Theologien. Nur in den erforderlichen Rückungen und Verschiebungen bleiben sie gültige Okulare und Wahrnehmungshilfen. Gewiss, wir leben nicht von der Wahrheit irgendwelcher Modernisierungstheorien, sondern von der Wahrheit Gottes bzw. des Göttlichen und seiner immer neuen Erfahrung in immer neuen, sich wandelnden Gestalten. Aber religiöse Theorien (Theologien) – als Okulare des Geistes – können, wenn sie denn angemessen sind, religiös erheblich sein und gedanklich den Weg zu Glauben und religiöser Erfahrung erschließen. Die älteren Erfahrungen des Göttlichen werden dadurch nicht unwahr, sie bedürfen aber angesichts ihrer Aporien und ihrer neuen Kontexte einer spezifischen Neuformulierung d.h. Präzisierung und Verschiebung.[196]

Hieraus folgt ein letzter Schritt bei der Vorüberlegung zu einem solchen Rückgriff auf Kategorien älterer – biblischer oder reformatorischer – Traditionen: zur Klärung ihres Status. Ich hatte vorhin gesagt, die religiösen Grundbegriffe, Symbole und Bilder der Tradition seien Grundwahrheiten der Schöpfung und der Seele. Dies gilt präzise nur, wenn man an die in der Evolution immerzu fortgehende Schöpfung (creatio continua) denkt. Denn natürlich sind all jene (nunmehr gleich vorzustellenden) Grundbegriffe, Symbole und Bilder erst in der genetisch-kulturellen Ko-Evolution der Religion entstanden[197], um das diffuse Sich-Öffnen, Sehnen und Transzendenzstreben des psychobiologischen Organismus, welches allmählich im Bewusstsein der werdenden Spezies humana aufbrach, in Sprache zu fassen, worthaft zu machen, ihm Ziel und Form zu geben, seine Diffusität zu überwinden und deutend sein Selbstverständnis zu präzisieren. Insofern sind auch diese – die Intention der Schöpfung und der Seele deutenden – Symbolworte erst entstanden: Sie sind selbst geschichtlich, in der religiösen Kulturgeschichte präzisierte Schöpfung und entsprechen deutend der diffusen Sehnsucht der erwachenden und wachsenden Seele. Als solche sind sie – wenn religiös gültig und seelisch wie göttlich stimmig – „Offenbarung der Kinder Gottes", auf die alle Kreatur nach Meinung des Paulus hofft und wartet (Röm 8,19). Eben sie können und müssen sich auf jedem nächsten Plateau weiterentwickeln und auf diese Weise gültig bleiben. Denn die Dinge müssen sich ändern, um die gleichen bleiben zu können, wie eine alte konservative Weisheit weiß. Sie können aber auch in überholten Fassungen veralten und überflüssig werden. In dieser Perspektive sind sie als Begriffe eines ursprünglich älteren Plateaus inzwischen historisch geworden und werden daher, sollen sie fortleben, der Fortschreibung und Verwandlung bedürftig. So kann es sich bei ihrer Benutzung um keine einfache Rückkehr zu ihnen handeln, sondern nur um Beachtung ihrer Einsichten und Motive unter neuen, durchaus zugespitzten Bedingungen mit verschobenen Sinndeutungen. Denn ihre Grund- und Symbolworte stellen keine ehrwürdige Theorie dar, die zu bewahren wäre, sondern sie bezeichnen bis heute lebendige Akupunkturpunkte (und Wahrnehmungsorgane zu deren Erkennung), die in ihren jeweiligen Lebenszusammenhängen neu begriffen und interpretiert werden müssen – wenn sie denn fortleben sollen. Dementsprechend werden sie, indem sie hier als offene Themen und Angebote für das freie Subjekt zu eigener Aneignung, Auswahl und Umdeutung dargeboten werden, bereits in neuer Akzentuierung und Pointierung vorgestellt und eingeführt.[198]

Dies aber ist ihr lebensmäßiger Kontext: Wir alle leben, meint Luther, nach den üblichen schöpfungsgemäßen Gesetzen unserer Welt miteinander („coram hominibus") – und das ist gut so: mit Freude und Schmerz, Erfolg und Nichterfolg, Liebe und Glück, als Einzelne und in der Familie, in Stand, Beruf und Staat, in Gehorsam und Auflehnung, und – fügen wir hinzu – in Vertiefung und Trivialität, mit Vergnügen und Zweideutigkeit, froh und traurig, ethisch und halb-ethisch, moralisch und mehrdeutig, in Beziehung und Einsamkeit. „So verbrachte ich die Zeit, die mir auf Erden gegeben war."

Irgendwann aber, wenn uns Gott oder das Schicksal gnädig ist, geraten wir an die Grenzen dieser Lebensführung, es entstehen haarfeine Risse in unseren Lebensformen und -gewissheiten und es bricht mitten in ihnen – heute sagt man: in unseren Krisen – die Infragestellung und der aufbrodelnde Grund und Abgrund all jenes Gewöhnlichen auf – zu unserem Heil und meist mit Schmerzen, selten schön und angenehm, aber lebenserweiternd und -erneuernd. (Darum kann die Spaßgesellschaft keine Erfüllung bieten.) Erst dieser Abgrund offenbart uns die wahre Konstitution und den Untergrund unserer Normalität und die – uns meist gnädig verborgene – Brüchigkeit des Bodens, auf dem wir stehen und gehen; es offenbart sich die Unheimlichkeit und Unkalkulierbarkeit unserer Welt, zu der wir uns in Beziehung zu setzen haben. Dieses Aufbrechen des irrationalen Abgrundes – individuell-persönlich wie gesellschaftlich (in all den Furchtbarkeiten des vorigen Jahrhunderts) verunsichernd – dürfte genügend Grund und Beleg dafür sein, dass die reduktionistische Formel, wirklich und wahr sei „nichts als" das krude Vorfindliche nicht triftig ist. Es drängen schöpferisches Geheimnis und furchtbarer Abgrund der Dinge sich auf, ihre Tiefendimension und ihre Bedeutung sind von ihnen unablösbar – nur dass man diese nicht zu einer idealistisch-undialektischen Gegenwelt und deren begrifflicher Theorie (Theologie) verselbstständigen, verabsolutieren und übertreiben darf, sondern sie – schwebend und verletzlich – ganz in der immer wachen Wahrnehmung und Induktion halten soll. Hier und überall ist mehr als der Vordergrund von Erde, Bios, Psyche, Physiologie – vielmehr eben sie als Rätsel und Geheimnis, wenn wir diese „mit"wahrnehmen. Es ist dasselbe Wunder und Geheimnis „in und an" einem Bilde, „in und an" einer Blüte, „im und am" Menschen, „in und an" der Liebe, „in und an" allen Erniedrigten und Beleidigten, das auch in allen Gottesdiensten und Tempeln wahrgenommen und verehrt (oder eben veruntreut) wird. (Nur um sie zu erkennen und zu verstehen, braucht man oft erst Lehrhäuser, Synagogen, Medresen und Kirchen.)

So entsteht eine ganz neue Erweiterung von Blick und Bewusstsein, die mit solchen Erfahrungen von Unheimlichkeit, Rätsel, Wunder und Ohnmacht umzugehen anleitet und uns fortan begleitet: Aus trivial-menschlichen Erfahrungen (coram hominibus) werden spirituelle (mit oder ohne einen Gott); wir beginnen, einer größeren Dimension und einer verborgenen Tiefe ansichtig zu werden und mit ihr in Beziehung zu treten, vor ihren – zunächst verborgenen – Augen unser Spiel zu spielen. All jene Lebensvollzüge bleiben in ihrem Recht, aber sie geraten – ob im Zeichen des Gautama Buddha oder des Jesus von Nazareth, die sich beide nicht ausschließen müssen – in ein neues Licht, dem wir nicht immer standhalten können und auch, so meine ich, nicht immer standhalten müssen; denn die Schöpfung hat uns neben der Unbedingtheit und der Tiefe des Daseins gnädigerweise auch die uns schützenden Masken der Normalität und Trivialität gegeben, für die wir – mit ihren Freuden, Erholungen und Ablenkungen – dankbar sein dürfen. Aber jene Abgrundserfahrungen treten immer wieder hervor, als leise und wehrlose, anrufende und zerbrechliche Wahrnehmungen, die man nicht zu einem sich selbst stabilisierenden und verselbstständigenden Religionssystem verdichten soll. Das immer neue Hinschauen, Hören und Wahrnehmen ist das Notwendige, zu Übende.

Und dies sind – nach der ebenso tröstlich-beglückenden wie schmerzhaft-bereichernden Erfahrung des reformatorischen Christentums – die Gesichter und Facetten dieser Erfahrungen, von denen ich zunächst drei schildere:

Drei Grunderfahrungen:

„Gnade" – das geschenkte, nicht machbare Leben

Eine erste Fundamentalerfahrung des Religiösen liegt in dem ebenso grundlegenden wie heute eher verachteten, fast nur missverstandenen und verschließenden Grundwort „Gnade" aufbewahrt. Es meint das Wissen und die Erfahrung, dass es zentrale Aspekte unseres Lebens gibt, ja dass es vielleicht sogar *die* letztlich entscheidenden Erfahrungen des Lebens sind, die – einfach aufgrund ihrer Struktur und Art – nicht vorgenommen, geplant und gemacht werden können, die man vielmehr nur geschenkt bekommen kann. Liebe z.B. oder Sinn, Erfüllung, Segen, Freundschaft eines Menschen, Schönheit einer Blume, Mut und Gewissheit des Herzens, fast alles also, was ein Leben im Tiefsten ausmacht und erfüllt, – sie alle sind nicht machbar, sondern, wenn sie sich denn ereignen und glücken, ein Geschenk – woher auch immer. Wir können viel machen, dazu ist uns ein in gewissen Bereichen wirksamer Wille gegeben, welcher Distanz zum Handeln voraussetzt und Verantwortung ermöglicht. Aber dass Erfüllung und Segen in unserem Tun sind, das können wir nicht machen. So wohnt mitten in unserem Tun das geschenkte, nicht machbare Leben. Es sind solche fundamentalen Elemente unseres Lebens, in denen wir „allein geschenkweise" d.h. „aus Gnaden" leben und an denen sich die Wahrheit dieser reformatorischen Kategorie bewährt (wogegen nicht spricht, dass wir mit aller Anspannung und Aufmerksamkeit des Herzens und des Tuns an ihnen beteiligt und nicht einfach passiv sein können!). So viel wir in unserem Leben auch zu tun vermögen – wir leben grundlegend, ohne uns das oft bewusst zu machen, „aus Gnaden". Damit ist, so meint und regt dieses Grundwort religiösen Wissens zu denken an, der fundamentale *Geschenkcharakter des ganzen Lebens* an- und ausgesprochen. Dass es – in uns und um uns, im Raum unseres Lebens – so etwas wie bedingungslose Liebe gibt, ist vielleicht der schönste Ausdruck dieses Sachverhalts, und die geheime Frage in dem innerlich ablaufenden Film der Sterbestunde „wie viel Liebe hast du empfangen und gegeben?" wäre dann die entscheidende. Wir machen uns nicht selber – in vielerlei Dimensionen. Unser wesentliches Leben speist sich aus vorethischen Quellen und Kräften. Daher gehören Empfänglichkeit, Dankbarkeit und das wurzelhafte Bewusstsein von tiefsitzender Ohnmacht und eben Nichtmachbarkeit zu den wesentlichen Grunderfahrungen des Menschlichen. Wenn wir nicht lernen, mit offenen, empfangenden Händen und Herzen zu leben, gehen viele Dinge, die man nur im Empfangen bekommen kann, an uns vorbei und verloren. Liegt diese verdeckt und leise wartende Einsicht nicht immerzu unserem Wissen nahe – aber eben nur diffus und halbbewusst, halbbegriffen? „Nein, nicht euch ist es bestimmt, die Knospen zu erschließen zu Blüten. Schüttelt die Knospe, schlagt sie, es geht über eure Macht, sie blühen zu machen" (Hilde Domin). Das Staunen über die Wunder und der Dank für die Schönheiten der Welt, der Schöpfung beginnt hier und schafft, eröffnet eine ganze neue Welt. Hier sind alle Freuden und Erfüllungen, alle Feste und Beglückungen, alle Lieben, Zärtlichkeiten und Sexualitäten, die uns widerfahren, alle Lebensunternehmungen und Selbstbetätigungen, alle Landschaften, Musiken, Bilder oder Gedichte, die uns aufgehen, mitgemeint und eingeschlossen, bereit und herausfordernd anwesend, die der Entropiesatz von der Fülle der wachsenden Möglichkeiten in der Evolution der Welt bereithält. Nimm dein Leben in die Hand und vertrödele dies Geschenk nicht – alles andere wäre Undank! Tue es mit Freude und Dank, denn Dank ist die Weise, Gnade wahrzunehmen und zu ehren.

Dass wir all dies – samt unserem Tun – aus Gnaden, geschenkweise leben; dass wir auch ohne Leistung noch wertvoll sind und ein Lebensrecht, einen Lebenssinn haben, das lernt der seelische Gesamtorganismus eines Menschen nur schwer, wie sich in Krisen- und Sterbezeiten immer wieder erweist, wenn sich das Leistungsdenken als letzter Halt des Inneren nahe legt und aufdrängt; denn wir haben meist lebenslang nichts anderes gelernt. Sogar das Lachen soll neuerdings – gespenstisch, wenn man es nicht hat – jetzt in Lachtherapien geübt und „gemacht" werden (gespenstisch selbst dann, wenn es gewisse Schritte weit wirken sollte)! „Gnade" scheint aber eine vitale Grundwahrheit unseres in dieser Welt gelebten Lebens, die auch gedanklich und begrifflich gedacht, gelernt und angeeignet werden muss, damit sie allmählich und langsam in unser Lebensgefühl als Grundwahrheit, die sie ist, eindringen, hineinwachsen kann und nicht ausgeblendet, verdrängt wird. In einer Gesellschaft, die das Tun und Machen als entscheidende Grundgeste und -einstellung des Menschen osmotisch, suggestiv und epidemisch verbreitet, ist das Empfangen als erste und entscheidende Grundgeste des menschlichen Lebens nicht eben naheliegend und geübt. Hier erheben sich Fragen und Lebensthemen, die keinem Machen und keiner Ethik zugänglich sind, die vielmehr eher Grenzen unserer Selbstmächtigkeit tangieren und unsere Ohnmacht und Angewiesenheit offenbaren. Man muss meist erst – durch Freuden und glückliche Erfahrungen, Schmerzen und Brüche geführt – lernen, bewusst hinzuschauen und diese Dimension des Lebens wahrzunehmen.

Tun und Empfangen sind nämlich, so sagt dieses Denken, zwei verschiedene Grundfunktionen; sie sind die beiden menschlichen Herzfunktionen der Systole und Diastole. Dein Tun und deine Hände kannst du beherrschen, das ist gut und wichtig, das ist die eine Funktion. Aber deine Gefühle? Dein Herz? Deine Träume? Dein Unbewusstes, aus dessen Tiefen du bestimmt wirst? Freuds Einsicht, dass wir „nicht Herr im eigenen Hause" sind, bewährt sich hier auch in spiritueller Dimension, selbst wenn das uns ebenso gebotene Tun ein ganzes Stück weit führt und Recht hat, also notwendig ist. Die Grundgeste des Empfangens und Dankens, in der sich unsere in zentralen Hinsichten essentielle Ohnmacht und Bedürftigkeit ausdrückt, muss daher gelernt und uns immer wieder erst aufgezeigt, gelehrt und dem Bewusstsein vertraut gemacht werden. Die Grundgeste des Empfangens und Loslassens verändert das Leben und die Welt:[199] Sie ist die zweite jener beiden Grundkräfte.

Man kann, um dies geradezu körperlich zu verstehen, folgende Übung machen oder denken: Man hält beide Hände wie mit nach oben geöffneten Handschalen, bereit zum Empfangen, vor sich hin und lässt diese Grundgeste der empfangenden Hände, ihrer Wehrlosigkeit und Empfangsbereitschaft einen Moment auf sich und in sich versuchsweise einwirken – von den Händen durch die Arme bis ins Herz hinein: mit empfangendem Herzen und Händen und aufrechtem ungebrochenem Rückgrat. Was tut das dem Selbstbewusstsein und Lebensgefühl? Lässt sich diese Grundgeste alles Lebendigen annehmen, bejahen, einüben? Und was wehrt sich in mir gegen diese Grundeinstellung? Diese kleine Erfahrung und Wahrnehmung bedarf, wenn ich sie denn zulasse, oft erst der Klärung und mancherlei Besprechung der Implikationen und Konsequenzen, damit diese Grundhaltung angeeignet werden und allmählich in uns hineinwachsen kann.

Wenn dies im ersten Schritt erspürt und bedacht ist, dann kann man in einem zweiten Schritt versuchen, dasselbe Grundgefühl nur noch mit einer Hand zu bewahren, während die andere Hand sich zur Faust der Anspannung und des Tuns schließt, so dass man sich allmählich an die innere Gleichzeitigkeit dieser beiden Grundwahrheiten, der des Tuns und der des Empfangens herantastet. „Ein jeder Gegenstand, recht beschaut, schließt ein neues Organ in uns auf", zitierte der alte Gogarten hierzu immer wieder aus Goethes Farbenlehre: D.h. wenn wir empfangend und wahrnehmend, nicht nur aktiv und aggressiv-bestimmend auf die Dinge der Welt – eine Blüte, einen Menschen, ein Bild – zugehen und sie anschauen, erschließt sich das neue Organ der empfangenden Hand, des empfangenden Herzens, denn die Welt schaut sich mit wahrnehmend-hinnehmenden (statt nur aktiv-aggressiv draufschauenden) Augen anders an – mit Dank, der dem Empfangen als zentraler Grundgeste entspricht. Diese Grundgeste muss als Organ der Wahrnehmung und Entsprechung geübt und dem Organismus eingebildet werden. Dann aber geschieht das Ur-alt-Neue: Gnade wird als Grundwahrheit alles Lebendigen, als Urstruktur der Schöpfung begriffen.

Ich lasse mir etwas geschehen.

Dabei ist das in der altprotestantischen Frömmigkeit dominierende Verständnis von Gnade als „Vergebung" nur *ein wichtiger*, heute vielleicht nicht einmal der entscheidende Aspekt des Begriffs, der Zugang zu dieser Erfahrung gewährt. Die Schuldfrage wird kirchlich vielfach übertrieben. Allerdings könnte es sein, dass diese Facette des Gnadenverständnisses wieder wichtig werden wird: Wenn uns nämlich einmal wieder näher kommt, wie schuldhaft-mittätig und abgründig wir – persönlich wie politisch – in unsere biographischen und zeitgenössischen Entwicklungen verwickelt sind; auch dass all unsere – menschlichen und politischen – Verhältnisse vielleicht wirklich dessen bedürfen, dass wir diese religiöse Dimension unseres Verwickeltseins und Versagens und Verschlossenseins wahrnehmen und wieder zulassen, indem wir der Schuld und des Bösen, unserer „Schatten" (sagt C.G. Jung) – weit über alles Moralische hinaus – ansichtig werden, wenn und soweit wir sie zulassen, uns mit ihnen identifizieren. Dann könnte sich in der Erfahrung der Schöpfungsgnaden noch eine ganz andere, neue Stufe der Erfahrung und Wirklichkeit ergeben: dass nämlich, wenn alle Lebensgeschenke und -gnaden einmal zerbrechen und enden, noch immer – in und hinter aller Natur, mitten im Leiden und Sterben – eine merkwürdige Macht, eine Hand sich zeigen kann, die mich in aller Schuld trägt und gnädig das Leben ermöglicht und schenkt, und dass es mitten im Sterben aller Natur und Kreatur die Gewissheit eines tragenden, gültigen Lebens geben kann – „mitten in unserem Leben jenseitig", wir zitierten diese simpel-geniale Formulierung Bonhoeffers bereits. Denn – in der Tat – das eigentliche Wunder auch der vielen Schöpfungsgnaden ist, dass aus den Abgründen der evolutionsentstandenen Welt so etwas wie die Struktur und Weise des voller Gnaden Schenkenden und Schaffenden auftaucht, die als unendliche und wunderbare Möglichkeit wirkt und unserem Tun und Planen immer voraus und vorgegeben, ja erst die Bedingung seiner Möglichkeit ist. Eben dies macht uns Menschen, wenn wir es wahrnehmen und zulassen, konstitutiv im Weltganzen zu Empfangenden, Dankenden und ermöglicht die Wahrnehmung der Schöpfungsgnaden erst eigentlich, gleichgültig ob man aus jenen merkwürdigen und geheimen Abgründen des Lebens das Gesicht eines schenkenden und schaffenden Gottes herausschauen sieht (bzw. projektiv in ihn hineinsieht) – oder nicht. Verzeihung („Vergebung") ist dabei – weder religiös noch zwischenmenschlich – das entscheidende Moment in der Gnadenhaftigkeit des Lebens; Gnade gibt es nicht erst seit der Schuld in der Welt, sondern mit und seit der Schöpfung.

All dies lehrt uns immer neu, dass es mitten in dieser Welt der machbaren Dinge das Leben als Geschenk und als nicht machbare Gnade gibt, welches mit Dank angenommen werden kann und muss (wenn man es denn empfangen will): Ohne die offenen und empfangsbereiten Hände und Herzen gibt es keine Geschenke und keine Gnaden im Leben; wir laufen, wenn wir uns hierauf nicht besinnen, an allzu vielem vorbei. Diese Erfahrung von Gnade steht dem religiösen Bewusstsein in unserer Gesellschaft des Machbarkeitswahnes immer wieder bevor – als große Befreiung und Erweiterung der Lebensmöglichkeiten. Insofern impliziert der Glaube an die Gnade als Grundwahrheit alles Lebendigen eine der radikalsten Infragestellungen und Bereicherungen des Commonsense unserer Gesellschaft; ihr – auch politischer – Grundgestus der Machbarkeit aller Dinge gerät, wo dies begriffen wird, in ein neues Licht. Unendlich viele Geschichten gibt es, die hiervon zu erzählen, Erfahrungen, die zu berichten, Bilder, die anzuschauen wären und die bei etwaigem Nachdenken fast jedem einfallen und erinnerlich sind. Das Wort „Gnade" hilft, diese verborgenen, längst vorhandenen, aber verleugneten Erfahrungen und Wahrheiten wahrzunehmen. Diese innerweltliche Eröffnung der Wahrheit von „Gnade" ist die heute vermutlich wesentliche „Rückung", die dem Verständnis dieses Begriffs ansteht.

Unter zentralen Gesichtspunkten dürfte also generell gelten, dass wir uns gnädig – in manchem anderen freilich auch schicksalhaft und verhängnisvoll – vorgegeben und ermöglicht sind, dass wir uns nicht „machen" können. Unsere existentielle (religiöse) Offenheit, Bereitschaft und Empfängnis für die größeren Erfahrungen können wir nicht selber herstellen. „Hast du wirklich alles selbst vollendet, heilig glühend Herz?", so wäre der Prometheus des jungen (nicht des alten!) Goethe zu fragen. So sehr derlei Maßlosigkeit zu denken, sich zuzumuten und anzumaßen in manchen Phasen des aufbrechenden Lebens begreiflich und immer wieder notwendig – geradezu lebensnotwendig – ist (weil es zum Lernen der Autonomie gehört), so sehr gilt doch wohl letztlich, dass der Mensch in seinem Autonomieprozess irgendwann auch das „Nein" auf diese Frage zu lernen hat. Denn eben – dass du dies alles selbst vollenden konntest: Das war dir gegeben und geschenkt! Denn „was hast du, das du nicht empfangen hättest?", sagt die Bibel dazu (1Kor 4,7). Noch der für jeden Menschen wichtige Stolz auf Geleistetes und die selbstbewusste Tat leben von Vorgegebenem und davon, dass ein Boden dich trägt und ein Himmel dich bestrahlt und segnet, die du beide nicht gemacht hast. Auch der Aufstand, in dem du den aufrechten Gang und deine Autonomie erwirbst, ist dir als Möglichkeit und Geschenk deines Lebens *gegeben* – denn wie viele Menschen wünschen sich diese Möglichkeit und haben sie nicht erhalten! Du hast diese Potenz in dir nicht gemacht, denn die Götter oder das Schicksal sind es, die dem Menschen die Freiheit gegeben haben und sie für ihn wollen. Du hast nur noch nicht begriffen, dass nicht Abhängige und Sklaven, sondern Freie, Söhne und Töchter, der Wille Gottes bzw. des Göttlichen und der Schöpfung sind. So wie der aufrechte Gang und die Autonomie kann auch das Tun eine Weise und Inkarnation der geschenkten Gnade sein. Tat und Gnade schließen sich nicht aus. Denn das Geheimnis sitzt in allen Poren unserer Welt, unserer Person und unserer Erfahrung, also möglicherweise auch – wenngleich nicht immer – in den Poren unseres Tuns. Hier entsteht – zugespitzt und verschärft, über das reformatorische Folgeverhältnis von Gnade und Werken hinaus – die Möglichkeit und die Kraft, Leben und Welt als Tat des autonomen Menschen zu entwerfen, sie aber gleichwohl in ein komplementäres Verhältnis zu den empfangenden und glaubenden Kräften des Menschen zu setzen: Tat mithin als Gnade zu verstehen.[200]

Meist muss erst durch das Missverständnis der alles sich selbst verdankenden Autonomie hindurch das Lernen des Geschenktseins auch der Autonomie zur innerlich erworbenen und damit unwiderleglichen eigensten Einsicht werden. „Gnade" kann daher – völlig weltimmanent und zunächst vielleicht unreligiös – primär als Schöpfungsgnade verstanden werden: als Erfahrung des Beschenktseins und – mitten in aller Sinnlosigkeit und Zweideutigkeit – des Umfangen- und Ermöglicht-, Behütet- und Getragenseins. Vielleicht besteht darum wirklich, wie Ramana Maharshi, der indische Weise, einmal meinte, die eigentliche Unwahrheit und Versündigung unseres Lebens darin, dass wir meinen, „Gott" oder den Sinn *suchen* zu müssen, weil wir damit verleugnen, dass das große Geheimnis immer schon in und um uns ist und dass wir immer von seiner Gnade und Lebensmächtigkeit ermöglicht und getragen sind. Gerade in einer Gesellschaft, die an die Machbarkeit aller Dinge, auch des eigenen Lebens und seines Sinnes glaubt, die die Generalisierung und Verabsolutierung der Teilwahrheit unseres Tuns und Könnens mit allen Mitteln betreibt und diesen Glauben ebenso epidemisch wie verhängnisvoll verbreitet – in solch einer Gesellschaft ist „Gnade" eine entscheidende Gegenwahrheit, die allerdings ohne Kirche und Glaube in unserer Gesellschaft kaum bekannt und repräsentiert, kaum angeboten wäre. Ohne dieses Wissen, Erfahren, Glauben von Gnade aber wird die Suggestion der Machbarkeit nicht überwunden. Auch religiöses Bewusstsein verirrt sich ohne dieses Wissen und ohne die Hilfe dieser Wahrnehmungsbegriffe allzu leicht und wird unwahr: Es wird, wie die Theologen das nennen, synergistisch, d.h. es glaubt, „es" und „alles" letztlich doch selbst mit „machen" zu können und zu müssen und verunreinigt so die Geste des reinen Empfangens – des reinen Empfangens mitten auch im Tun! Noch jede Meditation z.B., die ja vorbegrifflich und daher mehrdeutig und missdeutbar ist, muss lernen, dass sie nicht gemacht und erzwungen werden kann, weil sie im Loslassen und Empfangen geschieht. Satori geschieht und das Göttliche kommt, das Geheimnis zeigt sich von selbst und ungezwungen, ungemacht, auch wenn es eine bewusste und gewollte Bereitung gibt (darauf deutet der Choralvers hin „Bereitet doch fein tüchtig den Weg dem großen Gast …"). Und jede Liebe, jedes Gedicht, jeder Baum, jedes Gelingen wird, als Geschenk betrachtet, reicher und abgründiger, wahrer und schöner.

Es ist aber beim Verständnis von „Gnade" noch eine letzte entscheidende Umformulierung und Neuakzentuierung zu beachten, die im Vorigen bereits vorausgesetzt war und die über das altprotestantisch-kirchliche Verständnis hinausführt. Sie besteht darin, dass „Gnade" auch ohne eine theistische Voraussetzung gültig und erfahrbar ist: Auch wer an keinen persönlichen Gott glaubt, kann diese Erfahrung des Dankens und Empfangens – woher auch immer – machen und so auf den Weg der genuin religiösen Erkenntnis (des undefinierten Geheimnisses der Welt bzw. des Göttlichen) kommen. Nicht erst ein geglaubter Gott gibt Gnade, sondern umgekehrt: Die (non-theistische) Erfahrung des Beschenktseins führt in die Erfahrung des Lebenswunders und -geheimnisses, also in eine Facette des Göttlichen, des Geheimnisses und in eine Grundwahrheit des Religiösen, welche uns in Herz und Gewissen überwindet, überzeugt und also größer ist als unser Herz. Und Dank – wohin und an wen oder was auch immer – ist die Weise der Entsprechung und Wahrnehmung dieser Wahrheit: Dank – woher und warum? Ich weiß es nicht. Wohin? – Ich weiß es nicht. Ich nehme das Wunder dieser Welt wahr und ehre im Dank das Geheimnis. Auf diese Weise beginnt die Erfahrung dessen, was die Tradition „Gott" bzw. Göttliches nennt, wobei ganz offen und jedem überantwortet bleibt, welches Verständnis, welchen Namen und welches Gesicht derjenige, der diese Erfahrung macht, diesem Geheimnis und dieser Macht geben will: ob er sie „Gott" nennen will oder nicht. „Gnade" (das Geschenktsein des Lebens) ist erfahrbar und kann wahr werden ohne einen „Gott", aber ihre Erfahrung führt hin zur Frage nach Gesicht und Namen, Ursprung und Geheimnis der größeren Macht, vielleicht also „Gottes", Allahs oder des „Einen" (Plato), aus dessen wundersamem Rätsel alles Geschenkte stammt, das mir das Herz gewinnt.[201]

Diese Erfahrung von „Gnade" ist eine fundamentale Aufklärung über uns selber und ein Gegengewicht gegen den allenthalben grassierenden Wahn der Machbarkeit aller Dinge, gegen die geradezu weltanschauliche Ethisierung und Moralisierung aller Lebensphänomene, die auch unser Denken über unser Leben bestimmt und vorgibt, es wären Liebe, Gutes-Tun und ethisches Verhalten primäres und oberstes Kriterium von Leben und Wahrheit: „Es ist kein Gutes außer man tut es" (ein Satz, der wohl immer wieder stimmt, oft aber den Blick auf die Andersartigkeit und Nichtmachbarkeit fundamentaler Lebensphänomene suggestiv verstellt). Das Wissen und Begreifen von Gnade hat nämlich in seinem Gefolge die Unterscheidung von Glaube und Sein einerseits und von Werk, Tun und Haben andererseits. Ich wies schon darauf hin, dass E. Fromm in seinem Buch „Sein und Haben" (1976), völlig non-theistisch (aber aus jüdischem Erbe), die seelischen Gefährdungen nachwies, die aus dem Vergessen unseres wurzelhaften, nicht machbaren Seins und entsprechend aus unserer fälschlichen Konzentration auf das „Tun-und-Haben-Wollen" entstehen. Entsprechend hat H.E. Richter in seinem Buch „Der Gotteskomplex" (1979) rein therapeutisch und säkular gezeigt, wie wir uns menschlich deformieren und überfordern, wenn wir göttergleich alles machen zu können uns einbilden (auch wenn Richter keine religiöse Deutung seines Buches beabsichtigt).

Die Grundwahrheit des fundamentalen Geschenkcharakters des Lebens, des Bewusstseins von Gnade also, hilft dem an diesem Punkt allermeist unbewussten und diffusen, verführbaren Lebensbewusstsein zu seiner eigenen tiefer liegenden Wahrheit! Diese Wahrheit des Lebendigen muss und kann, wie gesagt, nicht immer neu und selbst erfunden werden – schon gar nicht unter den Suggestionen einer Gesellschaft, die den Wahn von der Machbarkeit aller Dinge, auch des eigenen Lebens, ideologisch und epidemisch verbreitet. Hier hilft und wirkt dieses erste Grundwort der reformatorischen Einsicht, wie ich meine, konkurrenzlos und hellsichtig. Denn an diesem Punkte herrscht die vielleicht größte Verdunkelung in Denken und Bewusstheit unserer machbarkeitsgläubigen Gesellschaft und ihres Menschenbildes. Das Symbolwort „Gnade" aber, Hinweis auf ein Grundphänomen des Lebendigen (und erst von daher – sekundär – eine wichtige „Lehre" d.h. Theorie!), leitet dazu an, bestimmte Grundlagenelemente unseres Lebens, die uns oft nur ungenau und diffus bewusst sind, genauer und bewusster zu sehen. Insofern stellt dieser Begriff der Gnade die vielleicht größte Aufhellung und Aufklärung dar, die unserer gefährdeten Menschlichkeit geschehen kann. Dies zu verstehen, macht offensichtlich den einen Grundrhythmus unseres Atmens und die eine Herzkammer unseres Herzschlages aus, wie denn im Atemholen zweierlei Gnaden sind[202]. „Gnade", das Wissen vom geschenkten Leben ist die eine der beiden. Durch diesen Leitbegriff – dem immer „Dank" und „Empfangen" entsprechen – und durch sein organisches Gelernt- und Eingeübtwerden könnte sich auch das allgemeine religiöse Bewusstsein und Empfinden wesentlich und hilfreich konturieren, aufklären. Ohne ihn bliebe es an entscheidender Stelle seiner Lebenswahrheit diffus und gefährdet.

„Gesetz" – die Erfahrung des allenthalben ergehenden „Du sollst ... " – Bedingung der Freiheit und der religiösen Autonomie

Doch es scheint noch einen zweiten Leitbegriff, einen zweiten Schlag im Grundrhythmus des Herzens und Atmens, eine zweite Herzkammer alles Lebendigen zu geben, der dem religiösen Bewusstsein als unverrückbarer Kompasswert zu mehr

Klarheit und Struktur verhelfen kann. Es ist das interreligiös und altererbte Weltwissen, dass wir unter gegebenen Bedingungen und Strukturen („Gesetzen" und „Gesetzmäßigkeiten") unseres Daseins – der Natur, der Gesellschaft, der Psyche – leben, die unserer Autonomie zwar Grenzen setzen, unter deren Bedingung und Wahrung wir aber auch Freiheit haben. Entsprechend gibt es auch innerlich so etwas wie ein Gesetz, eine uns gesetzte Grenze unserer Willkür und eine Bedingung unserer Freiheit, ein „Du sollst …", welches man das „ethische Grundphänomen" schlechthin genannt hat[203], welches später dann in jüdisch-christlicher Präzision „Du sollst lieben Gott … und deinen Nächsten wie dich selbst" lautet. Mit ihm fängt alle innere Verbindlichkeits- und Existenzgeschichte und das Ende aller Beliebigkeit an – wenn wir uns denn ansprechen und erreichen lassen. Es ist die Erfahrung, dass uns immer wieder – im persönlichen oder politischen Leben – Zumutungen und Forderungen begegnen, an denen wir nicht vorbeikönnen – es sei denn um den Preis unserer seelischen Integrität und Versteinerung. Wir können diesen allenthalben begegnenden und sprechenden Imperativ wohl übergehen und verletzten, aber die Tatsache des Ethischen können wir nicht übergehen, auslöschen und wieder aus der Welt bringen. Sie hängt uns – seit der humanen (kulturellen) Ko-Evolution – an und sie besteht in Erfahrungen, die uns „stellen", uns „packen" und die ein „Du musst" zu uns sprechen. Kein Mensch und keine Institution kreiert und autorisiert sie, sie sprechen als Forderungen der Unbedingtheit aus unendlich vielen Verhältnissen und Begegnungen: Es kann die erschütternde Schönheit eines Bildes, einer Blume, eines Gedichts, eine ergreifende Musik sein aus der sie sprechen – wie schon aus Rilkes Einsicht angesichts des vatikanischen Torsos: „Du musst dein Leben ändern". Es kann aber auch die Forderung und Unbedingtheit einer menschlichen Begegnung sein, oder wenn uns unvermutet politisch oder individuell „Erniedrigte und Beleidigte", die – im bekannten Jesus-Gleichnis vom Samariter – auf dem Weg nach Jericho unter die Mörder gefallen sind, begegnen und „angehen" – und Jericho ist überall. „Die Stimme des Bluts deines Bruders schreit zu mir von der Erde", spricht die Urmacht des Lebens nach und seit dem Brudermord (Gen 4,10). Egal ob es dir jetzt passt oder nicht, die Unbedingtheit oder das „Du sollst" geschieht, spricht zu dir und schreit, wenn du die Augen, die Ohren und das Herz hast, es wahrzunehmen.

Entsprechend hat es in der Menschheitsgeschichte unendlich viele Ausformungen und Konkretionen jenes einen „Du sollst …" gegeben, die das Gebotene zu konkretisieren und festzulegen versuchen. Wir sollen sie zwar als Hilfen, Geländer und Anregungen nicht missachten, sondern ernstnehmen (z.B. das 2. bis 10. Gebot im Dekalog oder die sog. Goldene Regel „Was du nicht willst, dass man dir tu …"); aber heilig und verbindlich weil unbedingt – wie jenes erste, oberste, tiefste und einzige „Du sollst …", welches der Sinn aller Einzelgebote ist – sind sie nicht. So sagt also der innerste Sinn, das oberste und allgemeinste „Gesetz" in allen vielen Geboten, wir sollen das Notwendige, Gebotene und Nächstliegende tun, wie wir es mit Herz und Verstand wissen; denn „das Gebot, das ich dir heute gebiete, ist dir nicht verborgen noch zu ferne … (es ist) gar nahe bei dir, in deinem Munde und in deinem Herzen, dass du es tust", so formuliert das die Bibel (Dtn 30,11, 14, vgl. Mi 6, 8). Das hier angesprochene Tubare, Machbare ist wichtig und immer geboten, es ist aber nur das Vordergründige in der hier gemeinten Erfahrung: Denn Ethik und Moral und das moralisch Machbare ruhen auf zweifelhaften und wankenden Abgründen unserer Menschlichkeit. Diese aber deckt die Tradition religiöser Erfahrung und religiösen Wissens im „Du sollst" erst eigentlich auf.

Daher spricht Luther von jener Radikalisierung der vielen Einzel*gebote*, die man tun kann, durch das eine, das Herz ergreifende Gebot und „Gesetz" des Herzens „Du sollst lieben und vertrauen, … also offen sein, dich (einer Situation und dem Menschen) hingeben": „Der eigentliche Sinn des Gesetzes ist es also, uns aus unseren Hütten (oder Zelten, d.h. aus unseren gewöhnlichen Behausungen und Lebensweisen zu reißen"[204], und Rilke weiß – wir hörten es bereits – dasselbe: „Du musst dein Leben ändern." So etwas gibt es, als Element und Wahrheit vitaler Lebenserfahrung. Die Majestät dieses einen zum Innersten sprechenden „Gesetzes" ist nämlich nicht identisch mit den vielen religiösen oder kulturellen Gesetzen – oder durchaus sekundären „Werten", wie man heute sagt –, sondern sie besteht in der bezwingenden Wahrheit jenes „Du sollst … (lieben, vertrauen, offen sein und entsprechend dich verhalten). Gerade in seiner Allgemeinheit und Ungenauigkeit ist dieses Gebot generell und kann es überall begegnen – ob man es religiös versteht oder nicht. Es verwickelt den Menschen in eine tiefgreifende innere Geschichte, in der es auf Liebe, Vernunft und Phantasie des autonomen Menschen ankommt, dem dies widerfährt, der es begreift und umsetzt.

Wo lernt man es kennen? Weil dieses „Gesetz" auf dem Wege nach Jericho – und Jericho, noch einmal, ist überall – geschieht und begegnet, erzählen unendlich viele Geschichten der Weltliteratur von ihm: von Aischylos, Sophokles und den Propheten des Alten Testaments über Shakespeare und Dostojewski bis zu Heinrich Manns Madame Legrot, Bert Brechts Kaukasischem Kreidekreis oder Sarah Kanes „Gesäubert" oder „Zerbombt" bis zu jenem Samariter-Gleichnis des Neuen Testaments und den allzu vielen Zeitungs- oder Fernsehberichten, die einen unvermutet und peinsam „angehen" und anspringen können. Es ergeht und ist „mündlich" in den Lebensprozessen, so werden wir Luther (weiter unten, Kapitel VII) sagen hören. All die oben Anm. 188 benannten Vorgänge und Entwicklungen sind von dieser Art, auch wenn sie uns überfordern. Sie alle verleihen dem „Gesetz", dem Unbedingten, seiner allenthalben ergehenden Sprache seine Drastik, seine Peinlichkeit und Konkretion. Das „Du sollst" scheint eine aufmerksam machende Wahrheit – gegen die uns immer wieder naheliegende Nichtwahrnehmung und Realitätsverweigerung. Seine Unbedingtheit – nicht die Kriterien bürgerlicher Moral und Werte, denen man sich entziehen kann – sind die eigentlich kritische Grenze der Beliebigkeit. Ob Folter, Kinderarbeit, Tiertransporte, die ungerecht wachsende Schere von Reich und Arm oder kleine Begegnungen unserer Alltäglichkeit – die ganze Welt ist voller sprechendem „Gesetz". Das ist wahr – *wenn* wir die Augen und das Herz haben, es wahrzunehmen und den Zwiespalt zwischen radikaler Gewissens- und pragmatischer Verantwortungsethik auszuhalten, nicht zu verleugnen gelernt haben.

Was lässt sich über dieses merkwürdige, aus Menschen, Vorgängen und Erfahrungen jeder Art ergehende „Du sollst" lernen und wissen? Zunächst dies: Das am Anfang inhaltslose und allgemeine „Hier steh still, du bist gemeint …" oder ethische „Du sollst" (jüdisch-christlich „Du sollst lieben und vertrauen = glauben, dich öffnen, hingeben") erweist sich, wenn man einmal seiner ansichtig geworden ist, als innerlich wahr und unwiderleglich. Es spricht die innere Wahrheit der Schöpfung aus. Und das gleichgültig, ob wir das hier ergehende Gebot – wie immer wir es verstehen und auslegen – erfüllen können oder ob es uns überfordert. Gerade dies letzte ist eine wesentliche Facette der diesbezüglichen christlich-reformatorischen Einsicht, die uns zur Anregung und Prüfung vorgelegt wird: Könnte es stimmen, dass das Unbedingte – in welcher Form auch immer – gilt und wahr ist, auch wenn es uns überfordert und wir es nicht „tun" können? Denn diese Forderung ergreift zunächst das Herz und das Gewissen, erst dann und in der Folge die Hand und das Tun (aber dies dann auch wirklich, daher das schmerzhaft Bohrende dieser Erfahrung). Herz und Gewissen aber sind nichts, was wir bestimmen und „wollen" können, in denen wir unser mächtig wären; in ihnen sind wir uns selber vorgegeben, betroffen und ohnmächtig. Wir sollen also das Gebotene im Rahmen des Möglichen tun, aber nicht alles Gebotene und Notwendige können wir tun; das Gebotene und das Gebot bzw. Gesetz führt uns weiter, bis an unsere Grenzen und unsere Ohnmacht. Daher die dekuvrierende und offenbarende Macht und Wahrheit des „Du sollst", des „Gesetzes". Luthers Satz „Gott gebietet das Unmögliche" deckt daher – entgegen dem mittelalterlichen Axiom „Über sein Vermögen hinaus wird niemand gefordert bzw. verpflichtet"[205] – auf, dass es Wahrheiten gibt, die uns wesentlich – nicht zufällig und nur gelegentlich – überfordern und dennoch wahr und gültig bleiben (wie so manche persönliche oder politische Erfahrung uns zeigt). Es gibt also tiefere Lebensdimensionen als die des Machbaren und des Ethischen. Und eben dies offenbart die Erfahrung des Gesetzes und legt es bloß (wie oben schon die Erfahrung des geschenkten, nicht machbaren Lebens analog). Hier findet unser freier Wille, der in bestimmten und begrenzten – ganz anderen – Bereichen wichtig und herausgefordert ist, seine Grenze. Wollen können wir wohl, aber wollen wollen, wenn wir unwillig sind, können wir (nach Schopenhauers bereits zitierter Formulierung) nicht! Erst diese Erfahrung der Ohnmacht – mitten in der Erfahrung des „Du sollst" und des „ich muss", also des „Gesetzes" – bewahrt das Ethische und das von uns Geforderte vor seiner Selbstillusion und seiner ständigen oder geheimen Moralisierung, und führt es zu seiner Wahrheit, die da sagt: Wir sind nicht, wie wir sein sollten. Es gibt anderes und wichtigeres als das, was wir tun können. Tun, Können, Ethik und Moral sind wichtig, aber nicht das Letzterreichbare in uns, schon gar nicht sind sie unsere einzige Wahrheit. Mit dem „ethischen Phänomen" fängt die Erfahrung des Gesetzes an, um uns alsbald in Regionen zu führen, in denen keine Ethik und kein Tun mehr hilft, sondern die Grenze unseres Vermögens und Tun-Könnens, unsere existentielle ethische Ohnmacht und Empfangsbedürftigkeit offenbar wird. Darum ist die Frage und Erfahrung des Gesetzes zunächst eine ethische, dann aber wird sie eine der tieferen Selbsterkenntnis und -wahrnehmung. So ist dieses Phänomen des „Gesetzes" ein ebenso beunruhigendes wie heilsames, weil Wahrheit offenbarendes Phänomen, ein Gespenst, das umgeht und allenthalben begegnen kann, seit Menschen seiner in der humanen Evolution der humanen Sensibilität ansichtig wurden, seit es sich aus den Aporien der entstehenden Menschlichkeit ergab und erzwang – unbedingt, daher göttlich (nicht umgekehrt). Seither ist es unendlich verletzbar, übergehbar, aber nicht mehr verschweigbar, nicht mehr aus der Welt zu schaffen. Es schreit leise und allenthalben (z.B. aus einem Bild wie Picassos Guernica). All die Ohnmachtserfahrungen und Wahrnehmungsschärfungen, in die es uns verwickelt, machen seine – unsere Abgründe offenbarende – Ethik- und Existenzgeschichte unter uns aus.

Der heute verbreitete Überglaube an Ethik und die Möglichkeiten des Tuns – als das vermeintlich religiös und menschlich Eigentliche – und die mit diesem Überglauben verbundene ständige und gefährliche Ethisierung und Moralisierung alles Humanen wie Religiösen wird mithin in dieser Perspektive aufgedeckt und erkennbar. Dieser Überglaube muss immer wieder thematisiert und bewusst gemacht werden, weil hier – jedenfalls nach christlicher Einsicht – eine ganz wesentliche Verführung und Verformung, eine Unwahrheit des Menschlichen und Seelischen aus dem unter uns verbreiteten Machbarkeitswahn droht. Die Wahrheit aber ist (in reformatorischer Sprache): Wir werden „heil" ohne des Gesetzes Werke, d.h. unser Leben erfüllt sich primär durch jene oben beschriebenen Geschenke und Gnaden; auch das – immer durch das geschenkte Leben erst ermöglichte – Tun des Gebotenen, soweit es uns gelingt, bleibt Geschenk und Gnade, selbst wo es Tat und Autonomie ist. Es gibt eben, wie gezeigt, zweierlei Gnaden des Atmens und des Herzschlages. Wir müssen lernen, sie zu erkennen, ihnen zu entsprechen und uns auf sie – als auf das doppelte Grundgesetz unserer Lebendigkeit – einzustellen: Gebot und Gnade in ihrem unendlichen Wechselspiel. Man stelle sich nur einmal vor, wir würden uns vornehmen, gegen unseren natürlichen Atemrhythmus bewusst und in selbst-vorgenommenem Rhythmus zu atmen, weil wir schneller als unser Organismus sein zu sollen meinen!

Das Gesetz beginnt (hermeneutisch), wir sagten es bereits, meist ethisch, endet aber im Offenbarwerden der Grenze des Ethischen und der vorethischen und empfangsbedürftigen Wurzeln unserer Existenz. An dieser Stelle beginnt wurzelhaft das

Thema der Religion – über die Ethik hinaus und mitten in ihr. Man versteht hier, warum die Nächstenliebe keineswegs – wie ständig und unkundig-verkürzt behauptet – Inbegriff des christlichen Glaubens ist: Christlich – im spezifisch religiösen Sinne – ist vielmehr die dankbare und empfangende Offenheit („Liebe", „Glaube") zum schenkenden Lebensurgrund der Sinn von Religion. Zu ihm führt – über die Ethik hinaus – das Gesetz uns hin: zum nicht machbaren, nur empfangend und hinnehmend wahrnehmbaren Geheimnis, zu „Gott", zum Göttlichen. Die Nächstenliebe ist nur unlöslich hiermit verbunden, sie ist oft – nicht immer und nicht alleine – Ort seiner Erscheinung, seiner Erfahrung und Unbedingtheit, aber sie ist nicht ihr Kern und primärer Inhalt. Erst das Wissen von der Ohnmacht angesichts des „Du sollst", bestärkt durch das Bewusstsein von Empfangen und Gnade in den Wurzeln und Abgründen unserer Existenz und Lebendigkeit, beendet daher die Suggestion und Illusion der Ethisierung, Moralisierung und Machbarkeit des Lebens und führt so erst zu genuin religiösen Erfahrungen; erst diese (für unser Selbstbild) schmerzliche und befreiende Einsicht macht uns wahrer, gelassener: Sie erlöst uns von einer anstrengenden und – in mancherlei Hinsicht – mörderischen Illusion. Ethiklosigkeit und Beliebigkeit wie Überethisierung gefährden – aus dieser Perspektive gesehen – gleichermaßen unsere Menschlichkeit. Der aus allem Lebendigen immer wieder ergehende Ruf des „Du sollst", der unsere Ohnmacht und das uns Nichtmachbare, mithin unsere Wahrheit anspricht und aufzeigt, ruft die vorethischen Wurzeln und alle tiefer liegenden Geister unserer Lebendigkeit ins Bewusstsein und hebt sie ans Licht. Wir sind mehr und leben von mehr als von dem, was wir tun können. Das ist es, was das „Gesetz" des „Du sollst" – im Unterschied von den vielen machbaren „Geboten" – aufzeigt, offenbart, überführt (und dies in genauer Übereinstimmung mit dem Wissen vom geschenkten Leben, von der „Gnade"). Überall kann derlei geschehen, widerfahren, erlebt werden. Überall in persönlicher und geschichtlicher Erfahrung begegnet dies und drängt sich auf, wenn wir die Augen des Herzens und Gewissens haben, es wahrzunehmen. Daher jene unendlich vielen (oben genannten) Berichte und Geschichten, die diese anonym ergehende Forderung, unsere Wahrheit, unsere Ohnmacht und also unsere Tiefenschichten freilegen – sie legen mehr frei als das, das wir tun können und sollen. Quer durch die Kulturen und Gesellschaften ist viel von diesem Wissen – wenngleich oft nicht in der reformatorisch gesehenen Radikalität und Tiefe – präsent und bewusst.

Dies alles bedeutet einen Gegensatz und Gegenpol zu der in unserer Gesellschaft grassierenden Moralisierung und ihrem Aktionismus ebenso wie zu dem durchaus verbreiteten Anything-goes-Bewusstsein unserer Spaßgesellschaft. Es steht daher auch im Gegensatz zu der immer wieder propagierten Beliebigkeit oder Scheinautonomie, die meint, wir wären – ohne Verletzung unserer Integrität – frei, auf das ergehende „Du sollst" zu hören – oder eben nicht. Das Wissen von dem – inhaltsfreien, daher von jedem Menschen inhaltlich in Freiheit zu bestimmenden und konkret auszudeutenden – „Du sollst" und „Du bist gemeint" ist es, welches der Beliebigkeit des „anything goes" ein Ende setzt. Als solches aber ist das Gebot, das „Gesetz" bereits ein – wenngleich oft irritierend oder schmerzhaft – befreiendes Geschenk, eine Gnade an unser Leben, die zweite der von Allah im Rhythmus des Herzens und Atmens gegebenen Gnade, wie wir oben sahen. In der Erfahrung dieser Wahrheit liegt und beginnt die Überwindung ethikfreier Sozialtechnologie, wie man sie dem heutigen Menschen andienen möchte, da er einmal nicht anders sei; hier beginnt, wenn wir dies begreifen und uns auf diese Erfahrung einlassen, die Überwindung der gesellschaftlichen und anthropologischen Funktionalisierung des Menschen. Daher ist die Erfahrung des „Gesetzes" eine Gabe und Gnade an unsere bedrohte Menschlichkeit.

Aber noch etwas anderes wird hier deutlich: Sowohl in seiner abstrakt-radikalen Gestalt des „Du sollst" wie in seiner (scheinbar) konkreteren Form des „Du sollst lieben" ist die Erfahrung des „Gesetzes" kein Gegensatz zur Autonomie, wie heute oft genug und fast selbstverständlich – innerhalb wie außerhalb der Kirche – angenommen wird.[206] Es verlangt vielmehr geradezu nach autonomen Menschen, die in Vernunft, Liebe und Phantasie die Konkretion des Gebotenen suchen, ausfüllen und dabei die Ohnmacht der schmerzhaften Begrenzung ihres Tuns und Vermögens erfahren. Denn wenn dieses „Du sollst" dich und mich innerlich überwunden und überzeugt hat, dann verwandelt es sich in ein freies „Ich muss", es wird angeeignet und also zur akzeptierten inneren Stimme, der ich mich beuge (die man früher – heute fast ein erst wieder zu lernendes Fremdwort – „Gewissen" nannte). Auch in mir selbst bleibt diese Stimme und Forderung mir „gegenüber"; sie ist nicht meine, sie ist vielmehr – in mir selber – eine fremde. So tritt sie – in mir selber – mir gegenüber fordernd auf, wie der Imperativ eines Traumes, dem ich nicht entgehen und widersprechen kann, eben weil er meiner ist. (Auf diese Analogie hat C.G. Jung immer wieder hingewiesen.) Der Ausdruck „Gesetz" ist der äußerste Name für das Fremde, Begegnende, Gebietende, welches den innersten Kern meines Inneren betreffen und mitten im Herzen meiner Autonomie sprechen kann. Ein „inneres Jenseits" mithin, ein noch im Inneren begegnendes Jenseitiges hat man diese – wie jede religiöse – Erfahrung daher genannt.[207]

So ist die Erfahrung eines solchen „Du sollst ..." oder „Du musst ..." – egal ob du es willst oder nicht, ob du es erfüllen kannst oder ob es dich überfordert – kein Widerspruch zur Autonomie des Menschen: Der freie Mensch wird betroffen. Es ist eine Stimme, eine Macht, die dir begegnet und mitten in der Autonomie auftaucht. Die Erfahrung des Gesetzes modifiziert das Selbstverständnis von Autonomie und geht in es ein. Auch der freie Mensch kann – und muss bisweilen – diese Erfahrung in seinem Herzen oder Gewissen machen und dabei merken, dass er nur um den Preis seiner Seele und seiner seelischen Integrität und Hartherzigkeit, Herzverschlossenheit an diesem Punkt des Gefragt- und Gestelltseins vorübergehen und das Gebotene ausblenden kann. Dies hebt seine Autonomie nicht auf, verwandelt sie nur, wenn wir das „Du sollst" und das Unbedingte wie ein ständiges und leises Ferment der Wachsamkeit in uns aufnehmen.

Aber brauchen wir so etwas wie „Gesetz" oder „Gebot", ein „Du sollst"? Weiß denn die Liebe nicht alles Notwendige? Gewiss, aber entsprechen wir denn mit unserer Liebe und unserem Wollen wirklich dem Gebotenen? *Sind* wir denn willig und liebevoll? Oder sind wir nicht vielmehr in Zwiespältigkeit und Unlust darauf angewiesen, dass wir angesprochen und gemahnt werden? Gewiss, die Liebe weiß alles Notwendige, aber sind wir von der liebevollen Art? Es scheint eher, wir seien nur höchst partiell von dieser Art – schon wenn es um die schöne, interaktionelle, erotische oder sexuelle Liebe oder Beziehung geht. Wie viel weniger, wenn es um die Bereitschaft gegenüber zumutungsvollen Personen oder schweren Situationen geht. Gerade wenn ich nicht will, sondern lieblos bin, wenn das „Du sollst ..." aus unsympathischen Umständen oder Menschen spricht und wenn es nicht in mein Lebenskonzept oder meine Zeiteinteilung passt, dann erinnert und ruft mich das Gebot; dann kann und soll ich wissen, dass es ein namenloses Gebot gibt, dem ich mich beugen soll – vielleicht nicht zu Liebe (die man unmöglich allen Menschen geben kann), aber zu Respekt (der allen Menschen und ihrer Not gebührt); sinnvollerweise heißt es nämlich nicht, man solle Vater und Mutter lieben, sondern nur „sie ehren". Das ist die uns vielfach gemäßere Weise des bedingten Unbedingten: „Du sollst den Nächsten und Menschen in Not ehren, respektieren", so würde dann dieses bedingt-unbedingte Gebot lauten. Und dieses Gebot ist, weil es mich überzeugt, nicht mehr ein fremdes Gebot, sondern ein verinnerlichtes, mein eigenes Gesetz (und es bleibt gleichwohl eine fremde, mich innerlich ansprechende und gebietende Stimme, die nicht unbedingt motiviert, bewegt und verändert, wohl aber uns die Wahrheit unserer selbst offenbar macht). Natürlich gibt es in jedem von uns – in Phasen und immer wieder – die Möglichkeit, dem eigenen Impuls der Liebe und des solidarischen Respekts zu folgen. Glückliche Stunden der Einheit und Übereinstimmung mit uns selbst! Aber ist es nicht eine Selbstüberschätzung und Illusion, in uns eine essentielle und genügende Bereitschaft zum Guten und Notwendigen anzunehmen? Stimmt das mit unserer Selbstwahrnehmung wirklich überein? Ethik gilt und Gebotenes gibt es angesichts unserer Doppeldeutigkeit, gerade auch in Situationen unserer Unwilligkeit und Lieblosigkeit. Das wurde – zu Beginn der Neuzeit – in Schillers „Nehmt die Gottheit auf und in euren Willen und sie steigt von ihrem Weltenthron" ausgesprochen. Es ist eine Stimme der Gottheit, des Unbedingten. Wohin steigt sie? In das eigene Innere und begegnet dort als die unablehnbare Autorität der eigenen inneren Stimme (wie gesagt, früher „Gewissen" genannt). Hier werden Gebot und Autonomie ebenso wie Vernunft und Gehorsam kompatibel und eins. Das ist die „Rückung", die dem Begriff des „Gesetzes" wie dem Verständnis der Autonomie heute widerfahren sollte. Die Erfahrung des „Du sollst" führt nur bedingt zu mehr Ethik, wohl aber zu mehr Wahrheit und Begreifen unserer selbst. Eben darum ist es so unangenehm.

So ist das Gesetz immer größer als unser kleines zwiespältiges Herz. Und dieses „Du sollst …" gilt nicht, weil es irgendwo geschrieben steht, sondern es steht immer wieder in diversen heiligen Büchern und Schriften geschrieben, weil es wahr ist, immer wieder sich aufdrängend begegnet und so immer wieder als wahr erfahren wird. „Du musst", „Du sollst …", ob es dir passt oder nicht, ob du es kannst oder nicht, in Liebe oder Respekt! Ist das nicht eine oft genug begegnende Erfahrung? Mit ihr kann – persönlich oder politisch – die religiöse Erfahrung und Verwicklung beginnen, gleichgültig ob man an einen Gott glaubt oder nicht. Auch von der Erfahrung des „Gesetzes" nämlich gilt, was wir oben bereits bei der Erfahrung von „Gnade" sagten: dass sie auch gültig, möglich und zugänglich ist, wenn man an keinen persönlichen (theistischen) Gott glaubt. „Welche und von welcher Art ist diese geheimnisvolle Macht, die mir da in Herz und Gewissen greift und mich überwindet?" – das ist dann die möglicherweise rätselnde nächste Frage, und mit ihr beginnt die religiöse Frage, für manche vielleicht – aber nicht notwendig – die „Gottes"frage, die Frage nach Gesicht und Namen der geheimen Macht und Wirklichkeit, die da meiner mächtig wird und mich in Herz und Gewissen anspricht und überwindet. Sie ist offensichtlich forderndes Gesetz, aber auch – ebenso offensichtlich, wie gezeigt – fundamentale und allenthalben begegnende Gnade, Geschenk des Lebens, in beiden Varianten ebenso verborgen wie offenbar in nur zu alltäglichen und geschöpflichen Erfahrungen. Von dieser Art ist offensichtlich das Geheimnis in allen Dingen.

So bestätigen implizit alle, die sich in unserer Gesellschaft – auch ohne alle Theologie – der Erfahrung des hier und dort Gebotenen stellen, die Einsicht des Paulus, dass uns das Gesetz ins Herz geschrieben sei (auch wenn wir heute wissen, dass dieses „natürliche Gesetz" erst in der Evolution der Menschheitsgeschichte allmählich entstanden, sozialisiert und uns auf diese Weise ins Herz geschrieben wurde – oder eben nicht). Unendliche viele Menschen folgen diesem inneren Bewusstsein und entsprechen dem „Du musst". Das Gesetz ist längst und allenthalben zugange, ob Menschen an einen Gott glauben oder nicht. Oft genug ist die bezwingende und packende Erfahrung des Politischen Anfang religiöser Bewusstheit; manchmal ist ihr Ursprung und Ausgangsort aber auch ästhetischer, dialogischer, psychischer oder sonstiger Art. Gerade auch das autonome Subjekt wird diese Gebotserfahrung als Bedingung der Möglichkeit echter Autonomie, als Element wahrer (nicht willkürlicher) Freiheit und als Schutz vor der eigenen Hypertrophie begreifen können und an ihm „wahr" werden, reicher werden und gesunden. Diese Dimension menschlichen Lebens und ihr Name – der Begriff des „Gesetzes" – ist dem halb-aufgeklärten Bewusstsein und seiner Autonomie fast ein Gräuel, daher erst wieder neu zu lernen. Und doch ist „Gesetz" ein Begriff von Weltrang, ein Angebot vermehrter Wahrheit und Aufklärung an unsere seelische Provinz: die Eröffnung einer neuen Lebensdimension. Offensichtlich versteht sich eine Vielzahl von Menschen hierin sehr wohl, also durchaus anders, als es die postmoderne Theorie über uns wahrhaben will: Sie kennen diese Erfahrung und anerkennen sie. Gewiss, man kann auf Begriff und Vorstellung des Gesetzes verzichten, wenn man das Zwingende und Überwindende, Gebotene in der Gewissens- und Herzenserfahrung anerkennt. Aber den menschheitsgeschichtlichen Namen dieser weltweiten Erfahrung sollten wir nicht übergehen und vergessen, damit dieser immer wieder innerste Kern der Selbsterfahrung nicht diffus bleibt und dem Bewusstsein, weil unbenannt, verloren geht. „Gesetz" – das ist der weltgeschichtliche Name dieser Erfahrung, quer durch die Kulturen und Religionen, am ehesten nur bei uns – derzeit – nicht.

Das Bewusstsein des Unbedingten für autonome Menschen könnte daher auch für das religiöse (oder ethische) Bewusstsein auf dem großen Markte der Beliebigkeiten eine orientierende Hilfe sein. Es könnte ein Geschenk an die Freiheit und an die Autonomie der freien Religiosität werden. Denn es ist im Kern nicht Freiheit, sondern Beliebigkeit, wenn der vermeintlich autonome Mensch auf dem Wege nach Jericho an den unter die Mörder Gefallenen, an den „Erniedrigten und Beleidigten" vorüberzugehen dürfen meint (mit besten Gründen, wie Priester und Levit im Gleichnis es vorgemacht haben). Es ist nicht Autonomie, sondern Beliebigkeit, wenn das freie Subjekt dem „anything goes" zu folgen und sich in ihm als Grundempfindung ausdrücken zu sollen meint. Ist es denn Freiheit, wenn es zur ständigen Grenzvernichtung, zum fortgesetzten Tabubruch, zur Beleidigung auch des für andere Menschen Heiligen sich verleiten lässt und dies als emanzipatorische Tat freien Künstlertums feiert? Gibt es hier keine als heilig zu achtende Grenze?[208] Was Wunder, wenn nach der Bestreitung jeder Grenze und nach dem Versuch, Schritt um Schritt die Grenze immer weiter hinauszuverlegen, schließlich unklar wird, warum Menschen – in diesem Klima des propagierten Tabubruchs – bei Gewalt oder Kinderpornographie auf einmal eine Grenze erkennen und innehalten sollen? So gesehen ist die Erfahrung des „Du sollst …", „Du musst …" eine Bedingung echter Freiheit, Autonomie und Selbsteinsicht, die der Atmosphäre der Beliebigkeit entgegenarbeitet. Im Doppelgebot des Jesus von Nazareth, das in dem Zusammenhang von Gottes- und Nächstenliebe das „ganze Gesetz und die Propheten" erkennt, ist diese Einsicht – nach einer unübersehbaren Vorgeschichte im jüdischen Glauben – in Gebotsform radikal, grundlegend und weltgeschichtlich wirksam geworden. Auch dieses Gebot bedeutet nicht die Bestreitung, sondern die Heilung der ansonsten immer autistisch bedrohten Autonomie. Das grassierende Vorurteil, Autonomie und Gesetz, Autonomie und die Erfahrung des Gebotenen seien miteinander inkompatibel und dem modernen Menschen unvereinbar, entspringt nur dem hypertrophen Selbstmissverständnis der Autonomie.[209]

Aber ein letztes Bedenken. Geht von dem in Gesetz und Gebot Gesagten nicht eine drohende Beklemmung aus? beengt es nicht? Nicht nur, denn es gibt ja auch

Halt und weiß, was wir oft nicht wissen und vergessen: „Der Höchste hat geboten sich zu freuen", wie es bei den Chassiden Martin Bubers heißt. Und Albert Camus weiß in einem der lebensbeglücktesten Texte, die ich kenne, von einem Tag unter Tipasas Himmel: „Ich hatte meine Menschenpflicht getan und hatte einen ganzen langen Tag in Freude verbracht; und war mir so auch nichts Ungewöhnliches gelungen, ich hatte doch ergriffenen Herzens jenem Lebenssinne gehorcht, der uns bisweilen befiehlt, glücklich zu sein. Wir finden alsdann die Einsamkeit wieder – und sind es zufrieden."[210] Solche Freude ist der Sinn der Schöpfung: „Ich bin gekommen, dass sie das Leben und volle Genüge haben sollen", heißt es dazu in der Bibel (Joh 10,10). In dieser Erfahrung sind – noch einmal, wie schon im Bewusstsein von Gnade – alle denkbaren Freuden der Schöpfung zu Hause und verankert: Du sollst die Kostbarkeiten und Gaben, die das Leben dir bereit hält, nicht vertun und vertrödeln. Dies bedeutet eine hilfreiche Anweisung, sich zu den gegebenen Gnaden zu bekennen und die gegebenen Geschenke des Lebens nicht – modisch und üblich genug – zu übersehen; zu diesen Gnaden – als eine von beiden – gehört das „Du sollst" (denn es überwindet die Beliebigkeit und manchmal auch die Trauer). Auch das ist ein Sinn des Gebotes, die Gaben der Schöpfung und der möglichen Freuden zu achten und zu ehren. „Mein Joch ist sanft und meine Last ist leicht", sagt Jesus dazu (Mt 11,30). Es gibt auch eine Freude an dieser Leben ermöglichenden Struktur des „Du sollst" und es gibt Dankbarkeit für sie.

Aber andererseits: Ja – die Beklemmung durch den inneren Zwang zur Wahrnehmung der bitteren Erfahrung, auf die jenes Gebot aufmerksam macht, kann und soll einem wohl manchmal widerfahren. Das muss auch so sein und wird nicht erspart, denn es ist eine Pointe der Erfahrung des Gesetzes, in der uns nach Luthers Worten „die Welt zu enge wird", weil alle Welt und ihr Reichtum sich in solchen Momenten auf eine einzige schwere Erfahrung reduziert und in sie zusammenschießt, wenn der Schmerz der erforderlichen Selbsterkenntnis und Ehrlichkeit dir selbst gegenüber oder das „Du sollst" aus den Erniedrigten und Beleidigten dich anspricht: Alles Schöne fällt weg und deine ganze Lebenswelt wird infrage gestellt im Angesicht der Erniedrigten und Beleidigten. Von dieser Art ist auch das Schöne, das erschüttern kann: Rilkes „Du musst dein Leben ändern" zitierten wir bereits und auch A. v. Platens Gedicht weiß dies: „Wer die Schönheit angeschaut mit Augen,/ Ist dem Tode schon anheimgegeben." Mitten in allem, auch im Schönen, nicht nur im „Gesetz" wohnt diese beengende Infragestellung, überall kann sie aufbrechen. Das ist der Grund, warum auch Religion nicht nur schön, sondern oft genug auch schmerzliche Wahrheit, dafür aber Vertiefung des Lebens, vermehrtes Leben ist. Nicht also die Lehre vom Gesetz oder irgendeine beengende Ethik, die derlei bewusst machen und uns die Augen öffnen will, sondern die Erfahrungen, die Gebot und Gesetz uns aufschließen, – sie sind es, die uns die eigene Lebenswelt „zu enge" machen. Begriff und Erfahrung des Gesetzes weisen nur darauf hin und helfen uns, uns denkend und wissend auf sie vorzubereiten und diese Erfahrung allerwärts, wenn sie begegnet, wahr- und ernst zu nehmen. „Gesetz" repräsentiert die stets latente Unheimlichkeit lauernder und fordernder Wahrheits- und Unheimlichkeitserfahrungen, die uns so aus dem Blick geraten sind, weil unsere westliche Welt einen in der Weltgeschichte einmaligen (derzeit gerade wieder vergehenden) Wohlstand entwickelt und völlig illusorische Ansprüche auf Sicherheit, Wohlleben und Glück unter uns verbreitet hat. Damit wird die Erfahrung des „Du sollst" zu einer Zumutung an das autistische Individuum. Das ist auch der Grund, warum an Begriff und Vorstellung des Gesetzes m.E. so viel liegt und warum es sie festzuhalten, sie wieder zu lernen lohnt, damit die schmerzliche Wahrheit der Selbsterkenntnis und die Wahrnehmung der Erniedrigten und Beleidigten in der Spaßgesellschaft nicht untergehen. In ihnen beginnt das unangenehme Gewissen. Sicher, man könnte von Begriff und Vorstellung des Gesetzes absehen, aber auch der autonome Mensch entgeht diesen Erfahrungen nicht – es sei denn um den Preis der seelischen Integrität, und irgendeinen Namen muss das Phänomen und seine Erfahrung haben. So sollte man vielleicht auch den unheimlichen Namen dieser bedrohlichen Wahrheit – wie auch den der beschenkenden Gnade – nicht länger verleugnen. Beider Erfahrungen sind ohnehin – unbenannt und daher diffus – präsent. Jede wirkliche Aufklärung sollte dies sehen. Denn das zuinnerst Zwingende und Überführende der – von außen wie von innen – begegnenden Erfahrung des „Du sollst …" schreit leise und eindringlich nach Beachtung: Es steht da, spricht und schweigt, gilt und ist wahr, ob uns das gefällt oder nicht, ob es uns überfordert oder nicht. Dem haben wir uns zu beugen. Es gibt eine Wahrheit jenseits unserer lustvollen oder lustlosen Befindlichkeiten. Dies hält die Lehre vom Gesetz fest. Auch hier gilt: „Wir verstecken uns, wenn wir das Denkbare nicht denken."

Dabei lohnt es sich, abschließend und realistisch noch dies sich bewusst zu machen: dass das „Du sollst …, Du musst …" mit seinem an die Grenze der Ohnmacht führenden Ethos des Liebesgebotes – im Unterschied zum Respektsgebot („Vater und Mutter ehren") – nur eine vergleichsweise schwache Kraft und ein höchst begrenztes Segment im Kräfteparallelogramm der menschlichen Möglichkeiten und Strebungen darstellt. Die eigentlich großen Kräfte sind noch immer die innere, psychobiologisch bedingte Triebstruktur (die auch eine Gabe der Schöpfung ist) und die äußere gesellschaftliche, politische und ökonomische Vernetzung und Verwickelung (die auch eine – ebenso ambivalente – Bedingung unserer Lebensfähigkeit ist). Neben der imperativischen Ethik muss daher unübersehbar eine integrative Ethik stehen, die all diese Bedingungen und Kräfte unserer Existenz zu beachten, einzubeziehen und auszugleichen anleitet. Aber mitten im Herzen und in der Tiefe dieser vorethischen – ethisch relevanten – Kräftefelder gilt das „Du sollst …", mitten im Herzen der Autonomie lauert das „Du musst …", weil diese Autonomie der unaufgebbare Anfang unserer Identität und die Essenz unseres Sich-letztlich-ernst-Nehmens ist. Hier, in der Erfahrung des begegnenden „Gesetzes", beginnt das

Phänomen des wurzelhaft Ethischen sich im Selbstbewusstsein zu etablieren, indem dieses zugleich die Abgründe seiner eigenen Ohnmacht kennen lernt.

All dies bedeutet eine ungewöhnliche Lerngeschichte, um all dieser Facetten der Selbsterfahrung und der Gesetzesthematik ansichtig zu werden und in sie hineinzuwachsen. Aber ohne all dies bleibt das religiöse ebenso wie jedes aufgeklärte Bewusstsein seiner eigenen Beliebigkeit, Diffusität und Unwahrheit ausgesetzt.[211]

Gesetz also ist kein theologisches oder kirchliches Fündlein, sondern fundamentales Element einer vitalen Lebensstruktur. Es begegnet immer wieder und allenthalben, „so man des wahrnimmt" (Röm 1,20). Darum könnte sich die Lehre vom Gesetz und Gebot als Geschenk an unsere Gesellschaft erweisen und die in ihr implizierten Elemente könnten schmerzhaft und produktiv das allgemeine religiöse Bewusstsein bereichern. Denn die reformatorische Lehre vom Gesetz ist noch immer die hohe Schule im Umgang mit den Ambivalenzen und Fallstricken des Ethischen. Das Gesetz aber, die Forderung bleibt eine leise, unaufdringliche, aber insgeheim ständige Wahrheit, die durch die Welt geht und auf uns wartet, lauert und sich beharrlich aufdrängt.

Dies also sind die beiden ersten und grundlegenden Erfahrungen, die als Erbe der Reformation dem sich bildenden religiösen Bewusstsein zur Verfügung gestellt werden: Gesetz und Gnade. Sie sind der Kern alles Notwendigen, um – auch ohne an einen theistischen Gott zu glauben – in jene genuine und nicht willkürliche religiöse Erfahrung der Wahrheiten und Mächte einzutreten, die größer sind denn unser Herz: in die Erfahrung des Göttlichen, des ungegenständlichen Geheimnisses aller Dinge. Wer sich in sie hineinbegibt und auf sie einlässt, hat den religiösen Weg – zu „Gott", wie man früher sagte – begonnen. Sie geben dem diffus verstandenen Religiösen erste Strukturen, Halt und Konturen eines Gesichts. Sie beide sind zentrale Elemente dessen, was man seit P. Tillich die Erfahrung des Unbedingten nennt. Sie sind daher der Beginn der Wahrheitserfahrung des Göttlichen und sie umgreifen eine unendliche Spanne menschlicher Erfahrung: alle Fülle der Freude, des Schönen, Beglückenden und Reichen in Liebe und Arbeit, Fest und Freiheit, wie aber auch des Fordernden, Beengenden und Packenden angesichts Ungerechtigkeit und Armut, Unrecht und Verzweiflung. (Die Zwischentöne unserer an dieser Stelle immer bleibenden Zweideutigkeiten und konstitutiven Mehrgesichtigkeiten werden wir weiter unten kennen lernen.) Sie beide genügen schon, um klar zu machen, dass das Spüren von „religiösen" Gefühlen, von geheimen Energien, Lichtwelten und okkulten Jenseitserfahrungen religiös noch immer unwahr und daher in Wahrheit unreligiös, weil willkürlich und unverbindlich bleiben *kann, wenn* wir in ihnen die unangenehme Unbedingtheit des Gebotenen, unsere Ohnmacht und den Geschenkcharakter aller Gnaden nicht in Dank und Ehrfurcht wahrnehmen, sondern diesen Kernen religiöser Wahrheit in schmeichelnde Selbst- oder interessante Energieerfahrungen ausweichen. Ohne Gesetz und ohne Gnade sind alle diese Erfahrungen, soweit sie sich religiös verstehen, „noch nicht Er" (bzw. noch nicht „Es"); ohne sie, nur auf die Erfahrung irgendeiner Irrationalität oder Innerlichkeit gestellt, bleibt Religion beliebig, leer und unwahr.

Fast alles Weitere, was religiös sich nun noch sagen lässt, ist – abgesehen von dem einen, nun gleich zu besprechenden dritten Thema – nur Auslegung, Konsequenz und Präzision dieser beiden „Gnaden", die Schöpfung im Einatmen und Ausatmen als Grundrhythmus des Herzens und Gewissens, des Beschenkt- und Gefordertwerdens im Prozess unserer Lebens- und Wahrheitsuche gegeben hat.

Indessen – zu diesen beiden Themen tritt noch eine weitere, dritte Grunderfahrung des Religiösen hinzu, die nun zu betrachten ist und die die religiöse Innovation und Authentizität wie auch die religiöse Autonomie zu bestärken in der Lage ist.

„Religiös-Sein" oder „Göttlich-Sein"? – eine hilfreiche Unterscheidung: Lernprozess für das Verständnis von Mystik?

Die reformatorische Theologie, von deren Bedeutung für das religiöse Bewusstsein wir hier sprechen, hat zu einer heute – und immer schon – entscheidend wichtigen Frage keinen eigenen Beitrag zur Verfügung: zu der Entwicklung der religiösen inneren Stimme, des religiösen Bewusstseins, des Gelassenwerdens, Loslassens und Leerwerdens, zum beginnenden Innewerdens unseres Getragen- und Umfangenseins von der göttlichen Ur- und Grundmacht, der Erfahrung des Eins- und Versöhntseins mit sich selber und der Welt (dem „All"). Sie gewährt keine Anleitung zu unserer Begegnung und Berührung mit dem tieferen Selbst (welches nicht identisch ist mit unserem kleinen Ego, dieses aber einschließt) in der loslassenden Stille – welchen religiösen Status und welche religiöse Bedeutung diese Erfahrung auch haben mag (darüber unten). In ihr wird auch nicht von dem großen unnennbaren Geheimnis gesprochen, „dessen Grenzen nirgends, dessen Mittelpunkt überall" ist (Alanus/Cusanus) und dem allein im Nichtwissen und im Schweigen entsprochen wird. Die mystischen Traditionen haben es im Christentum, speziell im Protestantismus, bis zum heutigen Tage schwer gehabt und vergleichsweise wenig Heimat gefunden. In ihren Erfahrungen aber sind alle Abenteuer, Freiheiten, Erfüllungen und Zumutungen zu Hause, die die Tiefe unserer Welt und unseres Ich', unseres Selbsts und seiner Autonomie – bereichernd, vergewissernd, schmerzhaft und bedrohend –auf der Reise des Lebens bereithalten.

Zu all diesen eher vermiedenen und verleugneten Themen und Aspekten seelischen und religiösen Lebens hat die Reformation keine eigene Erfahrung beizutragen, da sie diese – aus damals nachvollziehbaren Gründen[212] – eher abgelehnt und ausgeschlossen hat. Daher bietet sie keine Hilfe und keine Hinleitung zu den Erfahrungen des ungegenständlichen Schweigens und des Atmens, welches – nicht bis auf den Grund der Seele (der bleibt vermutlich Rätsel und auch uns selbst unzugänglich), aber – bis auf den vorläufigen Grund der Psyche sinken und das Gefühl und Bewusstsein dessen entstehen lässt, was stimmig und stimmend ist. In solchen Erfahrungen aber liegt der für autonome und religiös aufbrechende Menschen unüberspringbare Beginn der uns allen „natürlichen Religion bzw. Religiosität", deren ganz eigener innerer Weg gegangen werden muss und von der aus alles weitergehen und sich entwickeln muss. Für die meisten Kirchen und Theologen ist derlei aber – schon in Sprache und Empfindung – ein Graus.[213] Deswegen meiden Menschen, die das Erwachen und Wachsen ihrer Seele suchen, bis zum heutigen Tage – und derzeit immer mehr – die konfessionellen Kirchen. Will man hier etwas lernen, so muss man das woanders tun, am besten in den Meditationsformen und religiösen Hilfen der asiatischen Traditionen oder in den mancherlei bei uns sich ausbildenden Mischformen.

Dennoch kann die reformatorische Theologie durch ihre Bedenken und Einsichten zur Klärung dieser Fragen etwas Wesentliches beitragen. Denn die kritischen Vorbehalte Luthers können und sollten zur Präzision und Klärung, nicht zur Abwehr religiöser und mystischer Erfahrungen und Begriffe benutzt werden.

Es lässt sich nämlich von den reformatorischen Traditionen unvergleichlich deutlich etwas lernen, was in der gegenwärtigen religiösen Situation von elementarer, weitreichender und heute – zu unserem Schaden – allermeist vergessener und übersehener Bedeutung ist. Allenthalben nämlich kann man in der freien religiösen, speziell der esoterischen Szene (und ihren vielfachen Ausläufern) den Gedanken selbstverständlich und verbreitet finden, dass wir alle einen göttlichen „Funken", ein Stückchen göttlicher Substanz in uns haben; dass wir selber – in unserer Seelensubstanz – mithin ein klein wenig göttlich sind. Hier wirkt eine alte doppeldeutige Tendenz und Formulierung mystischer Traditionen fort, nach der unklar bleibt, ob das Seelenfünklein selber in seiner Substanz göttlich ist oder ob es die der Seele essentielle *Beziehung* zu Gott, zum Göttlichen und einen Spiegel, ein Echo des Göttlichen darstellt. Dieser Doppeldeutigkeit wegen ist die Mystik in den verschiedenen Religionen – durchaus nicht nur im Christentum – immer wieder in die Kritik geraten, wir zeigten es schon: bei Halladsch im Islam, im Shivaismus Indiens (immer wieder kritisiert von den Vishnuiten), bei Meister Eckehart, Jakob Böhme oder Angelus Silesius im Christentum. Diese Annahme des Selber-göttlich-Seins aber wird – nach einer erkennbar aus alttestamentlich-jüdischen Quellen und Motiven gespeisten kritischen Vorgeschichte – durch den ersten Artikel des christlichen Glaubensbekenntnisses in Frage gestellt, welcher darauf aufmerksam macht, dass wir radikal und bis auf den Grund unserer Seele und unseres Menschseins Schöpfung, Geschöpfe und nicht göttlich, nicht ewig, nicht der Schöpfer sind. Vieles spricht für die Wahrheit dieser Annahme, wenn man einmal auf sie aufmerksam geworden ist; denn es ist uns noch nie bekommen, wenn wir uns für letztlich ewig, göttlich und also unkritisierbar hielten.[214]

Man glaubt es nicht, dass derlei Gedankengut massiv umgeht? Ich setze nur ein umlaufendes, mir zugekommenes Beispiel her:

Regelmäßig beim Erwachen und Schlafengehen ein- bis dreimal zu sprechen: „... Ich offenbare Kraft im Körper und in der Seele./ Ich offenbare das Höchste, mit weniger kann ich nicht zufrieden sein./ Ich bin die strahlende Sonne meines Lebens./ Ich bin, der ich bin./ Ich bin Geist, das Grenzenlose, der Starke, der alles Belebende, der ewig Freie./ Ich offenbare meinen absolut vollkommenen Geist im Körper als strahlende Gesundheit, schöne Form, Verjüngtheit, in der Seele als Harmonie. Ich offenbare meinen absolut vollkommenen Geist als mein ewiges Sein./ ... Ich bin das nie Geborene, das nie Sterbende, das Ewige, das Unsterbliche./ Ich bin es. Ich bin es. Ich bin es./ OM OM OM."[215]

„Ich offenbare ...", „Ich bin, der ich bin" (das Gottesprädikat), „Ich bin das Ewige ...". Nicht alle denken dies so radikal, aber den Spuren eben dieses Geistes und Denkens begegnet man allenthalben im Umkreis der meditativen und esoterischen Spiritualität.[216] Wenn es aber wahr sein sollte, dass wir – nach der Einsicht des christlichen Schöpfungsglaubens – ganz und gar geschöpflich und endlich sind, dann sind wir *nicht ewig und nicht göttlich.* Wohl sind wir im Herzen unserer Existenz und mit allen Poren unseres Lebens *religiös,* d.h. wir sind auf das Göttliche als die größere, uns übersteigende, transzendierende Macht und Wirklichkeit, auf das Geheimnis in allen Dingen bezogen und ausgerichtet, auf es mit unserer Seele ausgespannt. Aber wir sind nicht selber göttlich, mit keinem Funken. Wohl ist das Göttliche, das ungegenständliche Geheimnis allenthalben („ubique") und also auch *in* uns; dann können auch wir selber und unser Inneres *Ort seiner Erscheinung und Erfahrung* sein – in Herz, Seele, Gewissen, Träumen, ja sogar in einem bereit gewordenen Verstande, der meditierend das vorbegriffliche Geheimnis jenseits seiner selbst zu denken und zu wissen wagt; wir können sein Gefäß sein, an und in dem dieses letzte Geheimnis erfahren und wahrgenommen werden kann. Wir haben dann einen – oft überdeckten – *religiösen Funken in uns, aber keinen göttlichen!* Auch wenn seine Stimme *in uns* selbst spricht und erscheint, sind wir es doch nicht selber. Es bleibt uns zuinnerst und zutiefst transzendent und voraus; es bleibt noch immer *das in uns selber Begegnende und Fremde, es ist – obwohl in uns – ein Nicht-Ich in allen Poren, und es bleibt – in uns selber und ungegenständlich – noch immer ein Gegenüber,* dem wir begegnen (Luther: coram), so wie in einer Beziehung zwei Menschen eins und einig, aber in Wahrheit nicht eins im Sinne von „ineinander verfließend" oder „miteinander verschmelzend" und eins- d.h. identischwerdend sind. Wohl gibt es in menschlichen Beziehungen immer wieder solch symbiotische Erfahrungen und Sehnsüchte des Einswerdens und Verschmelzens, die auf Zeit und in gewissen Momenten wunderschön sein können, auf Dauer aber nicht lebbar und lebensmäßig nicht wahr sind. (Von solchen Analogien und Sehnsüchten – nicht nur in der Brautmystik – nährt sich oft genug die scheinbare

Evidenz solch religiösen Einswerdens). Sexuelle Ekstase und Über-sich-Hinausgeraten kann in der Tat, wie immer wieder beschrieben und erfahren wurde, religiöse Bedeutung haben, ist aber darum doch nicht Einheit mit dem Göttlichen selbst. Daher gilt auch im Religiösen: Die Behauptung unserer Identität mit dem Göttlichen ist letztlich nicht wahr, mindestens nicht in der bei uns üblichen Verständnisweise, in der unser westliches Selbstbewusstsein von der grundlegenden und bleibenden Bedeutung des Ichs sich mit dem Göttlichen identifiziert. Für jede mystische und asiatische Spiritualität nämlich, auf die man sich meist beziehen zu können meint, gilt dieser Satz von der Göttlichkeit des Ichs (des Atman) erst, wenn dieses Ich als Illusion durchschaut, entlarvt, aufgegeben und zurückgenommen ist. Auch Eckeharts Lehre vom göttlichen Funken in uns gilt nur unter der Voraussetzung des Sterbens und Leerwerdens des Ichs! Wer aber von denen, die von der funkenhaften Göttlichkeit ihres Ichs sprechen, sind zu dieser Aufgabe, zu diesem Sterben und dieser Überschreitung des Ichs bereit und verstehen sich so? So entsteht allzu leicht eine Vergöttlichung des endlichen Ichs. Die an dieser Stelle allenthalben wirkende Verwechslung von „religiös", was wir sind, und „göttlich", was wir nicht sind, scheint eine der fundamentalen Verzerrungen, Verirrungen und Unwahrheiten, die das religiöse Bewusstsein nicht erst heute umschwirren, wie ein drohender Schatten begleiten und suggestiv gefährden. Die Versuche und Versuchlichkeiten einer Identifizierung des Göttlichen mit irgendetwas Geschöpflichem – statt es „in" und „an" der Schöpfung zu erfahren und „mitwahrzunehmen" – sind religionsgeschichtlich uralt: mit der Natur (bei den kanaanäischen Baalen, uneigentlich auch bei den griechischen Göttern, bei Spinoza), mit der Seele, mit geschichtlichen Personen (vergöttlichten Kaisern, vergötzten Stars) und Vorgängen, religiösen Institutionen, heute mit dem Markt oder der Sexualität u.s.f. Diese Verwechslung und Identifizierung bedarf immer wieder religionskritisch des Durchschautwerdens, der Aufhebung und Präzision, und das um so mehr, als die Doppeldeutigkeit jener Formulierungen zu gefährlichen Zweideutigkeiten und Unwahrheiten unseres seelischen Lebens verführt: Sie bedeutet bei uns allzu oft eine inflatorische Illusion des (westlichen) Ichbewusstseins. Wir haben, wie gesagt, in uns *keinen göttlichen*, wohl aber einen *religiösen* Funken, der dem – ungegenständlich/non-theistischen – Geheimnis entspricht, sich auf es bezieht und sich zu ihm verhält, aber es nicht selber ist.

Dem religiösen Bewusstsein kann nichts vorgeschrieben werden, es geht seine eigenen Wege und manches Mal – vorübergehend ? – auch Irrwege. Es kann aber – da wir alle von begrenzter Kapazität und Erfahrung sind und auch dieses Rad nicht neu erfunden, auch der hier drohende Irrtum nicht neu durchwandert und durchschaut werden muss – auf Grundstrukturen und Gefährdungen seiner selbst aufmerksam gemacht werden. Die Beachtung der an dieser Stelle fälligen Unterscheidung von „religiös" und „göttlich" stellt – neben der Erfahrung von Gesetz und Gnade – eine solche wesentliche Klärung und also ein Angebot an das religiöse Bewusstsein dar.

Die Licht- und Energieerfahrungen, die viele Menschen machen und die sie als Erfahrungen des eigenen und inneren *Göttlichen* (miss-) verstehen, lassen sich ggf. anders begreifen und vielleicht sogar besser verstehen. Ich habe des öfteren, wenn Menschen mir diese Erfahrungen schilderten, zurückgefragt, ob es ggf. zu ihren inneren Erfahrungen passen und stimmen könnte, wenn sie diese Erfahrungen und Empfindungen statt als „göttlich" vielmehr als „religiös" bezeichnen würden. Dies wurde vielfach, ja mehrheitlich – wenngleich nicht immer – bejaht. Die so Befragten hatten die feine, aber entscheidende Unterscheidung von „religiös" und „göttlich" – rein sprachlich und gedanklich – nur noch nicht gehört und daher nicht zur Verfügung gehabt. Sie überzeugte aber mehrfach. Die Bezeichnung jener inneren Einheits-, Energie- und Lichterfahrungen als „göttlich" ist demnach nicht unbedingt zwingend, wenn man auf jene Unterscheidung erst einmal aufmerksam wird. Es lohnt sich daher, an dieser Stelle genau zu sein, sich und andere religiös aufzuklären und die genannte Unterscheidung zu lernen, zu beachten und auszuprobieren, sie einzuüben. Sie ist es, die auch die Legitimität der religiösen Autonomie des Menschen, die vielfach von jener These vom Göttlich-Sein des Menschen kontaminiert und verunwahrt wird, erst bleibend klärt und legitim bestärkt. Man kann religiös autonom sein, ohne bei sich den göttlichen Funken im Sinne einer eigenen göttlichen Substanz und Identität behaupten zu müssen.

Esoterische Jenseitswelten – religiös?
Das Gesagte hat für die Orientierung in der Welt der freien Religiosität noch eine weitere Konsequenz und Bedeutung, auf die ich hinweisen möchte. Es scheint nämlich, als habe sich – jedenfalls für sehr viele Menschen – inzwischen durch Shamanismus, (seelisch illegitime) Drogen, Esoterik, Kontakt mit Jenseitswelten und Energiearbeit herausgestellt, dass sich hinter und neben unserer Alltagswirklichkeit, nur durch einen hauchdünnen Schleier von ihr getrennt, eine weitere neue Wirklichkeit wieder aufdrängt und bewusst macht. Man könnte sie, weil sie jenseits der uns vertrauten Wirklichkeit liegt, als eine Art neuer Meta-Welt oder Meta-Physik bezeichnen, wie oben (Kapitel II) beschrieben. Von dieser energetischen Jenseitswelt und Metaphysik gilt – nach der bereits zitierten Einsicht M. Bubers –, dass jene oberen Licht- und Energiewelten „noch nicht ER" sind, dass sie vielmehr noch immer Schöpfung und nicht das Göttliche selbst sind. Ich wiederhole: Auch in diesen paranormalen Welten – wenn man an sie glaubt und zu ihnen Kontakt zu haben meint – kann zweifelsohne das Göttliche erfahren werden, denn das Göttliche und seine genuin religiöse Wahrnehmung kann überall, an aller Schöpfung, also auch hier erfahren werden. Es kann aber in und an jener Jenseitswelt – in Nichtwahrnehmung des Gebotenen, der Liebe und der Gnade und in Nichtachtung des bleibenden, zu wahrenden, nicht-identifizierten Geheimnisses, das es ist – auch verpasst werden, denn jene Meta-Welten sind als solche keineswegs dem Göttlichen näher oder religiöser

als unsere hiesige Wirklichkeit. Auch sie sind nur Schöpfung, auch dort ist das „Geheimnis" verborgen (weswegen „ER/ES/SIE" nicht noch eine weitere Stufe höher über den Licht- und Energiewelten, sondern eine ungegenständliche Dimension aller, auch jener Schöpfung ist): ein mysterion. Sowohl die immateriellen Jenseitswelten – wenn man sie denn wahrzunehmen meint – wie die hiesigen, an Materie gebundenen Alltagswelten können – beide! – im Zeichen und Namen des „Geistes" oder aber im Zeichen des „Ungeistes", des Widergöttlichen, der Vergöttlichung von Geschöpflichem, des Unglaubens (des dem göttlichen Urgrunde gegenüber Verschlossenseins) verstanden, benutzt und gelebt werden.[217] Entsprechend hat Jesus, der vielleicht wirklich mit solchen Energien und Kräften ausgestattet war, wie manche Wunder oder die Verklärung auf dem Berge nahe legen, es doch abgelehnt, zum Erweis seiner religiösen, geistlichen Kraft solche Wunder zu tun: Diesem bösen und ehebrecherischen Geschlecht soll, sagt er, „kein Zeichen gegeben werden denn das Zeichen des Propheten Jona", d.h. das Zeichen des geistlichen Verschlungen- und Gerichtetwerdens (Mt 12,39).[218] Darum ist Jesus – in seinem geistlich und spirituell entscheidenden Anliegen – esoterisch nicht vereinnahmbar und verrechenbar, selbst wenn er – vermutlich – energetische Kräfte gehabt haben sollte. In ihm ist „mehr denn" esoterisch gemeinte Energie (Mt 12,41f). In ihm ist die Verkündigung der Gnade, des geschenkten Lebens für die Armen und die Zöllner, die Aussätzigen, die Untouchables und Outlaws.

Daher scheint es religiös nicht relevant oder notwendig zu sein, in die Erfahrung jener Jenseitswelten, in die Erfahrung von Licht- und Energiewelten einzutreten und an ihnen teilzunehmen. Die wirkliche oder vermeintliche Wahrnehmung einer Jenseitswelt ist immer nur erweiterte Wahrnehmung der – materiellen oder immateriellen – Schöpfung, nicht aber schon Wahrnehmung und Wahrheit des Göttlichen, des Geheimnisses aller Dinge. Es ist vielleicht wirklich wie in der von Jesus erzählten Geschichte, in der einer im Jenseits den Vater Abraham bittet, er möge seinen Verwandten Botschaft über das Jenseits schicken, damit sie gewarnt seien. Abraham aber antwortet: Sie haben auf Erden alle Botschaft Mosis und der Propheten darüber, wie sie sich verhalten sollen. „Hören sie Mose und die Propheten nicht, so werden sie auch nicht glauben, wenn jemand von den Toten aufstünde" und ihnen das Entscheidende wiederholte (Lk 16,19ff). Man kann verschlossen und hartherzig gegen alle Wahrheit sein, auch wenn man Botschaft und Kenntnis von dieser Art Jenseits hat. Diese Einsicht kehrt als Mahnung auch in der esoterischen Literatur selber immer wieder: Nicht wichtig sei es für das geistliche Leben und für die Gestaltung des eigenen Karmas, ob wir an den Erfahrungen des Jenseits schon jetzt teilhaben; wichtig sei nur, dass wir uns so, wie es seelisch geboten ist, in unserem derzeitigen Leben verhalten.[219]

Diese Jenseitsfragen sind also nur Fragen einer – durchaus möglichen – Weltanschauung, die sich derzeit um die Dimension jener esoterischen Erfahrungen –

mindestens probeweise – zu erweitern beginnt. Man sollte und kann es ruhig darauf ankommen lassen, ob und wieweit sich diese Erfahrungen, die über das Weltbild der bisherigen Aufklärung hinausführen, bestätigen und bewähren. Viel spricht dafür, dass in dieser Richtung Korrekturen und Erweiterungen fällig und möglich sind. Aber all diese vielleicht wirklich neu sich aufdrängenden paranormalen Wirklichkeiten und Erfahrungen sind religiös durchaus unerheblich, jedenfalls nicht essentiell und nicht notwendig. Sie verändern und erweitern unser Weltbild, nicht aber den Kern und die Wahrheit der religiösen Erfahrungen. Ob und wie jene Licht- und Energiewelten zugänglich sind und was sie bedeuten, mag die Erfahrung künftig bewähren: Göttlich aber sind jene Kräfte sicher nicht; sie sind nur – wunderbare – Schöpfungskräfte, nicht der Schöpfer und das Göttliche selbst. Ob es Kontakte zu Toten und Gespräche mit ihnen gibt oder eben nicht, mag geprüft werden; es würde unser Weltbild in manchem erweitern und wahrscheinlich die Einstellung vieler Menschen zu ihrem gegenwärtigen Leben verändern (wenn man denn eine Wiederholung, Erweiterung und Verlängerung des Lebens wünscht, der die Einsicht und Erleuchtung des Gautama Buddha allerdings gerade zu entgehen hoffte!). Religiös entscheidend aber – für die Frage nach der Wirklichkeit und Art des Göttlichen, d.h. für die Frage nach der Art und Wahrheit des wahren Lebens und unserer Beziehung zu ihm – ist diese Frage nicht. Hier wie dort, in unserer hiesigen wie in einer metaphysischen Welt, gilt die Wahrheit des begnadenden, geschenkten Lebens, gilt die Wahrheit des fordernden, richtenden und erschreckenden Heiligen, gilt die Unmöglichkeit, das immer ungegenständliche göttliche Geheimnis mit irgendetwas Geschöpflichem zu identifizieren, gilt die Warnung vor angemaßten Vereinnahmungen und Vertraulichkeiten mit dem Göttlichen und die Wahrheit der Unterscheidung von Schöpfer und Geschöpf. Auch in jenen Energie- und Lichtwelten bleibt also das wahre Göttliche noch jenseitig, verborgen, transzendent und ein Geheimnis („noch nicht ER"). Der Bindu darf auch hier nicht eingetragen werden.

Dies alles hat, wenn es denn wahrgenommen und bewusst gemacht würde, eine recht unmittelbare Konsequenz für das Lebensgefühl der beteiligten und betroffenen Menschen. Die Faszination und Neuheit dieser Entdeckungen beschäftigt und okkupiert nach meiner Beobachtung viele Menschen so sehr, dass sie ihr ganzes Herz, all ihre geistige Kraft und die Hoffnung ihrer Erfüllungen in diese Erfahrungen und in den Versuch, sie zu erlangen, investieren, und dies fast immer in der Meinung, nunmehr religiös geworden zu sein. Diese Identifikation und Okkupation aber stellt – nach allem, was ich hier mit Menschen erlebt habe – unabweislich, unübersehbar eine Vergötzung eben dieser Kräfte, Energien und Welten dar. Sie werden zu einem „letzten" Anliegen, zu einer religiösen Antwort und Ersatzgröße gemacht, vergöttlicht und besetzen die Stelle dessen, woran geglaubt wird. Denn „woran du dein Herz hängst, das ist dein Gott" (Luther), damit erfüllst du dein Herz. Der ratlose Drang zur Irrationalität – sei es im „Herrn der Ringe" oder in den „Nebeln von

Avalon" – bleibt, sofern sie das Herz erfüllt und den Platz des Glaubens einnimmt, leerlaufende Quasi- oder Parareligiosität und Surrogat, schlechte Religion. In jeder ernsthaften Meditationsbegleitung wird daher vor den paranormalen Erfahrungen, die – durch Konzentration, Fasten, Schlaflosigkeit – immer wieder aufbrechen, durchaus gewarnt, da sie nicht genuin religiös und also Gefährdungen des religiösen Weges sind. Gewiss, es muss Erfüllungen des Herzens mit okkupierenden Erfahrungen, die wunderschön-schmerzlichen Identifikationen und Überidentifikationen unvermeidlich immer wieder geben, und sie müssen durchlebt und zur Klärung der eigenen Maßstäbe immer wieder durchgestanden werden: angefangen von den Erfahrungen der Liebe zwischen Menschen, über die erschütternde Erfahrung des Schönen und der Natur, auch über die bei manchen Menschen geradezu weltanschaulich-leidenschaftliche Überidentifikation mit politischen Idealen und Ideologien oder – negativ, nekrophil – mit der reduzierten Eindimensionalität unserer Spaß- und Konsumgesellschaft (geschweige mit dem Bösen in den Satanskulten), bis hin zu eben jenen esoterischen Erfahrungen. Es gebührt uns, immer wieder diese wie jede Überidentifikation und Vergötzung zu durchleben, zu durchschauen und in der Unterscheidung von Letztem und Vorletztem zu überwinden, zu relativieren. Immer wieder muss dieser Durchgang durchlebt und muss jene Unterscheidung erworben werden. Immer wieder gebührt uns auch das Zerbrechen unserer versuchten Identifikation der vorletzten, geschöpflichen Dinge mit den letzten, göttlichen, auch angesichts der abergläubischen Überinterpretation der Kräfte-, Licht- und Energieerfahrungen. Diese Möglichkeit der Überwindung der Vergötzung beruht auf der bewussten Wahrung des (theistisch oder non-theistisch verstandenen) Geheimnisses, welche lehrt, dass nie ein Mensch „Gott" je wird direkt sehen, ertragen und mit „ihm" eins werden können; was daher auch niemand sich anmaßen sollte. Diese Einsicht und Warnung beruht auf der bleibenden Verborgenheit und Transzendenz des Göttlichen. Auf ihr aber beruht die Unterscheidung von Schöpfer und Geschöpf und in deren Konsequenz die Bestreitung der Identität und Einheit des menschlichen und des göttlichen Geistes oder Selbsts. Wir sind nicht ER/ES/SIE – auch wenn ER/ES/SIE überall, also auch *in* uns erscheinen, sich zeigen und sich offenbaren *kann*. ES/ER/SIE bleibt auch *in* uns noch ein Geheimnis, ein Gegenüber, zu dem wir in eine Beziehung treten, das wir aber nicht aufzudecken suchen sollen. Schiller hat – wenn man es schon den heiligen Schriften nicht glauben will – dies in einem eindrucksvollen Gedicht „Das verschleierte Bild zu Sais" – aus antiker Tradition vorgestellt und eingeprägt:

Ein Priesterschüler in Ägypten will das verhüllte Bild der Gottheit schauen, was der Meister ihm verwehrt. Warum, fragt ihn der Schüler? „Das mache mit der Gottheit aus … Kein Sterblicher, sagt sie, Rückt diesen Schleier, bis ich selbst ihn hebe. Und wer mit ungeweihter, schuldger Hand den heiligen, verbotnen [Schleier] früher hebt, der … *sieht* die Wahrheit." Was der Schüler nächtens verbotenerweise versucht. Er springt über die Mauer und dringt in den Tempel ein. „Nun, fragt ihr, und was zeigte sich ihm hier? Ich weiß es nicht. Besinnungslos und bleich, So fanden ihn am andern Tag die Priester am Fußgestell der Isis ausgestreckt. Was er allda gesehen und erfahren, Hat seine Zunge nie bekannt. Auf ewig war seines Lebens Heiterkeit dahin, Ihn riss ein tiefer Gram zum frühen Grabe. ‚Weh dem‘, dies war sein warnungsvolles Wort, Wenn ungestüme Frager in ihn drangen, ‚Weh dem, der zu der Wahrheit geht durch Schuld, Sie wird ihm nimmermehr erfreulich sein.‘“

„Schuld“ – das ist in diesem Falle die Anmaßung, die den Abstand, das Geheimnis und das Nichtwissen nicht wahren will. Was Schiller in einem anderen berühmten Gedicht („Der Taucher“) noch einmal so formuliert hat:

„Und der Mensch versuche die Götter nicht, und begehre nimmer und nimmer zu schauen, was sie gnädig bedecken mit Nacht und Grauen.“

Erst mit dieser Ehrfurcht, die den Abstand bzw. das Gegenüber wahrt, und erst mit diesem Grauen, welches nach der Erfahrung eines anderen, Schiller befreundeten Weisen „der Menschheit bester Teil ist“, wäre dann auch jene (esoterische) Welt, wären jene oberen „Lichtwelten“ wirklich geistlich, im Geiste der wahren Ehrfurcht vor dem bleibenden Geheimnis, im Geiste der bleibenden Verborgenheit und Transzendenz angesehen und verstanden. Dies gilt auch gegenüber einem nicht-gegenständlichen non-theistischen Geheimnis in aller Schöpfung. Wir Menschen *sind nicht* ER/ES/SIE, wir sind nur und können *nur* sein ein *Ort* seiner Erscheinung.[220] Dies zu wissen, hilft uns, hilft dem religiösen Bewusstsein, wenn es denn „wahr“ bleiben und nicht illegitim werden will.

Diese Einsicht bzw. Überlegung ist eine Gabe und ein Angebot des reformatorischen Denkens an die freie, notwendige und zugleich gefährdete Religiosität. So scheint dies eine Rückung, die der freien Religiosität gebührt und bevorsteht. Sehe jeder und jede zu, ob und wie er/sie diese religionskritische Warnung wahrnehmen und ihr entsprechen will.

Diese Einsetzung und Klärung des Religionsbegriffs betrifft also eine dritte menschliche Grunderfahrung, zu deren Wahrnehmung das christlich-reformatorische Denken einen vielleicht wirklich wesentlichen und hilfreichen Beitrag leistet. Sie bedeutet eine Erfahrung und eine Einsicht, die – gleichzeitig mit dem Non-Theismus – wie ein Sprengsatz im Gefüge der christlichen Theologie zu stehen kommt, sie öffnet und verwandlungsbereit macht. Denn mit ihr wird die autonome innere Religiosität der Menschen als legitime Verarbeitungsinstanz religiöser Themen in die religiöse oder Gotteserfahrung eingeführt. Hier, im Religionsbegriff und in der religiösen Erfahrung, wenn sie denn legitim bleiben und der immerwährenden Gefahr drohender Vergötzungen bewusst bleiben, liegt darum das Einfallstor und der Ursprungs- und Geburtsort aller neuen spirituellen Erfahrungen und Verwandlungen, auch für die Entdeckung neuer, durchaus auch über die Reformation hinausführender Akupunkturpunkte und Erfahrungsweisen. Denn auch religiöse Grundworte – selbst die der Reformation – sind in der Evolution begriffen, können und müssen verwandelt und fortgeschrieben werden. Wer weiß, was sich hier an Neuem noch alles melden wird! Dennoch scheint mir, als könnte man – wie einst der alte Seher Johannes, der immer nur das eine „Kindlein, liebet einander" wusste und wiederholte – einstweilen in unendlicher Reduktion und Verdichtung all der vielen religiösen Themen und Notwendigkeiten immer wieder diese drei Grund- und Symbolworte sich wiederholen und einprägen: Wir leben aus Gnaden – woher auch immer; es gibt ein „Du sollst" – woher auch immer; und es gibt Religiosität und Spiritualität in uns, eine Tiefe der Welt und der Menschlichkeit, die über uns hinaus und uns voraus ist: Was ist ihre Struktur, ihr Gesicht, ihre Wahrheit, ihre Unwahrheit und Gefährdung, ihr drohender Aberglaube, ihre Vergötzung? Die ganze Welt steht uns frei und zur freien Verfügung unserer Erfahrung und unseres Erlebens – aber diese drei Fixsterne und Akupunkturpunkte können allenthalben aus dem Innersten der psychischen, gesellschaftlichen und natürlichen Welt hervorzuscheinen und hervorzubrechen beginnen; sie können das ganze Bild und Empfinden der Welt verwandeln, umschlagen und umkippen lassen, so dass einem die weite Welt vor lauter Schönheit und Gnaden weit und wunderbar und vor lauter Kummer, Gesetz und Unrecht zu „enge" wird, so dass sie auf einen Punkt das „hier steh still" – in Schweigen oder Handeln – zusammenschießt. Aus beliebigem Auseinanderfallen aller Dinge wird dann teils ein Dank für das Geschenk, für die Gnade, teils ein Dorn des Gewissens über den Entrechteten und Beleidigten, sowie das spirituelle Rätsel und Wunder der Tiefe der Welt: Sie alle drei halten die Welt im Innersten zusammen. So entsteht in diesen drei Grund- und Symbolworten religiöser Erfahrung ein vergewissernder geheimer Mittelpunkt der inneren wie der äußeren Welt.

Alles weitere aber, was sich im Folgenden noch sagen lässt, gehört nur noch zu den Konkretionen und Präzisionen des Gesagten, denen – scheinbar unweigerlich – sich aussetzt und begegnet, wer in die weitergehende religiöse Erfahrung eintreten möchte und bereit zu der Wahrnehmung ist, dass Religion nicht nur schön ist, sondern auch schwere – bereichernde – Themen und Zumutungen, auch die Begegnung mit den eigenen Schatten bereithält. Wer diese Konsequenzen und Konkretionen – und sei es prophylaktisch-theoretisch – kennen lernen und studieren möchte, der lese weiter. Wer jedoch das Gesagte eben genug sein lassen und bedenken möchte, der beende hier – zunächst – die Lektüre und springe gleich zum zusammenfassenden Abschnitt „Gott", bleibender Name des non-theistischen Geheimnisses (S. 252).

Weiterungen und Konsequenzen:

Schuld und „Sünde" – Schicksalhafte Verwicklung und schwer erkennbarer
Wurzelgrund sowie Verantwortung und Tat? Bewusstsein der Schatten,
auch religiös?

Will man nun die Zonen weiterer Konkretion des Gesagten betreten, dann begegnet
hier zunächst ein eher ungeliebter, unangenehmer Aspekt religiösen Lebens und
religiöser Erkenntnis, der klärend ins Auge zu fassen ist, da er dem freien religiösen
Bewusstsein zu entschwinden droht: „Sünde". Muss das sein? Ein Wort, das bis an
die Grenzen der Karikatur fremd geworden ist. Aber weil es ebenso sehr ein Wort
und Phänomen von „Macht des Schicksals", in das wir verwoben scheinen, wie von
Tat des Menschen ist, und weil wir für die Weise und die Folgen dieses Schicksals
haftbar und – selbst, wenn es uns überfordert – verantwortlich sind, darum ist es
unausweichlich, davon zu reden und eine atmosphärische Bereinigung um diesen
irritierenden Begriff zu schaffen, damit er zugänglich werde. Wo immer wir verantwortlich für unser Tun und Lassen sind, da sind wir auch verantwortlich für unser
Versagen und Schuldigwerden. Wie könnte dies – zumindest als Thema, das uns näher oder ferner wäre – verleugnet werden? Wir müssen uns dem vermutlich stellen.
„Erkenne dich selbst", schrieb schon Apoll an seinen Tempel in Delphi.

Nähern wir uns also vorsichtig, wie von ferne und ganz theoretisch diesem Begriff,
führen ihn am äußersten Rand unseres Horizontes distanziert ein und suchen ihn –
eher ahnend als wissend – am vergrabensten Grund unserer Wurzeln und unseres
Missbehagens. Nicht ohne Recht ist von diesem Begriff und der mit ihm gemeinten
Wahrheit gesagt worden, man müsse sie eher – oft erst rückschauend – glauben als
dass man sie wissen könne. Was ist wohl der Grund dafür, dass Kant auf dem Höhepunkt der Aufklärung über den Menschen die Lehre vom „radikalen Bösen" des
Menschen für unerlässlich hielt und wieder einführte, sie aber gleichzeitig als bloßes
Postulat bezeichnete, welches man nicht wissen, vielleicht nicht einmal erfahren
kann, vielmehr immer nur sinnvoll und notwendig voraussetzen muss (was gerne,
auch in der heute verbreiteten Kant-Rezeption, übergangen wird).

Im allgemeinen und auch im religiösen Bewusstsein wird dieses Thema eher verdrängt und ausgeblendet, so dass es fast scheint, als lebten wir tatsächlich in der Zeit
der Schuldlosen.[221] Zum Teil scheint dies begreiflich, weil der verbreitete moralisch-
kirchliche Sündenbegriff vielfach Ausdruck einer inzüchtigen, selbstbefriedigenden,
auch masochistischen, sinnlos überzogenen Sünden-Unkultur ist, die die Situation
von Menschen nur begrenzt betrifft und daher, zumal in seiner destruktiven Kom-
ponente, auch nicht betreffen muss. Sündig zu sein bedeutet so, wie es noch immer
allzu oft gepredigt – oder nur vermutet und unterstellt – wird, allermeist und rechtens keine empfundene Bedrückung mehr, von der wir in Vergebung erlöst werden

müssten. Vielmehr steht heute an Stelle der ehemaligen Schuldfrage meist entweder eine eher qualitätslos gewordene Indifferenz oder aber die Frage nach dem Verlust von Sinn, Orientierung und Erfüllung des Lebens.[222] Schuld wird daher begreiflicherweise gerne als Herrschaftsinstrument der Kirchen, die einem schlechtes Gewissen und Abhängigkeit einreden wollen, aufgefasst. Und sie wird, auch weil sie kirchlich weithin moralisiert und daher die Sündhaftigkeit des Menschen als negatives, destruktives (Vor-) Urteil über den Menschen, der eben schlecht sei, verstanden wurde und wird, „abgelehnt" und psychologisch auf Schuldgefühle reduziert, von denen man sich (therapeutisch) – soweit sie dies nur sind, zu Recht – befreien möchte. In wie extremem Maße eben dies bei der kirchlichen Rede von der Sünde empfunden wird, ist innerkirchlich selten oder uneingestanden weil hilflos bewusst. Daher dies Thema oft auch ganz verschwiegen und ausgeblendet wird. Verschweigen aber vergiftet ebenso wie moralische Indoktrination die Atmosphäre und schafft begreiflichen Widerstand. „Sünde" und „Schuld" sind Wurzel- und Grenzphänomene – selten und kostbar zu thematisieren, die nicht in täglichem Moralismus verbraucht und vergeudet werden dürfen. Es gibt genügend viele Lebensthemen und -probleme, die längst ohne das Schuldthema zu lösen sind.

„Sünde" meint nämlich im wirklich christlichen Sinne nicht das anthropologisch pessimistische Urteil über den „schlechten" Menschen (welches man natürlich haben kann und für das es 1001 gute Gründe gibt!), und es meint auch nicht jenen kleinbürgerlichen Moralismus der selbst im Neuen Testament enthaltenen Lasterkataloge (von Onanieren bis Zorn oder „Ohrenbläserei") und ihre „Puppensünden" (Luther), die – gegen das kleinmütige Zweifeln und Moralisieren Melanchthons – dem ermutigenden und befreienden „Pecca fortiter" („Sündige tapfer drauf los") Luthers verfallen. Denn Luthers Verständnis des christlichen Glaubens will primär keine „guten" Menschen machen (wie sein Freund Melanchthon das wollte), er möchte die Menschen vor und in die ambivalente Wahrheit ihres eigenen Daseins leiten.[223] Entsprechend dürfte J.B. Metz' Gedanke, wir sollten lieber leidempfindlich (für andere Menschen) als ständig sündenempfindlich (in uns selber kramend) werden, in die richtige Richtung weisen.[224]

Dennoch dürfte dem religiösen und seelischen Bewusstsein etwas Zentrales und Wesentliches, das mehr ist als therapierbare Schuldgefühle, fehlen, wenn es – mag es aus noch so begreiflichen antikirchlichen Gründen geschehen – den hier gemeinten Sachverhalt, die zutiefst menschliche und unangenehme Wahrheit wirklicher Schuld (nicht nur eingebildeter Schuldgefühle), ausblendet und verdrängt. Könnte es aber dergleichen – und sei es zunächst als bloße Möglichkeit – nicht vielleicht wirklich geben? Vermutlich wird derzeit – in einer ersten Annäherung – ein echtes Verständnis von Sünde als unausweichliches Verwobensein in Unrecht am Beispiel unseres Verwobenseins in unser politisch-ökonomisches Leben und unsere Gesellschaft zugänglich. Beide leben und profitieren essentiell *auch* von Unrecht – und wir mit ihnen. All unsere Gehälter und Renditen haben teil an der Tatsache, dass Deutschland auf der Liste der Waffenlieferanten der Welt obenan steht und dass sein Wohlstand in unlösbarem Verhältnis zur Armut der Entwicklungs- und Schwellenländer steht. Dass wir dieser Verwickelung – fast schicksalhaft – nicht ausweichen können, zeigt uns zunächst, dass wir vielleicht tatsächlich in einem uns bestimmenden Mächte- und Kräftezusammenhang des Unrechts und der Verschlossenheit stehen, der stärker als unser individueller Wille und sein Vermögen ist. Wir leben – osmotisch durchdrungen und sozialisiert – in einer Welt, die uns nicht gerade liebevoll disponiert. Und Luther verlängert diese Einsicht durch den Gedanken, dass es – wie oben Kapitel III beschrieben – unvermeidbare Mächte und Kräfte in uns wie in unserer Umwelt („Welt") gibt, die darauf hinwirken, dass wir eher verschlossen (incurvati) denn offen (glaubend, liebend) sind. Denn es geht von Anbeginn eine „Krankheit zum Tode" (Kierkegaard), ein Infekt durch die Welt, der uns mit dem Willen infiziert, lieber mit geschlossener Faust, die alles Leben selber machen will, denn mit empfangenden Händen und offenen Herzen unser Leben zu gestalten. Im Blick auf diese schicksalhaften Kräfte aber meint Luther, es sei das Wichtigste, dass wir, da sie einmal als solche Mächte der Verschlossenheit und Versuchlichkeit in unserem „Leibe" (in unserer Existenz) sind und wirken, ihnen wenigstens nicht zustimmen sollen (non consentire peccato), damit sie in uns nicht regieren und bestimmen.[225]

Dabei stellt uns dieser Zusammenhang, in den wir unweigerlich eingebettet sind, vor die Frage, ob und wieweit wir uns mit ihm – bei genauerer Prüfung – nicht vielleicht doch identifizieren, ihm insgeheim zustimmen und insofern nicht vielleicht wirklich mitschuldig werden: sofern wir uns ihm gefügt, ihn selber mit betätigt und also zu verantworten haben, auch wenn wir uns dessen nicht bewusst waren, uns dies auch tatsächlich nur schwer eingestehen und schon gar nicht vermeiden konnten. Sind wir Komplizen unseres Wohlstandes, unseres Schön-leben-Wollens und unseres Selbstmachbarkeitswahnes geworden – egal ob wir dabei überfordert waren oder nicht? Diese Frage und dieser Maßstab ist der Sinn des oben bereits zitierten „Gott verlangt Unmögliches" (nämlich das keinem ethischen Wollen zugängliche offene Herz), d.h.: Hier ist etwas wahr *und* ich konnte es nicht vermeiden. Auch das non-theistisch verstandene und unbedingt erfahrene „Du sollst ... (glauben/lieben)" kann diese Erfahrung des „Unmöglichen" und dennoch Wahren bedrängend nahe bringen. Denn diese innere unabweisliche Forderung könnte ja – obschon durch Taten unerfüllbar – dennoch wahr sein, unser Verhalten mithin halb Schicksal, halb Schuld? Selbst wenn wir dem unbedingten Maßstab des „Du sollst lieben" nicht zustimmen, bleibt immer noch jene bedingte Form des „Du sollst ehren (Respekt haben)", die uns bedingt verwickelt. Manche nennen diesen Urzwiespalt in uns ererbtes Schicksal unserer condition humaine, für die wir nichts können – nur was wir aus ihr machen, das ist unsere Verantwortung. Andere nennen ihn Schuld, Urschuld, die wie ein Verhängnis durch die Menschheitsgeschichte geht, mit der wir uns – verhaltend und handelnd – faktisch identifizieren. Hier verantwortet jeder Mensch – auf einer ganzen Skala von Schicksal über bedingte bis zu ganzer Zustimmung und Schuld – das Ausmaß dessen, was er als Schuld an sich heran lässt und eingesteht, vermutlich zu verschiedenen Zeiten verschieden. Hier jedenfalls gründet die Tragödie der Zwiespälte und Schatten, in der wir uns immer wieder vorfinden und befangen sind. Erst indem wir diese Frage und Situation anerkennen und zulassen, kann sich hier etwas klären: ob und wieweit wir uns innerlich mit dem Unrechtmäßigen dieses Zustands letztlich – oder gelegentlich – verantwortlich identifizieren („zustimmen") – oder eben nicht. Hier in den politischen und gesellschaftlichen Verwickelungen wird daher derzeit vielleicht mehr als im Persönlichen, wo es all diese Phänomene auch gibt, ein hartes, unsentimentales Verständnis von Sünde und Schuld zugänglich. Man stimme dem noch nicht zu, überlege und prüfe nur, lasse die Sache in der Schwebe. Habe auch hier den Mut, dich deines eigenen Gefühls zu bedienen!

Aber auch im Blick auf individuelle Themen könnte unserem Bewusstsein eines Tages unerwartet näher rücken, was Paulus im Römerbrief (Kap. 7,19) beobachtet: „Das Gute, das ich will, das tue ich nicht, sondern das Böse, das ich nicht will, das tue ich". Seit dieser Einsicht, die „geschichtlich fast nur dem paulinischen Christentum zukommt", „zerfallen die Menschen zunächst einmal in die Naiven und Ideologen, die es fertig bringen, dies nicht von sich zu wissen, und in diejenigen, die es wissen; oder eigentlich hat jeder von uns beide Seiten in sich", so kommentiert C.Fr. v. Weizsäcker diesen Paulus-Satz. Unser aufgeklärtes Bewusstsein bleibt, so v. Weizsäcker, hinter der Realitätserfahrung, die sich im paulinischen „Mythos" formuliert, zurück[226]. Dass in diesem Sinne das Dichten und Trachten des menschlichen Herzens – ich setze hinzu: auch – „böse ist von Jugend auf" (Gen 6,5;8,21), hören wir nicht gerne, verdrängen und vergessen es daher, um dann jedes Mal entsetzt zu sein, wenn das Böse wieder einmal – bei anderen oder bei uns – geschieht, als wenn das etwas Neues, Ungewöhnliches und Überraschendes wäre! Könnte derlei nicht zu den rätselhaften Abgründen und Lebensbedingungen unseres Daseins gehören? Als wenn – um eine nur ungefähre Analogie hier in Anspruch zu nehmen – die Tiefenpsychologie Freuds wie Jungs oder Szondis nicht eben diese Destruktionskräfte und Schatten unserer selbst uns gelehrt hätte? Auch diese Wahrheit müssen wir meist eher wissen und glauben als dass wir sie unmittelbar erfahren und spüren könnten. – In letzter Zeit scheint diese Wahrnehmung auch als Verwickelung in Schuld und Schicksal und somit als Erfahrung „größerer Mächte", ohne die es kein Leben und Handeln gibt (Goethe: „Ihr führt ins Leben uns hinein, ihr lasst den Armen schuldig werden ..."), aus ganz anderen Zusammenhängen ins Blickfeld zu geraten: dass nämlich auch individuell und in unseren familiären Verstrickungen ständig so etwas wie Schicksal, Schuld und Tod unsere unausweichliche Kondition sind. Niemand hat diese Verwobenheit derzeit so nachdrücklich wie B. Hellinger in seiner Arbeit der Familienaufstellung zur Anschauung gebracht.[227]

Aber auch in noch ganz anderen Dimensionen legt sich dergleichen nahe. Ist nicht – um eine weitere Analogie heranzuziehen – jener bekannte Versuch, in dem Menschen aufgefordert wurden, aus „guten" Gründen andere Menschen zu quälen und sie es statistisch hochrangig taten, bedrückende Tatsache? Weiß man nicht, wie amerikanische GIs in Vietnam mit vietnamesischen Frauen – die Mannschaftsgrade von den Offizieren hinunter bis zu den Gemeinen – verfuhren und französische Legionäre mit ihren Opfern in Nordafrika? Und wie viele deutsche Familienväter sich an den nationalsozialistischen Morden beteiligten oder sich angesichts dieser Morde versteckten und wegsahen – durchaus überfordert, aber eben doch? Und nur gerade wir, du oder ich sollten – bei entsprechend entfesselnden Umständen – zu so etwas nicht in der Lage und bereit sein? Gerade wir sollten Derartiges in der Potenz unserer Psyche nicht bereit haben? Hier schneiden moralische und ethische Fragen, die eigentlich zum Verständnis von „Sünde" noch nicht unbedingt, sondern erst sekundär gehören, dieses doch unweigerlich. Das aber hat Folgen für unser Verhältnis zu uns selbst und zu anderen, auch politisch. Aus welchen abgründigen Wurzeln aber kommt dies?

Nach all diesen Vorüberlegungen und Vorklärungen nun im Kern – und das erst ist religiös gesehen die entscheidende Ebene und das eigentlich gemeinte Phänomen: Sünde ist zunächst und als erstes unsere wurzelhafte Entfremdung und Trennung („Sund") vom Geheimnis unseres tiefsten Ursprungs (den manche Gott nennen), dem gegenüber wir verschlossen und verkrümmt (Luther: „incurvati") sind – mit allen weiteren Folgen der Verschlossenheit im menschlichen und sozialen Bereich. Daher auch die Neigung, dass wir das Empfangen unseres Lebens und aller seiner Gnaden in unserer Grundeinstellung verweigern, vergessen und das Loslassen, Gelassensein und Offensein, die geöffnete und empfangende Hand mithin verleugnen. Stattdessen üben wir allenthalben das Tun, Machen, Selber-Sein und Selber-Herstellenwollen, die geschlossene und geballte Hand, welche zwar auch eine (Teil-) Wahrheit und Möglichkeit unseres Lebens ist; aber in unserer Einseitigkeit und Konzentration auf den privaten wie öffentlichen Wahn der angemaßten Machbarkeit wird diese Auch-Wahrheit zum Aberglauben und zu einer tödlichen Halbwahrheit d.h. Unwahrheit. Solange wir so leben und sind, nehmen wir das Geheimnis in allen Dingen nicht wirklich wahr; solange wäre dann auch unser bestes Wollen, Tun und Sehnen gleichzeitig in Blindheit, Unwahrheit und – wie man im Zen-Buddhismuis sagt – in Nichtwissen (avidya). In unserer tiefsten Schicht und Ebene wären wir dann eher verschlossen denn geöffnet – das ist die religiöse Hypothese über uns Menschen. Vielleicht hat Ramana Maharshi recht (ich zitierte es schon), wenn er die Tatsache, dass wir meinen, Gott oder das Selbst suchen zu müssen, als die eigentliche und entscheidende Unwahrheit bezeichnet, in der wir leben: Denn damit verneinen wir seine ständige Anwesenheit, der wir uns nur zu öffnen hätten. „Lerne dich umfangen zu lassen, zu spüren, dass etwas um dich ist und trägt." So wäre „Sünde" primär das

Getrenntsein vom lebendigen („göttlichen") Urgrund und Geheimnis aller Dinge und das Verschlossensein ihm gegenüber, in Luthers prägnantem Sinne: Nichtvertrauen; sie wäre erst sekundär, als Folge – „das Tun folgt auf das Sein" – eine moralische Kategorie, ethisches Unrechttun oder Versagen. Dieses „Getrennt-Sein" wäre dann eine Neigung, die – noch einmal mit Kierkegaard zu reden – als „Krankheit zum Tode" durch die Welt geht und alle Welt infiziert. (Man könnte auch sagen, eben dies sei unsere biologische Grundausstattung, die beim Tier Natur ist, bei uns Menschen aber zu etwas zu Verantwortendem wird.) Als solches (religiöses) Getrennt- und Verschlossensein ist es etwas ganz anderes als zwischenmenschliche Schuld. Sünde meint unser tiefstes Verschlossen-Sein und Nicht-Vertrauen dem Urgrund, aus dem wir leben, gegenüber, und das nicht als private oder individuelle Bosheit, sondern – primär oder auch – unter dem Einfluss und der Macht vielfältiger biologischer Voraussetzungen, persönlicher Suggestionen und gesellschaftlicher Ideologien, die uns zu dieser Verschlossenheit disponieren und in ihr festhalten (wie in Kap. III besprochen). Daher bleibt, sollte dies wahr sein, „Sünde" ein unverzichtbares religiöses Symbol- und Leitwort hin zu einer menschlichen – religiösen – Urwahrheit, ein verschwiegener Kompass im Hintergrund und Abgrund unserer Empfindung.

Wir leben eher mit geschlossenen denn mit offenen, empfangsbereiten Händen und Herzen? Ist das biologische condition humaine und Schicksal? Oder wird es, indem wir diese Neigung selbst betätigen und verantworten, Schuld, und also religiös: „Sünde"? Könnte das ein unbestreitbares Element wesentlicher Wahrheit in uns selber sein? Könnte es daher wahr sein, dass in diesem Sinne unsere Religiosität allzu oft nur soweit reicht, als sie uns angenehm ist, und dass wir in dem Moment, in dem ethisch, politisch und religiös das Unangenehme, Fordernde und Bedrohliche hervortritt, uns entziehen; dass wir in unserer Religiosität und in unseren religiösen Gefühlen eher „verschlossen" bleiben, statt uns dem zu stellen, was größer ist als unsere religiösen Gefühle: dem Ruf der Stille, der ins Loslassen führt, oder den Erniedrigten und Beleidigten, die uns fordern? Bleiben wir eher verschlossen und verantwortlich entfremdet gegenüber dem, was uns gleichermaßen als Heiliges wie als Bedrohliches, als unangenehme Forderung und schmerzhafte Gnade begegnet, die unser selbstmächtiges Lebenskonzept in Frage stellt? Viele Fragen, die jedes Menschen Nachdenken überantwortet werden. Jedenfalls könnte also unsere Religiosität vielleicht wirklich – wie jene alte (oben angesprochene) Kritik und Skepsis über Religion weiß – von Unwahrheit bedroht, d.h. zur Religions- und Gottwidrigkeit geneigt sein?[228] Sie muss es nicht sein, aber sie kann es immerzu werden. Dann wohnte die Sünde oder die Neigung zu ihr mitten im Herzen unserer Religiosität, dann stünde „Religion" allzu leicht – immer wieder – im Gegensatz zur wahren Gotteserfahrung, zur Verehrung und Anerkennung der größeren Mächte und ihrer unangenehmen Wahrheit. Dann könnte hier, im Herzen unserer Religiosität, vielleicht doch wahr werden, was Paulus (im oben zitierten 7. Kapitel des Römerbriefs) über uns sagte. Dann würde die Frage nach der Sünde – in jenem oben angedeuteten Sinne Luthers nicht moralisch, sondern als Verschlossenheit in unseren Wurzelgründen gemeint – die Frage bedeuten, ob wir letztlich – nicht nur, aber faktisch – der göttlichen Wahrheit gegenüber beziehungsunfähig und -unwillig sind. Sind wir vielleicht wirklich nur religiös, solange es bequem ist und unser Wohlleben (und religiöses Wohlbefinden) nicht verletzt, unser Selbstbild nicht in Frage gestellt wird? Dann könnte es sein, dass aus dieser tiefen Neigung und Gefährdung zur Verschlossenheit unsere gebrochene religiöse Wahrnehmungsfähigkeit und unsere nur bedingte religiöse Selbsterkenntnis und Wahrheitsfähigkeit stammt (mit unabsehbaren Folgen in unseren menschlichen Bereichen)? Man muss sich derlei nicht immerzu fragen, aber sollte es nicht doch als Frage und Schatten – immer wieder einmal – in den Horizont unserer entstehenden Religiosität und Bewusstheit rücken? Daher scheinen diese Überlegungen als Thema – in aller Freiheit – auf Dauer und im Maße des Möglichen unvermeidbar und unabweisbar notwendig, wenn wir die Wahrheit unserer selbst bedenken wollen. „Sünde" – als Verschlossenheit und Entfremdung vom lebenspendenden Ursprung (und erst von daher auch unter uns Menschen) – wäre dann ein genuin religiöses Verhängnis und etwas anderes und mehr als die ebenfalls unausweichliche „Schuld" zwischen Menschen. Gibt es derlei? Man möge, jeder und jede, überlegen (obwohl eben ein Blinder seine eigene Ausblendung schwerlich erkennen kann, weswegen von einem „guten" oder „heiligen" Geist gesprochen wird, der uns in solche Erkenntnis leiten möge).

Die Komplementärwahrheit der Verschlossenheit
Wir haben bisher von unserer als „Krankheit zum Tode" durch die Welt gehenden Neigung zum Unglauben und Nichtvertrauen, zum Getrennt- und Verschlossensein gegenüber unserem Ursprung, zur Verschlossenheit in uns selbst gesprochen, welche Luther die einzig wirkliche – religiöse – Sünde nennt (alles andere ist ihm nur abgeleitet und Folge). Diese Neigung ist aber nun merkwürdigerweise sehr wohl kompatibel mit dem unübersehbaren Wissen von dem wurzelhaft nach Öffnung, Beziehung und Liebe sich sehnenden Menschen, der Anerkennung und Annahme sucht – zwischenmenschlich wie auch religiös. Keine reelle Menschenwahrnehmung wird sich dies verhehlen. Auch diese Seite des Menschen dürfte grundlegend und wurzelhaft in uns angelegt Sie ist es, die faktisch als Urvertrauen wie als Sehnsucht nach solcher Öffnung in uns sitzt, und eben sie kann empfänglich-loslassend sein und lernen, dass wir aus Gnaden leben. Allerdings – gerade auch diese Seite kann von der Übermacht all jener Kräfte und Suggestionen bedroht, durchsäuert oder bestimmt sein, die zu Vertrauens- und Lieblosigkeit führen – zwischenmenschlich wie religiös. Sie scheint gegenüber der Verschlossenheit von Hand und Herz oft die schwächere zu sein, aber als Sehnsucht kann sie da sein. Darum muss man sich klar machen, dass jene – wie

mir scheint urwahren – biblischen Sätze vom Dichten und Trachten des menschlichen Herzens doch eben nur *auch* gelten; sie sind wahr, sind aber nicht das einzige, was über den Menschen in ethischer wie religiöser Hinsicht zu sagen ist. Sie können aber radikal werden und können den ganzen Menschen in uns ergreifen und bestimmen, wenn wir uns mit jener Teilwahrheit der Verschlossenheit (der verschlossenen Hand und Faust) – mehr oder weniger – identifizieren. Dann entsteht der merkwürdige und paradoxe Sachverhalt, den Luther beobachtet hat: dass wir – der eine Mensch – in radikalen Situationen uns als „zwei ganze Menschen" erweisen können: voller Sehnsucht und Offenheit zum Leben und gleichzeitig verschlossen, mitsamt unserem besten Wollen, Tun und Sehnen in Blindheit und Nichtwissen (avidya) im Blick auf die spirituelle Urwirklichkeit befangen und ihr gegenüber verschlossen. Erst jene Komplementärannahme über uns Menschen, die beides sieht, balanciert das Reden von „Sünde" und Schatten in uns angemessen aus und macht derlei zugänglich, weil wahr. Wir sind in vieler Hinsicht doppeldeutige und gleichzeitig mehrseitige Wesen; Kant würde sagen: Wir sind moralische Personen und doch immer von den Schatten des „radikalen Bösen" bedroht.[229] Es scheint, als wäre die kirchliche Anthropologie und ihr Reden von Sünde nicht eben von der Weisheit dieser Doppelwahrnehmung der zwei Menschen, die wir sind, bestimmt und geprägt ist. Diese – antagonistisch oder gar komplementär – doppelte Wahrnehmung scheint aber dennoch wahr – menschlich wie religiös, denn es sehnt sich faktisch jeder Organismus sich nach Öffnung und Liebe, bis in seine – eben religiösen, spirituellen – Wurzeln und Abgründe hinab, und kann doch gleichzeitig immer wieder allzu verschlossen sein; er lebt allzu oft nicht aus Offenheit, ihrem Mut und ihrer Liebe.

Hier bedarf es also – über das reformatorische Denken hinaus – eines Rucks, einer Rückung im Verständnis von „Sünde"; es bedarf einer komplementären Anthropologie, die diese zwei sich fast ausschließenden Gegensätze im Urteil über den Menschen zusammenzusehen in der Lage ist. Und es bedarf einer induktiven Behandlung, die auch diese theologischen Sachverhalte von Sünde und Schuld als freie Themen und zunächst als ganz distanzierte, kühle – gerade noch nicht existentiell-emotionale – Theorie einzuführen lernt, so dass allmählich die Öffnung und Freiheit zu Annahme und Ablehnung, Differenzierung und Modifikation des Themas „Schuld" auch religiös als „Sünde" entstehen kann. Es scheint, dass „Sünde" ein langsam induktiv wachsendes, spätes Thema im religiösen Bewusstsein ist und sein darf, kein Anfangsthema und keine Eingangsbedingung, ähnlich wie die Frage nach „Gott", nach dem Göttlichen – als Ergebnis biographischer Erfahrung und ihrer Wege. Und es ist wichtiger, die Wege zu diesem Thema allmählich zu eröffnen, als auf der geballten Richtigkeit theologisch triftiger und notwendiger (!) Sätze zu bestehen.

Mit alledem ist die Frage nach unserem Nicht-Sein-wie-wir-sollen (politisch/ethisch wie existentiell/religiös) und nach unserem Bösen, unserem Schatten – vielleicht nur begrenzt, aber unausweichlich auch nach unserer Schuld – ein annähernd objektives, immer wieder zwar bestreitbares, aber dennoch auf Dauer unübersehbares Thema, eine nur eben verdrängbare Wahrheit. Sie ist tatsächlich in erheblichem Umfang in die Latenz abgedrängt, was der seelischen Wahrheit unserer Menschlichkeit und unserer Gesellschaft, die – nicht nur, aber auch hier – einer öffentlichen Kultur des Subjektiven bedarf, auf Dauer nicht eben gut tut. Es bedarf also gerade dieses Thema einer vernünftigen, sinnvollen „offenen" Thematisierung, die zu lernen wäre.[230] Es müsste unaufdringlich, ohne es ständig suggerieren zu wollen, für den anstehenden Prozess wirklich humaner Aufklärung aufbereitet und bereit gehalten werden. Und es müssten vielleicht wirklich Riten des Umgangs mit und der Entlastung von Schuld erdacht werden, zumal es die unbestreitbare Erfahrung persönlicher Schuld auf bedrückende Weise gibt – eingeschlossen aber auch die Möglichkeit der trivialen und vitalen Verweigerung dieses Themas angesichts seiner Überdosierung und oftmaligen Unerträglichkeit. Vielleicht ist ja wirklich die Ermöglichung ehrlichen Eingeständnisses und tiefes, sich hingebendes Trauern um unsere Verwickelung oder Verfehlung, ja der Schmerz, dass wir so sind, wie es Hellinger in den Familienaufstellungen derzeit erlebbar und anschaubar macht, die vorerst eigentliche und „beste Buß" (Luther). Dann dürfte diese Trauer und die Schuld irgendwann einmal tatsächlich vorbei sein, sie könnte verabschiedet werden, ohne dass irgendeine weitere Vergebung nötig wäre – wenn nur der Bann der Verschlossenheit im Aussprechen und Eingestehen aufgebrochen und aufgehoben wäre. Könnten die Kirchentage nicht eine öffentliche Klagemauer (keine Anklagemauer!) einrichten? Soweit aber unsere Potenz zum Bösen und unsere Verhaftung in jenen großen gesellschaftlichen Unrechtszusammenhang nicht nur moralisch und ethisch, sondern wurzelhaft existentiell und damit religiös und spirituell ist, bleibt die Frage nach dem Umgang mit Schuld und Bösem derzeit vermutlich doch eine offene Flanke und Wunde unserer Sehnsucht nach Ganzheit und Heilsein, auch wenn wir dieses Vakuum derzeit nicht – oder nur diffus – bedrängend empfinden und schon gar nicht füllen können. Sollte weiterhin das, was unserem aufgeklärten Bewusstsein zugänglich ist, hinter dem paulinischen „Mythos" (oder menschheitsgeschichtlich diversen anderen Mythen, die es gibt) und der hier fälligen Symbolverschiebung zurückbleiben? Die Kirche könnte ein Ort dieser Gesellschaft sein, an dem dieses schwer zugängliche Thema aufbewahrt und öffentlich – auf eine menschlich zugängliche Weise – repräsentiert wird.

Darüber hinaus aber bleibt die eigentliche Frage, wie diese „Sünde" der Urverschlossenheit (incurvatio), in der wir zwar individuell, jedoch immer auch unter uns verschließenden Kräften und Mächten leben, gelöst werden und sich öffnen könnte. Hierzu gibt es eine witzige kleine Geschichte, die das hier Notwendige anschaulich illustriert:

Der König aller Taschendiebe von Chicago fährt in der Straßenbahn und merkt auf einmal, dass jemand an ihm herumzufingern sucht. Er dreht sich um und sieht eine bezaubernde junge Frau vor sich, die sich als Königin aller Taschendiebinnen von Chicago entpuppt. Man lernt sich kennen, lieben, heiratet, das Glück nimmt seinen Lauf, und nach gemessener Zeit meldet sich der Nachwuchs an, auf den sich alle Erwartungen der gesamten Chicagoer Unterwelt richten: Dieses Kind muss König oder Königin aller Taschendiebe und -diebinnen von Chicago werden. Jedoch – der Schrecken ist groß, als das neugeborene Kind mit einer verwachsenen Hand auf die Welt kommt. Die Eltern gehen von Arzt zu Arzt, immer lautet die Antwortet, man könne wohl operieren, aber das Risiko, einen Nerv zu verletzen und so die berufsnotwendige Beweglichkeit der Hand zu beschädigen, sei nicht auszuschließen. Schließlich gehen die Eltern zu einer Hexe oder Heilerin. Diese schaut sich das verwachsene Fäustchen genau und lange an, nimmt endlich eine goldene Kette mit einer goldenen Uhr daran zur Hand und lässt diese über der kleinen Faust schwingen, hin und her, hin und her. Da beginnen – nach einiger Zeit – die kleinen Fingerchen des Kindes zu zittern, sie beginnen sich zu bewegen, sich langsam zu öffnen, und in der sich öffnenden kleinen Hand liegt – der Trauring der Hebamme.

Was hier der Hexe und Heilerin zugeschrieben wird, ist exakt das, was – als Frage an die Christologie formuliert – in unserer „Erlösung" geschehen müsste: Wie können unsere Hände und unsere – von Mutterleibe her (Ps 51,7) – in uns empfangene, in uns schlummernde Neigung zu verschlossener Hand, Faust und Herz geöffnet und gelöst, erlöst werden? Ist diese Neigung vielleicht doch nur – oder zunächst – biologische Naturausstattung, die erst in uns Menschen – weil wir uns selbstreflexiv ernstnehmen können und auch für unsere Neigungen verantwortlich werden – zum Problem, vielleicht sogar zur Schuld wird? Ist sie es, die – im Verein mit jenen biologischen und gesellschaftlichen Kräften und Mächten – einen eigentümlichen Bann über unsere sich erst entwickelnde Humanität legt? Und kann für Erkenntnis und Brechung dieses Bannes im Zusammenhang mit dem Leben und Sterben des Jesus von Nazareth etwas gesehen, verstanden werden und geschehen? Wie wird unsere incurvatio gelöst, „erlöst"? Sicher nicht „ein für alle mal" und plötzlich (weil kein Gott umzustimmen ist), sondern in einem langsamen, immer wieder neuen Lebensprozess. Welche Kräfte können in diesen Prozess lösend und öffnend einwirken?

All dies ist hier nicht weiter zu verfolgen. Stoff zum Nachdenken, Thema für Lebensprozesse stellt es jedoch allemal dar, denn diese Fragen sind kein theoretisch oder dogmatisch erdachtes Konstrukt der Christen, sondern religiöse Tiefenwahrnehmung, längst vor aller Psychologie, auch wenn wir all dies heute – in der Zeit der Nicht-Wahrnehmung, d.h. in der „Zeit der Schuldlosen", derjenigen also, die gerne schuldlos bleiben wollen (S. Lenz, H. Broch) – wenig empfinden und realisieren. In den gängigen Therapietheorien wird dies religiöse Thema einstweilen noch selten ernstgenommen.[231] Eben hierzu meinte C.G. Jung, dass niemand sich selber gerne begegne. Daher die Wichtigkeit literarischer Texte, die uns diesen Zwiespalt des Ichs und der Mächte vor Augen stellen – von den alten Mythen des Falles und den griechischen und Shakespeare'schen Tragödien über die Romane Dostojewskis bis zu den Theaterstücken Sarah Kanes, die allesamt unser ewiges Bestimmt- und Verwobensein von destruktiven Mächten uns vor Augen führen. Der Schatten dieser Frage muss – wir sagten es schon – jede ernsthafte Religiosität bis hart an den Rand ihrer Selbstinfragestellung begleiten. Die Bitte „Vergib uns unsere Schuld wie auch wir vergeben unseren Schuldigern", die wir täglich im „Vater Unser" beten, erinnert uns daran, dass es hier eine Frage, die so grundlegend und ernährend ist wie das tägliche Brot, um das wir bitten, wieder neu zu entdecken gilt: nämlich unsere vielleicht doch ständige Nichtentsprechung und Verletzung des Grund- und Urgesetzes alles Lebendigen: „Du sollst lieben, vertrauen, offen sein … das wäre die Wahrheit" – und wir können es nicht sein! So sehr es eine theologische Übertreibung dieses Aspekts gibt, so sehr dürfte es derzeit auch seine religiöse Untertreibung und Ausblendung dieser Kostbarkeit unserer Selbstwahrnehmung geben. Vielleicht ist eben noch nicht die Zeit, da dies Thema wieder aufwachen und näherkommen kann. Die Kirchen aber müssen es in ihrem kollektiven Bewusstsein bewahren, für eine gesellschaftlich offene Stunde vorbereiten und ihre Lampen bereithalten. Denn man kann, sagt C.G. Jung einmal, nicht nur sein Glück, sondern auch seine Schuld verpassen.

Die „Gleichzeitigkeit" von Licht und Schatten, unsere Zwiegesichtigkeiten – „Der eine ganze Mensch" ist „zwei ganze Menschen":
Urgrund auch des Schöpferischen in uns

Es folgt nun – unter dieser Überschrift vermutlich unerwartet – eine zunächst anstrengende, auf Dauer jedoch lebensdienliche Entlastung innerhalb bzw. in der Konsequenz der eben besprochenen Thematik. Weil es nämlich nach all dem Gesagten unsere unvermeidliche Aufgabe ist, mit diesen Schatten, Schulden und unserem Ungenügen – gleichzeitig mit dem gelingenden, dankbaren, vergnügten Leben – zusammenzuleben, zu koexistieren, darum muss an diesem Punkte eine Gleichzeitigkeit gedacht und gedanklich vorbereitet werden, damit wir, indem wir gerne und mit Freuden leben wollen, nicht lebens- und gefühlsmäßig zu ständiger Verdrängung unserer dunklen Hälfte versucht und verführt werden. Hier hilft die anthropologisch wie theologisch m.E. unübertroffene reformatorische Lehre vom sog. „Zugleich" (Simul), die besagt, dass wir in der Regel doppeldeutige Gestalten und im Extremfall geradezu – unter je verschiedenen Blickwinkeln – „zwei ganze Personen" in einer sind, wie oben bereits eingeführt: so, bis an die zerreißenden Grenzen der Paradoxie, widersprechend in uns selber[232]. Es ist die Theorie von der Paradoxalität und über Abgründen schwebenden Widersprüchlichkeit unseres Lebens und Wesens, – eine Paradoxalität, die selten so klug wie von C.G. Jung und L. Szondi in heutiges Denken übersetzt worden ist (auch wenn der psychologische Sinn dieser Übersetzung den religiösen und theologischen nicht erschöpft oder ersetzt).

Wir sind zunächst immer zwiegesichtig und doppelt, „zugleich". Wenn wir dies wissen, wird uns das immer wieder unausweichliche Hervorbrechen der Schatten und des Bösen – an anderen Menschen wie an uns selbst – nicht so überraschen und unerwartet frustrieren. Gab es in letzter Zeit eine präzisere und eindrucksvollere Bestätigung dieser unausweichlichen „Gleichzeitigkeit" als die Erfahrung des Kosovo- oder Afghanistan-Krieges, bei dem sehr viele unter uns – m.E. mit Recht! – das bewaffnete Vorgehen der NATO und der USA bejaht und begrüßt haben, und dann – von Tag zu Tag mehr – erfahren und begreifen mussten, dass wir eben mit der Notwendigkeit, die wir empfanden, und mit dem Gutgemeinten, mit dem viele dem Angriff applaudierten, Teil am Bösen und an der Schuld (der unabspaltbaren physischen, psychischen und moralischen „Kollateralschäden") hatten? Die Lehre von unserer Gleichzeitigkeit, unserem Simul, ist als Zumutung und Hilfe unserer zu lernenden Doppelbödigkeit und Doppelgesichtigkeit menschlich wahrer und auf Dauer haltbarer als die heute aus nachvollziehbaren Gründen so beliebte, aber illusionsanfällige Stimmung des „Ich bin o.k. – Du bist o.k.". Diese ist – auf einer bestimmten vordergründigen Ebene – natürlich auch wahr und entspricht einem berechtigten Bedürfnis. Sie bleibt jedoch hinter der Aufgabe der Integration der Schatten und möglicher Schuld, die unausweichlich zur Wahrheit unserer Welt und unser selbst gehören, weit zurück. Wer nur an den guten Menschen glaubt, hat ständig mit der Desillusionierung seines Menschenbildes zu kämpfen. Die Einsicht, dass im Sinnen und Trachten des menschlichen Herzens immer – auch – das Böse sitzt, scheint höchst rational und angemessen. Mit diesem Wissen lässt es sich besser und unenttäuschter leben. Man muss es sich nur einmal eingestehen. Und das Wunder des Lebens erneuert sich, erstaunlich genug, vor diesem Hintergrunde immer neu und erst recht paradox: „Ich lebe und weiß nit wie lang,/ Ich stirb und weiß nit wann,/ Ich fahr und weiß nit wohin,/ Mich wundert, dass ich fröhlich bin" (Magister Martinus).

Das Ausblenden dieser Abgründe in uns scheint sich derzeit mit der Gewalt unseres sozialpsychologischen Systems nahe zu legen. Schwerlich aber dürfte dieses Bedürfnis, sich zu verharmlosen und gut zu fühlen, den Abgründen unserer ständigen und konstitutiven Doppelbödigkeit gewachsen sein. Das Denken und Bewussthalten von konstitutiver Spannung und essentiellem Widerspruch, die im Menschengeschlecht liegen und wirken, dürfte auf Dauer doch wohl wahrer und hilfreicher sein als die falsche Hoffnung auf die Auflösung dieser Spannung im vermeintlichen Guten, das wir ja doch nicht sind – um dann immer wieder entsetzt zu sein, wenn die menschliche Wahrheit unserer Doppelgesichtigkeit sich zeigt und aufdrängt.

Darum liegt in dem reformatorischen Begriff der Gleichzeitigkeit des Guten und des Bösen eine echte, weil desillusionierende, wenngleich herbe Lebenshilfe für das Bewusstsein vom eigenen Leben. Nichts ist schlimmer als Menschen, die – oft im Zeichen der neuen Spiritualität – nur „positiv" sein wollen und darum ihre eigenen Schatten nicht zu sehen vermögen. Nichts aber auch gefährlicher als die suggestiven Weltsichten in den wunderbaren Gedichten Gottfried Benns, den blitzenden Texten

Jüngers, den schlagenden Parabeln Kafkas, den Dekuvrierungen Joyce', den Analysen Adornos oder den meisterhaft geschilderten Welten W. Koeppens oder Th. Bernhards, die – kraft ihrer wunderbar-eindrucksvollen Sprache, ihrer tiefgreifenden Analyse und ihrer kritischen Entdeckungen die ständig herandrohenden und gerne verdrängten Entfremdungen schildern, denen unsere Welt und unser Menschsein unterliegt. Sie blenden aber eben darum die immer *auch* vorhandenen Möglichkeiten und Quellen des gelungenen und glücklichen Lebens und Liebens, Erlebens und Gestaltens mit der suggestiven Stärke ihrer Dichtung aus – weil sie, damals und immer zu Recht, die Kritik zur Geltung bringen wollten. Gerade aber das erfahrene Wissen und Leben A. Camus' angesichts der Absurdität unserer Welt rufe ich für die Belichtung der anderen Lebenshälfte und -seite als Zeugen an: „Was kann ich in dieser schweren Stunde anderes ersehen, als dass ich nichts ausschließen möge und lerne, sowohl den schwarzen wie den weißen Faden zum gleichen Seil zu winden, das bis zum Zerreißen gespannt ist? In allem, was ich bis heute gesagt und getan habe, glaube ich diese zwei Kräfte zu erkennen, auch wenn sie sich widerstreiten. Ich konnte das Licht, in dem ich geboren wurde, nicht leugnen und wollte auch den Zwängen unserer Zeit nicht ausweichen."[233] Auch E. Kästners berühmte Ironisierung dieses Sachverhalts („wo bleibt das Positive?") hebt die Lebenswichtigkeit der Gegen-Kraft und ihrer Thematisierung nicht auf und mindert nicht die Gefährlichkeit ihrer Unterschlagung. Der kritische Blick Kästners und all jener anderen genialen Zeitgenossen, ohne deren Wahrnehmung wir entschieden wahrheitsärmer wären, darf sich nur gegen die Verharmlosung und Bestreitung des Übels wenden – nicht aber gegen seine lebensnotwendige Komplementärgröße: gegen den Mut und die Wahrnehmung seiner vorhandenen Gründe und Quellen. Wo also sind die Erfahrungen und die Quellen des Muts, die unsentimental wahrzunehmen wir ebenso üben und lernen müssen? Trotz Adornos genialem Suggestionsspruch werden Gedichte und Tragödien nach Auschwitz noch immer geschrieben – und davon leben wir. Unsere Welt ist von einer wunderbaren Schönheit und beglückendem – menschlichem wie künstlerischem – Reichtum, und zugleich – wie durch einen hauchdünnen Schleier davon getrennt – voller Gemeinheit, Unrecht und Brutalität an Mensch und Tier; voller wunderbarer Schönheit und voller Erniedrigung – beiden Erfahrungen gilt es die Treue zu halten. Das doppelte Okular des „Simul", der immer zu sehenden und immer zu suchenden Gleichzeitigkeit des Guten und Bösen, der Vernichtung und des entstehenden Lebens, lässt mehr Wahrheiten und Möglichkeiten erfahren und im Auge behalten als das immer nur eine – überpositive oder übernegative – Auge unseres polarisierten Bewusstseins. Das Bewusstsein des Simul bewahrt uns vor den Suggestionen des simplifizierten Glücks und unseres Nur-gut-sein-Wollens ebenso wie vor den scheinbar emanzipatorischen Suggestionen der nur Negativen Dialektik; es ermöglicht und rechtfertigt die Gleichzeitigkeit von Leben, Dank, Glück und Freude mit Schatten und Schuld, Unheil und Brutalität in uns und um uns her. Beide können wir in bestimmten Zeiten und Phasen „ganz" sein. Dies entlastet uns von der Notwendigkeit und Anstrengung der Verleugnung und stabilisiert die Wahrheit der Kontinuität unseres Bewusstseins. Wird das religiöse Bewusstsein die hier fällige Rückung vollziehen, derlei in sich aufnehmen und sich dadurch realitätshaltiger und stabiler, wenngleich weniger luxuriös machen als das manisch „positive Bewusstsein", das so viele – scheinbar religiös – sich einzubilden suchen? Die einzuübende Gleichzeitigkeit antagonistischer Kräfte in uns stellt eine Erweiterung unserer Lebensmöglichkeiten dar.

Die zwei Menschen in uns – eine meist gnädig verborgene Wahrheit unserer selbst
Aber diese Geschichte vom doppelten Menschen, der wir sind, geht weiter und verschärft sich. Denn unser Leben verläuft in allerlei wichtigen und unwichtigen, uns bekannten und unbekannten, bewussten und unbewussten, äußerlichen und innerlichen Elementen, Vorgängen und Komponenten. Was aber die zutiefst bestimmende Struktur ist, die den ganzen Leib unseres Seins und Werdens trägt und konstituiert, das tritt erst und nur in den – Gott sei Dank seltenen – Momenten hervor, in denen alles *auch* Wichtige, Sekundäre und gnädig Verhüllende von uns abfällt und wir entblättert dastehen. Natürlich, für Leben und Lebensfähigkeit sind nicht nur die Strukturen – Gerippe und Rückgrat – unseres Gesamtorganismus wichtig, sondern ebenso die sie umhüllenden Weichteile, Fleisch und Haut, innere Organe und der unbegreifliche, wunderbare Herzschlag und Atemrhythmus, der all dies Wesen am Leben erhält. Richten wir aber jetzt einmal unseren Blick auf die unser innerstes Wesen freilegende Struktur, auf unser seelisches Rückgrat und Gerippe. Worin bestehen sie?

Hierzu möchte ich einen Bericht wiedergeben, in dem sich mir die Elemente einer theoretisch und theologisch längst naheliegenden Erkenntnis so eindrücklich wie nur je vor Augen stellten.

Es war im Frühjahr des Jahres 2003, dass ein Film mit dem Titel „Sonderkommando" im Fernsehen zu sehen war. Es ging um Interviews mit jüdischen KZ-Gefangenen, die eines Tages zu einer besonderen Arbeit abkommandiert wurden, ohne dass man ihnen sagte, zu welcher. Bald fanden sie sich in einem der verschiedenen Sonderkommandos, in dem jüdische Häftlinge der Lager-SS bei der Abwicklung des Mordens in den Gaskammern helfen mussten: vergaste Menschen aus der Gaskammer schleppen, ihnen Goldzähne ausbrechen, die zur nächsten Vergasung herangetriebenen Menschen beruhigen, ihnen nicht sagen, was ihnen bevorstand, und anderes mehr.

Die abkommandierten Männer konnten – so wussten sie – nur um den Preis des eigenen Lebens aus diesem Kommando ausscheren. Einer, als ihm bewusst wurde, in welche Mittäterschaft er geraten war, wollte bei nächster Gelegenheit gegen den elektrischen Zaun springen, um sich zu töten oder erschossen zu werden. Er tat es dann aber nicht, weil er – wie er sagte – leben wollte. Auch die anderen Interviewten verhielten und entschieden sich faktisch ebenso, ohne dies explizit zu formulieren.

Wer diese Gesichter – erschöpft und verhärtet, fast sprachlos von all diesen furchtbaren Erfahrungen –gesehen hat (oder sich als Leser jetzt vorstellt), wird sich jeder naseweisen Kritik an ihrer Widerstandslosigkeit enthalten, den Lebenswillen ebenso nachvollziehen und ehren wie auch den unlösbaren Konflikt zweier legitimer Stimmen, die in jedem/jeder von uns anwesend sind, begreifen: Menschen sehen mit ihrer moralischen Person das furchtbare Unrecht und Verbrechen, an dem sie beteiligt sind, sie haben ein klares Bewusstsein des Unrechts und des Unmenschlichen, das sie mitbetreiben, *und* sie wollen leben, instinktiv: auch dieser Wille zum Leben eine Gabe und Kraft der Schöpfung, daher auch er zu achten und zu ehren. Beide – die ethische Einsicht des menschlich Gebotenen und Unmöglichen, an dem sie sich beteiligen, *und* der dennoch unstillbare Lebenswille – sind Schöpfungsgaben. Ist dies nicht wie eine Urwahrheit und Offenbarung des Abgrunds, über dem wir alle ständig existieren – mit doppelten, fast nicht vereinbaren Stimmen in uns? Wir wollen leben, und können es nur, solange wir normal und an der Oberfläche leben, im halbwegs Guten. Sobald aber die Abgründe, über denen wir gehen und leben, an solchen und anderen Begebenheiten sichtbar werden, wird offenbar, welche Paradoxie und Gleichzeitigkeit der „zwei Personen", die wir sind, unsere eigentliche Wahrheit ist und dass wir, ob wir wollen oder nicht, indem wir leben, immer andere Menschen verletzen. (Wir müssen dies Gott sei Dank nicht immer sehen und realisieren, es bleibt uns meist gnädig verborgen.) Aber wir leben zutiefst aus einem allermeist biologisch-vitalen vorethischen Lebenswillen *und* – mitten in ihm – mit einer meist klaren, aber leisen, verletzlichen und oft untergehenden ethischen Stimme. Das könnte eine unserer tiefsten Gleichzeitigkeiten sein; vielleicht ist sie identisch mit der Gleichzeitigkeit von offener Hand und geschlossener Faust. Und Glück, Schicksal oder Gnade ist es, wenn uns mit – und trotz – beiden zu leben gelingt und gegeben ist. Geschichten, die uns derlei abgründigen Zwiespalt offenbaren, gibt es literarisch wie menschlich und politisch in Hülle und Fülle, wenn wir im Blick auf derlei Hintergründe in uns wachsam geworden sind. Wir leben fast immer – im Grunde und Abgrunde – von unserer Doppeldeutigkeit und Zwiespältigkeit. Dies ist das Ende aller Harmlosigkeiten im Stile von „Ich bin o.k. – du bist o.k."; es ist auch das Ende des beliebten „Es gibt kein Gutes, außer man tut es", weil hier nur am Rande und begrenzt etwas zu „tun" ist. Denn das meiste Gute – die Entscheidung über ein Irgendwie-Weiterleben oder aber Radikal- und Klarsein – ist vielmehr in der Tiefe des Herzens und Gewissens, der Einsamkeit und der Trauer oder Verzweiflung zu finden und durchzustehen.

Hier wird vielleicht denkbar und verständlich, warum das reformatorische Denken, das diese Tiefenschicht – angeleitet von jenem bereits zitierten 7. Kapitel des paulinischen Römerbriefs – wahrzunehmen suchte, von den zwei Menschen spricht, die wir

– jeder und jede von uns – im Kerne sind: „Denn das Gute, das ich will, das tue ich nicht; sondern das Böse, das ich nicht will, das tue ich" (V.19). So gesehen ist es, wenn diese allzu schwere Erfahrung und Einsicht uns aufgezwungen wird, eine besondere Fügung und Gnade, wenn wir diese Doppelexistenz, die wir in Kern und Gerippe alle selber sind, bestehen und nicht auseinanderbrechen. Nur ein gnädiges Wunder hält uns dann zusammen und am Leben, – ein Wunder über den Abgründen, welches jenseits des uns möglichen Tuns und Vermögens, eher im Erleiden liegt und uns hilft, mit diesem Erleiden umzugehen. Nicht vielen wird – Gott sei Dank – diese Erfahrung zugemutet, sie bleibt uns am eigenen Leibe meist erspart und verhüllt, aber sie bleibt eine verborgene Wahrheit, über deren Abgründen wir leben: dankbar, wenn sie uns persönlich erspart bleibt und wir sie nicht sehen müssen. Wurzeln stecken sinnvollerweise meist unter der Erde, so dass man sie nicht anschauen kann noch muss. Wir sollten sie aber vielleicht doch – ahnungsweise – wissen und nicht vergessen.

Unsere Doppeldeutigkeit – Grund des Schöpferischen
Doch diese wurzelhafte Gleichzeitigkeit führt uns noch einen überraschenden Schritt weiter, der eine erhebliche Rückung religiösen Denkens bedeutet. Denn diese unsere Doppeldeutigkeit als Person kann zwar negativ ausbrechen und destruktiv werden, wie reichlich zu besichtigen. Gerade sie aber kann auch zum Ursprung unserer vielleicht spezifisch menschlichen Kreativität werden. Diese Doppelpotenz von Verführbarkeit und Verbrechen (unter bestimmten Umständen) wie aber auch von Wunder und Kreativität (unter bestimmten Umständen) wohnt in uns. An diesem Punkte widerfährt dem Wissen von unserer abgründigen Ambivalenz und „Gleichzeitigkeit" eine spezifische Verschiebung und Rückung. Diese tritt ein, wenn wir uns bewusst machen, dass gerade die Doppelheit und Polarität unseres Unbewussten und unserer Menschlichkeit Bedingung und Ursprung unserer möglichen Kreativität und Schöpferlichkeit ist. Wir sind in vielfacher Hinsicht mehrschichtig und können gleichzeitig das eine und sein – scheinbar unmögliches – Gegenteil empfinden und wünschen: lieben und hassen, fleißig und faul, gläubig und ungläubig sein, gleichzeitig zwei Menschen – Mann oder Frau – lieben, Liebe und Ausbruch aus ihr, Genialität und Vertrödelung, Gut-Sein und Böse-Sein. Wir haben beides, vieles in uns. Ob man diese Nichtverrechenbarkeit der Seele mit ihren undomestizierten und unkalkulierbaren Tiefenschichten in Texten von Dostojewski, Joyce oder Schnitzler – z.B. in der „Traumnovelle" und im „Weiten Land" – oder im Werk von Freud, Jung, Fromm oder Szondi anschauen will: Überall wird uns die Aufgabe der seelischen *Integration* der Schatten – nicht ihre *Austreibung* – als Bedingung der ganzheitlichen und schöpferischen Person vor Augen gestellt und zur Aufgabe gemacht. Denn die Schatten des Destruktiven und das Chaos des Amoralischen und (religiös) Blasphemischen sind essentielle Bedingung unserer – auch religiösen (und ethischen) – Le-

bendigkeit und Kreativität. Sie steigen beide aus demselben Abgrund unserer hoch-ambivalenten Tiefenstruktur hervor. Ohne ein Minimum an – religiösem wie ethischem und kulturellem – Chaos und Grenzverletzung erstarrt jedes lebendige System; Ordnung allein zu haben und zu wollen, erstarrt und erstickt. Menschen, die nur gut sein wollen, werden unproduktiv und langweilig. Daher – im (durchaus unbilligen!) Vergleich z.B. mit Therapie- und Selbsterfahrungsgruppen – die vielfache Langeweile der Gottesdienste und der Kirchen, weil sich hier nur gut sein wollende oder gut werden sollende Menschen versammeln und die Sünde „austreiben" wollen statt sie zu integrieren, wodurch sie als „ganze Menschen" lebendig wären. Denn es gilt – wie Buber aus der Tradition der Chassiden weiß – mit der Kraft des Bösen Gott zu dienen, wenn man „ganzer Mensch" sein will – nicht nur religiös.[234] Ort diesbezüglicher Gespräche und Verhandlungen ist und kann Kirche – als Ortsgemeinde – in aller Regel nicht sein (obwohl es viele lebendige Menschen in ihr gibt). Hierin dürfte einer ihrer fundamentalen Mängel an Lebendigkeit begründet sein.

So gebührt es uns, nicht nur demütig und bewusst, sondern auch selbstbewusst und verantwortlich im Blick auf die polare und ambivalente Grundkonstitution unserer Menschlichkeit in Yin und Yang zu leben. Woran liegt es – theologisch gesehen –, dass die – scheinbar oder wirklich – unmoralischen und bösen Geschichten in Theater, Literatur und Fernsehen viel interessanter, belebender und die Leben ihrer Akteure lebendiger sind als nur moralische und ethische Leben? dass es außer dem Bösen des Guten allewege auch das Gute des Bösen gibt? und dass aus Unmoralischem und Grenzverletzung oft genug mehr Lebendigkeit und Leben entsteht als aus Moralität und Angepasstheit? Eben weil sie an den ambivalenten Born und Quell unserer schöpferischen Tiefen rühren und ihn aufrufen, beleben (damit wir ihn gestalten und beherrschen, nicht ausagieren)! Daher immerzu das Gute des Bösen (Saddam ist weg, obwohl die US-Politik der Weltverfassung mit ihrer Kriegsauffassung heftig schadete und die Büchse der Pandora erst richtig öffnete) und das Böse des Guten (man erinnere die verheerenden Folgen der Prohibition). „An jenem Tage erkannte ich die Welt, wie sie wirklich ist, und ich beschloss, es hinzunehmen, dass ihr Gutes gleichzeitig bösartig sei und ihre Missetat heilsam. An jenem Tage begriff ich, dass es zwei Wahrheiten gibt und dass die eine davon nie ausgesprochen werden darf", so noch einmal Camus.[235] (Ist die zweite Wahrheit der heilsamen Missetat – wegen ihrer Missbrauchsanfälligkeit – wirklich nie auszusprechen? Es scheint, als sei die Radikalisierung auch dieses Problems so fortgeschritten, dass auch diese Zone der größten Verführbarkeit sich öffentlicher Benennung, Aufmerksamkeit und Verantwortung nicht mehr entziehen lässt.) Wo keine Polarität, da Illusion und Unwahrheit, da keine Wahrheit des Menschlichen (und Göttlichen). Das ist das Ende des Idealismus des Geistes. Nur wer sich zu seinen Schatten in den Abgründen des eigenen Unbewussten, für das er doch verantwortlich bleibt, bekennt, sie anerkennt und sie integriert (d.h. als Kraft in sich behält), wird als Person ganz und lebendig –

moralisch wie religiös: Das ist die Geschichte des sog. verlorenen Sohnes, der der eigentlich geliebte Sohn des Vaters war. Wer nie über Zäune gegangen ist und Grenzen verletzt hat, weiß nie in Freiheit Grenzen zu wahren und das Gesetz des „Du sollst" und das Gebot der Liebe zu bejahen; er bleibt allermeist nur gehorsam und langweilig – ethisch wie religiös: Das ist die Geschichte des zweiten, zu Hause, fromm und artig gebliebenen Sohnes im selben Gleichnis. Ohne seinen manifesten Gotteshass wäre Luther nie in die Tiefen seiner Gotteserfahrung und in die Konzentration und Freiheit seiner Theologie gelangt. Die Gottlosigkeit und die Absage an Gott und Religion – wie bei Hiob – ganz ernst zu nehmen und zu leben (was Luther die einzig wirkliche Sünde nennt), wird dann eine immer wieder essentielle Notwendigkeit, weil die Zeiten ohne Gott die vielleicht wichtigsten auf dem Wege zu ihm sind. Dies ist der Grund, warum – siehe Kapitel I – das religiöse Leben und das Bewusstsein für Gebot, Gebotsverletzung und höchste Instanz nur allmählich entstehen und sich in und aus den Lebensprozessen erst herausmendeln kann und muss. Wer dies nicht weiß, weiß nicht, was der verlorene Sohn – und einige, die es ihm gleichtun – stellvertretend für andere und alle tat.

Wir haben also allen Anlass, die Potenz des Guten und Bösen in uns, unsere Gleichzeitigkeit in Licht und Schatten, in Yin und Yang als gute Schöpfung – nicht erst als Folge eines Falls – zu achten und zu ehren und mit ihr, mit beiden Seiten und Kräften, dem Göttlichen zu dienen – als Chance und Warnung. (Genesis 3, die Geschichte vom Sündenfall, ist ein Mythos, der eine existentielle Wahrheit der Schöpfung, nicht eine historische Folge von guter Schöpfung und späterem Fall bieten will.) Unsere Gleichzeitigkeiten sind gute und potenzgeladene Schöpfung. Das ganze Werk von C.G. Jung ist ein reicher Beleg für die seelische Wahrheit dieser Einsicht (die ins Theologische hinein hier nicht zu verfolgen ist). Dies ist eine dem christlichen Verständnis von der Gleichzeitigkeit (in Luthers Fassung als Totalaspekt des Simul!) neue Wendung und ungewohnte Rückung, die auch der freien Religiosität und allen „positiven" Menschen noch bevorsteht. Luthers demütigem Bewusstsein unserer „Gleichzeitigkeiten" ist die fröhlich-dankbare und verantwortlich-gestalterische Selbstbewusstheit eben dieses Simul hinzuzufügen.

Aber eben diese produktive Gleichzeitigkeit kann, wenn wir sie nicht behüten und gestalten, destruktiv werden – religiös wie ethisch. Hier gründet die Verantwortung und auch die Sünde als zu verantwortende Tat unseres Lebens. Es gebührt uns, von Schöpfung und von Schuld zu wissen. Zwischen jenen beiden Polen in uns kann sich eine ganze Skala von Varianten ihrer Auslegungs- und Beziehungsklärung entwickeln. (Die reformatorische verfolge ich in ihrer Eigenart und Konsequenz hier nicht.) Auf dieses Messers Schneide leben wir ein verantwortlich zu gestaltendes Leben über den Abgründen, in die wir ausbrechen können und oft müssen. Wir sind zwei Menschen – oder doch nicht?

„Leiden" – immer auf der Grenze zwischen Annahme und Widerstand – ein besonderer Ort der religiösen („Gottes"-) Erfahrung?

Diese Erfahrung ist dem individuellen Bewusstsein bekannter, vertrauter und darum leichter anzunehmen als die bisher angesprochenen. Das Wissen vom Leiden als Ort der Lebensfindung und Wahrheits- („Gottes"-) Erfahrung, wie es die reformatorische Theologie des Kreuzes formuliert hat[236], gehört zu den Einsichten, die vielen Biographien bekannt oder vertraut sind. Nur der öffentlich umlaufenden und viele Herzen besetzenden Glücksideologie[237] und allzu leicht auch dem schönen religiösen Bewusstsein von Einheit, Kraft, Versöhntsein („Herr, Deine Liebe ist wie Gras und Ufer …") ist dies eine gerne verdrängte Wahrheit: als wäre leidloses Leben das Ziel und als gäbe es Anspruch auf Glück. Leiden wird dann nur noch als das abzuschaffende und aufzuhebende (was es essentiell und teilweise natürlich *auch* ist!) aufgefasst. Diese Suggestionen vergiften menschlich und seelisch immer wieder das Lebensbewusstsein, schaffen eine sinnlose Anspruchshaltung und lösen den Schrei der unsinnigen Theodizee-Erwartung aus (als gäbe es einen Gott, der es hätte anders machen können und verhindern sollen). Ist es nicht altes Weltwissen, dass Schicksale und Krankheiten ein Ruf zur inneren Einkehr und eine Heimsuchung sein können? Gilt es nicht, das Sich-Fügen und das Annehmen zu lernen? Dann wäre nur ein Bewusstsein und Wissen, das eben diese Einsicht festhält und uns zu ihr zu verhalten anleitet, angemessene spirituelle Theorie. Dass Leben ohne dieses Wissen vom anzunehmenden Leid keine hilfreiche oder menschliche Vision ist, das erscheint im Zeichen der grassierenden Glücksideologie im allgemeinen Lebensbewusstsein und im Glücksversprechen unseres Wirtschaftssystems – wenn man nur genug leistet – kaum noch angemessen. An all dies erinnert die Rede vom Leiden und die „Theologie des Kreuzes". „Warum muss gerade ich krank werden?" Gegen dies öffentlich propagierte Bewusstsein und Erstaunen des Unglücks – als wenn Leid nicht sein dürfte in der Weltordnung und persönliche Schuld sein Ursprung sein müsste – kennt glücklicherweise das individuelle Bewusstsein vielfach noch die Aufgabe des Annehmens: Nicht „gerade dir" widerfährt dergleichen, sondern: Uns allen widerfährt so etwas als Schicksal (oder eben aus revidierbarer individueller Nachlässigkeit oder gesellschaftlichem Unrecht). Widerspruch und Auflehnung haben wir gelernt, Annehmen und Sich-Fügen weniger. Beide aber können wahr sein. Hier liegt daher ein schmerzlicher Schatz (nicht nur des reformatorischen Denkens), der sonst in unserer Gesellschaft kaum noch aufbewahrt und zur Verfügung gestellt wird – außer natürlich, privat und verschwiegen, abgedrängt wie die Kirchen, in Therapien, Romanen, Gedichten und Musiken, von den Bach'schen Passionen bis zu Brahms' Requiem, Mahlers Kindertotenliedern u.a. (Wie viele Menschen, die vordergründig den Buddhismus begrüßen, seiner immer mitgemeinten Auffassung zustimmen werden, dass alle Welt und alles Leben Leiden sei und daher möglichst bald überwunden werden sollte, darf man getrost abwarten.) Und weil das Leiden ein besonderer Ort der religiösen oder „Gottes"erfahrung ist, darum ist – zur Erinnerung dessen – unweigerlich und bleibend das Kreuz ein Ursymbol des Lebens des christlichen Glaubens und seiner Einsicht.

Aber es kommt auch hier ein anderer Gesichtspunkt hinzu, der die traditionelle Fokussierung auf das hinzunehmende Leiden um eine andere Spitze, die ihr nicht ohne weiteres eigen ist, erweitert und bereichert: Dass es nämlich nicht nur gilt, mit dem hinzunehmenden Leiden zu leben und *unter* ihm zu leiden, sondern auch *gegen* Unrecht und Ungerechtigkeit zu leben, ggf. zu leiden und für etwas einzustehen; dass es daher gilt, nicht nur eigenes, sondern auch fremdes Leiden – individuell wie politisch in einer globalisierten Welt – als zu uns gehörig aufzufassen und es solidarisch zu unserer Schattenhälfte, zum Simul, zur Gleichzeitigkeit unserer geschuldeten und uns überfordernden Wahrheit zu rechnen. Es werden, so fasst J.B. Metz diesen Sachverhalt bündig zusammen, „die legitimen Errungenschaften unserer bürgerlichen Freiheitsgeschichte nur dann nicht in einer allgemeinen Barbarei untergehen, wenn wir selbst endlich aufhören, unsere soziale und politische, aber auch und gerade unsere christliche Identität ohne Rücksicht auf die Armut, das Elend und die Unterdrückung der armen Völker dieser Erde zu definieren."[238] Seit Christen nicht mehr nur der Obrigkeit untertan sein sollen, sondern selbst das Volk und Subjekt der Demokratie sind, sollen sie nicht nur leiden „unter", sondern auch leiden und aufstehen „für" und „gegen" etwas. Hier melden sich all jene Leid- und Unrechtserfahrungen, die im vorigen schon immer wieder angesprochen wurden, als Orte wahrgenommenen – oder eben verleugneten – religiösen Bewusstseins und als Orte der Gotteserfahrung. Sie bleiben wie ein schmerzhafter Dorn der Beunruhigung im Fleische jeder genuinen Religiosität, und Zeichen auch dieser nie ganz einzulösenden Solidarität ist das christlich unaufgebbare Kreuz. Diese Deutungserweiterung stellt eine hier fällige Rückung und Verschiebung dar, die dem reformatorischen (lutherischen, weniger dem reformierten) Christentum zukommt. Religiös zu sein ohne dieses Wissen, ist nach reformatorischer Einsicht – auf Dauer – nicht möglich. Aber auch hier gilt, dass jede Wahrheit ihre – biographische – Zeit hat; dass sie nicht immer dran und wahr ist. Dies zu wissen und sich dazu zu verhalten, das ist die peinsame Freiheit eines Christenmenschen.

Darum ist hier bewusst und klar eine Unterscheidung zu lernen: die zwischen dem anzunehmenden und dem aufzuhebenden Leiden; dem vom Schicksal schmerzlichsinnvoll geschickten Leiden, das anzunehmen ist, und dem von Menschen gemachten Leid, welchem Zorn, Widerstand und Auflehnung – politisch wie individuell – gebührt. Beide Wahrnehmungen und Einschätzungen können derselben Leiderfahrung – z.B. einer Krankheit oder einer politischen Situation – gleichzeitig gelten. Erst diese Unterscheidung bewahrt sowohl das Annehmen von Leid wie die Auflehnung gegen ungerechtes Leiden und setzt beide ins Recht. Und die Einübung und das Lernen dieser Unterscheidung auf schmalem inneren Grat ist die hier entstehende

Aufgabe. Im Blick auf diese Aufgabe, die uns oft genug in unlösbare Ratlosigkeit stürzen kann, gilt es die Weisheit jenes berühmten Oetinger-Gebetes zu erwerben, indem wir zu murmeln, ins Herz aufzunehmen und zu meditieren lernen: „Herr, gib mir die Gelassenheit, Dinge hinzunehmen, die ich nicht ändern kann; gib mir den Mut, Dinge zu ändern, die ich ändern kann, und gib mir die Weisheit, das eine vom andern zu unterscheiden". Beides, der Mut, Leiden anzunehmen oder aufzuheben, sowie auch die Aufgabe der erbetenen Weisheit setzt die Anerkennung und Zumutung der Autonomie des Menschen voraus, der diese Unterscheidung betend oder meditierend in der Mitte seiner Person und auf dem inneren Grat seines Herzens lernen muss.

Glücklich, wer diese Erfahrungen nicht oder erst spät in seinem Leben zu machen braucht. Daher gilt es, auch dieses Thema als zunächst rein theoretisches „Wissen" der Tradition hintergründig zu lernen und bereitzuhalten, damit wir langsam auch in dieses Bewusstsein wieder hineinwachsen und gerüstet sind für den Tag, an dem es uns selbst betreffen wird. Das psychische Vermögen, Leid zu integrieren, bedarf doch wohl auch der religiösen (nicht nur der therapeutisch-psychologischen) Verankerung und Erdung – und das gerade dann, wenn der Glaube an einen theistischen Gott, der eingreifen und alles so herrlich regieren kann, in den Stürmen des Leids und der berechtigten Religions- und Weltanschauungskritik untergegangen ist. Was lernt die Seele dann zu murmeln? Auch wenn wir individuell diesen Themen oft nur theoretisch begegnen – politisch sind diese Notzeiten, denen Aufmerksamkeit und Widerspruch gelten muss, bereits da, um uns her. Wann erreichen sie uns, äußerlich und innerlich? Die illusionär wohligen Übergangszeiten des bürgerlichen Glücks und des kapitalistischen Reichtums der letzten 150 Jahre scheinen zur Neige zu gehen. „Es kommen härtere Tage./ Die auf Widerruf gestundete Zeit / wird sichtbar am Horizont" (Ingeborg Bachmann). Wohl dem, der dann Gedichte, Gebete und Musiken hat.

Zu dem aber, was höchst begrenzt und illusionslos, aber unabweislich zu „tun" ist, gehört – außer dem persönlich und individuell Gebotenen – die politische Implikation und Verantwortung von Religion und Glaube, die nun abschließend kurz anzusprechen ist.

„Zweireichelehre" – Religiös-Sein und Politisch-Werden? Das unabweislich religiöse Verhältnis zum Politischen

Nur andeutungsweise, aber unausweichlich muss dieses Stichwort des reformatorischen Denkens hier eingeführt werden, da im Hinblick auf die heutige alternative religiöse Szene ins Auge sticht, wie sehr sich deren Religiosität von fast jeder politischen Verpflichtung freihält, sich fast nur innerlich und introvertiert versteht und damit ein entscheidendes Moment genuiner Religion ausblendet. Geht man jeden-falls vom jüdisch-christlichen Doppelgebot aus, dann ist die Gotteserfahrung zwin-gend und unlöslich an die Nächstenliebe und das heißt eben auch an politische und gesellschaftliche Verantwortung von Glaube und religiöser Identität gebunden: Man kann Gott ohne den Nächsten nicht haben. Aus allen unter die Mörder Gefallenen, Entrechteten und Beleidigten – sie sind die Nächsten – spricht jenes Gebot. Die Re-formation in ihren verschiedenen – lutherischen wie reformierten (und englischen) – Gestalten hat unabweislich die politische Implikation des Glaubens gesehen und ihr damit entsprochen, dass sie die Unterscheidung von Glaube/Religion und Politik (die damals besonders nötig war, weil Religion und Staat fast ganz verschränkt inein-ander lagen), betont hat. Glücklicherweise haben die Kirchen in einem langen, schmerzhaften Prozess inzwischen gelernt, dass diese Unterscheidungen (der sog. Zweireichelehre) keineswegs Trennungen (von Religion bzw. Glaube und Politik) bedeuten, wie das allzu lange (in Anpassung an das bürgerliche Bewusstsein) miss-verstanden war und dass sie keine Anweisung zu Enthaltsamkeit und Entpolitisie-rung, sondern vielmehr ein Grundmodell unausweichlicher, aber vorsichtiger, ver-nünftiger und maßvoller Politisierung darstellen. Denn die primäre Aufgabe der Kir-chen ist das geistliche Amt – die Botschaft von Gesetz und Gnade. Die Kirchen sollen daher nicht selber Politik machen, sie sollen sie aber wohl ermöglichen (daher ihre Denkschriften, keine Vorschriften). Politisierung kann dabei nur bedeuten, sich – ohne jede Illusion über die Grenzen des politisch Möglichen – nicht mit Unrecht und Leiden abzufinden, sondern wachsam und empfindlich zu bleiben; sie bedeutet, den Finger in die Wunde zu legen und mit der Schere zwischen Reich und Arm, Recht und Unrecht sich nicht abzufinden, sie vielmehr zu benennen, sie geduldig und graduell zu verkleinern trachten und die historisch ohnehin immer wieder vor sich gehenden Brüche und Krisen, Ratlosigkeiten und Wandlungen in diesem Sinne zu nutzen und mühevoll in kleinen symptomatischen Schritten zu gestalten helfen, damit es etwas besser, wenigstens nicht schlimmer wird. Religion bedeutet und ver-heißt nicht das Reich Gottes und kein Paradies auf Erden, wohl aber hat sie für kleine Schritte hartnäckig zu werben und zu arbeiten, dankbar zu sein – so lehrt diese Lehre. Denn nichts ist von Natur aus wie es ist, alles ist entstanden, also alles auch wandelbar (K. Marx). Die Einbeziehung des begrenzt steuerbaren Politischen in den Wahrheits- und Wirklichkeitsbereich des Religiösen stellt keine illegitime oder se-kundäre Verfremdung dar, sondern entspricht nur der Tatsache, dass das göttliche Geheimnis allenthalben wohnt und überall, also auch im Politischen und Ökonomi-schen, erscheinen und zu uns sprechen, aber auch verachtet oder geschmäht werden kann. Auch hier, im Politischen, darf es also nicht verleugnet werden: „Dein Wille geschehe wie im Himmel *so auf Erden*", heißt es dazu im Vater Unser. Auch dies ist ein innerer Maßstab für die Auslegung der sog. Zweireichelehre. Die Aufgabe der Kirche ist – nach dieser Zweireichelehre – primär geistlicher Natur, aber eben der

Ort des Geistlichen ist überall: in psychischen, ethischen, ästhetischen und unausweichlich auch in politischen Erfahrungen. Auch dort – in erniedrigten und beleidigten Menschen – kann das göttliche Geheimnis gelästert werden. Dass nur die Seele oder die Innerlichkeit des Menschen Ort der Erscheinung und Ansprache des Göttlichen wäre, stellt eine spezifisch neuzeitliche, zudem eher protestantische Reduktion des religiösen Wirklichkeitsverständnisses dar. Wer dies weiß, wird nicht leicht schweigen und den Widerspruch vergessen.[239]

Wie aber soll man dies kühl, klug und überlegt denken, um nicht mit ungeheurem und ebenso unaushaltbarem wie unproduktivem moralischem Druck, der seine eigene Resignation erzeugen muss, zu leben? Hier hilft, um dies sich zurechtzulegen und zu bewältigen, die besagte „Zweireichelehre".

Damit nämlich Theologie/Kirche/Glaube auf Politik und Gesellschaft – wie begrenzt auch immer – einwirken können, müssen zunächst beide, damit sie nicht undifferenziert und unreflektiert mit fatalen Folgen ineinander verfließen, voneinander deutlich unterschieden (nicht getrennt!) werden. Das bedeutet die Aufgabe, sorgsam zu achten auf die Unterscheidung von *weltlichem* Regiment, welches mit Vernunft und Gewalt regieren muss (weil es – nicht nur, aber fundamental auch – das Böse in uns und in der Welt gibt und daher Ordnung mit staatlichem Machtmonopol notwendig ist), und *geistlichem* Regiment, welches allein mit dem geistlichen Wort (von Gesetz und Gnade) in Herz und Gewissen leitet. So wehrt die Zweireichelehre jeder Klerikalisierung der Politik (wie auch der Kirche in ihrem Selbstverständnis), was zu betonen nie überflüssig wird. Demgemäß ist Politik nicht das (geistliche) Reich Gottes, wohl aber soll das Reich Gottes (die religiöse Erfahrung des Göttlichen) auch in das politische Verhalten der Menschen als Gebot hineinwirken und die egoistischen Herzen zu wirklicher, dem Menschen dienender Vernunft befreien. Es ist Bildung der Gewissen – nicht mehr und nicht weniger: Das „Gesetz der Liebe", das die Vernunft befreit, gilt auch dem politischen Menschen, damit die Politik dem Menschen diene (und nicht umgekehrt).[240] In dieser Erkenntnis ist der immer auch zu beachtende und zu wahrende *Zusammenhang* der beiden Reiche und Regimente begründet (in Luthers Sprache: Beide Regimente sind Gottes Regimente). Apathie gegenüber Unrecht findet hier ihre ständige Mahnung und Beunruhigung.

Der mahnende Hauptfokus der lutherischen Reformation bleibt aber – aus ihrem Ursprung: angesichts der im 16. Jahrhundert dominierenden Vermischung beider Bereiche – die *Unterscheidung* jener zwei Reiche, die Unterscheidung von Politik und Religion. Sie hat auch heute noch, da wir unter ganz anderen Verhältnissen leben (nämlich mehr an der Aufspaltung und Schizophrenie der Lebenssphären von Religion/ Menschlichkeit und Politik/Wirtschaft als an ihrer Vermischung leiden), die bleibende und weiterhin wichtige Bedeutung als Mahnung, dass wir nicht die immer wieder naheliegende, geradezu weltanschauliche, dogmatische oder religiöse Überhöhung unserer politischen Positionen und Optionen betreiben sollen, als seien sie der Wille Gottes. Immer wieder drängt sich ja aus begreiflicher und berechtigter Sehnsucht die illusorische Erwartung auf, Gott oder der befreite Mensch möchte erscheinen und die gesellschaftlichen Verhältnisse heilen – eine Erwartung, die immer wieder illusorischen Aktivismus und ihre eigene Enttäuschung kreiert. Das Böse und die Entfremdung in den und um die Menschen herum bleiben aber eine nicht wegzudenkende Markierung in diesen Fragen; wir leben wie die Zauberlehrlinge im Banne der human nur begrenzt beherrschbaren Gewalten von Technik und Ökonomie, die um des Menschen willen da sein sollten, uns aber – umgekehrt, in weitgehend sich durchsetzender „Eigengesetzlichkeit" – weitgehend bestimmen. Erst wer unter dieser Voraussetzung des Bösen und der Entfremdung die liberale Demokratie will, will sie illusionslos am Punkt ihrer härtesten Infragestellung. Gerechtigkeit und Solidarität bleiben die zentralen Ziele politischer Ethik, wir haben sie aber nur bedroht und – wenn überhaupt – nur in kleinen Schritten und Annäherungen. Daher gilt es auch heute immer wieder die Warnung, man möge nicht die beliebte „messianische" Illusion der großen möglichen Wende und Veränderung der Welt zum Guten ernähren und verbreiten – sei sie von einer dogmatisch (marxistisch oder sonst wie) quasi-religiös verstandenen Politisierung von links oder von einem amerikanischen Fundamentalismus George W. Bushs inspiriert. Gerade nachdem im vergangenen Jahrhundert die essentielle Verbundenheit des Religiösen, des Glaubens mit politischer Verantwortung zu Recht immer mehr anerkannt worden ist, bleibt auch die *Aufgabe der Unterscheidung* beider Reiche/Regimente, der Unterscheidung von Politik und Glaube – unter der durchaus reformatorischen Voraussetzung ihres Zusammenhangs – eine immer wieder wesentliche und ständige Aufgabe und ein Korrektiv der Wachsamkeit. Erst so – in Gegenüber und Bezogenheit – entfalten beide Regimente ihre Sprengkraft, ihre Wirkung aufeinander und bringen Neues, Motive und Perspektiven aus dem geistlichen Reich ins politische Spiel, ohne klerikal zu werden. Politik verliert, wenn sie zu unmittelbar moralisiert wird (man vgl. z.B. die – begreiflichen – moralischen Argumente gegen die pragmatische und vernünftige Politik von „Wandel und Annäherung" an die ehemalige DDR). Man mache sich bewusst, wie hilfreich und wichtig den heute – religiös und theologisch – im Islam sich regenden Kräften der Selbstaufklärung eine solche Unterscheidungskraft der Zweireichelehre – als Vorstufe einer Staatskirchentrennung – wäre, wenn sie dort gültige Lehre wäre (wie sie es im 16. Jahrhundert Deutschlands war). Nur durch die Unterscheidung von Himmel und Erde, Macht und Religion, weltlichem und geistlichem Regiment beginnt die notwendige Freiheit, der notwendige Liberalismus in der Politik[241]

Mit diesem – wenn auch immer wieder schwierigen – Problemvirus muss das wachsende religiöse Bewusstsein, welches allermeist angepasst-naiv oder unpolitisch ist, immer wieder geimpft werden, will es genuin „religiös" und glaubend – jedenfalls in christlichem Sinne, im Sinne des Jesus von Nazareth – sein. Die Verletzung von

Gerechtigkeit und Solidarität – weltweit wie auch in unserem Lande – sowie auch die Tatsache, dass wir auf einer Insel des Wohlstands leben und unser neoliberaler „Raubtierkapitalismus" (H. Schmidt) – geistig wie ökonomisch – auch nicht im Ansatz eine Besserung der Weltsituation, eher eine Steigerung der Qualitätslosigkeit, der Polarisierung von Reich und Arm und der Gewalttätigkeit in Entfremdung jeder Art darstellt, – all dies verlangt unabweisbar nach der Verankerung auch des politischen Themas im religiösen Bewusstsein – jedenfalls im christlichen Gottesverständnis. Oder reicht vielleicht unsere Religiosität – noch einmal sei es gefragt – nur eben so weit, wie es uns bequem ist, und hört auf, verschließt sich und zieht sich zurück, wenn die Zumutungen der Liebe und des Glaubens auf sie zukommen? Auch hier drängt sich immer wieder die kritische Infragestellung von Religion und Religiosität auf, wie oben – bei der Gesetzes- und Leidensthematik – bereits mehrfach beschrieben. Auch diese politischen Fragen bereiten immer wieder Tage der Wahrheit, jüngste Tage, an denen sich entscheidet, ob wir es ernst meinen und uns betreffen lassen oder nur ein schönes – auch religiöses – Leben haben wollen. Wir hörten J. B. Metz bereits sagen, dass wir jedes Recht auf unser Freiheitsbewusstsein verlieren, wenn wir Leiden und Armut anderer nicht in eben unser Freiheitsbewusstsein einschließen. Die Beunruhigung des Unmöglichen, Gebotenen und des uns Überfordernden und die angestrengte oder fröhliche Unternehmung des Möglichen – intelligente Politik befreiter Vernunft – muss daher an dieser Stelle – in aller auszuhaltenden Ratlosigkeit – erhalten bleiben.[242] Wir verraten uns selber und die gebietende Wahrheit alles Lebendigen, wenn wir den fälligen Widerspruch – manche werden sagen: den Widerstand – verschweigen, verlernen und aufgeben.

Jesus von Nazareth – ein besonderes und gültiges Gesicht des Göttlichen

Jesus von Nazareth ist, wie wir Christen glauben, ein gültiges Gesicht Gottes, eine Konkretion, die die Erfahrung Gottes bzw. des Göttlichen, welches ansonsten leicht diffus (nicht unbedingt unwahr) bleibt, vermehrt und präzisiert. Insofern gehört er für den christlichen Glauben zu den entscheidenden Fundamenten, weil sein Leben, Verhalten und Sterben – nicht nur seine Lehre und Predigt vom Reiche Gottes, welches speziell und zuerst für die Armen, Hurer und Zöllner ist – ein neues Gottesverständnis und Gottesverhältnis eröffnet und ermöglicht hat. Dieser Glaube der Christenheit bleibt ein ständiges Angebot und eine ständige Herausforderung an das religiöse Denken und Begreifen. Sein Kreuz ist – trotz aller Masochismen und Sadismen, die sich in der Christentumsgeschichte um es gelagert haben – ein immer noch sprechendes Symbol der Einsicht, dass religiöse oder „Gottes"erfahrung aufs engste, schmerzlichste und wahrste mit Leiden und mit den Leidenden verbunden ist (Luther: „Wie gar verwirft doch Gott, was hoch ist, und wir toben und rasen nit denn nach eitler Höhe, auf dass wir ja nit im Himmel zu Ehren werden, immer und immer treten wir Gott aus seinem Gesicht, dass er uns ja nit ansehe in der Tiefe, da er allein hinsiehet"[243]). Dies bleibt auch dann wahr, wenn das Christentum diese Einsicht vielfach in Über- und Alleinbetonung des Leidens verformt hat. Die Leidenden und Armen dieser Welt sind ein besonderer Ort der „Gottes"erfahrung und religiösen Solidarität. Und der Mythos seiner – nicht historisch zu nehmenden – Auferstehung ist noch immer, wenn man es versteht, ein widerstandsträchtiges und ermutigendes Bild und Symbol des verletzlichen Glaubens, dass es ein gültiges Leben mitten im Tode und im Sterben gibt und dass wir aus Gnaden und geschenkweise leben, auch in Ängsten und Vernichtungen: „Manchmal stehen wir auf/ Stehen wir zur Auferstehung auf/ Mitten am Tage/ Mit unserem lebendigen Haar/ Mit unserer atmenden Haut" (M.L. Kaschnitz). Wenn einmal das Bild des Gekreuzigten von den (in Kapitel III) besprochenen Vorstellungen des Blutes und Opferlammes, welches zur Sühnung an den zornigen Gott dargebracht werden muss, befreit sein wird, dann kann die eigentliche und wesentliche Deutung des Kreuzes neu und ungemindert hervortreten: Sein Sterben ist sein konsequent und gewaltlos sich hingebendes Einstehen und Bekräftigen seiner Botschaft vom Reiche Gottes für die Armen, Zöllner, Ungerechten bis zum Letzten und darum ein Offenbarmachen und Brechen des Bannes und der „Mächte" von Unglauben, Verschlossenheit, Gesetzlichkeit und jeder Ideologie – für alle, die „glaubend" in den Bannbereich seiner Verkündigung wie seines Lebens, Verhaltens und Sterbens sich stellen und an ihm teilhaben. Die Macht seiner Person, seines Lebens und Sterbens kann mich vielleicht eher und mächtiger aus dem Bann meiner Verschlossenheit und ihren Folgen befreien als meine Meditation? All dies meint die sog. „Theologie des Kreuzes", welche die genuin religiöse Erfahrung in der Tiefe des Menschseins und nicht in der Höhe der Gottesspekulation eines jenseitigen Wesens sucht (wie Kapitel III gezeigt).

Diese – in ihren Antithesen und rein religionsgeschichtlich gesehen – durchaus neue Stufe der Gotteserkenntnis und -erfahrung ist der Grund dafür, dass die Erscheinung des Jesus von Nazareth zu den wichtigsten Gestalten und Gesichtern des Göttlichen in der Menschheitsgeschichte gehört. Er ist in seiner Weise einzigartig, jedoch gewiss nicht der einzig gültige Weg zu Gott, als den ihn die Christen bisher meist angesehen haben. Daher wurde oben bereits ausgeführt, aus welchen Gründen die Auffassung des exklusiven Christusglaubens (Er „allein" sei der Weg zu Gott), wie sie in Teilen der biblischen Tradition und grundlegend bei den Reformatoren vertreten wurde, nicht fortgeführt werden kann. Es ist ja nicht wahr, was im Zeichen jener exklusiven Christologie behauptet wird, dass von Gott, also von genuiner religiöser Erfahrung, ohne Christus nicht gesprochen werden kann. Dies ist – entgegen allen christologischen Beteuerungen und Suggestionen – durchaus möglich und geschieht längst allewege. Erst von einem bestimmten Präzisionsgrad religiöser Fragen an wird es unausweichlich, beim Erwägen eines religiösen Sachverhalts und beim

Bedenken religiöser Wahrheit die Stimme und die Person des Jesus von Nazareth einzubeziehen und mit in die Waagschale zu legen. An der religionsgeschichtlichen und daher interreligiösen Wichtigkeit seiner Person und seiner Stimme kann man – wie auch an anderen kardinalen Gestalten und Stimmen der Religionsgeschichte – nur um den Preis einer eminenten Verengung und Oberflächlichkeit religiöser Perspektiven vorübergehen, wie es heute – aus Bildungs- wie aus Ausblendungsgründen – vielfach bereits üblich ist. Inwiefern aber dieser Jesus von Nazareth in seiner Verkündigung und in seinem Verhalten ein durchaus neues Gottesverhältnis erschlossen, nicht nur gelehrt hat und inwiefern die Vorstellung, er habe – in seinem Kampf mit den „Mächten" – „für uns" gelebt und sei „für uns" gestorben, das zu bedenken und immer wieder neu zu klären, bleibt eine m.E. gültige Frage und wichtige Aufgabe. Dies gilt auch für die Frage, inwiefern der durch sein Leben und sein Sterben ermächtigte Glaube von Menschen, die im Bann- und Wirkungsbereich seiner Verkündigung und seiner Person leben, mit den Dämonien und Ideologien der religiösen Verschlossenheit („incurvatio") vielleicht wirklich besser fertig wird und so von ihnen erlöst, befreit wird. Er hat die Welterlösung und -versöhnung nicht „ein für allemal" objektiv vollbracht (weil kein Gott zu versöhnen war), aber er hat die *Möglichkeit der Versöhnung und Erlösung* für diejenigen, die glaubend im Kraftfeld seiner Person leben, eröffnet – „so du glaubst". Mag, wer will, zusehen, dies von woanders her zu erfahren. Hier jedenfalls ist diese Möglichkeit präsent und angeboten – nicht absolut, aber unbedingt. Was das bedeutet und wie das möglich ist, kann man sich klar machen, wenn man ohne jeden Anspruch auf (exklusive oder inklusive) Absolutheit, vielmehr im Bewusstsein historischer Relativität die Bach'schen Passionen hört und ihre ergreifende Unbedingtheit sich geschehen lässt. Es scheint, als wäre der Zugang zu diesen Urerfahrungen des Menschlichen, die mit seiner Person verbunden sind, durch den allzu gläsernen Dogmatismus und die allzu projektiven Annahmen (z.B. eines kosmischen Christus oder eines Christuslichts), die über seine Gestalt gestülpt wurden, erschwert und verhindert. Daher stehen auch hier – in den religiösen Rückungen, die der historische Jesus z.B. in der schlichten Wahrheit seiner Verkündigung des Reiches Gottes und in der Bergpredigt provoziert – vermutlich noch neue Entdeckungen bevor. Dabei scheint es nicht schlimm, eher angemessen zu sein, dass sich das Geheimnis der Person Jesu, seines Lebens, Verhaltens und Sterbens nicht auf den ersten Blick und jedermann erschließt. Geheimnisse dürfen erwarten, dass man sich – wartend, meditierend, loslassend oder auch handelnd – auf sie vorbereitet und in sie einlässt, ehe sie – „im Schweigen deines Seins", wie es in einem alten vedischen Gebet heißt – zu sprechen beginnen.

Nachdem die Christologie in der letzten Generation vermutlich überbetont wurde, scheint sie in der gegenwärtigen religiösen Wendung unterbelichtet zu werden: „Von mir aus muss Jesus nicht gestorben sein", konnte man (schon vor einiger Zeit im damaligen Sonntagsblatt) lesen. Solcherlei Bemerkungen verstellen eine angemessene

Annäherung an Leiden und Sterben Christi. Man denke sich diesen Satz – um Unvergleichbares zu zitieren – z.B. auf Bonhoeffers Martyrium bezogen. Auch er hätte nicht sterben müssen. Und doch hat sein Tod für das Begreifen und Wahrmachen seiner Theologie unendlich viel bedeutet, weil es Menschen gibt, deren Leben und Sterben öffentliche Bedeutung und Wirkung hat. Wenn Jesus nach dem heftigen galiläischen Konflikt nach Jerusalem ging (ohne dass wir derzeit genau wissen, warum), dabei die Auseinandersetzung um die Thematik der Tempelkritik erweiterte und die Möglichkeit seines Todes doch wohl einkalkulieren musste, sodass sein Tod – unzweideutig *auch* – Folge seiner Verkündigung (nicht nur politische Exekution von römischer Seite) war, dann dürfte es angemessen und notwendig bleiben, die Bedeutung und Wirkung gerade auch seines Sterbens in die christologische Reflexion wesentlich mit einzubeziehen – schon aus Treue zum irdischen Jesus. Seine Bedeutung scheint unausgeschöpft wichtig und – vielleicht wirklich – lebensbegründend wie sterbensermöglichend zu sein. Mit seiner Verkündigung des Reiches Gottes gerade an die Armen und Ausgestoßenen, die religiösen Zöllner, die ethischen Outlaws und kultischen Untouchables, mit seiner Radikalkritik des Gesetzes und der entsprechenden Sabbatauffassung sowie mit seinem diese Proklamation besiegelnden Sterben ist er wahrlich eine Offenbarung Gottes, des Göttlichen in neuem Licht. „Ich bin das Licht der Welt. Wer zu mir kommt, wird leben, ob er gleich stürbe." Das ist, meine ich, wahr, auch wenn er nicht alleine ein solches Licht in der Erfahrung des Göttlichen, auf dem Wege zu Gott ist und wenn dies Licht in postchristlicher Zeit nicht mehr ausschließlich scheint wie in christlich dominanten Zeiten. Das friedliche und versunkene Gesicht des Gautama Buddha muss keine Konkurrenz für das leidende Antlitz des gekreuzigten Christus sein, sondern es kann eine andere, ebenso wichtige Erfahrung und Seite desselben Gottes, des Göttlichen sein – oder werden?

„Gott" – Urwort und bleibender Name des non-theistisch allgegenwärtigen Geheimnisses

Alle bisher angesprochenen Grundbegriffe der christlich-reformatorischen Theologie können als Grundbuchstaben der Erfahrung des Göttlichen, als Grundbausteine einer klareren Profilierung und Strukturierung der religiösen Erfahrung aufgefasst werden. Sie sind Grundworte, die uns das Wort und Geheimnis „Gottes" oder „des Göttlichen" insgesamt zu buchstabieren, die verschiedenen Facetten dieses einen übergroßen Wortes auseinander zu legen und es zu deklinieren anleiten. Die induktive Erfahrung und Erkenntnis des Göttlichen und der Wahrheit, die „größer denn unser Herz" ist, ist es, die in den vielerlei Erfahrungen und Facetten dieser Grundbegriffe begonnen wird. Wer in sie eintritt und sich auf sie einlässt, begibt sich auf den Weg zu der Erfahrung, die die Alten die Erfahrung Gottes bzw. des Göttlichen nannten. Denn das Göttliche, „Gott" ist „sie alle".[244] Gesetz, Gnade, die Wahrheit unserer inneren Stimme und unserer Zwiegesichtigkeit, das Politisch-Werden des Glaubens sind genuine Facetten und Gesichter der Erfahrung des Göttlichen, ohne welche dieses unqualifiziert, leer und dem schöpferischen Nichts (im Sinne des Zen) alles schuldig bliebe.

So ist die mit „Gott" gemeinte Wirklichkeit der Inbegriff all jener verschiedenen religiösen und interreligiösen Erfahrungen – eingeschlossen die menschlichen, politischen, ethischen, ästhetischen, *an und in* denen sie hervortritt und ungegenständlich „mitwahrgenommen" wird. Es sind speziell Erfahrungen des Gesetzes und der Gnade, des Schuldig- und des Zwiespältigwerdens, des Getragen-, Beschenkt- und Heilwerdend, von denen wir oben ausführlich sprachen – Facetten und Gesichter der Einen Wahrheit. Dass es nur Erfahrungen der Liebe seien, wie heute kirchlich fast durchweg behauptet wird, ist eine sentimentale Erfindung und Reduktion des neuzeitlichen Bürgertums und seiner Religion. Keine frühere Theologie, auch nicht die der Reformation, hat dies je angenommen; sie wussten es besser. Denn so – nur liebend – ist die Urmacht des Lebendigen eben nicht, sie ist auch bedrohlich und zweideutig, wenn man nicht nur an eine jenseitige „gute" Gottperson, sondern an den Inbegriff aller Realität denkt – das wissen viele religiöse Einsichten. Denn wenn „Gott" das göttliche Geheimnis aller Welt ist, dann gehören auch die Grausamkeiten dieser Welt zu den Ermöglichungsweisen seiner Schöpfung. „Er" ist, weiß Luther, der „Treiber", auch im Teufel, im Bösen und in der Hölle. So, mit diesen Masken und Mitteln, regiert er die Welt nach seinem Willen. Wie dies gedacht werden kann, darf hier offen bleiben, da es hier in der Kürze nur um die Problem- und Themenannonce geht. Aber Luthers Einsicht hält sehr genau fest, dass Gott nicht nur ein Wort (der Liebe und Gnade), sondern zwei Worte (in der Gnade des geschenkten Lebens wie auch in Gesetz und vernichtendem Gericht) spricht, auch wenn er das lebenschenkende Gnadenwort als sein „eigentliches Werk" – sofern man auf Christus schaut – ausdrücklich vorordnet. Dies aber schließt– im Prinzip, ohne Christus – Forderung, Gericht und Schrecken, Vernichtung und Sterben als Erfahrungen des Göttlichen, des Geheimnisses des Lebens ein. Der Prädestinationsvorbehalt, der ein Übriges über die verdammende und vernichtende Zwiegesichtigkeit Gottes bzw. des Göttlichen aussagt, kommt bei Luther in De servo arbitrio hinzu: Gott hat von Ewigkeit einen Teil der Menschheit zu Gefäßen des Zorns und zum Unheil bestimmt. (Wer wörtlich-biblisch denkt, möge sich hier daran erinnern, dass der gute Gott schon ins Paradies – noch vor dem Sündenfall der Menschen – die Schlange setzte und dass auch die neutestamentliche Botschaft den bedingungslos gnädigen Vater „Abba", der regnen lässt über Gerechte und Ungerechte und von niemandes Haupte Haare fallen lässt ohne seinen Willen, doch den Turm von Siloah auf Menschen fallen ließ und das vernichtende letzte Gericht und die ewige Pein, „deren Wurm nicht stirbt und ihr Feuer nicht verlöscht", mit seiner Barmherzigkeit zusammenzudenken zumutet.) Auch wenn wir heute dergleichen nur non-theistisch – also als Element und Weise des Lebens, nicht eines so denkenden und handelnden (zur Hölle bestimmenden) Gottes – denken müssen, da es einen Gott, der dergleichen beschließt und richtet, gar nicht „gibt", so bleibt doch die Wahrnehmung Luthers, der dergleichen der Urwirklichkeit der Welt und ihrem Geheimnis zutraut, erhalten. Zu all diesem gelangt man deutlich und muss es sich klar machen, sobald man sich Luthers Denkverbot nicht fügt, welches lautet, man dürfe all diese Fragen nach Gott, seiner Prädestination, nach dem Satan und dem Bösen in der Welt nicht stellen: Gott habe es eben so gewollt und in Christus wende sich all dieses zum Heil – Christus allein ist für Luther der Ort jeder legitimen Frage und Antwort. Sobald man sich jene verbotenen Fragen Luthers aber stellt, stehen diese unabweislichen Doppeldeutigkeiten des Göttlichen, die Luther sehr genau sieht und die er in der Christologie stillen möchte, unverhüllt vor uns bzw. wir vor ihm. Es ist – so müssen wir heute lernen – gerade auch die *gute Schöpfung*, die das Leben in der Evolution nur über Leiden und Sterben entwickelt. „Der Tod ist ihr [der Natur] Kunstgriff viel Leben zu haben", heißt es im Goethe/Tobler-Hymnus.[245] Auch dies könnte zu den ahorata theou, zu „Gottes unsichtbarem Wesen", seiner „ewigen Kraft und Gottheit" gehören, die man „an der Schöpfung" und ihrer Evolution wahrnimmt – „wenn man es denn wahrnimmt" (Röm 1,20). Gerade der Gott der guten Schöpfung ist nicht nur – verniedlicht – der gute Gärtner oder Vater seiner schönen Schöpfung; der schöpferische Grund des Lebens ist vielmehr auch sein Abgrund. Hier haben der Buddhismus („alles Leben ist Leiden"), der Shivaismus (Shiva als „Schöpfer und Vernichter") oder der Taoismus (das Leben nur in Yin und Yang) tiefer gesehen; sie bieten uns einen interreligiösen Anlass essentiellen Lernens und der Erweiterung unseres Verständnisses des Göttlichen, welche Luther unvergleichlich klar und realistisch vorgezeichnet hat, wenn man einmal den Schleier der schützenden Christologie von seinen Heilsaussagen zieht und in den Abgrund des göttlichen Geheimnisses schaut. (Daher ist z.B. der Psalmvers – auch in Schütz' wunderbarer Vertonung – „Aller Augen warten auf dich, Herr, und du gibst ihnen Speise zur rechten Zeit, du tust deine milde Hand auf und erfüllst alles was lebt, mit Wohlgefallen" ein objektiver Zynismus und eine Unwahrheit, solange die zweite Hälfte der Wahrheit vom bedrohenden und vernichtenden, keineswegs nur ernährenden Geheimnis, welches das Leben, wie wir es täglich erleben, eben *auch* hervorgebracht hat, nicht mitbedacht und hinzugedacht wird.) Wenn man sich entschließen will, die guten Schöpfungsgaben dem göttlichen Geheimnis des guten Gottes zuzurechnen („O Gott, von dem wir alles haben, die Welt ist ein sehr großes Haus, du aber teilest deine Gaben, recht wie ein Vater drinnen aus …"), dann muss man auch das Leiden und Sterben, welches konstitutiv zur Schöpfung (nicht erst zur gefallenen als „der Sünde Sold") gehört, in es einrechnen – wenn denn die göttliche Urmacht und ihr Geheimnis Inbegriff, Grund und Abgrund *aller* Wirklichkeit und nicht nur – illusionär – ihres schönen Teils sein soll! Seit der Teufel als Personvorstellung entmythologisiert (nicht bestritten!) ist, bleibt auch seine Realität dem Begriff des Einen, des Göttlichen bzw. „Gottes" als des umfangenden Geheimnisses aller Wirklichkeit zuzuordnen. Hier lässt sich in keinerlei Dualismus ausweichen.

Oder wird in dieser Zuordnung die Unterscheidung von Gott und Welt verletzt – und inwiefern nicht? Dies wird zu erwägen sein, aber das Wort des Propheten Amos (3,6) „Ist auch ein Unglück in der Stadt, das der Herr nicht tue?", das Luther natürlich zitiert, scheint in eben diese Richtung zu weisen: Es überwindet die ambivalenzlose Verharmlosung des Göttlichen in der inzwischen biedermeierlichen Rede der Kirche von der Liebe, die er *nur* sei. „Rein schenkende Liebe und bedingungslos schaffende und zu empfangende Gnade" – ja, das ist nach der reformatorischen Erkenntnis wahr und das gibt es wahrlich im Kosmos der Welt und ihrer religiösen Dimension, im göttlichen Geheimnis aller Dinge, in Reinheit des Empfangens. Aber eben nicht allein dies. Die Gnadenerfahrungen stehen neben ganz anderen Erfahrungen, die wir – im strengen Sinne des Begriffs, wie Nils Bohr ihn definiert hat – „komplementär" den Gnaden zuzuordnen und mit ihnen zusammenzudenken lernen müssen.[246] Dieses Zusammendenken des in dualer Logik Unvereinbaren – weil Wirklichkeit und Wahrnehmung dazu zwingen – scheint auch theologisch hier einschlägig und zu lernen. Wenn man dies alles non-theistisch denkt, kommt man – auch mit Hilfe von Luthers Kategorien und Anregungen – zu einer sehr genauen Wahrnehmung dieser Welt und ihres in sich antinom-polaren Geheimnisses. Erst so, in Schaffen und Vernichten, in Gnade und Schicksal ist die ganze helle und dunkle, gnädige und schwere Wahrheit des Göttlichen begriffen, die wir – nach Luthers geradezu unheimlich präziser und wiederholter Katechismusformulierung – nicht nur lieben, sondern „fürchten und lieben" sollen. Erst all dies zusammen könnte dann vielleicht wirklich das erschreckend-wunderbare Eine und irritierend Gute des Lebens und seines Geheimnisses sein, das wir zu verehren und anzubeten haben. Gerade angesichts dieser *auch* bedrohlichen Wahrnehmung des Göttlichen gilt es, die Frage des Propheten zu lernen und zu begreifen: „Spricht auch der Ton zu seinem Töpfer: was machst du?"(Jes 45,9).[247] Hier wird aus dem „Plunder" der – theoretisch richtigen! – Religionsphilosophie, von dem wir W. Elert sprechen hörten, das Erschrecken über die Abgründe und vernichtenden Schicksale der Welt und ihres göttlichen Geheimnisses, und es entsteht das staunende Anbeten über den Gnaden, Wundern, Schönheiten und schrecklichen Vernichtungen der Schöpfung und ihres ebenso gnädigen wie bedrohenden und – im Gewissen – fressenden *Geheimnisses des „Seins selbst"*, welches das göttliche genannt wird. Man wird auch verstehen, warum wir Menschen – nach alldem, was wir oben zur schöpferisch-gefährdeten Simulstruktur des Menschen gezeigt haben – auch in eben dieser Zwiegesichtigkeit nach seinem Ebenbilde geschaffen sind (Gen 1,26f); denn auch „ER", auch „ES", auch „SIE" ist offensichtlich von der Art dieser Polarität, Zwiegesichtigkeit, Simulstruktur und eben darin liegt die Art seiner/ihrer Schöpferkraft. Solches Geheimnis ist wahrlich beides: zum Fürchten und zum Lieben in und an den herrlichen wie furchtbaren Wundern dieser Welt, und das Grauen bleibt tatsächlich der Menschheit – vielleicht nicht bester, aber doch – essentieller Teil. In all dem ist das eine unergründliche Geheimnis, und in allem bleibt die Frage, ob und wie wir Menschen – angesichts dieser Lage – das in und unter allen Wirren immer auch vorhandene und auf uns wartende geistliche Heil wahrnehmen und seiner teilhaftig werden können; es bleibt die Frage, ob und wie Religion und Glaube all dies zu bewältigen und zu bestehen helfen und das Heil unter dem Unheil, das Ja unter dem Nein zu erkennen und zu ergreifen anleiten; wie sie dazu helfen, meditierend oder betend in Beziehung zu den immer *auch* vorhandenen verborgenen Heilskräften zu treten. Sofern und weil Jesus von Nazareth hierbei ein Weg und die Ermöglichung ist, uns in Zusammenhang mit dem Heil und den (personalen!) Heilskräften zu bringen, ist er der Erfüller und Befreier von den Mächten der Herzverschlossenheit und also des Unglaubens, als den ihn die Christen glauben. Das ist hier nicht zu klären. Deutlich aber ist, dass unterhalb dieser Problemansage die Situation, auf die der Glaube antwortet, nicht ernstlich beschrieben ist; deutlich auch, warum hier keine satisfaktorischen Leistungen oder sühnenden Verdienste eines Christus helfen: Dazu gehört etwas ganz anderes. Und es wird ebenfalls deutlich, dass es hier keine Theodizee nach altem Muster mehr geben kann: weil es einen Gott, der handelnd eingreift und das alles zulassen (oder verhindern) kann, gar nicht „gibt", und auch, weil die Urwirklichkeit des göttlichen Geheimnisses dieser Welt nicht nur eine gute, sondern eine in sich polare, ambivalente und eben auf diese Weise schöpferische ist. Welche „Religion", welcher Glaube schafft es, hiermit fertig zu werden und angesichts dessen – mitten im Unheil – Heil und Gewissheit zu ermöglichen?

In dieser Perspektive entsteht mithin ein Ruck und eine Rückung, die dem kirchlichen Gottesbegriff wie der alternativen Spiritualität bevorsteht, der aber hier nur zu benennen und anzudeuten, nicht in seinen Möglichkeiten und Konsequenzen durchzuführen ist. Wir haben hier nicht die Lösung dieser Fragen zu besprechen, sondern nur den Impuls der reformatorischen Theologie Luthers für den fälligen Ruck in der Wahrnehmung dieser Fragen zur Kenntnis zu bringen. Denn der heilige Name „Gott" ist vor allzu liebevoller Verharmlosung zu bewahren (Ex 20,7). Dies dürfte – nach dem II. Kapitel – eine weitere, zweite Stelle sein, an der wir den „größeren Gott" – größer als bisher gedacht, obwohl all dies in Voraussetzungen und Ansätzen längst geschrieben steht – zu lernen haben.

So ist „Er"/„ES"/„SIE" der/das/die „ganz Andere". Oder gilt an dieser Stelle des göttlichen „Stirb und Werde", welches zu schauen und worüber zu sprechen auch Schiller und Camus, wie zitiert, warnten, noch einmal jenes „Sagt es niemand nur den Weisen"? Aber es gibt kein Entkommen mehr. Wir müssen uns auch hier der sich aufdrängenden Wirklichkeit und den fälligen Revisionen stellen.

Hierher gehört noch ein weiteres Element in der Erfahrung des Göttlichen, das –

wenngleich nicht in allen Religionen (z.B. nicht im Buddhismus) – erscheint und sich dem religiösen Menschen zur Erfahrung und Entscheidung darbietet, ob er diese Annahme in sein Bild vom Göttlichen aufnehmen kann und will: dass nämlich das letzte Geheimnis *heilig*, dass es – als Numinosum und Tremendum – eine erschreckende und verzehrende Kraft sei (was wiederum mit den Höllenstrafen eines theistischen Gottes nichts zu tun hat). Daher musste Mose, als er auf den Horeb stieg, um die Tafeln des Gesetzes in Empfang zu nehmen, einen Schleier vor dem Gesicht tragen, weil er die Heiligkeit Jahves sonst nicht ertragen hätte, sondern verbrannt wäre. „Mein Angesicht kannst du nicht sehen; denn kein Mensch wird leben, der mich sieht" (Ex 33,20, 33f). Es ist nicht nötig, dass jede(r) diese Annahme gleich bei sich einlässt und ihr zustimmt, wohl aber sollte gewusst werden, dass diese Annahme religionsgeschichtlich – in der Erfahrung ganzer religiöser Welten also – weit verbreitet und also zu überlegen, nicht einfach auszublenden ist. „Ich bin in das Schwert deines Gesetzes gefallen", so hat G. v. Le Fort die ethische Form dieser Erfahrung des Heiligen, das nicht verständlich gemacht wird, sondern den Menschen überfällt und frisst, wenn er ihm begegnet, beschrieben. Das ist in weiterem Sinn und Zusammenhang mit dem oben zitierten Schillergedicht „Das verschleierte Bild zu Sais" verwandt und ergibt den letzten und vielleicht entscheidenden Grund dafür, warum das Göttliche – auch im eigenen Innersten – uns immer „gegenüber" bleibt, wir mit ihm als Kreaturen nie „eins" werden. Vielleicht ist ja nur unsere derzeitige religiöse Erfahrung zu klein und zu schwach, um derlei begreifen zu können? Darum aber muss diese Annahme bzw. Erfahrung nicht unwahr sein.[248]

Wo all diese Grunderfahrungen des Schenkenden, Lebenbegründenden und des Bedrohenden, Richtenden und Heiligen, des „Größer denn unser Herz" und „Höher denn alle Vernunft" in den Horizont, in das Bewusstsein und in die Reflexion geraten, da kann deutlich werden, dass sie alle im Grund und Abgrund dieser Welt als ihr Geheimnis vorkommen, dass sie hier ihren Raum und die Bedingung ihrer Erfahrbarkeit haben. Da wird deutlich, dass uns in ihnen allen etwas begegnen kann, das sich mit Macht an unseren Herzen und Gewissen als wahr, gültig und also packend und mächtig erweist; dass es – mitten in aller Geschöpflichkeit – eine Dimension in ungegenständlicher Mächtigkeit gibt, die – über Herz und Vernunft – „mitten in unserem Leben jenseitig" ist und daher, weil sie das Letzte und Innerste, Grund und Abgrund aller Welt und unserer selbst ist, von der Tradition allgemeinreligiöser – nicht nur kirchlicher Sprache – „Gott" oder das „Göttliche" genannt wird. Das Symbolwort „Gott" bündelt alle diese Erfahrungen; ohne solche die Erfahrung fokussierenden Symbolworte verlieren sich diese Erfahrungen allzu leicht. Darum sind sie nötig. Und speziell dieses non-theistisch verstandene Symbolwort „Gott" behütet, wenn wir es denn angemessen zu verstehen lernen, all jene Erfahrungen, die „größer denn unser Herz" und „über alle Vernunft" sind.

Wer in diese Erfahrungen eintritt und sich auf sie einlässt, hat mit der Erfahrung

des Göttlichen begonnen, ob er an einen irgendwo „existierenden", die Welt leitenden Gott glaubt oder nicht. Man muss, um in die Wahrheit des Religiösen, des göttlichen Geheimnisses einzutreten, nicht an einen persönlichen Gott glauben, und dies
schon gar nicht im Vorhinein, als Eintrittsbedingung in genuin religiöse Erfahrung.
Ja, die Benennung dieser Erfahrungen mit dem Worte „Gott" kann eher verhindernd
als erschließend und klärend sein, wie Tillich in seiner berühmten Rede („Von der
Tiefe") gezeigt hat. „Gott" ist keine irgendwo im Jenseits existierende Person oder
Überperson, und der Begriff „Gott" ist keine Kategorie eines der vielen Überwesen,
die er noch in der Antike war (was diesem Begriff bis heute anhängt), sondern der
Name der größeren, uns umfangenden und tragenden, infragestellenden und richtenden, bisweilen vernichtenden Macht und Wirklichkeit. Man erinnere sich an den
Dialog der beiden Fische (Kapitel II). Bis diese non-theistische Bedeutung des Wortes „Gott" als des doppeldeutig uns Umfangenden wieder mehrheitlich im Bewusstsein ist, haben wir alle Zeit und allen Grund, dieses Wort mit äußerster Vorsicht, zurückhaltend und sorgsamst, seltenst oder gar nicht, zu benutzen. Das theistische,
jeden Atheismus geradezu herausfordernde Missverständnis dürfte noch auf längere
Sicht um dieses Wort „Gott" gelagert sein. Auch hier gilt daher einstweilen cum
grano salis Brechts „Stets daran denken, nie davon reden". Von all dem wurde oben
Kapitel II genügend gesprochen. Hier – mit dem Non-Theismus – steht die dem
theistischen Denken fällige und zentrale Rückung und Verschiebung bevor; sie vollzieht sich längst – an ihm vorbei.

Nach dieser kritischen Reinigung und Befreiung des Begriffs aber gilt: „Gott" –
das ist der menschheits-geschichtliche Name und Inbegriff alles dessen, was über
unser kleines religiöses Bewusstsein hinausreicht, was das religiöse Bewusstsein in
der Regel allenfalls ahnt und in diesem Symbolwort für religiöse Erfahrung zusam-
menfasst und aufbewahrt. „Gott" ist die über unsere kleine religiöse Erfahrung –
und daher auch über jede Theologie religiösen Bewusstseins und ihre Religiosität –
hinausreichende Wirklichkeit des Größeren, des uns umgebenden und tragenden
Geheimnisses, welches immer und immer wieder – gerade auch in seinem Fremden,
Fernen und Erschütternden – der „Offenbarung" bedarf, um danach – in Symbolen,
Bildern und Projektionen – zugänglich oder ahnbar zu werden (was religionsgeschichtlich und seelisch immer wieder, nicht nur christlich, geschieht). „Gott" bezeichnet das über unsere persönliche Religiosität Hinausschießende des großen, verborgen bleibenden, rätselhaften und wunderbaren, erschreckenden und beglückenden Geheimnisses, welches uns umgibt, allenthalben verborgen wartet, lauert und
nach dem bzw. auf das hin sich unsere Religiosität ausstreckt und von dem sie unterschieden bleiben muss. Die Unterscheidung von „Gott" und Schöpfung, von „Gott"
und Religion behütet das religiöse Bewusstsein davor, in qualitätslose und angepasste
Immanenz zu versinken und zu verkommen, oder philosophisch gesprochen: die
ontologische Differenz (von Sein und Seienden) aus dem Blick zu verlieren. Dieses

zwischen der Wahrnehmung des Göttlichen – „wer/was immer er/es/sie sei" – und (non-theistische) Atheismus notwendig schillernde, über beide aber hinausgehende aufgeklärte und eben darum das Göttliche als Geheimnis verehrende Wissen um das, was „größer als unser Herz" ist, ist die Theologie dem vagierenden religiösen Bewusstsein schuldig. „Es sind noch Lieder zu singen jenseits der Menschen" (P. Celan). Wunderschön beginnt das Gedicht von H. Domin: „Wir werden eingetaucht/ und mit dem Wasser der Sintflut gewaschen,/ wir werden durchnäßt/ bis auf die Herzhaut.// Der Wunsch nach der Landschaft/ diesseits der Tränengrenze/ taugt nicht,/ der Wunsch, den Blütenfrühling zu halten,/ der Wunsch, verschont zu bleiben,/ taugt nicht.// …" Und dann endet es: „Und dass wir aus der Flut, dass wir aus der Löwengrube und dem feurigen Ofen/ immer versehrter und immer heiler/ stets von neuem/ zu uns selbst/ entlassen werden" – entlassen wirklich „zu uns selbst" als dem Inbegriff aller Ziele? und wenn zu uns selber, dann doch wohl zu einem neu sich verstehenden, durchsichtig und transparent über sich hinaus gewordenen Selbst, zu dem größeren Selbst, welches in, unter und hinter unserem kleinen Selbst und Ich, größer denn unser Herz, hervorschweigt und durchscheint, aber nicht mit unserem kleinen Selbst und Ego identisch ist? Aber vielleicht ist – angesichts all der Abhaltungen und Entfremdungen, in denen wir leben – das Entlassenwerden zum Selbst die erste entscheidende Voraussetzung alles Weiteren. Dann lernt die sich öffnende und hingebende Seele das Umfangensein von einem inneren und einem äußeren Kosmos, die beide das Ich überschreiten und es durchsichtig machen – nach innen und nach außen hin. Dann bleibt es dabei, dass „noch Lieder zu singen [sind] jenseits der Menschen"? Dass es keinen theistischen Gott gibt, bedeutet noch nicht, dass unser Selbst das Ziel und der Inbegriff alles Gültigen wäre. Dies ist die Rückung, die dem religiösen Bewusstsein bevorsteht, welches sich – in manchen seiner allzu subjektivistischen und konstruktivistischen Varianten – gebärdet, als wenn wir es wären, die – in jener Einheit mit dem Letzten – die Welt erschaffen. „Gott" – das ist für all diese Versuchungen und Unklarheiten der kritische Grenzbegriff unserer Erfahrung. Darum dürfte dieses Wort „Gott", Name des großen Geheimnisses in allen Dingen, schwerlich im religiösen Bewusstsein der Menschheit untergehen und aus ihm verschwinden. Wir beten nicht uns selber an. Oder doch? Wir können uns verneigen vor dem großen Geheimnis, das *in* uns ist, das wir aber nicht *sind*. Darum bleiben wir uns selber letztlich noch ein Geheimnis und sind über uns und unser kleines Ich hinaus.[249]

Dieser im Vorigen schon wiederholt ausgesprochene Gedanke und die mit ihm gemeinten Erfahrungen vom Jenseits des Menschen – innerweltlich wie metaphysisch jenseitig – fassen sich im Symbolwort „Gott" spezifisch zusammen. Gerade angesichts der Wichtigkeit dieses auf Dauer unverzichtbaren Grundwortes „Gott" muss dabei betont und klar bleiben, dass es kein Wissen, Sprechen, Denken über das

Göttliche ohne das bewusste zugehörige – wissende und verehrende – Nichtwissen, ohne das Schweigen und die docta ignorantia (das „wissende Nichtwissen", wie der Cusaner das genannt hat) geben kann. Die Dogmatiken und Reden der Theologen scheinen des Öfteren etwas – oder meist reichlich – zuviel von „IHM" und das zu genau zu wissen, indem sie wie von einer handelnden und – durch die Offenbarung Jesu Christi – ihnen nur allzu bekannten Person von ihm reden. Es genügt darum oft und bedeutet schon viel, wenn die bloße Tatsache jenes Geheimnisses in allen Dingen, jener Wahrheit über alle Vernunft, jener Kraft und Macht „in uns" und „über uns" fromm gewusst und geglaubt wird, ohne dass man noch Näheres von ihr „wüsste". Man sollte diese fast bewusste Ungenauigkeit m.E. nicht als „allgemeines Gottesgerede" herunterreden. In aller Unschärfe jenes Größere zu wissen, welche Art, Namen oder Gesicht auch immer es haben mag, ist u.U. schon viel und wichtig, ist „nahe beim Reiche Gottes", weil es von anthropologischer Überzentrierung erlöst. Wer die Wirklichkeit des Göttlichen kennt, braucht nicht selbst „Gott" zu sein und „Gott" zu spielen.

Dabei gibt es biographische (vielleicht auch kollektive?) Phasen religiösen Bewusstseins, in denen die Sehnsucht und Suche nach Nähe zum Göttlichen dominiert, in denen jemand die Mendelsohn'schen Motette „Wie der Hirsch schreiet nach frischem Wasser, so schreiet, Gott, meine Seele zu Dir" auf einer CD sich vorspielt und die Seele diesen Text immer wieder innerlich nachhallen lässt. Es gibt aber auch Phasen und Stimmungen, in denen die Seele das göttliche Geheimnis in allen Dingen wohl „weiß", es aber in aller Ruhe und Distanz, ohne „es" näher wissen oder überhaupt wissen zu wollen, stehen lässt und sich nur schweigend vor ihm verneigt. Die katholische Tradition weist sehr schön an, sich wortlos vor ihm zu bekreuzigen; der Islam lehrt, mit einer anderen Geste der Demut sich zu bezeichnen und in tiefer Verehrung bis zum Boden die Stirne zu neigen, im Wissen, dass nur 99 Namen Allahs – nicht der hundertste – uns bekannt sind.

Es gilt also auch hier das Ende der Einen großen, allein richtigen Deutung, Erzählung und Benennung der Gotteserfahrung, der Erfahrung des Göttlichen, wie die Theorie der Postmoderne – die, religiös gesehen, erst spät als Eule, längst nach der hierin evidenten religiösen Erfahrung der Moderne, ihren Flug begann – zu Recht formuliert. Es gibt viele versprengte Deutungen, Namen und Gesichter des Göttlichen, aber es gibt nicht – so meine ich – das Ende des Glaubens an die letztlich Eine gesuchte, allen Deutungen und Gesichtern des Göttlichen zugrunde liegende, hinter ihnen sich verbergende, Geheimnis bleibende Wirklichkeit und Wahrheit des Göttlichen, auch wenn wir sie nicht kennen und im Nichtwissen bleiben, sie im Nichtwissen – sehr angemessen – verehren müssen. (Hier ist noch einmal an das schon mehrfach angesprochene pragmatische Wahrheitsverständnis zu erinnern, gemäß dem wir z.B. all die in diesem Kapitel behandelten Grundbegriffe sehr wohl als Wissen vom und Verhalten gegenüber dem Göttlichen gewinnen, ohne das Geheimnis und das ihm entsprechende Nichtwissen zu verletzen!) Auch das uns gebührende, sich selbst relativierende Lachen über unsere Wahrheit und Wahrheitssuche, wie es als Lösung der Wahrheitsfrage, als Erlösung von der Wahrheitssuche an einer kardinalen Stelle postmoderner Selbstverortung – in Ecos „Name der Rose" – eindrücklich herausgefordert wird, verzichtet keineswegs auf Wahrheit und die Erfahrung des „Einen". Es endet nicht beim sinnlosen, qualitätslosen schlechten Nichts, sondern will „die [also weiterhin vorausgesetzte!] Wahrheit zum Lachen bringen" – eine Entdeckung, die uns religiös wohl noch heilsam bevorsteht, weil dem ständigen Ernst unserer theologischen Tragödien bisher kein religiös qualifiziertes Satyrspiel, bestenfalls ein Karneval entspricht. Kein Hindu betritt einen Tempel, ohne sich mit Blumen zu bekränzen. Hier haben wir Christen noch viel zu erleben und zu gewinnen! Mit dem Lachen aber endet nicht das Nichtwissen – es endet vielmehr beim Eingehen und Eintauchen „in die wüste und öde Gottheit, darinnen ist weder Werk noch Bild". Dieses „Eingehen" und „Eintauchen" verfällt also nicht dem Verdikt „krankhafter Leidenschaft für die Wahrheit", sofern es die „Leiter" und eingebildete „Ordnung", an der sie „aufgestiegen" ist, wieder „abwirft" und auf sie verzichtet. Gewiss – dies ist nur eine der Wahrnehmungsebenen und Möglichkeiten des semiotischen „Spiels" (der Postmoderne und der Komposition des Eco'schen Buchs), aber eine, die von Eco – wie von kaum einem anderen unter den Postmoderne-Theoretikern – in völlig relativistischem Ernst für dieses Spiel vorausgesetzt wird und die, wenn man sie ernst nimmt, unbedingt und gültig zu werden vermag.[250] Es bleibt also religiös beim nichtwissenden Umkreisen des Geheimnisses, in dem wir leben, weben und sind – „größer denn unser Herz". Es gibt die Eine große Deutung nicht, wohl aber die Suche nach dem verborgenen, unbekannten und ungegenständlichen „Einen" (schon des Parmenides) und des Bindu im pragmatischen Wahrheitsverständnis. Es gibt die Frage nach seinem Gesicht und seiner Benennung in seinen vielen möglichen Religionen und säkularen Deutungen – obwohl es auch eben dieses ungegenständliche Eine nicht „gibt". „Ohne Meditation ist die Reflexion vergeblich."[251] Diese Rückung im religiösen Bewusstsein steht dem kruden Theismus der Kirchen wie aber auch dem „unvollendeten Projekt der Moderne" und ihrer Spiritualität erst noch bevor.

Exkurs: Meditative Einheitserfahrung und christlicher Schöpfungsglaube –
ein Präzisionsvorschlag für Meditierende

Ich beende diesen Abschnitt über die religiöse Erfahrung der reformatorischen Symbolbegriffe mit einer Frage, die derzeit fast unbesprochen, faktisch aber außerordentlich verschieden gesehen und ungeklärt ist. Es scheint mir jedoch eine wesentliche Frage zu sein, die das Verständnis von Meditation betrifft – nämlich das Verhältnis von christlichem Schöpfungsglauben und meditativer Spiritualität. Wer an dieser Frage nicht interessiert ist, möge die nächsten 9 Seiten überschlagen.

Im Vorigen wurde immer wieder betont, dass wir – nach reformatorischem Schöpfungsglauben – wohl religiös, nicht aber göttlich sind; dass wir umfangen, getragen und bedroht sind von dem großen Geheimnis in allen Dingen, dass wir aber dieses letzte Geheimnis nicht selber *sind*. Dem widerspricht eine Annahme, die heute durch die Welt der alternativen Religiosität geht und von allen mystischen Traditionen ebenso wie vom Advaita-Denken („Nichtzweiheit") und selbst im Zeichen eines christlich veratendenen Zen verstärkt und verbreitet wird. Sie ist – als Behauptung der Identität unseres tieferen SELBST (Atman) mit dem Göttlichen (Brahman) – wiederholt in den Upanishaden ausgedrückt und lautet: „Aber wer eine andere Gottheit verehrt und denkt: ‚sie ist etwas anderes als ich‘, der hat kein Verständnis."[252] Nur wer die letzte Identität und Einheit des Menschlichen und Göttlichen in der Identität und Einheit des Selbst (Ramana Maharshi) verstanden und in sich – als kleines „Ich" entwerdend – realisiert hat, hat die religiöse, spirituelle Wahrheit unseres Seins und Daseins wie auch des Göttlichen verstanden. Unser kleines Selbst und das große Selbst sind letztlich – und sei es nur in einem kleinen „göttlichen Funken", so würde ein westlicher Interpret hinzufügen – eins: Wir sind göttlich, was nicht nur in jenem berühmt-berüchtigten Satz des Halladsch, für den er hingerichtet wurde, sondern erstaunlicherweise heute – außer in verbreiteten Trivialformen – explizit und mit theologischem Anspruch im Zeichen eines christlich adaptierten Zen vertreten wird[253]. Diese Identität zu verstehen und zu vollziehen, wäre dann die religiöse Aufgabe, und wer dies nicht versteht, bleibt in der Unwahrheit der nicht-durchschauten Ich-Illusion und – durch die Unterscheidung göttlich/ menschlich – in einem Dualismus befangen; er verrät so – in wirklichem oder scheinbarem (?) Dualismus – die Nichtgegenständlichkeit des Göttlichen bzw. – platonisch ausgedrückt – des Einen (die wir doch oben, Kapitel II, so nachdrücklich betonten). Von dieser derzeit weit verbreiteten und nachgesprochenen Identitätsannahme ausgehend stehen immer wieder Menschen, die das Göttliche in sich zu haben und es – und sei es in einem letzten „Fünklein" – zu *sein* meinen, mit ihrem religiösen Selbstverständnis dem christlichen Glauben und seiner Unterscheidung von Gott und Mensch, Schöpfer und Geschöpf fremd und ratlos, ja ablehnend gegenüber. Halladsch oder Eckehart sind dann die großen Heiligen, die von ihren jeweiligen Kirchen bzw. Orthodoxien „wieder einmal" verfolgt werden.

Wie soll man sich hierzu stellen? Beide Seiten können sich auf gute Gründe und eindrückliche Erfahrungen berufen. Dabei ist hier nicht der Ort und der Raum, diese Frage im Detail fachtheologisch zu verfolgen. Aber ich fand in den literarischen Beschreibungen dieser angenommenen Einheitserfahrung, die im Einzelnen hier nicht zu zitieren sind, diesbezüglich eine erhebliche Unklarheit und Unbewusstheit: dass nämlich diese Frage interreligiös im Lichte der christlichen Schöpfungslehre und ihrer Unterscheidungsanregung nicht wirklich bedacht und beantwortet werde. Vielmehr wird die Einheitserfahrung fast selbstverständlich vorausgesetzt. So aber, wie seinerzeit Kant und in jüngster Zeit die evolutionäre Erkenntnistheorie das Denken über sich selbst, über die Grenzen, Bedingungen und Möglichkeiten seiner selbst aufklärten (obwohl die Menschheit seit Menschengedenken dachte), so bedarf vielleicht auch die Mystik und die Advaita- wie die Zen-Erfahrung – nach uraltem Meditationswissen – doch einer weitergehenden Selbsterkenntnis über sich und ihre Konstitution, über ihre Bedingungen und Grenzen. Der Schritt über die bisher gegeneinander abgeschlossenen religiösen Kulturen eröffnet im Zeichen der interreligiösen Globalisierung und des durch sie erzwungenen Dialogs hier neue wechselseitige Erkenntnis- und Präzisionsmöglichkeiten. Der allzu oft wiederholte Hinweis auf das Unerklärbare und Vernunfttranszendierende dieser Erfahrung scheint mir keine triftige Ablehnung dieser zu klärenden Frage darzustellen. Wer zur Meditation hinleitende Erklärungen und Deutungen – mithin Theorien – gibt, wird sich klärenden Rückfragen und Deutungsangeboten nicht auf Dauer verschließen wollen. Vermutlich liegt hier eine wesentliche Klärungsaufgabe „empirischer Meta-Physik" im oben beschriebenen Sinne, aber auch eine Aufgabe fortschreitender religiöser – theologischer – Reflexion vor. Ich selber kann mir an dieser Stelle, da ich der hier einschlägigen meditativen Erfahrungen bisher nur punktuell und vorläufig teilhaftig geworden bin, nur Anfragen und Hinweise ohne jeden Anspruch auf wirkliche Klärung erlauben. Aber unterdrücken möchte ich diese Rückfragen nicht, da sie, wenn diese Bedenken zutreffen sollten, eine heute weithin wirkende Verführung, Einbildung und Illusion betreffen könnten. Auch die tiefere Advaita- oder Zen-Meditation, der wir so viel verdanken, hat hier nur eine und vielleicht nicht einmal die letzte und endgültige Stimme. Diese müsste im *beiderseits* lernenden Dialog erst entstehen.

Ich erlaube mir folgende Überlegungen:
a) Obwohl durchdrungen von der Ungegenständlichkeit des Göttlichen und von der Notwendigkeit, den dualistischen Theismus zu überwinden (vgl. Kapitel II), glaube ich der Behauptung widersprechen zu sollen, dass die Einsicht der Nichtgegenständlichkeit des Göttlichen nur gewahrt werde, wenn man die letztliche Einheit des Menschlichen und Göttlichen in Nichtzweiheit annimmt. Die Ungegenständlichkeit des Göttlichen, des Geheimnisses, kann nicht unbesehen und umstandslos die Vergöttlichung des Menschen bedeuten. Dieses Bedenken betrifft zunächst nur die Advaita- und Vedantatradition.

Aus der Einsicht und Wahrnehmung, zu der der christliche Schöpfungsglaube m.E. sehr plausibel anleitet, meine ich entgegnen zu sollen, dass wir Menschen zeitlich und endlich, in jeder Pore kreatürlich, nicht aber ewig und in keinem Funken göttlich sind. Wir sind Ort der Erscheinung des Göttlichen, des Geheimnisses, haben es also wohl *in* uns, sind religiöses Organ seiner Wahrnehmung, aber wir sind es nicht *selber*, sind nicht und nie mit ihm *identisch*. Wir sind religiös, aber nicht göttlich, wie nun schon mehrfach dargelegt. Das ewige Geheimnis bleibt uns immer voraus, immer unidentifiziert und im Geheimnis, uns und allem Geschöpflichen – weltimmanent – transzendent. Auch in uns sind wir ihm *gegenüber* (nicht als Gegenüber einer Person oder Substanz/Entität, sondern im Sinne einer Nichtidentität), umfangen und durchwirkt von ihm, aber nicht identisch mit ihm.

Dies zu sehen verhindert m.E. eine falsch gestellte Alternative, die da lautet: wo Unterscheidung, da Dualismus, Man meint, nur im Aufgeben jeder Unterscheidung und nur in jener Identitätsannahme des Göttlichen und Menschlichen werde der Dualismus überwunden. Niemand hat aber bisher vermutet, dass die Unterscheidung des kleinen (menschlichen) und des großen (göttlichen) Selbst die Ungegenständlichkeit des Göttlichen gefährde! Daher – jene Alternative gilt und stimmt mithin nur logisch, begriffslogisch, nicht psycho- und phänomenologisch. Das wird klar, wenn man wahrnimmt und dem folgt, was sich meditierend erschließt: Auch wenn man nämlich das ungegenständliche Eine und Geheimnis in jeder Pore der Welt und also auch in sich weiß und erfährt, kann man ihm doch – in sich selber – gegenüber und von ihm unterschieden bleiben. Dies dürfte die angemessene Mittelposition zwischen den Extremen zweier, wie sich dann zeigen würde, unzutreffender Alternativauffassungen sein: zwischen Dualismus und Identitätsannahme. Diese Mittelposition entspricht jedenfalls meiner Wahrnehmung in der ungegenständlichen Meditation.

Denn auch allenthalben innewohnend, als Sein alles Seienden, wird das Eine, das Geheimnis doch niemals und nirgends identisch und identifiziert mit irgend etwas Geschöpflichem; vielmehr bleibt es immer im Geheimnis: Eben weil der Bindu nie eingetragen werden darf und weil das göttliche oder letzte ungegenständliche Geheimnis „der" Natur, „des" Menschen, „der" Seele ist – ich wies auf die Bedeutung dieses Genitivs, der die Differenz wahrt, bereits hin. Dieses Bewusstsein genügt sowohl dem überwundenen Dualismus, weil dieses Geheimnis ungegenständlich ist und keine theistische Gottperson, keine Substanz und Entität mehr angenommen wird, als auch dem non-theistisch verstandenen Schöpfungsglauben; es wahrt die Unterscheidung, die unser Innewerden des göttlichen Geheimnisses in innerem Gegenüber und Unterscheidung vollzieht und gleichzeitig das Insein des Göttlichen – allenthalben („ubique") und in uns – wahrnimmt und empfindet. Nicht jede Unterscheidung stellt also einen Dualismus her (dies gilt nur im Falle einer – noch so geheimen – Substanz- oder Entitätsannahme). Diese Möglichkeit einer *nicht vergegenständlichenden Unterscheidung* kann das religiöse Bewusstsein wahrzunehmen, einzusehen und anzuerkennen lernen. So wie ich oben zeigte, dass Menschen, einmal auf die Möglichkeit, sich als religiös, nicht aber als göttlich zu verstehen, aufmerksam gemacht, mit dieser neuen Wahrnehmungseinstellung das Gemeinte genau so gut und besser wahrzunehmen lernten, so kann auch die Wahrnehmung des Ungegenständlichen in Unterscheidung und Gegenüber gelernt und geübt werden – wenn man sie einmal so zu sehen und zu wissen gelernt hat. Denn auch hier gilt offensichtlich, dass man nur sieht (und meditierend wahrnimmt), was man weiß (und wahrzunehmen und so verstehen gelernt hat). Schließlich sind ja auch die Wahrnehmungen in Zen und Advaita – jeweils in ihrem eigenen Frame durchaus theorie- und kulturgeleitet – nicht identisch: Der Vedantin erfährt in der Höhle des Herzens das letzte leuchtende Geheimnis des Göttlichen, während Zen ausdrücklich kein letztes „göttliches" Geheimnis, sondern nur die Leere kennt. So könnte auch die Unterscheidung des christlichen Schöpfungsglaubens im interreligiösen Dialog vielleicht zu einer veränderten Wahrnehmung und einer das entsprechende Denken präzisierenden Auffassung dessen führen, was in der Meditation erfahren wird und geschieht. Die Behauptung menschlicher und göttlicher Identität müsste dann nicht länger fortgesetzt werden. Wir sind vergängliche Wesen, und selbst wenn die Evolution uns so eingerichtet hätte, dass wir nach dem Tode in irgendeiner neuen Existenzform weiter leben sollten, so wären wir doch nicht göttlich, sondern ggf. in irgendeiner Meta-Welt länger lebende Schöpfungswesen. Die Behauptung, wir seien göttlich, bedeutet den eingetragenen Bindu, so würde man in dieser Perspektive sagen müssen; sie bedeutet die Identifizierung des Göttlichen mit Geschöpflichem und ist letztlich verkappte Substanzphilosophie, Annahme letztlich substantieller Identität. Schließt man aber die Vorstellung substantieller Identität von Menschlichem und Göttlichem aus, dann bleibt nur ein funktionales Verhältnis: eben eine Beziehung, ein Sich-Verhalten zum nicht-identifizierten Geheimnis, zum nicht eingetragenen Bindu. Die Behauptung einer Identität scheint ebenso zu kurz zu greifen und illegitim zu sein wie die Formulierung, Gott bzw. das Göttliche sei („ist") die Evolution selber: Ausdrücklich wird hier behauptet, Gott bzw. das Göttliche sei nicht „in" der Evolution, sondern ER bzw. ES sei eben der Prozess der Evolution selbst.[254] Vielleicht muss eine solche Grenzüberschreitung in einem so mutigen und wichtigen Buch wie dem von W. Jäger in unserer Zeit der Umbrüche und Neuentdeckungen durchexerziert werden, damit die nötige Wachsamkeit und das Bedenken im Blick auf diese Grenze und ihre mögliche Verletzung erneut bewusst werde. Die Evolution, auch die der Religionen, ist Ort und Ausdruck des Geheimnisses, aber nicht schon dieses selbst. Das Geheimnis bzw. das Göttliche muss unidentifiziert, muss als Bindu uneingetragen bleiben. Wenn wir das letzte Geheimnis, die Leere, erst im Entwerden des Ichs werden, dann sollte jene Gleichung nicht eigentlich mehr behauptet werden (wobei die Einheitserfahrung nicht zu bestreiten, daher gleich zu klären ist). Das entwerdende Ich bleibt Organ der Wahrnehmung und Entsprechung („ich war nicht mehr Ich"), nicht substantielle Identität. Das ständige Schwanken religiöser Sprache zwischen den Bildern der Einheit („Finden der eigenen Identität im göttlichen Du", „Glauben heißt: mit dem inneren Selbst [= Göttlichem] in Berührung kommen") und der Bezogenheit und Entsprechung, die eine Unterscheidung implizieren („geöffnete Hände und hörendes Herz") könnte dann ein Ende finden. Hier schwebt die gleiche Zweideutigkeit wie in den Brautmystiken und in den Beziehungen Liebender, die miteinander „eins" – einig und zuinnerst übereinstimmend? oder symbiotisch-eins? – werden möchten.[255]

b) Nach alledem stellt sich aber nun die Frage, von welcher Art dann die von alters her als satori und samadhi beschriebene Erfahrung der Einheit alles Wirklichen und mit dem letzten Wirklichen, welches gestaltlos jenseits aller Gegensätze ist, sei. Denn diese in Zen wie Advaita/Vedanta unendlich oft beschriebene bzw. vorausgesetzte Erfahrung scheint nicht gut bestreitbar, ihr zu misstrauen gibt es m.W. keinerlei triftigen Anlass. Das Denken, auch das theologische, welches im Nachhinein erst glaubend bezeugte Wirklichkeiten und Erfahrungen – schon gar vorbegriffliche Erfahrungen – nachvollzieht, kann hier nur folgen und hat sich zu beugen. Welchen religiösen Status aber hat diese so eindrücklich bezeugte Erfahrung? Ist es wirklich die Einheit mit dem letzten Göttlichen, mit dem letzten ungegenständlichen Geheimnis, die hier erfahren wird? Ist das nichtgegenständliche Jenseits aller Gegensätze und Dualismen im satori wirklich die Nichtgegenständlichkeit des Geheimnisses, des non-theistischen Göttlichen? Oder – könnte es sich in jener Erfahrung nicht vielmehr um die Erfahrung einer letzten Einheit mit dem Kosmischen und versöhnten All-Geschöpflichen handeln – nicht aber um Einheit mit dem Geheimnis selbst? Dieser Einheitserfahrung würde dann das Geheimnis – ebenso wie allem Kosmischen und Geschöpflichen – wohl innewohnen, wäre in ihm präsent und wirksam, aber nicht mit ihm identisch. Das Geheimnis bliebe dann noch immer Geheimnis, würde nie identifiziert, bliebe aber gleichwohl immer anwesend und wirksam: indirekt und „mit"wahrgenommen, verborgen. Wer also die Erfahrung des samadhi oder satori und deren Seligkeit machte, wäre demnach tatsächlich zwar in der Erfahrung der seligen und versöhnten Einheit: direkt mit der Schöpfung und der Einheit und Versöhnung, die „in" der Schöpfung und „an" ihr erfahren wird, nur indirekt aber mit dem ewigen Geheimnis, welches „in" und „an" der Schöpfung und ihrer Einheit ungegenständlich präsent ist. selbst. Das „Ich löste mich auf und wurde eins" wäre – demütig – nur die Einheit mit der kosmischen Schöpfung, nicht mit dem Geheimnis selber. So wäre das Geheimnis „in" und „an" der Schöpfung „mit"wahrgenommen, bliebe auf solche Weise immer noch verborgen, uneingetragen bliebe der Bindu, unidentifiziert das Geheimnis. Solche Erfahrung wäre dann tatsächlich die letztzugängliche: ermöglicht, getragen und durchwaltet vom letzten Geheimnis, von der schöpferischen Leere, aber immer bliebe das Geheimnis „in" der Schöpfung nur enthalten, immer „von" ihr unterschieden, mit keinem Geschöpflichen und keiner Erfahrung identifiziert: Geheimnis *der* Evolution, nicht diese selbst; Geheimnis *der* letzten Einheit jenseits von Sein und Nichtsein, aber nie Evolution als dieses Geheimnis selbst! Die ontologische Differenz, als Fragestellung und Wahrnehmungsanregung auch hier bewährt, wäre dann gewahrt. Dann wäre die Erfahrung jener letzten Einheit im Überschreiten des Ego die Erfahrung der Einheit und Versöhnung mit aller Schöpfung, „in" der das Geheimnis als *bleibendes* Geheimnis noch erst innewohnt, aber nicht identisch mit ihm weil nie identifizierbar. ES wäre in der glückseligen Erfahrung der Einheit und des Einen immer mit dabei, immer „mit"enthalten, „mit"wahrzunehmen, aber eben dies indirekt, verborgen und jeder direkten Erfahrung und Zugänglichkeit voraus.

Dies zu denken, bedarf – nach so lange etablierter Denk- und Deutungsgewöhnung – der Einübung. So wie – ich wiederhole diesen Hinweis – Menschen lernen konnten, das von ihnen Gemeinte und Wahrgenommene besser und genauer zu erkennen und zu verstehen, nachdem sie auf den Unterschied von „religiös" und „göttlich" aufmerksam geworden waren, so könnten auch hier die non-theistisch präzisierten Anregungen der christlichen Schöpfungslehre zu genauerer Wahrnehmung auch des in der ungegenständlichen Meditation Erfahrenen in der beschriebenen Weise verhelfen und anleiten.[256] Könnte dies nicht der Punkt sein, an dem die Mystik, die heute – im berechtigten Zusammenbruch des Theismus – fundamental wichtig wird, innerchristlich wie interreligiös etwas Wesentliches zu lernen und sich zu präzisieren hätte? Luthers Behauptung, dass es keine Unmittelbarkeit (immediate) der Erfahrung des Göttlichen gebe, würde sich dann hier auf merkwürdige Weise bestätigen, nur dass sie nicht gegen die Möglichkeit der Mystik spräche, wie er meinte, sondern nur für die Präzision der Mystik! Der christliche Schöpfungsglaube hätte in diesem Prozess gegenseitigen Lernens die Überwindung des Theismus und die Unausweichlichkeit der ungegenständlichen Meditation zu lernen? Mystik und Meditation in Zen und Advaita aber hätten eine neue Schärfe und Präzision in der Wahrnehmung ihrer uralten Einheitserfahrung und -wahrheit zu gewinnen? „Es" – ob brahma, Göttliches oder Nichts/Leere – wäre dann zugänglich nur „in" und „an" der Schöpfung und deren Versöhnung. „Ich" bleibe also – mitten im Innewerden des allenthalben ungegenständlichen Geheimnisses – in Beziehung und Gegenüber zum (un- und überpersönlichen!) göttlichen Geheimnis, nie identisch mit ihm – mitten in der erfahrenen Einheit aller Wirklichkeit? Auch diese letzte Erfahrung wäre dann noch nicht ER/ ES? Sie berührt IHN/ES nur „in" und „an" der Schöpfung" und weiß, spürt seine anwesende allumfangende und tragende Wirkung?

Ich will all dies derzeit nicht stricte behaupten, da Erfahrung und Wahrnehmung hier wichtiger sind als Annahme, Theorie und Denken, und ich meiner vorläufigen „kleinen" Meditationserfahrung, aufgrund deren ich diese Gedanken wage, nur bedingt trauen darf. Ich stelle daher nur Fragen. Aber soweit ich an diesen jahrelangen Erfahrungen der Annäherung teilhatte und verstehend mich um sie bemühe, scheint mir, es sei legitim und möglich, ohne Beschädigung, aber mit Präzision bisheriger Erfahrung so zu denken, so zu meditieren und wahrzunehmen: die Einheit und Versöhnung aller Gegensätze und Wirklichkeiten, und in ihnen verborgen und immer noch voraus das ewige Geheimnis, „mit"wahrgenommen.

c) Hier drängt sich nun eine letzte Überlegung auf. Zu ihrer Begründung und Einleitung vorweg dies: Wenn der eine selbe Berg oder uralte Turm „Gott" in den verschiedenen Religionen von verschiedenen Seiten umkreist und bestiegen wird, dann ist es, wie ich zutiefst zustimme, in allen Religionen derselbe Gott, dasselbe Göttliche und letzte Geheimnis, der bzw. das allenthalben *gesucht* wird (weswegen der Versuch gemeinsamen Verehrens, Betens und Meditierens m.E. legitim ist). Dies wird – zurecht, wie ich meine – heute im Allgemeinen, auch bei vielen Christen, betont (nicht in den amtlichen Kirchen, wie wir sahen). Aber die verschiedenen Aufstiege und Ansichten bedingen sinnvollerweise – was heute wohl im fachlichen Dialog, selten aber im allgemeinen Bewusstsein betont wird – verschiedene und daher auch in geschwisterlicher Konkurrenz stehende und daher ggf. auch verbesserbare und kritisierbare Einsichten, Aussagen und Zugangswege. Die Gegensätze und Verschiedenheiten unserer Aufstiege dürften wir uns dann nicht vorenthalten. Wir empfangen und geben in diesem Austausch gleichermaßen.[257]

Eben dieses Argument möchte ich nun für einen letzten, in unserer Frage wesentlichen Gesichtspunkt ins Spiel bringen: nämlich für eine andere und höhere Einschätzung des „Ichs", die die jüdisch-christliche Tradition und die westlich-abendländische Kultur seit den ionischen Philosophien insgesamt (und beide nicht ohne Beziehung aufeinander und historische Bedingtheit durcheinander) repräsentieren. Danach wäre das Ich des Menschen – speziell nach einer Reihe von Inflationsschüben von der griechischen Sophistik über die italienische Renaissance (der Mensch als „Maß aller Dinge") bis in unsere Zeit des (als Versuchung immer naheliegenden radikalen) Konstruktivismus (als entwürfen wir uns und unsere Welt ohne Grenzen setzende Bedingungen) – wohl zu mäßigen und einsichtig für sein Maß und seine Grenzen, durchsichtig für die größeren und tieferen Mächte und spirituellen Dimensionen seiner selbst, realistisch und utopisch gleichermaßen zu machen; nicht aber wäre das Ich als Illusion und Irrealität zu durchschauen, zu überschreiten, hinter sich zu lassen und aufzulösen, aufgeben, wie es im Zeichen des Vedanta wie auch des Zen in aller Regel heißt. Sterben müsste dann nicht das ich, sondern seine Anmaßung und Selbstüberschätzung. Sollte es wirklich unsere geistliche Aufgabe sein, wenn wir unsere religiöse Dimension und Bestimmung leben wollen, unser Ich zu überschreiten und jede das Ich mitkonstituierende Objekt-Beziehung loszuwerden (Ramana Maharshi), jenseits aller Gegensätze zu sein und in gleichbleibendem, vergleichgültigendem Abstand zu allen sinnlichen Schöpfungsqualitäten zu leben?[258] Könnte das Ich nicht vielmehr lernen, wahrnehmendes und empfangendes Organ für Größeres zu sein, seine ständig aktive, sich entwerfende und tätige Einstellung ebenso zu erhalten wie aber auch loslassen zu können und sich als begrenzt wichtige Größe – aufrechten Ganges in Bescheidenheit – zu erkennen, nicht aber als Irrealität und Illusion sich aufzugeben und möglichst bald zu überschreiten? Und das um so mehr, als nach christlicher Wahrnehmung die Welt weder nur Illusion noch auch nur Leiden, dem baldmöglichst zu entkommen wäre, sondern gute Schöpfung ist, die zu leben, mit Dank zu genießen und zu gestalten ist, solange hier auf Erden uns Zeit gegeben ist. Das Individuum und die Individualität wären dann als auf Zeit entstandenes Wunder und Kostbarkeit in ihren kreatürlichen Beziehungen und Relationen zu leben, zu verstehen, zu begrenzen und zu entideologisieren, aber nicht als falsche und vom Eigentlichen ablenkende Illusionen und Einbildungen zu durchschauen und zu überwinden. Nur eben seine Anmaßung und seine Verschlossenheit wäre zu überwinden. Wir können und sollen wissen, dass es eine religiöse Tiefe und spirituelle Wirklichkeit in aller Welt und auch im Ich gibt, deren wir uns bewusst werden und zu der hin wir uns öffnen sollen, deren wir aber nicht erst im Aufgeben und Verlassen, sondern im Öffnen, Durchlässig- und Durchsichtigwerden des Ichs – im Sterben nur unserer Anmaßung und Egozentriertheit – innewerden sollen. Diese Öffnung und Bereitung – „bereitet doch fein tüchtig den Weg dem großen Gast" – lässt sich *mit und in* Herz und Verstand, Gewissen und Gefühl, nicht nur durch deren Überschreiten, Aufgeben und Verlassen begreifen und erfahren.[259]

Könnte es darum – wenn man einmal von diesem Gesichtspunkt aus denkt – nicht sein, dass wir, *solange wir leben und auf Erden sind*, in die Vielheit des Vielen hinein entlassen sind, wie Plato dies im Parmenides beschrieben hat; dass eben innerhalb und unter den Bedingungen dieser Vielheit – im Wissen des Einen – zu leben nicht Entfremdung, sondern unsere Aufgabe, Schöpfungsauftrag und Bestimmung ist, und dass *jenseits* der Vielheit im Einen zu sein und also die letzte *Nichtzweiheit* nicht unsere Wahrheit und Bestimmung ist? Solange wir hier sind, sollen wir nicht der Vielheit ins Eine hinein entgehen, sondern in und mit dem Vielen – im Bewusstsein und Wissen des Einen – leben; wir sollen nicht im Jenseits aller Gegensätze, sondern mitten in allen Gegensätzen von Sein und Nichtsein, Gut und Böse leben und Welt und Leben gestalten. *So* soll das Geheimnis sich uns erschließen. Wir sollen wissen, dass es jene letzte Wirklichkeit gibt, die in allen Poren unserer Wirklichkeit als Geheimnis ungegenständlich anwesend ist: überall, auch im Ich und Selbst, aber nicht nur hier. Das scheint der Sinn der Annahme des Jesus von Nazareth sein, dass der Nächste ein unerlässlicher und unumgehbarer Ort der religiösen oder „Gottes"erfahrung ist (was dem Satz des Ramana Maharshi, es gebe für den Erkennenden „keine anderen, denen geholfen werden muss. Der Verwirklichte sieht nur das Selbst"[260] allenfalls – in bestimmtem Sinne – kompatibel, jedoch deutlich auch über ihn hinaus ist und ganz eigene Akzente bedeutet). Unser illusionäres Ich aufzugeben, loszulassen und in das Eine hinein in Nichtzweiheit aufzugehen und die Schöpfung zu überschreiten: Das wäre dann die Erfahrung des irgendwann kommenden Sterbens; aber derzeit, solange wir leben, scheint dies nicht unsere Aufgabe und Bestimmung? Solange wir leben, ist unser Ich nicht Illusion, sondern uns anvertraute Schöpfung und ein zu wahrendes Gut. Solange wir das Viele und Einzelne sind – was eben Sinn, Aufgabe und Bedeutung der Schöpfung ist –, solange würde es uns gebühren, als Nicht-Eines in Gegenüber und Urpolarität zu leben? Wir würden dann angemessen in „Urdistanz und Beziehung" zu jenem Geheimnis, wie Martin Buber dieses Verhältnis benannt hat, leben und also in Unterscheidung und nicht in Einheit mit jenem Geheimnis. Wir blieben dann in „Urscheidung" und „Urverhältnis" zu jener Urwirklichkeit des Geheimnisses, nicht aber in Identität, wie das Friedrich Gogarten – Buber genau analog – eindrucksvoll beschrieben hat – allerdings in einem seiner selbst *non-theistisch* innewerdenden Urverhältnis, wie man heute hinzufügen muss – über Buber und Gogarten hinaus.[261]

In dieser Perspektive wäre es dann Sinn der Meditation, auf der einen Seite durch nichtgegenständliches Meditieren und Leerwerden aus der Fülle und Unruhe aller inneren und äußeren Objekte und Gegensätze – soweit möglich und immer mehr – bis in das Jenseits von Sein und Nichtsein, d.h. über all das viele Scheinsein hinaus und in den Grund und an die Wurzel unseres Ichs zu gelangen, die Stille zu gewinnen und so eben dieses Ich und Selbst zu angemessener Losgelassenheit, Bescheidenheit und Durchsichtigkeit kommen zu lassen, damit alles Unwichtige und Vordergründige abfalle. Auf dieser Linie entsteht Sunyata: Leere, Loslassen aller Gier und das Bewusstsein tiefer allseitiger Verbundenheit. Dies alles verdanken wir unvergesslich der asiatischen Meditation und ihrem Vertrauen zur wort- und bildlosen Stille, zum Nichtwissen, ins Jenseits von Begriff und Denken. Ihre Einsichten und Provokationen zur Ungegenständlichkeit haben im Zusammenbruch des Theismus eine ungeheure Kompass- und Orientierungsbedeutung gehabt und haben sie so täglich wie unvergleichlich noch heute und weiterhin. Auf ihrem Wege haben wir sehr viele Schritte – von ihr geleitet und gemeinsam mit ihr – zu gehen. Der Shiva dakshinamurti, der im Schweigen und nichts als das Schweigen lehrt, weil dieses der Nichtgegenständlichkeit des Geheimnisses entspricht und es nichts anderes als eben dieses schweigenden Nichtwissens bedarf, ist ein wunderbarer Meister – besonders wenn man ihn als Bild einer Pallava-Plastik vor sich hat.

Dann aber – und immer wieder – stehen wir an einer Weggabelung und es mag jeder/jede zusehen, mit welcherlei Meditation er/sie – auf einer ganzen Skala von Möglichkeiten und Orientierungen – weitergeht: ob zur *Überwindung und Rücknahme* des Ich und Selbst in ungegenständlicher Meditation oder aber in weiterer *Vertiefung* und Erschließung der verborgenen Tiefe eben dieses Ich und Selbst, der Objekte und der Welt. Denn dies ist die andere Seite und Möglichkeit der religiösen Erfahrung: „Die Welt ist tief,/ Und tiefer als der Tag gedacht" (Nietzsche). Da gibt es dann, um dieser Tiefe gerecht zu werden, sehr wohl etwas zu wissen (wie eben die besprochenen Grundbegriffe christlichen Glaubens, ohne die das Verstehen und Wahrnehmen des Göttlichen sehr viel ärmer wäre) und mitten in der Gegenstandswelt ist dieses Wissen und Verstehen zur Geltung zu bringen. Ein Jesus dakshinamurti, der nur im Schweigen lehrt, wäre um Vieles, vielleicht um das Meiste verkürzt, was er gebracht hat.

Mit Loslassen aber, mit Atmen, Stillewerden, mit Einswerden mit dem Atem und mit Nichtwissen, Nichtdenken beginnt jeder dieser weiterführenden Wege. Ungegenständliche Meditation kann dann im Loslassen bis an den Grund der Seele und ihres biologischen Organismus führen, und hier können Symbole, Bilder und ein Bewusstsein der Einheit, Gewissheit und Stimmigkeit aufsteigen, weil wir mit Körper, Geist und Seele keine Monaden, sondern mit dem Kosmos und dem All verbunden sind, in dessen Abgrund das Geheimnis wohnt, aus dem das Geheimnis also auch durch alle Bilder und Symbole in der Seele aufsteigen kann. Daher gilt hier ein ganzes Stück weit jenes „The organism knows all" (C. Rogers), auch religiös, und wenn auch sicher nicht „alles", so doch sehr vieles. Geistlich erfahrene Texte, Musiken (wie Mahlers Vertonung jenes eben zitierten Nietzsche-Gedichtes), Bilder und andere kompetente Medien mögen dabei die Seele entbinden und ihr Neues zuführen, sie ernähren; Texte und Lieder mögen uns zu Deutungen (und Symbolisierungen) verhelfen, die dem wortlosen und vorbegrifflichen Geheimnis uns angemessen annähern lassen. Es lohnt sich, sich in diese Tiefe hinein loszulassen; man kann wohl, aber man muss sie nicht überschreiten oder als Illusion überwinden – hier gabeln sich die Wege und behalten doch beide – vielleicht zu verschiedenen Zeiten – ihr Recht und ihren Sinn. Eben in dieser seelischen Öffnung und Vertiefung – nicht Überschreitung – werden die Menschen und die Aufgaben um uns her gerade auch als Ort religiöser Erfahrung und Offenbarung ernstgenommen, nicht aber überschritten, als wäre der Ort der geistlichen Offenbarung und Ernährung nur im Jenseits des Ichs und der Welt. Eben der Nächste und die Schöpfung in all ihren Facetten sind der Ort und das innere wie innerweltliche Jenseits, an dem das Göttliche – allenthalben *in der Schöpfung* – aufscheint und zu sprechen beginnt, nicht erst in seiner Überwindung und Übersteigung: mitten in den Gegensätzen und Polaritäten, mitten in Yin und Yang jenseitig, nicht erst jenseits ihrer. Die große Achtsamkeit mit allen Kreaturen kennen Advaita wie Zen auf wunderbare Weise ebenso, aber Stätte der Offenbarung wäre die Welt dann nicht erst im Überschreiten, sondern auch in ihrem sie Ernst- und Unbedingtnehmen. Der Tag einer anderen Überschreitung kommt irgendwann dann immer noch für jeden. Auch diese Wege enden dann im Nichtwissen und Schweigen. Die nichtgegenständliche Meditation ist nicht nur zunächst, sondern auch am Ende der Wege vermutlich das Angemessene und einzig Wahre, weil es einen Gott, den es gibt und über den etwas zu wissen wäre, nicht gibt. Wir aber haben uns zu diesem Geheimnis zu verhalten, und da gibt es etwas zu begreifen, wissen und zu tun. Daher jene reformatorischen Leit- und Symbolbegriffe, die – wie im Zen die Sunyata – das Nichtwissen schützen und orientieren. Beides ist wahr. Zen und Advaita verwandeln, wie ein Sauerteig, alle religiösen und theologischen Begriffe – auch die christlichen – und bringen, ja zwingen sie zu ihrem symbolischen und letztlich ungegenständlich-non-theistischen Sinn. Auch diese Weise des wissenden geistlichen Seins mitten in den Gegensätzen ist gültig und wahr. In jedes Menschen Entscheidung liegt es, welchen dieser Wege er zunächst sucht, welcher ihn wohin und wieweit führt und was ihm hilft, näher an die Urerfahrung des Göttlichen zu kommen – im Meditieren wie im Tun. Auch dies ist altes Hindu-Wissen der Wege (marga).

Jene große, das Ich überschreitende und hinter sich lassende Meditation des Advaita und Zen mag es dann als Weg der radikalen Welt-Entsagung und Gott-Hingegebenheit geben, wie sie – erstaunlich genug – der urchristlichen eschatologischen Existenz gleicht, in der Paulus alles Weltliche zu haben anweist, als hätte man es nicht (1Kor 7,29f) – als ein mahnendes Bild radikalen religiösen Lebens der Entweltlichung aus diesem bösen Schein-Aeon; so wie das Mönchtum in der christlichen Tradition bleibe die Weltüberschreitung im Übersteigen des Ich und Selbst ein immer zu verehrender, uns zu innerer Distanz und Stille mahnender Seitenweg. Seit den Auseinandersetzungen um die Gnosis und des Irenäus Antworten auf sie ist aber die Welt als gute, nicht zu überwindende, vielmehr als Schöpfung zu wahrende erkannt und in Anspruch genommen. Seither ist weder die Welt noch das Ich als zu überwindende Un- und Scheinwirklichkeit zu begreifen noch die Gleichung, Einheit und Identifikation von Göttlichem und Menschlichem zu lernen.

In alledem hätte der christliche Glaube die Überschreitung des Non-Theismus zu vollziehen, – ein wesentlicher Schritt auf Zen und Advaita zu. Aber auch die Mystik und die ungegenständliche Meditation in Zen und Advaita könnten im Fortschritt des interreligiösen Austauschs und Bewusstseins das Beschriebene sich erschließen. Nicht alleine die theistischen Religionen, das Christentum und seine Kirchen hätten, wie es heute – in beliebt antikirchlichem Affekt – meist scheint, etwas zu lernen. Die Annahme, wir seien göttlichen Wesens und eins mit dem Brahma – und nicht vielmehr religiös, Organ, ebenso bezogen „auf" wie unterschieden „vom" Göttlichen in uns und überall – stünde dann ebenso auf dem Prüfstand; auch die mystischen und asiatischen Traditionen hätten dann etwas zu gewinnen. Vielleicht haben ja wirklich, wie gezeigt, die alten kirchlichen (und orthodox-islamischen) Vorbehalte gegenüber Mystik und Sufismus einen wunden Punkt im Zentrum mystischer Frömmigkeit in den Blick bekommen. Nur muss diese Kritik vom mystisch-ungegenständlichen Non-Theismus aus, nicht von einem gegenständlichen Theismus aus gedacht und formuliert werden. Keine begriffliche Unterscheidung und Arbeit kann hier letztlich weiterführen; nur Erfahrung der Meditation im Lichte dieser Frage und empirische Meta-Physik kann weiterhelfen. (Darum lohnt sich hier auch keine theoretische Auseinandersetzung mit den identitätsphilosophischen Annahmen des deutschen Idealismus). Halten wir also einstweilen – solange empirische Meta-Physik und meditationsgeborene Erkenntnis nicht Klarheit gebracht haben – ein streng komplementäres Verhältnis von Advaita/Zen und Schöpfungsglauben, die sich bisher auszuschließen schienen, fest und suchen wir eine neue Ebene ihrer Koordination, die beide in ein neues Licht setzt. Vielleicht können sich die hier vorgeschlagenen Annahmen bewähren. Dabei würden die jeweiligen Wahrheiten beider Seiten nicht eingeebnet werden: Die Einsicht der ungegenständlichen Meditation wäre zu wahren, die Wahrheit der Unterscheidung des Schöpfungsglaubens müsste nicht länger verletzt, sondern könnte non-theistisch neu verstanden werden und die Bedeutung der in der Meditation erfahrenen Einheit und Versöhnung würde gewahrt, geklärt und präzisiert. Beide Positionen könnten sich dann gegenseitig verändern, beiden gebührte dann eine „Rückung". Die seit einiger Zeit begonnene gemeinsame Lerngeschichte hat hier Tore geöffnet und neue Perspektiven geschaffen. Vielleicht ergeben sich wirklich aus den bisherigen Unvereinbarkeiten – inner-christlich wie interreligiös – gemeinsame Schritte und neue Perspektiven, in denen sich die Möglichkeit einer gemeinsamen Parallaxe auf den uneingetragenen Bindu hin zeigen könnte.

Soweit die Vergegenwärtigung und Verschiebung – „Rückung" – der reformatorisch-christliche Grundworte und Einsichten unter gegenwärtigen Bedingungen.

Und über, unter, auf und vor all dem flutet und quirlt das normale Leben in Stand und Beruf, Freude und Trauer, Beziehung und Einsamkeit, Liebe und Zwiespalt, in Mediokrität und Hass, in Gebrochenheit und Mühsal, gottgegebener und gottvergessener Trivialität und Alltäglichkeit, in Moralität und Halbmoralität (weil wir nicht so radikal leben wie wir sollten, vielmehr zweideutig angepasst), in Ordnung und Chaos weiter. Nur aus all ihren Ritzen dringt immer wieder diese ungeahnte Irrationalität und Unverrechenbarkeit. In der Stille des Schweigens, Betens und nicht-wissenden Meditation wie in der taghellen Erfahrung von Gebot und Gnade treten Grund und Abgrund all dieses wunderbar-geschöpflich Vordergründigen aus dem Verborgenen hervor, wird die Tiefe des Seins „an" und „in" allem Seienden bewusst, werden die Schatten und Zwiespälte unabweislich, brechen die Eindimensionalitäten – wenn überhaupt – schmerzhaft und gnädig auf. Vermutlich ergeben sich einige Verhaltensänderungen – bei sich erhaltender Kontinuität der Person – mit etwas mehr Gespür für das Gebotene und das Leiden anderer Menschen, vielleicht; mit mehr Dank im Grundgefühl des Lebens, mit mehr Gelassenheit und stillem Kontakt zum tieferen Selbst, mit mehr Schweigen und Vertrauen zum immer auch tragenden Lebensgrunde und Lebensganzen. Und es bleiben und wachsen jene „Gleichzeitigkeiten" in unserem erwachsen werdenden Selbstbewusstsein und machen die Gnaden, die Kostbarkeiten der täglichen und doch so unselbstverständlichen, jedenfalls aber unendlichen Gaben, Schönheiten, Freuden und Lieben, Blumen und Musiken, die Tode und Regenerationen aller Frühlinge und Geburten dankbar bewusst, lassen uns den Tanz auf dem Vulkan, die Freude – trotz aller gegenwärtigen Destruktion – wagen, lassen uns das Alltäglich-Normale in seinen Erfüllungen wie Kümmernissen bewusst bejahen und leben. Nur eben zu leben muss man selbst wagen. „Ich bin gekommen, dass sie das Leben und volle Genüge haben sollen", spricht die Urmacht des Lebens nach der Meinung des Jesus von Nazareth (Joh 10,11). Das also wäre der Sinn von Religion und Glaube, so ist das Leben in der Schöpfung gemeint, dazu wird ermuntert, denn „der Höchste hat geboten, sich zu freuen", wie die Chassiden wissen. Und die geheimen Meridiane und Akupunkturpunkte jener religiösen Grund- und Symbolworte können dabei hervortreten, Struktur und Gerüst geben, Organ der Wahrnehmung werden: Gesetz und Gnade, Religion als Loslassen des tieferen Selbst, Geheimnis aller Dinge – Urworte des Lebendigen. Vielleicht treten noch andere hinzu – wie die Schönheit des Göttlichen, die insbesondere der Islam uns zu erkennen lehrt und in ungezählten Moscheen und Medresen aufleuchten lässt, oder das

umfangende und versöhnte All-Eine, wie Vedanta und Advaita es in der Stille der schlichten Ash-
rams erfahren lassen – präzisiert durch den oben dargestellten Vorbehalt der Unterscheidung und
Indirektheit. Sie alle sind geheime und zerbrechlich-zarte Blickanregungen, klärende und er-
mutigende Codes und Organe des Lebendigen, kostbare Gefäße der Bewusstheit und des Blicks in
das Geheimnis angesichts jener sich aufdrängenden Brüche und Irrationalitäten, Leitbegriffe, die
hellsichtig machen, aber kein begriffliches und sich verfestigt-verselbstständigtes Religionssystem von
Glaubensbegriffen und theologischen Richtigkeiten.

Und um sie herum und über sie hinweg flutet und quirlt, lebt und stirbt es, generiert die Zeit
Aufbruch, neues Begreifen, Wandel und Veränderung. Immer wieder brechen jene insgeheim bereit-
liegenden und lauernden Mächte, deren Empfangsorgan Herz und Gewissen sind, hervor, beunruhi-
gen und begnaden, schicken gnädige und brutale Schicksale. Offen ist der Ausgang des für allzu
viele grausamen, für manche wunderbaren Spiels. Nicht jeder muss in die Tiefen dieser Erfahrun-
gen, aber in jeder Gesellschaft sollte es Orte geben, die diese Erfahrungen der Tiefe – stellvertretend
für alle – öffentlich wie persönlich präsent und bewusst halten wie auch an ihnen teilgeben. So und
mit alledem „verbrachte ich die Zeit, die mir auf Erden gegeben war."

3. Rechenschaft des Gesagten – Prozesse und Wege der Vermittlung und Erschließung als Aufgabe von Schweigen und Denken – „Mit Luther über Luther hinaus"

Gerade das zuletzt angesprochene Grundwort des Göttlichen und Einen – „Gott" –
macht besonders deutlich, dass es im Blick auf alles bisher über Gesetz, Gnade, über
die Unterscheidung religiös/göttlich, über Schuld und Gleichzeitigkeit Gesagte
natürlich der Diskussion und Klärung der Frage bedarf, welches die legitimen und
welches die illegitimen Bedeutungsverschiebungen dieser Symbolworte in einem
christlich-distanzierten bzw. postchristlichen Denken sind. Ich habe die genannten
ausgewählt und hier vorgestellt, weil sie in beglückender und ermutigender Weise im
Prozess der Verwandlung und induktiven Verdolmetschung sich mir immer wieder
bewähren und sich sowohl als die unmittelbare, in konkreten Situationen hilfreiche
religiöse Wahrheit wie auch als Begriffe überzeugender und hilfreicher Kontinuität
mit der Tradition sich ergeben und als produktive Erinnerung zeigen.[262] Gewiss,
einige werden den ganzen hier vorgetragenen Versuch ablehnen, andere werden die
genannten Begriffe anders interpretieren, wieder andere werden neue hinzufügen –
wie z.B. das Element des Sakramentalen (welches doch mehr als nur „sichtbares
Wort" ist?) – oder auf der exklusiven Christologie bestehen. Wieder andere werden
die Notwendigkeit von Riten und Kirchen betonen – denn in der Tat: Der Individualismus und die Individuen sind in der Regel mit all dem überfordert; es muss
daher betretbare spirituelle Lern- und Bildungsräume geben, Lehrhäuser der geistlichen Gemeinsamkeit, in die wir gehen. Sind die Kirchen als solche Orte in Sicht, die

jenen vakuum-bildenden Hiatus überbrücken – hin zu den fragenden religiösen Individuen und der sich seelisch und ethisch ausleerenden, wesentlich ökonomisch sich definierenden und erfüllenden Gesellschaft?

In der Tat also – es gibt erheblichen Diskussions- und Klärungsbedarf im Blick auf die angesprochenen Stichworte ebenso wie im Blick auf die ausgelassenen. Dies aber dürfte schwerlich die Bedeutung der Tatsache hindern und mindern, dass ohne den produktiven Spagat zwischen der Wahrheit des religiösen Bewusstsein und der theologischen Tradition keine hilfreichen Lösungen und Weiterentwicklungen stattfinden werden und keine erweiterten Perspektiven sich ergeben können. Es darf – soweit es um die Kirchen und ihre Öffnung und Bereitstellung geht – theologisch keine Alternative zwischen religiösem Bewusstsein und christlicher Tradition akzeptiert werden, weil das religiöse Bewusstsein ohne die kontrapräsentische Kraft dieser Grundworte verarmt, verdünnt, ausgeblutet, im Stich gelassen wird, aber auch, weil die theologische Tradition ohne diese vitale Beziehung auf das lebendige und sich ständig wandelnde religiöse Bewusstsein seinerseits veraltet und versteinert. Es gibt theologisch schöpferische Anliegen und substantiell-religiöse Urmotive, deren Erhalt konservativ nicht zu haben ist. Daher gilt es hier, die essentielle Bifokalität, ein elliptisches Denken und die Korrelation von Tradition und religiösem Bewusstsein zu erhalten. Nur so realisiert sich die essentielle Transformationsbedürftigkeit und -würdigkeit des reformatorischen Denkens in den oben beschriebenen – und gewiss auch noch anderen – Rückungen.

In diesen Rückungen machen die angesprochenen Grundworte der reformatorischen Tradition noch immer, wie ich meine, zentrale Elemente des Grundgerüsts und Grundalphabets jedes religiösen Buchstabierens der uns umgebenden, tragenden, fordernden und in Frage stellenden göttlichen Wirklichkeit, des allüberall (ubique) verborgenen oder offenbaren Geheimnisses aus. Es dürfte sich gezeigt haben, dass ihre Beachtung keine überzählige Wiederholung veralteter, konfessioneller Fassung von Theologie und Religion ist, ein letztlich doch nur langweiliges Repetieren theologischer correctness, wie ich einwenden hörte. Denn diese Grundworte repräsentieren die lebensnotwendige und immer neu zu entdeckende Wahrheit des Lebendigen, die Wahrheit alter Erfahrung und Tradition in Fragen, die sich schlichtweg als exemplarisch wahr, als triftig und grundlegend in Leben und Sterben erwiesen haben – jedes Menschen Freiheit und Distanz ihnen gegenüber zu subjektiver Aneignung, Auswahl und Umdeutung vorbehalten. Langweilig-korrektes Repetieren sind sie nur, wo ihre vitale Wahrheit verkannt oder in konservativen Deutungen einbetoniert bleibt. Gelehrt werden sie in Kirchen, Synagogen, Schulen und Moscheen, aber erfahren, immer neu gedeutet und lebendig verwandelt werden sie „draußen" im Lebensprozess. (Womit ich nicht bestreiten will, dass sie gelegentlich, in begnadeten Stunden, auch in Kirchen, Synagogen und Moscheen zu lebendiger Präsenz und verwandelnder Erfahrung werden können.) Auch in der Postmoderne gibt es ein „Du sollst" und eine Grenze (die Erfahrung des Gesetzes) und die Wahrheit, dass der Grundcharakter des Lebens nicht machbar, sondern ein Geschenk (eine Gnade) ist; noch immer gibt es diese zweierlei Gnaden Allahs, die – offensichtlich, solange die Schöpfung geht – den Grundrhythmus des seelischen Atmens, der Systole und Diastole des Herzens ausmachen. Noch immer droht die Verwechslung von „Religös-Sein" und „Göttlich-Sein", noch immer werden Leid, Schuld und unsere Doppeldeutigkeit erfahren, denen sich zu stellen eine unabweisbare Aufgabe des Herzens und der Seele ist. Noch immer bleiben Gerechtigkeit und Solidarität die immer neu einzuklagenden Grundfesten einer humanen Gesellschaft wie genuiner Religiosität. Und noch immer gibt es ein großes Geheimnis in allen Dingen, welches meditativ – nicht begrifflich – zugänglich ist, auch wenn die großen einhelligen Welt- und Gottesdeutungen zerfallen. Und immer wieder tauchen aus der Tiefe des Lebendigen neue Gesichter und Erfahrungen des Göttlichen, des Geheimnisses auf, eben Offenbarungen des uns immer wieder Fremden „von weither". Und es gibt noch immer die großen, bis heute hilfreichen Offenbarer, deren einer Jesus von Nazareth ist, die nicht überholt und nicht ausgeschöpft, nur eben ihrer Exklusivität, nicht aber ihrer möglichen Unbedingtheit und Erfahrung der Tiefe verlustig gegangen sind.

So helfen alle diese Namen und Grundbegriffe, die das ABC der religiösen Erfahrung ausmachen, das zu sehen, was allenthalben zuinnerst geschieht und wartet, aber vielfach nicht (mehr) wahrgenommen wird und so der Seele verloren geht. Ihre Inhalte und Erfahrungen sind weiterhin Akupunkturpunkte im seelischen Nervengeflecht, Kernerfahrungen seelischer Wahrheit, die im Strom der immer neuen Lebendigkeit jeder Generation – überflutet von mancherlei Wellen – verborgen sind und unvermeidlich wirken – im Falle ihrer Verleugnung und Nichtwahrnehmung als Macht der Verkehrung (früher sagte man: des Fluchs ihrer Nichtachtung), im Falle ihrer Wahrnehmung und Beachtung als Befreiung und Segen. Als Begriffe aber sind sie Okulare und Vergrößerungsgläser, die der Wahrnehmung jener Akupunkturpunkte auf den Meridianen unseres seelischen Lebens dienen. Die Welt ist voller Gesetz, voller Gnaden und Freuden, voller Leiden und Schuld, voller Offenbarung (des Schrecklichen wie des Schönen), voller Gleichzeitigkeit des Bösen und Guten, noch immer voller Geheimnis des Geheimnisses. Daher die Wichtigkeit dieser Leit- und Symbolbegriffe.

Religiöse Grundworte als „Organe" der Überlebensfähigkeit in der humanen Evolution
Dies eindringlich zu verstehen, hat C.Fr. v. Weizsäcker auf einer noch ganz anderen theoretischen Ebene Hilfe und Anregung gegeben: Die „Organe" eines Tieres, so hat er in seiner Abhandlung „Zur Biologie des Subjekts" ausgeführt, sind seine „objektiven Begriffe", mit denen das Tier auf Situation und Umwelt reagiert und sie „versteht", sich in ihnen zu verhalten weiß: „Organe sind, wenn man das so ausdrü-

cken darf, *objektive Begriffe.*" Ohne solche Organe und Begriffe gibt es kein angemessenes Begreifen, keine angemessene Erkenntnis der Wirklichkeit und keine Reaktion auf sie, kein Verhalten in ihr. Diese Angepasstheit der Erkenntnishandlungen an die Umstände bezeichnet v. Weizsäcker als, wie mehrfach zitiert, „pragmatische Definition der Wahrheit": Erkenntnis von Wahrheit nicht nach dem Modell von Bild und Abbild, sondern dem von Schloss und Schlüssel; Wahrheit erkennen bedeutet danach, sich zu einer gegebenen Situation „verhalten" können. Dazu helfen die „Begriffe" als „Organe". Hier wird kein Geheimnis gelüftet, aber wir lernen, ihm zu entsprechen und uns zu seiner Wahrheit zu verhalten. Wahre Erkenntnis und Information, die das Überleben in der jeweiligen Situation gewährleisten, gibt es nur für das „funktionierende Organ".[263] Auch seelisches Wahrnehmen und Reagieren auf die innere wie äußere religiöse Dimension der Wirklichkeit gibt es nicht ohne entsprechende („funktionierende") theologische bzw. religiöse Begriffe, welche ihrerseits Organe des religiösen Sich-Verhaltens und seelischen Überlebens in der Evolution der Menschheit sind. Denn wir erkennen das göttliche Geheimnis selbst nicht (haben kein Bild noch Abbild von ihm, müssen es respektieren, belassen und wahren), aber wir müssen lernen, durch angemessene Begriffe als Erkenntnisorgane uns zu ihm in Schweigen und Nichtwissen zu verhalten: im Innewerden des Göttlichen, in Dank, Demut und Freude, in Feiern und Zittern, im Durchschauen der inneren und äußeren Unwahrheiten und Ideologien, im Annehmen des Geschickten und im Tun des Notwendigen. Ein edler Wettstreit darüber, welches die angemessenen Organe in dieser Wahrheiten sein können, muss und darf hier entbrennen. Nur eben dass solche Organe und Begriffe unabdingbar sind, dürfte unzweideutig klar sein.

Vom Range solcher Grundbegriffe und Organe könnten vielleicht wirklich die genannten Leitbegriffe sein, die den Kern der reformatorischen Theologie ausmachen. Sie könnten helfen, sich religiös angemessener zu verhalten – d.h. vertieft, mit mehr Wahrnehmung, die Schatten weniger verharmlosend, im illusionslosen Tun des Gerechten. Vielleicht ist die Anpassung an sie (in ihrer, wie beschrieben, verschärften und verrückten Form) tatsächlich Überlebensbedingung auf dem heutigen geistigen und religiösen Plateau? Ich weiß wohl, dass es schwer halten dürfte, sie dem allgemeinen geistigen und religiösen Bewusstsein wieder zu vergegenwärtigen – jedenfalls in ihrer konfessionellen Fixierung. Zuviel Mehltau liegt auf ihnen und außer in den konfessionellen Theologien wird dergleichen kaum tradiert. Diese aber, protestantisch speziell die des Luthertums, haben sich fast durchweg nur im konservativen Spektrum unserer Gesellschafts- und Geistesgeschichte erhalten und nicht die Kraft gehabt, links wie rechts – wie etwa das Erbe Hegels – zu überzeugen und sich auszuwirken. Daher sind sie vergleichsweise provinziell geblieben (die reformierte Tradition im Blick auf die politischen Implikationen wachsamer und wirksamer, im Blick auf die Offenheit für religiöse Fragen aber noch viel verschlossener als die lutherische).

Das muss nicht so bleiben. Gewicht und Wahrheit jener Grundbegriffe, ihrer Einsichten und Erfahrungen wie auch ihre Verwandlungsdynamik (speziell im Gesetzesbegriff[264]) hätten das Zeug, eine Revolution des Freiheit- und des Religionsverständnisses wenn nicht in Gang zu setzen, so doch zu substantiieren, zu bereichern und jenen Ruck in den Köpfen und Herzen mitzuerzeugen, dessen wir bedürfen. Aber kaum jemand, der vorwärts denkt oder auf seine/ihre Emanzipation und Liberalität hält, weiß von diesen reformatorischen Präzisionen und Vertiefungen noch etwas – was auf die Dauer weder der Emanzipation noch der Liberalität bekommen dürfte; beide setzten sich – ohne das Erbe dieser Begriffe und Einsichten – dem schleichenden theologischen und religiösen Substanzverlust aus, der uns schon weitgehend heimsucht.

Prozesse und Wege der Vermittlung und Erschließung als Aufgabe von Schweigen und Denken
Ich sage, diese Grund- und Symbolworte müssen und können in einen inneren, geistlichen Prozess eingebracht und eingestreut werden, *wenn* dieser denn angemessen eröffnet wird. Denn die geistliche Erfahrung im Schweigen, Atmen, Sitzen, Leerwerden und Meditieren ist zunächst sinnvollerweise meist vorbegrifflich, sie ist Stillwerden und Loslassen, ist – im Atmen – auch das Körperlichwerden der religiösen Empfindung und ein Freiwerden von allzu vieler Worthaftigkeit und Intellektualität, die uns üblich ist (obwohl stilledurchwobenes Sprechen für andere Menschen ebenso wichtig und allein hilfreich sein kann). Im Leer-Werden und Nichtwissen – auf welche Weise auch immer – geschieht das „Wie soll ich dich empfangen?" und das „Bereite dich Zion". Was hier zu lernen ist, zeigt jene Sufi-Geschichte von einem Meister, der auch den einzigen in seinem Heiligen Buch enthaltenen Satz seinen Schülern vorenthielt, die ihn dann nach seinem Tode fanden: „Alle Weisheit des Universums gehört dir, wenn du erkennst, dass Leere Fülle und Fülle Leere ist".[265] Zu diesem leer machenden Nichtwissen und erfüllten Schweigen leitet und verhilft der Gautama Buddha – zumal in seiner Zen-Verwandlung – noch immer mehr als die christlichen Traditionen. Das Erwachen der Seele zu unserem eigenen wahren, uns zu uns selbst und über uns hinausführenden Wesen in wortlosem Schweigen und Geschehenlassen ist – nicht immer, aber oft – der notwendige und bessere Anfang, als belehrende Rede es sein kann (die auch wichtig ist, wenn sie denn aus dem Schweigen kommt). In ihr entsteht das innere Ich als Integrations- und Verarbeitungsstätte der Stimmen von Innen und von Außen. Auf solche Weise können geistliche Erfahrung und Meditieren – speziell verbunden mit hilfreicher Musik – auch zu einem Körperlichwerden der religiösen Empfindung führen, sind sie eine Weise der Verleiblichung von Theologie und Sprache in ihrer vorsprachlichen Form. Gerade auch auf dem Wege zu jenen reformatorischen Grundbegriffen und Symbolworten bedarf es zunächst des Mutes zur Inhaltslosigkeit und der Orte und Strukturen, die diesen Weg ermöglichen und dem inhaltslosen Schweigen Form und Struktur geben.

„Ich gehe [auch religiös] in die Unwissenheit und in die Losgelassenheit" – so könnte ein ständiger Vorschaltsatz zur Meditation, auch in der Kirche, lauten; denn das stille Wahrnehmen, Geltenlassen, Verehren und Nichtwissen des großen Geheimnisses ist auch hier der Anfang – und nicht nur Anfang – der Weisheit und wirklicher Theologie. Wenn auch letztlich nichts zu lehren und zu wissen, sondern nur zu schweigen und nicht-zu-wissen ist, wie der Dakshinamurti weiß und daher nur im Schweigen lehrt, so können auf dem Wege dorthin Worte, Gedanken, Texte, Bilder, Riten und Musiken sehr wohl helfen. Dies gilt es selbst dann zu berücksichtigen, wenn diese Hilfen von außen immer wieder zu primären und vorrangigen Wegbereitern werden und der inneren Leere und Ratlosigkeit aufhelfen, zum allmählich immer mehr erfüllten Schweigen verhelfen. Jetzt und immer wieder bleibt das Schweigen grundlegend, wenn es denn eine wesentliche „Stimme Gottes" ist:

„Erst nach mehreren Tagen und mehreren Nächten der Meditation und des Wachens/ Scheint in der Mitte dieses Raumes etwas auf und nimmt Form an, das einer Sonne gleicht./ Etwas, um das herum der leere Raum sich verdichtet und zugleich durch diese Verdichtung entsteht,/ Ein zentraler Punkt, um den herum die Welt sich formt und sich definiert ... / Der Name dieses Punktes existiert in keiner Sprache, aber es gehen von ihm die Freude, das Licht und das Gute aus."[266]

Irgendwann aber beginnt auch für dieses schweigende Meditieren das Nachdenken und Begreifenwollen, Benennenmüssen, Festhalten und Wissen des Vorbegrifflichen, um Welt und Selbst unter religiösen Gesichtspunkten zu verstehen und um die Diffusität des begriffslosen Gefühls, der vorbegrifflichen Erfahrung zu überwinden. Auch wer Ayurveda-Entspannung macht oder Duftkerzen abbrennt, fängt irgendwann an, über die Bedeutung dieses Tuns im Zusammenhang seiner gegenständlichen Welt nachzudenken. Dann aber kommt es auf die in solches Schweigen und Loslassen hinein einführenden Grundworte an, die das Erfahrene angemessen zu denken und einzuordnen helfen, und die unser Denken und Verhalten orientieren. Das ist die Stunde der besprochenen Leitbegriffe. Sie sind Brücken zwischen Innen und Außen, zwischen religiösem Gefühl und religiösem Denken. Angemessenes Denken hilft, damit wir uns ausrichten, einstellen und nicht links oder rechts am Geheimnis vorbeilaufen, wo es uns begegnet. Angemessenes Denken mit seinen Symbol- und Leitbegriffen führt uns vor das Geheimnis hin – hinein führt es nie. Solche Symbolworte sind die in allen lebendigen Prozessen verborgenen Elixiere und Wahrheitselemente, Begriffs- und Verhaltensorgane, vitale Bedingungen und begriffliche Verdichtungen elementarer Lebensfragen, Lebensvollzüge und Kompasswerte, mit denen in aller Freiheit gewandert und in den uns umgebenden Gegensätzen Orientierung gesucht werden kann. Denn sie sind primär nicht einem Dogmatismus entsprungene Lehrpunkte, einengende theologische Begriffsraster, sondern – induktiv gehandhabt – eröffnende, leitende und erleuchtende Kompassworte, die den Fluss der religiösen Energie nicht behindern, wohl aber zu strukturieren in der Lage sind. Ohne sie bleibt der Fluss der inneren Energie auf Dauer diffus, inhaltslos, formlos und damit auch unverbindlich, haltlos. Als solche stehen sie exakt an den neuralgischen Brennpunkten unserer anthropologischen wie religiösen Identitätssuche und -bildung, genau an den Zentralstellen der existentiellen Wirklichkeitswahrnehmung, ohne deren Beachtung diese sich nicht notwendigerweise, aber doch leicht verläuft und gefährdet. Und das nicht zufällig. Denn sie sind wie Generalschlüssel zum Öffnen, zum Hineinwachsen in die Wirklichkeit des Göttlichen und Religiösen, wie beschrieben. Sie kehren in unendlich variierten Formen – zu einem gewissen Teil auch interreligiös – als sich aufdrängende Lebensfragen in individuellen oder politischen, persönlich-beziehungshaften, ästhetischen oder ethischen Erfahrungen und Prozessen immer wieder und geben dem religiösen Bewusstsein Rat, Hilfe und Anregung zum Begreifen, Korrigieren und Erweitern seiner selbst: Gnade, Gesetz, innere Stimme, deren Zwiegesichtigkeit und mögliche Unwahrheit, Politischwerden. So sind sie menschliche und göttliche Wahrheit – keine neue Orthodoxie, sondern Struktur und Ausgangspunkt immer neuer Entwicklungen und Offenheiten, die sich nicht in Formlosigkeiten und Unverbindlichkeiten verlieren. Daher lohnt es sich, zu diesen uralten, in allem Wandel immer wieder gültig werdenden Grundbegriffen und Leitworten, die eine bestimmte Fokussierung der Wirklichkeit und unseres Erlebens gewähren, auch im religiösen (und theologischen!) Denken allmählich wieder Vertrauen zu fassen und es mit ihnen – in neuer Rückung, graduell non-theistisch – zu versuchen, sie auszuprobieren.

Es bedarf also, so scheint es, zur neuen und gewandelten Erfahrung religiöser Themen – abgesehen vom angemessenen Verständnis von Religion, religiöser Autonomie und der Einsicht in die Notwendigkeit von Meditation – gar nicht irgendwelcher neuen Funde. Es sind, können und müssen weithin sehr wohl die alten Grundwahrheiten und Grundstrukturen sein, bewährte Einsichten und Grundbegriffe, die zur notwendigen „Rückung" führen und Grundgerüst, Rückgrat und Wahrheit jedes noch so neuen religiösen Bewusstseins bilden, wenn sie in die neuen, verfremdenden Kontexte eingerückt und neu verstanden, verwandelt werden. Denn diese alten Begriffe sind Wahrheit in verkarsteter Form, die es zu verflüssigen und zu verwandeln gilt. Man muss ihnen nur den Religionsbegriff – als Zeichen vor der Klammer – vorschalten und ihre Fundamente der autonomen religiösen Erfahrung öffnen, ausliefern. „Nur dein eigenes Blut bringt den uralten Mund zum Sprechen" – wir zitierten diese Einsicht Rudolf Borchardts bereits.

„Mit Luther über Luther hinaus"

Aus alledem ergibt sich, dass jene alten Leitworte und Einsichten nur hilfreich werden und sich auswirken können, wenn wir „mit Luther über Luther hinaus" gehen und jene Symbolworte dem Gestaltwandel des Unbedingten, des Gesetzes, der Gnade und somit „Gottes" und des Göttlichen aussetzen. In ihrer konfessionellen und historisch gewordenen altprotestantischen Gestalt sind diese Begriffe und

Schätze dazu verurteilt, fruchtlos und hilflos im Ghetto zu bleiben. In ihrer historisch-lutherischen Gestalt waren sie dereinst eine grandiose Stufe der religiösen Evolution. Eben darum sind sie heute in Gefahr, auf jener alten Stufe altprotestantisch zu versteinern und die neue zu verpassen. Um es zugespitzt noch einmal zu sagen: Es darf keine substantielle Unterschreitung der reformatorischen Theologie, ihrer Substanz und ihrer Einsichten, aber auch keine Fixierung auf ihren Problemstand und auf die bereits historisch gewordene Sprache ihres Ursprungs als Maß und Kriterium gültiger Theologie geben.[267] Sie muss vielmehr dem Strudel der Transformation ausgesetzt werden, damit sie ihre kontrafaktische Kraft behält. In solch einem Prozess wäre auch die Kirche nicht mehr nur „Hüterin traditioneller Werte", sondern Grundmuster und Kristallgitter, bildende und ermutigende Kraft sich erneuernder religiöser Erfahrung, indem sie in die religiösen Lebenswelten heutiger Menschen und in das weitgehend unkultivierte und verwilderte Niemandsland der religiösen Seelenlandschaft unserer Gesellschaft aufbräche und einwiese, dort zugleich ihre Transformation erführe und so mit ihrem Angebot wieder zu genießbarer Nahrung für die Menschen würde.

Daher habe ich in der obigen Skizze die reformatorischen Grundbegriffe bereits in diesem Sinne verschoben und – historisch gesehen – unkoscher, d.h. mit spezifischer Unschärfe und Verschiebung, nicht mehr in ihrem klassischen Sinne und wie ursprünglich gemeint, vorgestellt, was natürlich Kritik und Ablehnung von Seiten der historisch korrekten und „richtigen" lutherischen Theologien zur Folge haben wird. Jedoch – die historisch korrekten Reformationstheologien haben sich bereits überzählig gemacht und die unausweichlich neu zu suchende Begegnung zwischen reformatorischem Erbe und gegenwärtigem religiösem Bewusstsein erzwingt diese – und vermutlich noch ganz andere – Verschiebungen. Diese Begegnung ermöglicht und erschafft viele Lösungen und neue Facetten der immer neuen Dritten Gestalten von Theologie, in denen das Erbe dieser Theologien verwandelt aufgehoben bleibt. Es sind ja viele theologische Lösungen denkbar, die den reformatorischen Ausgangspunkten und Voraussetzungen verpflichtet sind und genügen, sie nicht unterschreiten, jedoch legitim überschreiten und insofern verwandeln. Die hier vorgeschlagenen Interpretationen sind ja nur erste Anzeichen und Versuche, die niemandem vorgreifen, jeden aber ermuntern sollen.[268]

Die Herstellung einer solchen kreativen Begegnung zwischen religiösem Bewusstsein und christlicher Tradition ist die heute unabdingbare und produktive Aufgabe. Dies bedingt unabweislich Verschiebungen und Veränderungen der christlichen Theologie. Theologie hat diesen Aneignungs- und Verwandlungsprozessen vorzudenken, vorzuarbeiten und gedanklich neue Möglichkeiten bereitzustellen („Denn edlen Seelen vorzufühlen," vorzudenken, „ist wünschenswertester Beruf", heißt es dazu in Weimar.) Wie viele Menschen haben schon die Kraft, in all diesen Fragen ganz eigene Wege zu gehen und zu finden? Um so wichtiger ist es, dass religiöse Institutionen und Gruppen, also auch die Kirchen, ihren „Beruf" wahrnehmen und derlei stellvertretend vordenken, die Transformation des Erbes einleiten und diese – dem Gesetz der Gegenwart und des gegenwärtigen Plateaus entsprechende – Verständnisweise den Menschen zu freier Aneignung zur Verfügung zu stellen.

Danach aber ist die Aneignung dieses verwandelten und vorbereiteten Angebots der individuellen wie öffentlichen Auswahl und Transformation zu überlassen. „Es ist noch nicht erschienen, was wir sein werden", heißt es dazu in der Bibel (1Joh 3,2) – auch noch nicht, welche Gestalt unser neuer Glaube der alten Wahrheit haben wird. Und das ist – obwohl auch bedrohlich und verunsichernd – gut und befreiend, lebenserweiternd. Die hier entstehenden unendlich vielen Dritten Gestalten individueller und öffentlicher Theologie, die in immer neuen Amalgamen religiöser Gegenwart und religiöser Tradition angemischt werden, erbringen die notwendige öffentliche Kultur des Subjektiven, die wir brauchen, an deren Bildung die Kirchen bisher nur begrenzt, von unproduktiven Hemmungen und Regressionen beschränkt, beteiligt sind. In diesen Wandlungen vollzieht sich sowohl die Gestaltwerdung unserer Gottesbeziehung und religiösen Existenz als auch die daraus sich ergebende Gestalt des christlichen Glaubens und der Kirche.[269] Die Bifokalität, der elliptische Doppelbrennpunkt von religiösem Bewusstsein und Tradition, die dem offenen Prozess in der offenen Zeit Struktur geben und vor Gestaltlosigkeit schützen, bestätigt sich hier ebenso wie Tillichs theologische Theorie der existentiellen, religiösen Korrelation. In ihr bleibt Theologie immer auch Rückgang auf biblische und reformatorische Texte und deren Auslegung. Kann und will die Kirche Ort, Gefäß und Ernährerin solcher Lebendigkeit und ihrer Mischungsprozesse werden? Oder verbieten gerade die Repräsentanten der eigentlich reformatorischen Substanz sich weiterhin diese Aufgabe?

Kapitel V

Grundlinien und Umrisse der sich abzeichnenden Christlichkeit:
das neue Paradigma.
Zwei Modelle spirituellen Selbstverständnisses und pastoraler Praxis im
religiösen Umbruch

1. Voraussetzung religiös offener Arbeit – der innere Kreis:
    „Wer die Flamme umschritt, bleibe der Flamme Trabant"

Im Vorigen ist mehrfach und genug von der Notwendigkeit gesprochen worden, das
religiöse Empfinden der Menschen (also auch unser eigenes) ernst zu nehmen, ihnen
und uns nicht vorzuschreiben, was sie und wir zu glauben haben, also ihre und unsere religiöse „Kompetenz" nicht zu vernichten (J. Matthes). Was bedeutet dies für das
Reden und Handeln der Kirche?

Es bedeutet, dass wir in unserer Arbeit einen Halt, eine Wurzel, eine Speisekam-
mer haben müssen, aus der wir diese Arbeit und deren Weiterentwicklung bestehen
und substantiieren können. Ohne das Wissen der Tradition, welche abgelagerte
Weisheit und bewährte Wahrheit aus dem Leben und Sterben von Generationen
enthält, wird der Bezug auf die Gegenwart, den wir zu vollziehen haben, zu einem
hilflosen Schwanken im Winde unsicherer, selbst erst suchender, aber auch leerlau-
fender religiöser Gefühle und jeglicher Meinung, die gerade auf dem Markt oder zufällig biographisch aktuell ist. Ohne dieses Wissen bleiben wir blinde Wanderer und
Blindenführer. Es braucht Kompasswerte und ein Zentrum, einen inneren Kreis und
Schatz des religiösen Bewusstseins und des Wissens vom Heiligen und Göttlichen
(theistisch: von Gott), von dem aus im äußeren Kreis, an den Rändern der Kirche
und jenseits des christlichen Glaubens bei den Distanzierten und Ausgetrete-
nen/Konfessionslosen (die wir selber vielfach sind), der Glaube gelernt und das Religiöse buchstabiert, die Seele ernährt werden kann. Es muss einen inneren Kreis und
ein Wissen des Heiligtums geben, aus dem die Wanderung in der freien, kirchlich
und christlich undomestizierten Wildbahn bestanden werden kann. Dieser innere
Kreis aber ist der Schatz der Kirche. „Wer die Flamme umschritt, bleibe der Flamme
Trabant" (Stefan George). Dabei ist – mir persönlich – nicht fraglich, dass das so zu
vollziehende geistliche Amt auch ein priesterliches Element in sich sehen und bewahren muss (wovon hier nicht zu reden ist).

Dass wir in alledem die religiöse Autonomie der Menschen zu achten und zu berücksichtigen haben, bedeutet aber nicht den Wahn, als könnten wir dem autonomen
Subjekt, das wir selber sind, das Wissen aller entscheidenden Dinge, die es zum er-

füllten Leben angesichts von Sinnfrage, eigenem und fremdem Leid u.a. braucht, ohne weiteres zutrauen; als wären wir nicht begrenzt, verdrängungsbereit, bereit zu Unwahrheit und Aberglauben – wenn sie nur angenehm sind und das kleine Ego bestätigen – und daher bereit zum Unglauben, zur incurvatio; als wären wir nicht alle von jener oben (Kapitel IV) beschriebenen „Krankheit zum Tode" gezeichnet. Die Wichtigkeit der freien Religiosität kann, wie gesagt, nicht die Illusion bedeuten, wir wären religiöse Genies, die alles Wesentliche aus sich selber wissen und kreieren können. Religiöse Autonomie ist zwar die ununterschreitbare, keineswegs jedoch die genügende und hinreichende Bedingung religiöser Wahrheit. Denn in vielerlei Hinsicht ist nur das in der Seele und kommt nur das aus ihr in Zeiten der Freude oder Not murmelnd heraus, was irgendwann einmal – von Großmüttern, Eltern, Lehrern – in sie hineingelegt wurde. Aus diesen Gründen lebt jede Menschlichkeit und die religiöse Gegenwart unserer Gesellschaft davon, dass in ihr mehr präsent ist, mehr gezeigt, gewusst, gedacht und gelehrt wird, als was unser kleines Bewusstsein in seiner kurzen biographischen Spanne erfahren, erkannt hat und selber weiß. Daher muss es den Schatz der Kirche (und der anderen Religionen, die manchmal – und sei es vorübergehend, in der Zeit der eigenen Suche und des Heranwachsens – hilfreicher als die Schätze des eigenen Hauses sind) und die Repräsentation des Geheimnisses des Heiligen und des Friedens über alle Vernunft geben. Es muss das Wissen von einigen Grundbuchstaben und Grundworten des religiösen Alphabets geben, welches das Buchstabieren der vielen (neunundneunzig) Namen und Gesichter Allahs und des Göttlichen inmitten aller vielfältigen denkbaren Wirklichkeiten ermöglicht: Gott und Göttliches – „wer immer er sei", „was immer das sei" –, Geheimnis, Gnade, Gesetz, Heiliges, Schöpfung, die Unterscheidung von Gott und Götzen, von Göttlichem und Religiösem, und für Christen (und solche, die es werden wollen) das Wissen von Jesus von Nazareth in seinem Leben und Sterben. Hier muss ebenso das Erbe des prophetischen wie des priesterlichen Amtes und die Lehre vom Worte Gottes, aber auch die religiös-soziale und die religionskritische Theologie aufbewahrt und präsent gehalten werden. Es muss Orte des konzentrierten Lebens, Betens, Meditierens, des Heiligen, Gottesdienste als Verehrung des Heiligen („Ehre sei Gott in der Höhe") und stellvertretendes und verschwiegenes Ewiges Gebet bestimmter Menschen (und religiöser Gemeinschaften) für uns und für unsere Welt geben, damit das, was hier, an diesen Schatzorten, aufbewahrt, erfahren, gelernt und zur Verfügung gestellt wird, sich überall, in aller freien Wirklichkeit, jenseits von Tempeln, Synagogen, Moscheen und Kirchen auswirken kann. Ohne dies alles mögen wohl einige sehr intensiv Lebende, tief Erfahrende, sich Wagende vorangehen und auf Umwegen, in Irrtümern und Unwahrheiten, in Wiederentdeckungen und neuen Wahrheiten sich riskieren, sich finden, verlieren und wiederfinden, so wie es Künstler geben muss, die jenseits aller bisher gültigen Formen mitten in Chaos und Formlosigkeit ganz eigene Wege und neue Formen suchen müssen und finden können. Aber selbst sie, speziell die Großen unter ihnen, haben in aller Regel ihren schöpferischen Fortgang im Kontakt und unter Voraussetzung der großen Gestalten und Gestaltungen der Tradition gefunden: „Es ist das Wissen um die Symbolhaftigkeit der historisch gewachsenen Musik. Wer sich bewußt davon lösen will, fällt in ein absurdes Nichts von Voraussetzungslosigkeit", so zitierten wir bereits H.W. Henze, einen der großen schöpferischen Komponisten unserer Gegenwart.

So bleibt es auf Dauer und für die meisten von uns wichtig, Auge und Ohr, Herz und Denken auf dem Wege zur ganz eigenen Gegenwart durch Erfahrung und Wissen anderer, auch früherer Generationen vorzubereiten, zu ernähren und in der freien Wildbahn der gesuchten Lebenswege einen aus den Markierungen der Tradition gewonnenen Kompass sowie Kriterien für Qualität zu haben, damit nicht auch in religiöser Hinsicht geschieht, was ein Couplet sang: „Wir passen uns den Zeiten an und senken das Niveau". Diese Markierungen ersparen einem noch immer die eigenen Wege und Umwege nicht, behüten und beschützen auf ihnen aber ein wenig, leiten und orientieren. Gerade auch als Geistliche – im kirchlichen, schulischen oder universitären Dienst – bedürfen wir dieses Hintergrunds, damit wir in homöopathischen Dosen und angemessen verdünnt das jeweils Notwendige weitergeben können und wohl auch, aber nicht nur auf unser eigenes religiöses Bewusstsein angewiesen sind und dieses predigen. „Denn wir predigen nicht uns selbst" (2Kor 4,5).

Daher das Credo: Im Wissen um die Tradition können wir uns besser auf die Gegenwart einlassen und in ihr die Spuren des Göttlichen und Heiligen wiederfinden und aufweisen. „Man sieht nur, was man weiß" – das ist eine wichtige Einsicht von Ludwig Curtius, die später durch Heisenberg in den Gesprächen über die Quantentheorie berühmt wurde. Was wir begrifflich-denkend (also theologisch) schon kennen, erkennen wir religiös und lebend leichter in der Schöpfung wieder, und wir finden es in den gebrochenen und verschütteten Formen seiner Verborgenheit in den kulturellen und religiösen Vorgängen unserer Lebenswelt wieder. Aus der Kraft des inneren Kreises und mit seinen Kompasswerten im Hinterkopf kann man sich leichter auf die offenen Situationen religiösen Fragens und Suchens einlassen, ohne sich gänzlich zu verlieren und sich und andere innerlich leer laufen zu lassen. Gewiss, immer wieder müssen Menschen ins Ungewisse und im Nichtwissen aufbrechen und bedingungslos, ohne jegliche Vorgabe, unterwegs sein. Aber AmtsträgerInnen können und dürfen dies nur begrenzt, auf Zeit; denn sie stehen gleichzeitig aus gutem Grund für das hilfreiche und unerlässliche Wissen und Erbe der Tradition in den Lebens- und Sterbeprozessen der Gegenwart. Nicht um ihrer selbst, sondern um des Schatzes willen, für den sie stehen, genießen sie – zunächst – den Kredit (und die Belastung) ihres Amtes. Es besteht daher zu Recht die Erwartung, dass sie den Zwiespalt der ganz eigenen und doch der Tradition verpflichteten Identität bis zu einem gewissen Grade bereits in sich erfahren, durcherlebt und verarbeitet haben. Auch wenn sie für die Ermutigung ganz eigener Wege stehen und mehr als bisher

Menschen auch religiös zu ganz Eigenem ermuntern und begleiten sollen – sie stehen auch für die vorhandenen Hilfen und bewährten Wahrheiten der Tradition, welche geronnene Erfahrung sind. Keinem Therapeuten oder Supervisor würde man trauen, der nicht das, was er analysiert oder supervidiert, in sich selbst in gewisser Weise durcherfahren hat und insofern seinen Klienten erfahrungsmäßig ein wenig voraus ist.[270] Ohne die Kraft jenes inneren Kreises würden wir das religiöse Suchen und Fragen in uns und um uns her unernährt sich selbst überlassen, würden wir blinde Blindenführer sein, die die umgehende seelische Erosion und Sinnleere nur verdoppeln. Zwar ist es nicht unsere Aufgabe, irgend jemandem den zu wählenden Weg vorzuschreiben und den uns anvertrauten Menschen ihre Autonomie abzunehmen, zu ersparen; wohl aber haben wir sie kompetent und erfahren zu begleiten, zu beraten und ihnen Hilfe auf dem autonomen Weg anzubieten. Diese Kompetenz wird mit Recht erwartet – sei es in der Predigt, sei es im seelsorgerlichen oder unterrichtlichen Gespräch. Also – keine pastorale Arbeit ohne den Schatz der Kirche und den inneren Kreis des innersten Heiligtums und ohne die Möglichkeit, ja die Notwendigkeit, die Wege des verlorenen Sohnes zu diesem Vaterhause zu gehen bzw. gegangen zu sein.

2. Auch der innere Kreis, das innerste Heiligtum, ist im Umbruch und Wandel der „offenen Zeit"

Jedoch – nun gilt es, die Kehrseite des Gesagten zu beachten und die Erinnerung daran wach zu halten, wie oft und leicht das wörtliche und historische Festhalten an der Tradition regressiv wurde und die Gegenwartsfähigkeit der Kirchen und ihrer Menschen behindert und verhindert hat. Auch der innere Kreis des Heiligen, aus dem wir leben und unsere Gegenwart bestehen, ist in der Form seiner Aussagen, z.T. aber auch inhaltlich der Weiterentwicklung und dem Wandel unterworfen. Schon längst ist, ohne dass dies vielfach bemerkt wurde, der Blitz und ein Ruck in die Fundamente religiöser Wahrheiten gefahren.

Das ist so, weil auch das Sein in der „offenen Zeit" und die Wahrheit geschichtlich sind; weil die Erfahrungen der Gegenwart, die das „Gesetz [Strukturgesetz] der Gegenwart" in sich tragen, die religiösen Empfindungsformen und die theologischen Grundworte, mit denen wir – als „Organen" – die religiöse Wirklichkeit wahrnehmen, immerzu transformieren. Sie wirken zurück in den inneren Kreis und verwandeln seine Sprache, seine Bilder und Anschauungen unweigerlich. Sie tun dies faktisch, und sie tun es theologisch rechtens. Auch was in der Verkündigung des Wortes Gottes – sei es in der Bibel, in einer Predigt, in einem Gruppengespräch, in einem Choral von Reger, einer Motette von Bach, einem Tedeum von Arvo Pärt oder sonst wo – zugänglich ist, erfährt in diesem Prozess der Vergegenwärtigung und Anverwandlung seine Veränderung und immer neue Transformation. Denn – wir zitierten es schon – „Gott wohnt in einem Licht, da niemand zukommen kann" (1Tim 6,16): Auch menschliche Begriffe von „ihm" können nicht „zukommen". Daher ist alles, was wir sprechen und begrifflich-dogmatisch benutzen, um uns das Geheimnis verständlich zu machen, nur menschliche Analogie und Symbol, es entstammt der jeweiligen geschichtlich-kulturellen Welt, in der es gesprochen wurde, und ist daher historisch, relativ und unterliegt rettungslos dem Wandel. Gerade um verständlich zu sein und das Erbe zu wahren, müssen Sprache, Bilder und Symbole der ständigen Wandlung unterworfen bzw. muss ihre ständige Wandlung erkannt und nachvollzogen werden. Diese – in längeren Zeiträumen gedacht – immer wieder schubweise an den biographischen Zeitschwellen und kulturellen Sattelzeiten vor sich gehenden Wandlungen und Symbolverschiebungen, welche Ch.S. Peirce als „nicht endende Semiose" beschrieben hat, betreffen auch den innersten Kreis des Heiligen und der Theologie unweigerlich und verändern ihn legitimerweise. Unser Denken und Sprechen müsse sich den – u.U. mobilen und vagierenden – „Resistenzlinien" der Wirklichkeit fügen, stellt Umberto Eco hierzu fest, damit das immer neue Entstehen und Entwerfen der nächsten (auch theologischen) Theorie nicht beliebig und maßlos konstruktivistisch, sondern mitten in aller Semiose wahrnehmend und folgend, also – setze ich hinzu – gehorsam sei: eine theologisch wahrlich nicht neue Einsicht.[271]

Diese ohnehin bekannte Tatsache der fundamentalen Geschichtlichkeit und ständigen Semiose aller (auch der religiösen und dogmatischen) Vorstellungen würde sich noch einmal radikalisieren und verschärfen, wenn hinter den sich wandelnden und verschiebenden Symbolisierungen die *Zeit* als Horizont *auch des Seins selbst* sich entpuppen und erscheinen würde (um den berühmten Schlusssatz aus Heideggers „Sein und Zeit" so zu variieren) – wenn also die Zeit bis in die Ontologie selbst zurückgedacht werden müsste. Dann würde nicht mehr das ewig gleiche und unberührte Sein hinter den vordergründigen Wandlungen unseres geschichtlichen Daseins anzunehmen sein, sondern die Seinsweise des ewigen Geheimnisses selbst wäre lebendig, schaffend, im Wandel und immer neu. Das biblische Denken jedenfalls kennt die göttliche Wahrheit und Wirklichkeit ohnehin nicht in zeitloser Wahrheit und Immerselbigkeit, sondern glaubt fundamentale Geschichtsbezogenheit des Gottes des Exodus. Dann aber würde – dies einmal in der Konsequenz gedacht – auch das ungegenständliche ewige Geheimnis in der Lebendigkeit seines wesentlichen Schöpfertums und im Entbinden der creatio continua bestehen: „Wie du warst vor aller Zeit, so bleibst du in Ewigkeit", nämlich in ewigem Wandel und ewiger Zeitlichkeit. Das wäre die Entwicklung vom „Sein" zum „Werden" (I. Prigogine) als ontologische Grundkategorie, und die Zeit als Sein wäre die Menge der wachsenden Möglichkeiten (Picht/v. Weizsäcker). Dann würde auch aus dieser Perspektive jede Theologie des Immergleichen und Unwandelbaren sich widerlegen; sie war eine Annahme, die sich heute als Projektion, als Bild, das wir uns machten, zu erkennen gibt und überholt![272] Aber auch ohne diese letzte ontologische Konsequenz der Zeitlichkeit bleiben Theologie und religiöses Bewusstsein bis ins Herz ihrer Vorstellungen und Aussagen der fundamentalen Geschichtlichkeit unterworfen und bilden in dieser Frage keine Ausnahme.

So ist alles in der „offenen Zeit" (Picht/v. Weizsäcker) und es gilt daher auch den Wandel aller theologischen und religiösen Zentralbegriffe des inneren Kreises, bis hinein in die Herzkammern der theologischen Anschauungen, bis in die Gestalt, das Gesicht und den Begriff Gottes und des Göttlichen, bis hinein in das Verständnis von Gesetz und Gnade wahrzunehmen und anzuerkennen. Auch die altehrwürdigen Bilder von Christus und vom Heil, auch die altkirchlichen Dogmen (die nie zu unterschreiten, aber interpretierend in immer neue Semiosen hinein zu überschreiten sind) unterliegen dem Wandel. An der kanonischen und ersatzlosen Gültigkeit der biblischen und altkirchlichen Sprache lässt sich nur festhalten, solange man – altkirchlich gesprochen: im alexandrinischen Sinne – Jesus als das präexistente Gotteswort (Logos), als den Mensch gewordenen Gott versteht und daher das Gewand, das er sich damals gab, in seiner Einmaligkeit erhalten zu müssen meint. Denn dann spricht hier der wahre Gottessohn, der aus Gottes Geheimnis selbst in die Welt kommt und das unveränderliche Evangelium der Fleischwerdung und Versöhnung vollzieht. Wenn er aber nicht selber Gott, sondern wenn er der bzw. ein gültiger Weg *zu* Gott ist und also „Gott in ihm" (2Kor 5,19) war, dann fällt diese, jede letztliche Geschichtlichkeit abweisende Voraussetzung dahin: Auch die biblische, altkirchliche und reformatorische Sprache und Vorstellungswelt erweist sich dann als geschichtlich, wandelbar, überholbar, überschreitbar (nicht unterschreitbar!). Die Wiederholung dieser Selbstverständlichkeit ist leider keineswegs überflüssig. Wer heute den Vollzug dieser Wahrheit bejaht und für sein besseres Verstehen einfordert, hat das theologische Recht auf seiner Seite. Auch hier muss das Herz „bereit zum Abschied sein und Neubeginne" (Hesse). Der Umbruch der religiösen oder „Gottes"erfahrung wie der Gestaltwandel des Gesetzes lehren die Umgestaltung auch des Religiösen bis ins Herz aller Dinge. Auch der innere Kreis des Heiligen muss hinein in den Wandel.[273]

Wir sind mithin noch nicht am Ende der religiösen Glaubens- und Erkenntnisgeschichte und haben durchaus noch Neues zu erwarten, wie es der johanneische Christus weiß: „Ich habe euch noch viel zu sagen, aber ihr könnt es jetzt nicht tragen" (Joh 16,12). Auch hier gilt daher „Es ist noch nicht erschienen, was wir sein werden" (1Joh 3,2). Wir haben den Schatz tatsächlich nur in irdenen, zeitlichgeschichtlich-überholbaren Gefäßen (2Kor 4,7), für deren Zustand und Instandhaltung wir mitverantwortlich sind. Daher haben wir die Neugestaltung der vergänglichen theologischen Gefäße zu vollziehen. Es könnte sonst von uns heißen, was schon einmal über eine tiefe und schriftbegründete Frömmigkeit gesagt wurde: „Weh euch, Schriftgelehrte und Pharisäer, ... die ihr das Himmelreich zuschließet vor den Men-

schen! Ihr kommt nicht hinein, und die hineinwollen, lasst ihr nicht hineingehen"
(Mt 23,13).

Jedes, auch das religiöse Leben ist faktisch in einem Transformationsprozess begriffen, daher legitimermaßen auch die ihm entsprechenden Theologien. Dies ist der
Grund, warum die theologischen Neugestaltungen und Synkretismen Ort religiöser
Autonomie und Mitgestaltung sein dürfen, nicht nur ein Ort des theologischen Sich-
Fügens und dogmatischen Gehorchens. Sich-Fügen und Gehorchen sind notwendige Erfahrungen, aber sie gebühren den Grunderfahrungen des Göttlichen, nicht
seinen wandelbaren, kirchlich etablierten Gewandungen, Formen und Gestalten. Wir
haben – auch in der Offenbarung Jesu Christi – nicht die Wahrheit selber, sondern
nur zeitbedingte (neutestamentliche, altkirchliche und reformatorische) Symbole dieser Wahrheit. Daher gilt es, die Fortschreibung und Verwandlung dieser Symbole
und Formen, der „irdenen Gefäße" zuzulassen. Nichts anderes ist es, was einst R.
Bultmann mit seinem Programm der Entmythologisierung und Übersetzung des
Neuen Testaments (und Gogarten fügte hinzu: auch der altkirchlichen und reformatorischen Metaphysik) in heutige Sprache und Verständnisbedingungen meinte, –
ein Programm, welches unabgeschlossen und weiterhin notwendig und gültig, nur
unter einem bestimmten Gesichtspunkt (der direkten existentialen Interpretation
und *Ent*mythologisierung) problematisch geworden ist. Denn die hier in Frage stehenden Regionen sind ohne Bilder, Symbole, Analoga oder Mythen, überhaupt: ohne
Verhüllung und Indirektheit nicht zugänglich. Dennoch darf und muss Bultmanns
Übersetzungs- und Fortschreibungsanliegen, mit dem er die antike (und indirekt
auch altkirchliche und mittelalterlich-reformatorische) Sprache und Vorstellungswelt
relativierte, mit den gebotenen Korrekturen und Verschiebungen, ergänzt und vari-
iert durch seither entstandene Einsichten weiter verfolgt und fortgeschrieben werden. Trotz aller bei ihm unübersehbaren Verkürzungen ist das bleibende, unwider-
legte Recht und die damals in Gang gesetzte ungeheure Befreiung seiner existentialen
Interpretation und ihres Transformationsimpulses unübersehbar. Seine Gestalt steht
als Schatten und Ermutigung weiterhin hinter allen heute notwendigen Realisierun-
gen der auch theologisch unausweichlichen *Semiose und Symbolverschiebung*, die unsere
unerlässliche und legitime Aufgabe ist. Die ihn heute – teilweise zu Recht – kritisieren und seine Einsichten und Transformationsimpulse – ohne Recht – vernachlässigen, haben die Dringlichkeit der von ihm bezeichneten Übersetzungs- und Ver-
wandlungsaufgabe nicht aufrechterhalten, geschweige denn weitergebracht.[274]

Die These von der bleibenden Notwendigkeit der biblischen und reformatorischen
(dialektisch-theologischen) Tradition bedeutet daher weder ein regressives und retro-
spektives Verhältnis zur Tradition noch rechtfertigt sie ein solches. Luthers „was für
jene damals Geist war, ist für uns jetzt [nur noch] Buchstabe"[275] wehrt ebenso dem
regressiven konfessionalistischen Traditionsbesitz wie dem heute erneut versuchten
theologischen Neoliberalismus. Beide fallen hinter die kritische Grenze zurück. Mit-

ten im Herzen der religiösen Erfahrung wie des theologischen Denkens muss der Gestaltwandel des Gesetzes vollzogen und akzeptiert werden. Er bewirkt, dass die Substanz des inneren Kreises selber als im Wandel begriffen zu sehen ist. Ohne diese – man muss schon sagen – Selbstverständlichkeit, die jedoch kirchlich nur sehr begrenzt vollzogen und eingelöst wird, wird das Salz der kirchlichen Tradition und Theologie „dumm", stumpf.

Nicht nur die kirchlich und christlich Distanzierten haben also über ihr religiöses Bewusstsein hinaus etwas zu lernen, vielmehr haben gerade auch die kirchlich und christlich, konfessionell und neoliberal Identifizierten – mitten im Herzen ihrer Theologie – fundamental zu lernen, ihren bisherigen Status quo loszulassen, zu überschreiten und in „andere neue Bindungen sich zu geben". Denn wie jede Tugend, so blüht auch jede Theologie „zu ihrer Zeit und darf nicht ewig dauern", wie es beim schon zitierten Hesse weiter heißt. Auch die reformatorischen, liberalen und dialektischen Theologien unterliegen dieser Notwendigkeit, unterliegen ihrem eigenen Veralten, ihrem Verfall und der Notwendigkeit ihrer Fortschreibung.[276]

Wie aber geschieht die Verwandlung und Fortschreibung dieser Grundworte unseres Glaubens, auf die alle Schöpfung angelegt ist („du hast uns zu dir geschaffen") und deren organische Diffusität in den Lebensprozessen vielleicht wirklich verborgen auf die „Offenbarung der Kinder Gottes" wartet: „Religion", „Gott", Gnade, Gesetz, Heiliges, Sünde, Geheimnis, Rechtfertigung ohne des Gesetzes Werke, hermeneutische Primarität und theologische Sekundarität des Ethischen? Diese in der Evolution der Hominiden entstandenen und sozialisierten Symbol- und Leitbegriffe sind der genialste – weil sowohl wahrnehmende und gehorsame wie auch in die Zukunft der humanen Evolution entworfene – konstruktivistische Entwurf zur Theorie des Menschen, zur condition humaine. Sie bedürfen – als ohnehin grundlegende Existential- und Symbolbegriffe – keiner Entmythologisierung, wohl aber der Rückung und Versetzung in den heute verwandelten und verwandelnden Kontext, der sie neu kreiert und aufschließt. Wo Menschen in intimen seelischen, inneren Kontakt mit der essentiellen, existentiellen Bedeutung (nicht mit der dogmatischen Form) dieser Grundworte kommen, da kann – oft sehr, sehr langsam – die Nachdenklichkeit, die Einsicht und die Zustimmung in Auswahl und Umformung wachsen. Dies ist immer noch die beste Hypothese und Unterstellung für religiöse Arbeit und Prozessbegleitung. Daher gilt es, Orte und Strukturen solcher seelischen Öffnung zu schaffen und zu lernen, die zentralen theologischen Topoi offen, undogmatisch und induktiv einzuführen – teils weil sie in den lebendigen Prozessen schlummern und erweckt werden müssen, teils weil sie eben nicht „drin" (sozialisiert) sind, mithin nicht in den Lebensprozessen schlummern und daher erst in sie eingeführt werden müssen, weil sie gültige Wahrheit alles Lebendigen sind. Dergleichen Innovation geschieht bereits vielerorts in den Kirchen.

Wie aber werden diese Traditionen zu Elementen, Gewürzen und Elixieren der religiösen Freiheit, nicht aber zu geschlossenen, dogmatischen, vorgeschriebenen Glaubensformen, die die religiöse Kompetenz der Menschen vernichten? Wie sieht die Verwandlung des inneren Kreises und seiner Substanz aus? Welcher Art ist die seelsorgerliche Arbeit – sei es in der Predigt, im Unterricht oder im Einzel- und Gruppengespräch –, die aus dem Gesagten folgt? Zwei grundverschiedene Modelle und Möglichkeiten stehen hier vor uns.

3. Zwei Modelle pastoraler/seelsorgerlicher Orientierung – eine paradigmatische Grundentscheidung

a) Das religiöse offene Modell

Die diesem Modell folgen, sagen: Menschen erleben auf ihren Wegen, dass sich ihnen die religiöse, Gottes- oder Sinnfrage in mancherlei Weise stellt. Sind wir bereit, sie auf diesen – meist nicht sehr kirchlichen, aber religiösen und oft auch christlich suchenden – Wegen zu begleiten, uns in ihren Rahmen, in ihren „frame" (C. Rogers), zu begeben und ihnen hier je nach dem, was sie suchen und fragen, aus dem Schatz unserer Tradition (oder auch dem des interreligiösen Wissens und Denkens der Menschheit) Gedanken, Hinweise, Texte, Erzählungen, Hilfen und Korrekturen (supervisorische Anregungen), Nahrung der Seele und Hilfe im Verstehen anzubieten? – und das in völligem Respekt für ihren ganz eigenen Weg und ihre Wahlen und Entscheidungen darüber, was sie von dem Angebotenen annehmen, ablehnen, auswählen oder verändern wollen? Werden wir ihnen zeigen – je nach dem, wonach sie suchen und woran sie lebensmäßig (oder interessen- und bildungsmäßig) laborieren –, wo die theologischen und anthropologischen Einsichten, Klärungen und Hilfen unseres Glaubens neue Nachdenklichkeit, neue Blickrichtungen und Aufmerksamkeiten nahe legen und ermöglichen? Billigen wir ihnen all dies zu auf den Wegen ihrer ganz eigenen Gewissheits-, Gewissens- und Identitätsbildung, die wesentlich in ihrer persönlichen und autonomen Mischung, Auswahl und Aneignung bestehen und nur selten noch dem Bilde des Christlichen in den klassischen Theologien entsprechen werden? Denn diese neuen Formen von Gewissheit und Identität werden in eigenen Lebensprozessen mit Sicherheit neu und synkretistisch, aus sehr verschiedenen Quellen und Zugaben zusammengefügt! Immer werden in diesen Such- und Aneignungsbewegungen neue Mischungen aus Traditionsgut und Gegenwartswissen vorgenommen, werden die immer neuen Dritten Gestalten aus jenen beiden geboren – eben die, die P. Berger unter dem „Zwang zur Häresie", d.h. aus dem Zwang zur theologischen Neubildung, entstehen sah. Sind wir bereit, den Menschen diese eigenen Wege zuzugestehen und ihnen dabei – sinngemäß – zu sagen: „Du wächst, lebst, entscheidest nach deiner Weise. Vielleicht gibt der, wie wir meinen, bewährte Glaube der Christenheit in Wort, Bild und Musik dem Ausdruck, was Du selber vielleicht diffus auch meinst und suchst (denn wer weiß schon, was in seines Herzens Tiefen wahr und gesucht ist?). Vielleicht zeigt er dir aber auch Neues und auch Anderes als das, was du bisher denkst und was dir derzeit zugänglich ist. Und andere Religionen, deren Grundbausteine vielfach doch – im Vergleich zur heute sich völlig durchsetzenden säkularistischen Welt- und Lebensanschauung – den unseren erstaunlich analog sind, geben dir andere Hinweise und Anregungen, auf die wir uns in unserem Hause – ohne Berührungsängste – beziehen, weil wir wissen, dass solche verschiedenen Wege und Umwege heute oft nötig und hilfreich sind.[277] Wir geben Dir – überzeugt von der in Leben und Sterben bewährten Gültigkeit unseres Glaubens – all diese Möglichkeiten zu Deiner freien Verfügung und Auswahl, Annahme oder Neuinterpretation. Bedenke sie und suche deinen Weg! Wir bieten dir hierfür einen Ort der Gemeinsamkeit, des Gesprächs, des Schweigens, des Gebetes und des Meditierens, der Texte, Musiken und Bilder."

Können wir das? Wollen wir das? Wer es auf diesen freien Auswahl- und Aneignungsprozess nicht ankommen lassen will, versteckt die Überzeugungsfähigkeit und den Schatz christlicher und interreligiöser Wahrheit in dem konfessionellen und historisch gewordenen Gehäuse, das er/sie alleine kennt und zumutet. In solchem Verfahren wären wir doch wohl die ungetreuen Haushalter, welche die ihnen anvertrauten Schätze und das Reich Gottes, welches nicht nur in der jüdisch-christlichen Tradition besteht und nicht nur in ihr durch die Welt geht, verschließen.

Auf den hier zu eröffnenden Aneignungswegen werden Menschen sehr verschieden weit mitgehen. Manche werden weniges und dies nur in Spuren, andere deutlich mehr und in Grundzügen die Bergpredigt, Choräle, die christliche Erfahrung des Gesetzes und der Gnade suchen und dabei Buddha-Reden und Taoismus-Texte aufnehmen; andere werden die Erfahrung des Göttlichen und der göttlichen „Kraft" und wieder andere werden die Wiederbenennung des Göttlichen als des personalen „Du" Gottes annehmen und vielleicht der Erfahrung des Heiligen oder der Sakramente sich öffnen. Wie viele von ihnen werden zur Gestalt Jesu von Nazareth in bleibende Beziehung treten und bereit sein, im Zeichen seines Namens leben und sterben zu wollen? Und wer wird bis zur altprotestantischen, pietistischen oder fundamentalistischen Auffassung des kirchlichen Glaubens weitergehen? Einige werden sich in diesem Prozess zur Kirche und als Christen rechnen, andere nicht; sie werden vielfach außerhalb oder am Rande der Kirche, vielleicht auch in anderen Religionsgemeinschaften bleiben und dort die Spuren des christlich Gelernten in sich bewahren – oder wieder verlieren. Aber in all dem wird die Kirche/werden die Kirchen – als sakraler Raum wie als Lehrhaus – zum offenen Hause und Refektorium für viele, die auf Dauer nicht in ihr bleiben, aber um sie herum leben und sie immer wieder aufsuchen werden. Die festen Bindungen an die Kirchen sind künftig das religiös wie statistisch Unwahrscheinliche.

Dies wäre eine Arbeit, der es alleine auf die Freiheit des religiösen Wachstums-

und Überzeugungsprozesses der Menschen und nicht auf die theologisch geforderte „genügende" Gläubigkeit und (erwünschte!) Kirchenzugehörigkeit als Kriterium, Bedingung und Ziel ankommt. Allein in solch offenen Prozessen geht schon jetzt vielfach und wird in Zukunft alle aussichtsreiche religiöse und kirchliche Arbeit vor sich gehen. Und für die Menschen wird es entscheidend sein, ob sie merken, dass die Kirchen es lernen, ihres geistlichen Erbes und religiösen Kapitals bewusst und freilassend zu arbeiten, sich zu verhalten und die Menschen zu bereichern. Wollen und bejahen wir dieses Kirchenbild? Das wäre das eine, das offene Modell religiöser Arbeit.

b) Das geschlossene, konfessionelle Modell

An dieser Stelle aber meldet sich, wenn ich derlei als seelsorgerliche Konsequenz alles über Religion und Autonomie, Pluralismus und Interreligiosität oben Gesagten auf PastorInnenkonventen als Modell pastoralen Selbstverständnisses und Handelns zur Debatte stelle, immer wieder der Einspruch: So zu verfahren sei Untreue am christlichen Glauben, sei Orientierung am Menschen und seinen religiösen Gefühlen statt an Gott und Christus. Die geistliche Aufgabe bestehe, ich zitierte es bereits, in der Verkündigung des Evangeliums von Jesus Christus, und nicht darin, sich auf den „Zoo der religiösen Gefühle", die Menschen haben könnten, einzulassen. Jede Offenheit und Anknüpfung beim Menschen sei recht, möglich und nötig, so sagt man dann meist an dieser Stelle, aber letztlich müsse doch theologisch die Verkündigung dessen das Ziel bleiben, was Konsens kirchlicher und christlicher Lehre sei. Autonomie könne daher in diesem Zusammenhang begreiflicherweise kein wesentlicher Begriff sein („das von Ihnen immer wieder gebrauchte Stichwort von der religiösen Autonomie kommt in meiner Dogmatik nicht vor"); Offenbarung, Buße und Gehorsam müssten hier die hermeneutischen Leitbegriffe sein – wegen der den Menschen kennzeichnenden Sünde, d.h. seiner Unfähigkeit und Unwilligkeit zu Gott. Zudem seien eben die biblischen und dogmatischen (in altkirchlichen Dogmen und reformatorischen Bekenntnisschriften enthaltenen) Aussagen nicht nur wandelbare Symbole und Analogien; in ihnen begegne vielmehr der Mensch gewordene Herr selbst. Daher seien und bleiben sie gültig und unaustauschbar. Für das biblisch-reformatorische Menschen- und Gottesverständnis, das in der Verkündigung Jesu Christi als Heilszusage ergehe, sei der Mensch in Buße und Glauben aus seinen natürlichen, widergöttlichen (auch „religiösen") Zusammenhängen und Wegen zurückzuholen und zu erlösen, damit das Heil ihm zugesprochen werden könne. „Deswegen bemühen wir uns ja, in der Predigt immer noch irgendwie die christologische Kurve zu kratzen", setzte der Superintendent hinzu. Entsprechend erklärte jüngst ein Vikar einer deutschen Landeskirche einem religiös und esoterisch „bewegten" Gemeindeglied, er sei auf das Barmer Bekenntnis ordiniert und könne, dürfe sich daher auf solche Themen nicht einlassen. Man wird eine solche Schlichtheit im mentalen

Klima unserer konfessionellen Kirchen nicht für unmöglich, sondern leider für wahrscheinlich halten müssen.[278] Man bedenke, was es für das Klima in und das Vorurteil gegen die Kirchen bedeutet, wenn solche Sätze auch nur in Spuren für sie symptomatisch sein sollten.

Unzweifelhaft kann man theologisch so denken und es gibt Menschen, die solche Predigt zu hören bereit sind. Ihnen sei dies zugestanden; sie sollen nur die Kirche nicht mit solcher Auffassung zu beherrschen trachten und mit dieser Theologie alleine in ihr gelten wollen. Denn man wird zwar, so meine ich, die Aspekte theologischen Rechts in dieser Argumentation anerkennen müssen: dass nämlich wir Menschen – in traditioneller Sprache, aber doch wahr ausgedrückt – mit all unseren gutgemeinten (auch religiösen!) Wegen das Böse unserer Herzen, unserer Meinungen und unserer gesellschaftlichen Umstände, unserer ideologischen Kontexte und weltanschaulichen (anthropologischen) Überzeugungen nur ungern wahrhaben und daher letztlich auf unseren („autonomen") Wegen bleiben wollen, auf denen wir uns nicht gerne infrage stellen lassen. Es ist ja wahr, dass all unsere noch so berechtigten und frommen Selbstbilder immer wieder zur Buße gerufen, der Kritik ausgesetzt werden müssen und dass die göttliche Wahrheit oft genug „ganz anders" ist als wir in unseres Herzens Willen und Meinung wahrhaben wollen, auch dass die Wahrheit Gottes in unserem religiösen Denken allzu leicht reduziert und um ihre fremde und anstößige Wahrheit gebracht wird. Jesus Christus (wie auch andere Offenbarer der Religionsgeschichte, setze ich hinzu) ist nicht gekommen, um nur das zu lehren, zu verdeutlichen und zu verdoppeln, was wir ohnehin selber in unserer Natur und religiösen Erkenntnis schon haben und wissen. Biblische und reformatorische Wahrheit ist dem (unbestreitbaren) religiösen Bewusstsein in Wesentlichem voraus und entgegen, nicht gleich- oder nachgeordnet. Daher gebührt uns in der Tat kritische Selbstrevision und Buße, Ablassen von unseren Wegen und Hören der größeren Wahrheit: Verneigen vor ihr.[279]

Um dieser und ähnlicher Wahrheit willen hat es zu Recht gegen Spätscholastik und Aufklärung den Gegenschlag der Reformation im 16. Jahrhundert, der Rekonfessionalisierung und der Neuorientierung der „Christlichen Welt" (um Harnack *gegen* die damals sog. „liberale" Theologie) im 19. Jahrhundert und der dialektischen Theologie wie auch der religiös-sozialen und politischen Theologien gegen Liberalismus (und Konfessionalismus) im frühen 20. Jahrhundert gegeben. Und es muss dergleichen auch weiterhin immer wieder geben, weil jedes religiöse Bewusstsein – konstitutiv – gefährdet ist (was nicht gegen seine Notwendigkeit und Unausweichlichkeit, sondern für seine ständige Korrekturbedürftigkeit spricht). Um dieser Erkenntnis willen muss es bei der komplementären Geltung und Bedeutung der reformatorischen, konfessionellen und dialektischen wie auch der politischen Theologien bleiben. Sie alle vertreten Anliegen, die – entsprechend der Konstitution des religiösen Bewusstseins – dem neuprotestantisch-neoliberalen Religionsverständnis zwar nicht ohne weiteres fehlen, aber – gerade wegen dessen Stärke: der Nähe zur Gegenwart – diesem immer wieder zu entgleiten drohen, weshalb es gefährdet ist und der Herausforderung durch jene theologischen Komplementärwelten bleibend bedarf.[280]

Indessen, auch all diese berechtigten theologischen Vorbehalte und Gegenargumente müssen – was in früheren Zeiten nur noch nicht hervortrat – heute sinnvoller- und erfreulicherweise (nicht bedauerlicherweise!) durch das Nadelöhr der persönlichen Überzeugung und Überwindung des Herzens und Glaubens hindurchgehen und so erst plausibel, anerkannt und geglaubt werden. Sie müssen nicht als Gegensatz zur autonomen Religiosität, sondern können im Zusammenhang des Religionsbegriffs und des religiösen Bewusstseins zur Geltung gebracht werden. Man muss dabei – illusionslos im Blick auf die Grenzen dessen, was in unserer individuellen und öffentlichen Struktur möglich und wahrscheinlich ist – auf die sich öffnende Lernfähigkeit des religiösen Bewusstseins in offenen Prozessen setzen, eben weil Herz und Verstand lernen können, sich in den Gehorsam Jesu Christi oder Gottes und der größeren Mächte gefangen zu geben – wenn sie denn überzeugt werden. Und das geschieht in offenen Lernprozessen (deren Form und Technik gelernt werden kann) besser als in konfrontativ verkündigender Buß- und Heilspredigt. Um hier kompetent zu sein, muss man beide Welten kennen und sich in ihnen zu verhalten wissen: in der Welt des religiösen Autonomiebewusstseins und in der der paulinisch-reformatorisch-dialektischen Einsichten. Mit diesen hermeneutisch-vermittelnden Prozessen aber umzugehen und ihre Theologoumena dem verwandelnden Sog und der Kraft einer neuen Zeit und ihres „Gesetzes" auszusetzen, haben die geschlossenen Theologien bisher offensichtlich kaum gewollt und gelernt. Dann müssten sie sich nämlich durchaus in jenen „Zoo der religiösen Gefühle" hineinbegeben und sich ihm aussetzen. Luthers Einsicht war und ist ihnen – wie in Kap. VII zu zeigen sein wird – an dieser Stelle weit voraus, indem er die neuen Dekaloge in Freiheit zu schreiben anleitete. In diesen Prozessen sind die religionspsychologischen Einsichten C.G. Jungs und die neuprotestantischen Theologien mit ihren autonomen, individuellen, pluralistischen und interreligiösen Strukturelementen unabweisbar wichtig – wenn sie denn ihrerseits ihre komplementäre Angewiesenheit auf jene reformatorisch-dialektischen Traditionen begreifen würden, ohne die sie ihrerseits regressiv bleiben. Von ihnen ist hier mehr als von den reformatorischen, konfessionellen und barthianischen Theologien zu lernen. Ohne eine lebensweltliche Verbundenheit mit diesen neuzeitlichen Hermeneutiken bleiben die konfessionellen Theologien des geschlossenen Modells „toter Buchstabe", stumpf gewordenes „Salz", wie reichlich zu besichtigen.

Man kann daher leicht begreifen, warum die oben kurz skizzierte Gegenmeinung (nämlich jenes geschlossenen Modells) in ihrer Ausstrahlung und Wirkung fast unausweichlich so verstanden wird und wirken muss, dass der christliche Glaube in ihr als fest bestimmte, festgelegte und d.h. geschlossene Anschauung und Glaubensweise erscheint, in dessen Wirkungs- und Heilskreis der Mensch hinein- und herübergezogen, zu der er missioniert und von der er überzeugt werden soll. Man versteht, wenn dies so vielfach die dominierende Ausstrahlung kirchlicher Predigt ist, warum Menschen diesen christlichen Glauben der Kirchen im unguten Sinne „dogmatisch" nennen und ihn – zu Recht – so empfinden. Denn Pastoren und Pastorinnen können, *soweit* sie nicht bereit sind, die eigenen Theologoumena als historisch bedingte Symbole zu erkennen und also zu relativieren, immer nur versuchen, Menschen zu ihren eigenen d.h. den bisherigen und klassischen Symbolen und Lehren – als den einzig wahren – zurückzuholen. Dann ist es nicht das Ziel, Menschen auf ihren eigenen Wegen zu begleiten und dort, in ihrem Frame, die Elemente und Hilfen des biblisch-reformatorischen Glaubens, seiner Herausforderung und seines Ärgernisses als *freie, offene Themen* – in einem langsam wachsenden Prozess – anzubieten und nahe zu bringen. Dann muss auch nicht erst gelernt werden, wie man unangenehme Themen in Freiheit und produktiv zumuten kann, ohne dabei gegen die Grundregel aller Kommunikation „Nie gegen den Widerstand, immer nur *entlang* dem Widerstand" zu verstoßen, damit die Offenheit erhalten bleibt. (Diese Regel lässt sich auch im Blick auf das notwendige „Ärgernis" der Verkündigung beachten!) Stattdessen laufen sich jene geschlossenen Modelle in vergeblichen Versuchen tot, die Menschen aus ihren bisherigen Lebensauffassungen weg- und zum christlichen Glauben hinzubringen. Derlei kann – weil vor-autonom und vor-pluralistisch (und nicht interreligiös) – fast nie gelingen; denn so werden keine Prozesse eröffnet und keine Menschen in öffnende Situationen gebracht. Was hier an Widerstand seitens der betroffenen Menschen geschieht, ist darum nicht Sünde oder Hartnäckigkeit des ungläubigen Subjekts, sondern eher das kirchlich perpetuierte Nichtbegreifen des hermeneutischen Struktur-"Gesetzes", dessen Beachtung den Eingang in all die gemeinten Wahrheiten erst eröffnen und das Herz bereit machen würde. „In der Messe bekomme ich immer nur die fertigen christlichen Lösungen und kirchlich definierten Themen vorgesetzt, keine Ermutigung zu eigenem Denken, Verstehen und Vorwärtsgehen", sagt eine aus Kloster und Kirche ausgetretene Nonne, die nach einer längeren Yoga-Zeit sich ihren christlichen Wurzeln wieder annähern möchte. Protestantische Stimmen gleicher Art sind ebenfalls Legion. Die – mindestens im Außenbilde der Kirchen – dominierenden konfessionellen Theologien der katholischen und der protestantischen Kirche dürften sich hier nur allzu ähnlich sein. Daher werden Gottesdienste als Ort der Anleitung und Ermunterung zu geistlicher Öffnung und eigenem Wachstum nur selten erlebt. Bei ihnen scheint es sich vielmehr um die Praktizierung eines geschlossenen dogmatischen Systems zu handeln, welches tendenziell in der Tat die religiöse Autonomie und Kompetenz seiner Mitglieder vernichtet, weil es diese theologisch gar nicht wünscht und nicht willkommen heißt. Und den Ruf und Schatten des so erzeugten Kirchenbildes schleppen auch alle diejenigen, die in der Kirche längst ganz anders arbeiten, mit sich! Dass die in diesem

System Lebenden und Redenden ihr Denken und ihre eigene Wirkung, das Veralten und das Ende des kirchlichen Hauses, selber nicht empfinden und die ihnen widerfahrende Kritik daher bestreiten, mindert die Deutlichkeit und Unwiderleglichkeit dieser Außenwahrnehmung der Distanzierten nicht.

Gewiss, es gibt Menschen, die zum geschlossenen Modell und zu den hier vorgesehenen Konversionen neigen und bereit sind, sich in ihnen zu verstehen. Und es gibt biographische Konstellationen, die derlei heftige Umbrüche möglich machen (sie sollen nicht geleugnet, sondern respektiert werden, sie sollen sich nur nicht zur Regel des Christlichen aufwerfen!). Aber in der Regel ist die *allmähliche Annäherung*, die *subjektive Auswahl* und aneignende *Neuinterpretation der Tradition* das religiös und theologisch wie menschlich Naheliegende, allein Mögliche und Angemessene. Auch auf solchen allmählichen Wegen gibt es immer wieder Knoten, die platzen, und heftige Einsichten und Teilkonversionen in biographischen Krisen, die erschüttern. Die Regel und Grundlage hierfür dürften aber die allmählichen Entwicklungsprozesse bleiben. Wer soll sich denn in das weltanschauliche Gehäuse jener weithin vorautonomen und vorneuzeitlichen Bilder, Metaphern, Denk- und Sprechformen noch hineinbegeben? Kaum jemand! Ihr, die Ihr theologisch so denkt, bekommt uns nicht wieder in das geschlossene Glaubenssystem der Kirche zurück und könnt uns auch auf unseren Wegen nicht helfen. Denn die Distanzierten wollen und müssen den Umweg jener kirchlich-altprotestantischen Sprache nicht akzeptieren, so wenig wie Paulus die Beschneidung des Titus! Warum sollten sie? Sie müssen sich nicht unter das alte Gesetz des vorautonomen Glaubens und unter vergangene, ihrem Verstehen nicht hilfreiche Mythen und Metaphysiken zwingen lassen (Gal 2)![281] Im Gestaltwandel des Gesetzes und aller theologischen Vorstellungen (Symbole) ist für sie in der Tat und zu Recht mehr Wahrheit, hinter die sie nicht zurückwollen und auch nicht müssen! Zuallermeist kommt daher für sie – für uns – allein die faktisch distanzierte und selektive Form der Kirchlichkeit und Christlichkeit, die die Möglichkeit der allmählichen Annäherung und Aneignung, der Auswahl und Umdeutung gewährt, noch in Frage. Jenes allmähliche Hineinwachsen in eine neue (teils interreligiöse, teils synkretistische) Sprache, bei der die klassische christliche Tradition und Sprache nur noch in Transformation und Auswahl *ein* Element sein können, statt alternativer existentieller *Entscheidung* für die konfessionelle Vorstellungswelt, ist daher zuallermeist das Näherliegende, das menschlich wie religiös Wahre und Hilfreiche. Das ist der Weg, selbst wenn auch auf diesem Wege immer wieder beunruhigende Infragestellungen und Entscheidungen auftauchen.

Gewiss, auch für das offene Modell pastoraler Arbeit gibt es unendlich viele Menschen und eine ganze (halbe) Welt, die sich dem Glauben an Gesetz und Evangelium, an das Gebot, das uns allenthalben in Lebensprozessen begegnet, und an die Gnade, aus der wir leben, *nicht* öffnen. Denn diese beiden Erfahrungen machen die lebensmäßige Eindimensionalität und „konstruktivistische" Welt- und (eher autistische als autonome) Selbstauffassung schmerzhaft bewusst, begrenzen sie und machen ihre Anmaßung offenbar. Aber dennoch, obwohl dieser Widerspruch und seine eindimensionale Ausblendung verbreitet und gesellschaftlich grundlegend bleibt, liegt im offenen Modell, im Sich-Einlassen auf die Hermeneutik von Autonomie und Pluralismus als „Gesetz" unserer Welt, die aussichtsreichere und religiös wie theologisch angemessenere Alternative für seelsorgerliches Handeln, Unterrichten und Predigen. Für die Stellung der Kirche zu den Distanzierten, die immerhin bereits 90 bis 95 Prozent der Kirchenmitglieder ausmachen, wie für Empfinden und Auffassung der Distanzierten von der Kirche machen beide Modelle einen großen, meist sehr genau spürbaren Unterschied aus.

Ein wirkliches Verstehen der Distanzierten wird vielfach – und das ist das Entscheidende – um so weniger gewollt und geübt, je mehr derjenige, der im klassisch-konfessionellen Modell denkt, es für sich selber ablehnen muss, „religiös" zu sein, „religiös" zu empfinden und also hierin erfahren und sprachfähig zu werden. Diese Ablehnung des Religiösen ist – theologisch wie persönlich – oft genug und erklärtermaßen im Selbstverständnis von Pastoren und Pastorinnen begründet und verbreitet. Wie will aber jemand, der/die so empfindet und denkt, distanzierte Christen auf ihren religiösen Wegen begleiten können? Dem entspricht das – nicht immer, aber oft und bereits seit langem und vermutlich nicht ohne Grund und Recht verbreitete – Bild von der (ehemals nur männlichen!) Pfarrerschaft, sie sei theologisch-intellektuell ausgebildet, predige daher rein begrifflich und ohne Bezug auf Lebensprozesse („verkopft"), nicht aber innerlich religiös und erfahren (C.G. Jung)[282]. Weil wir selber religiös nicht erfahren und leer sind, weichen wir nur zu gerne in Theologie und Theorie aus? Hier aber hätte das „experientia facit theologum" Luthers („Erst Erfahrung macht einen Theologen aus") seine Wirkung zu tun und unser Verstehen und Sprechen zu verändern. Gefühle wahr- und ernst zu nehmen, würde ja bedeuten, auch den Körper, die („religiösen") Gefühle und damit ganzheitliche Wahrnehmung und Denkweisen (theologisch, mindestens aber hermeneutisch!) ernst zu nehmen (was seit geraumer Zeit die feministischen Theologien zu Recht betonen und integrieren). Wie aber will man religiöse Gedanken, Gefühle und Erfahrungen theologisch ernstnehmen und kompetent d.h. erfahren begleiten, wenn man „religiös" zu sein als theologisch unerlaubt ansieht und somit abgelehnt? Daher auch die empfundene Illegitimität der theologischen Zumutung, sich auf den „Zoo der religiösen Gefühle" der Menschen einzulassen, und die entsprechende theologische Diffamierung, die in dieser Formulierung liegt. Nicht zu reden von der Unmöglichkeit, spirituelle non-theistische Prozesse zu begleiten! Konfessionelle Fixierung und spirituelle Unerfahrenheit – auch der liberal und nicht-konfessionell Empfindenden – addieren sich erklärtermaßen oft genug. Dies alles muss für die distanzierten Menschen spürbar sein – „man kann nicht nicht-kommunizieren"! Daher auch jene (bereits zitierte) Aussage einer kirchlichen Mitarbeiterin, sie habe immer, wenn sie in die

Kirche komme, das Empfinden, mit all dem, was sie meine und religiös stottere, in der Kirche nicht willkommen zu sein; sie gehe daher am liebsten zu Beerdigungsveranstaltungen: Dort herrsche doch eine akzeptierende Atmosphäre. Diese Ausstrahlung kirchlicher Rede ist es, die als Vernichtung der religiösen Autonomie und Kompetenz der Mitglieder in der Kirche empfunden wird. Man spürt untergründig, dass die zaghaften inneren Gedanken und Empfindungen letztlich als „religiöser Zoo" abgelehnt und theologisch diffamiert, für irrelevant erklärt werden und dass man geistlich und inhaltlich alleingelassen wird. All dies, zusammen mit der verweigerten Anerkennung der im Wandel der Geschichte fälligen und hilfreich-erschließenden möglichen Symbolverschiebungen, macht schmerzhaft deutlich, warum religiös eine fast unüberbrückbare Distanz zwischen den Kirchen (-vertretern) klassischer Theologien und den Distanzierten herrscht – die inhaltlich-religiöse Leere und nur zu oft theologisch überforderte Belanglosigkeit nicht gerechnet! Die theologische Anerkennung des Religionsbegriffes (mit allen Folgen seelsorgerlicher Ausbildung und gesuchter spiritueller Erfahrung) würde hier zwar nicht alles verändern, aber doch sehr viel bewirken, öffnen und ermöglichen. Dabei sollen wir nicht unsere religiösen Gefühle und unser religiöses Selbstbewusstsein predigen. Wohl aber könnten wir – wenn in dieser Hermeneutik und Bezogenheit der inneren Sprache und Empfindung erfahren – das, was theologisch und religiös über uns hinaus ist (das ist es, was Theologie lehren soll!), predigen und nahe bringen, weil wir die Schnittstelle zwischen Tradition und heutiger Subjektivität präziser und vertiefter wahrnehmen könnten. Hier bedarf es (auch für homiletische Zwecke) religiöser Selbsterfahrung, seelsorgerlicher Ausbildungs- und Feedbackarbeit, die in der (im statistischen Mittel gesehen) nicht eben fortbildungswilligen Pastorenschaft wenig verbreitet ist (obwohl auch hier – an wenigen Stellen – einiges sich tut).[283]

In all diesem dürfte der Grund dafür liegen, dass die Tatsache des *religiösen* Bewusstseins (nicht der menschlichen Kommunikation, die sehr viel eher beachtet wird!) – trotz aller gegenteiligen Beteuerungen – nicht wirklich ernstgenommen und respektiert wird und dass entsprechend im Blick auf die zentralen Grundworte und religiösen Grundsachverhalte eher Dogmatisierung, Missionierung oder Belanglosigkeit statt seelsorgerliche Begleitung und Förderung der Distanzierten auf den religiösen Wegen der Menschen stattfindet – jedenfalls empfunden wird. Sollte hier, an der zentralen Bruchstelle zwischen Kirche und distanziertem (religiösem) Bewusstsein, nicht ein – vielleicht das! – religiöses Problem der Kirchen und ihrer PastorInnenschaft liegen, die vielleicht wirklich vielfach theologisch gebildet und klassisch-christlich (konfessionell oder liberal) sich verstehend, aber religiös – im Sinne der inneren religiösen Authentizität – unerfahren sein könnte? Hier religiös und theologisch eine Menschenzugewandtheit (nicht aber eine Marktorientierung!) zu erreichen, wäre dann vielleicht die zentrale Aufgabe der Kirche (mit Konsequenzen für die pastorale Aus- und Fortbildung)? Theologisch scheint es daher noch einmal wichtig, die Begriffe „Religion" und „Spiritualität" systematisch ins Recht zu setzen und als Konsequenz ebenso theologische wie seelsorgerliche Koordinaten für diese Fragestellung zu entwickeln, damit die erforderliche theologisch-gedankliche Orientierung zu neuen praktischen Einstellungen, Wahrnehmungen und homiletisch-pädagogischen Verhaltensweisen bereit und dieselben einübbar macht. Die notwendigen (!) Offenbarungs- und Wort-Gottes-Theologien sind auf Wurzel und Basis des Religiösen angewiesen (was seit dem begreiflichen Pyrrhussiege des Kirchenkampfes eine widerlegt scheinende Wahrheit und Aufgabe ist). Der an dieser Stelle konstruierte Gegensatz ist das eigentlich Illegitime, Unsinnige und Verschließende. Hier steht eine Revision an, die den Einsichten des Kirchenkampfes wie der Religionstheorie Genüge tut. Ohne den Gang auf dieser Grenzscheide zweier Wahrheiten wird es keine Begegnung von Mensch und Botschaft geben. Mit ihm aber könnte sich eine ganze Skala von Übergängen zwischen den beiden paradigmatischen Alternativen ergeben.

4. Die Theologie-verwandelnden Strukturelemente und Bestimmungsstücke des neuen Paradigmas

Nein, das geschlossene Modell, welches die Menschen von ihren Wegen abzubringen und durch die sog. Verkündigung zu sich zu bekehren versucht, ist – trotz seiner fundamentaltheologischen Wichtigkeit, in der es als Ferment und verwandelt in „offene Themen" stets erhalten bleiben muss – für freie und distanzierte Menschen keine Möglichkeit. Es ist theologisch zudem (unter den oben genannten Gesichtspunkten des theologischen Wandels in der „offenen Zeit") nicht mehr zwingend wahr, mindestens nicht alleine wahr, muss also in der Kirche wohl existieren, darf aber in ihr nicht alleine herrschen wollen. Die vielfache Praxis des geschlossenen Modells und seine Auswirkung auf das Bild der Kirche bestätigt die Distanzierten – leider rechtens – in ihren antikirchlichen, z.T. sogar antichristlichen Vorurteilen, in ihrer Kirchenaversion. Nur das offene Modell, welches den Menschen die biblischen Erzählungen und reformatorischen Grundworte, die aus ihnen erwachsenen Musiken und Bilder zur Auswahl und zur eigenen Annahme vorlegt, ist aussichtsreich. Nur wenn es zu der im neuen Kontext – bis tief in Christologie und Gotteslehre hinein – *veränderten und verändernden* Interpretation christlicher Grundworte und Geschichten im Prozess der langsam wachsenden religiösen, vielleicht christlich werdenden Überzeugung hinleitet, ist es theologisch wie menschlich wahr. Dieses Modell überführt die theologischen Grundworte und das klassische Erbe der Tradition in immer neue Lebenskontexte und offene Themen und ermutigt, leitet an zu immer neuen Aneignungen, Deutungen und Verwandlungen in einem neuen, die „klassischen" Theologien überschreitenden theologischen Paradigma.[284]

„Neues Paradigma" heißt: Wie im bekannten Physikversuch die Eisenspäne auf einem Blatt sich in ganz verschiedenen Linien und Konturen anordnen, je nachdem, was für ein Magnet unter sie gehalten wird, so geraten auch die selben („klassischen") christlichen Traditionselemente im neuen Paradigma, das sich in gewandelten Lebensprozessen längst gebildet hat, durch einen kleinen, aber entscheidenden Ruck in neue Kontexte und in eine neue Anordnung. Sie erhalten dadurch einen neuen Stellenwert und in mancherlei Hinsicht neue Bedeutungsnuancen. Es sind dieselben alten theologischen Grundworte und -sachverhalte unseres Glaubens, die sich im neuen Paradigma und Kontext bewähren und neue Bedeutungen gewinnen. Sie werden aber nun nicht mehr im Paradigma der antiken (biblischen) und mittelalterlich-altprotestantischen (reformatorischen) Weltanschauung verstanden (Weltschöpfung, Sündenfall, Jungfrauengeburt, Herabkunft und Himmelfahrt der 2. Person der Trinität als Mitte aller Zeit, Himmel, Hölle, Weltende, Wiederkunft, Endzeit und Gericht, geschlossene Zeit), sondern sie werden in unseren weltbildlichen Lebenskontext eingestellt, dessen Stichworte lauten könnten: Evolution des Kosmos, die religiös die als Schöpfung begriffene Welt meint, ohne dass sie als Werk eines theistisch eingreifenden Gottes verstanden würde; in ihr die Entstehung der Hominiden und die menschheitsgeschichtliche Entwicklung von Religion/Religionen, unter ihnen auch die christliche, wichtig, ja zentral, aber nicht einzigartig oder absolut; in ihrem Rahmen der „wahre" Mensch Jesus von Nazareth, nicht der herabgekommene Gott oder vorzeitliche Menschensohn als Mitte aller Heilszeit, aber wohl ein Mensch, „der" Mensch, der in Vollmacht aus Gott lebte („Gott war in Christus", 2Kor 5,19), das Reich Gottes für die Armen, Zöllner, Hurer, Untouchables verkündigte und in seinem Leben und Sterben – ohne leeres Grab und Himmelfahrt – „für uns" die göttliche Wirklichkeit neu erschließt, offenbart und wirksam macht, uns zu ihr befreit und ein neues Verständnis von Gesetz, Gnade, Gott, Heil sowohl lehrt als auch in seinem Leben und Sterben dem Glaubenden ermöglicht. Als solcher ist er der Sohn Gottes, so wie wir alle Söhne und Töchter Gottes sind, er nur eben als der Erstgeborene mit allem Segen, der „Erstling" der neuen Schöpfung (1Kor 15,20). So realisieren sich Aufklärung, Symbolverschiebung (ehemals Entmythologisierung) und ein non-theistisches Verständnis von Schöpfung, Himmel, Hölle, Endgericht; es interpretiert sich im nach-metaphysischen Begreifen die Wahrheit von Zweinaturenlehre und Trinitätslehre; es ergibt sich der Tod des theistischen Gottes (stattdessen das allenthalben verborgene und sprechende göttliche Geheimnis) und die weltimmanente wie auch meta-physisch denkbare Transzendenz[285], Koexistenz und Komplementarität der innerchristlichen und inter-religiösen Ökumene, „offene Zeit", offene Zukunft und offener, im Geheimnis bleibender Ausgang der Weltgeschichte. Das letzte Gericht findet immer schon im Glauben und Unglauben der Biographien statt (Joh 3,18; 5,24).

Das alles sind weltanschauliche Transformationen, die den Glauben und seine

Wahrheit verwandeln, nicht aber mindern, die daher auch theologisch nicht bestritten werden sollten.

Damit werden einige sich abzeichnende Konstitutionsmerkmale des neuen Paradigmas benennbar, die all dies strukturieren. Soviel ich erkennen kann, sind es – in aller zu diskutierenden Vorläufigkeit – die folgenden, die ich teils aus den vorfindlichen und sich aufdrängenden Entwicklungen, soweit sie sie theologisch als berechtigt erweisen, aufgreife und nachzeichne, teils durch Interpretationen und Ergänzungen verdeutliche, soweit sie nur in – z.T. religiös problematischen und kritisierbaren – Ansätzen und Tendenzen sich abzeichnen:

– *Ernstnehmen der radikalen Geschichtlichkeit* des christlichen Glaubens bis in die Konsequenzen der Wandelbarkeit aller theologischen und religiösen Formen in der „offenen Zeit" der religiösen Evolution; Theologie wie Religion daher als offenes, sich wandelndes, nicht geschlossenes System religiöser Erfahrungen, Wahrnehmungen und Einsichten, d.h. die Aufgabe, religiös bzw. frömmigkeitsgeschichtlich sich der creatio continua bewusst zu sein, sich ihr zu öffnen und hinzugeben. Hier spricht sich ein spezifisches Verhältnis des Christentums zur (diesseitigen) Geschichte aus, das zu relativieren wir keinen Grund, dem vielmehr ständige Folge zu geben wir erheblichen Anlass haben.[286]

– *Transzendenz* als radikal weltimmanente – „mitten in unserem Leben jenseitig" – gedacht. An der Anerkennung dieser Möglichkeit entscheidet sich, ob und in welchem Sinne es eine „nachmetaphysische" Theologie geben kann. Für die Wahrnehmung dieser weltimmanenten Transzendenz bedarf es allerdings, damit sie sich nicht unterscheidungslos in Immanenz verliert und mit ihr identisch wird, Orte ihrer unterschiedenen Besonderheit, von denen aus sie mitten in der Immanenz dann wahrgenommen werden kann: Tempel, Synagogen, Moscheen, Kirchen, Meditationsorte substantiell geistlicher Art, die in ihrer besonderen Symbolik zu achten (nicht in missverstandenem Profanitätsbewusstsein zu vermarkten) sind. Und: Transzendenz muss gleichzeitig auch, da es unweigerlich „jenseitige" Welten (der Esoterik, der Drogenerfahrung) gibt und viele Menschen mit subjektivem Recht an der Vorstellung eines Jenseits hängen, auch „meta-physisch" verstanden werden können.[287]

Diese verschiedenen weltanschaulichen Vorstellungsformen der Transzendenz sind doch wohl dem „frei-sein", nicht dem „müssen-sein" (Luther) zugeordnet. Christlicher Glaube legt m.E. nicht schon den Glauben an ein Leben nach dem Tode oder eine Ablehnung des Reinkarnationsglaubens (dem schon seit der Generation Lessings immer wieder ernstzunehmende Geister sich verschrieben haben) verbindlich fest – so wenig er (nach allen Einsichten der Entmythologisierungsdebatte) die historische und leibliche Auferstehung dogmatisieren darf. Weiter als bis zu dem Glauben, dass mitten im Sterben Hände, eine Hand, Gottes Hand, uns trägt und nicht ins Leere fallen lässt, führt er nicht verbindlich. Mehr ist nicht zu wissen, aber es bleibt in jedes Menschen Freiheit, sich weitere Bilder und Vorstellungen, deren die Tradition voll ist (vgl. „Jerusalem, du hochgebaute Stadt ..." oder die esoterischen Jenseitswelten) hiervon zu machen, dabei jedoch zu wissen, dass es eben Bilder sind, die frei bleiben, nicht mehr.

– *„Religion"* ist wieder als legitimer theologischer Begriff einzusetzen und hat einen entscheidenden Platz als hermeneutische und existentielle Fundamentalkategorie – und dies im klaren Bewusstsein ihrer ständigen Wandlung und möglichen Gefährdung, Verblendung und Erosion. Auch das Christentum muss sich auf Dauer in den Präambeln seiner Kirchenverfassungen im allgemeinen Zusammenhang von Religiosität (individuell) und Religion (interreligiös) verorten, wenn es nicht Provinz werden will.[288]

– *Autonomie* des Menschen, der in religiösen und theologischen Fragen verantwortlich für seine Ablehnung, Auswahl und Umdeutung ist und daher sich theologisch nicht nur fügt, sondern in einer – auch in religiöser Hinsicht – pluralistischen Umwelt seine Theologie mitgestaltet. Diese Autonomie ist festzuhalten auch bei unübersehbarer Doppeldeutigkeit und Begrenztheit des Axioms der „religiösen Autonomie" angesichts der hier essentiellen Grenz- und Ohnmachtserfahrungen und der vielfach autistischen und radikal konstruktivistischen Verleugnung von Interdependenz in der (auch religiösen) Autonomie[289].

– *Religiöser Pluralismus* einer offenen Welt, welche *Interreligiosität* und Wahrnehmung der interreligiösen, nicht nur der binnenchristlichen Ökumene einschließt, mit der ambivalenten Konsequenz von Synkretismus und Patchworkidentität: Er bedingt eine Entwicklung von der (auch inklusiven) „Absolutheit" zur bewusst zu machenden und zu lebenden „Unbedingtheit" des christlichen Glaubens; wozu auch das Aufgeben der Annahme gehört, „Christus allein" sei der Weg zu Gott. Es scheint, als wenn das religiöse und theologische Begreifen der Interreligiosität eine dominante Notwendigkeit darstellt, welche die binnen-christlich-ökumenischen Hemmungen und Fortschritte in ihrer Bedeutung durchaus verblassen und in den Hintergrund treten lässt.[290]

– *Krise und Kritik des Theismus*, komplementäre *Geltung des Non-Theismus* (jenseits von Theismus und Atheismus), dabei neu zu differenzierende und durchaus zu präzisierende Bedeutung von Mystik und Meditation – neben Fortgeltung des klassischen („personalen", analog und symbolisch zu verstehenden) Theismus'. Es gibt die Erfahrung genuiner Religion und Spiritualität ohne die Notwendigkeit des Glaubens an einen eigens existierenden „Gott".[291]

– *Suche nach neuen christologischen Perspektiven:* Beendigung des Anspruchs, allein Christus sei der Weg zu Gott („solus Christus") sowie Kritik und Beendigung der klassischen Christologie-Modelle. Weder Satisfactio (lat. Typus) noch Vergottungstheorie (östlicher Typus) stellen noch eine tragbare Grundlage dar. Da Jesus von Nazareth die Zentralgestalt einer Weltreligion ist, drängt sich die Notwendigkeit einer neuen

Deutung seiner Gestalt mit paradigmatischer Kraft auf. Ob neben dem historischen Jesus, neben den Geschichten seines Lebens, seiner Mahlgemeinschaft und seiner Verkündigung des Reiches Gottes gerade an die moralisch, gesellschaftlich, kultisch und geistlich Armen, Luthers Kategorie des Mächtekampfes zur Deutung seines Todes hilfreich werden kann oder ob andere Deutungsmöglichkeiten in den Vordergrund treten werden, ist nicht abzusehen. In der Suche und Eröffnung einer neuen christologischen Perspektive dürfte derzeit eine der großen Unklarheiten und Aufgaben liegen. Das derzeit hier waltende Vakuum verlangt gebieterisch nach Thematisierung. Eine seiner Eingangsbedingungen dürfte in der konsequenten Geschichtlichkeit der Vorstellungen und d.h. in der Anwendung der Ergebnisse der Jesus-Forschung auf die Vorstellungen der altkirchlichen und reformatorischen Christologie liegen.[292]

– Neubestimmung der Frage nach dem *Verhältnis des Göttlichen zum Bösen und zum Leiden* – in eins mit der zwingenden *Revision der Theodizee-Erwartung und ihrer bisherigen Lösungen,* also der Frage, ob „Gott" wirklich alles so herrlich regieret, und ob wir wirklich den Gerechten noch nie verlassen und des Gerechten Kinder nie haben nach Brot gehen sehen (Ps 37,25, von Luther an solenner Stelle in der Magnifikat-Auslegung zustimmend zitiert).[293] Diese Frage musste vermutlich noch nie, auch im 18. Jahrhundert nach dem Erdbeben von Lissabon nicht, so radikal gestellt werden wie heute. Die Rezeption auch dieser hereindrohenden Problemverschiebung – des Bösen in der Gottesfrage – stellt ein unabdingbares Element in der Krise des bisherigen Theismus dar. Die Reduktion des Göttlichen auf die Erfahrung von Gottes Liebe dürfte jedenfalls eine unakzeptable bürgerliche Verharmlosung sein, weil zur Erfahrung der Urmacht des Lebendigen Tod, Vernichtung und Schrecken ebenso gehören. Vermutlich stellt die Polarität von Yin und Yang eine unausweichliche Erfahrung auch des Göttlichen dar – selbst wenn der Tod dem Leben, nicht das Leben dem Tode dient und insofern vielleicht wirklich ein „unbezwingbarer Vorsprung des Guten" im offenen Prozess der Evolution anzunehmen, schwerlich jedoch sein endzeitlicher Sieg zu behaupten und eine heilsgeschichtliche Theorie alten Musters durchzuführen ist. Der revisionsbedürftige Weltanschauungsanteil der bisherigen christlich-kirchlichen Vorstellungen – gerade auch im Gottesbegriff – fällt inzwischen aufdringlich ins Auge.[294]

– Einbeziehung der *Natur* als wesentliches Thema von Theologie und Überwindung der rein geisteswissenschaftlichen Fokussierung von Theologie. Ohne nontheistisch/mystisches Verstehen gibt es offensichtlich keine Beziehung auf die Themen der Naturwissenschaft, die in ihrer neuzeitlichen Geschichte vorwiegend von platonisch-spinozistischen Traditionen geprägt und begleitet wurde.[295]

– *Feministische Einsichten* bleiben als wesentliches – keineswegs jedoch dominantes – Element, gemeinsam mit männlicher Sprache und deren Symbolen, wichtig, ja zentral, solange die noch längst nicht ausgeglichenen patriarchalischen Prägungen und Nachwirkungen in Wahl und Deutung der Symbole bestimmend sind; speziell auch im interreligiösen Dialog sind sie einzubringen und geltend zu machen. Hier liegt weiterhin eine erhebliche Potenz der fälligen Rückungen und Verschiebungen gerade auch in der Ökumene. Es kommen durch ihren Gesichtspunkt fast immer neue Perspektiven in die theologische Verhandlung und religiöse Praxis. Und sie bedeuten – jenseits aller Theologie – ganz offensichtlich neue Dimensionen des Menschlichen und Geistlichen im Vollzug des geistlichen Amtes, wie denn erst Männer und Frauen gemeinsam das Maß des Menschlichen gewähren.

– Die *Kirchen* werden mit ihrem inneren Kreis des Heiligen und des religiösen Wissens allenfalls zu Kernen oder Kristallgittern der sich vor ihren Toren und um sie her bildenden Religiosität, *wenn* sie diese Öffnung über sich selbst hinaus wollen und erlernen.[296] Wahrlich auch außerhalb der Kirchen gibt es gültige Religiosität und Heil. Auf längere Sicht, so scheint es, ist das gegenwärtige Plateau keines der kontinuierlichen Bindung an Institutionen. Die religiöse Bedeutung des Individuums und kleiner Gruppen hat paradigmatische Bedeutung (was nicht gegen die Notwendigkeit der religiösen Institutionen – aller Religionen – spricht). Die communio sanctorum ist nicht nur in, sondern auch außerhalb der Kirche, längst quer durch die Religionen erfahrbare Wirklichkeit.

Dies scheinen mir die zentralen, bereits mächtig im Gange und in Wirkung befindlichen Bestimmungsstücke des neuen Paradigmas, des heutigen Magnetfeldes zu sein.[297] Sie repräsentieren die Stufen, zu denen sich die klassischen, bisher gültigen kirchlichen Theologien m.E. hinaufarbeiten müssen, um ihr Erbe ins Spiel bringen zu können. Sie scheinen die Parameter zu sein, die alle weiteren (z.B. die oben in Kapitel IV beschriebenen) Rückungen im Denken und im Kompass der christlichen Glaubensvorstellungen veranlassen.

Andere Christen werden wahrscheinlich einige dieser Parameter bestreiten, andere hinzufügen oder die Berechtigung solch paradigmatischer Hermeneutik ganz in Frage stellen. Ich meine zunächst – vorbehaltlich weiterer Diskussion und Belehrung –, die genannten seien die entscheidenden und der Gesamtvorgang paradigmatischer Verschiebung und Verwandlung sei nicht zu bestreiten. Dabei sind die genannten Parameter m.E. nicht Inbegriff, Endpunkt und Erfüllung von Wahrheit oder oberste Leitkriterien von Theologie – diese Funktion und Instanz bleibt der immer neu wahrzunehmenden Wirklichkeit „Gottes" bzw. des Göttlichen, des Unbedingten in allen Lebensprozessen vorbehalten. Sie sind daher nicht eigentlich Theologie und Frömmigkeit generierende, vielmehr sind sie nur zur Wahrnehmung religiöser Wirklichkeit anleitende hermeneutische Bestimmungsstücke, die Theologie auf dem gegenwärtigen Plateau neu strukturieren. Sie scheinen mit der Macht des Faktischen wirkende, ununterschreitbare wenngleich widersprüchliche, interpretationsbedürftige und daher (z.B. im Blick auf den derzeit überbordenden Individualismus u.a.) kritisierbare und gegen den Zeitgeist neu zu deutende Voraussetzungen[298]. So beschreiben und charakterisieren sie den derzeitigen Magneten, der die alten Eisenspäne heute – auf dem neuen Plateau – neu verortet, sie einander neu zuordnet und so in neue Deutungsbeziehungen bringt. Der christliche Glaube hat schon auf verschiedenen Plateaus gewirkt, hat sie geprägt und trägt deren bisherige Anschauung und Sprache, die wandelbar sein müssen, an sich. Und er wird – da er in Auschwitz keineswegs gestorben ist (wie es eine der vielfach beliebten undifferenzierten diagnostischen Übertreibungen will) – in eingeschränkten postchristlichen Geltungshorizonten weiterhin auf den nächsten Plateaus fortwirken – in einem Umfang und Öffentlichkeitsrang, der *auch* von der Bereitschaft der Kirchen abhängt, sich religiös und theologisch, nicht nur menschlich-kommunikativ, auf das Gesetz der Zeit und der Verwandlung einzustellen. Eine theologia perennis – ewiggleiche und unverändertgültige Theologie – hat es für protestantisches Verständnis von Theologiegeschichte ohnehin nie gegeben. Nur interreligiös – bezogen, nicht aufgesogen, und das bis in den Herzkammern seiner Wahrnehmungen – wird das Christentum seine drohende Provinzialisierung vermeiden, nur im Non-Theismus und im angemessenen Autonomieverständnis wird es exemplarisch den vorkritischen Dogmatismus seiner geschlossenen Definitions- und Selbstbestimmungselemente überwinden, nur in Annahme, Kritik und Präzisierung der mystischen Traditionen und Gefährdungen wird es der Bedrohung und Verwilderung der freien Religiosität widerstehen und zu Hilfe kommen.

Ist dieser Versuch einer paradigmatischen Neuformulierung, weil er die alten Mythen, Metaphysiken und ihren uns vertrauten weltanschaulichen Rahmen für überholbar erklärt, purer Rationalismus, wie ich gelegentlich einwenden höre? Ich meine, er ist vielmehr Wahrung des zu verehrenden und anzubetenden Geheimnisses über alle Vernunft, indem er gerade den sich wandelnden Gestalten der Symbole, Analogien und Semiosen des Geheimnisses zu Wahrnehmung und Aufmerksamkeit verhilft. Entmythologisierung, Symbolverschiebung und Transformation sind keine Rationalisierungen, sondern Versuche neuer Freilegung des Zugangs zum Heiligen und zum Geheimnis, sie sind Konzentration auf die sich abzeichnenden (nun schon fast nicht mehr neuen), sich wandelnden Formen und Erscheinungen. Es gibt auch falschen oder unzeitig gewordenen, sich überholenden und destruktiv werdenden Tiefsinn, der neue Zugänge verhindert! Auch dies zu wiederholen, scheint nicht überflüssig.

5. Der Weg ist das Ziel – wird er gegangen?

Fatalitäten der kirchlichen Lage
Es ist erstaunlich, wie wenig diese – nicht erst seit den Zeiten der Entmythologisierung – längst im Umlauf befindlichen Elemente und hermeneutischen Selbst-

verständlichkeiten des neuen Paradigmas in ihren Konsequenzen für die Interpretation der Grundworte des christlichen Glaubens zu den Gemeinden und den Menschen im Umkreis der Kirchen vorgedrungen sind, und das, obwohl die vorneuzeitlich-wörtliche Auffassung der Grundvorstellungen von den allermeisten Christen und vielen Geistlichen – oft freilich nur stillschweigend, selten (vermutlich aus Gründen der Ratlosigkeit) offen heraus – nicht mehr geteilt wird. Obwohl in der Kirche heute vielfach die historisch-wissenschaftliche Interpretation des Neuen Testaments sich auswirkt und weitergegeben wird, bezahlen wir derzeit im Kirchenbild der Außenstehenden noch immer die Sünden der vorigen und weiterhin die der gegenwärtigen Generation. Hier dürfte ein weiterer – wesentlicher – Grund für den wachsenden Traditionsabbruch der Distanzierten liegen.[299] Im Zeichen der – berechtigten – Besinnung auf das Recht des antiken Mythos wird unter der Hand eine regressive Rechtfertigung mythischer und metaphysischer Sprachspiele fortgeführt. Unter dem Schirm der berechtigten Bultmann-Kritik bleiben seine essentiellen Verwandlungsmotive – ersatzlos – vernachlässigt. Wie weit sind wir von den Jahren der Bultmann-Debatte schon wieder entfernt, dass man sich heute über Lüdemanns unnötig kränkenden, aber zutreffenden Satz vom „vollen Grabe" derart erbosen und entsetzen kann und wir wieder anfangen müssen zu erklären, dass die Auferstehung nicht historisch-leiblicher Sondervorgang, sondern geistliche Wahrheit ist (s.o.) und dass ebenso die Jungfrauengeburt nicht als historisch-biologisches Mirakel, sondern geistlich zu verstehen ist – denn natürlich war Maria von einem Manne schwanger, biologisch keine Jungfrau! Glauben wir denn weniger, dass wir in Gottes Hand auch im Sterben geborgen sind, wenn wir wissen, dass die Gräber der Menschen „voll" sind? Die Entmythologisierungen bzw. Mythos- und Symbolverschiebungen müssten endlich offen heraus und deutlich, für alle erkennbar und nicht nur im Blick auf neutestamentliche, sondern auch auf altkirchliche und reformatorische Mythologoumena und Metaphysiken vollzogen, mindestens als Möglichkeit freigegeben werden: Jesus war kein Gott – antike Menschen konnten und mussten, da Götter allenthalben auf der Welt erschienen und göttliche Helden von Jungfrauen geboren wurden, das Gemeinte so denken und sagen; wir hingegen können und müssen das nicht mehr. Uns gilt: Gott war in ihm und er in Gott – in klarer Verhältnisbestimmung zur Tradition, deren theologischer Sinn nicht bestritten oder unterschritten, wohl aber überschritten, weitergeführt, übersetzt, interpretiert und in unsere heutigen Kontexte und Semiosen versetzt werden muss und darf! Alles, jede theologische Aussage ist geschichtlich, daher wandelbar, überholbar und veränderbar! Dies ist der ebenso (für einige) schmerzliche wie (für andere) befreiende Kern der fundamentalen Geschichtlichkeit aller Dinge, auch der Theologie und ihrer Vorstellungen und Lehrsätze. Weil dies nicht offen heraus vollzogen und weil nicht öffentlich klar gemacht wird, dass auch, wer den wörtlichen und altprotestantischen Auslegungen nicht mehr folgt, eine legitime Heimat in der Kirche hat, empfinden die Menschen die unzumutbare Dogmatisierung der veralteten biblisch-reformatorischen Welt-anschauung, speziell das unverstandene, weil wörtlich genommene Apostolikum ebenso wie jene unsinnige Konkurrenz von Bibel und Evolutionstheorie als schwer erträglich und sie zuinnerst gegenüber der Kirche distanzierend. Hier gibt es offen-sichtlich – angesichts all dessen, was hierüber in der Theologie längst erarbeitet und zugänglich ist, – einen uneingelösten religiösen und theologischen Bildungs- und Nachholauftrag der Kirchen.

Das transformierte Neuerwachen und Sich-Bewähren der Tradition
Es gibt aber in diesem Zusammenhang nicht nur schmerzlich-kritische Gesichts-punkte, sondern auch erfreuende und beglückende Erfahrungen zu vermelden. In-dem nämlich die zentralen Traditionsstücke in den paradigmatisch sich wandelnden Kontext – in das Kraftfeld des neuen Magneten also –eingestellt und zur Geltung gebracht werden, geschieht das Erstaunliche und Ermutigende: mancherlei kulturell und weltanschaulich Bedingtes der bisherigen Theologien fällt bei dieser Umsetzung ab, gerät in den Hintergrund, und es bleiben die wenigen entscheidenden und zent-ralen Grundworte und Grunderfahrungen unseres Glaubens in Geltung. Sie bewäh-ren und gewinnen ihre wunderbare Erschließungskraft wieder, haben damit die Kraft, unter den Bedingungen eines völlig anderen als des biblischen Weltbildes er-neut zu blühen und werden auf neue Weise gültig. Sie leiten – gerade mit ihrer Sper-rigkeit und ihrem Überschuss – zu induktivem Denken und Erfahren an. Sie können – wenn man dies denn mit und an ihnen vollzieht – sich bis ins Herz der Gottesfrage und Gottesvorstellung hinein zu einem neuen religiösen und theologischen Ver-ständnis verwandeln und sie bewahren und gewähren auch in der Verwandlungskraft der „offenen Zeit" eine erstaunliche und vergewissernde Kontinuität ihrer Gültigkeit (vgl. Kapitel IV). So vollzieht sich der fällige Ruck und die Neuordnung des Puzzles im neuen Magnetfeld, indem die nach Verblassen des alten Magnetfeldes und ausge-richtet und herrenlos herumliegenden und veraltenden Begriffe neu gepolt und auf-geladen werden. Das ist meine vielfache Erfahrung mit jenen Grundbegriffen in offener Gruppenarbeit und akademischer Lehre. Aus diesen Erfahrungen nährt sich mein praktisch bewährtes Vertrauen in die Transformationsfähigkeit der reformato-rischen Leitbegriffe.

Die neuprotestantische Tradition hatte eine solche Fortschreibung dieser Themen unter der Überschrift der „Perfektibilität" (18. Jahrhundert) bzw. der „Weiterbildung" (19. Jahrhundert) des Christentums schon längst verhandelt und damit den Altpro-testantismus überschritten. Der johanneische Christus könnte – ich zitierte es schon – eben diese Perspektive mit seinem Satz „Ich habe euch noch viel zu sagen, aber ihr könnt es jetzt nicht tragen" (Joh 16,12) ins Recht setzen, so dass die Heilige Schrift – als Wurzel und Ursprung, aus dem wir leben und glauben – aus ihrem eigensten (johanneischen und [in Antiochia, Gal 2] auch paulinischen) Impuls unverlierbar und ununterschreitbar, sehr wohl jedoch überschreitbar bleibt. „Wir werden alle noch durch andere Tore gehen", hat C.Fr. v. Weizsäcker diesen Sachverhalt vor dem Hintergrund seiner diesbezüglich tiefgreifenden und weitreichenden Meditationen („Das Absolute und die Zeit" und „Das Eine und die Zeit") lapidar formuliert[300]. Und der episkopale Bischof J. Shelby (Newark/ USA) hat sein eindrucksvolles Buch zu diesen Fragen mit dem Titel „Why christianity must change or die" überschrieben (1998). Es scheint an der Zeit, den Themen der religiösen Autonomie, des inter-religiösen Dialogs und des Non-Theismus fundamental Raum und Folge im Bilde von Theologie und Kirche zu geben und die klassischen Symbolbegriffe biblischer und reformatorischer Theologie in das Wiedergeburtsbad dieser Elixiere zu tauchen.

Im religiösen Umbruch der Welt

In all dem Gesagten geht weltgeschichtlich ein Umbruch vor sich, dessen Folgen und sich ergebende Neugestaltungen noch nicht abzusehen sind, zumal er keines-wegs nur die Kirchen, sondern ebenso das gesamte soziale und geistige Fundament unserer westlichen Gesellschaften betrifft. Diesen Weg kann man nur gehen, nicht vorherwissen.[301] Man darf gespannt sein, ob die Kirchen die Einsicht und den Willen haben, den notwendigen Öffnungs- und Transformationsprozess ihrer selbst zu wagen oder ob sie weiterhin theologische correctness und Besitzstandswahrung üben und letztlich eher an diese glauben werden. Möglich ist jenes, aber sicher ist es nicht. R. Kreibich, seinerzeit Direktor des Berliner Instituts für Zukunftsstudien und Technologiebewertung, erläuterte 1998 in einer ARD-Sendung, wie schon zitiert, dass die Prognosen der 1971 veröffentlichten Club-of-Rome-Studie „Grenzen des Wachstums" ziemlich genau eingetroffen seien, was wir, da wir uns an die Entwick-lungen Schritt um Schritt bereits gewöhnt hätten, kaum wahrnähmen, die Weltgesell-schaft aber habe – bisher jedenfalls – nicht die Kraft gehabt, eine Wende der drama-tischen Entwicklungen herbeizuführen. So könnte schließlich auch den Kirchen die Kraft und der Wille mangeln, theologisch ihrer eigenen Marginalisierung entgegen-zuwirken und ihre eigene Öffnung und somit ihre geistliche Welt- und Öffentlich-keitswirkung zu erhalten. Der mündlich mir immer wieder gemachte, mich einzig beeindruckende Einwand gegen die (in meinem vorigen, oben zitierten Buch) ge-äußerte Hoffnung hinsichtlich der sich erweisenden Notwendigkeit der Kirchen und ihrer biblisch-reformatorischen wie dialektisch-theologischen Substanz (wenn diese denn ein offenes Verhältnis zum Religionsbegriff finden) besteht in dem Bedenken, diese Hoffnung sei im Blick auf die Transformationsverweigerung der Kirchen und des etablierten Christentums zu optimistisch. Sollte also stimmen, was wir bereits zitierten: „Die Konfessionen sind doch toter, als sie glauben, heute gehen wir über ihre Mauerreste hinweg"?

Die Forderung der allein aussichtsreichen Freiheit und der in der Aneignung der Tradition erfolgenden Verwandlung ist freilich nicht ohne Skepsis und Melancholie zu erheben. Fontanes Stechlin oder Lampedusas Leopard (dort speziell das Gespräch zwischen dem Chevalley und Don Fabrizio im IV. Kapitel), aber auch – neben vielen anderen – der alte Jacob Burckhardt haben die Trauer über den Umbruch und die Einsicht in die verlustreiche Notwendigkeit des Neuen unvergleichlich schmerzvoll vor Augen gestellt; auch das oben zitierte Gedicht der immer zu verehrenden Lasker-Schüler „Es geht ein Weinen durch die Welt …" gehört hierher. Die Behütungen und Schönheiten, Tröstungen und Gewissheiten des alten Paradigmas sind unübersehbar und z.B. in der Polyphonie der Schütz'schen und Gesualdo'schen wie im Generalbass der Bach'schen Musik unüberhörbar. Daher die heute ungeheure Wirkung dieser Musiken: Sie repräsentieren die Sehnsucht nach einer größeren Gewissheit, die wie der Nachhall einer alten Heimat ist, in der das Gesicht des gnädigen Vaters uns seine Huld und Gunst zuwendet und uns behütet. Dennoch müssen wir, soll der Hiatus zwischen musikalisch-religiöser Empfindung und religiösem Denken, religiösem Bewusstsein nicht noch tiefer werden, aufbrechen in eine neue, dafür aber – das ist der Preis – gebrochene Gewissheit. Nur so halten wir der Gegenwart, den Menschen und der Wahrheit, d.h. uns selber wie dem göttlichen Auftrag des Gestaltwandels die Treue. Wer sich nicht in Gefahr begibt, kommt darin um, weiß ein bekanntes Aperçu. Schmerz ist die Treue zum Alten (den freilich die jüngere Generation oft gar nicht mehr empfindet, so dass sie fast wie selbstverständlich und zu niemandes Heil – auch innerkirchlich – über das Wissen der Tradition hinwegschreitet und weiterzieht).

Trotz der Skepsis aber, die man im Blick auf die Kirchen haben muss – die freie, auf individuellem Wachstum und Entscheidung beruhende Religiosität der Menschen ist, obwohl sie als Verarbeitungsinstanz aller inneren und äußeren Stimmen unausweichlich und unaufgebbar ist, immer nur eine gefährdete und instabile Beziehungsgröße, die nur sehr begrenzt Substanz und Fundament einer Theologie des neuen Paradigmas, eher nur ihr Ferment liefern kann. Daher bedarf es in dieser Situation unabweisbar eben jener gefährdeten Kirchen und religiösen Gemeinschaften mit ihrem innersten Kreis und dem Kern des Heiligen und Unabdingbaren; denn wir als Individuen können nicht immer angemessen glauben noch auch die in langen Generationen erarbeiteten Einsichten des religiösen Bewusstseins erhalten. Wir brauchen die Kirchen – so wie wir den Rechtsstaat brauchen, der mit seinen gewachsenen Rechtsprinzipien und Gesetzen in erheblichem Maße die fragile Rechtlichkeit und das schwankende Rechtsbewusstsein der einzelnen Menschen beschützt, entlastet, ausgleicht und stützt. Nur die mit dem religiösen Individualismus gleichursprüngliche communio sanctorum – die quer durch die Völker und Religionen geht – gewährt eine Lern-, Erinnerungs- und Erzählgemeinschaft für das, was an gelungenem Leben wie an Leiden und Schmerzen quer durch die Welt über die individuelle Erfahrung hinausschießt. Dergleichen weiß und hat der (notwendige und bereichernde, derzeit deutlich überbewertete) religiöse Individualismus nicht. Er schafft von sich aus – so unüberspringbar und schön er ist – die notwendige Überwindung seiner eigenen Barriere und seiner Reduktionen nicht; er kann sich auch nur schwer selbst korrigieren und am eigenen Schopfe aus dieser ihm konstitutiven Schwäche herausziehen; er kann derzeit nur durch Gegengewichte ausbalanciert werden. Auch hierin ist die bleibende Notwendigkeit der unakzeptablen Kirche begründet; denn an ihren Möglichkeiten und ihrer Repräsentanz der alten Schätze haben auch die Teil, die nur distanziert zu ihr stehen. Werden die Kirchen sich ihrer Selbsttransformation und ihrer ständigen Semiose öffnen? Jeder und jede einzelne kann hiermit beginnen und Schritte auf diesem Wege machen.

6. Aufgabe und Vorbild offensiver gesellschaftlicher Werbung – Modell eines neuen „Missions"verständnisses der Kirche

Theologisches Bewusstsein muss nach alledem nicht fürchten, seinem Auftrag und dem biblisch-reformatorischen Schatz, der größer ist als unser religiöses Bewusstsein, untreu zu werden, wenn es, statt Menschen in das Ganze und System der (bisherigen) kirchlichen Lehre zurückzuholen, sich vielmehr in deren Frame und auf ihre Lebenswege begibt, um sie auf diesen Wegen zu begleiten und dort, mitten in deren religiösem Frame, den Gestaltwandel der zentralen Grundbegriffe zu ermöglichen und die Wahrheit christlicher Grunderfahrung zur Geltung zu bringen.

Im Gegenteil – gerade wo dies offen und kompetent geschieht, mitten in den Lebensprozessen der Menschen und der Gesellschaft, lässt sich der Schatz der Tradition hochhalten und evident machen, muss er nicht versteckt werden. Dort, im gesellschaftlichen Lebensrahmen der Menschen, ist vielmehr der Ort der Werbung (da das Wort „Mission" derzeit verbraucht und belastet ist), des Zeigens, offensiven Vordenkens und Argumentierens für die Wahrheit dieser Grundbegriffe und der sie begründenden Erfahrungen. Denn Gesetz, Gnade, Doppelgebot, Simul und die Endlichkeit, Nicht-Göttlichkeit des Menschen und also „Gott" sind unbezahlbare Kostbarkeiten und die beste Theorie vom Menschen, seinem Selbstverständnis und seiner Selbstüberschätzung – und dies mitten in unserer Lebenswelt, Kultur und Gesellschaft. So erst wäre die Kirche eine offene, die man auf den eigenen Wegen immer wieder betreten, die man als Wiedererkennungs- und Lesehilfe von Wahrheit in den allgemeinen Lebensprozessen benutzen, von deren Lebensgütern die Seele – wie in einem Refektorium oder einer Apotheke – sich ernähren und heilen kann. So kann der sich wandelnde innere Kreis des Heiligen, von dem wir oben sprachen, zu einem Mittel- und Sammelpunkt in der gesellschaftlichen Umwelt werden. Das wäre echte Pro-Existenz der Kirche.

Für diese Kirche und ihre Inhalte lässt sich argumentieren, zu ihr lässt sich auch mit Überzeugung einladen und (in diesem Sinne) „missionieren", „werben" – wie Paulus es einst in Athen und Ephesus, auf den Märkten, tat! Ganz in diesem Sinne hat Paul Tillich in den frühen 1920er Jahren darauf gedrungen, den proletarischen Arbeitern nicht zuzumuten, in die völlig verbürgerlichte Kirche und deren Christlichkeit eintreten zu sollen, da sie in ihrem eigenen Lebensrahmen die Erfahrung der Entfremdung („Sünde") wie der Gnade und Erlösung und damit die Erfahrung der „Heiligkeit der Masse" machen und begreifen können.[302] Nicht anders steht es unter religiösen Gesichtspunkten heute. Solche nicht-verkirchlichende, nicht-vereinnahmende Missionsarbeit aber ist theologisch wie religiös erst zu lernen. Ein solches Modell und Verständnis von „Werbung" aber ist nicht ohne Vorgang und nicht ohne ein Vorbild, das mich immer sehr beeindruckt hat.

Richard Wilhelm, der Missionar des Allgemeinen Evangelisch-Protestantischen Missionsvereins (Ostasienmission) in Tsingtau/Kiautschou und spätere Sinologe in Frankfurt (dessen Übersetzungen des Taoteking, Liädsi u.a. noch jetzt in der Gelben Reihe des heutigen Diederichs-Verlages in unserem geistigen Leben präsent sind), hatte vor dem geistigen Hintergrund und im Schutze seines Schwiegervaters, des (jüngeren) Christoph Blumhardt, in seinem missionarischen Wirken darauf verzichtet, Menschen zu taufen und sie in Gemeinden zu versammeln, weil er sie damit aus ihrem kulturellen wie religiösen Leben herauszulösen und zu entwurzeln fürchtete (so dass die Kirche neben dem Leben der Menschen stehen würde). Vielmehr hatte er darauf bestanden, sie in ihrer geistigen (chinesischen, konfuzianischen) Umwelt und Heimat zu belassen und sie dort, in ihrem Frame und Pattern, den neuen Geist Gottes spüren zu lassen, ihnen dort das „Christus ist Sieger" zu verkünden und es sich dort auswirken zu lassen. „Sie müssen zunächst keine Christen werden, vielleicht gar nie", schreibt ihm Blumhardt: Man müsse „aus dem schrecklichen europäischen Kirchen- und Missionszwang heraus[zu]kommen". Die „Konfessionen sind das größte Hindernis ... Ich lese gegenwärtig ein Schriftchen aus dem Taoismus ... Da ist mehr Erkenntnis der Wahrheit als bei allen Konfessionen." „Halte Dich zu den Chinesen! Gott aber gebe seinen Geist in die, die Dir entgegenkommen. Christen brauchen sie gar nicht zu werden. Diesen Namen sollte man in fremden Ländern gar nicht aufkommen lassen. Wer den Willen Gottes tut, ist des Himmelreichs Kind, ob er von Konfuzius oder von den Kirchenvätern stammt." „Die Heiden kommen in das Reich Gottes, ohne Christen zu werden. Sie werden zu Christus kommen, ohne dass sie wissen wie, nur weil sie sich dem Einfluss hingeben, den Eure Arbeit auf sie macht ... Wichtig ist mir auch der Gedanke geworden, dass Ihr immer mehr von dem entblößt werdet, was Pfarrer oder Missionare sind ... Darum hütet Euch auch ferner vor dem Sauerteig der Bekehrerei zum Christentum und bleibet Menschen zu Menschen, recht und schlecht den Bedürfnissen der Chinesen entgegenkommend." „Unser Geschäft ist nicht taufen und Kirchen bilden, sondern lehren und lieben." „Es ist eben ein neuer Weg, und es wundert mich nicht, dass auf diesem Weg die alte Methode sich aufbäumt. Denn man kann sich ohne Kirche noch kein Kommen zu Gott vorstellen." „Unter Umständen müsst Ihr Chinesen mit den Chinesen werden, sei es auch, dass es zu einer Trennung von den kirchlichen denkenden Menschen kommt." Und in der Tat – die entsprechende Praxis R. Wilhelms führte zu erheblichen Divergenzen mit seiner Missionsgesellschaft, die ihn zwar lange ertrug und trug, schließlich aber, nachdem der Weltkrieg das begonnene Werk zerstört hatte, sogar bat, auf seinen Ehrenvorsitz in ihr zu verzichten.[303]

In diesem Sinne können und sollen auch wir in unserer Gesellschaft sehr wohl „missionieren", den Menschen das überzeugende und hilfreiche Glaubensgut unserer Kirche, wie in Kap. IV beschrieben, offensiv zeigen, auf es hinweisen, für es – auch wenn man Karl Barths unvergessliches „Quousque tandem" mahnend im Sinne hat – mit Überzeugung und Freude einstehen und werben. Dies kann geschehen, ohne die Menschen damit schon zur (hin und wieder auch richtigen und wichtigen) Kirchenmitgliedschaft zu werben, und schon gar nicht, sie in die Gesamtheit der klassischen biblisch-reformatorischen Anschauungswelt zurück- und herüberzuholen und so – ohnehin aussichtslos genug! – sie ihrer Lebenswelt zu entfremden[304]. Wir brauchen und sollen, was wir an Substanz und Schätzen unseres Glaubens und unserer Tradition haben, nicht verstecken – *wenn* wir lernen, offen und induktiv an den Schwellen- und Anfangszonen der Kirche zu sprechen; wenn wir lernen, mit der natürlichen Religiosität, dem notwendigen Anknüpfungspunkt und – wo es den (wie derzeit im Osten Deutschlands) derzeit kaum gibt – mit dem existentiellen Lebensbewusstsein und Lebenshunger zu arbeiten: ihn ernst zu nehmen, Vergessenes und Unbewusstes neu einzuführen und so seiner Seele Brot und Nahrung aus der Tradition anzubieten. Das verlangt das Vermögen offener, prozessorientierter und interaktionsbezogener Arbeit und passt zur Struktur distanzierter Christlichkeit, wie sie oben (Kap. I) beschrieben wurde. Erst mit solcher Art Mission und Bewusstsein vollzieht die Kirche die unabwendbare Einsicht in diesen weithin distanzierten Charakter ihrer Adressaten inner- wie außerhalb ihrer selbst. Und das legitim! Die Kirchen haben unvergleichliche Räume, Texte, Bilder und Lieder, die weiter reichen als jeder theoretische und intellektuelle Diskurs, um die Erfahrung des „Dein Leben ist ein Geschenk und voller Gnaden" (mit ungezählten Psalmen und Chorälen) und des „Du sollst" (mit der Geschichte vom barmherzigen Samariter) im Grundgefühl des Lebens, im Herzen mit Schweigen, Singen und Meditieren zu verankern – nontheistisch, wenn es die Situation verlangt. Dies vermag kein theoretischer Ethikdiskurs, der daher auch in der entsprechenden intellektuellen Ratlosigkeit und Beliebigkeit verharrt. Warum auch sollte rein gedanklich oder logisch das Gebot der Nächstenliebe akzeptiert werden, wenn nicht irgendwo und irgendwie das Herzangehende dieser Erfahrung empfunden und erlebbar gemacht wurde? Die Erwartung, dass auf der Ebene des Intellekts alleine – durch kognitiven Diskurs – Überzeugung entstehe, dürfte akademischer Aberglaube sein. Hier bedarf es angesichts der dem Menschen entsprechenden Mehrdimensionalität der Arbeitsformen und einer ganzheitlichen Überzeugung auf anderen Ebenen, als Schule, Universität und akademische Diskussion sie zur Verfügung haben. Die Kirchen aber haben hier unschätzbare Möglichkeiten und Medien, auch wenn diese derzeit vielfach verachtet werden und wir es oft genug – im geschlossenen dogmatischen System und Verfahren – schlecht machen („Mein Gott, du hast so schöne Häuser! Aber deine Lieder, … kannst du nicht andere machen" heißt es in den „Kinderbriefen an den lieben Gott"). Wir brauchen unsere Schätze wahrlich nicht zu verstecken, es bedarf jedoch offen strukturierter Orte und Prozesse für ihr Wirken. Die Gesellschaft und die Menschen brauchen einen Kompass für die Öffentlichkeit und Nahrung für die Seele. Hierfür – im offenen System und ohne (auch inklusive) Absolutheitsansprüche – sprechen zu lernen, scheint eine fällige und erlernbare Aufgabe, für die es (z.B. in den Akademien und Kirchentagen) bereits schöne Vorreiter gibt.

Wollte man allerdings versuchen, wie neuerdings im Blick auf die östlichen Bundesländer Deutschlands geplant wird, diese Mission mit den Mitteln oder vor dem Hintergrund biblizistisch-pietistischer oder konfessioneller Anschauungsformen, ihrer Gotteslehre und Christologie zu betreiben, so wird das Desaster nicht lange auf sich warten lassen bzw. es wird ohne viel Aufsehen weitergehen. Die vergeblichen Versuche mit den Bibelwochen in den 1980er Jahren und vermutlich auch die nur kircheninternen Erfolge des jüngsten „Jahres der Bibel" – trotz der euphorischen Schlussklänge bei seiner Beendigung – sollten nicht übersehen werden. Sonst wird sich weiterhin ereignen, was Kierkegaards Anekdote erzählt: Er habe seine Wäsche in einem Laden, an dem ein Schild „Hier wird Wäsche gewaschen" hing, abgeben wollen, aber die Antwort erhalten: „Nein, mein Herr, wir waschen keine Wäsche, wir vertreiben nur solche Schilder." Soll es so mit der Kirche werden oder weitergehen? Nur induktiver und ebenso themenzentrierter wie interaktioneller Zugang zu den Schätzen und der Gestaltwandel aller Theologie bewahrt uns davor.

Unsere Verantwortung für die Gestaltung dieser Prozesse ist das eine; unser Wissen, dass hier nichts machbar ist und wir nicht wissen, „was wir beten [und glauben] sollen, wie sichs gebührt", wir also nur im Beten und Meditieren die Behütung durch den größeren Geist, der uns mit unaussprechlichem Seufzen vertritt, eine Verwandlung der Kirche erhoffen können, das ist das andere. In diesem Beten könnten sich wohl die Gläubigen des alten und des neuen Paradigmas, des offenen wie des geschlossenen Modells zusammenfinden. Das Neuwerden der Kirche und das Mächtig- bzw. Öffentlichwerden ihres Geistes beginnt nur religiös, geistlich, theologisch und in der Symbolik ihres politischen Verhaltens – mag es auch strukturelle Reformschritte geben, die hierauf vorbereiten können. Darum ist die Langsamkeit und Heimlichkeit dieser Wachstums- und Entwicklungsprozesse in jedes Menschen, jeder Pastorin, jeder religiösen Gruppe, jedes Kirchenkreises Hand und Mut gelegt. Mit dieser – kleinen – Verantwortung kann überall begonnen werden. Sie ist eine Freude und ein im Grunde abenteuerliches Leben in religiöses Neuland hinein, welches sich derzeit rasant ausweitet.

Kapitel VI

Umriss, Stufen und Vorschein einer veränderten, gebrochenen Gewissheit – Quellen des Muts

Nach der im Vorigen beschriebenen religiösen Gestaltwandlung kann sich nun auch eine neue Weise wachsender und echter, wenngleich relativ und graduell bleibender Gewissheit entwickeln, die das Erdbeben des gestorbenen Gottes und der konstitutiven Doppelgesichtigkeit des Göttlichen, die fundamentale Ambivalenz der Welt und ihrer religiösen Dimension gleichermaßen in sich aufnimmt und die nach dem Verlust des theistischen Gottes und seiner vermeintlichen Eindeutigkeit keine uneinlösbaren Gewissheitsversprechungen mehr macht. Als gäbe es eine religiöse Gewissheit jenseits all dieser Erschütterungen. Auch das „Extra nos", dass es also jenseits unserer kleinen Subjektivität noch Realitäten und Kräfte gibt, denen wir uns verdanken, hat seinen Status verändert. Auch der „Bindu" der Gewissheit darf nicht eingetragen werden, er muss vielmehr – in der „offenen Zeit" – offen und im Wandel bleiben, mitbestimmt durch einen essentiellen Unschärfe- und Ungewissheitskoeffizienten. Die Unschärfe – ein Symbolbegriff aus dem Gesetz unserer Zeit – vollzieht sich auch hier.[305]

Hier wird gerne eingewandt, dass auf solche Weise die Möglichkeit der reformatorischen Gewissheit unterschritten und veruntreut werde. Indessen, auch der Gott der klassischen Theologie Luthers war – entgegen verbreiteter Meinung – in Gericht und Gnade ein zutiefst zwiegesichtiger, verborgener Gott, der nur in Christus – also nur hier, nur in ihm – eindeutig wurde. Die Erfahrung Gottes, ja Gott selber war für Luther durchaus doppeldeutig, weil Luther – wie oben gezeigt – hinter aller zugesagten Gewissheit Gott im Unglück und Bösen (im „Teufel") der Weltgeschichte und in der Tatsache der doppelten Prädestination (aufgrund deren ein Teil der Menschheit zur Verdammnis bestimmt war) wusste, so dass der verborgene, vernichtende Gott durchaus eine Realität war, die Luther nicht bestritt, vielmehr betonte. All dies lauerte im Untergrund der Gewissheit. Er lehrte nur: Schau nicht hin in diesen Abgrund, plage dich nicht mit den unlösbaren Prädestinationsängsten und halte dich – auch im Leiden und Bösen der Welt – an den in Christus offenbaren gnädigen Gott, nicht an den verborgenen, bedrohenden. Diesen bestritt er nicht! Die Frage aber ist, ob wir uns dieses Blickes in die Abgründe der religiösen Erfahrung enthalten können, wie der reife und klassische Luther, all dieser Bedrohungen bewusst, es rät; ob eben diese Abgründe für uns nicht unausweichlich – auch im Blick auf das veränderte Verständnis des Göttlichen – in den Vordergrund getreten sind. Zudem ist Luthers Christus – inzwischen selber in Zweideutigkeit und Menschlichkeit geraten – nicht mehr der einzige Weg zu Gott; er ist kein Gott mehr und keine aller Geschichtlichkeit und ihrer Relativität entnommene Größe. So erspart auch Jesus, der „Erstling" unter den Töchtern und Söhnen Gottes, den Weg zwischen Gewissheit und Ungewissheit nicht mehr – exakt wie es beim jungen Luther war, dessen Christus gerade in seinen Zweifeln und Ängsten das „Urbild aller Frommen" (exemplar omnium devotorum) war, die Gläubigen in seine Ängste und Tode mit hineinnahm und sie mit ihnen durchstand. Daher war seine frühe Gewissheit – anders als seine spätere, klassische – nur eine bedingte und gebrochene; sie kannte noch kein „Extra nos", kein Jenseits aller Zweifel und Verzweiflung. Es war eine gebrochene Gewissheit, eine, die nur unterm Widerspiel und *am* Gegenteil – verborgen unter Kreuz, Leiden und Ungewissheit – sich erfahren ließ. „Niemals können wir wissen, ob wir gerechtfertigt sind, ob wir glauben." Nur in und an der Ungewissheit gab es Gewissheit – beim jungen Luther. Auf ihn müssen wir – offensichtlich und schicksalhaft – wieder zurückkommen, müssen zunächst in die Tiefe der Angst- und Sterbeerfahrungen hinein, in deren Durchstehen allein – wie Christus und vielleicht mit ihm – die Lösung gefunden wird und Gewissheit entsteht. Solche Zeiten, in denen derlei Reduktion und Zurücknahme von Gewissheit unvermeidlich und allein möglich ist, gibt es offensichtlich immer wieder. Es scheint, als wenn wir heute auf diese begrenzte Stufe echter, wenngleich relativer, gebrochener und synergistisch gefährdeter Gewissheit zurückgeworfen sind, so dass wir legitimerweise hinter vielem, was theologiegeschichtlich – beim klassischen Luther, im alten Weltbild – schon einmal möglich war, zurückbleiben müssen. Leben wir auch nicht mehr im Bewusstsein eines Prädestinationsvorbehalts, so doch unter dem Vorbehalt eines – auch religiös unkalkulierbaren – Schicksals und der Zweideutigkeit des Göttlichen.[306]

Zudem – es wurden und werden noch heute „geschlossene" und völlige Gewissheiten versprochen, die nicht jedem von uns glaubwürdig, vielleicht nicht einmal wünschenswert sind; ohne sie lässt es sich vielleicht sogar besser: glaubhafter, lebendiger und vitaler leben, denn in jeder lebendigen Gewissheit muss ein Element von Spannung und Ungewissheit erhalten bleiben. Völlige Gewissheit wäre für viele von uns Beengnis und Stillstand, unglaubwürdiges Versprechen, unnatürliche Unwahrheit. Gebrochene Gewissheit und Bejahung sind – in der „offenen Zeit", ihrer Entropie und offenen Evolution – oft das Wahrere (womit niemandem, der anders zu leben und in alten, vielleicht noch einmal wiederkehrenden Formen gewiss zu sein vermag, vorgegriffen sein soll).

Dennoch gibt es im Zeichen auch dieser neuen Konstellation eine Gewissheit. Denn auch ist hier ein Lebensbewusstsein und ein Vertrauen möglich, welches die heute verbreitete Verliebtheit ins Ungewisse und die grassierende Suggestion totaler Ungewissheit, als wäre jede Bejahung, Verlässlichkeit und Gewissheit illegitime Realitätsverleugnung, Untreue zur Erde, zur Gegenwart und verkitschte Unwahrheit („heile Welt"), hinter sich lässt und überwindet. Besinnt man sich auf den fälligen Mut zur Gewissheit – in den uns zustehenden Graden –, dann scheint es nicht mehr notwendig, bei dem berühmten Gedanken Lessings stehen zu bleiben, der so etwas wie das Geheimcredo – weniger der Moderne als – epidemisch – der Postmoderne geworden zu sein scheint:

„Wenn Gott in seiner Rechten alle Wahrheit, und in seiner Linken den einzigen immer regen Trieb nach Wahrheit, obschon mit dem Zusatze, mich immer und ewig zu irren, verschlossen hielte, und spräche zu mir: wähle! Ich fiele ihm mit Demut in seine Linke, und sagte: Vater gib! die reine Wahrheit ist ja doch nur für dich allein!"[307]

Wohl bleibt ein Ferment dieses Gedankens als Elixier produktiver Ungewissheit in jeder inneren Stimmigkeit und Gewissheit erhalten (wie eben schon in der klassischen reformatorischen Gewissheitslehre), aber der letzte uns zugängliche Stand scheint mit Lessings Satz nicht erreicht. Hier, in der Frage nach einer veränderten Lebensgewissheit, wiederholen sich viele bisher schon besprochene Elemente und Formulierungen. Sie ordnen sich unter neuem Gesichtspunkt noch einmal anders und treten dabei in ein ungewohntes Licht.

1. Grundlegungen und Anfänge

„Ich habe eine Familie, einen Menschen der mich liebt, einen Beruf, Essen, Kleidung und eine Wohnung – was will ich mehr?" Schon das ist Basis und Boden, Trost und Sicherheit eine ganze Lebensstrecke lang, wenn ich all dies mit Dank und Bewusstsein des Unselbstverständlichen annehme; und wenn ich mir bewusst halte, dass es menschliche Beziehungen, Kollegen-, Liebes-, Familien- und Freundschaftsbeziehungen gibt, die zu den Kostbarkeiten des Lebens gehören und es ernähren. Und – es gibt die unerhörte Fülle und Schönheit der Natur, der Landschaften und der Blumen, des Jahreswechsels und des trotz allen Kummers und Ungemachs immer wiederkehrenden Frühlings, das Bild des sich immer wieder regenerierenden und ermutigenden Lebens und seiner Freude. Das Vertrauen in die aus diesen Quellen immer neu sich herstellenden Homöostasen und die Zuversicht, dass auf – fast – jede Nacht ein Morgen folgt, das sind – in all ihrer wundersamen Trivialität und scheinbaren Gewöhnlichkeit – Gewissheiten des tragenden Lebens, die sich fast immer wieder bewähren und den Mut erneuern können.

Zu diesen elementaren Vergewisserungen gehört in den biologischen wie sozialisierten Mechanismen unseres Selbstbewusstseins – erstaunlich genug, oder auch gar nicht – die lern- und übbare Aggressions- und Wutfähigkeit, ohne die kein seiner selbst gewisses Rückgrat heranwächst. Sie gehört zu den Standfestigkeiten und Potentialen, die die Evolution dem psychischen Organismus bereitstellt und die sich vermeiden oder aber lernen, üben lassen. Wer einmal hierzu das wütend-gewisse „This is my life" von Shirley Bassey oder das strahlend-anmaßende „I am what I am, I am my own special creation" von Gloria Gaynor gehört, innerlich mitgesungen, in seine Hacken hineingetanzt hat, hat sich einen nicht zu verachtenden, wenngleich profanen Schatz an Gewissheit und das unerlässliche Minimum an Ich-Bewusstsein und seelischer Gesundheit gewonnen: die Möglichkeit, sich durchatmend seines Rückgrats zu freuen und sich aktiv und tätig, nicht nur reaktiv zu verhalten: „I am what I am".

Eine ganz andere, weitere und neue Stufe von Gewissheit tritt – gewissermaßen als spiegelverkehrte Rückseite der eben genannten tatfreudigen Aggression – in Erscheinung, wenn wir uns der Tatsache und Gabe unserer Empfänglichkeit zuwenden und dies zu wissen lernen: dass wir in aller Regel von nicht machbaren Geschenken und Gaben umgeben und getragen sind, die sich nur mit Dank empfangen lassen; und dass das Leben und alles scheinbar so Selbstverständliche in allem Entscheidenden ein Wunder und eine Gnade ist, die es mit Dank anzunehmen gilt. Dies ist zu lernen und übend, erinnernd sich bewusst zu machen. Hier gibt es Erfahrungen von Gnaden und Gewissheiten, von Schöpfungsgnaden und von geschenktem Leben – wenn wir diese Bewusstheit allmählich in uns hineinwachsen lassen und in uns wach halten. „Ich glaube an keinen – ‚einen' – Gott, aber an das große und wunderbare Geheimnis in allen Dingen, in Mensch und Natur, Kunst und Kultur", so hörte ich das formulieren; das ist, als wenn die beiden Fische aus Kapitel II es gesagt hätten. Dabei bleibt dieses letzte und verborgene, also göttliche Geheimnis des Lebens und aller Dinge immer nur das in allen geschöpflichen Zweideutigkeiten verborgene, aus ihnen sprechende und mitwahrgenommene Geheimnis, das indirekt und verhüllt in und an der Schöpfung spricht und deutlich wird. Auch dies Gnädige und Zweideutige gehört zu den ahorata theou, zu Gottes wunderbarem Wesen, seiner ewigen Kraft und Gottheit, die in und an der Schöpfung „mit"wahrgenommen werden (Röm 1,20). Wenn die Augen unseres Herzens offen sind („man sieht nur mit dem Herzen gut"), lernen sie, in allem das lebenspendende und ermutigende Geheimnis zu erkennen. Mag es daher auch manche, die im alten Hause des christlichen Glaubens leben, schmerzen, dass hier nicht mehr (jedenfalls nicht notwendig) die Gnade eines persönlichen Gottes und Vaters erscheint, vielmehr nur die personal und persönlich erfahrenen Gnaden des (nicht-gegenständlichen) Grundes und Abgrundes dieser Welt wahrgenommen werden, so gehört dieser Verlust, diese Minderung oder aber diese *Veränderung* der alten Gewissheit zu den Schicksalen des fundamentalen Gestaltwandels, der auch die Gewissheit erreicht hat. Aber eben diese begrenzte und indirekte Gewissheit muss sich die wahrzunehmenden Gnaden nicht bestreiten und wegreden lassen: Alle Schöpfung wird durchsichtig auf das in ihr wohnende Geheimnis hin; in dessen Zeichen lässt sich – mit Dank – erleben, was geschieht. Wohl dem, der schon in guten Zeiten das Bewusstsein und die Wahrnehmung der Seele in diesem Sinne auszubilden und einzuüben lernt. Denn in den guten Zeiten gibt es fast immer die geschenkten Gnaden und die kleinen oder größeren Erfüllungen, an denen die Seele eine ganze Kategorie und Welt von Erfüllungen lernt – nie absolut, immer nur auf Zeit und zerbrechlich, aber so eben doch, jetzt und unbedingt. Schon diese „mit"wahrzunehmenden, wahrlich unselbstverständlichen, allermeist aber reichlich vorhandenen, mit Dank zu erlebenden Gnaden machen das gelingende und gute Leben ein ganzes Stück weit bewusst und stimmig, gewiss und nicht wenig heil und reich: Gewissheiten der Schöpfungsgnaden.

Aber der Kreis der Gewissheitsringe, die sich über die Dinge ziehen, kann sich ein weiteres Mal weiten. Es kann noch eine weitere Variante des in der Schöpfung Heilenden hinzutreten: die Gewissheit des Unbedingten und Gültigen, die in der Erfahrung des „Du sollst …" oder „Hier muss ich …" entsteht. Das Verschwimmen und Ungewisswerden meines Ichs verliert sich, wenn ich weiß, was ich zu tun habe und was jetzt dran ist. Eine Aufgabe kann von allzu viel ungewiss machender Selbstzentriertheit erlösen. „Süßer Trost in meinem Herzen, meine Pflicht hab ich getan" singt Beethovens Florestan im Fidelio, „Gib, dass ich tu mit Fleiß, was mir zu tun gebührt", so formuliert dasselbe ein Choral. Auch diese Verpflichtung ist ein weiterer Schritt im Gewisswerden und ein Geschenk des Lebens, das diese Möglichkeit in der Struktur seiner Potenzen bereit hält: Auch die Erfahrung des Gesetzes, des „Du sollst" – und sei sie noch so klein und alltäglich – gewährt Gewissheit und Zugehörigkeit, Überwindung der Ortlosigkeit, Identität, Überwindung des Zwiespalts, Einheit in mir.

In dieser Erfahrung verbirgt sich aber noch ein weiterer Schritt. Mitten in aller Relativität nämlich entpuppt sich hier die Möglichkeit, sich auf einen relativen Ort oder eine relative Erfahrung ganz einzulassen, sich meditierend, handelnd und erlebend in sie loszulassen, zu vertiefen und eben dadurch – mitten in der Relativität –zwar keine Absolutheit, wohl aber die Tiefe der Unbedingtheit und einer jetzt spürbaren persönlichen Gültigkeit und Aufgabe – in mir oder mit anderen – zu gewinnen. Hier wird eine Unbedingtheit erfahren und lebendig, die den Mut verleiht, sich zu diesem Moment zu bekennen und ihn bzw. sich selbst in ihm ganz ernst zu nehmen. So endet die achselzuckende Beliebigkeit. Auch das ist eine Gnade. Auch diese Struktur des Seelischen ist ein Wunder der Schöpfung. Die Postmoderne, die keine Wahrheit und Gewissheit mehr zu kennen behauptet, wird – mitten in ihr – überholbar; sie ist keine letzte Wahrheit, sondern ihrerseits ein zur Überholung bestimmter Modus von Existenz, eine Facette mit nur relativen, aber – das eben doch – wahren und unbedingten Einsichten und Vergewisserungen. Auch sie und ihre Relativität haben eine verborgene Tiefe bei sich, von der sie und ihre Theoretiker meist nichts wissen, weil sie für diese keinen Blick und keinen Mut, nur Denkverbote haben. Hier wird – im handelnden oder meditativen Ernstnehmen – die Gewissheit und Unmittelbarkeit einer Erfahrung geschenkt, die die Beliebigkeit beendet und ihre Oberflächlichkeit durchdringt, mithin auf ihre Weise vergewissert.

Dieses Ernst-nehmen-Können des Moments, der Gegenwart, ist eine Gabe des Lebens und eine zu übende „Kunst" der Seele. Sie bedeutet keine allgemein gültige und kognitiv leistbare, wohl aber eine subjektiv mögliche und dann durchaus kognitiv – im Denken und Begreifen – nachzuvollziehende Gewissheit, die im spürenden und wahrnehmenden Sich-Einlassen entsteht. Aus einem relativen, beliebigen Satz und Ort wird ein unbedingter. Nichts ist der Relativität entnommen, aber alles Relative, seine Schönheit wie auch sein Kreuz und Leiden, kann zum Ort dieser Unbedingtheit und Gewissheit werden, indem ich mich in die Tiefe und Unbedingtheit des relativen Moments einlasse und seine Relativität so durchstoße. Dies lässt sich ebenso meditativ wie handelnd üben und lernen. Kein durchgehender Trost und Sinn des Ganzen ist uns gegeben, nur Fragmente, mit denen wir uns zu identifizieren lernen können: Fragmente wie Eisschollen im Strom, keine durchgehend tragende Decke, nur tragende Schollen. Auch die Erfahrungen all der oben (Kapitel IV) erzählten Symbolworte und Okulare ergeben kein stabiles Religionssystem, sie bleiben verletzliche und zu übende Wahrnehmungen, bleiben immer bedrohte Eisschollen und Einzelfragmente, die auszutarieren wir lernen müssen. Daher: Beide – Strom und Schollen – sind das Ganze, in das einzuwilligen wir lernen müssen, Möglichkeiten und Anweisungen des Muts, mitten im tragenden Fluss, mehr Gewissheit als ohne diese Wahrnehmungen und ihre Okulare und Organe. Es gilt, mit der Unsicherheit sich anzufreunden, mit ihr leben zu lernen. All dies ist Arbeit und Kunst der Seele, zugleich aber Geschenk und Vergewisserung an sie. Ich werde eins mit mir, auch hierin „von guten Mächten wunderbar geborgen".

2. Die erste Nacht der Seele

All dies geschieht im hellen Licht des Tages – Erfahrung von Gnade und Gebot als Gewissheit und Identität. Aber irgendwann beginnt für fast alle Menschen auch noch die kleine oder größere Nacht der Seele. In ihr ist zunächst nur die Wahrheit und Aufgabe des Loslassens, des Akzeptierens und Anerkennens dessen, was ist – nichts weiter als dessen, was ist: des Kummers und Schmerzes, der Leere. Loslassen und Annehmen! Das ist die Nacht des Nichtwissens, die nicht erspart wird, über die Johannes vom Kreuz uns so eindrücklich belehrt hat. Nehme ich mitten in ihr meine jetzige Erfahrung und die ihr zugehörige Empfindung – sei es Apathie oder Trauer, Angst oder Zwiespalt – ganz ernst und lasse mich in sie ein, so durchstoße ich mitten in der Nacht des Nichtwissens den Relativismus des zufälligen biographischen Ortes und gewinne die Unbedingtheit und Tiefe meiner gegenwärtigen Situation: ihre Stille und die Wahrheit ihrer Tiefe. Dies erzeugt eine Gewissheit und eine Identität und ein Einssein mit mir, die eine Stufe tiefer führt als die vom Gesetz und von den Schöpfungsgnaden geschenkte. „Wenn ich die Wüste annehme, beginnt sie zu blühen" – das ist die immer wieder bewährte Erfahrung der Gestalttherapie. Dieses Annehmen und Geschehenlassen ist bitter und braucht seine Zeit. Nicht erst hier brechen – hoffentlich – alle Stufen von Auflehnung und Widerstand auf, die Elisabeth Kübler-Ross beschrieben hat; jeder, der lebt, kennt sie und erkennt sie wieder in ihren Schilderungen (ohne deren fragliches Ende im behaupteten „Übergang" in eine andere Welt). Aber wenn es geschieht – jenes endliche Annehmen und Geschehenlassen, dann kann es alle Trauer, Angst, Zwiespalt und alle Freude und Bejahung, alles Versöhnt- und Getragensein zugleich in sich beherbergen und aufheben, kann sie lösen, verwandeln, sie mir anverwandeln und so die innere Zustimmung, das Einverständnis entstehen lassen, genau so wie es auch in der alten Gewissheit das „nicht mein, sondern dein Wille geschehe" gab. Wer sich in den Zwiespalt und in die unbeantwortete Frage meditierend und betend einlässt und annehmend in sie eintaucht, findet – auf Zeit und gefährdet, aber eben doch – das Integral und die Versöhnung beider Seiten dieses Zwiespalts in sich – eines Zwiespalts, der diskursiv, theoretisch und gedanklich immer ungelöst bleibt. Die Seele kann hier mehr als der Gedanke, weil sie Organ für anderes ist. Dieses Annehmen, das Gelten- und Loslassen kann im allmählichen Prozess die widerstreitenden und zerreißenden Zustände zusammenwachsen und heil werden lassen – mitten in aller Zweideutigkeit. Aber das Annehmen und das Loslassen – sie brauchen beide die bittere Zeit und die nur langsam helfende, Geduld verlangende Allmählichkeit, damit sie in die Seele hineinwachsen und dort ihr Werk tun können. Und wer dabei z.B. Chi Coltranes Pretiosen der Trauer und des Muts „Goodbye John", „You were my friend" oder „I took my trouble to the tree" hört, mitsingt oder tanzt, hat viel ermutigenden Schmerz in sich eingelassen und erfährt das „I am going down the road with a sunshine on my hair". So gewähren Trauer und Loslassen das Einswerden d.h. das Einverstandenwerden mit sich und dem größeren Ganzen. Nicht immer, aber wenn die Seele dies gelernt und geübt hat, ist dies eine große Möglichkeit, ein unausweichlicher wichtiger Weg. „Nur was wir annehmen, kann sich verändern" (C.G. Jung).

Gewiss – wenn man einbricht und alle bisherige Sicherheit verschwindet, dann lösen sich auch alle vertrauten Gewissheiten auf und auch all die eben erinnerten klugen Gedanken helfen zunächst nichts. Das eben ist die schmerzliche Erfahrung solchen Einbruchs, dass nichts mehr hält und trägt; leer das Gefühl und leer jedes Wort, das gesagt werden kann. Vielleicht trösten oder ermutigen inzwischen einige Erinnerungen an das, was einmal geholfen hatte; dass es doch wieder weiterging; dass es Freunde, einen Boden oder eine Stabilität der Umstände und der seelischen Funktionen gibt, die mich schon immer durchgetragen haben. Und auch dies kann helfen: Sei klug und verschmähe nicht die triviale Ablenkung und das Wegschauen von der Düsternis und Leere der inneren Welt. Immer gibt es wunderschön-melancholische Fernsehfilme – von „Casablanca" und „Jenseits von Afrika" bis „Turningpoint", die die Aufmerksamkeit auf sich ziehen; es gibt Ausflüge und Feiern mit Menschen, die dich unter den Arm fassen und mitnehmen, zu schönen Orten und Städten auf einer Reise nach Jerusalem, Florenz, Avignon, Cordoba und in die Provence, Tirol, Thüringen, Steiermark oder das Frankenland, deren Schönheit stärker ist als die innere Trauer und die dich darum von der inneren Schwärze ablenken können. Unternimm was, verschmäh nicht die Trivialitäten solcher psychologischen Klugheit: „Was helfen uns die schweren Sorgen? was hilft uns unser Weh und Ach? was hilft es, dass wir alle Morgen beklagen unser Ungemach? Wir machen unser Kreuz und Leid nur größer durch die Traurigkeit." So simpel wie ein hochmögender berühmter Choral darfst du auch sein.

Also zunächst – es bleibt dabei – hilft in solchem Falle nichts, es bricht alles zusammen. Die Nacht wird nicht erspart. „Weine, gib dich der Trauer hin, falle tief", „lerne, dich loszulassen, dich auszusetzen und irgendeinem größeren Ganzen, der Entwicklung und ihrer Kraft dich anzuvertrauen, die dich schon tragen wird, die nur eben das Gesicht ihrer Bedrohung oder Vernichtung dir zeigt." Dieses Loslassen und Anheimgeben gibt es, und es hilft tatsächlich. „Eine gewisse Beharrlichkeit im Verzweifeln erzeugt schließlich Freude", weiß ein in diesen Dingen Erfahrener.[308] Nur allmählich tauchen im Nebel jene bewährten Wahrheiten wieder auf – die von Licht und Blüte, von der angenommenen Wüste, die zu blühen beginnt; dass ein nächster Morgen tatsächlich wieder kommt und dass das, was wir annehmen, sich tatsächlich verändern kann. Die Nacht wird nicht erspart – das ist das Gesetz der Trauer; dies muss man wissen, um es dann, wenn der Einbruch der Trauer geschieht, parat zu haben. Gib dich ihr hin und gib ihr und dir die Zeit.

Und so, im Schnitt gesehen, wird eben dies geschehen: Es können auf neuer Stufe – der schmerzlichen Infragestellung und sich dennoch durchringenden Annahme und Anerkennung – die Gnaden und Gaben des bisherigen Lebens noch einmal ganz neu bewusst und verstanden werden, zu blühen beginnen: die entstehende und ins Gefühl wachsende Gewissheit des Beschenkt- und Getragenseins, mitten in allen Doppeldeutigkeiten und zwielichtigen Lagen. Hier kehren auf neuen Stufen – gereift und vertieft – die Erfahrungen von Landschaft und Blume, Wasser und Himmel, Liebe und Freundschaft, von Gültigem und erfülltem Geheimnis, von Schönheit und Zittern angesichts des Schönen zwischen Menschen und auch in der Natur wieder, die in ihrem Sterben und Vergehen und in ihrer ständigen Regeneration alles Lebendigen ein besonders wirkungsmächtiges Gleichnis des uns Beschenkenden und wieder Belebenden sind: Quelle des Trostes und Mutes, Quelle der Gewissheit des mich tragenden Lebens. Hier werden sie in neuer Weise – als Ort und Ausdruck des wunderbaren Geheimnisses – tief und durchsichtig, wie sie es vorher nicht waren, bevor der Winter des Schmerzes alles gefror: „Herr, es ist Zeit, der Sommer war sehr groß./ … Befiel den Früchten voll zu sein;/ gieb ihnen noch zwei südlichere Tage,/ dränge sie zur Vollendung hin und jage/ die letzte Süße in den schweren Wein" (Rilke). Hier wird eine neu im Selbst verwurzelte Selbstversicherung geschenkt und der Blick wieder frei, die bisherigen Erfahrungen des gewährten Lebens und der vielen Geschenke im gehabten Leben wahrzunehmen; die Beglückung der gewesenen

Schönheiten und gegenwärtigen Reichtümer und das Bewusstsein des Getragenseins gerade dann wieder sehen zu lernen, wenn sie mir aus den Augen zu geraten drohen und ich nur noch – realitäts*un*gemäß – auf meinen Kummer starre. Mitten in fast allen Doppeldeutigkeiten der Welt liegen – fast immer – solche Gnaden, Geschenke und Schönheiten bereit, wenn wir sie zu sehen und zuzulassen, sie ins Herz zu nehmen wagen; wenn wir solche Gedichte und Lieder haben, die sie uns erschließen und vor Augen rufen – nachdem die Trauer und das Annehmen ihre Zeit gehabt haben. Zu diesen immer zweideutigen Gaben muss man lernen sich zu bekennen und sie in all ihrer Relativität wahrzunehmen, sie – allen Ideologien und Entmutigungen zum Trotz – sich nicht aus den Augen und aus dem Herzen rücken zu lassen. Es gibt sie, sie sind da und gültig.

An dieser – oder anderer – Stelle können immer wieder auch psychotherapeutische Phasen und Hilfen notwendig sein. Denn die innerpsychischen Verknotungen und Barrikaden machen nicht eben wahrnehmungs- und empfangsbreit. Dann können noch so viele Heilerfahrungen in der Nähe sein, aber die verschlossene Seele nimmt sie nicht wahr, verweigert sie. Es gibt viele Probleme, auf die antwortet zunächst Lebensweisheit und Psychotherapie, nicht gleich – oder doch erst später – Religion. Hier helfen mancherlei – zunächst nur psychische – Prozesse der inneren Öffnung und Bereitwerdung. Und diese entstehende Bereitschaft führt zu Weiterem:

3. Öffnung der Seele – die bitteren Kräfte des Heils und des Heilenden

Denn erst die vielleicht therapeutisch sich lösende, meditierend und betend sich öffnende Seele ist es, die uns in Kontakt zu jenen allenthalben in der Welt *auch* vorhandenen und bereitliegenden Kräften des Heils und mit den Gnaden des Lebens bringt, – Erfahrungen und Möglichkeiten, die mitten in der zweideutigen Schöpfung verborgen sind und auf uns warten. Gebet und Meditation öffnen uns über uns hinaus, nicht nur zu den schönen und gnädigen, sondern auch zu den vielen zweideutigen Gaben der Schöpfung. Aus ihnen ist – wenn möglich zeitig, nicht erst in der Stunde der Trauer – zu lernen, dass es auch schmerzliche Gnaden und Tröstungen gibt, die nichtsdestoweniger Gewissheiten sind, damit sich die Seele an ihre Wahrnehmung gewöhne und den Blick auf sie zu richten, das Heil in ihnen zu erkennen beginne. Hören wir ein Gedicht von Ina Seidel, „Trost" überschrieben[*]:

„Unsterblich duften die Linden – / Was bangst du nur? / Du wirst vergehn, und deiner Füße Spur / Wird bald kein Auge mehr im Staube finden./ Doch blau und leuchtend wird der Sommer stehn/ und wird mit seinem süßen Atemwehn/ Gelind

---

[*] Ina Seidel, Gedichte © 1955 Deutsche Verlags-Anstalt GmbH, Stuttgart.

die arme Menschenbrust entbinden./ Wo kommst du her? Wie lang bist du noch hier?/ Was liegt an dir?/ Unsterblich duften die Linden."

In die zumutungsvolle Herbheit solchen wahrlich auch erlösenden Trostes muss man sich zu schicken und ihr bitteres Heil zu begreifen lernen. Sie befreit. Und macht weit. Es sind Tröstungen von der Art, wie Shakespeares Julia sie schmerzlich empfindet: „Amme, dein Trost blüht bitter mir im Blut".[309] Auch diese Bitterkeit ist eine Wahrheit des Seelischen und des Göttlichen, des Geheimnisses in allen Dingen – wenn wir lernen, diese Gedanken und die ihnen zugehörigen Empfangs- und Wahrnehmungseinstellungen des Herzens und der Seele zuzulassen und die zugehörige Bescheidung zu lernen. Das fortdauernde Blühen der Linden wird wichtiger, tröstender und sogar schöner als der Schmerz und das Sterben meines kleines Ego. Und wer solch eine bittere Pille – musikalisch herzergreifend verpackt – zu sich nehmen will, der lege sich Bachs Tenor-Arie im CD-Player auf „Man halte nur ein wenig stille, wenn sich die Kreuzesstunde naht …" (Choralkantate „Wer nur den lieben Gott lässt walten, BWV 93). Dergleichen und anderes muss man bei Zeiten sich zurecht legen, denn wenn das Unglück da ist und es brennt, dann ist es oft genug zu spät, Heilungs- und Lösemittel gegen das Erstarren, Verkarsten und Engwerden der Seele zu finden. Daher die Mahnung „Bereitet doch fein tüchtig den Weg dem großen Gast …" – auch durch solche Gedichte wie das von Ina Seidel und die genannte Choralvertonung von Bach. Auch Gewissheit entsteht nicht – oder nur selten – plötzlich, sie will vorbereitet und gelernt sein: Die Seele wächst, sie wächst in den Trost und ihre Bilder hinein. Sie bedarf der Vorbereitung und der Allmählichkeit.

4. Bewährter Trost von außen und Quellen des Muts in der großen Nacht der Seele

Aber auch dies ist noch nicht das Ende aller Wege. Denn es gibt in all solchen Prozessen auch noch eine weitere Gewissheit – geronnen in Worte von außen. Es gibt eine Fülle von Texten, Gedichten, Musiken und – inneren wie äußeren – Bildern, die in unserer kulturellen und religiösen Welt wie Sedimente aus schöner und schwerer Erfahrung der Seele abgelagert sind und um uns her bereit liegen: Boten alter Erfahrung mit den größeren Mächten beider Art, mit Angst und Trost, mit Mut und Zagen. Sie legen uns die Gestalt und Weise der inneren Gewissheit, wie frühere Generationen sie erlitten und in sprachlich gültige Form gegossen haben, zur Aneignung vor Augen und Ohren, vors Herz. Sie gewähren, wenn wir uns von all den auf dieser Stufe geschehenden Hör- und Aneignungsprozessen osmotisch durchfluten und imprägnieren lassen, eine zwar immer nur fragile, vorübergehende, aber doch spürbare und lebbare, heute gültige und unbedingte Verdichtung von Gewissheit und Identität – eine Gewissheit, die dann noch immer gilt und spricht, wenn aller Trost der Kreatur und alle Schöpfungsgnaden dahingefallen sind. Wenn Du diese Verse, Lieder und Bilder siehst und hörst, weißt du, wie erreichbares Vertrauen und gewinnbare Gewissheit aussehen, die durch Wort, Bild oder Melodien – dies öfter noch als durch Worte – in dein Gefühl zu dringen, es zu umhüllen, zu tragen vermögen und die größer sind als Du selbst und dein Gefühl. Da haben Menschen früherer Generationen mitten in Schmerz und Leere etwas erfahren und aufbewahrt, was dir aus dem Blick zu geraten droht, worauf sie doch aufmerksam machen:

„Fürchte dich nicht, ich bin bei dir,"
so spricht die Urmacht des Lebens aus dem Propheten Jesaja in Bachs wunderschönster Motette. Auch wenn ich weiß, dass diese Grundmacht zwiegesichtig und *auch* bedrohlich, ja sogar vernichtend sein kann, so weiß ich doch, dass dieses Geheimnis eben *auch* die reinsten Gnaden bereit hält – mitten im Schmerz (die Welt ist voll von solchen Erzählungen) – und dass solche vielleicht auch mir zugedacht sind, wenn ich sie mir geschehen lasse. So lasse ich es mir – wider meinen Unglauben – ins Herz singen: dass ich, indem ich dies höre, mitmurmele und mich so den Kräften des Guten und des Heils öffne, vielleicht wirklich geborgen und getragen oder sogar – mitten im Leiden, Bösen und Sterben – doch in meiner Seele behütet und bewahrt bin.

„weiche nicht, denn ich bin dein Gott,"
spricht das Geheimnis alles Lebendigen, und ich weiß, es ist ja überall und in allem da, in jeder Pore. So fühle ich mich angesprochen, getragen und weiß, dass Du – zunächst namen- und gesichtsloses Geheimnis – allmählich, indem ich dies singe und mich öffne, vielleicht wirklich Gesichtszüge und Konturen bekommst und näher bei mir bist, als ich selber bei mir sein könnte: Du, Gott, verschlingendes und tragendes Meer des Lebendigen. Mitten in allem Unheil sind auch Gnaden da und wenn ich diese in mein Herz fasse, bin ich behütet. Wenn ich den Tod annehme, verwandelt er sich; auch das Vernichtende im Leben gibt einen bejahenden Lebenssinn frei. Es gibt ein heimliches Ja unter allem Nein, spricht die Urmacht des Lebens – so belehrten uns die erfahrenen Alten. So bestärkt das „Ich bin bei dir" bei mir, der ich an keinen persönlichen Gott glaube, mitten in aller Diffusität des Guten und Bösen, des Glaubens und des Unglaubens das Vertrauen: „Es gibt eine Kraft oder die Elemente einer Kraft, die mich tragen". Und ich wage es, mich darauf einzulassen, loszulassen und dich anzureden: „Du bist bei mir." Gewiss, es gibt nicht nur die Kräfte des Heils, daher kann es Vertrauen nur mit „Furcht und Zittern" (Paulus), im „Fürchten und Lieben" (Luther) geben. Aber es gibt *auch* sie und in solchem Hören und Beten stelle ich mich auf sie ein: Der Glaube ist stärker als das Leid, die Liebe so stark wie der Tod; sie treten hervor und werden gültig, wenn ich mich öffne, anvertraue, anheimgebe: Dir, zweideutiges, gnädiges Geheimnis? Was bleibt mir schon, als mich dir auszusetzen und mit dir eins zu werden? Du bist um mich, umgibst mich unausweichlich, wie mich der 139. Psalm ohnehin lehrt.

„Ich stärke dich, ich helfe dir auch"
Ich höre es: Auch das sind Bestärkungen meiner wankenden Empfindung, wenn ich die in diesen Sätzen erreichte Gewissheit alter Beter singend und hörend in mich einlasse und mich von ihnen imprägnieren lasse. Da ist eine Macht, die spricht „ich

stärke dich" und die mich vorsichtig zu sprechen anleitet „Du bist bei mir". „Siehe, er steht hinter der Wand und sieht durch die Fenster, das ist so viel: unter dem Leiden, die [!] uns gleich von ihm scheiden wollen wie eine Wand, ja eine Mauer, steht er verborgen und sieht doch auf mich und lässt mich nicht … und durch die Fenster des dunklen Glaubens lässt er sich sehen", sagt ein anderer Erfahrener hierzu.[310] Im Annehmen verwandeln auch Tod und Hölle sich, weil auch in ihnen das große Geheimnis verborgen ist und – im Annehmen – sich freigibt und zeigt.

„Ich erhalte dich durch die rechte Hand meiner Gerechtigkeit,"
Dies glaube ich nun eher nicht, weil es keinen eingreifenden Gott gibt. So scheinen es – nicht nur christentumsübliche – Übertreibungen und Generalisierungen von Teilerfahrungen zu sein, die solche Hilfe behaupten; es werden eben so viele Menschen erhalten wie vernichtet. Und mit „Gerechtigkeit" will ich mich jetzt schon gar nicht beschäftigen. Aber mitten im Vernichtetwerden könnte ich vielleicht wirklich glauben, dass es eine Hand gibt, die mich trägt, und dass ich nicht vernichtet werde noch verloren gehen muss, selbst wenn mich das Unglück trifft. Hilfe ist nicht, dass mir die Not genommen wird, sondern dass ich in ihr getragen werde und nicht resignieren oder verzweifeln muss. So glaube ich „an die Hand, die mich trägt"? Aber es bleibt eine nagende Ungewissheit: Zu oft hat die versprochene Hand nicht geholfen, hat sie Menschen elend umkommen lassen. Diesmal mich?

„Fürchte dich nicht, denn ich habe dich bei deinem Namen gerufen,"
So weit bin ich noch nicht, aber ich höre und sehe diese Möglichkeit wie ein leuchtendes Licht vor mir, die vielleicht auf meinen weiteren Wegen in mein Herz hineinwachsen könnte? „Ich bin gemeint", besser: „Du bist gemeint, die Schöpfung meint das Leben, warum also nicht auch dich?" spricht das große Geheimnis, dessen Gesicht sich aus den Tiefen und Schatten, aus dem Dunklen abzeichnet. Im Loslassen kann ich auch auf dieses persönliche Gesicht des Göttlichen verzichten und den im Loslassen entstehenden namenlosen Frieden – mit oder ohne Gesicht – empfinden.

„Du bist mein."
Das ist mir zu groß, aber dass das Leben auch mich gemeint hat und dass mir ein Anrecht auf Leben zugedacht wird; dass ich dem größeren Leben gehöre und in Pflicht und Gnade genommen bin, vielleicht sogar, dass ich ein Recht auf Leben habe, welches mich zur Auflehnung ermutigt – das könnte ich glauben, zumal der wunderbare Bach es mir ins Gefühl singt. Ja, ich will es hören und nachklingen lassen, vielleicht stimmt es ja. Wenn ich den Zweifel annehme, beginnt er sich zu öffnen. Die Alten hatten es besser mit einem festen Gott, aber ich – mit meiner Unsicherheit – habe es realistischer, wenn ich diese Stimmen aus den Untiefen der Welt und aus dem vielstimmigen Kanon der Betenden und Meditierenden höre: „Du bist mein". Ich will es mir merken und nachzumurmeln suchen.

Amen, das wäre schön, ich wünsche es mir.

Vielleicht ist all dies immer wieder unsinnig? Es gibt Nächte der Seele, in denen auch dies alles dahinsinkt und leer wird. Manchmal sind solche Musiken und Texte zugänglich, manchmal unbrauchbar oder gar zornerregend, vorbeirauschende Worthülsen. So bieten sie keine Gewähr der Gewissheit. Die Wege der Seele bleiben unkalkulierbar, sie entwickeln sich fast immer anders als gedacht. Immer ist nur ein kleiner Teil aus diesem Schatz von Möglichkeiten zugänglich oder vielleicht auch nur erwünscht. Aber wenn es geschieht, dass sich die Seele öffnet und einlässt, dann liegt der Schatz dieser Möglichkeiten bereit und wartet auf uns. Nur eben: „Man sieht nur, was man weiß", das gilt auch hier. Es gibt mehr Heil in uns und um uns her, als wir manchmal in unserer Einstellungs- und Wahrnehmungsverweigerung bereit sind wahrzunehmen. Du bist im Heil, „wenn du glaubst", „wenn du es dir geschehen lässt", heißt dasselbe in religiöser Sprache.

So singen andere, fremde, bereitliegende, zusprechende Stimmen weiter aus dem Abgrund der Welt und aus der Fülle der menschheitsgeschichtlich religiösen Kultur, die die Erfahrungen der Behütung widerspiegeln, die es – wenn auch nicht immer – gibt: „So nimm denn meine Hände und führe mich bis an mein selig Ende und ewiglich … Wenn ich auch gleich nichts fühle von deiner Macht, du führst mich doch zum Ziele, auch durch die Nacht". „Wir stolzen Menschenkinder sind eitel arme Sünder und wissen gar nicht viel … Gott lass dein Heil uns schauen, auf nichts Vergänglichs bauen, nicht Eitelkeit uns freun. Lass uns einfältig werden … wie Kinder fromm und fröhlich sein." Derlei ermutigt die Seele ganz erheblich und sie lernt zu vertrauen. Jede Seele hat andere Verse, die sie in guten Zeiten gelernt und sich bereitgelegt haben mag.

Der Gekreuzigte Jesus – eine Einladung und Annäherung
Manche aber haben an dieser Stelle – wer immer sich darauf einlässt – auch jene Strophenfolge aus dem Höhe- oder besser: Tiefpunkt des christlichen Glaubens: „Wenn ich einmal soll scheiden, so scheide nicht von mir, wenn ich den Tod soll leiden, so tritt du dann herfür, wenn mir am allerbängsten wird um das Herze sein … Erscheine mir zum Schilde, zum Trost in meinem Tod und lass mich sehn dein Bilde in deiner Kreuzesnot. Da will ich nach dir blicken … wer so stirbt, der stirbt wohl." Im Anschauen dieses Bildes kann der Bann anderer Mächte, die das Herz besetzen wollen, gebrochen werden. Und wenn der Kopf dem Gedanken und dem Bilde des Gekreuzigten nicht zu folgen vermag, dann singen die Bach'schen Vertonungen dieses Chorals in unglaublicher, ungeglaubter Weise dies ins Herz. Kein „allein" legitimierter Weg ist dies, aber eine – befreit von allen Absolutheits- und Satisfaktionsbehauptungen – wunderbare weil bereits durchstandene Möglichkeit des Lebens im Tode, an die man sich im Anschauen, Singen und Mitmurmeln halten und anschließen kann. Dann erfährt der Friede über alle Vernunft eine Konkretion, er bekommt ein Gesicht und kann einer werden, der speziell in diesem Bilde unsere Herzen und Sinne in Christus Jesus bewahrt.

All solche Lieder und Gedichte wissen mehr, vermögen mehr und tragen mehr Gewissheit und Mut an sich, als ich selber in mir habe und aus mir gebären kann. Sie sind ein Jenseits meiner selbst. „Denn wir wissen nicht, was wir beten sollen, wie sich's gebühret, aber der Geist vertritt uns …" (Röm 8,26). Ja, wir wissen oft nicht, wie wir leben, sterben und glauben sollen, aber die Choräle und Gedichte vertreten uns; sie sind oder repräsentieren den überpersönlichen „Geist" (den man eben das „Jenseits unserer Erfahrung" nennt), der uns vertritt. Sie sind eine Gestalt des Geistes. Sie sind nicht etwa wichtig und hilfreich, weil wir mit ihnen – statt Gott" und der göttlichen Wirklichkeit selbst zu vertrauen – nur noch der Schönheit der Melodien oder Tradition glauben (das nämlich ist ein bekannter neuzeitlicher Entleerungsvorgang, der sich nur an den Klanghülsen schöner Formulierungen und Melodien noch berauscht!), sondern sie helfen, weil sie von der Art jener (oben Kapitel IV besprochenen) bewährten „Okulare" und „Organe" sind, die uns anleiten, im diffusen Chaos und in der ambivalenten Realität von Yin und Yang, Schaffen und Vernichten das Vertrauenswürdige und Bergende, Tröstende und Tragende wahrzunehmen, uns auf es im Strudel der Ambivalenzen einzustellen, es „mit"wahrzunehmen und in uns hineinzunehmen. Oder, um es noch einmal im Sinne jenes pragmatischen Wahrheitsverständnisses zu formulieren: Sie helfen uns als Verhaltensorgane, uns zu jenen manifesten Zweideutigkeiten und zu dem unter dem Nein verborgenen Ja zu verhalten, es zu entdecken und uns auf es zu konzentrieren. Sie helfen uns zu glauben durch die Gültigkeit ihrer Sprache und der Botschaft, die sie darstellen. Sie erweisen sich als ein Wort, als „das" Wort der Wahrheit und des Geheimnisses, traditionell gesprochen: als Gottes Wort an uns. Auch die – bisher kirchlich allzu oft als absolut missverstandene und überanstrengte – Zusage des göttlichen Wortes kann, wenn wir derlei Lieder, Bilder und Texte haben (sei es gesungen, gezeigt, gehört (auch auf CD) oder mündlich zugesprochen) mir geschehen und ein Schritt und Element auf dem Wege solch einer immer wieder punktuell wachsenden Gewisswerdung sein. „Mit Segen mich beschütte, mein Herz sei deine Hütte, dein Wort sei meine Speise, bis ich gen Himmel reise" – so viel Gewissheit, wie sie aus diesen Worten und ihren Melodien strahlt, kann ich mir selbst nicht geben. Jeder dieser Texte ist mit Ängsten früherer Beter erkauft und bezahlt, ist den Bedrohungen abgerungen und Protokoll erfahrener Behütungen und Segnungen. Und der Segen von dem Frieden Gottes, der über alle Vernunft ist und unsere Herzen und Sinne bewahre, strahlt eine gültige, in Generationen bewährte Versicherung aus, mit der schon Menschen – mitten im Leben und Sterben, mitten in Heil und Unheil – gewiss gelebt haben und getröstet gestorben sind. Dazu aber muss es sie erst einmal haben und kennen lernen.

Jeder dieser Texte und jede dieser Musiken kann wie ein zitternder Pfeil das Herz treffen und haften bleiben: „Ein Tag der sagt's dem andern, mein Leben sei ein Wandern zur großen Ewigkeit. O Ewigkeit, du schöne, mein Herz an dich gewöhne, mein Heim ist nicht in dieser Zeit" – so viel Identität und Heimat kann ich mir selber nicht schaffen, wie sie im Singen, Meditieren, Beten, Mit-Geschehen-Lassen und Ins-Herz-Fassen solcher Lieder gegeben wird. Denn es ist ja wahr: Ich bin hier nur auf Zeit, Wanderer in eine Ewigkeit, aus deren Geheimnis ich komme und in die ich gehe: „… was liegt an dir? Unsterblich duften die Linden." Mit solchen Texten gerät die Seele über sich hinaus und steht auf fremdem, geschenktem Grunde. Und es gibt Zeugen dafür, dass auch der Himmel über Oran, eine Waldlandschaft des Erzgebirges oder die Pinienhügel über Florenz Ort und Zeugen desselben tröstenden Geheimnisses zu sein vermögen, das uns über uns hinausführt – „so man des wahrnimmt". In jedem Text, in jeder Musik und Plastik, in jeder Blüte kann dasselbe Geheimnis zu sprechen beginnen und gegenwärtig sein.[311]

Zeitgeschichtliche Bedrohungen und Verwandlungen des Trostes
Bei alledem ist aber zusätzlich zu bedenken, dass – wie heute allenthalben zu hören und zu wissen ist – der Markt für klassische Musik seit längerem kontinuierlich zusammenzubrechen scheint. Ob aus Gründen mangelnder Bildung oder des sich wandelnden Lebensgefühls: Jedenfalls scheint klassische Musik – auch in ihren jüngsten Fortsetzungen und Verwandlungen (bis hin zu Gubaidulinas „Te deum" oder Pendereckis „Die sieben Tore von Jerusalem") – nicht mehr die Hör-, Empfindungs- und Lebenslogik der meisten (jüngeren) Menschen zu treffen. In ihren Grundmustern aber gehört auch die eben in ihren Liedern immer wieder zitierte, wunderbare Choralmusik, die zum Schönsten gehört, was die Kirchen überhaupt zu bieten haben, zu den vergehenden oder bedrohten Mustern der klassischen Musik. Auch auf dieser Ebene gehen wir – im Vergehen der alten Lieder – unausweichlich in neue Transformationen hinein, die die Texte dieser klassischen Tröstungen unverständlich werden und fast schicksalhaft absterben lassen. Werden die religiösen Dimensionen der heute – und wohl weiterhin, mit allen ihren Weiterentwicklungen – bestimmenden Rock- und Popmusik (so wie ehemals Gospel, Blues und Soul) substantielle und Leben wie Sterben bestehende Gewissheiten vermitteln können?[312] Die bis heute immer wieder erstaunliche Gültigkeit und bewährte Wichtigkeit gerade älterer, vorneuzeitlicher Texte und Musiken muss jedenfalls nicht Zeichen einer gesellschaftlichen und humanen Regression sein (als die sie oft – speziell von Adorno – interpretiert wurde), sondern sie kann Indiz dafür sein, dass Texte und Musiken der Gegenwart vielleicht doch eine ähnliche spirituelle Kraft und Tiefe der Erfahrung nicht haben wie jene alten sie teilweise hatten. Daher der ständige Rückgriff auf sie. Auch die gregorianische Musik ist ja – musikalisch wie religiös – nicht ungültig geworden: auch sie ein wunderbares Beispiel vor- und transsubjektiver Musik, die ein größeres Heil als das Vermögen und Wissen des kleinen Ego zu gewähren hat. Muss vielleicht doch für religiöse Erfahrung und Empfindung eigens von einem anderen – älteren? – musikalischen Alphabet gelernt werden, weil das derzeitige religiös nicht kompetent und substantiell genug ist?

5. Die Zwiegesichtigkeit des Göttlichen

Aber auch abgesehen von dieser Unsicherheit, die die alten Gewissheiten schmerzlich sich verlieren lässt – es gibt noch ein weiteres Element, welches generell und manifest unkalkulierbar in die Konstitution unserer Lebensprozesse eingreift und verunsichernd sich auswirkt. Anders als früher, in der alten Gewissheit, gibt es heute gesteigert vernichtende Erfahrungen, angesichts deren sich das Vertrauen und die Hoffnung des Paulus als nichtig und unrealistisch erweist, es gebe keine Versuchung, die über unser Vermögen gehe (1Kor 10,13). Solche schlimmen und mörderisch-sinnlosen Erfahrungen, die über die Kräfte gehen und Menschen zerbrechen und vernichten können, gibt es reichlich und konstitutiv in unserer Welt. Sie ist voll von ihnen, vielleicht sogar mehr als frühere Welten es waren; denn die Destruktionsmöglichkeiten sind – bei gleichbleibender anthropologischer Kondition – kontinuierlich gestiegen, die seelische Weisheit und Kraft ihrer Bewältigung und die Kontinuität bergender Lebensformen und Gültigkeiten aber hat sich verringert, und die Unmöglichkeit eines eingreifenden extramundanen Gottes hat sich zu all dem erwiesen und addiert; es ist niemand mehr da, der uns „aus" diesen Schwierigkeiten, Toden und Höllen herausholt, sondern es gilt, im Durchschreiten dieser Erfahrungen – „in der Not" – die Hilfe der Verwandlung zu erfahren (was ein wichtiges Wissen, auch der Christologie, schon im alten Paradigma war). Diesen Erfahrungen gegenüber lässt sich das Argument aus dem alten Paradigma, auch die schweren Erfahrungen seien schmerzliche, aber gnädige Heimsuchungen Gottes an den Menschen, vielleicht manchmal, keineswegs aber immer durchhalten. Zu viele aussichtslose und in keiner Theodizee zu rechtfertigende Vernichtungen gibt es. Luthers zustimmendes Zitieren und Schütz' gläubiges Vertonen des Psalmwortes „Ich bin jung gewesen und alt worden und habe noch nie gesehen den Gerechten verlassen oder seinen Samen nach Brot gehen" (Ps 37,25)[313], ist reichlich ad absurdum geführt. Man mache sich bewusst, an wie vielen Bauernhäusern dieser Spruch – in Fachwerkbalken geschnitzt – noch heute geschrieben steht. Er stand für eine alte, zutiefst geglaubte Ordnung der Welt, deren Gewissheit vergangen und der Doppelgesichtigkeit des Göttlichen gewichen ist (eine Doppelgesichtigkeit, die schon damals – verborgen – wahr war, aber wehrhafter bestanden wurde). Hier kommen daher unweigerlich Revisionen des Gottesbildes ins Spiel, die hier nicht näher zu besprechen, jedoch zu beachten weil ständig wirksam sind. Zu ihnen zitiert Luther den Satz des Propheten „Ist auch ein Unglück in der Stadt, das der Herr nicht tue?" (Am 3,6), und er weiß, dass „Gott", das Göttliche überall, auch im Bösen und im Teufel ist (auf eine noch ungeklärte Weise „ist") – wir zitierten es bereits. Die komplementären Antinomien von Yin und Yang walten offensichtlich nicht nur in der Schöpfung, sondern ebenso in Verständnis und Struktur des Göttlichen selbst, dessen „Bild" (Gen 1,27) die Schöpfung und wir selber mit unseren „Gleichzeitigkeiten", unserem „Simul" sind. Sie aber lösen notwendigerweise fundamentale Verunsicherungen über die Zwiegesichtigkeit des Göttlichen (welches Ion-Begriff aller – nicht nur der guten – Wirklichkeit ist) und die Grundunsicherheit des uns tragenden Lebens aus. Hier kann niemand ganz gewiss sein, wie der junge Luther (mit Bezug auf Pred 9,1) immer wieder zitierte. Diese hervorbrechende Doppelgesichtigkeiten des Göttlichen im neuen Paradigma und die ihnen entsprechenden Ängstlichkeiten und Ungewissheiten, die sich nicht länger verleugnen lassen, gehören unweigerlich zum Bilde und Grundempfinden des heute Möglichen und Aufdringlichen – selbst wenn diese alles durchwaltenden Antinomien und das Sterben in der Evolution gerade dem Leben dienen und es daher vielleicht wirklich einen „unbezwingbaren Vorsprung des Guten" in all diesen Wirrsalen geben sollte.[314] Die fundamentalen Zweideutigkeiten der Welt und des Göttlichen sind daher oft zu stark, stärker als die Möglichkeit und Kraft der Seele, durch Loslassen, Annehmen und Verarbeiten die Bitternis der Vernichtung zu verwandeln. (Das ist es, was man in der alten Mystik das heilende und rettende „Einssein mit Gott noch in der Hölle", die destinatio ad inferum, nannte – auch sie vermutlich meist eine Überforderung.) Es gibt keine verlässliche und eindeutige Gottperson mehr, sondern nur das Heil verborgen in und an den schönen und schweren Vorfindlichkeiten, den Kreuzen und Leiden, die uns von dem geheimen „Ja" unter allem „Nein" trennen wollen – radikal verschärft mithin Luthers Einsicht in die Verborgenheit und Zweideutigkeit Gottes. Diese Verhältnisse gehen allzu oft über das Vermögen der Menschen, denn man kann tiefer als in Tod, Krankheit und Sinnlosigkeit fallen – in Schmerzen und Folter nämlich, und allzu vielen ist dies geschehen. All die Schrecklichkeiten und Morde, Leiden und Ungerechtigkeiten, die unsere Welt kennt und aufbewahrt, halten letztlich – im Gesamthaushalt unserer geistigen und seelischen Kräfte – unsere Gewissheit in der Schwebe, belasten und bedrohen sie, machen sie aber nicht ungültig – weil der Friede über alle Vernunft und allen Tod – mitten in Tod und Sinnlosigkeit möglich ist und auf uns wartet, wie eine unendliche Reihe von Zeugen religiöser Erfahrung weiß. Weiter als bis zu der Gewissheit, dass mitten im Sterben eine Hand mich trägt, führt die Gewissheit nicht. Wohl dem daher, der in solchen Lagen äußerlich und innerlich Stimmen hat und hört, die einem – mitten in aller Zweideutigkeit, auch der des Göttlichen – zugesagt und zugesungen werden, damit man mit ihnen die Möglichkeit behält, „zu Gott wider Gott" zu laufen[315], das bittere Ja der Einwilligung zu sprechen, die Verwandlung des Todes und der Leere in sich geschehen zulassen und mitten im Unheil den Kontakt zu den immer auch vorhandenen Kräften des Heils und des Bejahtseins nicht zu verlieren. Sonst versinkt die innere Stimme in Finsternissen. Denn haarscharf und komplementär neben allem Heil ist zwar das Unheil, aber ebenso haarscharf neben allem Unheil ist auch das Heil und die Gnade wahr, wenn ich es fassen und mein Herz zu ihr öffnen kann: „so du gläubst", wie Erfahrene in ungezählten Wiederholungen einschärfen. Ich persönlich weiß all dieses nicht, ich war noch nie in solch einer Situation, ich ahne und glaube nur, dass die unzähligen Zeugen dieser Gewissheit – letztlich in allen Hoch-religionen – darin Recht haben: dass Loslassen und Einswerden mit dem Schicksal das Heil bedeutet. Immer bleibt die innere und die äußere Welt und Gewissheit auf der Kippe zu Unheil und Ungewissheit, und immer warten Heil und Unheil in den Abgründen all dieser Erfahrungen (das glauben und sehen nur wir Wohlstandsbürger nicht). Angesichts dessen sich verhalten lernen und klug werden, das ist unweigerlich die Aufgabe.

Daher lohnt es sich, die für jeden und jede ganz eigene Verantwortung für Trost und Gewissheit noch einmal bewusst zu machen: Denn man kann in solchen Situa-tionen solche Stimmen, die einem das Ja unter dem Nein zeigen und uns zum Nein zu „verhalten" lehren, nur haben und hören, wenn man sie bei Zeiten, in guten Zei-ten bereitgelegt, gelernt und eingeübt hat, so dass sie abrufbar sind, gewissermaßen externe Stimmen, die nun – mitten im Tode, mitten im Schrecken und im Verderben der Welt wie des Göttlichen selber – vorhanden sind und stellvertretend für die Seele sprechen: „Fürchte dich nicht, ich bin bei dir …", „… wenn ich den Tod soll leiden, so tritt du dann herfür", „In dein Erbarmen hülle mein armes Herz und mach es gänzlich stille in Freud und Schmerz …", „Wo bleibt dann Leib und Seel? Nimm sie zu deinen Gnaden, sei gut für allen Schaden, du Aug' und Wächter Israel", „Sein Heil und Gnaden, die nehmen nicht Schaden, heilen im Herzen die tödlichen Schmerzen, halten uns zeitlich und ewig gesund", – oder was sonst in dem „upper room" der Mahalia Jackson und anderer Frommer des Rock und Popp gewusst und gesungen werden mag von den im Geheimnis der Welt insgeheim bereit liegenden und zuzusprechenden Gnaden und Gewissheiten. All diese (und andere) in der Welt vorhandenen, paradox genug zu singenden Lieder und Stimmen sind der Grund, warum mitten in allen Toden, Höllen und Ambivalenzen das Heil zu glauben und den Segen zuzusprechen möglich ist – so wie viele Juden auf dem Wege in die Gas-kammern das Schema Jisrael gültig gebetet und ihm (keineswegs ungültig oder sinn-los) vertraut haben, wie alle Glaubenden glauben und wissen. In solchen Notzeiten werden (auch non-theistisch) solche (theistischen) Zusagen sprechbar – ins Dunkel hinein, wie eben der Glaube glaubt, „auf Hoffnung wider Hoffnung", wider alle Wahrscheinlichkeit. Denn sie sind unersetzt gültig und wahr. Das Annehmen, Ja-Sagen und Sich-Fügen im Murmeln solcher Texte bleibt eine geistliche Aufgabe, Übung, Blickrichtung und Arbeit der Seele und eine übbare Möglichkeit, denn in diesen Texten gibt es einen Halt „außerhalb meiner selbst", „über Bitten und Ver-stehn" – auch wenn die Spaß- und Erlebnisgesellschaft ebenso wie die Postmoderne-Theorie hiervon nichts weiß, nichts glaubt und darauf nicht vorbereitet. All dies ist am Rande und auf dem hauchdünnen, fast nicht begehbaren Grat des Menschen-möglichen gesprochen, aber diesen Rand und Grat scheint es zu geben, in einer Möglichkeit jenseits der unseren. All jene Texte und Lieder – und die Botschaft, das Wort in ihnen – geben und begründen sie.

Dass diese Erfahrungen des unbedingt fordernden, gebietenden, die des geschenkten und beglückten Lebens und auch die des Trostes mitten im Unheil und unter durchaus relativistischen Bedingungen stattfinden, mindert die Tatsache ihrer Möglichkeit und Gültigkeit nicht. Es gilt, die Einsichten und Wahrnehmungen der Postmoderne zu vollziehen, aber von ihren Dogmatisierungen und Selbstverabsolutierungen, von den Elementen ihres immer wieder nekrophilen Aberglaubens sich bewusst und mutig zu distanzieren, durch sie hindurch und über sie hinauszugehen, ihren Bann zu durchbrechen und über ihre Verleugnungen hinaus den Blick zu weiten. Auch in der völlig „offenen Zeit", in der essentiellen Unschärfe und in der unendlichen Semiose jeder, auch der religiösen Sprache entsteht die immer neue, sich wandelnde, aber gültige Gegenwart des Unbedingten, der Gewissheit, der Bejahung und des Bejahtseins. Sie wächst ins Herz, wenn dieses derlei zu sehen und meditierend sich einzulassen geübt ist. Und die Kirchen, Synagogen, Moscheen und Tempel sind dabei noch immer bevorrechtete und reich ausgestattete Orte, in deren Liedern, Texten, Bildern und Riten manchmal Teilhabe an dieser Möglichkeit einer größeren als der nur individuellen Gewissheit angeboten, zum ganz eigenen Gebrauche tradiert und im Singen und Beten eingeübt wird. Brächten auch die Schulen derlei Texte, Gedichte und Musiken im Deutsch- und Musikunterricht zu Gehör und in die Seele, – es wäre lebensdienlich.

So gibt es tatsächlich – bruchstückhaft, individuell und antizipiert – immer wieder gewisses Leben mitten im misslingenden, beschädigten und zerbrechenden (entgegen den Suggestionen Adornos, des genialen, bis zum heutigen Tage für die Erkenntnis unserer Lage essentiellen Analytikers). Dies – im Zeichen des modischen Unglaubens, als wäre Kritik und Infragestellung das einzige und alles, was heute zu sagen ist – zu bestreiten, wäre undankbar und unwahr. Sich zum Dank und zum geschenkten Leben zu bekennen, verlangt heute einen gewissen kleinen Mut gegen die Moden und Dogmen der Postmoderne, als wäre totaler Relativismus das letzte aller möglichen Worte. Das Ende der Absolutheit bedeutet eben nicht schon das Ende der – nur eben übersehenen – Unbedingtheit und ihrer begnadenden wie fordernden Dimensionen.

So entsteht am Ende – weitere Stufe von Gewissheit und Lebendigkeit – die Möglichkeit, Dank, Freude und Genuss des Lebens mal trivial und naiv zu leben, mal hautnah neben dem fast unabweichlichen Zynismus bewusst sich anzumaßen und zu bejahen. Noch jeder triviale Fasching kann ein gnädiger Beitrag zur Homöostase des Lebendigen sein, der die Nacktheit des Abgrunds gnädig verhüllt und angesichts vieler Mühen und Kümmernisse zu leben hilft, Ausgleich schafft. Jede Freude und jedes Ja ist heute faktisch immer auch ein Tanz auf dem Vulkan der verbreiteten Destruktion und des Leids, auf dem wir leben. Sie ist zeitweise legitim angemaßtes Vergessen der Schmerzen und des Unrechts um uns her, und sie wird möglich, wenn wir das uns gegebene Gute und die Freude als „Lehen" betrachten, das uns anvertraut ist: Freude ist geschenktes und anvertrautes Lehen – mitten in der Ambivalenz alles Lebendigen. Mehr ist sie nicht, weniger aber auch nicht.

6. Das Resümee: Lebensgeister – gewappnet mit Bildern und Liedern

Weite Wege also, die die Gewissheit – von den Basissicherheiten der Alltäglichkeit aus – zu gewinnen und zu gehen lernen kann, wenn sie den Blick erhebt, wahrnimmt und sich aufmacht und begreift, dass es mehr als nur die Dialektik des Negativen gibt – auch sie, aber nicht nur sie. Noch einmal daher alle diese Stufen auf einen Blick zusammengenommen:

Ich tröste mich keines (etwa eingreifenden) Gottes, den es (wie gezeigt) nicht „gibt", aber all der in der hochambivalenten Welt ausgestreuten, aufbewahrten oder verborgen wartenden, tragenden Gnaden und Gewissheiten, zu denen ich meditierend den Kontakt suche. So sind all jene Erfahrungen – in Dank und Zittern – religiös geladen und erfüllt und können in die Seele genommen werden. Ich tröste mich tragender Lebenserfahrungen, die ich mir ins Bewusstsein rufe, unbedingter vergewissernder Situationen, beglückender Begegnungen mit Menschen und der immer wieder entstehenden und begegnenden Liebe unter Menschen, der immer wieder sich gegen den Winter und die menschliche Unvernunft durchsetzenden Regenerationen der Natur – sie alle *Schöpfungsgnaden*. Und ich erinnere mich darüber hinaus des in Melodien, Texten und Bildern vielleicht nicht gelungenen, wohl aber bestandenen und geretteten Lebens: in Wort und Bild, in Texten und Gedichten, romanischen und gotischen Kathedralen, in Melodien, Chorälen, Psalmen und Meditationen – sie alle Medien und Botschafter *größerer Gnaden* aus dem inneren und äußeren *Jenseits* aller Kreatur und Natur. Wenn aller Trost der Natur und Kreatur zerbrochen ist, dann sprechen und singen noch immer – mitten in der zwiespältigen Welt und mitten unter dem Klang aller falschen Sirenen dieser Welt – die mir zugesungenen und zugesagten Stimmen von dem Frieden über alle Vernunft: „Fürchte dich nicht, ich bin bei dir", so spricht die Urmacht des Lebens und verleiht den Frieden über alle Vernunft. Wahrlich eine gute Botschaft, ein Evangelium. „Fürchte dich nicht, ich bin bei dir" – auch dieser Text ein zitternder Pfeil, der im Herzen haften kann.

All diese Möglichkeiten hält der Kosmos der biologischen, kulturellen und religiösen Evolutionen in deren wachsenden Möglichkeiten bereit, und ich nehme sie mit Dank und Verehrung, mit Anbetung des großen Geheimnisses, welches manche „Gott" nennen, an. Daher entstehen hier sogar tragfähige Stufen einer verehrenden Zuversicht, Einladungen zu Staunen, Lob und Preis des großen Geheimnisses mitten in Destruktion und Unrecht, die ich mir nicht verhehle:

„Ich will dich all mein Leben lang, o Gott (du wunderbares und erschreckendes Geheimnis), von nun an ehren. Man soll, o Gott, den Lobgesang an allen Orten hören. Mein ganzes Herz ermuntre sich, mein Leib und Seele freue sich. Gebt unserm Gott die Ehre."

Außer diesem Vers – man höre ihn als Sopranarie in Bachs Choralkantate (BWV 117) – gibt es noch viele andere gleichen Mutes: Cat Stevens „Mornin' has broken", Aretha Franklins „God bless America", Mahalia Jacksons „It is no secret" oder John Coltranes „A love supreme" und sein „Manifestation" („dedicated to the oceanic beloved"), Avo Pärts „Berliner Messe" oder Penderetzkis „Sieben Tore von Jerusalem" – und wir Wohlstandskinder und Privilegierten dieser Welt sollten sie zu singen nicht wagen? Dazu bedarf es nur des kleinen Mutes, sie in sich erklingen zu lassen und sich zu diesen Erfahrungen zu bekennen – entgegen ihrer selbstzerstörerischen Verspottung und Ausblendung, ja Verleugnung, als seien sie bloß sentimentale „heile Welt". Allein die Wahrheit und Erfahrung der inneren (Theresa von Avila) und der äußeren „Burg" (Luther) des einen göttlichen „Wortes" – in all jenen Texten, Musiken und Bildern an die Seele und an den Mut gerichtet – besteht jene postmodernen Suggestionen. „Du musst Bilder des Lebens haben", sagt ein in diesen Dingen Alterfahrener, „die Bilder des Todes werden dir sonst zu stark". Unser Unglück und unsere Trostlosigkeit setzen sich oft genug aus selbst gemachten Bildern zusammen, die alles andere – die Kräfte des Heils, obwohl vorhanden – ausblenden und nicht wahrhaben wollen. Das ist es, was man die „Mächte", die Macht der Ideologien nennt, die das Herz besetzen wollen und die zu besiegen sind – mit solchen Bildern und Musiken. Bestehst du auf deinen Todesbildern? Das wäre – durchaus therapierbarer, nicht schicksalhafter – Trotz. Du musst Gegenbilder haben, musst den Tod im Leben, die Schuld in der Gnade, das Alleinsein in der Behütung, die Hölle, die wir uns bereiten, im Himmel ansehen, der „mitten im Leben jenseitig" uns auch bereitet ist; musst Sterben und Verzweiflung nur im Bilde derer ansehen, die den Tod schon überwunden haben, und musst dich von dem Ansehen dieser Gegenbilder, vom Hören und Singen jener Gegenlieder nicht abbringen lassen.[316] Dazu aber musst du Bilder und Lieder des Lebens haben. Welches sind deine? Die Stille des Buddha wie das Kreuz des Jesus von Nazareth können – auf ganz verschiedenen, aber notwendigen Ebenen – solch befreiende Bilder und weiterhelfende Tröstungen und Anweisungen sein.

Welche aber von all diesen Bildern, Worten und Musiken werden in den Stunden einer Lebensanfechtung das Gefühl erreichen und in der Seele präsent sein? Welches wird zu sprechen beginnen? Oder werden es noch ganz andere sein – der Blick in eine blühende Mailandschaft oder in eine wunderschön-melancholische Herbstlandschaft? der Blick auf eine der Akropolis-Koren, auf den Apoll dell' Tevere in Rom oder den in Piräus? die Erinnerung an die im blauen Himmel glänzenden Wellen der Dodekanes oder des Gardasees? die Anwesenheit von geliebten oder befreundeten Menschen? Oder wird der Blick hoch über die Elbe und ihre Marschlandschaft das Bild der Freude, des Trostes oder der Lebenssehnsucht wie der -sättigung im Sterben sein? Oder welche Postkarten und Bilder stellt jemand sich in seinem Zimmer zur steten Erinnerung auf und welche Musiken und Choräle lege ich mir bereit?

Alles nur kulturell sehr spezifische Mittelstandströstungen? Gewiss, aber dennoch wahr; denn all diese Gestalten des Muts sind – als geschenkte Schönheiten – Wohnungen und Offenbarungen des wahrhaft tröstenden und sättigenden Geheimnisses und Wunders, welches nie für sich, aber immer – ungegenständlich – *an* ihnen allen wahrzunehmen ist. Andere mögen sich andere Bilder des Lebens und tröstende Erfahrungen suchen, um den Suggestionen des Todes zu begegnen: Gemeinschaft mit Freunden und Genossen? Solidaritätserfahrungen des politischen Kampfes, deren sie sich erinnern? vergewisserndes Bewusstsein, für Gerechtigkeit gestanden und widerstanden zu haben? ganz andere bergende Musiken?

Einstweilen aber gilt, bevor jene Stunde kommt, schon jetzt: „Fürchte nur dies:/ dich selbst zu sparen matten Herzens,/ oder hart zu werden/ als engen Wollens Knecht;" / Fürchte nur dies: „scheiden zu müssen dereinst/ von den Tischen des Lebens/ satt und doch nicht gegessen,/ müde, nicht der Leiden wie der Lust,/ müde nur deiner selbst" (J. v. d. Goltz).

Was wird mich von alledem erreichen und präsent sein, wenn mir – mitten im Leben – „am allerbängsten wird um das Herze sein"? Wer weiß es schon. Nichts ist ungewisser und steht weniger in meiner Hand als die eigene Seele. Bleibt also die Hoffnung, dass wirklich der größere Geist in uns, die Tiefenschicht der Seele – in Erinnerung an all diese Menschen, Bilder, Worte und Lieder – uns mit unaussprechlichem Seufzen vertritt und uns in alle Wahrheit leitet, die in allen Gestalten und hinter allen Gesichtern wohl doch nur die Eine aller Religionen und Spiritualitäten ist. In dieses große Geheimnis falle ich eines Tages zurück. Der Ernstfall dieser Bilder und Lieder ist daher schon jetzt das Leben, nicht erst der Tod.

Kapitel VII

„Gestaltwandel des Gesetzes" – Luthers reformatorische
Legitimation und Anweisung zum theologischen Wandel
im Herzen des Glaubens

1. „Gesetz" als Urphänomen – Bedingung von Leben

Wir kehren abschließend zu einem Thema zurück, das wir in Kapitel IV bereits kennen lernten, jetzt jedoch unter neuem und weiterführendem Gesichtspunkt verfolgen. „Gesetz" – das ist eine Grundwahrheit, ein Urphänomen alles Lebendigen.
Ohne Gesetz kein Leben – das gilt nicht nur im naturwissenschaftlichen, sondern
ebenso – wenn auch anders – im gesellschaftlichen, rechtlichen, geistigen und religiösen Bereich. Denn beide Sinne von „Gesetz" – der Sinn des feststellenden Ist-
oder Strukturgesetzes, von dem etwas geprägt und ermöglicht wird, wie auch der des
fordernden Soll-Gesetzes – sind Erscheinungsweisen (in Luthers Sprachgebrauch:
usus, Gebrauchsweisen) desselben einen Grundphänomens „Gesetz", ohne welches
es keine Struktur des Lebendigen gibt. „Lassen Sie sich nicht beirren durch die Ober-
flächen; in den Tiefen wird alles Gesetz", heißt es dazu bei Rilke[317]. An dieser Einsicht findet der mehr oder minder radikale Konstruktivismus, der da meint, wir
könnten unsere Welt frei entwerfen, seine Grenze. Unsere Freiheit gilt und realisiert
sich nur innerhalb gewisser Bedingungen und Gesetzmäßigkeiten, ohne deren Beachtung auch Freiheit nicht lange durchhält. Wir sind Strukturen und Gesetzen untertan und müssen „unseres Daseins Kreise vollenden", müssen gedeihen „nach dem
Gesetz, nach dem wir angetreten" (alles nach Goethes Formulierungen). Und das
Wunder der Schöpfung, dass – in Leibniz' oder Heideggerscher Sprache – etwas ist
und nicht vielmehr nichts, ist darin begründet, dass es so etwas wie Gesetz und Gesetzmäßigkeit gibt. „Gesetz" ist die Bedingung der Möglichkeit von Leben Und eben
die verschiedenen Gesetze, die das Grundphänomen „Gesetz" bzw. „Gesetzmäßigkeit" aus sich entlässt, entstehen, entwickeln und verwandeln sich in der Evolution
alles Seienden.

Wie innig jene beiden Weisen von Gesetz – die Ist- und die Soll-Struktur – ineinander liegen und zusammengehören, mag man daran ermessen, dass die anthropologische *Tatsache des Ethischen*, des „Du sollst"-Gesetzes, im Laufe der Evolution des
Menschen zu einem anthropologischen Struktur- und Ist-Gesetz geworden ist, welches ohne Schaden auf längere Sicht nicht vernachlässigt und verletzt werden kann
(„Irret euch nicht, Gott läßt sich nicht spotten"), während die *ethischen Inhalte* (die
einzelnen Gebote und „Werte", wie man heute gerne sagt) samt und sonders Soll-
Bestimmungen sind, die dem kulturellen und religiösen Wandel unterliegen. Es

scheint daher eine Lebensfrage auch des Geistigen, Ethischen und Religiösen zu sein, ob es – gerade auch von seinem Freiheitsbewusstsein her – eine Beziehung zum Phänomen „Gesetz" gewinnt; ob es auf seine Weise und auch in seinem Bereich realisiert, was die Quantentheoretiker im Blick auf den stochastisch-statistischen Charakter ihrer Gesetze die *Freiheitsgrade* nennen. Nur so, im Begreifen des Phänomens „Gesetz" als einer Bedingung des Lebendigen, werden auch Freiheit und Evolution realistisch als Bedingung alles Lebendigen begriffen, ohne Chaos und Willkür zu werden; aus dem gleichen Grunde ist Freiheit „Einsicht in die Notwendigkeit" (Hegel). Die Einsicht, dass auch die Autonomie des Menschen in den Gesetzmäßigkeiten des Kosmos, der Natur gründet und ihre Bedingung wie ihre Grenze in der Erfahrung des Gesetzes, des „Du sollst ...", hat, ist daher kein Widerruf oder Verleugnung der Autonomie, sondern ist Einsicht eben in die Bedingung von Autonomie und Freiheit, damit diese nicht hypertroph, krebsgeschwürartig werden. – Dass zur Ist-Struktur und Gesetzmäßigkeit des Menschen auch die Erfahrung der nicht mach- und herstellbaren Sachverhalte, des geschenkten, nicht machbaren Lebens und Sinnes und also auch die Erfahrung unserer wurzelhaften Ohnmacht, auch der Ohnmacht des Ethischen gehört, welche religiös „Gnade" genannt wird, sahen wir ebenfalls. In diesen beiden Strukturelementen und Gesetzmäßigkeiten nehmen wir Menschen teil an den lebenermöglichenden – letztlich nicht-deterministischen – Gesetzmäßigkeiten des Kosmos, seinen Bifurkationen und seiner kulturellen Evolution.

Ohne Gesetz also keine Ordnung, keine Menschlichkeit, kein Kosmos, nur Chaos; aus Materie wurde ein Leben ermöglichender Kosmos nur durch „Gesetz". Nur im Begreifen dieses Sachverhalts können die Geistes- und Kulturwissenschaften wieder eine produktive Beziehung zu den für unser Leben entscheidenden Naturwissenschaften und für die in ihnen fundamentalen Gesetzen und Gesetzmäßigkeiten gewinnen und den garstigen, immer breiter werdenden Graben zwischen den beiden Kulturen Lord Snowdons überbrücken. All den verschiedenen Bereichen liegt dasselbe eine Urphänomen „Gesetz" zugrunde.

So scheint es eine vitale Aufgabe zu sein, Gesetz als ein Grundphänomen auch des Religiösen neu zu begreifen. Gesetz aber ist nicht nur im christlichen Glauben, sondern in allen Religionen eine Grundannahme. Ob man zum Islam, zum Judentum, zum Taoismus und Konfuzianismus, zum Hinduismus, ja auch zu der dem Buddhismus inhärenten Einsicht in das Gesetz des Leidens hinschaut, überall ist nomos, lex, dharma, dhao, Thora, hokm, karma ein Grundbegriff der Religion. Ohne das Wissen von solchem Gesetz gibt es keine interkonfessionelle Auseinandersetzung, auch keinen interreligiösen Dialog.

In der immer wieder sich aufdrängenden Erfahrung des Gesetzes („Du sollst") besteht und gründet anthropologisch das „Phänomen des Ethischen"[318]. Dabei gilt es sich klar zu machen, dass dieses zuinnerst ansprechende und Herz und Gewissen ergreifende „Du musst" sinnvoller- und notwendigerweise zunächst nur ganz allgemein und inhaltslos, unkonkret ist, eben *damit* es generell und allgemein, überall gültig und anwendbar sei. Seine Allgemeinheit und Unkonkretheit („Liebe, glaube, verehre ...!") bedeutet seine Stärke; sie ist Bedingung seiner Allgemeingültigkeit. Deswegen kann dieses sprechende Gesetz des „Du sollst" uns allenthalben – in unendlich vielen Formen und Vorgängen – begegnen. Und es gilt nicht als göttlich, weil es irgendwo in heiligen Büchern geschrieben steht, sondern umgekehrt: weil es uns immer und überall geschieht und begegnet, sich immer wieder als Urfahrung der Menschheit als wahr erweist und uns zu Einsicht und Gehorsam dessen, was „größer denn unser Herz" ist, überwindet und zwingt, darum steht es in heiligen Schriften geschrieben, darum gilt es als göttlich, d.h. letztgültig und wird es uns immer wieder beunruhigend vorgehalten und in Erinnerung gebracht, gepredigt. Es wurde uns im Laufe der kulturellen Evolution in Herz und Gewissen geschrieben und spricht seither allenthalben (ubique) zu uns sein „Du sollst" – in jüdisch-christlicher Präzision sein „Du sollst ... fürchten, vertrauen, glauben, lieben". Überall ist sein Ort: Es spricht aus den unter die Mörder Gefallenen auf dem Wege nach Jericho oder sonst wo aus allen Erniedrigten und Beleidigten, es spricht aus dem ergreifenden Schönen („Du musst dein Leben ändern") oder aus zwingender Einsicht des Denkens – alles kann zum Ort der Erfahrung von Unbedingtheit werden, die uns packt.

Dabei ist es wichtig zu beachten, dass eben dieses allgemeine „Gesetz" danach verlangt, von uns ausgelegt und konkretisiert zu werden; es fordert uns zu individueller Anwendung und autonomer Verantwortung, zu Vernunft, Phantasie und Liebe heraus, so dass mitten im Herzen der Gesetzeserfahrung die Autonomie des Menschen verlangt und verankert ist. Gesetz ist kein Gegenspieler der Autonomie, sondern ihr Korrektor, ihr Helfer, ihr Fundament und ihr Herr. Denn dieses Gesetz des „Du sollst ..." bedeutet, wo es uns begegnet und wir das Herz und die Augen haben es wahrzunehmen, unser Gepacktwerden in Herz und Gewissen; es bedeutet, wie Luther das nennt, die Erfahrung des punctus mathematicus, die Erfahrung der Unausweichlichkeit. Die vielerlei Konkretionen aber, die als einzelne „Gebote" oder „Werte" in den religiösen oder säkularen Kulturen als wandelbare Auslegungen dieses innersten Gesetzes entstanden, bleiben der Autonomie der Menschen und Kulturen überantwortet. Aber eben – alle Normen und Werte, die gesellschaftlich tradiert werden, greifen nicht und helfen nichts, solange das ins Herz greifende „Du sollst" – ob Du willst oder nicht, ob du kannst oder nicht – nicht wahrgenommen und begriffen wird. An welcher Stelle in unserer Gesellschaft wird die Einsicht in diese Erfahrung vermittelt und – gegen alle Missverständnisse der Autonomie („Ich tu, was ich will") – hochgehalten? Über all dies wurde oben bereits gesprochen[319]. Es war hier lediglich einleitend in Erinnerung zu rufen.

Wahre Autonomie kennt nach alledem ihre Grenze, sie kennt Gehorsam. Nikos Kazantzakis hat das so formuliert:

„Jeder vollkommene Mensch hat in sich, im Herzen seines Herzens, einen geheimen Mittelpunkt, um den sich alles dreht; dieser mystische Wirbel gibt unseren Gedanken und unseren Handlungen Einheit und hilft uns, die Harmonie der Welt zu finden oder zu erfinden. Die einen haben die Liebe, den Eros, die anderen den Durst nach Wissen, andere wiederum die Güte oder die Schönheit; oder die Sehnsucht nach Gold und Herrschaft; und sie verschaffen allen Dingen Geltung, indem sie sie dieser, ihrer zentralen Leidenschaft unterordnen. Weh dem Menschen, der nicht in seinem Inneren einen absoluten Herrscher fühlt, von dem er regiert wird; sein Leben wird dann herrenlos und unzusammenhängend in alle Winde zerstreut."[320]

Sein Leben wird dann, so könnten wir hinzufügen, mittelpunkts- und identitätslos – worauf immer er sich sonst konzentrieren mag. „Wehe dem Menschen, der nicht von irgend etwas mit Haut und Haar gefressen wird. Aber wehe ihm auch, wenn er dabei auch nur ein Haar seiner Integrität sich verletzen lässt", konnte der alte Emanuel Hirsch hierzu sagen.

In dieser Perspektive ist ein altes Axiom wichtig, welches unsere Kultur seit ihren antiken Anfängen begleitet und natürlich auch bei Luther zentral ist: Es gebe ein natürliches, den Menschen ins Herz geschriebenes, aber vielfach verdunkeltes oder verdrängtes, vergessenes Gesetz (auf das nicht zu hören bedeutet, dass wir uns selbst übergehen und seelisch schädigen). Dass auch dieses „natürliche" Gesetz erst in der Geschichte der Menschheit und ihrer Evolution als kulturelle Prägung und religiöse Deutung der diffusen organismischen Sehnsucht und transzendierenden Offenheit jedes lebendigen Organismus entstanden ist und seither sozialisiert und ins Herz geschrieben (oder eben nicht mehr tradiert und vergessen) wird, das wissen wir erst seit zwei Generationen. Erst seit seiner kulturellen Entstehung ist es gesellschaftlich präsent, wird tradiert und unendlich oft übersehen und verletzt, ist aber – da es einmal da ist – nicht mehr aus der Welt zu bringen und gehört als *schlechtes* Gewissen zum Grundbestand ethischen Bewusstseins. „Nicht mitzuhassen, mitzulieben bin ich da" lautet seine Formulierung in der Antigone des Sophokles.

So erscheint das Phänomen „Gesetz" als eine wahrlich allwaltende, überall leise wartende und verschwiegen lauernde Macht und Bedingung alles Lebendigen, in der Natur – als Bedingung ihrer Möglichkeit – wie in Geist, Herz und Gewissen – als Stachel des Verhaltens: ho nomos basileus, das Gesetz ist der allwaltende Herrscher, wie der alte Gogarten immer wieder den Satz Pindars aus dessen fragmentarischem Paian zitierte.[321] Das Gesetz ist daher notwendigerweise immer als schlechtes und beunruhigendes Gewissen anwesend. In der paulinisch-reformatorischen Tradition bedeutet dies die Einsicht in die Art und Dialektik des Gesetzes, welches zwar zum Leben gegeben ist, aber immer wieder zum Tode d.h. zur Unmöglichkeit unseres Gutseins wird, weil wir es in ethischer Anmaßung und Selbsttäuschung missverstehen (als wenn alles sinnvoll Notwendige und Geforderte auch „machbar" wäre). Auf diese Weise wird „Gesetz" hier m.W. gründlicher und tiefer erfahren und erlitten, als irgendwo sonst in der Religionsgeschichte. Das leidvolle Wissen um diese unsere

Verfassung aufdeckende Zuspitzung des Gesetzes – dass wir innerlich unwiderleglich etwas sollen und müssen, was wir oft nicht können und oft genug nicht einmal wollen – ist daher m.E. ein Kapital, mit dem Christen in die interreligiösen Dialoge gehen können. Im Verständnis des an die Grenzen unserer Ohnmacht führenden Zwiespalts, nicht in der braven Befolgung des (sittlichen oder religiösen) Gesetzes liegt ein deutlicher anthropologischer Fortschritt. Darum sind Luthers Anti-Latomus und seine Antinomerdisputationen noch immer die unersetzte hohe Schule in einem Zentralkapitel christlicher Theologie und Menschenerkenntnis (was hier nicht zu verfolgen ist). Dies alles ist keine Geheimspezialität des Luthertums, sondern das Paulus-geleitete (Röm 7!) und besonders tiefgreifend tradierte Wahrnehmen eines vitalen und unabschüttelbaren Urphänomens in seiner desillusionierenden Radikalität und Deutlichkeit. Dass diese Erkenntnis und Erfahrung oft genug in den Religionen – auch in den reformatorischen Kirchen – ermäßigt und verdeckt wird, mindert den Rang dieser so leicht verschwiegenen, geheimen religiösen und anthropologischen Wurzelerkenntnis nicht.[322]

Wo aber steht nun das Gesetz? Wo findet man es? Ist es nicht geoffenbart und also ewig und unwandelbar? Nein, es hat geschichtlich sehr verschiedene Gestalten und – wie Luther sagt – „Gebrauchsweisen". Die sich konkret immerzu wandelnde „Gestalt des Gesetzes" (einer Sache oder eines Zusammenhanges) ist Ausdruck seiner Grundstruktur, ist das, was diese jeweilige „Welt" im Innersten zusammenhält. Gesetz in der Theologie bedeutet die Frage: Was ist der Wille Gottes oder (nontheistisch): Was ist der Sinn des als unbedingt Erfahrenen (was auch jemand, der nicht an einen Gott glaubt, im „Du sollst" erfahren kann)? was ist Sinn und Forderung des Göttlichen oder Unbedingten an den Menschen – sei es von außen her, sei von innen aus dem Menschen her? Ist dies immer und ein für alle mal dasselbe („wie du warst vor aller Zeit, so bleibst du in Ewigkeit")? oder ist auch diese Wahrheit und Grunderfahrung des Gesetzes bis in seine eigene Tiefenstruktur hinein – eben wie „vor aller Zeit" und immerfort – nur im Werden, im Wandel und in der offenen Zeit? So wäre die Erfahrung des Gesetzes – immer wenn sie geschieht – tatsächlich eine Offenbarung des Unbedingten, aber eben dies mitten in der Geschichte und ihren Wandlungen. Hier mag nun das Erstaunen einsetzen, wenn wir uns mit dieser Frage Luther zuwenden. Denn obschon jene Sätze von der Ewigkeit und Unwandelbarkeit der Tatsache des Gesetzes auch bei ihm mit vorausgesetzt sind, spricht er sie auf eine Weise und mit Akzenten an, die für jemanden, der – wie er – kurz vor dem vermeintlichen Ende aller Tage und daher fern letztlicher Geschichtlichkeit und Wandelbarkeit aller Dinge und Ordnungen denkt, doppelt bemerkenswert sind. Dies haben wir uns nun in gebotener Kürze anzuschauen.

2. Das allenthalben ergehende, nicht geschriebene religiöse Gesetz und Luthers Freiheitsverständnis: Fundort und radikaler Gestaltwandel des Gesetzes

Ich gebe zuerst drei Beobachtungen:

a) Wenn Luther das Begreifen des Unheimlichen Gottes und die daraus folgende Infragestellung des Menschen beschreiben will, spricht er immer wieder – in Anspielung auf eine Stelle im 3. Buch Mose[323] – von dem rauschenden Blatt, welches vom Baume fällt und – so Luthers weiterführende Ausdeutung – die wohlgerüstet durch den Wald reitenden Ritter, die sich vor nichts fürchten, dennoch überfällt und erschrickt – als eine vis a tergo, als eine Macht, die sie von rückwärts her anfällt. Denn die Ritter sind gegen alles, nur nicht gegen das Erschrecken eines unvermutet rauschenden Blattes, welches sie abgründig (im „Gewissen") „erwischt", gerüstet[324]. Dazu muss man wissen, dass das begegnende Gesetz bei Luther nicht nur dies oder das fordert, sondern Menschen an seiner Wurzel packt, auf den (oben bereits zitierten) punctus mathematicus stellt und durch seine radikale Forderung des Gutseins (Glaubens, Liebens) erschreckt und ihm offenbar macht, dass wir nicht so sind, wie wir sein sollen (wie C.Fr. v. Weizsäcker es prägnant ausdrückt: Er habe, als er die Bergpredigt gelesen habe, im Nu gewusst: „dies ist wahr und ich bin nicht so"[325]). Derlei kann einem immer wieder – an den unerwartetsten Orten – widerfahren. Dieses Erschrecken und das Gesetz (die beide bei Luther mit der exinanitio und destructio hominis, mit der „Leermachung" und „Zunichtemachung" [des alten Selbstbildes] eng zusammenhängen) können daher allenthalben geschehen. Dazu braucht es keiner Predigt; überall kann dieses Erschrecken hervorbrechen und die wohlgemute Beliebigkeit beenden. Alle Welt kann zur Infragestellung des Menschen werden, so dass ihm die ganze Welt „zu enge" wird und alle sonst noch so schöne Kreatur sich nur noch gegen ihn zu wenden scheint. Gesetz ist keine nur geschriebene, offenbare Formel, sondern es ergeht allenthalben, spricht überall (ubique) und ist, auch wenn es geschrieben steht, gepredigt, erinnert und eingeschärft wird, eine fundamentale Funktion und innerste Dimension aller lebendigen Schöpfung in Natur und Geschichte, wenn sie drohend und fordernd wird. Und weil das natürliche Gesetz in aller Menschen Herz und Gewissen Gesetz geschrieben steht, kann es durch jedes lebendige Erleben unwiderleglich zu sprechen, das Gewissen zu erschrecken und zu erwecken beginnen. Alle Schöpfung und jedes rauschende Blatt – in ethischen, ästhetischen, menschlichen, politischen Erfahrungen – kann den Menschen erschüttern, infrage stellen und gefangen nehmen. Alles kann zum „Gesetz" werden. „Lex prius adest in facto": Das Gesetz ist immer schon in den Fakten, Erfahrungen und Sachzusammenhängen da. So ist Gesetz für Luther ein Grundlagenphänomen aller Welt. Dass dabei nicht jedes rauschende Blatt, jeder Schicksalsschlag, zumal ohne Evangelium und Christus, für Luther schon zur Stimme Gottes, zur religiösen Erfahrung wird, ist bei ihm voraus-zusetzen.[326]

b) Daher spricht Luther in These 20 der Heidelberger Disputation – gemäß seiner frühen Leidens- und Demutstheologie – davon, dass Kreuz (Kreuze), Leiden und Übel vor allem der Ort sind, an dem die göttliche Wahrheit des Lebens erfahren wird, weil sie den Menschen sein wirkliches Sein offenbaren und so vor „Gott", vor die Wahrheit seines Daseins stellen. Und dann gibt er wenig später (These 23) dem Gesetz eben dieselbe Funktion der „Leer- und Zunichtemachung des Menschen", die er kurz zuvor dem Leiden gab. So wird den Kreuzen und Leiden, die den Menschen widerfahren, eben die Funktion des Gesetzes gegeben; auch ihnen wird diese Grunderfahrung des Brüchigwerdens und In-die-Krise-Geratens zugeschrieben.[327]

c) Schließlich finden wir – um noch ein Beispiel für diesen Fundamentalzusammen-hang zu geben – dasselbe noch einmal im sog. Antinomerstreit, als ein Schüler Luthers, Agricola mit Namen, die These aufstellte, das Gesetz sei in Christus über-holt, müsse daher nicht mehr gepredigt werden, und sich dabei auf den jungen Luther berief, der um 1518 in der Tat erklärt hatte, die katholische Predigt, die das Gewissen immer nur bedrängt und in der coquina conscientiarum („Küche der Ge-wissen") „gargekocht" habe, sei unwahr und zu ersetzen durch die Predigt der Gnade und des Evangeliums. Luther hat diese falsche Inanspruchnahme seiner frü-hen Sätze später, im Antinomerstreit, dann so kommentiert: „Dass ich mit meiner Lehre in der Erste so hart wider das Gesetz geredt und geschrieben habe, ist darum geschehen, denn die christliche Kirche war ganz und gar überschütt' und beschwert von mancherleien Supersitionen und Aberglauben, und Christus war ganz und gar verfinstert und begraben. Von solcher Stockmeisterei der Gewissen wollte ich fromme gottfürchtige Herzen durchs Wort des Evangelii erlösen und frei machen. Aber das Gesetz hab ich niemals verworfen"[328]. Die Menschen hatten also zu sehr schon unter der Bedrückung der römischen Praxis und ihres Glaubens an das Gesetz als Weg zum Heil und an Christus als Richter gelitten; die Tyrannei der versuchten Werkgerechtigkeit hatte sie in jener „Garküche der Gewissen" weichgekocht. Sie hatten also durch die religiösen Zeitumstände faktisch die vernichtende Wirkung des Gesetzes und seiner destructio hominis erfahren (gerade nicht durch die angemes-sene Gesetzespredigt, die nicht mehr nötig war), so dass ihnen nur noch das Evan-gelium verkündigt werden musste. Nun, da diese Zeitumstände verändert und Be-drückung wie Aberglaube aufgehoben seien, müsse das Gesetz wieder gepredigt werden. – Auch hier also sind es wieder die allgemeinen, niedermachenden Zeit- und Lebenszusammenhänge, die die Funktion des Gesetzes übernommen haben. Überall, in tausenderlei Gestalten und aus allem – aus rauschenden Blättern und Leiderfah-rungen verschiedenster Art – kann die Erfahrung des Gesetzes hervorbrechen, kann das Gesetz zum Sprechen und zur Wirkung kommen. Es bedarf primär dazu keiner Predigt (es sei denn, um das Erfahrene ins Verstehen zu bringen).

Was verbirgt sich nun hinter diesen Hinweisen für eine Auffassung vom Gesetz? Mehreres ist hier zu wissen und zu bedenken:

d) Unwandelbarer Kern des Gesetzes ist bei Luther nur das eine und erste Gebot, jenes unbedingte „Du sollst … (lieben, glauben), alle anderen sind nur seine Auslegung. In allen anderen Geboten ist immer nur jenes eine und erste gemeint; sie „treiben" es; sie konkretisieren es und es legt sich in ihnen aus. In allen Geboten (mandata) begegnet immer nur der eine Gebieter (mandans), weil in aller Ethik, in allem Tun immer nur das eine Glauben und Lieben gemeint ist[329]. Entsprechend benutzt Luther das „grobe fleischliche Exempel", dass in einer Beziehung von Mann und Frau die Liebe alles im einzelnen Nötige und Gebotene weiß und sagt, so dass keine weiteren Gesetze nötig sind: „die einige Zuversicht [sie als einzige, ganz allein] lehret ihn das alles". Sie ist die Erfüllung des 1. Gebotes, der Christenmensch ist „gewisslich entbunden von allen Geboten und Gesetzen." Deswegen hat Luther auch – im Unterschied zu Melanchthon – den sog. tertius usus des Gesetzes, d.h. die verschiedenen ethischen Anweisungen an die Christen als festes System und Lehrtopos nicht fixiert; er hat die Mahnungen (Paränesen) der biblischen Texte wohl aufgenommen und verdeutlicht, aber jede Verfestigung zu einer Lehre von solchen „Gesetzen" und jede Gesetzlichkeit ängstlich d.h. mutig und allergisch gemieden[330]. Entsprechend sollten m.E. auch wir – trotz aller Situationsethik – die historische weltgeschichtliche Auslegungstradition der Ethik, die sozusagen als Geländer (z.B. „du sollst nicht töten, du sollst nicht ehebrechen, du sollst nicht stehlen") unserer aneignenden Auslegungen dienen kann, nicht verachten, sondern ehren. Denn wir sind gebrochene, keineswegs völlig neugeborene Menschen und können und müssen die 10 Grundauslegungen des existentiellen ethischen Grundphänomens und des einen ersten Gebotes nicht immer wieder neu erfinden und die moralische Welt nicht immer wieder neu erschaffen. Dennoch bedeutet Luthers Konzentration auf das eine erste Gebot in allen zehn eine ungeheure Freiheit zu Wandel und Variation des Gesetzes und seiner Auslegung. Ist diese königliche Freiheit der reformatorischen Gesetzeslehre und das Bewusstsein der Wandelbarkeit des im Einen Urgesetz, d.h. des im 1. Gebot Gemeinten und Gebotenen, in den konfessionellen Kirchen auch nur halbwegs bewusst und präsent? oder werden inzwischen historisch und überfällig gewordene Prägungen weitergeschleppt, weil man dem biblischen und reformatorischen Weltbild, welches ja keineswegs biblischen oder reformatorischen Rang hat, verpflichtet sein zu müssen meint? Wir werden dies sogleich zu erwägen haben.[331]

e) Diese Tendenz der Reduktion des Gesetzes auf ein fundamentales, welches ins Herz greift und im übrigen die Freiheit der eigenen Auslegung und Anwendung durch Vernunft, Liebe und Phantasie überlässt, verschärft sich noch einmal, wenn man erfährt, dass Luther sogar im Blick auf die berühmten 10 Gebote, die doch bis heute so etwas wie ein Rückgrat des moralischen Bewusstseins sind, noch einen

Schritt weitergeht. Sie sind, so meint er, als mosaisches, dem jüdischen Volk gegebenes Gesetz abgetan; so wie der Sachsenspiegel nur den Sachsen gilt und diese Recht und Gesetz für sich neu auslegen und gestalten müssen, so müssen auch die Christen (und jede Zeit und Kultur) im Zeichen des 1. Gebotes das Gesetz, das Gebotene neu auslegen. Der Dekalog gilt für Luther nur, sofern er Ausdruck des natürlichen, allen Menschen gegebenen und ins Herz geschriebenen, aber verdunkelten und vielfach vergessenen natürlichen Gesetzes ist. Allerdings bietet der Dekalog seiner Meinung nach die Auslegung des natürlichen Gesetzes besser als irgendeine andere Fassung. Aber auch Gebote des mosaischen Gesetzes, die Luther in der Sache für gut und richtig hält (wie Sabbatjahr, Armenbehandlung u.a.m.), hält er als solche nicht für verbindlich; sie seien jeweils neu zu gestalten[332]. Zwischen jenen beiden Auffassungspolen „Der Dekalog ist die beste Auslegung des natürlichen Gesetzes" und „Er ist nur der (zugunsten unserer eigenen Auslegung und Freiheit aufgehobene) Sachsenspiegel der Juden", der für uns ungültig geworden ist, steht und pendelt Luther. Man mache sich die hier obwaltende ungeheure Freiheit im Gesetzesverständnis Luthers klar und was diese Freiheit (und sein Gesetzesverständnis) an Perspektiven eröffnet, wenn man sie für neue gesellschaftliche, historische und geistige Situationen – heute, also über Luther hinaus – weiterdenkt! Meist denkt man kirchlich, es wandelten sich nur die Auslegungen der unwandelbaren göttlichen 10 Gebote; aber Luther denkt eine Stufe tiefer: Eben diese 10 Gebote sind nur religiöse und kulturelle, also wandelbare und überschreitbare Gestaltungen des einen ersten Gebotes!

f) Dieser Tendenz wird nun die Krone aufgesetzt, indem Luther aus dem Gesagten eine Konsequenz zieht, die den meisten (Lutheranern und Reformierten) wenig bewusst und vielleicht auch nicht recht willkommen sein dürfte. Er sagt nämlich in einer seiner späten Disputationen: Die Christen schaffen selber ihre neuen Dekaloge. Wörtlich: „Wenn wir nämlich Christus haben, werden wir neue Gesetze schaffen [„gründen'] und alles richtig beurteilen. Ja, wir werden neue Dekaloge schaffen, wie Paulus das in allen seinen Briefen tut und Petrus, am meisten aber Christus im Evangelium. Und diese Dekaloge sind klarer als des Mose Dekalog, wie das Angesicht Christi klarer ist als das des Mose. Wenn nämlich die Heiden in ihrer (im Gottesbewusstsein) verdorbenen Natur Aussagen über Gott machen und sich selber Gesetz sein konnten, um wie viel mehr kann Paulus oder irgendein wirklicher (vollkommener) Christ, voll des Geistes, einen Dekalog schaffen und über alles völlig recht urteilen".[333] Auch Luther selbst hat wohl das Ungewöhnliche und Gewagte seiner Sätze empfunden – das „Imo" [ja sogar] (novos Decalogos faciemus) scheint es zu zeigen. Hat man je eine größere Freiheit da, wo das Bewusstsein von der Unabdingbarkeit der Lehre vom Gesetz sich erhalten hat, sprechen hören? Da wo man – wie heute gerne – eine (illusorische) Freiheit ohne Wissen vom Gesetz (weil dieses als Ausdruck angeblicher Heteronomie in einer autonomen Kultur überwunden sei) meint, kann man die Überholung jedes Gesetzes und des berühmten Dekalogs leicht behaupten. Aber hier – im Angesichte des Urphänomens Gesetz, seiner Heiligkeit und Gültigkeit – eine solch königliche Freiheit?! Ist dies nicht, in der Konzentration auf das 1. Gebot, die wahrhaft genaue Entsprechung zu der radikalen Konzentration der vielen Gebote im Doppelgebot der Gottes- und Nächstenliebe in der Verkündigung Jesu: „In diesen zwei Geboten hanget das ganze Gesetz und die Propheten" (Mt 22,40) oder in markinischer Formulierung: das Doppelgebot sei das „vornehmste", kein anderes „größer denn diese beiden", und sie sind mehr denn alle kultischen „Brandopfer und alle Opfer" (Mk 12,28ff), größer also als aller Kult des Tempels? Auch hier wird – wie bei Luther – die Vielheit der Gebote nicht abgeschafft oder aufgehoben, denn es heißt, sie „hängen" in ihm; aber es wird ein befreiender innerer Maßstab an die Vielzahl der Gebote/Gesetze gelegt. Hier ist ein Satz und Gedanke, der im rabbinischen Judentum – jedoch als einer unter vielen – auch bekannt war, in den diakritischen Mittelpunkt gestellt und zum Zentrum gemacht; wie im Judentum ist er aber auch in der Geschichte des Christentums nicht zentral und durchschlagend geworden. Auch hier wartet er auf seine Einholung und Erfüllung.[334]

Nun muss man sich allerdings zur Einschätzung dieses Gedankengangs von den neuen Dekalogen relativierend klar machen, dass Luther – realistisch genug – nicht meint, jeder Mensch habe die Autonomie und Souveränität, solch neue Dekaloge zu schaffen: Nur wer den Geist und Christus hat (so wie wir oben Kapitel I die vertiefte Erfahrung der Autonomie beschrieben), wird wirklich neue Auslegungen und Dekaloge, nicht nur angemaßte Kurzfristigkeiten in die Welt setzen. Auch muss man sich zur Einschätzung dieser wunderbaren Äußerung klarmachen, dass Luther sich hier in einem seltenen Spitzensatz äußert und an den äußersten Rändern und Möglichkeiten seines Denkens sich bewegt, auch dass er sich sonst durchaus in der Denkform bibeltreuer und buchstabengläubiger Paränesen äußert. Man kann dies als Einschränkung und Relativierung dieser Spitzensätze auffassen, man kann es aber auch als Beleg dafür erkennen, dass Luther, obwohl er gleichzeitig weiterhin in antik-mittelalterlichen Kategorien (der Weltanschauung wie der vor-autonomen Ethik) dachte, eben die Souveränität hatte, über den eigenen Status hinauszudenken und die historische und überholbare Konstellation seines Bewusstseins, seiner Schrift- und Gebotsauslegung einzusehen. Natürlich haben wir heute – mit Luther über Luther hinaus – eben diese Einsicht zu vollziehen und ihre Konsequenzen zu denken. Wir werden weiter unten zu vergleichen haben, was das heutige Luthertum – als vermeintlicher, aber nicht wirklicher Erbe Luthers – in diesen Fragen denkt und tut. Gerade wenn man beachtet, dass jener Satz von den neuen Dekalogen nicht eine generelle Behauptung oder Anweisung für alle Menschen, wohl aber eine *Möglichkeit* beschreibt, die unter die Bedingung „habito enim Christo" gestellt ist, bedeutet es für die Gemeinschaft der (lutherischen) Christen das Eingeständnis, den neuen Geist Christi nicht zu haben, wenn sie die neuen Dekaloge nicht wagen. In einer der Herzkammern der Theologie schlechthin setzt Luther Wandlung und Fortschreibung in Gang und legitimiert sie. So öffnet er den Blick für die Vielfältigkeit der geschichtlich – im Rauschen des Blatts, in den Kreuzen, Leiden und geschichtlichen Erfahrungen – wandelbaren Erfahrung des Gesetzes.

g) War dieser Satz von den neuen Dekalogen ein Spitzensatz der lutherischen Gesetzeslehre, so müssen wir abschließend noch einen Blick in das Fundament dieser Denkfigur von den neuen Dekalogen werfen, weil hier erst der letzte Grund für solch eine, jede Gesetzlichkeit vermeidende Auffassung vom Gesetz zu finden ist. Eine Grundkategorie von Luthers Gesetzeslehre, die noch dazu auch theologiegeschichtlich ein Novum war, wie G. Ebeling bereits vor Jahr und Tag gezeigt hat, liegt in Begriff und Verständnis des „usus", des Brauches oder Gebrauches, der verschiedenen „Bräuche" des Gesetzes.[335] Luther kennt nämlich in seiner Fundamentalreflexion des Gesetzes nicht verschiedene Gesetze – etwa im politischen (rechtlichen), ökonomischen und theologischen Bereich; er kennt auch innerhalb des theologischen Bereichs nicht verschiedene Gesetze, sondern immer nur verschiedene Gebräuche/Gebrauchsweisen (usus) des einen Grundphänomens Gesetz, welches im göttlichen, also letzten Grundwillen allenthalben auf verschiedene Weise sich ausspricht und zur Wirkung kommt. Politisches (rechtliches), ökonomisches und theologisches (religiöses) Gesetz (und ich füge für unser heutiges Weltverständnis hinzu: psychisches Gesetz und Naturgesetz) sind alle – theologisch gesehen – nur verschiedene Formen und Weisen des Einen Urphänomens und Wunders der schöpfungsermöglichenden und -erhaltenden Tatsache „Gesetz", welches im 1. Gebot als Forderung und Gnade spricht und so das Leben in seinen vielfachen Dimensionen als Gabe wie als Forderung ermöglicht und trägt. Es ist also ein in allen Dimensionen sich auswirkendes Urphänomen „Gesetz", welches daher auch in seinem ethischen Sinn auf seine Variation und Konkretion durch Phantasie und Liebe autonomer Menschen geradezu angewiesen ist und nach ihnen schreit! Hier wird auch noch einmal deutlich, wieso ein rauschendes Blatt, Kreuze, Leiden sowie Aberglaube oder bedrückende religiöse Zeitumstände die Funktion des packenden und aufdeckenden Gesetzes bekommen können; auch sie können als Gottes „Mummerei" Brauch und Ausdruck seines Willens sein. Hier wird auch verständlich, warum Luther vom Worte Gottes, also auch vom Gesetz ausdrücklich sagen kann, es sei ursprünglich und eigentlich mündliches, lebendiges Wort und Geschehen, kein schriftlich fixierter Code. Es ist das in aller Schöpfung waltende und wirkende Wort und Gesetz.[336]

h) Keine verschiedenen leges, Gesetze also, nur immer die eine lex. Was das an Revolution bedeutet, müsste man jetzt durch einen vergleichenden Blick in die scholastische Theologie einerseits, auf das reformierte Gesetzesverständnis andererseits profilieren. Für die lutherische Theologie würde hier jedenfalls verständlich, warum es in ihr keine Gesetzlichkeit und keine unwandelbare theologia perennis geben kann und nie geben durfte; es wird deutlich, warum der Protestantismus von einer ständigen

Wandlungsgeschichte begleitet, ja durch sie konstituiert ist und ihr zuinnerst zuzustimmen und sie zu handhaben lernen muss. In diesem fundamentalen Begreifen des Phänomens „Gesetz" und seines Wandels ist die ungeheure Dynamik, Flexibilität und Wandelbarkeit in der Lehre vom Gesetz dokumentiert, welches sogar seine weltgeschichtliche Gestalt im Dekalog überschreiten und neu konkretisieren kann, in allen Geboten nur wandelbare und überholbare Gestalten des natürlichen, ins Herz geschriebenen Gesetzes der einen Liebe und des einen ersten Gebotes erkennt und daher schon gar keinen festen tertius usus, keine festgelegte Norm ethischer Weisung der Christen kennt, vielmehr diese Mahnung immer nur nach Maß der jeweiligen Einsicht und Liebe zu finden trachtet.[337]

i) Dieses Verständnis des Gesetzes wird in seiner Besonderheit erst eigentlich erstaunlich und beeindruckend, wenn man sich klar macht, dass Luther dies alles innerhalb eines relativ deutlich geschlossenen Weltbildes und einer geschlossenen, auf 6000 Jahre begrenzten Weltzeit vorstellt, die fast abgelaufen ist und in deren Endzeit er sich sieht. Luther denkt also seine fundamentalen Wandlungseinsichten durchaus noch *vor* all dem, was wir heute als die grundlegende Geschichtlichkeit aller Welt, vielleicht sogar des Seins selbst und also auch der Theologie und ihrer Vorstellungen in der Evolution der „offenen Zeit" kennen. Die Wandlungen des Gesetzes denkt er im heilsgeschichtlichen Wechsel und Fortschritt (profectus) vom alten Bund des Mose zum neuen Bund des Christus, innerhalb dieses Fortschritts aber als Rückkehr zum Ursprung der biblischen Heilsgeschichte (worauf gleich zurückzukommen ist).

Um so erstaunlicher ist daher Luthers Impuls, in diesem durchaus begrenzten Rahmen solch enorme Öffnungen und Weiterentwicklungen zu begreifen und zu erstreiten, wie er das grundlegend und programmatisch an einer Stelle der 1. Psalmenvorlesung getan und formuliert hat:

„Wie die Zeiten gewachsen sind [creverunt], so auch der Buchstabe und der Geist. Denn ... feiner [subtilior] ist nun der Buchstabe bei uns als er es einstmals [olim] war. Und dies [ist so] wegen des Fortschreitens [profectus]. Denn ... jedem, der fortschreitet, ist das, was er hinter sich [läßt und] vergißt, Buchstabe, und das, nach dem er sich ausstreckt, das ist ihm Geist. Denn immer ist das, was man hat, Buchstabe – im Vergleich zu dem, was man erlangen möchte: wie wir [oben] von der Bewegung [motus] gesagt haben. So war der Artikel über die Trinität, zur Zeit des Arius zum Ausdruck gebracht, Geist und wenigen gegeben, nun aber ist er Buchstabe, weil offenbart, wenn nicht auch wir etwas anderes hinzutun, nämlich den lebendigen Glauben an ihn. Daher müssen wir immer um ein [sc. neues] Verständnis beten, damit wir nicht im tötenden Buchstaben erlahmen. Wenn wir nämlich Söhne/Kinder [filii] Gottes sind, müssen wir immer in der Neugeburt [in generatione] sein."[338]

„Subtilior est nunc litera nobiscum quam olim fuit. Et hoc propter profectum" – das sind schon erhebliche Sätze, die erklärlich machen, warum und wie Luther – der große Hermeneut des wörtlichen Bibelwortes[339] – gegen jeden (manchmal auch seinen eigenen) Biblizismus die souveräne Freiheit des inneren Kanons („was Christum treibet") installiert und z.B. in den Invokavitpredigten der Wittenberger Unruhen das Bilderverbot nicht wörtlich (bilderstürmerisch wie Karlstadt), sondern sinngemäß-geistlich nimmt oder trotz Schrifteinsetzung des Abendmahls unter zweierlei Gestalt dessen Darreichung unter einer Gestalt aus seelsorgerlichen Gründen vertreten kann! Hier, in diesem Geist- und Geschichtsverständnis liegt auch der Grund dafür, dass Luther – der überzeugte Traditionalist – durch unübersehbare Neuakzentuierungen der klassischen dogmatischen Topoi zu wahrlich revolutionären und zum „Fortschritt" (profectus) seines in mehreren Hinsichten genaueren (subtilior) Verständnisses gekommen ist Neufassungen (immer im Bewusstsein, dabei im Rahmen der Tradition und des alten Paradigmas geblieben zu sein): von seinen fundamentalen Neuakzentuierungen in der Christologie (ab imo, von der Menschheit und über die Zwei-Naturen-Lehre hinaus), in der Gesetzeslehre (Begriff des usus), in der Anthropologie und Ethik (Simul-Lehre, pecca fortiter), in der Abendmahlslehre, ja in der Gotteslehre (theologia crucis, dextra dei)[340] bis hin zu jenen im Protestantismus uneingeholten Sätzen über Gott und das Böse in De servo arbitrio, die ihre Sprengkraft kirchlich und theologiegeschichtlich erst noch entwickeln und beweisen werden, da erst die heutigen Fragestellungen uns reif machen für seinen ungeheuren Vorgriff, den manche noch als occamistische Reste, als Unklarheit oder Verirrung abtun möchten.

Dennoch, was immer bei Luther an Ansätzen zur Geschichtlichkeit zu finden ist, steht doch bei ihm – wie in der Forschung deutlich festgestellt wurde – unter dem Vorbehalt letzter Vor- und Ungeschichtlichkeit im Denken des neuen Christusbundes als Rahmen einer heilsgeschichtlich geschlossenen und begrenzten Zeit, die durch Gottes Leiten und Eingreifen bestimmt wird und natürlich die Entdeckung der „offenen" Zeit und die Evolution als humane wie religiöse Fundamentalkategorie noch nicht kennt.[341] Daher hat Luther natürlich an einen letztlich fundamentalen Wandel, z.B. in der Annahme einer gerade auch religiösen Autonomie des Menschen, in der Vergeschichtlichung der Christologie und Relativierung des solus Christus, wie sie sich heute in der religiösen Konkurrenz der interreligiösen Situation aufdrängt, oder in der unausweichlichen Kritik des Theismus (trotz der auch bei ihm reichlich vorkommenden trans-theistischen Motive) u.a.m. nicht gedacht und auch nicht denken können. Derlei Konsequenzen waren geschichtlich noch nicht im Horizont seiner Zeit. Aber Luther hat durch die beschriebene Öffnung im Herzen seiner Theologie die Möglichkeit und Legitimität dieser Entwicklungen und Konsequenzen vorgezeichnet. Er hält – als der in der Zeitenwende ebenso voraus- wie zurückschauende Januskopf, der er ist – eine eigentümliche Mittelposition in der geschichtlichen Fassung auch des Problems, von dem wir hier sprechen. Er denkt – gerade im Vergleich zu vielen seiner Zeitgenossen – enorm wandlungsbereit und geschichtlich, doch ebendies nur im Banne der geschlossenen Zeit. So gibt es für ihn den Wandel der Geschichte im Fortschreiten oder Rückschreiten/Abfall immer nur im Geist und Gebrauch der immer gleichen Wahrheit. Entsprechend gilt ihm seine

Reformation nur als Rückkehr zum Neuen Testament; „revolutio" war damals allgemein Wiederkehr der immer gleichen Wahrheit, nicht Revolution, Aufbruch in eine neue Zeit. Der Wandel im Gesetzesverständnis als Abtun aller alttestamentlichen Gesetze (nicht nur der praecepta iudicialia und ceremonialia, sondern auch des Dekalogs, sofern er nicht mit dem natürlichen Gesetz übereinstimmt) ist ihm kein geschichtlicher Wandlungsprozess in der offenen Zeit, sondern Konsequenz des einmaligen heilsgeschichtlichen Eingreifens Gottes in Jesus Christus und der biblisch-paulinischen Interpretation des Gesetzes. Entsprechend war im geschichtlichen Wandel (profectus) nicht die altkirchliche Christologie des Athanasius ungültig geworden, sondern es musste nur das, was im Verständnis des Athanasius inzwischen an Geist, Verständnis und Glaube abgestorben und tötender Buchstabe geworden war, durch Gebet und neuen Geist wieder belebt und hinzugetan werden. All jene Topoi der Christologie, des Abendmahls, der Höllenfahrt Christi erfuhren in seinem Verständnis durch seine theologische Neuinterpretation durchaus keine Änderung, sondern nur Belebung, Vertiefung und Wiederentdeckung. Sie machen den „feineren" (subtilior) Sinn aus, den die klassischen Topoi bei ihm annehmen. Mit alledem meint Luther fest und eindeutig in der Zeit zu bleiben, die Gott in Christus heraufgeführt hat und die bald mit dem jüngsten Tage zu Ende gehen wird.

Um so erstaunlicher sind die Schritte und die in Neuland fortschreitenden und vorausgreifenden Interpretationen, die er innerhalb dieses Rahmens geleistet und in Gang gesetzt hat. Wir sahen bereits ausführlich (in Kapitel III), was Luther im Blick auf die altkirchliche Christologie „anderes hinzutun" konnte, um sie mit neuem Geist zu erfüllen und wahrlich tiefgreifend – bis an den Rand ihrer Sprengung – zu verändern: „Was gehen mich seine Naturen an"! Historisch korrekt gesehen, muss man natürlich die Begrenzung und Einfügung all jener neuen Motive und Intentionen in den biblischen antik-mittelalterlichen Rahmen, der sie bindet, beachten und betonen. Beachtet und gewichtet man aber das geheime Nerven- und Motivgeflecht jener Innovationen und Neuakzentuierungen seiner Theologie, verlängert man seine allzu deutlichen Intentionen über ihren historischen Ursprungszusammenhang hinaus und versetzt sie in den Zusammenhang eines neuen Paradigmas, so entwickeln sie eine völlig neue Dynamik und erscheinen in ganz neuem Licht, ja sie fordern ein solch neues Paradigma geradezu heraus. Aus diesem Überschuss gegenüber seinem historischen Kontext erklärt sich auch die von Generation zu Generation immer wieder neu einsetzende und in Anspruch genommene Wirkung Luthers. Aus der Erkenntnis dieser Tatsache hatte man bereits vor gut 150 Jahren zwischen Luther und Luthertum zu unterscheiden gelernt.

Natürlich müssen wir die endgültige Freilegung dieser Dynamik und Konsequenz heute auf eigene Rechnung und in eigener Verantwortung vollziehen, – mit Luthers Motiven über seinen historischen Kontext und Ursprung hinaus. Erst dies ist, wie man wohl sagen darf, Luthers Geist und Intention getreu. Das Verharren im historischen Kontext und in den historischen Bindungen, Begrenzungen und Hemmungen seiner faktisch zeitübergreifenden Intentionen dürfte Veruntreuung seiner allzu deutlichen Motive und seines Geistes sein. Die oben dargestellten Neuakzentuierungen Luthers – gipfelnd in der Zentralisierung aller Gebote im einen ersten Gebot, im Satz von den neuen Dekalogen, im pecca fortiter, im Überschreiten der Substanzmetaphysik und damit der klassischen Zweinaturenlehre und in der faktischen Kritik der satisfactio im reformatorischen iustitia-Verständnis – sie alle sind die Radikal- und Spitzensätze, die im alten Paradigma gesprochen doch wie Signalfeuer ins Neue vorausweisen. Von ihnen her muss er verstanden werden. Sie ermutigen und legitimieren uns zum Vorwärtsgehen auf ein neues Plateau, zum Fortschreiten und Weiterdenken in einem neuen Paradigma, zu neuen fortschreibenden Auslegungen seines Traditionsgutes. Sie sind die viva fides, der „lebendige Glaube", der hinzuzutun wäre. Erst so überwinden wir auch die Schlacken und Eierschalen von Luthers eigenem, immer wieder auftauchendem Biblizismus und seiner unübersehbar sich immer wieder auswirkenden mönchischen Vergangenheit, also die Spuren des Übergangscharakters von Luthers eigenem Aufbruch. Luthers Anweisung zum Gestaltwandel des Gesetzes, die Aufforderung über ältere Stufen der Auslegung hinauszugehen und nicht in biblizistischer Gesetzlichkeit an älteren Stufen lieb- und geistlos hängen zu bleiben, dürfte deutlich genug sein. Hesses Stufengedicht stellt hier eine durchaus einschlägig verlängernde Perspektive und geistverwandte Anweisung dar. Dass Luther – unter den hemmenden Bedingungen der heilsgeschichtlich programmierten Vorgeschichtlichkeit und Unwandelbarkeit seit der Zeit des Neuen Bundes in Christus – zu so weitgehenden, den alten Rahmen fast schon sprengenden Revisionen und Neuinterpretationen kommen konnte, zeigt seine ungeheure Freiheit und tiefbohrende, tieferfahrene Einsicht, die wir als ein Versprechen und Vorzeichen künftiger Entwicklungen und heutiger Aufgaben zu nehmen und in einem neuen Paradigma weiterzuführen und zu vollziehen haben. Was am äußersten Rande des damals Möglichen gesagt wurde, muss heute – im neuen Paradigma – zur Mitte des zu Denkenden werden und zu der Aufforderung „Vertraut den neuen Wegen" – hier in der Gesetzeslehre wie oben (Kapitel III) in der Christologie und weiter in Gebrauch und Hermeneutik aller seiner Grundbegriffe, auch z.B. der Zweireichelehre. Noch ein letztes Mal: „Wir verstecken uns, wenn wir das Denkbare nicht denken."

3. Die Konsequenz: Gestaltwandel der Theologie bis ans Herz hinan

Gestaltwandel des Gesetzes – auch auf das Luthertum selbst anzuwenden

Was aber bedeutet dies alles? und wohin zielt es? Das Gesetz ist nach all dem Gesagten das eine unbedingte „Du sollst … (glauben, lieben)", das in immer neuen Gestalten uns entgegentritt, daher immer neu zu verstehen und in seinen Konsequenzen und Auslegungen stets im Wandel begriffen ist. Nur wer dies in seiner Tragweite sieht, versteht Luthers Geist (nicht nur den Buchstaben seiner damaligen moralischen und paränetischen Auslegung) und geht mit ihm über ihn und seine, Luthers eigene, im Luthertum aber (als tertius usus und im immer wieder nur historisch-traditionellen Verständnis des politischen „Brauchs") kodifizierte und versteinerte Auslegung des Gesetzes hinaus. Denn man kann den Wandel der neuen Dekaloge ja nicht denken und Luther selbst und die reformatorische Theologie des 16. Jahrhunderts davon ausnehmen wollen. Darum gilt es, die immer neuen Gestalten und Gesichter des einen ersten Gebotes wahrzunehmen, zu begreifen und diese Tatsache des fundamentalen Wandels und des immer Neuen in Theologie und theologischem Bewusstsein zu verankern und zu vollziehen. Es ist wie beim Thema Christologie, das im vergangenen Jahrhundert lange umstritten und doch in der Pointe bis zum heutigen Tage in konfessionellen Kreisen nicht wirklich durchgestanden ist: Alles sei völlig geschichtlich, nur eben die Gestalt des Jesus von Nazareth wird dogmatisch – mehr oder minder deutlich – davon ausgenommen[342]. Die Konsequenzen der neutestamentlichen Bibelwissenschaft werden systematisch (im Blick auf Christologie und altkirchlich-reformatorisches Dogma) nur begrenzt gezogen. Entsprechend: Alles sei und bleibe lutherisch, nur eben Luthers eigene Freiheit in der Kernfrage der Gesetzeslehre, die über ihn und seine historische Konstellation hinausweist, nicht!

Das Gesetz ist bei Luther die zentrale theologische Kategorie, und er hat oft oder sogar meist, wie ich meine, recht darin, mit ihr den Eintritt in die Theologie und in die religiöse Erfahrung beginnen zu lassen: Mit der Erfahrung des Gesetzes beginnt die Theologie und der Weg des Glaubens, auch wenn es den [Barth'schen] Gegentypus, der den Beginn religiöser Erfahrung bei der Erfahrung von Gnade und Liebe beginnen lässt, lebensmüßig zweifellos auch gibt). Aber sehr oft oder meist stimmt es eben: Es sind die Brüche, Schmerzen und Infragestellungen, die Kreuze und Leiden und das zunächst ethische „Du sollst", die den (spontan nicht unbedingt liebevollen) Menschen stellen, packen, aus seiner alten Lebenslogik reißen, die zu neuen Öffnungen und Fragen zwingen und den Beginn einer neuen Lebensstufe ausmachen. Bei solchen aporetischen Erfahrungen beginnt religiöse Erfahrung, beginnen neue Gotteserkenntnisse. Sie verschieben die alten Fragestellungen und eröffnen neue Horizonte, weil die ganze weite Welt mit ihren Schönheiten, Ambivalenzen und Fraglichkeiten in solch einer Situation – meist dosiert und allmählich, manchmal auch plötzlich und ruckweise – in den einen Punkt der Krise zusammenschießt und sich in ihm neu fokussiert. In solchen Erfahrungen werden die normalen, bürgerlichen Einstellungen und Lebenskonzepte vom Einbruch der Unbedingtheit irritiert und aufgebrochen – wenn wir Menschen es in uns zulassen, geschehen lassen.

Die Gestalt und die Weise dieser Infragestellungen und des jeweils Gebotenen aber ändert sich ständig. Die weltbewegenden Texte, die noch immer diesen Vorgang illustrieren – von Aischylos und Sophokles, von den Psalmen und Propheten über den Gautama Buddha und Jesus, von Shakespeares Macbeth und Dostojewskis oder Zolas Romanen bis zu H. Mann, und B. Brecht, C.G. Jung, Tillich und anderen religiösen Sozialisten, über Niebuhr, Gogarten, Gollwitzer, King, Boff, Metz, Sölle bis zu den Zeitungs-, Fernseh- oder Nachbarschaftsnachrichten und -geschichten aller Tage: Sie sind Legion und können bei jeder Gelegenheit erzählt, aktuell gefunden und erfunden werden, so dass sie peinsam zu sprechen beginnen. Sie alle zeigen auf Orte und Weisen der Gesetzeserfahrung in immer neuen Situationen und sich wandelnden Gestalten hin. Das Gesetz geschieht, iam adest, „so man des wahrnimmt" (Röm 1,20).

Der unweigerlich „soziale" Brauch des Gesetzes
Über die uns meist vertraute und anerkannte individuelle Variante des Gesetzes und der Situationsethik hinaus ist dabei die soziale, politische Auslegung des Gebotes sozial-, geistes- und ethikgeschichtlich wesentlich und auf Dauer unausweichlich. Sie ist in der Theologie noch immer ungewohnt, umstritten und daher hier zu betonen. Sie bedeutet in der unsterblichen Formulierung von Karl Marx den kategorischen Imperativ, „alle Verhältnisse umzuwerfen, in denen der Mensch ein erniedrigtes, ein geknechtetes, ein verlassenes, ein verächtliches Wesen ist" – oder sagen wir statt „umwerfen" heute, in einer Zeit des sozialen, erst recht des sozialistischen Stillstands und Vakuums, bescheidener: leise, aber entschiedene „Politisierung" gegen die erneut im Zeichen der – notwendigen – Globalisierung begonnene Brutalisierung und Inhumanisierung unserer Lebenswelt. Die Überwindung dieses Stillstandes wird vermutlich noch längere Zeit auf sich warten lassen, bis die Gewalt der Globalisierung abgearbeitet ist und die Sozialisierung und Zügelung der Wirtschaft auf Weltniveau – wie einst im 19. Jahrhundert auf den nationalen Niveaus – wieder durchgesetzt werden kann.[343] Auch diese soziale Gestalt des Gesetzes – eine legitime und unausweichliche Variante der Einsicht des Gesetzes in der genauen Konsequenz Luthers und seines neu verstandenen usus politicus – geht durch die Welt und wartet auf Menschen, die sich von ihr ansprechen, betreffen und packen lassen, die sie als eine ebenfalls fundamentale Gestalt des Unbedingten begreifen und sie klug – intelligent – umzusetzen lernen. Seit wir nicht mehr in einer agrarischen, sondern in einer industriellen bzw. kommunikationsgeleiteten, nach ständiger Veränderung und Gestaltung verlangenden Welt von lauter (sich ständig fortentwickelnden) „sekundären Systemen"[344] leben, begleitet diese Marx'sche Auslegung das Luther'sche Gesetzesverständnis wie ein unabschüttelbarer Schatten, der immer wieder in den Vordergrund und auf Beachtung drängt. Denn der Wille Gottes bzw. des Unbedingten und des allenthalben waltenden Geheimnisses soll geschehen „wie im Himmel so auf Erden". Die Neugestaltung und das neue Begreifen des usus politicus ist (wie das Überhaupt-erst-Begreifen auch des naturwissenschaftlichen Naturgesetzes als eines

fundamentalen theologischen usus) eine zentrale Folge und Aufgabe des Gestaltwandels des unabschüttelbaren Gesetzes. Auch das politische „Du sollst" ist eine
unübersehbare Erfahrung des Göttlichen. Sollte wirklich das steigende Elend in
unserer Gesellschaft und in der Welt der Globalisierung für ein religiöses Wahrnehmen der Welt – z.B. in esoterischen oder neoliberalen Varianten – ohne Belang sein?
Die wohlverstandene Zweireichelehre Luthers ist mehr denn je Anweisung für eine
maßvolle, vernunft-geleitete Politisierung, wie Luther selbst sie sein Leben lang –
gegen seelenverwüstenden Zins, ideologisierte Kreuzzugsidee oder den Satan in der
Politik – praktiziert hat.

Gestaltwandel des Gesetzes bis ins Herz aller Theologie

Diese und jede Erfahrung des Gesetzes, von der es im Hebräerbrief heißt, es sei
„schrecklich in die Hände des lebendigen Gottes zu fallen", ist m.E. die tiefste,
Theologie und religiöse Erfahrung des Menschlichen wie Politischen initiierende und
in Gang setzende Kategorie. „Gesetz" einer Sache – hier der Theologie – bedeutet
nicht nur Ethik, es ist auch nicht irgendein Bestimmungsstück unter anderen, sondern ist vielmehr der Inbegriff von Form und Tiefenstruktur einer Sache, Inbegriff
des innersten Gesamtzusammenhangs. Denn Form und Gestalt sind einer Sache
bzw. einem Sachzusammenhang nicht nur äußerlich, sondern zuinnerst prägend und
strukturbestimmend. Form- und Gestaltwandel betreffen daher essentiell auch den
Inhalt. Entsprechend können ganze Theologien, ohne es zu merken, unter dem
„alten Gesetz" verharren, dessen Überschreitung doch Paulus gegen Petrus durch-
gefochten hat (Gal 2). Daher ist das Verständnis von „Gesetz" Indiz für das Struk-
turprinzip einer Theologie, und der Gestaltwandel des Gesetzes bedeutet in der
Folge den durchgreifenden Strukturwandel einer ganzen Theologie: Mit ihm wandelt
sich ihr inneres Gesamtgefüge. „Gesetz" ist ein – wenn nicht der – entscheidende
Zug im Gesichte des Göttlichen. Verändert er sich, so verwandeln sich Gesicht und
Gestalt des Göttlichen selbst. Klassisch-reformatorisch gesprochen: Das Evangelium
antwortet jeweils auf die Erfahrung des Leidens und auf die durch das Gesetz auf-
tretende und offenbar gemachte Not. In der jeweils konkreten Gestalt des Gesetzes
beginnt der Mensch über sich hinaus zu fragen, zu rufen, zu schreien, zu beten, und
an diesem Ort und auf diese Weise beginnt entsprechend die Gnade, das Evangelium
eine neue Antwort zu geben, eine neue Form anzunehmen. So beginnt mit der neuen
Gestalt und den entsprechenden Erfahrungen „Gott" bzw. die Gotteserfahrung ein
neues Gesicht zu bekommen: Das alte, immerwährende göttliche Geheimnis bekommt ein neues Gesicht, neue Evidenz. So wandelt sich mit dem Gesetz das Verständnis und die Weise der Gnade sowie schließlich auch das Gottesverständnis. Gewiss, Luther lehrte nur die Unterscheidung von Gesetz und Evangelium, noch nicht
die sich gegenseitig verwandelnde Dialektik beider. Wir aber müssen in konsequenter
Geschichtlichkeit die Dialektik und den Wandel beider begreifen und vollziehen.

Es zieht also mit dem Gestaltwandel des Gesetzes der ständige und fundamentale Wandel und die „offene Zeit" ins Herz der Theologie selbst ein. Das Wissen um die völlige Geschichtlichkeit und Historisierung auch aller theologischen Sachverhalte bis in den Kern und in das Herz der theologischen Vorstellungen hinein ist seit Troeltsch, Gogarten, Bultmann oder Tillich – bei aller, jedoch nicht unüberwindlichen Auslegungsdifferenz zwischen ihnen – ein unwiderleglicher Sachverhalt, den Bultmann in seinem Entmythologisierungsdenken auf Neues Testament und Dogmatik, noch nicht auf das altkirchliche Dogma sowie das reformatorische Denken und beider weltanschauliche Implikationen und theologische Metaphysik angewandt hat. Dies hat, wie schon gesagt, erst Friedrich Gogarten in seiner Schrift „Entmythologisierung und Kirche" (1953, und später in seiner Christologie 1966) – relativ einsam und unbeachtet von der reformationsbezogenen theologischen Literatur – getan und vollzogen. Diese Aufgabe der Entmythologisierung bzw. Vergeschichtlichung ihrer weltanschaulichen Prägungen und metaphysischen Implikationen steht – eben als Konsequenz des tiefgreifenden Gestaltwandels des Gesetzes – auch der reformationsgeleiteten Theologie im Ganzen noch bevor, sofern sie unter dem Strukturgesetz der konsequenten Geschichtlichkeit eingreifend neu gedacht werden muss.

Gestaltwandel des Gesetzes ist daher – in der Konsequenz von Luthers genuinen Motiven – die tiefste und weitreichendste Anweisungs- und Legitimationskategorie für den heute überfälligen Wandel im Herzen von Theologie, Kirche und religiösem Bewusstsein – ein Wandel, ohne den es sowohl für die Menschen, die glauben wollen, wie für die Kirchen, die ihren Schatz und ihr Erbe nicht verstecken wollen, nicht weitergehen kann und wird. Luther nur historisch genau zu bewahren und exegetisch exakt zu rekapitulieren, bedeutet den Verrat an seiner Lebendigkeit und an seinem Geiste, bedeutet Vergessen seiner Intention. Der ganze Komplex des Gestaltwandels des Gesetzes, symbolhaft kulminierend in dem Satz von den neuen Dekalogen, bleibt ein insgeheim und symptomatisch fortwirkender Sprengsatz, durch dessen Verleugnung transformationsverweigernde Institutionen sich unwichtig machen und eines Tages eingehen werden. Jener Satz von den neuen Dekalogen zeigt – angesichts des fast ewig und unwandelbar scheinenden Normen- und Wertesystems des Dekalogs –, wie tief eingreifend der Wandel gedacht werden muss. Dies bedeutet einen offenen Prozess, dessen Ende nicht abzusehen ist.

Dass damit auf all die Topoi verwiesen ist, die in diesem Buche bereits vorgestellt wurden, versteht sich: die Rezeption des Religionsbegriffes, die Realisierung der Interreligiosität und der Autonomie wie auch die Fragestellung der Ungegenständlichkeit des Göttlichen im Non-Theismus. Sie alle dürften zu den Grundkonstanten des neuen Paradigmas gehören, welches – wie der Magnet die Eisenspäne neu rückt und ordnet – die induktive Neuakzentuierung von Gesetz, Gnade, Simul und Zweireichelehre bedeutet und verlangt. Dass auch die entsprechenden Wandlungen in der

Christologie, in der Satisfaktionslehre und in der Betonung der Menschheit Christi der Neupolung in diesem Kräftefeld bedürfen, dürfte deutlich sein. Durch all diese – von Lessing, Fichte, Schleiermacher, Troeltsch, Bultmann, Gogarten, Jung, Tillich und v. Weizsäcker längst formulierten – Einsichten muss wie durch ein Nadelöhr auch die Lutherische wie jede konfessionelle Theologie hindurch, damit sie die unwiderlegliche Potenz ihrer Kernlehren in neuer Form zu entfalten lernt und die liberalen Traditionen – heute die neoliberalen Versuche – sich hieran komplementär zu substantiieren und zu ergänzen lernen. Natürlich stellt sich aus der Perspektive dieser Verwandlungslegitimation Luthers auch all das von mir in diesem Buch Gesagte zunächst nur als Hypothese dar, an deren Recht und Durchführung einstweilen nur ich (in dieser Form) glaube. Sie bedarf der Diskussion. Mögen andere zusehen, was sie davon halten: aufnehmen, ablehnen, verändern.

All diese – hier nur auswahlweise genannten – Verwandlungen, die notwendigerweise das Innerste der reformatorischen Theologie berühren, führen bis hart an den Rand ihrer Wiedererkennbarkeit. So muss im Blick auf sie notwendigerweise immer wieder umstritten und zweideutig bleiben, ob sie noch Transformation oder schon substantieller Verlust – manchmal vielleicht auch notwendigerweise beides – sind. Aber Theologie ist – bis in die Herzkammern der scheinbar unwandelbar lutherischen hinein – laut Luther nicht ohne Anfechtung auch dieser Art zu haben, und wer sich nicht in Gefahr begibt, kommt bekanntlich „darin" um. Wenn sich die konfessionellen Theologien nicht auf diese überfälligen Transformationen, zu denen Luther sie ermächtigt, einlassen, dann sind sie das Grab und das Ende einer großen Potenz und einer noch immer berechtigten Erwartung. Sie, speziell die reformatorische Theologie Luthers, ebenso wie die neuprotestantischen und (theologiegeschichtlich sog.) liberalen, heute neoliberalen Traditionen, gehören in die Fundamente und in die Zahl der Grund- und Bausteine eines *neu* zu errichtenden Hauses – nicht mehr und nicht weniger; sie sind nicht schon die Fundamente, aber sie gehören als Fermente und Interpretationen der biblischen Botschaft in diese hinein. An dieser überfälligen Transformation entscheidet es sich, ob Menschen sich vom geistlichen Erbe der reformatorischen Kirche noch begleiten und ernähren lassen oder ob sie mit dieser dann unakzeptablen Kirche – völlig begreiflich und zu Recht – nichts mehr zu tun haben wollen.

4. Beispielhafte Konsequenzen heute

Halten wir abschließend noch einen Augenblick inne und gehen die Bedeutung des Ausgeführten an drei Beispielen noch einmal durch.

Begreifen des lutherischen Erbes als innovative reformatorische Kraft, nicht nur konfessionelle Tradition

Es bedeutet zunächst – im Blick auf den *Kirchenbegriff* und die konfessionellen Kirchentümer – die Vision, die konfessionellen Kirchen, insbesondere auch die Luthers, möchten ihr genuines Erbe begreifen, profilieren, erhalten und es nicht in einer überkonfessionellen Ökumene auflösen und verlieren. Denn Ökumene ist weiterhin nur als Ökumene individueller und sinnvollerweise auch konfessionell geprägter Kirchenkörper möglich (wie das gegliederte, sich in seinen nationalen Strukturen hoffentlich nicht auflösende und einebnende Europa); auch persönliche Beziehungen werden ja nicht dadurch produktiver und wahrer, besser oder leichter, dass Menschen einander ähnlich und gleich zu werden trachten statt klar abgegrenzt und bewusst in ihrer persönlichen Eigenart und Verschiedenheit zu werden (um den Preis, dass die Beziehung dann manchmal eben nicht mehr aufrechtzuerhalten ist). Wohl aber könnten und müssten diese konfessionellen Kirchen in sich den weitgehend historischen Charakter ihrer vorneuzeitlichen und anti-autonomen Denk-, Theologie-, Ethik- und Lebensformen zu begreifen und zu überwinden lernen. Dies könnte die Tore für den heute aus ganz anderen (finanziellen) Gründen anstehenden stärkeren Zusammenschluss der evangelischen Kirchen öffnen, der steckengebliebenen Kirchwerdung der EKD durch gemeinsame Verwandlungsprozesse auch theologisch neue Perspektiven verleihen und sie damit auch theologisch notwendig machen. Luther hat diesen fundamentalen Wandel und das Begreifen seiner Legitimität eingeleitet. Es geht also nicht um die Verneinung, sondern um Kritik und Verwandlung der konfessionellen – lutherischen, reformierten, katholischen – Kirchentümer bis in ihre theologischen Herzkammern hinein, denn sie alle sind – in verschiedenen Aspekten – Schatzhalter ersten Ranges für unerlässliche Einsichten und Wahrheiten. Es geht um den überfälligen Wandel ihres geistigen, geistlichen und ethischen Habitus und Strukturgefüges.[345] Dem lutherischen Erbe könnte im Blick auf diese Erwartung eine besondere Potenz eignen. Luthers Lehre vom Gesetz, die entsprechende Fassung des Gnadenverständnisses, die Neuakzentuierungen seiner Christologie und das meist ungeliebte Pecca fortiter sind derzeit noch vernachlässigte, uneingeholte Perlen des lutherischen Konfessionalismus.

Problem und Vergeblichkeit der wichtigen lutherisch-katholischen Rechtfertigungserklärung

Gerät mit dem Gesagten die Fälligkeit und völlige Legitimität theologischen Wandels bis in die Herzkammern der dogmatischen Vorstellungen hinein vor Augen, dann rückt m.E. – um einen heute hoch gehandelten und symptomatischen Vorgang kurz anzusprechen – die unselige Debatte über die *katholisch-lutherische Rechtfertigungserklä-*

rung in ein neues Licht. Jene Erklärung war, innertheologisch betrachtet, sicher ein Schritt in die richtige Richtung, obwohl der Einspruch der 243 evangelischen Theologieprofessoren in der Sache m.E. unzweifelhaft zu Recht erfolgte. Denn selbst wenn das Motiv „allein aus Gnaden" bei katholischen und evangelischen Theologen – jedenfalls in unseren Breiten – immer deutlicher analog, ja vielfach und unbestreitbar gemeinsam verstanden wird, so bleiben doch die theologischen Denkformen – sowohl die des Thomas v. Aquin wie die des Tridentinums und das verschiedene Verständnis des Simul (in seinem von W. Joest sog. Totalaspekt) – für reformatorische Einsicht eine nicht unwesentliche Verzeichnung des Motivs und Minderung des Gehalts. Luthers personales Sünden- und Gnadenverständnis (mit seiner Unterscheidung von „Gnade und Gabe"[346]) und sein Simul-Verständnis waren doch wohl religiös ein erheblicher Fortschritt gegenüber ihrer Bearbeitung in scholastisch-aristotelischen Kategorien.

Dennoch bleibt dieser berechtigte Einspruch der 243 im Kern letztlich unerheblich, da auch er völlig im Banne einer altprotestantischen Sprach- und Verhandlungsebene verharrt, die das nur zu begreifliche Desinteresse an sich (nicht am Medienspektakel anlässlich der Unterzeichnung der „Gemeinsamen Erklärung") aus guten Gründen schon längst selbst erzeugt hat: Er bleibt im Bannbereich konfessioneller und historisch gewordener Kategorien und Anschauungsformen. Daher ist der ganze Streit lebensweltlich für die meisten Menschen auch in der Kirche und in den Gemeinden verständlicherweise heute kaum noch nachvollziehbar und daher letztlich – in dieser Form – illusorisch und folgenlos. Die „Gemeinsame Erklärung" ebenso wie ihre Bestreitung – sie bleiben beide religiös im alten „Gesetz" (Gal 2), unter das uns heutige Menschen keine Kirche und keine Theologie mehr beugen wird. Sie mag den Rang einer wichtigen und notwendigen innerkirchlichen Verständigung und Vorklärung haben, an der ebenso betonenswert ist, was bereits erreicht wurde, als was bisher im Blick auf Transformation und Verständlichkeit dieser Lehre noch nicht erreicht wurde. Die Meinung aber, hier werde für die religiöse Gegenwart – außer für die binnenkirchliche – ein Fortschritt und eine Eröffnung christlicher Wahrheit erreicht, bleibt eine bedauerliche Illusion. Die ökumenischen Debatten und Bestrebungen stehen öffentlich schon längst – abgesehen davon, dass sie im Zeichen des Kirchen-, Amts- und Sakramentsbegriffs zu eher regressiven Gemeinsamkeiten tendieren – im Schatten und im Abseits des Interesses, da sie der zu Recht vorrangig gesuchten religiösen Verständlichkeit sowie der interreligiösen Dynamik und Kompetenz nicht eben dienen. Wenn aber der Gestaltwandel des Gesetzes und daher auch der der Rechtfertigungslehre bis ins Herz der Theologie hinein begriffen und vollzogen wäre, dann gäbe es heute allgemein und öffentlich eine andere Verhandlungsweise dieses wahrlich notwendigen und in der Sache unerlässlichen Themas. (Hierbei könnten, speziell im Blick auf die Problematisierung und Überwindung der kirchlich fast ungebrochen vorherrschenden theistischen Denk- und Sprechweise, die interreligiösen Potentiale enorm hilfreich sein.) Die vielen Professoren, die den Einspruch unterschrieben, haben eben, gerade weil sie historisch korrekt und konfessionell „lutherisch" blieben, eine neue – den Bedingungen und der Verwandlungskraft der Luther'schen Gesetzeslehre, des autonomen religiösen Bewusstseins, der revidierten Satisfaktionschristologie und der Theismuskritik genügende – Auffassung der Themen Gesetz/Evangelium, der Rechtfertigung und des Simul bisher nicht in Gang gebracht, jedenfalls nicht öffentlich gemacht. Diejenigen aber, die dem heute wieder versuchten theologischen Neoliberalismus anhängen, haben – obwohl etliche von ihnen merkwürdigerweise den Einspruch unterschrieben – in der theologischen Matrix ihrer neoliberalen Verhandlungen das Anliegen jener reformatorischen (und dialektischen) Themen – soweit erkennbar – keineswegs aufbewahrt und wiederbelebt; sie haben diese reformatorischen Elemente nicht als Integral ihres Religionsbegriffs zur Geltung gebracht noch zur Aufgabe des religiösen Bewusstseins gemacht.

Vermutlich haben also die Kirchen ganz recht daran getan, dass sie dem ekklesiologischen Aspekt der fortschreitenden ökumenischen Annäherung – unter Benennung der bleibenden Differenzen – den Vorrang gaben, auch wenn sie (und der Einheitsrat) seither vom Vatikan und der Glaubenskongregation so grotesk desavouiert und zurückgepfiffen wurden. Die wachsende kirchliche Gemeinsamkeit ist vermutlich noch der bessere Ort, an dem lebensweltlich die Voraussetzungen für eine theologische Weiterentwicklung der Tradition zum Zuge kommen können – der „Zwang zur Häresie" tut hier sein segensreiches Werk; hier kann vermutlich eher ein auch theologisch klareres Zusammenwachsen im differenzierten Konsens und in der versöhnten Verschiedenheit entstehen bzw. zunehmen als in den akademischen und lehramtlichen Debatten der konfessionellen Theologien. So war es auch beim Zustandekommen der Leuenberger Konkordie: Sie war ein hilfreicher Vorgriff über das theologisch Erreichte hinaus. Eine neue und gemeinsame lebensweltliche Ebene und Weise der Behandlung der Rechtfertigungslehre – *jenseits* der tridentinischen wie der altprotestantischen Alternativen des 16. Jahrhunderts, die heute kirchlich (besonders irritierend auf Seiten der römischen Hierarchie) noch immer fortgesetzt werden – ist *in diesem Spektrum* bisher nicht entstanden; die Debatten samt den Einsprüchen blieben hinter den Erfordernissen gegenwärtiger Theologie zurück (sofern man die oben genannten Problempunkte als Kriterien der Wichtigkeit anerkennen will).[347] In diesem Sinne ist m.E. die „Gemeinsame Erklärung" trotz jenen zu Recht bestehenden Einwänden durchaus – entgegen den 243 Professoren – zu unterstützen. Hoffentlich werden die beiden großen Kirchen Deutschlands in der Praxis dieses Anliegens weiter verfahren und sich durch römische Einsprüche nicht behindern lassen – wie das unbegreiflicherweise der deutsche Episkopat im Blick auf die Schwangerschaftsberatungsstellen und die Laienmitwirkung, die gar nicht in die dogmatische und kirchenrechtliche Kompetenz der römischen Instanzen fielen, tat.[348]

Verglichen mit diesem missratenen Zentralvorgang sind die bis zum heutigen Tage letztlich unausgestandenen Debatten über Lebensformen und Ethik wie kirchliche Trau- und Segenshandlungen im Blick auf Homosexuelle nur ein Ausfluss und eine Konsequenz dieser fundamentaltheologisch anstehenden und nicht geleisteten Transformation von „Gesetz" und Struktur der Theologie. In der Behandlung dieser Frage der Lebensformen spiegelt sich aber unübersehbar die eigentlich zentrale Verwandlungsverweigerung der kirchlichen Theologie und ihr geradezu grotesker Biblizismus, der schon einmal in der Nordelbischen Landeskirche im Blick auf die feministischen Fragestellungen ein offenkundiges Desaster bedeutet hatte: „Dass in der Bibel von Gott als dem Vater, dem Sohn und dem Heiligen Geist die Rede ist, gehört zu ihrem unveränderlichen Zeugnis von Gott, dem es gefallen hat, sich so und nicht anders zu offenbaren ..." – so klang es, ohne den Schein einer auch nur leisesten hermeneutischen Bewusstheit, seinerzeit aus bischöflichem Munde in Nordelbien.[349]

Vergegenwärtigen wir uns die Behandlung der Homosexuellen-Thematik an der zunächst gut gemeinten Orientierungshilfe der Gesamt-EKD „Mit Spannungen leben" (1996), deren Feststellung im Grundlagen-Kapitel über den Befund in Bibel und Bekenntnis schlichtweg und ungeniert zu dem Ergebnis kommt, dass praktizierte Homosexualität „dem Willen Gottes widerspricht" und daher Sünde sei. Dieser vermeintlich biblische, faktisch biblizistische und unaufgeklärt-vorneuzeitliche Hintergrund vergiftet dann alles Folgende, welches zwar sehr einfühlsam die Gestaltung homosexueller Beziehungen im Zeichen des alt- und neutestamentlichen Liebesgebotes bedenken möchte, dies jedoch – als Behandlung eines Gott widersprechenden Sündenmakels – mit langen Fingern und Zähnen tut und daher nur eine Segnung der einzelnen homosexuellen Personen, nicht aber die von homosexuellen Paaren, und auch das nicht öffentlich (im Gottesdienst), sondern nur seelsorgerlich intim, also heimlich zugesteht. (Die Fragen der Zulassung zum geistlichen Amt, sehr differenziert und taktvoll gemeint, übergehe ich hier.[350]) Was aber in aller Welt zwingt uns, historisch gewiss nachvollziehbare Urteile früherer Kulturen und die noch in den reformatorischen Bekenntnisschriften kodifizierten spätmittelalterlichen bzw. frühneuzeitlichen Ausgrenzungen als „biblisch" (im geistlichen und qualifizierten Sinne des Wortes) und als göttlich weiter zu kultivieren? Was hält uns davon ab, sie angemessener – durchaus unter Wahrung der Prärogative von Ehe und Familie in ihrer Bedeutung für Staat und Gesellschaft – als psychologisch und biologisch existierende Varianten in Freiheit gelten zu lassen, deren Belange mit Rücksicht auf die damit befassten Menschen in den Gemeinden – taktvoll, aber nicht verdrängt und nicht entöffentlicht – zu handhaben wären?[351] Sie mögen wohl Devianzen von dem in Schöpfung oder Evolution Regelhaften der Heterosexualität sein, sind aber darum doch nicht Sünde, möge dies noch so oft in der Bibel geschrieben stehen.

Dieser von der Gesamt-EKD zu verantwortende Text stellt daher in seinen theologischen Grundlagen einen fatalen und unaufgeklärten Biblizismus und durch diesen eine krude Gesetzlichkeit dar, einen halben und halbherzig-fatalen „Fortschritt" in der Handhabung dieses Themas. In seinem liebevoll gemeinten Toleranzverhalten gegenüber den homosexuellen „Sündern" ist er nicht minder fatal – denn wer soll sich diese Art von liebevoller und letztlich mildtätig-herablassender Makel- und nachsichtiger Sündenbehandlung gefallen lassen? Schließlich blieben ja, so der EKD-Text, *alle* Geistlichen hinter dem zurück, was als Wille Gottes zu verkünden sei – also auch die im Einzelfall zuzulassenden homosexuellen PfarrerInnen!

Selbst wenn sich die Situation um dieses Thema seither pragmatisch entspannt hat – theologisch hat sich nichts weiter geklärt oder verändert. Dieser EKD-Text ist bis zum heutigen Tage unwiderrufen. Ein Bewusstsein von den neu zu schreibenden Dekalogen ist ihm nicht von ferne anzumerken; dieses würde mit Sicherheit die Annahme einer Sündhaftigkeit hinter sich lassen und das Gebot der Liebe und des neuen Geistes zwischen den beteiligten Menschen in den Mittelpunkt stellen, ohne dabei alle Differenzen einzuebnen: Die religiöse und theologische Gleichbehandlung homosexueller Paare könnte auch ohne Subsummierung unter Ehebegriff und Eherecht uneingeschränkt realisiert werden. Was die EKD-Orientierung an Liebe und neuem Geist gegenüber den Homosexuellen versucht, bleibt durch ihren aberwitzigen Sündenbegriff vergiftet. Dieses Gift zu begreifen und durch den neuen Geist der neuen Dekaloge an der Wurzel der Verhandlungen zu entfernen, wäre die Chance und die Aufgabe, die sich leicht löste, wenn der Grundsachverhalt des Gestaltwandels des Gesetzes bis in alle Poren der Theologie und Frömmigkeit hinein allmählich begriffen und vollzogen würde – wie immer die praktischen Einzelbeurteilungen und -lösungen, die der Diskurs der Christen und Christinnen in der Betrachtung und Beurteilung dieser Fragen dann erbringt, aussehen mögen. Oder hat die Gemeinschaft der Christen und Christinnen, ihr Diskurs und Konsens in den Kirchen den Geist nicht, den Luther als Bedingung der neuen Dekaloge ansah? Hier sind einstweilen nicht die neuen Dekaloge, sondern ein reichlich überalterter, unverantwortlicher und unaufgeklärter biblizistischer tertius usus am Werke, der bis zum heutigen Tage kulturelle Auslegungsstufen und (heutige) bürgerliche Beschränktheiten mit göttlichen Wahrheiten verwechselt. Wer will schon einer so glaubenden und sich so zu ihren Mitgliedern verhaltenden Kirche beitreten und einer sich derlei anmaßenden Gesetzlichkeit mitschuldig machen? Der mangelnde Mut zu den neuen, fortzuschreibenden Dekalogen schafft ständig unnötiges Leid, berechtigte Empörung und verstärkt begreiflicherweise die Abwendung von der Kirche wie von dem durch diese dogmatischen und ethischen Altprotestantismen immer unbegreiflicher werdenden „Glaubensgut" der Kirche. Und die Kirchen selber – auf regionaler wie auf EKD-Ebene – sind es, die dies bewirken, in scheinbarer Treue zu ihrem biblischen, in Wahrheit nur historisch unkritischen bibelwort-abergläubischen Auftragsverständnis, welches immerfort unter den Auspizien einer vorautonomen Anthropologie und Ethik gehandhabt wird. Dass all dies genau so und erst recht im Blick auf das katholische Verhalten zu den Homosexuellen – zuletzt in der Ratzinger-Erklärung von 2003 – gilt und zum Tragen kommt, ist offenbar.

„Raum für alle hat die Erde. Was verfolgst Du meine Herde" heißt es in Schillers „Alpenjäger". Gehören die devianten Homosexuellen etwa nicht zu Gottes Herde, zu dem vielfältigen Zoo der Hominiden, die wir alle sind? Die Vorbehalte der kirchlichen Praxis sind längst bis zur Lächerlichkeit veraltet und überholt, aber die Struktur kirchlich subkutan noch immer verbreiteter Argumentation und Überzeugung (denn als „Glauben" kann man diesen Unglauben nicht bezeichnen) lässt sich an diesem Exempel dokumentieren. Luthers Impulse zum Verständnis des Gesetzes sind wahrlich nicht überholt noch in das kirchliche Verstehen eingeholt. Es wird Zeit, Luther nicht – wie historisch üblich – gegen die römische, sondern gegen seine eigene evangelische Kirche zu lesen und zu wenden.

Die einschlägigen Vorgänge in bestimmten Regionalkirchen haben dem Bild der Kirche in der Öffentlichkeit anhaltend einen nicht zu übersehenden Schaden zugefügt, wodurch jedes Vorurteil innerhalb und außerhalb der Kirche gegen dieselbe sich ein weiteres Mal bestätigt sehen kann: Die Kirche sei altprotestantisch-vorneuzeitlich-dogmatisch, ethisch eher bürgerlich denn christlich, vorsintflutlich jedenfalls und voraufgeklärt. Wann wird Luthers Freiheit in seiner Kirche aufgenommen und bedacht werden?

5. Warum die Mühe um etwas, was angeblich ohnehin jeder weiß? „Gesetz" als unverzichtbare religiöse und theologische Kategorie

Abschließend eine letzte kurze Überlegung: Warum ist es nötig und was soll es bringen, mit solchem Lutheraufwand erst zu begründen, was eigentlich jeder normale Mensch und jedes Kind doch weiß – wie Luther in „Wider Hans Worst" in einer analogen Überlegung zum Kirchenbegriff betont – und was in Tillichs Rede vom Unbedingten ebenso selbstverständlich wie in jeder Situationsethik fundamental mitgedacht ist: dass nämlich das Unbedingte und die Liebe allezeit ihre Gestalt wechseln?

Zwei Gründe sind es, derentwegen sich die Mühe dieser Begründung des Gestaltwandels aus der reformatorischen Gesetzeslehre immer wieder lohnt und auch heute noch sich immer wieder nahe legt:

a) Den Gestaltwandel des Gesetzes zu begreifen bedeutet, den theologisch noch immer vielfach dominierenden regressiven und biblizistischen Zug des (katholischen wie protestantischen) Konfessionalismus zu überwinden, der – wie eben gezeigt – den Geist des reformatorischen Erbes und seiner Freiheit gerade im Gesetzesverständnis preisgibt, ihn nicht vollzieht. Erst wenn er hier, im Herzen des Konfessionalismus überwunden wird, ist er religiös und in einer für unsere Öffentlichkeit noch immer hervorragend wichtigen Institution überwunden. Der Gestaltwandel des Gesetzes ist die fundamentalste Anweisung, mit Luther über den historischen Luther hinauszugehen und den auch von Luther, dem Januskopf, selbst ererbten Biblizismus und seine Reste von Gesetzlichkeit, die bis zum heutigen Tage im Luthertum nachwirken, zu überwinden. Diese biblizistische Gesetzlichkeit einfach abzulehnen (womöglich unter Vergessen und Ausblenden der bleibend wichtigen Lehre vom Gesetz, wie heute vielfach zu beobachten), ist leicht. Und unergiebig. Aber den Schaden an der Wurzel seiner Entstehung und Deformation zu begreifen und theologisch dort zu überwinden, wo das Wissen vom Gesetz vorhanden ist, dazu bedarf es klärender Mühe und Arbeit. Erst dann, wenn Biblizismus und Gesetzlichkeit hier, im Verständnis des Gesetzes selber, überwunden sind, sind sie wirklich überwunden. Dergleichen Gesetzlichkeit wird sich immer wieder entwickeln, sie ist im Prinzip nie endgültig abzutun, nur immer wieder neu zu durchschauen, weil das Gesetz und sein Missbrauch nie abschüttelbar ist. Und Luther selbst ist hier – wie schon oft in der Theologiegeschichte des Protestantismus – die Autorität und die Potenz, die dieses anzuleiten und zu klären in der Lage ist. Widerlutherisch jedenfalls dürfte das Bleiben im alten Gesetz des historischen Altprotestantismus sein, dem Luther ursprünglich selber zugehörte und das er – mitten seine Fesseln – doch so evident überschritt.

Diese Mühe lohnt sich auch, weil es stimmen könnte, dass – nach einer Formulierung Werner Heisenbergs – nur Konservative eine wirkliche Revolution machen können; denn nur sie halten die alten Einsichten bis zuletzt fest und geben sie keinen Moment früher preis, als bis dies unausweichlich notwendig und unabweisbar wird.[352] Das aber würde bedeuten, dass erst dann, wenn im Herzen des konservativen Luthertums (natürlich nicht notwendig in jeder seiner Nachhut-Truppen) diese Verzerrung exemplarisch überwunden wird, sie wirklich überwunden ist und die fällige Revolution, der leise Paradigmenwechsel vollzogen wird – stellvertretend für den gesamten Konfessionalismus. Luthers oben zitiertes „was jenen damals Geist war, ist uns [schon längst] Buchstabe geworden" ist endlich auch im Luthertum, dogmatisch wie ethisch (in seinem tertius usus), zu vollziehen. Daher die Mühe um jenes im Protestantismus, erst recht im Katholizismus noch immer uneingeholte und unabgegoltene reformatorische Luthergut. Hier wird ein dringend notwendiges Wissen aufbewahrt und festgehalten, welches in auch den neuprotestantischen Traditionen nur abgeschwächt und blind erhalten ist. Daher kommt es auf dessen Erlösung aus seiner Versteinerung dringend an. So wie J. Burckhardt einst von den monumentalen unfertigen Sklavengestalten Michelangelos in Florenz meinte, sie seien „in Stein unerlöst" geblieben, so muss ähnliches von Luther gesagt werden: Auch er ist noch immer im Luthertum unerlöst stecken geblieben.

Wahrscheinlich wird der hier vorgetragene Argumentationsgang keine eingeschworenen Konfessionalisten zu fälligen Schritten ins Neuland und Neuverständnis der Gesetzeslehre bewegen, aber den geistig und geistlich Offenen, die an diesen Fragen leiden, kann diese Argumentation Luthers das Bewusstsein der Legitimität und den Kompass der notwendigen Kontinuität mitten im notwendigen Wandel bieten. Dann müsste der Fortschritt (eine legitime lutherische, wenn auch beim historischen Luther noch gehemmte Kategorie, wie wir oben zu „profectus" sahen) sich nicht in ständig wechselnde theologische Moden verlaufen und verlieren, denen wir auch in der Theologie vielfach erliegen. Dazu müssten reformatorisch, nicht konfessionalistisch denkende Menschen in den lutherischen Kirchen sich dieser Tradition bemächtigen, den kompetenten Umgang mit ihr lernen und sie nicht den Konfessionalisten (z.B. in einer Homosexuellen-Kommission der EKD) überlassen. Der Gestaltwandel des Gesetzes setzt zu autonomem Gebrauch des harten Kerns der Gesetzeserfahrung frei. Darum ist die allzu oft übersehene Implikation der reformatorischen Gesetzeslehre ein Elixier der fälligen und legitimen Verwandlung der kirchlichen Theologien.[353]

b) Es gibt aber noch einen zweiten, abschließend kurz zu erinnernden Grund für diese Mühe: Auch das gegenwärtige religiöse Bewusstsein und wir alle dürften nämlich in der Regel zu schwach sein, um alles Notwendige aus uns selber zu wissen und zu finden. Das religiöse Bewusstsein bedarf gerade an diesem so fremd gewordenen Punkte der Erweiterung über seinen noch diffusen gegenwärtigen Status hinaus, gerade auch – um jetzt nur von diesem zu reden – im Blick auf das Wissen von Grenze, Gebot und Gesetz und im Blick auf das Bewusstsein des „Du sollst …", und dies im nicht-biblizistischen Sinne Luthers. Trifft dies einen Menschen und berührt ihn in seiner postmodernen Rüstung wie jenes rauschende Blatt, so ist das Ende der Beliebigkeit und der Hypertrophie von Autonomie und Subjektivismus gekommen. Nicht umsonst hat man, wie oben gezeigt, unsere Zeit eine Zeit der „Gesetzlosen" genannt, die ihre Schatten und ihr Schuldigwerden nicht sehen wollen.[354] Daher scheint mir die Erfahrung und die Lehre vom Gesetz, vom „Du sollst" und vom „ich muss" für uns, die wir wahrlich nicht immer von Liebe geleitet sind, unentbehrlich. Diese bleibt Ausdruck und Element einer notwendigen Wahrheit, welche uns die theologische Tradition zur Verfügung stellt. Keine Lehre von einem „Gott" muss zu diesem unbedingten „Du sollst" und „ich muss" hinzutreten, damit diese Erfahrung religiös gültig sei. Nur eben vor eindimensionalem Pragmatismus und postmodernem Subjektivismus muss dieses Wissen geschützt werden, damit das Wunder der immer wieder geschehenden Unbedingtheit und Gesetzeserfahrung in Herz, Verstand und Gewissen geschehen kann und nicht wegrationalisiert und -trivialisiert werde. Das Gesetz hilft uns in all unserer ebenso beglückenden wie unvermeidlichen Subjektivität immer wieder über uns hinauszugeraten – ins Extra Nos unserer Erfahrung.

Daher scheint es außerordentlich wichtig, ein Verständnis von „Gesetz" präsent zu haben, welches mit der Freiheit des mündigen, autonomen Subjekts fundamental kompatibel ist, und deutlich zu machen, dass die unerlässliche Wahrheit des Gesetzes, des „Du sollst …" keinen Widerruf, vielmehr ein Komplementär- und Realitätselixier jeder Autonomie darstellt, die die Grenzen und Bedingungen ihrer selbst kennt. Nur so ist Freiheit keine Willkür, wenn sie sich auch zu beugen weiß und zur Wahrheit des Gebotenen im Gewissen überwunden wird. Es bedarf der Bewusstheit dessen, dass die Erfahrung des Gesetzes gerade freier Menschen, ihrer Phantasie und Liebe bedarf, um sinnvoll ausgefüllt zu werden. Autonomie und die Wahrheit des „Gesetzes" in den neu zu suchenden Dekalogen sind darum keine Gegensätze, sondern sie bedingen einander – entgegen allem, was an dieser Stelle über die Unvereinbarkeit von Autonomie und Gesetz vielfach – und ungeprüft – geglaubt und verbreitet wird. Das Verstehen dieser Kompatibilität bedarf der gedanklichen Einübung gegenüber allen Suggestionen ihrer Unvereinbarkeit. Daher hier diese kurze Wiederholung von längst Gesagtem. Im Grundriss jeder künftigen Theologie, auch jeder neo-liberalen, sollte daher das Bewusstsein des Zusammenhangs von Gesetz und Freiheit zur Verfügung gestellt werden.

Anmerkungen

Einleitung

1 Daher die bekannte „Ruck"-Rede Roman Herzogs, vgl. M. Dönhoff, Zivilisiert den Kapitalismus, DVA/Stuttgart 1997, oder H. Schmidt, Auf der Suche nach einer öffentlichen Moral, DVA/Stuttgart 1998.

2 Diese Frage würde erst recht dringlich, wenn wirklich (was mir einstweilen nicht ganz einleuchtet) auch der Weg zu alternativen religiösen Vorstellungen – in Ost- und Westdeutschland – über das Christentum als Sozialisationsinstanz verläuft (so D. Pollack, ZThK 1996, 608f und 611 Anm. 88).

3 Vgl. H. Schnädelbach, Der Fluch des Christentums in der ZEIT vom 11.5.2000.

4 Dazu vgl. R. Sennet, Verfall und Ende des öffentlichen Lebens. Die Tyrannei der Intimität, Fischer/Frankfurt 1986.

5 Man vgl. den EKD-Text Nr. 64 „Gestaltung und Kritik. Zum Verhältnis von Protestantismus und Kultur im neuen Jahrhundert" (Hannover 1999). In ihm werden die religiösen Phänomene der Gegenwart fast nur negativ beschrieben (24ff) und wird die Interreligiosität nur als „Ausdruck der Verborgenheit Gottes", welche eine „Anfechtung" der christlichen „Glaubensgewissheit" darstelle, verstanden (29). – Inzwischen ist ein weiterer Text der EKD, Nr. 77 „Christlicher Glaube und nichtchristliche Religionen" (ebd., 2003), erschienen, der, indem er von der Rechtfertigung des Sünders und der Ausschließlichkeit des Christusereignisses ausgeht (8), den Absolutheitsbegriff nur im Blick auf die religiös-menschliche Gestaltung jenes Christusereignisses, nicht aber im Blick auf dieses selbst zurücknimmt (14f) und die Beziehung zu anderen Religionen – neben vielem menschlich Schönen und gesellschaftlich Versöhnlichem – im Kern zu einer Einbahnstraße macht: als wenn wir nicht auch etwas zu lernen, zu gewinnen und gerade auch im Blick auf Verständnis und Verwandlung von Rechtfertigung und Christologie in interreligiösen Beleuchtungen etwas zu gewinnen hätten! Entsprechend wird gemeinsame religiöse Praxis ganz, gemeinsames Gebet fast ganz ausgeschlossen (18f). Weiteres liege nicht in der Hand der Christenheit (16) – wirklich nicht? Zwei wahrlich fundamentale Grundwahrheiten des christlichen Glaubens werden hier als erstarrte Monolithen, von denen nichts mehr ausgeht und zu denen nichts zurückkehrt, dargeboten. Was soll angesichts dieser Blickverengung eine Werbung für kirchliche Kommunikation – z.B. in der Öffentlichkeitsinitiative der EKD 2002, die zu ihren verschiedenen Fragen (Ist der Mensch nur so viel wert, wie er verdient? Was ist Glück?) jeweils die Aufforderung hinzufügt: „Lassen Sie uns gemeinsam Antworten finden!" –, da doch alle Welt weiß bzw. ahnt, dass die kirchliche Auffassung von Verkündigung und Glaube im Herzen ihrer Offenbarungstheologien – nach kirchlich dominantem Verständnis – keinerlei Autonomie der religiösen Mitgestaltung zubilligt (vgl. Kapitel I und VI). „Wenn die Geschichte der [Auslegung der] Soteriologie weitergeht, dann ist es auch durchaus denkbar, dass von anderen Religionen her Aspekte der Erlösung besser und deutlicher gesehen werden in einer Soteriologie, die zwar das Christentum nicht eigentlich von außen bezieht, aber doch nur reflex in einer katalysatorischen Begegnung mit anderen Religionen in sich entdeckt" (sic! K. Rahner, Das christliche Verständnis der Erlösung, in: Erlösung in Christentum und Buddhismus, hg. von A. Bsteh, St. Gabriel/Mödling 1982, 112ff, hier 125) – einen Satz solcher theologischen Bereitschaft zu finden, muss man in protestantischer Theologie lange suchen, vgl. aber die Berichte über den christlich-buddhistischern Dialog Kap. III Anm. 127 und Kapitel I S. 62ff.

6 J. Zink in: Wie ich mich geändert habe, hg. von J. Moltmann, Kaiser/Gütersloh 1997, 141.

7 Welchen – begreiflicherweise langen – Weg die christliche Theologie in diesen Fragen zurückzulegen hatte, ermisst man daran, dass vor 100 Jahren A. v. Harnack († 1930) – einer der großen liberalen Geister seiner Generation – erklären konnte, das Christentum, ge-

364

nauer: das Evangelium Jesu, sei „die Religion selbst" (Das Wesen des Christentums, 4. Vorlesung), es sei „nicht eine Religion neben anderen", „sondern die Religion" schlechthin und wer es kenne, kenne „nahezu" die anderen auch, da sie „darbietet, was die anderen erstreben" (Die Aufgabe der theologischen Fakultäten und die allgemeine Religionsgeschichte, von 1901, Neudruck in A. v. Harnack als Zeitgenosse, Teil 1, hg. v. K. Nowack, de Gruyter/Berlin-New York 1996, 798ff, hier 809, 805, 810). Aber auch Paul Tillich († 1965), einer der offensten theologischen Geister der letzten Generation, konnte die christliche Offenbarung als „Kriterium aller anderen Offenbarungen" und Christus als das Ende der Religionsgeschichte bezeichnen (wobei er sie immerhin als Offenbarungen anerkennt, GW IX, 186; V,149, 81). Er nahm das Thema der Interreligiosität in seiner wirklichen Bedeutung erst ganz am Ende seines Lebens – durch seine gemeinsamen Seminare mit Mircea Eliade – in sich auf, so dass er in einem seiner letzten Texte erklären musste, er würde, wenn er dies noch könnte, seine ganze Systematische Theologie – sein Hauptwerk der Nachkriegszeit – nunmehr neu schreiben: „Und als Erklärung, aber auch als Selbst-Anklage, muss ich erwähnen, daß meine Systematische Theologie entstanden war, bevor diese Seminare stattfanden, und einer anderen Absicht diente, nämlich der apologetischen Aussprache gegen das Säkulare und mit dem Säkularen" (GWEN IV, 154). Entsprechend hat Tillich in seinem „Auf der Grenze" (dt. 1962) den Weg auf der Grenze zwischen den Religionen noch gar nicht thematisiert. Man ermisst angesichts dieser beiden Autoren die ungeheure Verschiebung, ja Radikalisierung, welche die einst in sich „geschlossene" christliche Welt in diesen Fragen bis an die Schwelle der Gegenwart zu bewältigen hatte und noch hat.

8   Vgl. die Belege zu Habermas und Böckenförde Kap. II Anm. 85 und 87.

Wenn wirklich aufgrund einer Dialektik unserer rationalisierten Lebenswelt von einer „Überlastung der kommunikativen Infrastruktur" eben dieser Lebenswelt auszugehen ist (J. Habermass, Theorie des kommunikativen Handelns, 1981 Bd. 2, 118), dann kann schwerlich „den Gefährdungen einer universalen Zerbrechlichkeit allein das gefahrvolle Mittel zerbrechlicher Kommunikation selber widerstehen" (J. Habermas, Philosophisch-politische Profile, 1971, 214). Dann kann keine sozialwissenschaftliche Rekonstruktion oder philosophische Kommunikation alleine – ohne die von Habermas oft genug angesprochene Voraussetzung des kritischen Denkens, d.h. ohne die semantische Kraft der religiösen Potentiale – jener „universalen Zerbrechlichkeit" widerstehen und sich am eigenen Schopfe aus ihr herausziehen (z.B. J. Habermas, Nachmetaphysisches Denken, 1988, 23 u. o.). Dann aber müsste es – geistig wie gesellschaftlich – fundamental auf die Präsenz eben jener religiösen Potentiale und folglich auf öffentlich vorhandene Lebensräume ankommen, in denen das vorbegriffliche, auch vorethische, wurzelhaft menschliche Leben und Verstehen wachsen und den seelischen und kommunikativen Kräften als Nahrung zur Verfügung stehen kann. Es müsste auf die – nicht nur christlichen – Kirchen und Religionsgemeinschaften ankommen, welche eben das religiöse Thema und semantische Potential – in all ihrer Insuffizienz – auf Dauerreflexion und Dauergegenwart stellen (obwohl sie eben dies nur sehr begrenzt vermögen). Die Notwendigkeit der religiösen Potentiale wird eingesehen, die Notwendigkeit der Religionsgemeinschaften aber bleibt kaum beachtete und selten real geforderte Konsequenz. Der hier klaffende Hiatus findet sich symptomatisch auch in Habermas' eigener Theorie, der die Konsequenz seiner eigenen Einsicht nicht zieht. Daher ist die Rezeption von Habermas' Einsicht in die Unverzichtbarkeit der religiösen Potentiale in unserer derzeitigen Aufklärung und Emanzipation nicht eben verbreitet und willkommen; sie wird vielmehr vermieden: ihre Notwendigkeit wird eingesehen, aber in einem verlegenen Schweigen und Vakuum belassen. Nimmt man noch die irritierende Blässe und Kraftlosigkeit der Argumentation hinzu, mit der Habermas in den heutigen Fragen der Eugenik diesen Motivstrang – in linguistischer Übersetzung ehemals Kierkegaardscher Motive – zur Geltung bringen will (J. Habermas, Begründete Enthaltsamkeit. Gibt es postmetaphysische Antworten auf die Frage nach dem ‚richtigen Leben'?, in: ders., Die Zukunft der menschlichen Natur. Auf dem Weg zu einer liberalen Eugenik?, Suhrkamp/Frankfurt [4]2002, 1ff, hier 25ff), dann muss man die Wirkung und Wichtigkeit der – in so vieler Hinsicht unakzeptablen – Kirchen wünschen und betonen. Jene Zurückhaltung und Stockung der von Habermas eigentlich zu ziehenden Konsequenz aber dürfte nur logisch eine Inkonsequenz, faktisch vielmehr ein exaktes Indiz der Lage darstellen. Dieser symptomatische Hiatus und das Vakuum, das er konstituiert, ist jedenfalls der Ort der heutigen Frage nach den Kirchen und ihrem Verhältnis zu den religiösen Potentialen unserer Humanität. Ihre Lösung dürfte damit wohl essentiell zur Aufgabe des unvollendeten „Projekts der Moderne" (Habermas) und der „unvollendeten Aufklärung" (C.Fr. v. Weizsäcker) unserer Gesellschaft gehören. Denn die unerlässliche und hilfreiche Staats-Kirchen-Trennung, die die bleibende Indirektheit religiöser Präsenz notwendig macht, ist nicht identisch mit dem jetzigen Vakuum und ihrem Hiatus. So gälte es doch wohl, ein anderes, produktiveres Verhältnis zu jenen religiösen Potentialen in ihrer gebotenen Indirektheit zu gewinnen – wenn die intellektuelle Hemmung nicht so eminent wäre.

9 Nach einer internationalen Umfrage des Weltwirtschaftsforums über das Ansehen von Institutionen belegen die Kirchen weltweit den vierten (hinter UN und Gesundheitsorganisationen), in Deutschland hingegen den allerletzten Platz: 74 % erklären, sie hätten „nicht viel" oder „überhaupt kein" Vertrauen zu den Kirchen (CiG Nr. 47/02, 388), vgl. das UNESCO-Dokument „The role of religion in cultural progress" (1994). Auch die Konstatierung dieser Verleugnung ist – angesichts des in Kapitel II zu besprechenden fundamentalen Vorgangs des Gottessterbens, in dem wir uns befinden – nur ein Beitrag zur Diagnose jenes Hiatus.

10 H.W. Henze, Tradition und Kulturerbe, in: Programmheft zur Aufführung der „Bassariden" an der Hamburger Staatsoper 1994, 11.

11 Diesen Begriff habe ich zuerst in der Gesualdo- und Reger-Literatur kennen gelernt.

12 Thomas S. Kuhn, Die Struktur wissenschaftlicher Revolutionen, stw 25, Suhrkamp/Frankfurt 1973. Näheres dazu vgl. Kapitel IV, V und VII.

13 Michael N. Ebertz, Kirche im Gegenwind, Herder/Freiburg u.a., [2]1998, 66ff.

14 Kösel/München [2]1998.

15 Ebd., 11.

16 Zu Notwendigkeit und möglichem Gebrauch des theologisch meist abgelehnten Begriffs der „natürlichen" Religion/Religiosität/Theologie vgl. Kapitel I Anm. 19 und Kap. IV Anm. 269.

17 C.Fr. v. Weizsäcker, Der Garten des Menschlichen, Hanser/München 1977, 97. – Das vorliegende Buch ist – nach langjährigen Entwicklungen und Vorarbeiten – bis zum Winter 1997/98 in den Grundzügen geschrieben, durch persönliche Umstände aber erst jetzt ergänzt und zuende gebracht worden. Es ist *nicht* vorrangig für fachtheologisch geschulte Leser und Leserinnen, sondern für alle am Rande und außerhalb der Kirche lebenden Laien und TheologInnen gedacht, woher sich manche – bewusste – Wiederholungen und Verdeutlichungen erklären, die FachtheologInnen überflüssig erscheinen mögen. Die äußerst knapp gehaltenen Anmerkungen – nur an sehr wenigen Stellen musste zur Befestigung des Gedankengangs Sekundärliteratur beigezogen werden – sind vorwiegend für fachtheologisch interessierte Leser und Leserinnen gedacht. Sie können von den anderen allermeist übergangen werden und sind daher separat in den Anhang des Buches gestellt.

Kapitel I

18 Vgl. schon J. Lücht, Kirchenreform durch Öffnung zur Religion. Bilanz der bisherigen Kirchenreformbestrebungen und neue Perspektiven, Diss. theol. Hamburg 1976, oder die Transformation von der Kirchen- zur Religionssoziologie, die bereits vor Jahren Tr. Rendtorff und J. Matthes gefordert und vorgeführt haben (J. Matthes, Religion und Ge-

sellschaft/Einführung in die Religionssoziologie I, rde 279/280, und ders. Kirche und Gesellschaft/Einführung in die Religionssoziologie II, rde 312/313, Rowohlt/Reinbek 1967 und 1968; Tr. Rendtorff, ebd., I, 208ff). Auch ich teile in meinem o.g. Buch „Die Notwendigkeit der unakzeptablen Kirche" diese gleich zu benennenden Voraussetzungen.

19 Bis in die vorige Generation hatte man sich theologisch fast allerseits auf die Ablehnung und Disqualifizierung von „natürlicher" Religion, Religiosität und Theologie geeinigt: „Nur darüber scheint [in der deutschsprachigen evangelischen Theologie] Konsens zu bestehen, daß man den irreführenden Terminus der Historie überlassen sollte" (TRE XXIV, 85). E. Feil: „Die wesentlich, wenn nicht im Gefühl, sondern in der Innerlichkeit situierte Religion dürfte an ihr Ende gekommen sein", was aber die christliche Tradition nicht betreffe, weil sie nicht an Religion, sondern am Glauben hänge (in: Streitfall ‚Religion', hg. von E. Feil, LIT/Münster u.a. 2000, 5.26); vgl. die Bezeichnung der „natürlichen Religion" als „widernatürliche neuprotestantische Konstruktion" (C. Colpe, ebd., 39ff). In der letzten Generation beginnt die Einsicht in die Notwendigkeit und Möglichkeit dieses Themas wieder zu wachsen („eine notwendige und fortlaufende Arbeit"), vgl. TRE a.a.O., 93ff), vielfältige Diskussion der (natürlichen) Religion bei Feil a.a.O. Sehr schön die Bestandsaufnahme bei Chr. Kock, Natürliche Theologie, Neukirchener/Neukirchen-Vluyn 2001.
So begreiflich die theologiegeschichtlichen Gründe für diese Ablehnung sein mögen: Jene abgelehnten Termini sind m.E. zur Bezeichnung der beschriebenen Phänomene der in – mehr oder weniger allen – Menschen anwesenden existentiellen, spirituellen oder religiösen – gerade (noch) nicht christlichen – Fragen, deren Position nie unbesetzt bleibt, sondern irgendwie unmittelbar immer geprägt (oder eben vernachlässigt) wird, geeignet. Die „organismische" Offenheit des psycho-biologischen Organismus, der über sich hinausschaut und sich dabei zunächst natürlich zu allen diffusen Irrationalitäten hin öffnet, bis diese religiös-kulturell versprachlicht und präzisiert, bewusst und überformt werden, – sie ist es, derentwegen man den Menschen als „unheilbar religiös" bezeichnet und gemeint hat, man könne „nicht nicht-religiös" sein: mag man diese Struktur des Lebendigen als religiös, spirituell, existentiell oder sonst wie bezeichnen. Von ihrem Verschwinden kann keine Rede sein, wohl aber von ihrer kulturellen Verwilderung und Transformation. Von ihrer Basis aus vollzieht sich der religiöse Bildungs- und Bewusstwerdungsprozess – oder eben nicht; dann verwildert und verkommt er (wie heute reichlich zu beobachten). So sehr diese existentielle Tendenz von ihren ersten Anfängen an kulturell, also auch religiös-traditionell mitgeprägt ist, lässt sie sich m.E. doch als „natürliche" Religion und Religiosität bezeichnen. – Zum alten, sinnvollerweise immer unerledigten und ungelösten, weil immer neu sich stellenden Thema der „natürlichen" Theologie und Religion bzw. Religiosität und wie es sich löst, wie mit ihm zu arbeiten sei, vgl. die hier folgenden Seiten sowie Kap. IV Anm. 269.

20 R. Borchardt, Das Gespräch über Formen, in: Prosa I, Klett/Stuttgart 1957, 346.

21 Zu diesem abweichenden Begriff des Meta-Physischen, der die vielfach heute angenommenen Jenseitswelten von außersinnlichen Wahrnehmungen (ASW) und esoterischen Licht- und Energie-Erfahrungen meint, vgl. Kapitel II S. 82f und Kapitel IV S. 291ff.

22 Diese auch im Religiösen versuchliche Tendenz entspricht genau der gesellschaftlich längst beobachteten „Tyrannei der Intimität", die nur noch sich selber kennt, sich um sich selber dreht und von Richard Sennet in seinem bereits (oben Anm. 4) genannten Buch „Verfall und Ende des öffentlichen Lebens" eindrucksvoll beschrieben wurde.

23 So sehr jenes innere Murmeln oft in Gefühlen und Empfindungen, manchmal auch eher in Gedanken vor sich geht – bei den einen meldet sich solch inneres Bedürfnis deutlich, bei anderen leise, bei wieder anderen gar nicht. Daher lohnt es, sich an die ehemals bekannte These zu erinnern, dass es Menschen und Zeiten gibt, die sich als „unreligiös" und religiös „unmusikalisch" oder „unbegabt" empfinden. Wer sich so versteht, mag daher – in aller

Freiheit – zusehen, mit welchem Organ er/sie seine/ihre inneren Fragen stellt, empfindet, denkt und wie – wenn er/sie solche Tendenz in sich spürt – hierin weiterkommt. Es gibt auch einen „Gottesdienst der Denktypen" (C.G. Jung). Nicht jeder muss das „ozeanische" Gefühl als religiöses in sich erleben. Das mystische Denken und Erfahren ist wichtig, aber nicht der einzig mögliche Weg und Einlasstor religiöser Erfahrung, da der Mensch sehr verschiedene Ebenen und Weisen der Öffnung, des Innewerdens und der Selbsttranszendenz hat. Wenn die innere Stimme nicht zu sprechen beginnt, mag irgendeine Stimme von außen – wenn sie denn überzeugt und anspricht – um so wichtiger werden: Menschen leben oft wesentlich von dem, was außerhalb ihrer selbst Wort und Gestalt gewinnt und wozu sie dann leidenschaftlich oder tief berührt in Beziehung treten.

24 „Wer nicht mehr über Religion nachdenkt, glaubt alles" – so hat die Amsterdamer Theologische Fakultät diesen Sachverhalt in ihrem Logo plastisch bezeichnet.

25 Man vgl. das eindrucksvolle Bild „Hon – en Kathedral" / „Sie – eine Kathedrale"" von Niki de Saint Phalle, auf dem eine lange Schlange von Menschen in eine riesige Vulva wie in eine Kathedrale hineinstrebt (Hamburger Kunsthalle 1998). Vgl. auch J. Willi, Koevolution. Die Kunst gemeinsamen Wachsens, Rowohlt/Hamburg 1985, wo die fast unbegrenzte, verkappt religiös werdende Übererwartung an die Liebe als Belastung und drohende „Vernichtung" derselben beschrieben wird. Vgl. auch, wie E. Fromm die Verformung der Liebe zu einer Konsumfunktion beschreibt („Die Kunst zu lieben", dt. seit 1956). Könnte es sein, dass Irrsal und Verführung in diesem Bereich besonders heftig sind, weil die christliche Tradition sich zu dieser mächtigen Schöpfungskraft kaum in Beziehung gesetzt hat und sie in religiöser Hinsicht als Ort der Offenbarung, Erscheinung und Erfahrung des Göttlichen nicht zu begreifen gelehrt hat? Wenn alle Welt Ort seiner Erscheinung und seines Geheimnisses werden kann – warum nicht auch sie? Erst so, im expliziten Begreifen dieser – religionsgeschichtlich: dionysischen – Möglichkeit, würde ja die Gefahr der Identifikation von Religion und Sexualität und damit deren Vergötzung (statt unterscheidender Repräsentation „in" der Sexualität) thematisiert und ihr gewehrt.

26 Daher ist die Problemanzeige von W. Benjamins „Kapitalismus als Religion" (1921) noch immer von ungeminderter Gültigkeit. – Man kann sich diese Argumentationsreihe eindrücklich in dem Buch „Woran glaubt, wer nicht glaubt?, hg. von C.M. Martini/U. Eco u.a., Zsolnay/Wien 1998 vergegenwärtigen, z.B. an dem Hinweis, dass dann, wenn es überhaupt keine menschliche Wahrheit gibt, an die man glaubt, z.B. auch die Zurückweisung fortschreitender Gewalt in unserem Zusammenleben „keine Wahrheit" und Evidenz mehr habe (E. Severino ebd., 15, 99f). – Zu der sich beschleunigenden Überholung und – in immer kürzeren Fristen – Neubesetzung (an neuen Objekten) dieser modernen Götzen vgl. M. Matussek, Götzendämmerung. Porträts am Ende des Jahrtausends, Fröhlich und Kaufmann/Berlin 2000.

27 In letzter Zeit hat speziell die sog. dialektische Theologie – nach dem Vorgang nicht nur der Religiösen Sozialisten und Blumhardts, sondern auch bestimmter Elemente der liberalen und der jüdischen Tradition – diese Kritik und Vorbehalte gegenüber Religion und Religiösem eindrücklich formuliert; zu jenen Vorläufern vgl. M. Kroeger, Friedrich Gogarten, Kohlhammer/Stuttgart 1997, Bd. I, 126ff, 216–232. Heute wird dieser Blick auf die „babylonische Gefangenschaft in der Religion des Bürgertums" am eindrücklichsten von J.B. Metz thematisiert.

28 K. Barth, Gottes Wille und unsere Wünsche, München 1934. Entsprechend hat Luther in einem berühmten Brief vom Januar 1522 die immer naheliegende Konzentration auf das religiös „Angenehme" statt auf die geistlichen Ängste und Tode als unerlässliche Geburten des Göttlichen in uns als Kennzeichen des religiös Unwahren beschrieben (vgl. das genaue Zitat Kap. IV Anm. 212).

29 Man muss nur einmal, um diese Gefährdung zu begreifen, anschauen, wie z.B. das konfessionelle Luthertum – mitsamt und trotz seines Offenbarungsbegriffs – sich zwar 1914

etwas zurückhaltender gezeigt, dafür aber der deutschen Stunde Hitlers 1933 mehr als erlaubt geöffnet und hingegeben hat.

30   So wird heute z.B. gerade auch von Menschen, die sich „religiös" verstehen und daher dem Buddhismus sich annähern wollen, eben dieser groteskerweise als Philosophie und ausdrücklich nicht als „Religion" verstanden: so sehr ist die Aversion gegen den Begriff „Religion" fortgeschritten – auch bei manchen, die religiösen Fragen gegenüber offen sind und Orientierung in einer Weltreligion (eben der einen, die als Religion – ursprünglich, im „kleinen Fahrzeug" – keinen Gott bzw. die Überwindung der Götter kannte) suchen. (Anders steht dies natürlich im Blick auf den Zen, von dem man derlei sagen kann.) Dieser Sachverhalt spiegelt sich auch in der sich ausbreitenden Tendenz, das, was man geistlich sucht, nicht als „religiös" und „Religion", sondern als „spirituell" und „Spiritualität" zu bezeichnen, um so dem vermeintlich oder faktisch kirchlich oder institutionell bestimmten und einengenden Wort „Religion" (womit dann die positiven Religionen gemeint sind) zu entgehen, und dies so weit, dass z.B. in John Lennons Lied „Imagination" der ersehnte friedliche Zustand der Welt „no religion" kennt.

31   C.G. Jung, Über die Beziehung der Psychotherapie zur Seelsorge, GW XI, 355ff, hier 368.

32   Unvergesslich ist mir – abgesehen von der Darstellung des Numinosen bei R. Otto „Das Heilige" (1917) oder in C.G. Jungs „Die Beziehung der Psychotherapie zur Seelsorge" (G.W. XI, 355ff) wie auch in seinem Buch „Antwort an Hiob", die eindrucksvolle Schilderung dieser Erfahrung bei W. Elert: „Mit einem Grauen fängt vielleicht jede Religion an. Aber hier ist es nicht ein blosses Gefühl weltlichen Unbehagens, das Gefühl für die Unheimlichkeit, Rätselhaftigkeit, Irrationalität der Umwelt. Auch nicht die blosse Furcht vor der eigenen Unzulänglichkeit, vor Altern und Sterbenmüssen. Und auch nicht nur das Gefühl vom Unendlichen erdrückt zu werden. Es ist vielmehr das Grauen, das einer empfindet, wenn ihn in der Nacht plötzlich zwei dämonische Augen anstarren, die ihn zur Unbeweglichkeit lähmen und mit der Gewissheit erfüllen: es sind die Augen dessen, der dich in dieser Stunde töten wird. In diesem Augenblick ist der ganze Plunder der Religionsphilosophie, die Gott definierte als to on, als ens infinitum, als actus purus, sind die ganzen Schutzmittel und Heiltümer der Kirche gegen Sündenstrafe, gegen zeitliches und ewiges Verderben – ist alles dies verflogen und vergessen. Gott ist plötzlich aus einem Gegenstande des Nachdenkens, aus einem Paragraphen der Dogmatik zu einer Person [Urmacht] geworden, die mich persönlich anruft. Und sie ruft mich an, um mir zu sagen, dass meine Zeit abgelaufen ist. Denn vor diesem Bilde erstarrt jede Bitte um Aufschub. Der Wille zum Leben, zu diesem Leben, das man bisher führte, stirbt. Die Zeit steht still" (Morphologie des Luthertums Bd. 1, Beck/München 1931, 18). Auch die Erfahrungen der politischen Theologien gehören zu diesen Einbrüchen und Unterbrechungen, die Menschen widerfahren können, weil sie den persönlichen Anruf des Göttlichen, die Unbedingtheit des aus den gesellschaftlichen Notwendigkeiten, aus den „Erniedrigten und Beleidigten" sprechenden Gebotes („Du sollst lieben …") und die Wahrnehmung des Leidens thematisieren. In all diesen Erfahrungen ist das Ende der Beliebigkeit gekommen. Die normale, übliche Zeit steht still. In letzter Zeit hat auf katholischer Seite speziell J.B. Metz (mit Bezug auf E. Przywara) das Unbegreifliche und Schreckliche in der Gotteserfahrung und das „Wagnis der Nicht-Identität", des Über-uns-hinaus-Seins, betont.

All dies *kann, muss aber nicht* auf dem Wege der sich bildenden Religiosität geschehen und als Bedingung genuiner Religiosität eingefordert werden. Sich bildende Religion könnte aber derlei wissen und sich allmählich – zunächst distanziert! – vor Augen stellen und ins Bewusstsein rücken, ohne es schon in die eigene Erfahrung ziehen zu müssen. Nur eben als möglicher Teil essentieller Religion sollte es gewusst und nicht verleugnet werden. Wenn wir derlei nicht erfahren und kennen – muss es darum unwahr sein? Immer muss es und darf es eine Differenz zwischen dem, was wir wissen, und dem, was wir realisieren, geben. Sie ist der sich eröffnende Lernraum. Zu schnelles und direktes Überfordern aber verschließt auch hier. Prozesshaftes Arbeiten mit Menschen, nicht nur „richtiges" theologisches Denken, wäre gerade auch in diesen religiösen Fragen zu lernen.

33 Vgl. C.G. Jung, Über die Beziehungen der Psychotherapie zur Seelsorge a.a.O. und ders., Psychologie und Religion, GW XI, 1ff, sowie P. Lüssi, Atheismus und Neurose, V&R/Göttingen 1979.

34 Dass die bürgerliche „Religion im Angebot" nichts koste und nichts fordere, keine Bergpredigt und politische Nachfolge kenne und daher abzulehnen sei, das findet man öfters ausgedrückt, so z.B. J. Moltmann in: Wie ich mich geändert habe (s. Einleitung Anm. 6) 123. Ähnliche Affekte z.B. bei D. Sölle oder J.B. Metz, bei dem Autonomie auf die Seite der zu überwindenden bürgerlichen Religion zu stehen kommt und das wichtige „Wagnis der Nicht-Identität" beschworen wird, ohne dass gleichzeitig gesehen wird, dass eben diese doch nur auf dem Boden gewachsener Identität sinnvoll und möglich ist, soll sie nicht ekklesiogen destruktiv werden. So werden aus jenen wichtigen kritischen Einsichten unnötigerweise nur noch halbe Wahrheiten. Aller Widerstand gebührt daher wohl den Anpassungen und Ausblendungen der bürgerlichen Religiosität, aber eben dies ist nur möglich, wenn die Menschen an diesem Prozess beteiligt und für ihn gewonnen werden. Und dies geschieht nur über den Religionsbegriff und die Anknüpfung an ihn. Ohne Menschen durch Ernstnehmen ihrer – zunächst natürlich unpolitischen und „nur" religiösen – Empfindungen anzusprechen und zu gewinnen, bewirkt ja auch keine politische Theologie irgendetwas. Sie kommen letzten Endes um die Beziehung auf die „Religion im Angebot" und „Religion auf dem Markte" als möglichem Ausgangspunkt auch der politischen Theologie nicht herum – und verhehlen sich dies doch.

35 Dazu vgl. weiter Kapitel IV.

36 Hierüber und zu den Folgen für die pastorale Aus- und Fortbildung vgl. Kapitel V. – Dass es ganze Segmente unserer Gesellschaft gibt, in denen dieses Murmeln scheinbar verstummt und die religiöse Seele – nicht die psychologische Psyche – verhärtet ist, mithin erst der Ernährung und Alphabetisierung bedarf, mindert die Notwendigkeit dieses Ansatzes nicht, sondern verlangt ihn – für den künftigen Fall und die Vorbereitung des beginnenden Erwachens – erst recht.

37 „Manche meinen, sie selber suchten nach der Wahrheit ihrer Seele. Doch die große Seele denkt und sucht durch sie ... Dem aber, der sie denken lässt, gewährt sie manchmal etwas Spielraum, und wie ein Fluss den Schwimmer, der sich treiben lässt, trägt sie ihn mit vereinter Kraft ans Ufer", so ein ungenannter „Meister" (gemeint ist Laotse) bei B. Hellinger, Religion, Psychotherapie, Seelsorge, Kösel/München 2000, 193.

38 In letzter Zeit hat besonders der eben zitierte B. Hellinger m.E. völlig zu Recht auf die „größeren Mächte", die den Einzelnen in Bindung, Sterben, Schuld und Schicksal bestimmen, hingewiesen.

39 Deus precepit impossibilia (WA 8, 53f) – dies ist einer der entscheidenden Sätze aus Luthers theologischer Anthropologie im Anti-Latomus, vgl. Kap. IV S. 205f und Kap. VII S. 337f.

40 Man muss darum der mystischen Vorstellung des Paulus mit seinem „so lebe nun nicht ich, sondern Christus lebt in mir" (Gal 2,20), nach der er in Christus aufzugehen und sein Ich-Sein anscheinend aufzugeben wünscht, nicht widersprechen; dergleichen gibt es – als (manchmal durchaus problematische) Grenzerfahrung. Man muss aber diese mystische Symbiosevorstellung und das Ende des Ich-Seins nicht als Regel- und Normvorstellung des Christseins ansehen.

41 „Stumpf und Stein" (BSLK 879f) – so hat die späte Reformation den Menschen in Bezug auf die Alleinwirksamkeit Gottes genannt. Diese Formulierung ebenso wie die, dass die Gnade und Rechtfertigung „mere passive" („rein passiv") empfangen wird (vgl. z.B. WA 40 I, 41), muss daher als eine doppeldeutige angesehen werden: als wahr, sofern es sich um reines Empfangen, als falsch, sofern es sich um eine prä-autonome und prä-personale, da-

her zu präzisierende Formulierung handelt. Kein truncus et lapis kann vertrauen und in Beziehung stehen. Das Widerfahrnis einer Liebe, der Erfahrung einer Schönheit, einer Freude geschieht mir zwar durchaus immer wieder mere passive, jedoch nicht unter Auslöschung des autonomen Subjekts, nicht ohne Beteiligung der eigenen Bereitschaft und Offenheit, Beziehung und Verantwortung, nicht ohne die gesammelte Aufmerksamkeit des Herzens und der Seele. Auch die *empfangende* Verantwortung ist ein Element der Autonomie. Sofern in diesen Vollzügen das reine Empfangen gedacht und verstanden wird, muss dieses – über die Reformation hinausführende – Verständnis nicht synergistisch werden. Auch in jenen nicht „machbaren" Lebensvollzügen bleibt das Subjekt mitbeteiligt, beteiligt an einer Beziehung, nicht objekthafter Stein und regungsloser Stumpf. Luthers Bestreitung des freien Willens hat recht, sofern er sich auf die (aristotelische) scholastische Lehre von actus (elicitus) und habitus als Bedingung und tätigem Teil des Gnadenvorgangs bezieht. In diesen Präzisierungen liegt – als Konsequenz der neuzeitlichen Forderung von Autonomie und Mündigkeit – ein Fortschritt der personalen (dialektischen) Theologie (speziell Gogartens, Brunners) gegenüber der vorneuzeitlich-reformatorischen Theologie – unter völliger Wahrung ihrer zentralen Einsicht – vor. Auch hat sich zu Recht – mitten im Herzen des Luthertums – der Widerspruch gegen Luthers Annahme der totalen Sündhaftigkeit und Gottlosigkeit des Menschen, der nicht einmal mehr nach Gott fragen kann, erhoben (vgl. Graß in TRE II, 331).

42 E. Fromm, Haben und Sein (1976) und H.E. Richter, Der Gotteskomplex (1979) haben die spezielle Verführung unserer Gesellschaft zur Überbetonung des „Habens" und „Machens" (statt „Seins") und zur Selbstüberschätzung des angemaßten „Gotteskomplexes" meisterhaft dargestellt, und sie unterstellen die Möglichkeit, eben dieses Problem zu begreifen und in reifender Selbsteinsicht allmählich zu korrigieren. Dies gilt auch dann, wenn Richter sich von einer religiösen Deutung seines Buches distanziert.

43 Paul Tillich hat bekanntlich all das hier Gesagte unter dem Begriff der Theonomie, den er aus einer längeren theologischen Tradition übernahm, ausgedrückt: Theonomie überwindet den Gegensatz von Autonomie und Heteronomie und hebt ihn in sich auf. Da Tillichs (und seiner Vorgänger) „Theonomie" jedoch ein umgangssprachlich unverständlicher Kunstbegriff ist, vermeide ich ihn und drücke das Gemeinte lieber als Modifikation und Interpretation der unwiderleglichen, aber interpretationsbedürftigen „Autonomie" aus. Damit aber wird der Begriff nicht in seinem semantisch genauen („ich bin mir selbst Gesetz"), sondern in seinem umgangssprachlichen Sinn benutzt: „Auto"nomie kann wissen, dass sie nicht nur „selbst"bestimmt ist und dass sie in Freiheit dem Gesetz gehorcht. – „Nicht Widerlegung, sondern Element und Erfüllung": Dass hiermit an ein Thomas-Zitat („gratia non tollit naturam, sed perficit") angespielt wird, sei nur angemerkt, vgl. weiter Kapitel IV.

44 WA 1, 171.

45 Zu allem vgl. weiter Kapitel IV und VII.

46 Erst in allerletzter Zeit finden sich Ansätze, den Begriff des Synkretismus zu differenzieren und zu rechtfertigen. Wie sehr diese synkretistische Tendenz sich in der letzten Zeit erneut radikalisiert hat, zeigt M.N. Ebertz, Kirche im Gegenwind, Kapitel 2. – Die sog. Patchworkidentität ist zwar sicher ein Reflex des Verzichts auf die Gültigkeit der großen geschlossenen Entwürfe und Weltbilder, auch auf die Entwürfe theologischer Natur. Dies aber bedeutet, soviel ich sehen kann, nicht, wie immer wieder angenommen wird, dass es im Zeichen dieser langsam wachsenden synkretistischen Identität nicht auch profilierte und eindeutige, wirklich zusammenwachsende und unbedingte, wenngleich sich verändernde Identität und deren biographisch gültige Entwürfe gäbe. Auch die patchwork-Identität *kann* zu Selbstbewusstsein und Lebenssicherheit, zu Gewissheit führen. – An dieser Stelle sei ausdrücklich bemerkt, dass die Thematisierung der Interreligiosität im Zusammenhang von Autonomie natürlich keineswegs die Fundierung von Interreligiosität in

der Autonomie bedeutet; sie ist natürlich alleine in der Allgemeingültigkeit des Religionsbegriffes und in der Allgemeinheit der religiösen Erfahrung begründet (vgl. Kapitel III). Nur dass sie heute unausweichlich als Aufgabe des suchenden und hierin selbstbestimmten und -verantwortlichen Menschen in religiösen Lern- und Seelsorgeprozessen begegnet, lässt sie mich hier einführen.

[47] Bede Griffiths, Leben im christlichen Ashram, hg. von Bogdan Snela, Kösel/München 1990, 17. Diese von Griffiths kritisierte Auffassung des interreligiösen Dialogs wird – wie oben Einleitung Anm. 5 zitiert – noch heute auf EKD-Ebene wiederholt und verbreitet.

[48] Um so unbegreiflicher, dass es nur wenige theologische Fakultäten mit diesen Ausbildungskompetenzen gibt und dass neuerdings die hier notwendige Religions- und Missionswissenschaft – soweit sie in Deutschland existiert – durch die neue Zwischenprüfungsordnung, die der Rat der EKD billigte, in ihren bisherigen Möglichkeiten – durch die anderweitigen Festlegungen und Minderungen der Wahlfreiheit – faktisch gemindert wurde. Ein bisher seltenes und glückliches Vorzeichen künftiger – mithin schon gegenwärtiger – Entwicklungen ist hingegen das Erscheinen eines Buches wie die „Dogmatik. Evangelischer Glaube im Kontext der Weltreligionen" von H.-M. Barth (Kaiser/Gütersloher Verlagshaus 2001).

[49] M. Buber, Der Weg des Menschen nach der chassidischen Lehre, Lambert Schneider/Heidelberg o.J., Kap. VI „Wo man steht", 43ff.

[50] C.G. Jung, GW XVII, 213ff, speziell 221ff. B. Hellinger in ungezählten Büchern und Videos.

[51] Dass hierzu noch – durch vermehrte Mobilität der Lebensstile – die Lösung von der ortsgebundenen Kirchengemeinde und der Identifikation mit ihr kommt, sei nur erinnert.

[52] Zu den Belegen für diese Grundformel „aber nicht so wie die Kirche" vgl. Die Notwendigkeit der unakzeptablen Kirche 57ff. Die Radikalisierung des Sachverhalts, der jetzt deutlich nicht nur Distanziertheit von der Kirche, sondern immer mehr auch das Einbrechen der kirchlichen Lehre – bis hin zur Infragestellung des klassischen Gottesbegriffes – impliziert, belegt jetzt plastisch (für die katholische Kirche, doch darf man Analoges erst recht für den Bereich des Protestantismus annehmen) J.M. Ebertz in seinem genannten Buch „Kirche im Gegenwind".

Kapitel II

[53] Ursprüngliche Fassung vorgetragen in der Evang. Akademie Loccum auf der Tagung „Revision der Theologie" vom 8.–10.3.96, damals publiziert in Loccumer Protokolle 9, 1996, 112ff.

[54] Xenophanes von Kolophon, ca. 570–475 v.Chr., in: Die Vorsokratiker I, hg. v. J. Mansfeld, Reclam/Stuttgart 1983, 223 (Diels[3] fr. 14–16).

[55] Zum Einbruch der Theismuskritik sogar schon im katholischen Milieu vgl. M.N. Ebertz, Kirche im Gegenwind, Herder/Freiburg, [2]1998, 66ff. Die weitgehend vom Atheismus bzw. Nichtkonfessionalismus geprägten Verhältnisse in Ostdeutschland haben ganz andere Gründe und Voraussetzungen, denen wir uns im Westen aber zusehends annähern.

[56] Vgl. „Glauben – nur noch christentümlich", Kultur-Focus 14/1999, 119ff: Mehr Menschen glauben an Schutzengel als an Gott: Trost, Sicherheit, Geborgenheit, Schutz; „all das, was traditionell sozusagen die Aufgabe Gottes war", ist zu den Engeln ausgewandert (120). – Zur Tatsache, dass mehr Menschen in den christlichen Kirchen sind als an Gott glauben, vgl. Die Notwendigkeit der unakzeptablen Kirche, 89f.

[57] D. Bonhoeffer, Akt und Sein, Werke Bd. II, Kaiser/München 1988, 112. Vgl. G. Picht: „Es ist dann eine Leugnung Gottes, wenn wir den Satz aussprechen: „Gott *ist*" (in: „Theologie – was ist das?", Hg. von G. Picht und E. Rudolph, Kreuz/Stuttgart 1977, 24).

[58] Herderkorrespondenz 38/1984, 224ff, Zitat 225f. – Der hier von Rahner angesprochene Sachverhalt ist nicht erst neueren Datums. Er begleitet die Christentumsgeschichte aus biblischem wie antikem Erbe. Schon in der alten Kirche war die Unsagbarkeit Gottes ein

stehender, aus mittelplatonischer Tradition übernommener Topos, der aber die Theologie nicht von beredter Nutzung munterer Aussagen über die innertrinitarischen Verhältnisse Gottes abhielt. „Die Unsagbarkeit Gottes blieb eine Anfrage an die Theologie von außen her, die innertheologisch kaum rezipiert, vielmehr erst von der Mystik ernsthaft aufgenommen wurde" (Antrittsvorlesung W. Löhr in Hamburg, Januar 2002).

59 Natürlich ist damit nicht gesagt, dass die an diesem Prozess der Distanzierung und Verweigerung beteiligten Menschen derlei selber bewusst denken, aber ihre Abwendung verrät einen richtigen religiösen Instinkt und ist einer solchen Deutung und künftigen Bewusstwerdung fähig. Dies war gemeint, als ich oben davon sprach, dass die Menschen diesen Umschwung – in seinen kritischen, ablehnenden Aspekten – meist diffus und unbewusst vollziehen. Daher bedarf er einer klärenden und differenzierenden Deutung, die das Gemeinte deutlicher zu verstehen hilft und dann, wie ich oft erfahren habe, als klarer Ausdruck von etwas bisher nur diffus Empfundenem begrüßt wird.

60 Vgl. unten Anm. 98.

61 In der Regel lautet die Verfahrenslogik so: Zwar könne man von Gott nur symbolisch oder metaphorisch sprechen, da wir ihn aber aus den Schöpfungswerken und letztlich in Jesus Christus kennen, dürfen wir „die Worte, Begriffe, Bilder, mit denen wir Geschöpfliches bezeichnen, trotz ihrer Unangemessenheit auf Gott anwenden" (W. Härle, Die Rede von der Liebe und vom Zorn Gottes, in: Beiheft 8 der ZThK, Tübingen 1990, 50ff, 56 mit entsprechenden Literaturhinweisen; ebenso ders., Dogmatik ^{2}2000, 235ff). Alsdann aber wird das Bewusstsein der Uneigentlichkeit und der nur symbolisch legitime Rang theistischer Rede konsequent vernachlässigt, ja übergangen; es wird geredet wie vorher. Die an sich vorhandene Einsicht nur symbolisch/metaphorisch möglicher Rede und einer direkt und wörtlich nicht möglichen Bezeichnung des Göttlichen bleibt theoretischer Schlenker – ohne Konsequenz und Vorbehalt im weiterhin ungeniert theistischen Gebrauch der Worte. Kein Schrecken, keine angesichts des religiösen Umbruchs im „Tode [des theistischen] Gottes" nachzitternde Vorsicht und Zurückhaltung des Denkens und des Umgangs der Sprache mit „Gott" in seiner bleibenden Verborgenheit verrät ein Bewusstsein des nur noch Symbolischen oder Analogen unserer Rede. Die hermeneutische Reflexion ist bis ins religiöse Bewusstsein und theologische Sprache nicht durchgedrungen und nicht realisiert. Vorstellung und Rede bleiben im alten Paradigma. – Als Gegenbeispiel für diese Möglichkeit sei hier nur auf Tillichs von dieser Einsicht zutiefst und konsequent durchdrungene Sprache in seiner Systematischen Theologie wie in seinen Religiösen Reden verwiesen.
Selten wird in der Theologie wahrnehmend und zustimmend von Zusammenbruch und Krise des Theismus gesprochen. Selbst da aber, wo dies geschieht und der Theismus sogar als eine Ideologie bezeichnet wird, zu der nur eine unseriöse Theologie zurückkehren könne (so M. Welker, Kirche im Pluralismus, Gütersloh 1995, 41ff), geschieht dies fast ohne Konsequenzen im Blick auf das eigene theologische Denken und Sprechen im alten Muster. Welker fährt, indem er immerhin durch überpersonale Beurteilungskriterien der personalen Wirksamkeit Gottes ein neues Personverständnis eröffnen möchte (ebd., 48), in nur leise modifizierten, im Kern theistisch unberührten Denk-, Vorstellungs- und Sprechformen fort (z.B. ebd., 45: „Das schöpferische Handeln Gottes erweist sich vielmehr darin, dass Gott – scheidend, hervorbringend und regierend – verschiedene geschöpfliche Lebenssphären in differenzierte Zusammenhänge bringt" – als wenn es eine Gottperson gäbe, von der so gesprochen werden kann). Strittig wäre an dieser Stelle also nicht *ob*, sondern *wie* die Überschreitung des klassischen Theismus zu vollziehen sei.
Dabei ist Welker ganz darin zuzustimmen, dass auch in den älteren Traditionen bereits Elemente dessen, was heute als notwendig offenbar wird, enthalten waren; neue Paradigmen setzen alles Alte in neues Licht und entdecken verborgene Dimensionen im Alten neu. Daher hat Bonhoeffer seinen bereits zitierten Satz „Einen Gott, den ‚es gibt‘, gibt es nicht", so theismus-kritisch, wie er heute klingen und sich entpuppen muss, noch nicht

gemeint und entsprechend auch nicht durchgeführt. Auch er fährt nämlich – ganz wie Welker und Härle – fort: „Gott ‚ist' im Personbezug, und das Sein ist sein Personsein"; auch bei ihm selbst blieb also jener fulminante Satz letztlich ohne weitere Konsequenz, gerade auch in seiner späten Theorie des religionslosen Zeitalters: es bleibt das Gegenüber einer existierenden und handelnden Gottperson erhalten.

Derselbe Vorbehalt ist gegenüber den diversen personalen Theologien (Bubers, Gogartens, erst recht Brunners) zu formulieren, die den Objektivierungstendenzen im Gottesverständnis durchaus entgegenarbeiteten, indem sie – zu Recht – „Gott" mit Hilfe personaler, dialogischer oder existentieller Kategorien verstanden und ihn so nur in „Beziehung" und im glaubenden Vertrauen, jenseits der Theologie der sog. „objektiven Heilstatsachen" verstanden (ganz analog der zitierten Fortsetzung Bonhoeffers: „Gott ‚ist' sein Personbezug, und das Sein ist sein Personsein"). Auch mit diesem Personalismus aber wurde das theistische Modell im Kern ebenso wenig in Frage gestellt und außer Kraft gesetzt wie im Offenbarungsverständnis Barths, es wurde nur modifiziert: „Gott" erschließt sich nur personal, aber er „ist" und bleibt theistisch-gegenständlich vorausgesetzt. So blieben alle jene Theologen – am wenigsten noch Bultmann mit seiner Existentialinterpretation des Wortes „Gott" – ganz selbstverständlich in ihrem Gottesverständnis theistisch und an diesem entscheidenden Punkte deutlich unentmythologisiert. (Dies gilt natürlich für Barth auch dann, wenn er in der 2. Auflage seines Römerbriefkommentars das Begriffspaar gegenständlich/ungegenständlich im Sinne seiner Polemik gegen die psychisch-historische Vergegenständlichung Gottes benutzt, angesichts dessen er sich jedoch mit seinem Bibelbezug, nicht mit einem Analogie- oder Symbolbewusstsein als Lösung behilft.) Wenn es ihn aber „nicht gibt", geht alle direkt-personale Deutung ins Leere. Daher aller dialektischen und personalen Theologen Aversion gegen Tillichs Symbolbegriff, dessen Bedeutung und Konsequenz in dieser Frage wir kennen lernen werden. Wir werden noch zu sehen haben, wie der Ansatz der personalen dialektischen Theologen (und auch der von der Art Welkers und Härles) sich im neuen Paradigma durchaus zur Geltung bringen lässt; er blieb und bleibt zunächst jedoch unübersehbar im alten Paradigma und setzt den existierenden und insofern gegenständlichen Gott selbstverständlich voraus („gegenständlich" in dem weiter unten zu definierenden Sinne). Ähnlich konventionell und letztlich unberührt theistisch erweist sich H. Küng, 24 Thesen zur Gottesfrage, Piper/München 1979 (ebenso ders., Wer ist Gott?, 1978). Die katholische Kirche hat einen – damals noch – im Kern durch und durch konservativen Theologen aus dem Priesteramte ausgeschlossen.

Man darf also gespannt sein, ob Theologie und Kirche sich mit dem von Welker anvisierten, ermäßigten Sinn der Theismus-Krise begnügen werden und ob sie dem tatsächlich vor sich gehenden gravierenden Umbruch auf diese Weise zu begegnen und ihn einzuholen hoffen, oder ob sie ein weitergehendes Verständnis, wie es im Folgenden – nicht nur, aber wesentlich auch auf der Linie Paul Tillichs – als Non-Theismus darzulegen ist, wenigstens als komplementäre Möglichkeit in den Blick zu fassen bereit sein werden. Nicht eine personale oder biblisch-offenbarungsbestimmte Theologie, sondern ein klarer Symbol- und Nichtgegenständlichkeitsbewusster Non-Theismus ist m.E. die fällige Antwort auf die Krise des Theismus und die Entsprechung zur Wahrheit dieser Krise. Keineswegs wurde der theismus-kritische Umbruch, wie Welker meint, durch die Theologie-immanenten Entwicklungen der „letzten Jahrzehnte", sondern vielmehr – jedenfalls in seiner heute fälligen Radikalität – durch die zeitgenössischen religiösen und weltanschaulichen Entwicklungen der freien Religiosität in den letzten beiden Jahrzehnten nahe gelegt und erzwungen. Wenn es theologische Kräfte gab, die diesen Entwicklungen – jedenfalls gedanklich – vorarbeiteten, so waren es die auf lange Sicht jedoch fast konsequenzlos gebliebenen, nicht rezipierten Entwicklungen des sog. Pantheismus- (Lessing) und des Atheismusstreits (Fichte) am Ende des 18. Jahrhunderts sowie die Theologie des jungen Schleiermacher, auch Hegels und ihrer Nachfahren. Diese Kräfte wurden jedoch bald – nicht ohne Grund und Recht in anderen Motivbereichen – durch Einwirkung des Neuluthertums, des späteren Liberalismus' (Harnack/Rades) und der dialektischen Theologie – wieder gebrochen und vergessen. Auch der heute wieder in Gang gesetzte theologische Neoliberalismus aktualisiert und aktiviert an diesem entscheidenden Punkte das Lessing/Fichte/Schleiermacher-Erbe (mit ganz wenigen Ausnahmen, z.B. der des späten Falk Wagner) faktisch nicht. Ganz andere interreligiöse – im wesentlichen asiatische, meditative und mystische – Quellen und Traditionen, insbesondere durch den Einfluss von Advaita und Zen, bewegen heute, wie wir sehen werden, dieses Thema. Mit ihnen bleibt der hier anstehende fundamentale Umbruch an der Wurzel theologischen Denkens und Sprechens m.E. noch immer neu zu entdecken, zu bedenken und erst wirklich zu vollziehen. Sie erzwingen dabei aber die Freilegung und Aktualisierung, ja Radikalisierung und interreligiöse Überschreitung alten, nur eben unentwickelten christlichen Erbes.

62 Diese beiden Semantiken des „ist" oder „es gibt" stehen sinnvoller- und unvermeidlicherweise (aus weiter unten zu klärenden Gründen) nebeneinander: „einen Gott, den es gibt, gibt es nicht" und „es gibt eine uns umfangende und tragende, als Grund und Abgrund auch infrage stellende, bedrohende und vernichtende Wirklichkeit". Im Blick auf sie hatte Goethes Weisheit theologisch und in tiefer Frömmigkeit recht, wenn er an berühmter Stelle formulierte: „Wer darf ihn nennen [mit Begriff und Wort]?/ Und wer bekennen:/ Ich glaub' ihn?/ Wer empfinden/ Und sich unterwinden,/ Zu sagen: ich glaub' ihn nicht?" (Faust 3432–3437). Entsprechend kann und muss das Psalmwort „Die Toren sprechen in ihrem Herzen: Es ist kein Gott" (Ps 14,1), welches zweifellos gut theistisch gemeint ist, auf den ungegenständlichen Sinn des Wortes, auf jene letzte Wirklichkeit und das Geheimnis in allen Dingen bezogen werden. Denn im alttestamentlichen Bilderverbot, in gewissem Sinne auch in der Selbstprädikation Jahwes in Ex 3,14 oder im Gebet Salomos 1Kön 8,27 sind die theismuskritischen, die Personvorstellung sprengenden Elemente nur eben angelegt und angedeutet. Es wird Zeit, auch sie auf neuer Stufe freizulegen und zu vollziehen.

63 D. Bonhoeffer, Widerstand und Ergebung, Brief vom 30.4.44, vgl. R. Bultmann: „dass das Transzendente nicht oberhalb oder jenseits der Welt gesucht werden darf und gefunden werden kann, sondern inmitten des Diesseits" (ZThK 60/1963, 342). – Ich berühre mich hier und im Folgenden, wie man sieht, mit den amerikanischen „Gott-ist-tot"-Theologien, auch mit D. Sölles schönem und prägnantem Buchtitel „Atheistisch an Gott glauben" (1968), unterscheide mich aber in der Durchführung dieses m.E. unbezweifelbaren Sachverhalts völlig. Nicht überwunden, sondern substantiell präzisiert werden muss diese Vorstellung.

64 Zur begrenzten Erkenntnisfähigkeit unseres biologischen Wahrnehmungsapparats vgl. R. Riedl, Biologie der Erkenntnis. Die stammesgeschichtlichen Grundlagen der Vernunft, Parey/Berlin-Hamburg ³1981.

65 „Gog und Magog" ist das Buch Bubers, das er als erstes nach der Auswanderung nach Palästina als seine Antwort auf die Dämonien Hitlers über den Kampf zwischen den satanischen und den oberen Kräften schrieb, so wie Napoleon für die Chassiden der Satan war, gegen den sie die Kräfte der „oberen Welten" herbeiziehen wollten. – Über die religiöse Bedeutung und die Verwechslungen in diesem Themenbereich vgl. weiter Kapitel IV S. 215ff.

66 Ich bin mir völlig bewusst, mit der Verwendung des Begriffs „Metaphysik" für diese esoterischen Phänomene, zu denen auch das religiös ebenso wenig gültige Jenseits der Drogenerfahrung gehört, jenseits des üblichen Sprachgebrauchs zu verfahren. Doch da die Themen dieser esoterischen „Erfahrungen" eine unglaubliche Verbreitung und daher Bedeutung gewinnen, und weil diese „Erfahrungen" meist auch im traditionellen Sinne als Metaphysik und Ort des Göttlichen aufgefasst werden, schien mir die Verwendung dieses – m.E. nach dem Ende der klassischen Metaphysik – freigewordenen Begriffs hierfür

möglich. Natürlich bedarf das Denken der Moderne nach den Ausblendungen der jüngeren Denk- und Philosophiegeschichte dringender Ergänzungen und Perspektivwechsel. Ob aber für die wiederzugewinnenden Aspekte der Begriff und die Konnotationen der „Metaphysik" geeignet sind (wie z.B. D. Henrich es meint, z.B. in: Eine philosophische Begründung für die Rede von Gott in der Moderne? Sechzehn Thesen, in: D. Henrich, J.B. Metz, u.a. [Hg.] Die Gottrede von Juden und Christen unter den Herausforderungen der säkularen Welt, LIT/Münster 1997, 10ff), darf m.E. bezweifelt werden. Die theologischen Gründe, die für das Ende der Metaphysik sprechen, setze ich im Folgenden voraus. Gewiss gibt es keine Begriffs- und Definitionsmonopole, aber „Wiederkehr der Religion" scheint mir die aussichtsreichere, unbelastetere Bezeichnung als „Wiederkehr der Metaphysik". Auch der Zusammenhang mit den vorneuzeitlichen religiösen Traditionen lässt sich m.E. unter diesem Titel hilfreicher herstellen. Zu allem vgl. J. Habermas, Nachmetaphysisches Denken, stw 1004, Suhrkamp/Frankfurt 1992, 18ff, 267ff. Eindrücklich zur unwiderruflichen Krise der Metaphysik auch G. Picht in: „Theologie – was ist das" (wie Anm. 57), 9ff, 503ff.

67   P. Schwarzenau, Der größere Gott, Radius/Stuttgart 1977.

68   M. Heidegger, Nietzsches Wort „Gott ist tot", in: Holzwege, Klostermann/Frankfurt ⁶1980, 205ff und ders., Einleitung zu „Was ist Metaphysik" (1949), in: Wegmarken, ebd., ²1978, 361ff. – Zur vergeblichen Meinung und Hoffnung, der Spuk der „Gott-ist-tot-Theologien" sei vorüber, vgl. statt vieler nur den Verweis auf die eine – solenne – Stimme G. Ebelings, Dogmatik des christlichen Glaubens, Bd. I, Mohr/Tübingen 1982, 71; ähnlich J.B. Metz: Gegen Tod Gottes und Gotteskrise sei die „Koalition aller großen monotheistischen Religionen" aufzurufen (Wie rede ich von Gott angesichts der säkularen Welt? In: Die Gottrede von Juden und Christen [wie Anm. 66], 21ff, 22).

69   Der Garten des Menschlichen, 516.

70   Darum sind die Texte des sog. Pantheismus- und des Atheismus-Streits wie auch die Folgen beider – z.B. in der Rede vom Tode Gottes an Hegels „spekulativem Karfreitag" oder Jean Pauls „Rede des toten Christus vom Weltgebäude herab, dass kein Gott sei" samt der Spinoza-Rezeption des jungen Schleiermacher – bis heute eine hohe Schule der derzeit massenhaft werdenden Unmöglichkeit des alten Gottesbildes und der Notwendigkeit eines neuen Bildes und Symbols vom Göttlichen. Seit den fundamentalen religiösen Umbrüchen dieser sog. „Sattelzeit" (R. Kosellek) hängt darum der bald darauf einsetzenden Rekonfessionalisierung der Kirchen und ihrer u.a. theistischen Sprechwelt unvermeidlich und unabschüttelbar der Ruch des Regressiven an. Deren Kritik war zwar notwendig im Blick auf bestimmte Themen und zentrale Defizite der Aufklärung und der altliberal-spekulativen Theologie (und ist es heute noch, vgl. Kap. IV), blieb aber dennoch bis heute in der Art, in der sie diesen Widerspruch vollzog und unverändert bis heute repräsentiert, tatsächlich vorkritisch, wenig vorwärtsweisend und weiterführend. Lessings Gedanke „Die orthodoxen Begriffe von der [extramundanen] Gottheit sind nicht mehr für mich" im Jacobi-Gespräch (Hanser-Ausgabe VIII, 563, 567), in welchem die heimliche Revolution angesagt und vorgezeichnet ist, ist bis heute kirchlich und theologisch nicht eingeholt und ohne nennenswerte Folgen geblieben. Dass die Anerkennung Lessings eine von ihm abweichende Spinoza-Auffassung notwendig macht, weil dieser im IV. Buch der Ethik doch wohl allzu ungebrochen zu der wörtlich pantheistischen Gleichung Gott = Natur tendierte, ist hier noch nicht zu verfolgen, vgl. aber weiter unten Anm. 97 und Kapitel IV.

71   Natürlich hat Paulus im Streit von Gal 2/Acta 15 nicht die Freiheit zum Non-Theismus erstritten. Da aber, wie unten (Kapitel VII) gezeigt werden wird, der Gestaltwandel des Gesetzes den Gestaltwandel von Theologie überhaupt impliziert und bedeutet, lässt sich der Gestaltwandel des Gesetzes, den Paulus durchsetzt, auf den Gestaltwandel und Paradigmenwechsel von Theologie durchaus beziehen. So gesehen lässt Paulus sich durchaus

für die Freiheit zum Paradigmenwechsel auch in der Gottesfrage – wenn er sich denn theologisch als legitim erweisen sollte – mit in Anspruch nehmen.

72 Erst im Nachhinein sehe ich (aus M. Repp, Die Transzendierung des Theismus [wie unten Anm. 79] 313 Anm. 27), dass der Begriff „Non-Theismus", den ich seit langem in diesem Zusammenhang benutzte, schon seit längerem erfunden und in der Debatte war.

73 Zu all dem vgl. weiter das ganze Kapitel IV.

74 Vgl. Theol. Wörterbuch zum NT (Kittel), s.v. mysterion, Bd. IV, 809ff, und K. Rahner, Art. „Geheimnis" in HThG I, 447ff.

75 Zu diesem Peirce'schen Begriff der unendlich fortgehenden Semiose vgl. Kapitel V S. 285f.

76 P. Tillich, Systematische Theologie, Bd. I, Ev. Verlagswerk/Stuttgart, ³1956, 283. Es ist „irreführend" – wegen seiner Zweideutigkeit, nicht einfach „falsch" (in Tillichs Sinne). Warum und auf welche bezeichnende Weise Tillich daher gegen Einsteins Spinozismus/ Pantheismus das personale Element im Gottesbegriff verteidigt, werden wir weiter unten (Anm. 101) sehen.

77 Wer sich eine Vorstellung von der religiösen Möglichkeit und theologischen Gültigkeit solchen Denkens und Redens machen will, greife einstweilen zu Tillichs Bänden.

78 Vgl. H. Zimmer, Indische Mythen und Symbole, Diederichs/Düsseldorf-Köln 1972, 156ff, 164.

79 Zu all diesen bereits von Tillich oft eingeschärften Einsichten vgl. M. Repp, Die Transzendierung des Theismus in der Religionsphilosophie Paul Tillichs, Lang/Frankfurt u.a. 1986, speziell 79ff, 147ff und W. Schüßler, Der philosophische Gottesgedanke im Frühwerk Paul Tillichs (1910–1933), Königshausen+Neumann/Würzburg 1986, sowie ders., Jenseits von Religion und Nicht-Religion: P. Tillich, Athen/Frankfurt 1989; hier 214ff (wie auch Schüßler 1986, 125ff). Über den dem religiösen Akt für Tillich immanenten *Atheismus* (weil er den Theismus notwendig übersteigt und bestreitet, vgl. Tillich GW V, 207) – gerade *um* das Geheimnis der „Gottheit" und des Göttlichen vor der Vereinzelung und Vergegenständlichung zu schützen. – „Gott" nichts Seiendes, sondern das Sein selbst: z.B. GW V, 182.

80 Überall, wo „Gott" statt als umgreifender Inbegriff aller Wirklichkeit als (noch so großer) vereinzelter (mithin verendlichter) Teil, als vereinzelte Person (greifbar in der Formulierung: „Ich glaube an *einen* [oder eben keinen] Gott") erscheint, wird das Göttliche verendlicht und vergegenständlicht. – Über das Verhältnis von überpersönlicher Ontologie und biblisch-reformatorischem Personalismus vgl. den meisterlichen Text von P. Tillich GW V, 138ff.

81 Vgl. die eindrückliche Übersicht über die Gesprächsgänge des buddhistisch-christlichen Dialogs bei M. v. Brück/Wh. Lai, Buddhismus und Christentum, Beck/München ²2000, oder A. Münch, Dimensionen der Leere. Gott als Nichts und Nichts als Gott im christlich-buddhistischen Dialog, LIT/Münster 1998.

82 Über „Gott" und „Gottheit" Eckehart an prominenter Stelle („Ich will nun etwas sagen, was ich noch nie gesagt habe"): Deutsche Predigten und Traktate, ed. J. Quint, Diogenes 1979, 271ff. Vgl. ebd., 164: Selbst Gott vermag in das letzte „einige Eine" in der Seelenburg niemals – auch nur einen Augenblick – hineinzulugen, „soweit er in der Weise und ‚Eigenschaft' seiner Person existiert". Denn „dieses einige Eine ist ohne Weise und ohne Eigenheit. Und darum: Soll Gott je darein lugen, so muss es ihn alle seine göttlichen Namen kosten und seine personhafte Eigenheit … Vielmehr, so wie er einfältiges Eins ist, so ist er weder Vater noch Sohn noch Heiliger Geist …". – „Gott um Gottes willen [mhd. 'durch got'] lassen": ebd., 214.
Tillich GW XI, 134ff, 139 und Syst. Theologie II, 19; vgl. GW IX, 18 das „Überseinde". Diese berühmt-änigmatische Formulierung „Gott über Gott", die bei Tillich aus neuplatonischen Quellen (Proklos, Dionysos: „Übergottheit") stammen soll (Schüßler a.a.O., 1986, 148ff), findet sich aber auch in neuzeitlich-mystischen Traditionssträngen, z.B. bei Angelus

Silesius (Cherubinischer Wandersmann 1. Buch 15, 16, 111, 273, 284, 2. Buch 145). Es sollte mich wundern, wenn sie bei Tillich nicht letztlich doch – durch seine intime Schelling-Beziehung – aus der Schelling-Tradition und deren Vorläufern stammt (entgegen seinem vagen und späten Selbstzeugnis GWE I, 112f); entsprechende Schelling-Zitate bei Schüßler (wie Anm. 79) 169f, ebenso wie „Grund und Abgrund" (Schüßler ebd., 40 Anm. 377) oder auch das „Unbedingte" (Schüßler ebd., 163ff) aus Schelling stammen dürften.

83 C.Fr. v. Weizsäcker, Die Einheit der Natur, Hanser/München 1971, 441ff, 466ff; ders., Der Garten des Menschlichen, 588 u.ö. – Dieses Denken des Einen, welches eine letztliche „Nichtzweiheit" annimmt, hat, sosehr es heute primär aus östlichen Quellen stammt, doch spätestens seit Nicolaus v. Cusa und seinem Dialog „De non-aliud" eine Heimat in der christlichen Tradition. – Wie sich die mystische und pan(en)-theistische Advaita-Einsicht von der letzten Einheit aller Dinge im Einen zu dem genuin christlichen Schöpfungsglauben und seinem Wissen, dass Menschliches und Göttliches genau unterschieden bleiben müssen – denn wir sind nicht göttlich, sondern endlich und kreatürlich –, verhält, ist weiter unten zu besprechen (vgl. Kapitel IV S. 261ff).

84 C.Fr. v. Weizsäcker, Der Garten des Menschlichen, 166.

85 E.W. Böckenförde, Recht, Staat, Freiheit, es 914, Suhrkamp/Frankfurt 1991, 112.

86 Der Garten des Menschlichen, 315. – All dies findet sich natürlich im Blick auf jene Philosophie des Einen immer wieder bei C.Fr. v. Weizsäcker, dem für diese Fragen durch seine Erkenntnis der „Umgestaltung der religiösen Erfahrung durch die Erkenntnis der offenen Zeit" vielleicht wichtigsten deutschen Autor der letzten Generation in religiöser und theologischer Hinsicht (v. Weizsäcker a.a.O., 432ff, 587ff, Zitat 437), der alle diese Fragen zudem unvergleichlich im Zusammenhang naturwissenschaftlicher Theorie und Erkenntnis zu denken angeleitet und gleichzeitig – anders als die hierin ungleichmäßige Prozesstheologie – den Theismus in seinem Denken konsequent hinter sich gelassen hat. – Vorweggenommen sei, dass der nicht eingetragene Bindu und die Ungegenständlichkeit des Einen auch jede Hypostasen-Vorstellung und jede Substanz-Metaphysik eines jenseitigen Geistes oder Geheimnisses ausschließt, weil dies erneut der Versuch einer Vergegenständlichung und begrifflichen Verfälschung wäre. Damit kündigen sich Probleme und Vorbehalte gegenüber den Denkformen der altkirchlichen Dogmen an, sofern diese zentral auf einer Substanz-Metaphysik basieren. Hierauf ist in Kapitel III zurückzukommen.

87 J. Habermas, Nachmetaphysisches Denken, stw 1004, Suhrkamp/Frankfurt 1992, 23, 33f. Habermas hat also in seiner Unterscheidung religiöser Potentiale und begrifflich-philosophischer Möglichkeiten dieselbe Einsicht vollzogen wie v. Weizsäcker. Die philosophische Fassung, die Habermas seiner Einsicht in der Respektierung der Differenz („von der Religion Abstand zu halten, ohne sich deren Perspektive zu verschließen", Frankfurter Buchhandelspreis-Rede „Glaube, Wissen – Öffnung" 2001) gegeben hat, scheint daher theologisch genau angemessen. Wenn auch die geringe Bedeutung der von ihm selbst konstatierten Voraussetzung und deren Konsequenz erstaunlich bleibt, zumal er selber von einer „merkwürdige[n] Abhängigkeit" der Philosophie von der religiösen Praxis spricht (Nachmetaphysisches Denken 60), darf man ihn vielleicht zu mehr als zu seinen ohnehin deutlichen und – gerade in ihrer Verhaltenheit – bedeutsamen Einsichten nicht drängen.

88 Mit dem ungegenständlichen Göttlichen und Einen müssen daher bleibend die vielfältigen paganen, auch vor-monotheistischen, theologisch undomestiziert-ambivalenten, immer wieder aufbrechenden Formen seiner Erscheinung und Weisen seiner Erfahrung beachtet und zusammengedacht werden. Auch sie dürfen nicht tabuisiert werden, sondern müssen immer wieder, wenn sie sich melden, durchlaufen, als unendlich viele Gestalten des Einen verstanden und integriert werden, damit sie nicht ihre unbearbeitete und reaktionäre Wiederkehr erzwingen müssen. Erst an ihnen wird der Monotheismus immer wieder neu konkret und herausgearbeitet; erst so, indem in den vielen kulturell verschiedenen Erscheinungsweisen das Eine Göttliche verstanden und wahrgenommen wird (denn es kann letzt-

lich nur *eine* Wahrheit geben, auch wenn wir sie nur bedingt – fragmentiert und unter verschiedenen Gestalten und Gesichtern kennen können: sie darf mit keinem Geschöpflichen, mit keinem ihrer geschichtlichen Gesichter identifiziert werden, aber alle endlichen Erscheinungen und Gesichter können Ort und Ausdruck ihrer Erscheinung werden), belebt und renoviert der Monotheismus seine immer ungegenständliche Abstraktheit in lebendig-konkreten Gestalten. Sofern ein Bewusstsein solcher Gestaltenvielfalt des Einen besteht, wahrt auch die Gestaltenvielfalt (herkömmlich Polytheismus genannt) die Wahrheit des Monotheismus: des letztlich Einen in und hinter ihnen allen, auch hinter dem theistischen Gott. Das erst bedeutet die Eröffnung einer substantiellen Interreligiosität, und die Zukunft ist offen für neue Entwicklungen, Gestalten und Bilder des Einen. Unter dieser Voraussetzung treten alle Argumente O. Marquardts für Polytheismus und Polymythie, einschließlich seines Arguments für Gewaltenteilung gegen religiösen Absolutheitszwang durch Polymythie, auch theologisch in den Bereich sinnvoller Diskussionsmöglichkeit (vgl. ders., Abschied vom Prinzipiellen, Reclam /Stuttgart 1981, 91ff); denn wenn es einen Gott, den es „gibt", nicht mehr gibt, dann ist die Mehrdeutigkeit und Mehrgestaltigkeit des Göttlichen und der Welt wieder hergestellt. Dass Indien das letztlich Eine Brahman in allen Göttergestalten begreift, sahen wir; dass die griechisch-römische Spätantike dagegen – in all ihren Synkretismen – diese letzte Einheit nur in Spuren (am ehesten in den orphischen Traditionen) wusste, wäre zu zeigen; ein sehr spezielles Verständnis dieses Verhältnisses in der Religion Ägyptens beschreibt E. Hornung, Der Eine und die Vielen, Darmstadt/WB 1971). Heute sind die epidemisch remythisierten Vorstellungen von Gaia, Tao und Natur als deifizierte Schöpfungskräfte solcher vergegenständlichungs- und vergötzungs-kritischer Durcharbeitung bedürftig und fähig. So auch würden sich die derzeitigen – sinnvollen und unsinnigen – Angriffe auf den Monotheismus überholen, der für Sinnkrise und religiöse Entleerung unserer Kultur verantwortlich gemacht wird. In dieser Perspektive lösen sich m.E. auch die instruktiven Problembeschreibungen von J. Werbick und Kl. Müller besser (in: Ist der Glaube Feind der Freiheit? Die neue Debatte um den Monotheismus [QD 196], hg. Th. Söding, Herder/Freiburg u.a. 2003, 142ff; 176ff).

89 Fichte-Zitat: aus „Über den Grund unseres Glaubens an eine göttliche Weltregierung", in: Die Schriften zu J.G. Fichtes Atheismus-Streit, hg. von H. Lindau, Müller/München 1912, 21ff, Zitat 32–34. – Goethe-Zitat: an Chr.G. v. Voigt am 27.2.1816 (Hamburger Ausgabe, Briefe Bd. 3, 343).

90 So ist Wahrheit über, in und unter uns, vor der wir uns verneigen können und die uns – als unbedingte genommen – in Pflicht nimmt, auch wenn wir sie – pragmatisch – nur näherungsweise (in Symbolen, Bildern und Projektionen, die wir kontinuierlich kontrollieren und verbessern) kennen können. Die subjektive Wahrheit, der wir uns verpflichtet fühlen, ist so nicht nur subjektive Willkür, sondern – als Erfahrung der Unbedingtheit wie auch als projektive Wahrnehmung – pragmatische Erkenntnis einer Wahrheit, die uns über uns hinausführt. Weiter führt auch das heute meist angenommene subjektivitätstheoretische Wahrheitsverständnis durchaus nicht. – Dass daher das pragmatische Wahrheitsverständnis zu keinem nur funktionalen, funktionalistischen Wahrheitsverständnis führen muss, vgl. Kap. I und IV. – Zum erkenntnistheoretischen Konzept des pragmatischen Wahrheitsverständnisses vgl. C.Fr. v. Weizsäcker, Der Garten des Menschlichen, 204f, 430.

91 N. Kazantzakis, Rechenschaft vor El Greco, Epilog (Herbig/München 1978, 530). Die griechische Kirche hat diesem Gottsucher das Begräbnis in kirchlicher Erde verweigert. – Dergleichen Stimmen findet man, wenn man einmal den Blick dafür hat, in der Literatur allenthalben; es wird ihnen jedoch theologisch kein Raum, keine Heimat im kirchlichen Denken eingeräumt, noch werden sie dort zur Geltung gebracht. Auch daher der zunehmende Dissens, ja die Schlucht zwischen allgemeinem und kirchlichem Denken.

92 Vgl. Tillich, Zink, Lasalle, Abishiktananda, Steindl-Rast, Pannikar, Jäger, Brantschen u.a.

93 Hier gilt dem christlichen Glauben selbst, was Luther von der Gotteserkenntnis der Heiden sagt: „Darin also haben sie [die Heiden] geirrt, dass sie die Gottheit nicht nackt [undefiniert, ungekannt] gelassen und [so] verehrt haben, sondern sie verändert und ihren Wünschen und Sehnsüchten angepasst haben … Wenn sie also in dieser Gesinnung [des Nichtwissens] geblieben wären und gesagt hätten: siehe da, wir wissen, dass, wer immer jener Gott oder jene Gottheit sei, dessen Art es ist, unsterblich, mächtig zu sein und zu erhören, die ihn anrufen, den also lasst uns verehren und anbeten und den wollen wir weder Jupiter noch diesem oder jenem gleich nennen, sondern ihn nackt – wer immer er sei (den [dessen Grundwirklichkeit] es aber jedenfalls geben muss) – verehren, so wären sie ohne Zweifel im Heil gewesen, auch wenn sie ihn nicht als Schöpfer des Himmels und der Erden oder irgend ein anderes spezielles Werk von ihm gekannt hätten" (zu Röm 1,20; WA 56,177). Könnte diese scheinbar unspezifische, undefinierte Gotteserkenntnis, die lt. Luther doch „im Heil" sein kann, nicht auch dem christlichen Theismus und seinem Überwissen not- und wohltun?

94 W. Grasnick in seiner Rezension über P. Fuchs, Die Metapher des Systems (2001), in: Literaturen 7/8/01, 96.

95 Ich benutze den Begriff „mystisch" also im Sinne der ihm inhärenten non-theistischen und überpersonalen Tendenzen, im Wissen, dass – nicht nur im Christentum (vgl. die indische bhakti-Frömmigkeit) – Mystik durchaus auch mit theistischen Vorstellungen, als Einheit und Einswerden mit dem theistisch vorgestellten Gott, aufgefasst wurde und wird. Die Infragestellung des Gegenständlichen und daher die Betonung des Un- und Überpersonalen im letzten „Geheimnis" (im „Göttlichen") dürfte sich heute speziell durch Einfluss von Zen und Advaita, erst sekundär von den Motiven christlicher Mystik her verstärken. Über die un- und überpersonalen Elemente in Zen und Mystik informiert ausführlich H. Enomiya Lasalle, Zen-Buddhismus, Bachem/Köln ³1974, z.B. ebd., 378.430 die zustimmend zitierte Position, dass die Meditation „das personale Erkennen und Lieben in dem unpersonalen Es der Seinsdynamik verwurzelt. Vor dieser Verwurzelung des Personalen im Unpersonalen darf sie nicht zurückschrecken …" (B. Lotz), vgl. weiter unten Anm. 101.

96 Cherubinischer Wandersmann I,72. Nicht ohne Grund wird entsprechend die Rede vom göttlichen Funken in uns, in der Seele – auch schon vor, bei und seit Eckehart – höchst doppeldeutig verstanden: als göttliche Substanz und Identität, die wir selber in der Geburt Gottes in der Seele in einem kleinen Fünklein *sind*, oder als göttliche Anwesenheit *in* uns, die wir in uns finden und kraft deren wir uns auf Gott *beziehen*, die wir aber nicht selber *sind*. Obwohl Eckehart in seinem Verfahren das „Seelenfünklein" ausdrücklich als „geschaffen" bezeichnet, hat er in seinen (speziell deutschen) Texten gleichzeitig und regelmäßig eben dieses Füncklein als „geschaffen" wie auch als „ungeschaffen" bezeichnet und hat durch die Begriffe „Einigkeit" und „Gleichheit" die „Einheitssuggestion" des Menschlichen und Göttlichen massiv bestärkt: Das Auge nimmt das „Sein" des Gesehenen in sich auf und „ist dasselbe Sein" (vgl. Lectura Eckhardi, Predigten Meister Eckharts von Fachgelehrten gelesen und gedeutet, Kohlhammer/Stuttgart u.a. 1998, 21, 35, 47 und insgesamt 14ff, 35ff; vgl. 62ff über die Spannung zwischen beiden Aussagereihen und das Umschlagen/Überholen der Beziehungsaussagen in/durch Identitätsaussagen). Hier wird das Wahrnehmen und Sehen zu einem Einssein und Identisch-Werden. Die nicht erst hier erzeugte Zweideutigkeit, die aus stoisch-neuplatonischen Traditionen (von daher bei Goethe „Wär nicht das Auge [selber] sonnenhaft, die Sonne könnt es nicht erblicken") und altkirchlich (athanasianisch)-orthodoxen Vorstellungen (theopoiesis) stammt und in der Mystikgeschichte weit verbreitet ist, ist heute religiös von eminenter und völlig selbstverständlicher Wirkung und bedarf der Klärung und Präzision. Vgl. hierzu weiter Kapitel IV S. 215ff und S. 261ff.

97 So wird z.B. in der Fortsetzung des eben genannten Zitats aus der Apostelgeschichte („in

ihm leben, weben und sind wir") eine Stelle aus den Phainomena des Arat zitiert, die besagt, wir Menschen seien „seines [Gottes, des Zeus] Geschlechts". Dies ist in antiker Sprache und Denkweise formuliert, in der alle Herkünfte (der Götter wie der Menschen) in genealogischer Form dargestellt und die Menschen von den Göttern gezeugt und mit ihnen einer Art (nicht also von den Göttern als Kreatur geschaffen, sondern selber göttlicher Art und Abkunft!) gedacht werden. Entsprechend ist in der Geschichte der Mystik – im Islam (Halladsch, Rumi) wie im Christentum (Eckehart, Böhme, Silesius) – immer wieder jene unangemessene (tatsächliche und gewollte, nicht nur unterstellte) Vermischung und Verletzung, ja Aufhebung des Unterschieds von Göttlichem und Menschlichem festgestellt und kritisiert geworden – eine Tendenz, die sich in der heutigen freien Religiosität naiv und massenhaft fortsetzt. Die notwendige (keineswegs dualistisch-vergegenständlichende!) Unterscheidung von Gott und Mensch/Schöpfung, die der 1. Artikel des christlichen Glaubensbekenntnisses einschärft, steht diesen Tendenzen m.E. zu Recht entgegen und verlangt nach einer Fassung der Mystik, die diese Wahrheit nicht verletzt, vgl. unten S. 261 ff.

Ähnliches dürfte auch für Spinoza und seine Nachfahren gelten. „Pantheismus" (das ist das „hen kai pan") war der Begriff, mit dem in der Spinoza-Rezeption des späten 18. Jahrhunderts der theistisch-extramundane Gott überschritten und widerlegt werden sollte. Erkennt man das Recht dieses Motivs auch an, so wird die Präzision auch des Begriffs „Pantheismus", der bis heute durch die alternative religiöse Szene wandert, umso wichtiger. Wie immer die Frage der Spinoza-Deutung im Blick auf das Pantheismusverständnis im IV. Buch seiner Ethik ausgeht, – theologisch und christlich, religiös und menschlich dürfte die Deutung des „deus sive natura" als „Gott" = „Natur" („Gott und Natur sind dasselbe"), wie umgangssprachlich meist verstanden, problematisch bleiben. Pantheismus lässt sich allerdings, wie ebenfalls oft angenommen, als „alles ist in Gott/im Göttlichen" oder „Gott/das Göttliche ist in allem" verstehen, was dann m.E. angemessen wäre. Um dieser meist unbewussten und daher unbeachteten Doppeldeutigkeit zu entgehen, scheint der Begriff des „Panentheismus" (G. Krause) hilfreich zu sein, der – mitten im Ineinander – die Unterscheidung wahrt, gleichgültig ob man ihn als „alles in Gott" (was Krauses Meinung war) oder als „in allem Gott/das Göttliche" versteht, was mir näher liegt, vgl. TRE XXV, 611 ff. Gott bzw. das Göttliche ist „in" allem, nie und nimmer aber eine Gleichung „Gott" = „Natur" und „Alles"! Ebenso wenig kann es eine identifizierende Gleichung des Göttlichen mit der Seele oder deren einem Teil, dem „Fünklein" oder dem Unbewussten geben. Alle Kreatur kann zum Ort seiner Einwohnung, seiner Erscheinung und Offenbarung, zum Organ seiner Wahrnehmung werden, sie (alles) „ist" aber nicht schon selber „Gott" bzw. das Göttliche. Dies wäre eine Vertauschung von Schöpfer und Geschöpf (Röm 1,25) und eine Vergegenständlichung dazu. Daher dürfte „Panentheismus" eine angemessene, noch dazu hilfreiche Präzisionsformel sein, die der Identifikation wehrt. Daher ist der Hinweis auf die Doppeldeutigkeit des Begriffs Pantheismus und auf den Präzisionsbegriff des Panentheismus ein klärendes Angebot an ein wichtiges Element im Selbstverständnis der freien Religiosität, welches bekannt gemacht zu werden sich lohnt.

98 Auch bei Luther, dessen die Mystik (seit seiner mittleren Zeit) weitgehend ablehnende Urteile den Protestantismus geprägt haben, finden sich sowohl in der Frühzeit als auch lebensbegleitend in allen seinen Phasen mystische Elemente, auf die man in letzter Zeit wieder aufmerksamer wird. „Wiewohl er überall ist in allen Kreaturen und ich mocht ihn im Stein, im Feuer, im Wasser oder auch im Strick finden ..." (WA 19, 142), er ist überall und nirgends (WA 23, 134), überall, auch im Bösen, im Teufel, in der Hölle (WA 19, 219) oder im berühmten Satz seiner Abendmahlslehre „Nichts ist so klein, Gott ist noch kleiner, Nichts ist so groß, Gott ist noch größer ... Ists ein unaussprechliches Wesen über und außer allem, das man nennen oder denken kan" (WA 26, 339) – all dies sind mystische Topoi seiner Gotteslehre, die wie in seiner Lehre von der Ubiquität (Schöpfung, Abend-

mahl, Rechte Gottes) sein im übrigen unübersehbar theistisches Denken begleiten und nennenswert prägen: „Darum muss er ja in einer jeglichen Kreatur in ihrem Allerinnwendigsten, Auswendigsten um und um, durch und durch, unten und oben, vorn und hinten selbst da sein, dass nichts Gegenwärtigeres noch Innerlicheres sein kann in allen Kreaturen denn Gott selbst mit seiner Gewalt" (WA 23,134). So ist die Welt „voll Gottes" (WA 26, 332). Auch gegenüber Luther gilt es, die Konsequenzen aus diesem ausgeprägt mystischen Erbe seines Denkens zur Geltung zu bringen, indem man seiner Einschränkung dieser Zitate, dass Gott wohl allenthalben gefunden werde, aber er wolle „doch nicht, das ich ihn da suche ohne das Wort" (WA 19, 142), sinnvoll und qualifiziert zu widersprechen, modifiziert aufzunehmen und sie zu überschreiten lernt.

99 Die Affinität des Mystischen zum paradigmatischen Non-Theismus bedeutet übrigens nicht, dass in der Folge non-theistischer Rede- oder Denkweise die in ihm sich verstehenden Menschen nun alle Mystiker werden und jenes bekannte „ozeanische Gefühl" teilen müssten. Bonhoeffers Formulierung von der religiösen Unbegabung des modernen Menschen weist doch, wenngleich sie sich vielfach widerlegt hat, auf einen berechtigten und für bestimmte Menschen durchaus zutreffenden Sachverhalt hin. Non-Theismus bedeutet daher zunächst nur eine Vorstellung bzw. den Wechsel einer Vorstellung und Denkform, deren Konsequenz verschiedene Menschen sehr verschieden gestalten und ausfüllen können – je nach der Weise, in der sie die Erfahrung des Unbedingten machen. Ein gedanklich stimmiges Begreifen und entsprechendes Denken dieser Dinge kann schon viel helfen und – wiederholen wir C.G. Jungs Formulierung – ein „Gottesdienst der Denktypen" sein.

100 Entsprechend darf man gespannt sein, ob und wieweit kirchliche und andere Frömmigkeiten der ihr immer wieder auf silbernem Tablett dargereichten theistischen Suggestion und Versuchung erliegen, die da lautet: „Die Astronomen entdecken Gott. Viele Himmelsforscher können sich die immer wundersamer erscheinende Entstehung des Universums nur durch einen Weltenlenker erklären" (SPIEGEL Nr. 52/21.12.1998, 166ff). Auch einen Gott, der einstmals die Welt geschaffen hat, „gibt es nicht". Daher war in der Tat – theologisch sehr angemessen – ohne die Hypothese „Gott" (Laplace) auszukommen. Aber die Welt als Schöpfung zu nehmen und das Geheimnis in ihr mit Dank und Ehrfurcht wahrzunehmen, ohne theologisch einen vergegenständlichten Gott als prima causa zu behaupten und so in Gottesbeweisnöte und Welterklärungskonkurrenz mit der naturwissenschaftlichen Kosmologie zu geraten, das wäre gültige religiöse Mitwahrnehmung der Welt. Vgl. meinen Beitrag in „Darwin und Gott. Das Verhältnis von Evolution und Religion", hg. von U. Lüke, J. Schnakenberg, G. Souvignier, Wissenschftl. Buchgesellschaft/Darmstadt 2004. Der naturwissenschaftliche Einbruch in das christliche Weltbild zwingt also im Verzicht auf einen theistischen Gott zu Konsequenzen, die denen der ungegenständlichen Meditation in Zen u.a. genau entsprechen. Die Uneigentlichkeit der Rede von einem persönlichen Schöpfergott wird hier aus ganz verschiedenen Einsichten her drastisch deutlich.

101 Diese Formulierung ist zitiert in der Rede von O. Dibelius in: Friedenspreisträger PAUL TILLICH, Stimmen zur Verleihung des Friedenspreises des Deutschen Buchhandels 1962, Evangelisches Verlagswerk/Stuttgart 1963, 11ff, Zitat 14 (in GW mir derzeit nicht nachweisbar). Dibelius quittierte dieses Zitat mit dem Satz: „Für diesen Satz, lieber Herr Professor, schenke ich Ihnen meine ganze philosophische Bibliothek, die ich zu Hause stehen habe. Der schlichte Christ braucht sich also vor dem gelehrten Philosophen nicht zu genieren, wenn er ganz kindlich mit Gott als seinem Vater redet" (ebd.). – Die schönste zusammenhängende Darstellung dieses Argumentationsganges bei Tillich in GW V, 149ff. Es kann also nicht so sein, dass hinter der „unpersonalen Seinsdynamik", in der das personale Erkennen und Lieben verwurzelt ist, noch eine weitere „Sphäre" des übergegenständlich Personalen liege, wie Lasalle im Anschluss an Lotz vorstellt (Zen-Buddhismus, wie oben Anm. 95, 378f, 400f, 430f; Sphäre: 378). Diese Annahme dürfte einer verstorbe-

nen Metaphysik zugehören (wenn die Überschreitung in eine neue Sphäre nicht modal gedacht wird). Vielmehr mitten „in" der apersonalen Erfahrung, die „das Primäre" ist (ebd., 430), muss in projektiver Benennung und wesensmäßig gewagter Beziehung die Möglichkeit der personalen Benennung entstehen.

Auf dem Hintergrunde dieser Symboleinsicht hat Tillich Einsteins rein pantheistisch-unpersönlichem Gottesverständnis, welches seinem „Überpersönlichen" sehr entgegenkommen musste, doch in aller Öffentlichkeit widersprechen können (GW XII, 300ff). Doch er tut dies unter Zurückweisung des Theismus, welcher – naturwissenschaftlich – Gott „zu einem Naturobjekt unter anderen, zu einem Objekt unter Objekten, zu einem Seienden unter Seiendem, vielleicht zum höchsten, aber gleichwohl zu *einem* Seienden" macht (302) und unter Betonung des „Überpersönlichen" (303f).

102   Aischylos, Agamemnon 160: „wer Zeus auch immer möge sein" (Droysen), „Zeus, wer du auch seist" (Jens). – Bemerkenswerterweise zitiert auch Luther diese Formel („Quisquis sit ille deus sive ista divinitas …" WA 56, 177) in seiner Auslegung von Röm 1,20 zur Gotteserkenntnis der Heiden – in einstweilen unergründetem Kontakt mit der antiken Aeschylos-Tradition.

103   Luther „zu Gott wider Gott": WA 19, 223. – An dieser Stelle und in den Grenzen dieser Perspektive kann dann alles, was die reformatorische Theologie – z.B. über das personale Gnadenverständnis (favor dei im Unterschied zu gratia als donum!) oder was die hermeneutisch-personale Theologie (Gogartens, Bubers) wunderbar und erhellend in ihrer personalen Interpretation erschlossen hat, zur Geltung kommen und hilfreich werden, sofern es in den Rang symbolischer Rede einrückt (den diese Theologie seinerzeit ausdrücklich – gegen Tillich – verweigerte: „Sagen Sie mal symbolisch zu Ihrer Frau ‚Du'").

104   Vgl. das Motto dieses Kapitels oben S. 75

105   Zu Projektion vgl. L. Eidelberg, (Hg.), Encyclopedia of Psychoanalysis, New York/London 1968, Art. Projection, 331f oder Th. Ogdon, On projective identification, in: Intern. Journal of Psychoanalysis 60/1979, 357ff.

106   G. Ebeling in: Wort und Glaube (I), Mohr/Tübingen 1960, 393ff. Man entgeht der Unausweichlichkeit dieses trial-and-error-Prozesses zwischen religionsgeschichtlichen Stufen der Offenbarung und religiöser Erfahrung bzw. Annäherung, der die Theologiegeschichte konstituiert, nur, wenn man – in gut alexandrinischer Dogmatik – annimmt, dass Jesus von Nazareth als der ewige Logos und Gott (im Sinne der Präexistenz- und Zweinaturenlehre) aus des Vaters Schoß die Offenbarung direkt und selber mitbrachte (dazu vgl. weiter Kapitel III). Man muss sich dann mit anderer Wahrheit behelfen.

107   Den einstweilen etwas herrenlos herumgeisternden Ausdruck „empirische Metaphysik" habe ich ursprünglich bei Viktor v. Weizsäcker an einer mir heute nicht mehr identifizierbaren Stelle kennen gelernt. Seither finde ich ihn nur noch bei H.G. Gadamer, Philosophische Lehrjahre, Klostermann/Frankfurt 1977, 76 – mit Verweis auf Scheler. Natürlich kann er – anders als bei Scheler gedacht – nur entweder im Blick auf den veränderten Meta-Physikbegriff (vgl. oben S. 82f) oder im Blick auf den pragmatischen Wahrheitsbegriff gelten und Sinn haben. Denn in das ungegenständliche Geheimnis des Göttlichen, in die Dimension des klassischen Metaphysik-Begriffs – gäbe es sie denn – dringt keine Empirie, wohl aber stellt sie angemessene Symbol- und Projektionsbegriffe (im Sinne des pragmatischen Wahrheitsverständnisses) bereit, die immer zu kontrollieren sie anleitet.

108   Die Weise, in der ich hier die von Feuerbach stammende Kategorie der Projektion akzeptiere und bejahe, ist also erkennbar unterschieden von der bei K. Barth bekannten, der den natürlich-religiösen und religionsphilosophischen Gottesbegriff der Religionskritik akzeptierte, ihn aber preisgab und theologisch entrechtete, um dann den aus seiner Offenbarungstheologie gewonnenen Gottesbegriff, als wäre der von dieser Kritik nicht betroffen, festzuhalten.

109   All dies ist hier nur eine kurze Problemanzeige, vgl. Kap. IV S. 253ff.

110 Diesen Begriff verdanke ich der „Philosophischen Sitte" Fr.D.E. Schleiermachers.

111 Dies ist eine von Tillich wieder zu Ehren gebrachte Formel Böhmes/Schellings und der neuplatonischen Tradition.

112 Weiter hierzu Kapitel IV S. 195ff und das ganze Kapitel V.

113 Vgl. M. Kroeger, Friedrich Gogarten, Bd. I (wie Kap. I Anm. 27), 218.

114 Vgl. weiter hierzu Kapitel IV S. 215ff.

115 C.Fr. v. Weizsäcker, Der Garten des Menschlichen, 294ff. Vgl. die Kategorie des dyadischen Instinkts, welcher allenthalben duale Klassifizierungen vornimmt, in der Evolutionstheorie bei E.O. Willson, Die Einheit des Wissens, Goldmann /München 2000, 206.

116 Solange Harry Potter und der Herr der Ringe die – angeblich religiöse – Phantasie so unglaublich vieler Menschen gefangen nehmen und mehr Menschen an Engel als an den christlichen Gott glauben, weil dies die einzigen verbliebenen Reste einer irrational-jenseitigen Welt in unserer rationalistisch-technisierten Gesellschaft sind, wird auch ein theistisches Gottwesen im Jenseits noch reichlich Gläubige finden und hilfreich sein. Nur sollen all diese vorkritischen und remythologisierten bzw. noch mythologischen Vorstellungsformen nicht andere Menschen religiös binden dürfen.

117 Darüber habe ich einige Zeit später geschrieben: Schmerz der Gestaltlosigkeit, WPKG 64/1975, 402ff, 409ff. Immer und immer wieder hörte ich damals, auf der Suche nach neuen theologischen Wegen, das erste in Zwölftontechnik gesetzte Stück Schönbergs, das Bläserquintett op. 26, im Vergleich mit der wunderbaren „atonalen" Übergangskomposition des 2. Streichquartetts und seines 4. Satzes mit Georges Text „Ich fühle luft von anderem planeten ..."

118 Ähnliches ist auch in anderen Bereichen der modernen Kunst beobachtbar, vgl. die in dieser Hinsicht überwältigende Baseler Ausstellung „Canto d'Amore. Klassizistische Moderne in Musik und bildender Kunst 1914–1935 (1996), (die in ihren Hörkabinen auch voller musikgeschichtlicher Parallelen und Analogien zum Thema Klassizismus war). – In ganz anderen Zusammenhängen hat C.Fr. v. Weizsäcker auf das produktive Koexistieren älterer Plateaus mit jüngeren hingewiesen (Der Garten des Menschlichen, 479ff). Entsprechend hat v. Weizsäcker verschiedene Verständnisweisen des Komplementaritätsbegriffs diskutiert (Zum Weltbild der Physik, Hirzel/Stuttgart ^{12}1976, 281ff).
Um Missverständnissen vorzubeugen: Die musik- und kunstgeschichtliche Analogie hat keine begründende oder legitimierende, vielmehr nur heuristische Bedeutung für die Entdeckung dieser Perspektive. Das mögliche Recht eines Theismus, der sich – über die verbreitet-unkritische Selbstverständlichkeit und Naivität, die Rahner beklagt, hinaus – neu und besser versteht, liegt allein in religiösen und theologischen Kriterien und Begründungen.

119 Auf solche Weise die theistisch-personalen Motive zur Geltung zu bringen, ist daher etwas anderes als das, was in den oben (Anm. 61) zitierten Theologien geschieht, die mit personalem Reden die ungegenständliche, allein symbolisch zugängliche religiöse Realität verdecken und so zum konventionellen Reden – ganz anders eben als Tillich, obwohl man ihn zitiert – zurückkehren. Man vgl. an dieser Stelle, wie der späte, gegenüber der kirchlichen Lehre integrativ verfahrende Schleiermacher seinen frühen Spinozismus interpretiert und verteidigt: Über die Religion ..., ^{3}1821, 198f (Anm. 19 zur 2. Rede). Die aufregend initiative und Neues auslösende Bedeutung seiner frühen Texte haben diese späten kompromissartigen Versöhnungen nicht. Dies verweist darauf, dass nur eine zunächst klare und gegensätzliche Unterscheidung des Non-Theismus vom Theismus eine solche Bewegung in Gang zu setzen vermag.

120 Luther WA 6, 208.

121 Zit. bei T. Burckhardt, Die maurische Kultur in Spanien, Callwey/München 1970, 166.

Kapitel III
122 Über diesen Peirce'schen Begriff vgl. Kapitel V S. 285ff.

123   Vgl. A. Grillmeier, Christ in Christian Tradition, Bd. I, Mowbrays/London-Oxford 1995, 118ff (zu Tertullian, auf dessen Terminologie – „zwei naturae/substantiae in einer Person" – die chalkedonensischen Verhandlungen und die espistola Leonina zurückgreifen). Zu den ungelösten Spannungen im chalkedonensischen hypostasis-Begriff Grillmeier ebd., 551f. – Auch die Kritik am Substanzbegriff, die sich bereits im Zusammenhang der Ungegenständlichkeit des Göttlichen in Kap. II ergab, ist hier einschlägig zur Kritik dieser altkirchlichen Kategorie zu beachten. – Zu Luthers Abwendung vom (aristotelisch-) ontologischen Substanz-Begriff hin zu einem existentiell-relationalen (Verhältnis Gott/Mensch) und vom Substanz-Begriff zum „Wort" und zu grundlegend relationalen Kategorien schon in und seit seiner Frühzeit der ersten Psalmenvorlesung vgl. unten Anm. 179 und Kap. VII.

124   Entsprechend stehen heute Kirchen, die seinerzeit in der alten Kirche und seither die (westlich geprägte) chalkedonensische Formel ablehnten, heute – durch allerhand vermittelnde Interpretationen – in der Gemeinschaft der Ökumene. Man kann also auch ohne das Chalcedonense in seinem strengen Sinne in der ökumenischen Gemeinschaft stehen. – Dasselbe Problem hat natürlich auch die altkirchliche Trinitätslehre an sich: Solange sie in den Kategorien der Substanzontologie gefasst bleibt, werden die berechtigten kritischen Bedenken des Islam im Blick auf den christlichen Tritheismus nicht wirklich ausgeräumt werden können.

125   Fr. Gogarten, Jesus Christus Wende der Welt, Mohr/Tübingen 1966, 241. Man vgl. die ganze Methodenreflexion im Blick auf das altkirchliche Dogma im Schlussabschnitt dieses Buches ebd., 231ff. In dieser unausgeschöpften Christologie Gogartens ist die Geschichtlichkeit Jesu – auch in kritischer Überschreitung der altkirchlichen und reformatorischen Metaphysik – konsequent vorausgesetzt, thematisiert und vollzogen.

126   Eine ähnliche Perspektive deutet auch K. Rahner in seinem Aufsatz „Chalkedon – Ende oder Anfang?" an (1954, wieder abgedruckt in: Schriften z. Theologie I, 169ff); ähnlich A. Grillmeier im Kapitel „Chalcedon – End or Beginning" in: Christ in Christian Tradition (wie oben Anm. 123) 549f, 555ff. Beide beschreiben die Dogmatik von Chalkedon als den endlichen und immer unabschließbaren Versuch, das Geheimnis der mit Gott verbundenen Person des Jesus von Nazareth als des Christus zu beschreiben. Beide aber ziehen die Konsequenz möglicher Alternativen und fortschreitender Semiosen jenseits der Substanzmetaphysik – noch – nicht in Erwägung. Jedenfalls ist auch hier „kein Ende" mit Chalkedon erreicht.

127   Wie vielfältig derlei Intentionen gedacht werden und was sich alles hiergegen einwenden lässt, kann man anschaulich in zwei Bänden studieren: Der einzige Weg zum Heil? Die Herausforderung des christlichen Absolutheitsanspruchs durch pluralistische Religionstheologien, Hg. von M. v. Brück, und J. Werbick, Herder/Freiburg u.a. 1993, hier zur Information besonders 151ff, und Christus allein? Der Streit um die pluralistische Religionstheologie, Hg. von R. Schwager, Herder/Freiburg u.a. 1996.

128   Troeltschs Schrift „Die Absolutheit des Christentums und die Religionsgeschichte" von 1902 ist geschrieben, als in Deutschland die sog. Religionsgeschichtliche Schule erstmals versuchte, das Christentum im Kontext seiner vorderasiatisch-religionsgeschichtlichen Umwelt zu verstehen, während gleichzeitig international jene interreligiöse Kongress-Reihe für Freies Christentum und religiösen Fortschritt als frühes Zeichen der Zeit entstand. Dabei setzt Troeltsch († 1923), indem es ihm darum geht, „diejenige Gestaltung der christlichen Ideenwelt zu schaffen, die der heutigen geistigen Lage entspricht", weiterhin voraus, dass die „Gewinnung *normativer* religionswissenschaftlicher Erkenntnisse in die Richtung des Christentums" weist. Daher „muss das Christentum nicht bloß als der Höhepunkt, sondern auch als der Konvergenzpunkt aller erkennbaren Entwicklungsrichtungen der Religion gelten" (Siebenstern-TB/München u.a. 1969, 12, 90). Dass der ihm gleichzeitige Harnack im Christentum bzw. in der Religion Jesu den Inbegriff aller Religionen sah, zeigten wir schon (Einleitung Anm. 7).

129 Vgl. Die Notwendigkeit der unakzeptablen Kirche, 177f und Kap. VII.

130 Dass diese Anerkennung einer fundamentalen Gemeinsamkeit die Beachtung der essentiellen und produktiven Differenzen, welche erhalten bleiben sollten, samt kritischer geschwisterlicher Konkurrenz in der Annäherung an den „uralten Turm" und in der Kritik aller Vergötzung nicht aus-, sondern unbedingt einschließen muss, wurde bereits oben Kap. I S 63ff betont.

131 So heißt es in dem oben (Einleitung Anm. 5) zitierten ersten EKD-Text von der Interreligiosität, die als Ausdruck der Verborgenheit Gottes und als Anfechtung der Glaubensgewissheit – statt als Bereicherung – angesehen wird: „dass es Gott selbst zu überlassen ist, was sich aus der Begegnung der christlichen Botschaft mit anderen Religionen ergibt", und auch der zweite stellt – monolithisch verschlossen – keinen Dialog her. Statt dieser essentiellen Thematik mehr Raum in den Ausbildungsgängen zu verschaffen, hat die neue Zwischenprüfungsordnung der Theologischen Fakultäten Deutschlands, die vom Rat der EKD gebilligt wurde, sie noch mehr begrenzt und die Spiel- und Wirkungsräume im Theologiestudium für sie gemindert.

132 Vgl. K. Kriener, J.M. Schmidt (Hg.), Gottes Treue – Hoffnung von Christen und Juden, Neukirchen-Vluyn 1998.

133 Diese heute gerne zitierte Formulierung Pascals hat wunderbar aufgenommen und, in entgegenstehende Einsichten eingebettet, relativiert P. Tillich GW V, 138ff.

134 Den beiden traditionellen Modellen von Absolutheit: a) Das Christentum ist die wahre Religion, alles andere ist Götzenverehrung, b) auf einer Stufenleiter oder Pyramide der Religionen ist das Christentum die höchste Stufe und Spitze der Pyramide wird heute noch c) ein weiteres Modell, das der „inklusiven Dualität" hinzugefügt (vgl. R. Bernhardt, Der Absolutheitsanspruch des Christentums, Gütersloher Verlagshaus/G. Mohn 1990). Nach ihm erfahren auch Menschen anderer Religionen das Heil Gottes, doch bleibt Jesus Christus die endgültige, universale, unüberbietbare und normative Erfüllung des göttlichen Heils (vgl. die beiden oben Anm. 127 genannten Bände, am eindrücklichsten Schwager, Werbick, Kessler in: Christus allein? Hg. von R. Schwager, 95ff, 140ff, 58ff). Dieser inklusive Anspruch wird heute – neben dem vielfach durchaus weiter vertretenen exklusiven Anspruch unter Kritik der pluralistischen Religionstheologie – aufrechterhalten. Hierzu ist in Kürze nicht leicht Stellung zu beziehen: Dass die Verkündigung (bedingungslose Barmherzigkeit Gottes, Gesetzeskritik), Leben ("Verhalten"), das Sterben des Jesus von Nazareth und der biblisch-reformatorische Gott eine gültige Offenbarung und einzigartig unüberbotene Wahrheit ist, bezweifle ich nicht; der Glaube der Christen glaubt es und steht im interreligiösen Dialog für diese Wahrheit. Warum aber sollten wir Christen nicht dennoch bereit sein, im Bewusstsein der historischen Relativität alles Irdischen, also auch aller Religionen, auch der eigenen, eben diesen Glauben als *eine* Gestalt und *einen* Weg unter mehreren möglichen zu relativieren und lernbereit zu bleiben – zumal, legitimiert durch das 2. Vaticanum, das mögliche Heil und der eigene Weg zu Gott für Nichtchristen – in jener inklusiven Theorie jedenfalls – nicht mehr bestritten wird (vgl. Kessler a.a.O., 165– 167)? Auch andere Religionen sind in *ihrer* Art und unter anderen Aspekten einzigartig und haben Wahrheit, die wir unsererseits nicht überbieten. Ob das Offenbarwerden der göttlichen Wirklichkeit in Jesus von Nazareth weltgeschichtlich endgültig und unüberbietbar sei, muss und kann daher offen bleiben. Zwar scheint es nicht so; denn sie ist in dem, was sie bezeugt und sagt, schwerlich zu überbieten oder zu widerlegen, wohl aber ist sie in manchem, worüber sie bisher nicht angemessen spricht, durch Buddhismus/Zen, Advaita, Shivaismus, Tao u.a. um neue Möglichkeiten und Wege ergänzt, erweitert und bereichert. In diesen Ergänzungsprozessen können sich durchaus neue Perspektiven, Gesamtzusammenhänge, Präzisionen und Sinndeutungen auch der gültig und unüberholt bleibenden Gotteserfahrung der Offenbarung Jesu Christi ergeben. Auch dem christlichen Glauben stehen daher noch Wandlungen und Erweiterungen bevor; seine jetzige Gestalt muss nicht

seine letzte sein (vgl. Kapitel V). In diesem offenen Prozess sollte die Wahrheit des christlichen Glaubens sich m.E. eher als Angebot und Herausforderung denn in endgültiger Selbstprädikation präsentieren; in ihm stellt die Theorie der Inklusivität weiterhin einen verkappten Absolutheitsanspruch dar, nur graduell (wenngleich beachtenswert) gegenüber dem exklusiven Anspruch verschoben. Daher scheint die Inklusivität ebenso wenig wie das „solus Christus" keine letztlich zutreffende und hilfreiche Chiffre zu sein. Das Bedenken, dass ansonsten aus allgemein gültiger normativer Theologie nur noch subjektiv entschiedene Religionsphilosophie würde (Schwager a.a.O., 102), weswegen „die Verbindlichkeit ‚meiner' Wahrheitskriterien auch für die anderen" zu behaupten sei (Werbick a.a.O., 155), hat sich der fundamentalen Geschichtlichkeit aller Theologie noch nicht wirklich gestellt. So bleibt der inklusive Wahrheitsanspruch ein Rückzug auf Raten, löst sich im gleich zu schildernden Übergang von der Absolutheit zur Unbedingtheit auf und ist daher m.E. aufzugeben. Seine Verteidigung scheint nur in gewichtigen Einzelheiten überzeugend. Seine Argumente könnten ein anderes Gesicht und Gewicht haben, wenn sie den fast durchgehend ungebrochenen Theismus ihrer Gottesrede überwinden würden.– An dieser Stelle wäre eine Auseinandersetzung mit der pluralistischen Religionstheorie von J. Hick lohnend, deren Motive ich weitgehend teile, deren Durchführung in einer einfach gleichrangigen Deutung der Religionen aber deren Verschiedenheit und Abstufung mir nicht gerecht zu werden scheint.

135 Vgl. z.B. GW IV, 76, 67; VI, 19f, 30. – Erst in den frühen 1920er Jahren hat Tillich zu dieser klaren Antwort auf die Aporien der Zeit, auch auf die Aporien E. Troeltschs gefunden (selbst wenn in Troeltschs letztem Werk „Die Überwindung des Historismus" Ansätze in eben dieser Richtung vorliegen: „relative Absolutheit").
Obwohl der Begriff der Unbedingtheit bei Tillich m.E. sicher auf seine Schelling-Studien zurückgeht und eine Folge der durch ihn inaugurierten Existentialisierung darstellt, hat Tillich diese klärende Wendung doch längst nach Abschluss dieser frühen Studien, erst in den frühen 1920er Jahren selbsttätig vollzogen und den Begriff der Unbedingtheit in diese Zentralfunktion eingesetzt. Sie ist also seine ganz eigene Pointe, obwohl der Begriff der Unbedingtheit seit Mitte des 18. Jahrhunderts längst eine – allerdings noch unspezifische – Rolle spielte. Dabei ist zu bemerken, dass diese Verschiebung und eine steigende Benutzung des Begriffs „unbedingt" im zeitgenössischen Sprachgebrauch der frühen 1920er Jahre ohnehin im Gange war. – Im übrigen scheint mir Tillich in der Verfolgung seiner eigenen Entdeckung nicht wirklich konsequent geblieben zu sein: Indem er die Unbedingtheit als eine Absolutheit unter relativen Bedingungen beschrieben hat, hält er an Begriff und Vorstellung der Absolutheit (und merkwürdigerweise oft auch der Metaphysik) fest und vermeidet die Konsequenz der Tatsache, dass auch das Sein im Horizont der Zeit (vgl. unten Kap. V Anm. 272) erscheint und so – durch die Zeitlichkeit der Ontologie – eine Verwandlung eben des Verständnisses von Sein und Absolutheit selbst inauguriert wird. Unter dieser Voraussetzung dürfte es vermutlich eine Absolutheit – auch ontologisch gesehen – überhaupt nicht mehr oder nur noch als unüberwundenen Rest der Metaphysik des Immergleichen geben dürfte (was Tillich anderwärts selber sieht: „Nicht nur ein ewiges Sein, sondern ein ewiges Werden ist er", GW I, 79f).

136 Zu dieser „offenen Zeit" (Picht/v. Weizsäcker) vgl. C.Fr. v. Weizsäcker, Der Garten des Menschlichen, 315f, 434ff, speziell 437: „Der entscheidende Vorgang ist … die Umgestaltung der religiösen Erfahrung durch die Erkenntnis der offenen Zeit." Vgl. hierzu weiter Kapitel V.

137 Für den protestantischen Bereich nenne ich nur – außer Luthers gleich zu behandelnder Theorie – N. Decius' „O Lamm Gottes, unschuldig am Stamm des Kreuzes *geschlachtet*" oder P. Gerhardts Lied „Ein Lämmlein geht und trägt die Schuld … ergibt sich auf die Würgebank" (V.2 „Sühner"), vgl. heute z.B. A. Peters in KuD 1967, 1ff, hier 13ff und später in seinen – mit dem ausdrücklichen Anspruch von Gegenwartsbedeutung – kom-

mentierten Lutherkatechismen (unten Anm. 164), W. Pannenberg, Systematische Theologie, Bd. II, V&R/Göttingen 1991, 461ff oder E. Jüngel, Das Evangelium von der Rechtfertigung des Gottlosen als Zentrum des christlichen Glaubens, Mohr Siebeck/Tübingen [2]1999, 131ff (in Umdeutung). Seit einiger Zeit findet man einen deutlichen Rückzug von dieser Theorie, indem teilweise die Begriffe Sühne und Genugtuung ausdrücklich fallengelassen oder nur stillschweigend nicht mehr benutzt werden, teils dieselben – ohne ausdrücklichen und klaren Verzicht auf sie – nur noch problematisiert werden, teils aber in komplizierter Umdeutung festgehalten werden. Selten zudem werden Verzicht und Umdeutung so konsequent und öffentlich erkennbar ausgefochten wie in der (katholischen) Theologie R. Schwagers und in der Auseinandersetzung mit diesem (vgl. Dramatische Erlösungslehre. Ein Symposion, hg. von J. Niewiadomski und W. Palaver, Tyrolia/Innsbruck u.a. 1992). Die Deutungssituation dieser Lehre ist also alles andere als klar. Merkwürdig ist dabei, dass immer wieder der Eindruck erweckt wird, als wenn jene alte Sühne- und Genugtuungstheorie ("Sündenbockmechanismus") christlich unmöglich und undenkbar sei, obwohl sie doch – im Protestantismus mit dem Gewicht und der Autorität Luthers und Melanchthons (CA IV!) – noch in der letzten Generation ganz selbstverständlich gelehrt und gepredigt wurde und daher noch heute unklar das Bild der Kirche bestimmt, und das keineswegs aus Missverständnis! Es dürfte daher nicht überflüssig sein, die immer noch reichlich und unklar umlaufende Sühne- und Genugtuungstheorie am Ort ihrer – protestantischen – Entstehung: in der Theologie Luthers aufzusuchen und – mit dem Gewicht seiner Autorität – zu überwinden.

138 Vor allem bei Schleiermacher, Ritschl und deren Schülern. Zur Aufklärungskritik an der Satisfaktionslehre vgl. K. Aner, Die Theologie der Lessingzeit, Halle 1929/Hildesheim 1964, 285ff, 302ff, und G. Wenz, Geschichte der Versöhnungslehre in der evang. Theologie der Neuzeit, Bd. I, München/Kaiser 1984, 100ff, 149ff.

139 Selbst wenn – soweit – der Sinn von Opfer und Sühne sich änderte, weil Jahve das Opfer einsetzt und benutzt, um Menschen zu versöhnen (vgl. B. Janowski, Stellvertretung, Stuttgart 1997), so wurde doch eben diese Änderung und Erlösung weiterhin in der (beibehaltenen und weiterwirkenden) Kategorie „Sühnopfer" vollzogen und das Vergießen von Blut blieb notwendig.

140 Vgl. RGG[3] IV, 1647ff. Zum differenzierten neutestamentlichen Befund in Kurzfassung vgl. J. Becker, Die neutestamentliche Rede vom Sühnetod Jesu, ZThK, Beiheft 8, 1990, 29ff. Hier 35: Jesus selber verstand seinen Tod vermutlich nicht als Heilstod; 36: Der „Richtungssinn aller Christologie" im NT ist: Gott verwirklicht seine Liebe durch Christus, indem er so die Menschen erlöste. 42: die kultischen Begriffe werden im NT oft nur noch – wie auch im Spätjudentum – metaphorisch gebraucht; 45f: Kultische Stellvertretung und Sühne stehen bei Paulus nur als begrenzte Sühnevorstellung neben dem sie relativierenden Konformitätsgedanken. – Andere Forschungsrichtungen würden den Sühnegedanken, der in der Logienquelle (Q) ganz fehlt, insgesamt stärker gewichten (Stuhlmacher, Wilckens, Janowski u.a.).

141 Zum Einfluss rechtssoziologischer Vorstellungen des germanischen Ehrenverständnisses vgl. TRE II, 775 und G. Greshake, Erlösung und Freiheit, ThQu 153/1973, 323ff, hier 330ff.

142 Heiland und die Bruchstücke der Genesis, aus dem Altsächsischen und Angelsächsischen übertragen von Felix Genzmer, Reclam/Stuttgart 1956.

143 Ich sehe nicht, dass die Darlegungen von Greshake (wie oben Anm. 142)den Grundriss dieser Interpretation Anselms – außer in Einzelheiten, die ich übernommen habe – zu verändern Anlass geben, da speziell der iustitia-Begriff in einem Luthers reformatorischem Verständnis diametral entgegengesetzten Sinne bei Anselm im Mittelpunkt bleibt (ebd., 327). Eben den hierdurch grundlegenden Gegensatz „aut satisfactio aut poena" bestreitet Luther, wie wir sehen werden.

144 „Gottes Natur ...": WA 1, 183f. – „Da fühlte ich mich ...": WA 54, 186.

145 WA 31 II, 248.

146 Über die Mächte vgl. U. Rieske-Braun, Duellum mirabile, V&R/Göttingen 1999, vgl. P. Althaus, Die Theologie Martin Luthers, Gütersloh 1980, 183ff oder B. Lohse, Luthers Theologie, Göttingen 1995, 240ff.

147 Auch der Zorn Gottes unter den Mächten: z.B. WA 10 I, 719; 40 I, 441,5; 442,7; 452,4; (Fluch = Zorn 440,2 und 442,10); 20, 332, 34f und sehr oft.

148 Keine tyrannische und willkürliche Forderung Gottes, wie das Missverständnis meint: WA 8, 467; entsprechend keine willkürliche imputatio: WA 10 I,1, 468f.

149 Der Zorn als Gottes „Gesicht" (nicht sein väterliches Herz): WA 40 I, 99,3f, vgl. WA 36, 427: Gott muss eitel Lieb und Brunst heißen, er zürne wie er wolle. – Es ist leicht erkennbar, dass die non-theistische Lesart dieser Phänomene leichter zugänglich und frei von den sonst gewöhnlichen Irritationen ist: „Zorn" bedeutet die Macht der Grundverkehrung unserer Lebensverhältnisse und -mächte, die für uns gemeint sind, sich aber gegen uns wenden. Solange man theistisch-gegenständlich denkt, bedarf es – außer der Erlösung des Menschen im Mächtekampf – noch einer eigenen innertrinitarischen Versöhnung Gottes.

150 Gott auch in Teufel und Hölle: WA 19, 219 u.ö. – Das konfessionelle Neuluthertum hat also – wenngleich in regressiver und daher zu Recht folgenloser Weise – die Lehre vom Zorne Gottes gegen Aufklärung und wesentliche Teile des liberalen Protestantismus mit guten Gründen, aber eben schlecht wieder ins Spiel gebracht.

151 Alle die hier besprochenen Mächte scheinen mir – neutestamentlich gesprochen – die „Mächte und Gewalten", die exousiai kai archai, die dynameis und stoicheia von Gal 4 und Röm 8 zu sein, die in unendlicher Vielfalt ihre Gesichter und Gestalten verändern, aber immer da sind und uns scheiden wollen von dem aus Gnaden geschenkten Leben (von der Liebe Gottes: Röm 8) – ehemals eher der kosmisch-tellurischen, heute eher der technisch-industriellen Welt (und natürlich weiterhin der biologisch-psychischen Abgründigkeit und Verführbarkeit unseres Menschseins) zugeordnet, auch sie nie gegenständlich als Geister existierend, aber wohl als Macht und Suggestion der Strukturen und des von diesen erzeugten Aberglaubens in uns real und wirksam. Nur unbesetzt und neutral, Tabula rasa ist das Kräftefeld der Welt, sind wir selber nie. Unter diesen Mächten sind – damals wie heute – auch die Urschöpfungskräfte der Baale, Lingame und des Mammons, die Mächte der Sexualität und des Kapitalismus, von denen – um Brechts Apophtegma analog zu benutzen – gilt, dass sich die Unwahrheit unsichtbar macht, indem sie große Ausmaße annimmt. „Ihr könnt nicht Gott dienen und ... (den Mächten)", meint Jesus dazu.

152 WA 9, 666: erwürget. Auslöschen, zerknirschen, zerbrechen, fangen: WA 17 II, 293; verschlingen (absorbere): WA 40 I, 439; erschrecken und abwaschen: WA 40 III, 609; von den Tyrannen erlösen: 17 II, 291; an einem Tage geschlagen, durch sein Blut: 49, 24; besiegen und überwinden: 49, 67; zerstieben: WA 29, 270.284 u.a.m. – alles Bilder des Machtkampfes. – Der methodische Mangel, dass hier und im Folgenden immer wieder nur einzelne herausgerissene Stellen aus Luthers Werk benutzt werden können, ist leider nicht vermeidbar. Mit Zitierung einzelner Stellen ist jedoch ohnehin kein Fortschritt in der Lutherauslegung zu erzielen – alle Positionen können immer genügend Einzelbelege aus der Vielfalt der Luthertexte und -motivbündel für sich anführen. Nur mit neuer Logik und Struktur der Auffassung kann eine weiterführende Klärung erreicht werden.

153 WA 40 I, 436; 99,3; 17 I, 76; II, 140f. Zur Passion als Erweis der Liebe Gottes vgl. G. Heintze, Luthers Predigt von Gesetz und Evangelium, München 1958, 231ff: „Gottes Liebe, die den eigenen Sohn dahingibt, bleibt das bestimmende Subjekt der Passion ... Bestimmend ist in der gesamten Predigt der Passion bei Luther nicht die Versöhnung als objektiver, innergöttlicher Vorgang, der zunächst ... erfasst und betrachtet werden könnte, sondern durchweg bleibt das ‚pro nobis' der beherrschende Gesichtspunkt ... dass Christus im geschichtlichen Vollzug der Passion an unsere Stelle tritt und dort zu finden ist, wo

Anfechtung und Sünde und damit der Zorn Gottes regieren" (ebd., 233f). Der Belege hierfür sind Legion, vgl. eindrücklich O.H. Pesch, Hinführung zu Luther, Grünewald/Mainz 1982, 253ff.

154 Z.B. WA 10 I,1,719,22; 20,332,34f; 40 I,441,5 u.ö. Das Blut Christi als ein Mittel seines Sieges über die Mächte, die mit ihm „geschlagen" werden: WA 49,24. Was wie ein Ausdruck des Sühneopfers scheint – „Blut" –, ist dabei immer wieder – nicht freilich immer! – die beibehaltene, aber völlig umgedeutete Metapher im Dienste des Mächtekampfes. – Wenn die Passion/der Zorn dich erschreckt hat, hat sie bzw. er sein Werk getan: WA 2,139f. Vgl. L. Pinomaa, Der Sieg des Glaubens. Grundlinien der Theologie Luthers, V&R/Göttingen 1964, 79f: Der Zorn Gottes wird im Werke Christi nicht aufgehoben, er bleibt in Kraft und dient – in Christus und in uns – als „fremdes" und schmerzliches Werk der Liebe Gottes: ira misericordiae.

155 Die Scholie zu Gal 3,13: WA 40 I, 432ff. Zu ihr vgl. U. Rieske-Braun a.a.O., 66ff und M. Lienhard, Martin Luthers christologisches Zeugnis, V&R/Göttingen 1980, 199ff. Vgl. aber auch die Scholien zu Gal 4,4f.

156 WA 40 I, 443,12: „In illam imaginem mus man hinsehen. Qui hoc credit, habet."– „Is honor dandus ei": WA 29, 229 (vom 26.3.1529). – „capitalia": WA 40 I, 441,1. Man gehe die große Galatervorlesung von Anfang an bis zu jener Scholie zu Gal 3,13 durch: man wird finden, dass Luther – in dieser Phase seiner Wirksamkeit – weit überwiegend die Wortfelder des Mächtekampfes benutzt, um an deutlich wenigeren Stellen die – formelhaften und mehrdeutigen – Formulierungen der satisfactio und Versöhnung zu verwenden! Ebenso in Luthers Vorwort zum Druck dieser großen Galatervorlesung WA 40 I, 33, 18ff. Vgl. die Beobachtungen von K. Bornkamm unten Anm. 164. Überhaupt gibt die in der Sekundärliteratur (Althaus, Tülilä, Alpers und anderwärts, s.u.) begegnende – erdrückende und völlig korrekte – Häufung der Belege für den primär entscheidenden Satisfaktionstod Christi doch einen ungenauen, wenn nicht falschen Gesamteindruck: als wären diese Anschauungen und Belege in Luthers Sprachfeldern dominant. Sie sind dies zwar immer wieder, aber diverse große Textpassagen – der Galatervorlesungen, der Passions- und Osterpredigten u.a. – vermitteln einen ganz anderen, mindestens mit den Mächtekampfmotiven durchschlungenen, immer wieder aber auch ganz von ihnen dominierten Eindruck. Man lese nur einmal – statt die riesige Weimarana zu wälzen – die von Mühlhaupt gesammelten Passions- und Osterpredigten in der Sammlung seiner Evangelienauslegung (Bd. 5, ³1961 oder die von Hirsch in BoA 7 herausgegebenen Festpredigten): man wird ein ganz anderes Bild von der Motivverteilung als in der Sekundärliteratur finden. Zudem sind bestimmte Luthertexte immer wieder im Sinne melanchthonischer Theologie redigiert worden, was ebenfalls den Eindruck in die falsche Richtung verstärkte.
Zu den meist benutzten und geliebten Bildern Luthers gehört – außer dem Mächtekampf – das vom sog. fröhlichen Wechsel oder Handel (commercium), dessen Metaphern sich oft – auch in der großen Galaterscholie – mit denen vom Mächtekampf verbinden und vermischen. Auch diese Vorstellung benutzt das Bild vom Mächtekampf, setzt es voraus und dient ihm: Das allersüßeste Schauspiel ist nicht nur das der communio, sondern auch des heilbringenden Krieges und Sieges, des Heils und der Erlösung; Christus macht sich alles [Menschliche] gemein, damit er alles *überwinde* und Sünde, Tod und Hölle ihn nicht *verschlingen* (absorbere) können, sondern notwendigerweise in ihm *verschlungen* (absorpta) sind in dem stupendo duello [Kampf!] (WA 7, 55, lat. Fassung; dt. Fassung WA 7, 25: im „fröhlichen Wechsel und Streit" (Mächtekampf!) vereinigt sich die Seele mit Christus wie die Braut mit dem Bräutigam, so dass die Sünden *„verschlungen und ersäuft werden"* und die Seele von allen Sünden frei wird: in solchem Siege ist der Tod mit der Sünde *verschlungen*). Es ist ein Geschehen zwischen Mensch und Christus, kein Geschehen zwischen Christus und Gott, keine Versöhnung Gottes oder satisfactio für die Verletzung seiner Ehre oder Gerechtigkeit (obwohl Luther in anderen Zusammenhängen eben dies auch noch sagen

kann). Auch hier also die Dominanz des Mächtekampfmotives! Auch das andere bei Luther beliebte Bild, die Gläubigen sollten bei Christus wie unter den Flügeln einer Henne Schutz suchen, setzt den Schutz der Glaubenden vor den Mächten (zu denen insbesondere der Zorn Gottes gehört) voraus, nicht aber die Versöhnung Gottes. – Mit diesen Bildern vom fröhlichen Wechsel (bedingt auch mit dem des Schutzes unter den Flügeln der schützenden Henne) kann natürlich nur etwas anfangen, wer der Vorstellung einer mystischen Einheit mit Christus folgen kann.

157 Luther selbst hat betont, er wisse nicht, wie dieser Sieg Christi vor sich gegangen sei, „weil es ja nicht leiblich geschehen ist“. Das hier Unbegreifliche zu erklären und zu beschreiben, werde er wohl bleiben lassen. Man solle den Sieg begreifen und nicht fragen wie. Daher benutze er die zitierten (und andere) Bilder: WA 37, 63. Dennoch gibt Luther immer wieder Ansätze und Fragmente zur Begründung und Deutung des Sieges Christi, die wir im Folgenden andeuten.

158 Dazu vgl. weiter Kap. II und V.

159 Vgl. hierzu Kapitel IV S. 215ff.

160 Vgl. dazu Kap. IV S. 195ff.

161 Als solche persona publica und maxima versteht Luther Jesus. Persona Publica: WA 49, 91, 32f; 29, 296,1. – Persona maxima: WA 40 I, 439,1f u.ö.

162 WA 1, 244. Zum Kontext dieses Zitates s. S. 163. – Diese Umdeutung des Selbstopfers Christi kann bis in die Deutung der Abendmahlstexte und die Liedtexte unseres Gesangbuches hinein sich auswirken. Auch die oben (Anm. 137) zitierten Liedtexte können so neu gelesen werden; sie müssen nicht in der alten sühnenden Opferlogik des Bildes vom Lamm gelesen werden, obwohl ihnen eben dieser traditionelle Sinn im Altprotestantismus und noch heute sicher unterlegt wurde und wird. Dasselbe gilt vom 2. Artikel unseres (apostolischen) Glaubensbekenntnisses. Man lese nur einmal nach und versuche eine solch ungewohnte Lesart!

163 Wer dem – im Wust der ausufernden Lutherliteratur – nachgehen will, findet die m.E. schönste, verständlichste und zusammenhängendste Darstellung dieses Sachverhalts bei Fr. Gogarten, Die Verkündigung Jesu Christi 1948/1965, 345ff, 352ff. Dasselbe – ausgezeichnet – in fachtheologischer Sprache bei L. Pinomaa, Der Sieg des Glaubens a.a.O., 78ff oder einfach und eingängig bei W. Joest, Dogmatik Bd. 1: Die Wirklichkeit Gottes, UTB 1336/V&R [3]1989, 252ff.

164 In diesem Ausschnitt der Theologie Luthers wird wirklich die Versöhnung Gottes (als Voraussetzung der Erlösung des Menschen) gelehrt, nicht nur die Versöhnung des Menschen, wie – in der gegenwärtigen Phase der Forschung – im Blick auf das Sühnopferverständnis des nachexilischen Judentums (und daher auch des NT) betont wird. Dies muss für Luther, da es in den gängigen Lehrbüchern reichlich belegt, in den Vordergrund gestellt und nicht strittig ist, hier nicht eigens nachgewiesen werden. Die interessanteste Forschungsübersicht bei H.-M. Barth, Der Teufel und Jesus Christus in der Theologie M. Luthers, V&R/Göttingen 1967, 50ff. Präludiert von dem Gegensatz Ritschl/Th. Harnack bzw. dem zwischen v. Hofmann und der Erlanger Schule im 19. Jahrhundert rankt sich der Gegensatz in unserer Frage im 20. Jahrhundert um den Gegensatz der etablierten Lutherforschung gegen die Lunder Schule (Aulen, Bring u.a.). Da die Versöhnung und Umstimmung Gottes in der Folge Luthers und mit dem Gewicht seiner (und Melanchthons) Autorität lange gelehrt wurde und bis heute noch vielfach gepredigt wird, bedarf es noch immer der Überwindung und Widerlegung dieser Lehre, obwohl in der jüngeren systematischen Literatur immer wieder der Eindruck erweckt wird, als sei all dies weit und längst jenseits des christlich Möglichen und Üblichen. Der (endlich zu überwindende) Zwiespalt an dieser Stelle ist vielmehr vorherrschende Tatsache.

In der Regel geht die Lutherforschung davon aus, dass beide Motive – das des zornstillenden und versöhnenden Strafleidens und das des Mächtekampfes Christi – einander ergänzend nebeneinander stehen, ja dass die versöhnende satisfactio als Grund und Voraussetzung dem Mächtekampf vorgeordnet ist, so z.B. Th. Harnack (von dorther auch in der dialektischen Theologie), Althaus a.a.O., O. Tiililä (1941), H. Alpers (1964), A. Peters, Kommentar zu Luthers Katechismen Bd. 2: der Glaube, V&R/Göttingen 1991, 122ff, 128ff (mit ungewöhnlich starker Gewichtung des Mächtekampfes), B. Lohse, Luthers Theologie 239ff, U. Rieske-Braun 188ff. So hat z.B. für W.D. Hauschild neben dem „grundlegenden" Versöhnungsmotiv „sekundär das Kampfmotiv bei Luther eine grundlegende Bedeutung" – „sekundär grundlegend", weswegen der Mächtekampf nur eben genannt, kaum verständlich gemacht wird (Lehrbuch der Kirchen- und Dogmengeschichte, Bd. 2, Kaiser/Gütersloh ²1999, 288f); und K.-H. z. Mühlen bringt an den beiden einschlägigen Stellen (TRE XVI, 760 und XXI, 542f) den Mächtekampf nur eben unbetont als bloße Formel, in der Zusammenfassung (TRE XXI, 544, 3ff) gar nicht mehr, und Aulen wird entsprechend im ausführlichen Literaturverzeichnis überhaupt nicht genannt. Anders B. Lohse, der die Spannung beider Motivkreise sieht („Spannung oder Unausgeglichenheit in seinen Aussagen über Christi Erlösungswerk", Luthers Theologie a.a.O., 243). M. Lienhard sieht zwar – beiläufig –, dass Luther den Begriff satisfactio ebenso wie meritum für wenig geeignet hält, das Werk Christi zu beschreiben, bleibt aber auf der üblichen Interpretationslinie (M. Luthers christologisches Zeugnis a.a.O., 139). – Entsprechend wird in der Regel die bleibende und grundlegende Verträglichkeit Luthers mit Anselms Theorie, wenngleich in veränderter oder neu akzentuierter, vertiefter Form angenommen, vgl. die Literatur bei O.H. Pesch, Theologie der Rechtfertigung bei M. Luther und Th. v. Aquin, Grünewald/Main 1967, 123ff und ders. Principiis obsta, in: Das prot. Prinzip, hg. von A. v. Scheliha/M. Schröder, Kohlhammer/Stuttgart u.a. 1998, 299ff, hier 304f. Einer der ganz wenigen, die Luthers klare Distanz zu Anselm umstandslos betonen, ist L. Pinomaa, Sieg des Glaubens 78f unter Bezug auf E. Vogelsang, Die Anfänge von Luthers Christologie nach der ersten Psalmenvorlesung, Berlin/Leipzig 1929, 105ff), ähnlich auch Fr. Gogarten in seinen Lutherdarlegungen(s.u.).

Dennoch hat es seit dem 19. Jahrhundert (vor allem Chr.K. v. Hofmann, welcher die Eigentlichkeit und Gültigkeit der Satisfaktionslehre bestritt und damit einen heftigen Schulstreit gegen die Erlanger heraufbeschwor; von Ritschl und seinen Schülern – Herrmann, Gottschick – wegen ihrer Bestreitung des Zornmotivs jetzt nicht zu reden) und im 20. Jahrhundert (vor allem G. Aulen mit der Lunder Schule) bis in unsere Tage immer wieder Stimmen gegeben, die die Unvereinbarkeit beider Motive nach der reformatorischen Gotteserkenntnis Luthers behaupten und das versöhnende Strafleiden als minder zu betonenden und daher deutlich umzudeutenden, in einem neuen Sinne aufzufassenden Rest aus Luthers katholischer Zeit anzusehen vorschlagen, z.B. B. Hamm, ZThK 83/1986, 35: „Luthers neues Verständnis von Gerechtigkeit Gottes" überwindet grundlegend das „traditionelle Satisfaktionsverständnis mit dem Gedanken der vor Gottes vergeltender Gerechtigkeit zu leistenden Genugtuung Christi" (zit. bei Rieske-Braun a.a.O., 189), oder A. Schmidt, Die Christologie in Luthers späten Disputationen ... 1990, 90f: „Ein Geschehen zwischen Vater und Sohn, welcher durch Annahme der Menschennatur Mittler zwischen Gott und den Menschen geworden ist und aufgrund seines Selbstopfers am Kreuz den Vater versöhnt hat, ist in dieser Vorstellung [Luthers] überhaupt nicht (mehr) angezielt und auch gar nicht mehr auszudrücken; wenn dennoch gelegentliche Ausdrücke darauf hinzuweisen scheinen, wird man darin das Nachwirken der (von Luther so nicht mehr akzeptierten) traditionellen Gedankensysteme und deren Begrifflichkeit feststellen können, aber nicht mehr" (zit. bei Rieske-Braun a.a.O., 200). Ebenso schon K.Chr. v. Hofmann: Luther spreche „wohl zwanzig Mal von der Erlösung ..., ehe er ein einziges Mal das Wort Versöhnung gebraucht" (zit. bei Rieske-Braun a.a.O., 28) oder (nun doch!) W. Hermann: „... dass für den Verkehr des Menschen mit Gott eine Gott geleistete Genugtuung zum Zweck der Herstellung seines Gnadenwillens für den Sünder überhaupt nicht in Betracht kommt … Es ist daraus deutlich zu erkennen, dass Luther den Begriff einer von Christus geleisteten Genugtuung trotz der Einsicht, dass derselbe einer verkehrten Anschauung über das Verhältnis des sündigen Menschen zu Gott entstammt, dennoch verwendet hat" (Der Verkehr des Christen mit Gott, Stuttgart/Berlin [5/6]1908, 112f). Schon vor Aulen hatte sich E. Vogelsang, Die Anfänge von Luthers Christologie a.a.O., 105ff, in diesem Sinne geäußert und das fast völlige Fehlen der satisfactio wie der Sühnevorstellung und die Uminterpretation des Vorstellungskomplexes schon in der Frühzeit der 1. Psalmenvorlesung betont. Eindeutig durchgeführt und ausgezeichnet (durch Ineinssetzung von Tropologie und Christologie) beschrieben ist die Dominanz des Mächtekampfmotivs und die Überwindung bzw. Uminterpretation der üblichen Versöhnungsauffassung bei L. Pinomaa (Sieg des Glaubens a.a.O., 78ff; die üblichen Sühne- und Satisfaktionsformulierungen bei Luther seien nur längst überwundene Sprachreste). Gleicherweise hat auch Fr. Gogarten seine Darstellung der Christologie – historisch einseitig die Sühnetradition bei Luther ausblendend und umdeutend, sachlich hingegen konsistent und ergiebig – aus dem neuen iustitia-Begriff und dem Mächtekampfmotiv entwickelt (Die Verkündigung Jesu Christi 317ff, 345ff und Luthers Theologie 68ff): Gegenstand der Genugtuung und Versöhnung ist nie Gott, sondern der Mensch (Verkündigung 358). Daher sind all diesen Positionen – speziell bei G. Aulen und v. Hofmann, aber auch bei Pinomaa, Gogarten u.a. – unübersehbare Verkürzungen in der Gewichtung bzw. Ausblendung der traditionellen Satisfaktions- und Zornes-Thematik bei Luther zuzuschreiben, die den berechtigten Einspruch der Lutherforschung hervorgerufen haben (vgl. Althaus a.a.O., 191ff sowie Tiililä und Alpers); was jene zurecht betonen, gilt nur für die eine Motivlinie des neuen iustitia-Begriffs und des Mächtekampfes, hier aber unbedingt. Die traditionellen Formulierungen Luthers sind aber zu stark, als dass man sie als überholte Sprachreste abtun könnte; sie konstituieren vielmehr – auf den ganzen Luther gesehen – eine essentielle Zweideutigkeit/Ambivalenz oder Doppelpoligkeit – je nachdem, wie man urteilt – in Luthers Sprache und Denken. Hier sind daher m.E. – historisch, nicht in der Perspektive systematischer Bedeutung und Aneignung – eindeutig Korrekturen einzugestehen und vorzunehmen. – Dabei ist allerdings auch von Vertretern der traditionellen Anschauung, die die Vereinbarkeit beider Motive behaupteten, immer wieder ein deutliches Gefälle in Luthers Gedankengängen festgestellt worden – hin zum Motiv des Mächtekampfes, so z.B. U. Rieske-Braun a.a.O., 201: das Kampfmotiv gewinne im Vergleich beider „höhere Bedeutung für den theologisch-existentiellen Zusammenhang der Theologie Luthers, sofern sich in ihm die rechtfertigende Christuswirklichkeit des Evangeliums einen dynamisch-selbstevidenten Ausdruck sucht. Der Satisfaktionsgedanke hatte eher die Funktion eines beiläufigen, aber unverzichtbaren Arguments von überzeugend rationaler Stringenz, dem die dynamisch-szenarischen Momente, aber auch die metaphorische Kraft des Kampfmotivs mangeln." Vgl. U. Asendorf, Die Theologie M. Luthers nach seinen Predigten: Luther nimmt im Blick auf den Gekreuzigten Siegesmotive auf, „ohne dabei die satisfaktorische Linie zu verlassen, die aber … keineswegs dominant ist"; die Satisfaktion schließt die Überwindung des Todes ein, „aber es ist deutlich, wie sehr die anselmische Linie [Versöhnung Gottes] gegenüber der Linie zurücktritt, die der Gekreuzigte den Seinen beweist. In der üblichen Interpretation der Kreuzestheologie kommt das Liebesmotiv entschieden zu kurz" (V&R/Göttingen 1988, 101, 102f). Vgl. auch K. Bornkamm: „In seiner Beschreibung der Heilstat Christi als dem duellum mirabile der maxima persona scheint mir Luther dem Verständnis des Werkes Christi … begrifflich am nächsten gekommen zu sein" und „Zweifellos ist ein Zunehmen bildhaft-mythologischer Wendungen (sc. des Mächtekampfes) in der Sprache der großen Galatervorlesung zu beobachten" (Luthers Auslegungen des Galaterbriefes von 1519 und 1531, Mohr/Tübingen 1963, 135.166). Auch scheint – entlang den theologisch-biographischen Entwicklungslinien Luthers – der Bezug auf das Mächtekampfmotiv von deutlich steigender Intensität mit dem Höhepunkt um 1526–1534 zu sein (Rieske-Braun 207, 219–221). In diesem Gefälle und dem Mächtekampfmotiv ist es vermutlich begründet, dass Luther – wie bekannt – kein Passionslied, vielmehr nur Osterlieder (die die Passionsthematik einschließen) gedichtet hat. Um so erstaunlicher ist es, dass bis zum heutigen Tage all dies im kirchlich und konfessionell üblichen und verbreiteten Bild der Theologie Luthers vergleichsweise wenig vorkommt und gewichtet wird – was nicht wundert, wenn man die verbreiteten Darstellungen Luthers bedenkt. Dort herrschen noch immer die altprotestantisch-konfessionellen, von Luther – mit der einen Seite seiner Lehre – inaugurierten, von Melanchthon systematisierten Lesarten der Theologie Luthers vor, die auch in der katholischen Luther-Rezeption natürlich vorausgesetzt werden. Man frage nur einmal, wie vielen lutherischen Theologen bzw. PastorInnen lutherischer Kirchen das Zentralmotiv des Mächtekampfes und die Doppelung – wenn schon nicht Spannung – in Luthers Motiven überhaupt klar bekannt sind! (Ich habe sie in Pfarrkonventen kaum je angetroffen.) Meist sind nur die gängigen altprotestantischen Formeln des sühnenden Strafleidens als Inbegriff der Theologie Luthers bekannt, und die von v. Hofmann oder Aulen inaugurierte (wenngleich damals in der Tat noch unscharfe und ungenügende), von anderen immer wieder weitergeführte Problemansage ist – wenn überhaupt – nur als irgendeine (überwundene) Spezialität der Forschungsgeschichte bekannt. Ähnlich kritisch zur Satisfaktionslinie R. Hermann: „Dass Gott, damit er sein Evangelium in Geltung setzen könne, eines Leistungs- oder auch Satisfaktionssolls durch seinen Sohn bedürfe, ist ein Gedanke, den wir uns vielleicht abquälen, den wir aber kaum so recht bejahen können" (Studien zur Theologie Luthers und des Luthertums, V&R/Göttingen 1981, 165). Ähnlich hat auch P. Tillich das Motiv des Sieges Christi über die dämonischen Mächte in der neutestamentlichen und reformatorischen Christologie als das Motiv bezeichnet, von dem aus wir „den Weg zu einer Christologie finden können, die uns aus den vielen Sackgassen herausführt, in die das christologische Dogma die christlichen Kirchen von Anfang an verfangen hatte" (GWEN IV, 151).

165 WA 1, 244, 15ff. Und weil dieser Gesichtspunkt ihm so eminent wichtig und grundlegend war, wiederholt Luther ihn eine Seite später noch einmal fast wörtlich und nachdrücklich: „Es ist ein großer Irrtum, dass jemand meine, er wolle genugtun für seine Sünde, so doch Gott dieselbe allzeit umsonst aus unschätzlicher Gnade verzeihet, nichts dafür begehrend denn hinfürder wohlleben" (WA 1, 245, 21ff).

166 Die beiden ersten Nachschriften (Rörer und Lauterbach) WA 34 I, 301ff. Die späte erweiterte Nachschrift in der Sommerpostille Crucigers (WA 21, 25ff, 264) bringt die hier entscheidende Passage, die sie immerhin wörtlich wiedergibt und mit dem Zusatz von der ungenügenden Ehre für Christus versieht, ganz am Ende, rückt sie aus dem Zentrum und durchsetzt zuvor die ganze Predigt mit ausführlichen Betonungen der satisfactio durch Blut und Opfer Christi. – Über Luthers Aversion gegen die Juristen, denen er die satisfactio rücküberweisen will, vgl. H. Dörries, Das beirrte Gewissen als Grenze des Rechts, in: Wort und Stunde, Bd. III, V&R/Göttingen 1970, 271ff, vgl. WA 29, 270, 284: unsere Predigt ist nicht juristisch, Christus kein Doctor in iure.
B. Lohse, Luthers Theologie 243, zitiert diese Satisfaktionskritik mit der Bemerkung: „Luther hat sich allerdings gelegentlich von den Implikationen, die mit dem Begriff der Genugtuung verbunden sind, distanzieren können" und bemerkt die Spannung der beiden soteriologischen Motivkreise. Fr. Gogarten zitiert unsere Stelle, die dem Duktus seiner Interpretation ohnehin genau entspricht: Die Verkündigung Jesu Christi a.a.O., 357f, 345ff und Luthers Theologie 68ff. Dagegen – repräsentativ für die gängige Lutherdeutung – P. Althaus, der in seiner Theologie Martin Luthers, 178 A.5 auf diese Stelle nur nebenbei und konsequenzlos, 193 A.84 mit dem Kommentar hinweist, es handele sich nur um den „moralischen Gebrauch des Wortes [satisfactio] für die menschlichen Bußleistungen" – entgegen dem klaren Wortlaut Luthers, der die Kritik auch auf den Satisfaktionsbegriff in der Erlösungslehre bezieht. Entsprechend hat U. Rieske-Braun, Duellum mirabile 198f, auf die

zweite und dritte Fassung dieser Predigt mit dem korrekten Kommentar verwiesen: „Folglich hielt Luther hier den Begriff ‚Genugtuung' für das Heilswerk Christi für unzulänglich, sofern diese [vielmehr] eine nachhaltige Erlösung von Tod, Sünde und Hölle bedeute". Er bezieht, und begrenzt dann aber die so beschriebene Kritik doch nur auf die Bußsatisfactio. Auch G. Ebeling hat diese Stelle in manifestem Missverständnis, verkürzt auf das Bußverständnis, zitiert: Luther habe „innerhalb der Bußlehre das Wort satisfactio entschieden verworfen, um es den Richtern, Juristen und Henkern heimzuschicken", um es dann aber festzuhalten und gegen die Bußsatisfactio schärfer abzusetzen (Dogmatik des christlichen Glaubens, Bd. 2, Mohr/Tübingen ²1982, 172f), während Luther, wie zitiert, sie nur „zunächst" in der Hoffnung auf Neudeutung bestehen ließ, um sie nunmehr ganz zu kritisieren. Oft genug wird diese Stelle – auch in thematisch zentralen Monographien (wie M. Lienhard a.a.O.) überhaupt nicht zitiert. A. Peters – in einem ausführlichen Abschnitt über beide Motivstränge – notiert mit Bezug auf unsere Predigt nur: „Eine leichte Korrektur findet sich in Crucigers Sommerpostille …" (Kommentar zu Luthers Katechismen, Bd. 2: Der Glaube [wie oben Anm. 164] 137 Anm. 329. Man vgl. nur WA 44, 468, um zu sehen, wie anders es aussieht, wenn Luther im gleichen Zusammenhang tatsächlich nur das Bußsakrament und seine Kritik meint. – Man sieht, wie schwer sich die Luther-Literatur allermeist tut, das Motiv einer Satisfaktionsproblematisierung bei Luther auch nur wahrzunehmen und anzuerkennen, geschweige sie in ihren Konsequenzen zu sehen und den Versuch ihrer – auch nur ansatzweisen – Gewichtung zu unternehmen.

167 Luther sagt speziell im Blick auf den jetzt zu besprechenden Punkt, dass jeder Person derlei widerfahren könne (Sic privatim fit cum quolibet homine): WA 39 I, 367,14, vgl. die Personanalogie „Das mögen wir bei einem groben fleischlichen Exempel sehen: Wenn ein Mann oder Weib sich versieht (der) Liebe und (des) Wohlgefallens …" (WA 6, 207).

168 WA 17 II, 289ff, 291f.– Necesse est hominem mori, si a lege velit liberari: WA 39 I, 354,19.

169 Großer Katechismus: WA 30 I, 186; Kleiner Katechismus: ebd., 365f (hier nur in den Wendungen „teures Blut" und „unschuldiges Leiden" scheinbarer Anklang an die Sühnetheorie). – Damit klärt sich auch das immer wieder umstrittene Verhältnis Luthers zu Anselm, dessen Kritik und Distanzierung durch Luther immer wieder postuliert wurde und notwendig ist, von ihm aber in der Tat nicht vollzogen wurde, weil er sich in Metaphern, die diesem ähnlich sind, in der Tat *auch* bewegte. – Weil G. Aulen die somit historisch nur begrenzt begründete Möglichkeit für den Mächtekampf und gegen die Satisfaktionschristologie zu argumentieren nicht sah, zog er – obwohl im Sinne der Satisfaktionskritik und aller entsprechenden Umdeutungen durchaus zu Recht – leider doch die begründete Kritik der Lutherforschung auf sich. Breiter als im Text beschrieben ist nämlich die Basis für das berechtigte und notwendige Anliegen Aulens nicht. Seine Lutherexegetische Begründung für die Durchführung seines Anliegens war letztlich nicht stichhaltig genug. Ähnliches dürfte analog auch für K.Chr. v. Hofmann, Gogarten u.a. gelten. – Zu den theologiegeschichtlichen Perspektiven dieses Problems vgl. noch immer sehr schön E. Hirsch ThLZ 1930, 294ff.

170 Dies darf um so eher geschehen, als die Sühnevorstellung nicht allgemein neutestamentlich ist und, wenn sie dort – wie bei Paulus – auftaucht, durch andere christologische Motive ausbalanciert und relativiert wird (vgl. J. Becker a.a.O., wie oben Anm. 140). Entsprechend haben, wie schon bemerkt wurde, auch das apostolische und nizänische Glaubensbekenntnis die in der westlichen Tradition dominant gewordene Satisfaktionsvorstellung nicht festgeschrieben. Dies gibt – zumal im Zeichen der reformatorischen Erkenntnis „vom Turme" – Freiheit für andere Deutungen. Dass auch die katholische Messliturgie und Messopfertheorie von dieser – kirchengeschichtlich uralten! – Deutung des Kreuzestodes Christi klärend betroffen und mit ihr kompatibel sei, wage ich nur zu vermuten.

171 Zu den vernichtenden Erfahrungen des Göttlichen vgl. Kap. IV S. 253ff. – Die Tatsache,

dass Luther in seiner reformatorischen Entdeckung den Gerechtigkeitsbegriff im Sinne seines fundamentalen Gnadenverständnisses umdeutete, bedeutet daher nicht, dass mit dem Begriff „Gerechtigkeit" nicht auch jene unübergehbaren Elemente und Aspekte verbunden bleiben müssen, die sinnvoller- und notwendigerweise in Spannung zu Gnade bzw. Liebe der Urmacht, des Göttlichen, stehen und nicht ausgeblendet werden dürfen: Fordernde bzw. ausgleichende Gerechtigkeit, deren Unverletzlichkeit und (ontologisch wie theologisch verstandene) Heiligkeit wie auch der Gegensatz von Gesetz und Gnade bleiben notwendigerweise erhalten. Ja, ich gehe so weit einzugestehen, dass ich den Gedanken der Sühne im menschlichen Recht – jenseits der heute allein betonten Resozialisierungsaspekte – für berechtigt und notwendig halte, so dass ich mich fragen muss, ob diese Aspekte nicht bis in ontologische und theologische Fragestellungen hinein sich auswirken und rezipiert werden müssen. Solch komplementäre Komponenten im Gottesverständnis – können sich phänomenologisch erzwingen, so dass man sich ihnen als Realitätswahrnehmung zu beugen hat, vgl. Tillichs Darlegungen hierzu GW XI, 151, 196, 217f, 222. Aber auch eine Heiligkeit und Gerechtigkeit, deren Verletzung Sühne verlangt, wäre – nach allem hier Dargelegten – im Sterben des alten Adam, der sie verletzt hat, und im Mächtekampf Christi wiederhergestellt und – uneigentlich – „gesühnt", versöhnt. Einen anderen sinnvollen Sühnebegriff finde ich im Umfeld religiöser Wahrnehmung derzeit nicht. Es gibt um den Sühnebegriff herum inzwischen auch mancherlei unangemessenen und historisch überfällig gewordenen Tiefsinn.

172 Wie unbegreiflich konservativ der ansonsten abgründig mutige und gegen alle Welt und Teufel revoltierende Luther sein konnte, wenn es ihm geboten schien, das studiert man eindrucksvoll z.B. an der Tatsache, dass Luther es nicht wagte, das Bischofsamt in den Reformationskirchen neu einzusetzen: „… hätten wir auch dasselbige recht bischöfliche und Besuchsamt, als aufs höchste von nöten, gerne wieder angerichtet gesehen, aber weil unser keiner dazu berufen oder gewissen Befehl hatte, und S. Petrus [1Petr 4,11] nicht will in der Christenheit etwas schaffen lassen, man sei denn gewiss, dass [es] Gottes Geschäft sei, hat sich's keiner vor dem anderen thüren [wagen] unterwinden." Da haben wir den sicheren Weg gewählt, „zur Liebe Amt" uns gehalten und den Kurfürsten um Übernahme dieser Aufgabe gebeten (WABr 4, 325) – mit der bis 1918 hochambivalenten Folge des landesherrlichen Kirchenregiments. Als wenn diese Lösung mehr Schriftzeugnis für sich gehabt hätte! Ein m.E. unvergleichlich tiefer Blick in Luthers Traditionsverhaftung.

173 Luther konnte sich nur allmählich herausarbeiten: WA 54, 179, 34ff; 186, 25ff; Luther in der Christologie erst am Anfang: WA 40 I, 33, 7ff.

174 Auch G. Ebeling hat sich von dieser sühnenden Erlösungsvorstellung in seiner eindrucksvollen Darstellung nicht wirklich lösen können (Dogmatik Bd. 2, Mohr/Tübingen ²1982, 148ff: „Die Versöhnung von Gott und Mensch im Sterben Jesu"), obwohl gerade seine z.T. wunderschönen Passagen sich auch ohne Sühnopfervorstellung, vielmehr ganz im Zusammenhang des Mächtekampfes und der Fluchaufhebung lesen lassen, vgl. auch seinen zwittrig-unentschlossenen Beitrag „Der Sühnetod Christi als Glaubensaussage" in: Die Heilsbedeutung des Kreuzes für Glaube und Hoffnung der Christen, Beiheft 8 ZThK 1990, 3ff, hier 11ff, 23ff. Entsprechend hat Ebeling weder in „Das Wesen des christlichen Glaubens" (1959) noch in „Luther. Einführung in sein Denken" (1964) dieses angeblich entscheidende Thema Luthers berührt.

175 Vgl. den oben Einleitung Anm. 3 genannten Aufsatz. – „klüger": Ideo tollendum erat ex ecclesia vocabulum satisfactionis, aut prudentius eo utendum: WA 44, 468.
Im Festhalten an der eigens im stellvertretenden Strafleiden erfolgenden Versöhnung Gottes und seines Zornes spielen im – Unterschied zu dem oben angedeuteten (nicht-sühnenden) Opferverständnis, in dem Jesus sich gewaltlos den Mächten aussetzt und so ihre Macht bricht – ganz unheilige Regressionen und Allianzen der theistischen Gottes- und Opfervorstellungen mit verhängnisvollen Gewaltphänomenen eine Rolle, die sie bis in das

Innerste der Theologie verlängern und ihnen dort einen Kristallisations- und Legitimationspunkt bieten. Dies wird heute – vielfach im Zusammenhang mit den Theorien Girards – diskutiert und ist zusätzlich kritisch gegen die klassische Satisfaktionstheorie in Anschlag zu bringen, vgl. R. Schenk (Hrg.), Zur Theorie des Opfers. Ein interdisziplinäres Gespräch, Collegium philosophicum Bd. 1, frommann-holzboog/Stuttgart 1995 sowie R. Schwager, Brauchen wir einen Sündenbock. Gewalt und Erlösung in den biblischen Schriften, Kulturverlag/Thaur-Wien-München ³1994. Die im Zusammenhang des Kruzifixstreits immer wieder geäußerten Wünsche, das sadistische, den Kindern nicht länger zuzumutende Bild des Gekreuzigten solle aus den Klassenzimmern entfernt werden, sind – neben groteskem Nichtverständnis der Klagenden – zum guten Teil eben auch die begreifliche Quittung für ein ständiges Missverständnis der Kirchen in ihrer ureigensten Dogmatik.

176 N. Kazantzakis, Rechenschaft vor El Greco, Kapitel „Der kretische Blick", Ausgabe Herbig/München 1978, 522.

177 Dass Melanchthon nicht nur zum aristotelisch-anselmischen iustitia-Begriff zurückkehrte, sondern im Zusammenhang damit auch sein (sog. „synthetisch-forensisches") Rechtfertigungs- und Imputationsverständnis entwickelte, die Lehre vom freien Willen in theologicis wieder einführte und so zur Auffassung vom Glauben als causa sine qua non kam, all dies gehört zu den Verformungen, denen Luther durch seine Zweideutigkeiten durchaus verstärkte und autorisierte, obwohl seine Motive und seine Bilder und Denkmuster – speziell im Blick auf den freien Willen und auch im Imputationsverständnis – um entscheidende Nuancen andere waren; denn die Beziehung zu Christus und die mystische Einheit im fröhlichen Wechsel und der Schutz unter den Flügeln Christi vor dem Zorne Gottes war ihm – in diesen Vorstellungsebenen – die Hauptsache (vgl. Luthers mit jener Predigt von 1531 fast gleichzeitigen schönen Brief, zusammen mit Melanchthon, an Brenz WABr 6, 98ff). Dem ordnet sich – anders als bei Melanchthon – das primär nicht juristische, sondern personale Imputationsverständnis ein und unter. All diese Voraussetzungen haben die melanchthonisch-altprotestantische Lesart Luthers, die bis heute weithin im Luthertum dominant ist, in Gang gesetzt und inthronisiert. Die genannten Sachverhalte sind – eingeschlossen die Unterscheidung von Luther und Luthertum – längst bekannt, haben sich aber bis in die kirchliche Lehre des Luthertums und die ihr entsprechenden Darstellungen Luthers nicht durchgesetzt. Worüber, wenn nötig, ein anderes Mal zu sprechen wäre.

178 Secum adducit: WA 3, 542; Hebr. Vorlesung zu Hebr. 2,1: WA 57/Hebr, 99, 1ff; Brief an Spalatin: WABr 1, 328f; „von unten/ab imo": WA 10 I, 2, 297,9f; 40 I, 79, 8 u.ö.

179 Zur Existentialisierung des Substanz-Begriffs vgl. G. Ebeling, Lutherstudien I, Mohr/Tübingen 1971, 24ff. Dass Luther entsprechend sein Gesetzesverständnis – theologiegeschichtlich neu – durch den „Brauch" (usus) prägte, zeigt ebenfalls G. Ebeling, Wort und Glaube (I), Mohr/Tübingen 1960, 58ff; zur frühen soteriologischen Konzentration aller (auch christologischen) Begriffe s. TRE XVI, 759. Zu Luthers bereits früher Umprägung der Naturenlehre und der „Auflösung des Sakraments in das Wort" vgl. E. Vogelsang, Die Anfänge der Christologie Luthers [wie oben Anm. 164], 115ff; zur Überwindung der Metaphysik vgl. noch E. Metzke, Sakrament und Metaphysik. Eine Lutherstudie ..., in: ders., Coincidentia Oppositorum, Hg. v. K. Gründer, Luther-Verlag/Witten 1961, 158ff, hier 187ff; vgl. D. Vorländer: „... dass Luther aufgrund seiner anders gearteten Soteriologie auch die Einheit der Person Christi mehr funktional und nicht, wie die alexandrinische Christologie, rein substanzhaft versteht" (Die Zweinaturenchristologie Luthers bis 1521, Luther-Verlag/Witten 1974, 232f). Die Zweinaturenlehre wird also soteriologisch, nicht ontologisch gefasst. – Das Zitat von Fr. Gogarten: Verkündigung Jesu Christi 352, das enthaltene Luther-Zitat aus WA 10 I,1, 201, vgl. 237; vgl. noch einmal das Gogarten-Zitat oben (in der Einleitung dieses Kapitels S. 127) und ders., Luthers Theologie 100f. – Was geht mich seine Natur an: WA 26, 217.

180 WA 4, 365, vgl. Kapitel VII S. 346f.
181 WA 40 II, 254. Zu Christi Göttlichkeit als sein Amt des Barmherzigseins, das er vom
Vater hat, und zur schon frühen Uminterpretation der Zweinaturenlehre vgl. Fr. Gogarten,
Luthers Theologie 101ff und Verkündigung Jesu Christi 367f sowie E. Vogelsang, Die Anfänge von Luthers Christologie [wie oben Anm. 164] 171ff: die naturhaft-dingliche Interpretation der Naturen Christi (wie auch des Sakraments) werde schon früh überwunden.
182 Vgl. oben Anm. 179 sowie Kap. VII. – Wie man – in klarer Erkenntnis der Distanzierung
Luthers vom Substanz- und Naturbegriff – noch immer annehmen will, dass er sich getreu
im Rahmen der altkirchlichen Christologie bewege und nicht vielmehr – angesichts der
grundlegenden Bedeutung jener beiden Begriffe – an den Rand ihrer Sprengung und Überschreitung gerate, das bleibe das Geheimnis dieser Autoren. H. Beintker dürfte Recht haben: „Luther wollte nicht aus der Kontinuität des Credos der Christenheit ausbrechen.
Aber … [es] darf und muss aus heutiger Sicht sein ihm selbst kaum voll bewusst gewordener geschichtlicher Beitrag erhoben werden. Das gilt auch für die Wirkung seines Evange-
liumsverständnisses auf seine Gottesvorstellung" (Luthers Gotteserfahrung und Gottes-
anschauung, in: Leben und Werk M. Luthers von 1526–1546, Festgabe zu seinem 500.
Geburtstag, Bd. I, V&R/Göttingen 1983, 40). Vgl. weiter hierzu Kapitel VII.
183 Anwendung der Entmythologisierung auf altkirchliche und reformatorische Metaphysik:
Fr. Gogarten, Entmythologisierung und Kirche, Heidelberg 1953. G. Ebeling ist an dieser
Stelle – anders als bei der Sühne- und Versöhnungsvorstellung – entscheidende Schritte
über das altkirchliche Natur- und Substanzdenken hinausgegangen, indem er „Gott in
Christus" personhaft auffasst, „die kategoriale Verschiedenheit und die Andersheit des
ontologischen Interpretationsrahmens" bei Luther gegenüber der altkirchlichen Welt sieht
und Jesus als „das Wort Gottes" versteht (Dogmatik, Bd. 2 a.a.O., 63ff, 508ff, Zitat 81).
Friedrich Gogarten war auch an diesem Punkte seiner Lutherinterpretation schon längst –
sowohl im Blick auf die Versöhnungslehre wie auch auf die Christologie Luthers – fast als
einziger – unbeachtet und unbeirrt vorangegangen und hatte unter bewusster Überschreitung der altkirchlichen und mittelalterlich-reformatorischen („metaphysischen" und
Christus-mystischen unio-) Voraussetzungen Luther auf der Linie seiner neuen Impulse
dargestellt und weiterentwickelt, wobei allerdings andere Problemstellen offen blieben, vgl.
Jesus Christus – Wende der Welt (1966). Für diese bewusst vollzogene und stets gekenn-
zeichnete Überschreitung der chalkedonensischen und anselmischen Linie hatte er stets
gerne riskiert, seine Lutherrezeption als „historisch selektiv" und „allzuschnell an einer
historischen Interpretation der reformatorischen Theologie vorbei" bezeichnet zu sehen
(vgl. – im Blick auf etwas andere Gesichtspunkte – K.-H. z. Mühlen, Reformatorische
Vernunftkritik und neuzeitliches Denken, Mohr/Tübingen 1980, 273). Denn er hatte ausdrücklich keine Rückkehr zum historischen Luther, sondern eine konzentrierte Benutzung
der gegenwärtig hilfreichen und weiterführenden Motive – unter Zurücksetzung der mittelalterlichen Elemente – gesucht.
184 Nam pro intelligentia valet plurimum applicatio presentis vitae ad doctrinam, quae docetur:
WA 56, 480, 4f.

Kapitel IV
185 All dies haben die konfessionellen wie dialektischen Theologien nicht oder nur begrenzt in
ihr Denken aufgenommen, wodurch sie ihre fundamentale Transformationsbedürftigkeit
erwiesen haben. Näheres hierzu Kapitel VII.
186 Über diese Möglichkeit wurde in Kapitel I bereits gesprochen. Hier ist im Folgenden über
die Kontexte und die faktische Lage der Religiosität zu sprechen.
187 Diese mir selbst seinerzeit überraschende Entdeckung habe ich geschildert in „Die Notwendigkeit der unakzeptablen Kirche", 100ff, 190ff. „Selbst dort, wo man eine weite Definition von Religion zulässt und danach fragt, ob man etwa ,Staunen über die Wunder

Natur' oder … ‚innere Zwiesprache halten' oder ‚Ergriffenheit beim Hören bestimmter Musik' … mit Religion assoziiert, sind es wiederum eher die Kirchennäheren, die eine solche Assoziation herstellen können, als die kirchlich Distanzierten und Konfessionslosen" (D. Pollack in ZThK 1996, 613).

188 Man darf gar nicht anfangen, all das erschlagende Elend und Unrecht aufzuzählen, bei dessen ständiger Bewusstheit wir fast nicht mehr leben könnten: Kinderarbeit quer durch die Welt, Vergewaltigung von Frauen und Kindern zur Prostitution, das häufige Verschwinden von Kindern in Lateinamerika, die als Organbanken ausgeschlachtet werden; die allenthalben – auch in unserem Lande – wachsende Schere zwischen Arm und Reich mit all dem Elend des Welthungers, wovon kaum jemand noch hören will (vgl. zuletzt J. Ziegler, Wie kommt der Hunger in die Welt?, Bertelsmann 2000); der Anteil, den der Waffenexport an unserem Bruttosozialprodukt und also an unserem – für jeden und jede individuell – Wohlstand und Wohlleben haben; die Quälerei und Angst der Tiere in den Schlachthöfen und auf den Transporten und das Ersticken der Fische auf den Fangflotten; die eher vom Markt denn von Gewissen und vernünftiger Prüfung dirigierte naturwissenschaftlich-technische genetische Manipulation an Pflanzen, Tieren, Menschen und die kontinuierlich fortschreitende Vergiftung unserer Lebensmittel wie der Ökosphäre sowie die Vernichtung der natürlichen Lebensgrundlagen. Dass der homo sapiens ein Verhängnis für diesen Erdball ist, muss einem beständig sich aufdrängen. Die skeptischen Prognosen des Berichtes „Global 2000" sind fast durchweg eingetreten, wir bemerken dies nur nicht, weil wir es im schleichenden Prozess der Verschlimmerung nicht wahrnehmen (so R. Kreibig, seinerzeit Direktor des Instituts für Technikfolgeneinschätzung in Berlin, in einer ARD-Sendung des Jahres 1998). Daher die Desodorierung (im Bilde R. Gobers), die natürlich ein begreiflicher Lebensschutz ist. Aber all dies nicht zu sehen und wahrhaben zu wollen, verfestigt die Schizoidie unseres moralischen wie religiösen Bewusstseins und bedeutet eine Versteinerung unserer Herzen, Befestigung unserer Herzenshärtigkeit – ob wir dies wollen oder nicht, ob es uns überfordert oder nicht. Hier besetzen offensichtlich ideologische Kräfte und Mächte – von denen oben Kapitel III (vgl. S. 150ff) gesprochen wurde – unseren Geist, die stärker sind als unser guter Wille. All dies tut der Wahrheit oder Unwahrheit unserer Religiosität durchaus etwas an. Keine Statistik und deren Kenntnisnahme führt uns so sehr in die Innenseite all dieser Phänomene wie z.B. Theaterstücke von Sarah Kane oder anschauliche Fernsehberichte diverser Art es können. Dies alles nicht wahrzunehmen, bedeutet Unaufgeklärtheit oder – religiös, biblisch oder im Märchen gesprochen – unser „steinernes Herz", an das wir uns gemäß einem Pakt gewöhnen, den Hauffs Märchen, Goethes Faust und Th. Manns Adrian Leverkühn nur zu genau kennen.

189 In dieser Situation unserer technisierten Welt sind die Irrationalitäten von der Art des „Herrn der Ringe", der „Nebel von Avalon" oder Harry Potters oftmals das vielleicht noch einzig Geheimnisvolle, das zugänglich ist. Warum auch nicht! Was aber geschieht, wenn subkutan diese Irrationalität in den Rang religiöser Funktion gerät und zu dem wird, woran man sein Herz hängt? Was geschieht, wenn „in einer von Moden und Märkten diktierten Welt" die weltweite Pop-Gemeinde „das Religiöse mit dem Para-Religiösen und das Profane mit dem Sakralen zu einem heillosen Knäuel von Heilsbotschaften vermengt" und – „mediengesättigt, vernetzungshungrig, süchtig nach eher spektakulären … Heilsversprechungen" – „ihr Heil schon selbst zu basteln scheint" (G. Matzig, „Heaven": „… wie es den Engeln im Zeitalter des Pop geht", Süddeutsche Zeitung 31. Juli/1. August 1999, Feuilleton 13)? Dies ließ sich z.B. in der Düsseldorfer Ausstellung „Heaven" (und im entsprechenden Katalog, 1999) oder in der Düsseldorfer Ausstellung „Altäre, Kunst zum Niederknien" (2001/2002, Katalog hg. v. J.-H. Martin, Hatje Cantz Verlag 2001) anschauen. Hier entsteht leicht eine leerlaufende, auf Frustration und schnellen Ersatz angelegte Religiosität, vgl. das Kapitel I über Gott und Götzen Dargelegte.

190 Die kritische Beleuchtung dieser gesellschaftlichen Gefährdung von „Religion" und „Reli-

giosität" bleibt der derzeit sich etablierende theologische Neoliberalismus, der sich doch dem Religionsbegriff verpflichtet fühlt, der freien Religiosität und alternativen Spiritualität weitgehend schuldig. In ihm wird mit kontinuierlichem Nachdruck die – unbestreitbare – Notwendigkeit von „Religion" wieder ins Spiel gebracht, die kritische Gewichtung all jener Gefährdungen hingegen bleibt unbeachtet bzw. unterbelichtet. Der akademische Hochbegriff von Religion zwischen Schleiermacher und Troeltsch wird – interessant und wichtig – diskutiert, die Niederungen der religiösen Wege und deren Verschleißerscheinungen kommen hingegen wenig vor. Ja, diese postmoderne anything-goes-bedrohte Religiosität wird im Zeichen dieses Neoliberalismus nicht selten sogar als Erfüllung der reformatorischen Freiheitsidee bezeichnet. Ohne Beachtung der religiösen wie gesellschaftlichen Gefährdung und Verzerrung eben dieser Religion und Religiosität kann aber das Verständnis und die Bedeutung von „Religion" keinen Bestand haben. Der Neoliberalismus, dessen teilweises Recht gar nicht zu bestreiten ist, hat auf rein akademischer Ebene durch seine Alternative eine Freiheit wieder hergestellt, die die religiöse Erfahrung sich – unabhängig von ihm – selber längst geschaffen hatte. Dabei hat er aus den produktiven und notwendigen Kritiken der dialektischen Theologie für sein Religionsverständnis nichts gelernt. Er bleibt darum einstweilen akademisch und – bezogen auf die Lebensprozesse der freien Religiosität – eher unproduktiv, ja regressiv. Solange er Widerspruch und Themenerweiterung gegenüber der freien Religiosität nicht schafft, bleibt er nur die Verdoppelung einer Aporie. Dies muss – hoffentlich – so nicht bleiben, da diese Tradition theologisch als Reflexionsgeschichte der modernen religiösen Subjektivität und deren Heraustritt aus dem altprotestantischen Paradigma – eigentlich – unverzichtbar ist. Dass ausgerechnet der (Neo-) Liberalismus, der sich der konsequenten Historisierung der Theologie – sogar soweit, dass er die Theologie als Kulturwissenschaft fast einzuebnen bereit ist – verschrieben hat, sich selbst als alternativlos und „kritikresistent" beschreibt (Troeltsch-Studien Bd. 7, Gütersloh 1993, 51) und so seine Lern- und Korrekturbedürftigkeit im Blick auf die reformatorische und dialektische Theologie explizit ausblendet, gehört schon zu den Merkwürdigkeiten dieser Tradition und unserer Situation. Wäre nicht auch hier die Bifokalität und die essentielle Korrelativität von Tradition und religiösem Bewusstsein, wie sie Schleiermachers Glaubenslehre wenigstens prinzipiell bejaht (nicht faktisch vollzogen) hat, ins liberale Paradigma einzubeziehen? – Die derzeit eindrücklichste Kritik idealistischer Traditionen und Motive findet man bei J.B. Metz, z.B. in: Glaube in Geschichte und Gesellschaft, [5]1992, 152ff, und ders., Zum Begriff der neuen politischen Theologie, 1997, 103ff.

191 Wandtext Hamburger Kunsthalle 2001.

192 Warum daher in allen Transformationsprozessen die Aufbrechenden und kirchlich wie christlich Distanzierten und die Konservativen und Kirchlichen einander bedürfen, habe ich in „Die Notwendigkeit der unakzeptablen Kirche" 175f. 188, 202ff beschrieben. „Dem Evangelium würde ich nicht glauben, wenn ich nicht der Kirche glaubte", so hat Augustinus diesen Zusammenhang schon vor einiger Zeit formuliert.

193 C.M. Martini/U. Eco, Woran glaubt, wer nicht glaubt?, Zsolnay/Wien 1998, 148.

194 Vgl. Th.S. Kuhn, Die Struktur wissenschaftlicher Revolutionen, stw 25, Suhrkamp/Frankfurt 1973, 150, 194, 197, 222, Zitat C.Fr. v. Weizsäcker, Der Garten des Menschlichen, 481.

195 Ich beziehe mich im Folgenden nicht primär auf die biblischen Grundlagen des christlichen Glaubens, sondern speziell auf die Reformation Luthers, die natürlich nur eine unter vielen Gestalten des Christentums ist, jedoch eine solche, die die biblische Intention durch tiefgreifende Erfahrungs- und Transformationsprozesse an den Horizont der Moderne herangeführt hat und insofern näher als der – weiterhin unausgeschöpfte – biblische Ursprung ist. Überdies ist sie eine in besonderem Maße dem Freiheitsbewusstsein (und seinen anthropologischen Behinderungen) zugewandte und von potentiellen Verwandlungs-

impulsen bewegte Tradition, wie sich – gegen leider begründetes Vorurteil und historischen Augenschein im Luthertum, welches sein eigenes Erbe oft genug desavouierte – erweisen wird.

196 Immer wenn im Folgenden von der essentiellen Revisions- und Verwandlungsbedürftigkeit der reformatorischen Theologie gesprochen wird, ist – jedenfalls für mein Verständnis – entsprechend der Gestalt- und Strukturwandel der dialektischen Theologie, speziell auch ihres hermeneutischen Zweiges (R. Bultmann und Fr. Gogarten) mitzudenken. Sie stellte – heute nur noch eine weithin sichtbare Ruine – die geistmächtige und nicht-konfessionelle Erneuerung der reformatorischen Theologie im 20. Jahrhundert dar, indem sie – in ihrem hermeneutischen Zweige – diese in Zusammenhang mit den Problemen der Moderne brachte. Aber ohne Verschiebung und Rückung verfällt auch sie – wie Neoliberalismus und Konfessionalität schon längst – dem bloßen Historisch-Werden. Daher im Folgenden auch ihre Transformation implizit mitverhandelt wird.

197 Über diese „genetisch-kulturelle Koevolution" vgl. das bereits zitierte eindrucksvolle Werk von E.O. Wilson „Die Einheit des Wissens", Goldmann/München 1998.

198 Wie sich solche Verwandlung und Fortschreibung aus den Zentralmotiven der reformatorischen Theologie selber legitimiert, zeigt (außer der folgenden Darlegung) das ganze VII. Kapitel. Fachtheologisch interessierte oder geschulte LeserInnen könnten die Lektüre des VII. Kapitels an dieser Stelle vorziehen.

199 An dieser Stelle setzt alles ein, was Luther über die Kunst (ars) der Unterscheidung an der hauchdünnen und vermischungsanfälligen Grenze von Tun und Empfangen (von Gesetz und Evangelium) und über die dämonische („teuflische") Versuchung zur Vermengung dieser beiden Grunderfahrungen und -wahrheiten gelehrt hat. Dabei haben sich die juristisch-forensischen wie die kultisch-sühnenden Vorstellungsformen der Gnade und der Rechtfertigungslehre längst überholt und sind dem Vorstellungs- und Bildwandel rechtens zum Opfer gefallen, auch wenn die Kirchen unklar an ihnen festhalten, sie jedenfalls nicht klar überwunden und so die Wahrheit dieser Tradition boykottieren.

200 Dieser wichtige und protestantisch ungewohnte Gedanke, die Tat selbst als Form der Gnade, nicht nur als ihre Folge aufzufassen, könnte produktiv an thomanische Überlegungen über gratia als forma actus anknüpfen und ein wichtiges interkonfessionelles Thema bieten; man vgl. z.B. die rasanten Thesen K. Rahners hierzu (Das christliche Verständnis der Erlösung [wie oben Einleitung Anm. 5] 113f). Eine Ethisierung der Gnade kann, muss aber – bei angemessenem Verständnis – nicht drohen.

201 In diesem non-theistischen Hintergrund ist begründet, warum ich hier und im Folgenden die – traditionsgeschichtlich gesehen – eher katholische Formulierung von „Gesetz" und „Gnade", nicht aber die lutherische „Gesetz" und „Evangelium" wähle, welche als spezifischen Akzent im Gnadenverständnis gerade die persönliche „Huld" Gottes (favor dei), im Unterschied zu den vielen geschöpflichen Gnaden und Gaben (dona), erkannte. Dieser Akzent soll aber nicht bestritten und außer Kraft gesetzt werden. Evangelium bleibt auch hier die wahrlich gute, oft aus dem Blick und Bewusstsein geratene und uns zuzusagende Botschaft, dass die Welt voller Gnaden für uns, „für mich" ist, so dass es also zur Wahrheit unsres Lebens gehört, die Grundgeste der zum Empfangen offenen Hände (=accipere/fides apprehensiva, glauben) zu erlernen. Insofern gehört zum abgründigen Urgeheimnis dieser Welt auch dieser Grundzug von „Gnade" als eine der zentralen Möglichkeiten in ihr – wahrlich eine gute Botschaft.

202 Goethe: „Im Atemholen sind zweierlei Gnaden: die Luft einziehen, sich ihrer entladen; Jenes bedrängt, dieses erfrischt; So wunderbar ist das Leben gemischt. Du danke Gott, wenn er dich presst, und dank ihm, wenn er dich wieder entlässt" (Diwan, Buch des Sängers).

203 Das ethische Phänomen, Fr. Gogarten, Politische Ethik, Diederichs/Jena 1932, 5ff.

204 „ex tabernaculis": WA 40 I, 259, 18f.

205 „Deus impossibilia praecipit" – entgegen dem scholastischen Axiom „ultra posse nemo obligatur": WA 8, 53ff.

206 Vgl. über den Gegensatz von Autozentrikern und Nomozentrikern M.N. Ebertz, Kirche im Gegenwind, Herder/Freiburg, [2]1998, 75, unter Verweis auf H. Klages, Wertedynamik. Über die Wandelbarkeit des Selbstverständlichen, Zürich/Osnabrück 1988.

207 R.C. Cohn, Das innere Jenseits, in: Von der Psychoanalyse zur Themenzentrierten Interaktion, Klett-Cotta/Stuttgart [10]1991, 224ff.

208 Man denke an die immer wieder pornographische Benutzung des Kruzifixes, den „Piss Christus", die Darstellung des Christus am Kreuz mit Kondom und einem Haufen menschlicher Exkremente in Detroit (ZEIT 23.3.2000, 46) oder in Fernsehbildern, die eine nackte Frau im Kreise von als buddhistischen Mönchen gekleideten Komparsen zeigen. Dass sich dergleichen dann auch in den Niederungen des Dschungel-TV bei RTL fortsetzt, darf nicht verwundern. Muss die legitime Einsicht George Bernhard Shaws, dass alle Wahrheit mit Blasphemie beginnt (ZEIT a.a.O.), wie das z.B. George Groß durch seinem Christus mit der Gasmaske im nachfolgenden Blasphemieprozess der späten 1920er Jahre eindrucksvoll bewährte, mit solch intoleranter Verletzung von Gefühlen Andersgläubiger vor sich gehen? Schlimm für Freiheit und Emanzipation, wenn sie ihren letzten Kick immer wieder nur durch Steigerung des Verletzenden gewinnen müssen, da sie sich ohne dieses Erwecken von Aufmerksamkeit, welches – statt Aufklärung – ihr Ziel ist, verbrauchen. Gehört Respekt nicht zu den ethischen Imperativen jeder Kultur? Er wird theoretisch wohl gepredigt, oft genug aber nicht ins emanzipatorische Gewissen und aufgeklärte Bewusstsein genommen. Diese scheinbare Emanzipation leiht sich ihre Tabu-brechende Schockkraft noch immer vom übertretenen Gebotenen und lebt von ihm. Es wird Zeit, qualifizierte Blasphemie zu lernen. Dazu müsste man sich allerdings auf Religion verstehen.

209 Zu all diesem vgl. weiter Kapitel VII.

210 A. Camus, Hochzeit des Lichts, Hochzeit in Tipasa, in: Hochzeit des Lichts. Heimkehr nach Tipasa, dtv 11841, München 1994, 9ff, hier 15.

211 Natürlich ist die subjektive Erfahrung des „Du sollst" und der Sein-Sollen-Differenz nicht der einzige Schlüssel zur Erfahrung des Ethischen, auch nicht zum Ganzen der ethischen Phänomene, aber sie bleibt fast immer der entscheidende, den Menschen stellende und packende Schlüssel, der die Beliebigkeit von Theorie und Einstellung überwindet und als Eingangserfahrung weiteres eröffnet. Denn warum sollte ich mich dem Thema des Ethischen stellen, wenn keine innere Notwendigkeit mich dazu veranlasst? Die weitreichende Gültigkeit von Kants Einsicht in die grundlegende Bedeutung des Imperativs bewährt sich auch hier. Kants grundlegender Begriff des Gesetzes wird ebenso wie seine Lehre vom „radikalen Bösen" im heutigen Verständnis der Aufklärung, die zu ihm immer wieder wie zu ihrem – selektiv halbierten – Heiligen zurückkehrt, kaum beachtet, vielmehr meist übergangen.

212 Diese Gründe sind am deutlichsten in Luthers berühmtem Brief an Melanchthon vom 13. Januar 1522 im Blick auf die Zwickauer Propheten ausgedrückt: „Du ... sollst von ihnen erforschen, ob sie ihre Berufung beweisen können ... Ich will geradezu, dass du sie nicht annimmst, wenn sie behaupten, sie seien durch bloße (nackte, direkte) Offenbarung berufen ... Und um auch ihren persönlichen Geist zu erforschen, frage sie, ob sie jene geistlichen Beengnisse und göttlichen Geburten, die Tode und Höllen, erfahren haben. Wenn du hörst, dass alles angenehm, ruhig, fromm (wie sie es nennen) und religiös war, so sollst du, auch wenn sie bis in den dritten Himmel entrissen gewesen zu sein behaupten, nicht anerkennen, denn das Zeichen des Menschensohnes, die Qual (basanos), fehlt ihnen, welche das einzige und gewisse Unterscheidungskriterium der Geister für Christen ist ... als wenn die (göttliche) Majestät mit dem alten Menschen vertraulich reden könnte" (WABr 2, 424f). Dieser Brief – in seinem ganzen, hier nicht zitierten Umfange – ist eine dramatische

Warnung, dass es dem Göttlichen gegenüber keine falschen Vertraulichkeiten, daher auch keine angemaßten Identitäts- und Einheitsvorstellungen geben kann. Seit dieser Zeit der frühen 1520er Jahre hat Luther ein überwiegend kritisches Verhältnis zur Mystik gehabt, hat er die Legitimität der seelischen Unmittelbarkeit (immediate) zu Gott bestritten und das „Wort" als Mittel behauptet. – Erst in der letzten Generation wird allmählich wieder erkannt, dass Luther in bestimmten – durchaus auch zentralen – Motiven lebenslang dennoch mit der Mystik verbunden blieb und ihr manches verdankte, so dass das reformatorische Erbe uns nicht von der mystischen Tradition abschließen muss. Ein neues Verhältnis ist vielmehr zu suchen.

213 Man sehe nur einmal das schöne, historisch treffende Buch von G. Ebeling „Luthers Seelsorge" (Mohr/Tübingen 1997) an, um zu erkennen, dass all die Stichworte und Anliegen dieser religiösen Fragen hier nicht oder nur indirekt, in altprotestantische Kategorien verkleidet und abgedrängt vorkommen.

214 Hier ist zu erinnern, dass auch in der reformatorischen Theologie Luthers durch altkirchliches (athanasianisches) Erbe Restelemente einer Theorie der Vergottung des Menschen sich erhalten haben (die auch in der eben daher kritisierbaren communicatio idiomatum nachwirkt). Zu ihrer durchaus begrenzten Bedeutung vgl. B. Lohse, Luthers Theologie, V&R/Göttingen 1995, 237f, vgl. ders., Evangelium in der Geschichte, Bd. 2, V&R/Göttingen 1998, 193f, 212. Die dialektische Theologie hat diese Reste entsprechend konsequent ausgeschieden und in ihrer Lutherrezeption nicht mehr aktiviert. Hier gibt es mithin einen Klärungs- und Reinigungsprozess in der Geschichte des christlichen Glaubens selber.

215 Hektographiert verteiltes Blatt. Ähnlich spricht z.B. E. Kübler-Ross vielfach von der Gottähnlichkeit des Menschen, von der Göttlichkeit unserer Seele, vom unsterblichen Selbst als Seele oder „Entität", vom allwissenden Selbst und unsterblichen Teil, von den Merkmalen unserer Göttlichkeit, z.B. in: Über den Tod und das Leben danach, Die Silberschnur/Neuwied, [16]1994, 48.50.57.63.79. Ähnlich immer wieder auch in ihrer Autobiographie „Das Rad des Lebens", Delphi/München 1997, 50.63.79.

216 Zu dem bezeichnenden Schwanken Meister Eckeharts an dieser Stelle vgl. schon Kapitel II Anm. 96. Auch heute wird – merkwürdigerweise sogar im Zeichen einer christlichen Adaption des Zen – diese Annahme und der Sprachgebrauch von der Göttlichkeit des Menschen wieder aufgenommen, hier allerdings – wie auch schon bei Eckehart u.ö. – unter einer ausdrücklichen Voraussetzung: „Wir selbst sind Gott? – Ja. Auch wenn dieser Satz in den Ohren eines Christenmenschen skandalös … klingt. Das liegt aber in der Annahme, ein Mystiker würde einen solchen Satz aus dem Ichbewusstsein heraus sprechen. In Wahrheit aber kommt er aus dieser Einheitserfahrung, in der es kein Ich und Du mehr gibt": W. Jäger, Die Welle ist das Meer, Herder/Freiburg [10]2002, das Zitat 49 u.ö.. Im gleichen Sinne ist die Doppelbedeutung des Begriffes „Selbst" im Umkreis der Advaita-Tradition, verbreitet heute durch Ramana Maharshi zu verstehen: erst indem es vergeht und stirbt, werden wir – nicht unser kleines illusorisches Ich – mit dem großen ewigen „Selbst" eins und identisch (H. Zimmer, Der Weg zum Selbst. Lehre und Leben des Shri Ramana Maharshi, Diederichs Gelbe Reihe, [9]2001, 28.35.145. Zur Kritik dieser Vorstellung auch der Vedanta-Tradition und ihrer christlichen Rezipienten, nach der das Ich (Atman) mit dem Brahman, dem Göttlichen letztlich eins und identisch, vgl. genauer S. 261ff.

217 Dies zu verstehen hilft eine alte christliche (reformatorische) Einsicht, nach der der Gegenbegriff zu „Geist" nicht „Materie", sondern „Ungeist" bzw. „Fleisch" ist. Im Sinne dieses christlichen Denkens sind „Geist" und „Fleisch" keine Materien oder Substanzen, sondern „Weisen" des Lebens. Das objectum muss nicht immer spirituale sein, sondern der usus (der „Brauch/Gebrauch" der Dinge, meint Luther dazu, WA 23, 185). Wir leben oder sterben daher „nach/gemäß dem Geist" oder „nach/gemäß dem Fleisch". Es käme dann weniger darauf an, ob etwas geistig oder materiell, jenseitig oder diesseitig ist, son-

dern in welchem Geist oder Ungeist wir es benutzen oder uns zu ihm verhalten. Auch geistige und meta-physische Phänomene und Erfahrungen können in Ungeist befangen und unreligiös benutzt sein. Entsprechend kann die hiesige ebenso wie jene esoterisch-metaphysische Welt durchaus in ungeistlichem, fleischlichem „Gebrauch" (usus) sein. Die EnergieWelten sind ja – wenn man Einsteins Formel bedenkt – auch nichts anderes als geschöpfliche Materie und materielles Substrat – nur in anderem Aggregatzustande, und sie können gottgemäß oder gottwidrig, religiös und irreligiös *benutzt* werden. Metaphysische Energien zu spüren und Lichterfahrungen zu haben, bedeutet daher noch keineswegs, religiös zu sein.

218 „Verschlungenwerden" = Schmerzen, Qual (nämlich der Gotteserfahrung). – Es ist dasselbe Kennzeichen, das Luther mit den Ängsten und Qualen der „göttlichen Geburten" in jenem Brief vom Januar 1522 (oben Anm. 212) als Zeichen echter Frömmigkeit benennt.

219 Z.B. Arthur Ford, Bericht vom Leben nach dem Tode, Scherz/Bern (o.J.), 73: „Gewisse Worte Christi sind wohl indessen so zu interpretieren, dass er eine Beeinträchtigung lebenswichtiger Tätigkeiten in der Gegenwart durch Spekulationen über das jenseitige Leben nicht für wünschenswert hielt. Seine Lehren betonen immer das zwingende Hier und Heute. Ein Leben, das alle Tage in fortschreitendem, liebendem Verständnis gelebt würde, müsste wie von selbst zu einem Glauben an die Fortdauer führen", vgl. ebd., 203. Ebenso A. Kriele, Wie im Himmel so auf Erden. Einführung in die christliche Engelkunde, Heine 13/9971, München 2003, 200: Erinnerungen an frühere Inkarnationen sind unnötig und nicht hilfreich. „Wozu soll das dienen? Worauf es ankommt, ist, die Gegenwart im Lichte der Ewigkeit zu leben …"

220 Zur Klärung dieser Fragen trägt, soweit ich sehen kann, der heutige Neoliberalismus, *soweit* er in idealistisch-identitätsphilosophischen Spuren geht, derzeit leider nichts bei. – Wie sich diese Einsicht zu der in Vedanta-, Advaita- und Meditationstheorien verbreiteten Annahme verhält, dass letztlich Göttliches und Menschliches eins und identisch seien, also auch hier jeder Dualismus und jede Unterscheidung zu überwinden sei, dazu vgl. in diesem Kapitel S. 261ff.

221 S. Lenz, Zeit der Schuldlosen – Zeit der Schuldigen, Hamburg 1961, und H. Broch, Die Schuldlosen, st 209, Frankfurt 1974, haben diese Verdrängung eindrücklich und – eben weil unsere Zeit lt. ihrer Diagnose so ist – folgenlos beschrieben, vgl. die dazugehörigen Luther-Interpretationen in: Schmerz der Gestaltlosigkeit, WPKG 1975, 402ff, spez. 411f. Über die heute verbreiteten Bilder und die Verdrängungsstrategien gegenüber diesem Thema eindrücklich Kl.-P. Jörns, Die neuen Gesichter Gottes, Beck/München 1997, 140ff.

222 Man vgl. hierzu P. Tillichs geniale Kurzfassung der sich wandelnden Formen der Angst in Antike (Angst um Unsterblichkeit), Spätmittelalter/Reformation (Angst wegen Schuld) und Neuzeit (Angst um Sinn, Erfüllung): GW XI, 38ff.

223 Der angesprochene – bei seinen Nachfolgern vielfach peinlich-unbeliebte – Freiheitssatz Luthers lautet wörtlich: „Wenn du ein Verkündiger der Gnade bist, dann predige keine fiktive (eingebildete), sondern eine wahre Gnade; wenn es aber eine wahre Gnade ist, dann sollst du eine wahre, nicht nur eine fiktive (eingebildete) Sünde begehen. Sei also ein Sünder und sündige tapfer drauf zu (fortiter), aber glaube noch kräftiger und freue dich in Christus …" (WABr 2, 372).

224 J.B. Metz, Der jüdische Geist und die Zukunft Europas, in: Kultur allein ist nicht genug, hg. von R. Boschki und D. Mensink, LIT/Münster 1998, 293ff, 300.

225 Die Belege über den Machtzusammenhang der „Sünde" in unserem Leibe, der wir nicht zustimmen sollen und über die Gleichzeitigkeit und Doppeldeutigkeit des Menschen finden sich in Luthers Anti-Latomus ausgeführt (WA 8), hierzu in politischer Perspektive: „Der ethische Komparativ in der Friedensfrage": WPKG 75/1986, 523ff, hier 536ff.

226 Der Garten des Menschlichen, 255.

227 B. Hellinger, Anerkennen, was ist, Kösel/München 1996, oder ders., Religion, Psychotherapie, Seelsorge, Kösel/München 2000. Ganz angemessen spricht Hellinger in diesen
Zusammenhängen nicht von Sünde, weil dieser kirchliche Begriff die Zugänge zu dieser
ohnehin schwer annehmbaren Thematik verstellen würde; die spezifisch religiösen, die
psychologischen Zusammenhänge (auch die Zusammenhänge der „großen Seele") weit
überschreitenden Implikationen und Hintergründe seiner Arbeit bezeichnet Hellinger dabei jedoch deutlich und ausdrücklich immer wieder.

228 Vgl. Kap. I S. 42ff. Von diesem religionskritischen Aspekt weiß die idealistische Theolo-
gietradition auch heute wenig zu sagen und beizutragen.

229 Der eine Mensch „zwei ganze Menschen": WA 2, 586. Auf die im Text beschriebene
Weise suche ich das totus homo peccator sinnvoll aufrechtzuerhalten.

230 Vgl. einstweilen S. Brandt u.a. (Hg.), Sünde, ein unverständlich gewordenes Thema, Neu-
kirchen 1997 und manche anderen Arbeiten von E. Pagels, Chr. Gestrich u.a. Hier ist es
aufschlussreich zu vergleichen und einzubeziehen, wie die Mythen ganz verschiedener
(europäischer und asiatischer) Völker – quer durch die Welt – von der Gebrochenheit und
Verhängnisverhaftung des Menschen aus seiner Ursprungsgeschichte her sprechen (vgl.
die Beispiele bei C.H. Ratschow, Von den Wandlungen Gottes, hg. v. Chr. Keller-Wentorf
und M. Repp, de Gruyter/Berlin 1986, 356f, 359f).

231 Ein Text, der die Verdrängung dieser Fragen im Bereich therapeutischer Selbsterfahrung
wunderschön thematisiert, ist der offene Brief von Rollo May, einem der führenden Geister der humanistischen Psychologie: The Problem of Evil. An Open Letter to Carl Rogers,
J. Hum. Psych. 22: 10–21, 1982. In letzter Zeit scheint sich – auf dem Würzburger Fach-
kongress 2003 – in diesem Themenbereich etwas zu bewegen, vgl. CiG 40/2003, 331f.

232 „Wir sind ZUGLEICH Sünder und Gerechte" – und das in den beiden Varianten, die die
Theologie- und Frömmigkeitsgeschichte erbracht hat: im eher trivialen, von W. Joest so
benannten „Partialaspekt" der Gleichzeitigkeit (wir sind teils gut, teils böse) wie auch in
dem spezifisch lutherischen Sinne des sog. „Totalaspekts", nach dem die beiden Seiten
und Möglichkeiten unseres Lebens in Gut und Böse, gerecht und schuldig bis zur Paradoxie gesteigert gleichzeitig sein und wir als der „eine ganze Mensch" geradezu „zwei ganze
Menschen" sein können (vgl. oben Anm. 229). Sobald wir uns mit unseren Teilaspekten
identifizieren, kann es uns geschehen, dass wir „ganz schuldig" und dennoch – wenn es
den Frieden über alle Vernunft gibt – auch „ganz gut" ("gerechtfertigt") und wieder
lebensberechtigt werden.– In diesem Abschnitt gehe ich deutlich mehr aus den Spuren
Luthers heraus und folge – angeregt von ihm – etwas anderen Motiven in der Deutung des
Simul.

233 A. Camus, Heimkehr nach Tipasa, Das Meer, in: Hochzeit des Lichts … (wie oben Anm.
210), 101. Auch das revoltierende Denken, so Camus, hat diese „Kultur mit dem doppelten Gesicht" verleugnet, ohne die „die Welt heute nicht länger auskommen kann. Das
Denken einer solchen Kultur „siegt weder über das Unmögliche noch über den Abgrund,
es hält ihnen die Waage": „Der Mensch in der Revolte", Kapitel „Das mittelmeerische
Denken", rororo 22193, Reinbek ²⁴2001, 338–340.

234 „Man kann Gott mit dem bösen Triebe dienen … ohne bösen Trieb ist kein vollkommener Dienst", M. Buber, Die Geschichten des Rabbi Nachman, Fischer-Tb, Frankfurt 1955,
40. Auch in Bubers Erzählungen der Chassidim kehrt dies Motiv wieder, denn es beschreibt keine Ausnahmesituation, sondern ein Grundlagenphänomen.

235 A.a.O. (wie Anm. 210) 109.

236 Die Wichtigkeit der theologia crucis gilt auch, wenn in ihrem Zeichen – „Leiden, Leiden,
Kreuz, Kreuz ist der Christen Recht, dies und kein anderes" (WA 18, 310) – kirchengeschichtlich unverkennbar Missbrauch und Masochismus betrieben wurde und z.T. noch
wird, nicht zu reden vom politischen Missbrauch dieses Topos im Sinne der Unterdrückung – bei Luther gegen die Bauern (wodurch die zentralen Einsichten Luthers in seinen

Bauernkriegsschriften nicht unwahr werden) ebenso wie im Jahre 1848 gegen die Revolution in Preußen u.ö.

237 Vgl. H. Kundler (Hg.), Anatomie des Glücks, Kiepenheuer & Witsch/Köln 1971.

238 J.B. Metz, Jenseits bürgerlicher Religion, Kaiser/München und Grünewald/Mainz 1980, 7. Metz' ganzes eindrucksvolles Werk ist voll dieser politisch engagierten Theologie und heute vielleicht das stärkste Argument für die Integration dieses Themas in unser Lebens- und Frömmigkeitsbewusstsein.

239 Vgl. „Der ständige Marx in der Theologie", in: WPKG 64/1975, 93ff.

240 Das ist der Sinn des 3. Teils von Luthers Obrigkeitsschrift sowie der Reihe seiner Schriften gegen Zins und Wucher, da diese die Seelen verwüsten. „Denn verflucht und verdammt ist alles Leben, das ihm selber zu nutz und zu gut gelebt und gesucht wird, verflucht alle Werke, die nicht in der Liebe gehen"; das Herz des politischen Menschen (damals des Landesherren) muss im „Gesetz der Liebe" unterrichtet sein (WA 11, 272.278).

241 An diesem Punkte haben die einander immer wieder widerstreitenden Traditionen der lutherischen (gegen die immer wieder drohende Messianisierung der Politik und für die Unterscheidung beider Bereiche) und der reformierten (gegen theologische Schizophrenie des politiklosen Glaubens und für den Zusammenhang beider Bereiche unter Gottes Gebot) verschiedene Akzente, die einander bedürfen und in komplementärer Bezogenheit aufeinander einen unausgeschöpften, immer produktiven Problemreichtum und Kompass bedeuten. Vgl. M. Kroeger, Theologische Klärung unseres Friedensverhaltens. Eine Zweireichelehre für den Frieden, Kohlhammer/Stuttgart 1984, 116ff. Speziell an Luthers Zweireichelehre kann man studieren, dass sie definitiv verfälscht, wer sie in völlig veränderten Kontexten wörtlich zitieren und unverändert erhalten will. Weiterschreibung und Rückung also auch hier, vgl. TRE, Art. Zweireichelehre/praktisch.

242 Auch an dieser Stelle bleibt die neoliberale Theologie bisher – überwiegend, nicht durchgehend – die Integration dieses (politischen) Themas in ihre versuchte Wiederbelebung und die deutliche Aufklärung des religiösen Bewusstseins schuldig – im Unterschied zu ihren älteren Vorstufen (von Schleiermacher bis zu Harnack, Rade, Troeltsch, im ESK oder bei Hirsch). Die reformatorischen wie dialektisch-theologischen Traditionen sind hierin derzeit – tendenziell – unvergleichlich eindeutiger. Die Kirchen können und müssen – als Gemeinschaft und als Institution, die sie sind – Bewusstsein und Erinnerung dieser Themen hochhalten, die das einzelne religiöse Bewusstsein nur zu oft überfordern. Sie tun dies heute auch weitgehend, weil in der Tat die „Gleichursprünglichkeit von Individualität und Sozialität" eine unausweichliche Wahrheit ist (so zu recht W. Huber, Ev. Komm. 11/1991, 672).

243 WA 10 I 1, 70.

244 So nämlich heißt es an einer Stelle in W.F. Ottos „Die Götter Griechenlands", die mich schon als jungen Theologiestudenten beeindruckte: „Zeus, der größte der Götter, ja der Inbegriff des Göttlichen, fehlt" in diesem Buch, er musste nicht eigens vorkommen, „weil in ihm alle Linien zusammenlaufen"; er *ist* alle Erfahrungen des Göttlichen, der verschiedenen Götter und Göttinnen (W.F. Otto, Die Götter Griechenlands, Schulte-Bulmke/Frankfurt a.M. 1947, 43).

245 Hamburger Ausgabe XIII, 46. Natur ist bei Goethe nicht nur die materielle Kreatur, sondern eben das Geheimnis, welches die – die polar und antinom strukturierte – „Welt im Innersten zusammenhält" und angesichts deren das Grauen „der Menschheit bester Teil" ist – auch wenn dieses Leben und Sterben der Schöpfung dem fortgehenden Leben dient.

246 Zur Erinnerung: Für Nils Bohr haben die Phänomene der Komplementarität ein neues Denken erzwungen, mit dem wir das in normaler, dualer Logik (der Gegensätze) Unvereinbare in einer neuen komplementären Logik zusammenzudenken gezwungen sind. Dabei hat schon Bohr vermutet, dass die Komplementarität nicht nur ein physikalischer, sondern bis in die Fundamente der Ontologie hineinreichender philosophischer Begriff sei

– ähnlich wie heute auch, speziell verstärkt durch naturwissenschaftliche Erkenntnisse der Thermodynamik und deren sog. 2. Hauptsatzes – die Zeitlichkeit bis in die Ontologie hinein gedacht wird (s. Kap. V Anm. 272). Komplementarität bedeutet dabei das Zusammendenken bleibender Gegensätze – z.B. von „schwarz“ und „weiß“, von Yin und Yang – auf neuer Ebene, nicht deren Vereinerleiung in Grau. Das reformatorische „sola gratia“ bleibt also in der komplementären Zuordnung zu etwas noch ganz anderem – zu Gericht und Vernichtung – als entscheidender religionsgeschichtlicher Fortschritt im Gnadenverständnis in Reinheit und Klarheit erhalten. Wie diese in normaldualer Logik mit der reformatorischen Grunderkenntnis unvereinbare Notwendigkeit mit ihr dennoch zusammenzudenken sei, ist eine einstweilen noch offenbleibende, hier nur anzuzeigende Aufgabe. – Yin und Yang, die ich in diesem Zusammenhang als Bilder und Symbole benutze, haben im genuinen Taoismus keinen unmittelbaren Bezug auf die Frage nach Gut und Böse, Leben und Leiden, da sie dort jenseits dieser Gegensätze gedacht werden. Ich nehme sie hier in einem durchaus veränderten Sinn in Anspruch.

247   Gottes doppelte Prädestination, auch zum Unheil: WA 18, 633. Dies ist m.W. die einzige Stelle, an der Luther die praed. gemina lehrt. Da er aber keine apokatastasis lehrt, kommen die übrigen reichlichen Stellen seiner Prädestinationslehre implicite auf das gleiche hinaus. Ausgezeichnete Rekonstruktion von De servo bei P. Steinacker, Luther und das Böse, NZsyTh 1991, 139ff, vgl. L. Pinomaa, Sieg des Glaubens a.a.O., oder O.H. Pesch, Hinführung zu Luther, Grünewald/Mainz 1982, 94f, 121, 259ff. – Gott nirgends und überall, im Bösen/Teufel/Hölle: WA 23,134; 19,219: auch sie sind Masken Gottes. Nicht Gott und Mensch, sondern Gott und Satan sind der Fokus und die fast eigenständigen Mächte des Widerstreits bei Luther, wobei das Leben und „Gott“ auf undurchsichtige Weise die Oberhand behält (L. Pinomaa, Der Sieg des Glaubens a.a.O., 50f.80). Beste Darstellung dieses Zusammenhangs bei H.-M. Barth, Der Teufel und Jesus Christus in der Theologie M. Luthers, V&R/Göttingen 1967, 185ff. – Zwei Worte Gottes – bei (nur christologischer!) Vorordnung des opus proprium: WA 7,24; WATR 1, Nr. 590 u.ö., und in der Tat: der Tod ist der Kunstgriff des Lebens, sein Sinn ist – als opus proprium – das Leben (über den Tod als Ergebnis eben der Evolution vgl. C.Fr. v. Weizsäcker, Der Garten des Menschlichen 145ff). Bei alledem scheint es Luthers religiöse Stärke, dass er die Zweideutigkeit und – in Prädestination und Weltgeschehen – Bedrohlichkeit des Göttlichen, die sich für ihn nur in Christus stillen und überwinden lässt, nicht übersehen und bestritten hat – trotz und zugleich mit der Liebe, die wie ein Backofen bis zum Himmel ist. Ohne Christus ist Gott der *auch* im Bösen und Vernichtenden wirkende und von Ewigkeit einen Teil der Menschheit verdammende – das hat Luther genau gesehen; es ist letztlich dieselbe Zweideutigkeit im Welt- wie im Heilshandeln Gottes, von bzw. in dem nur Christus errettet (über das erschreckend zweideutige Welthandeln Gottes unter seinen verschiedenen Masken vgl. das reiche Material bei H.W. Krummwiede, Glaube und Geschichte in der Theologie Luthers [wie unten Kap. VII Anm. 341]). All dies ist – was man nur nontheistisch sinnvoll denken kann – in Gottes unbedingter Allwirksamkeit und Alleinwirksamkeit begründet. Lebenslang bleibt die Anfechtung, und sie ist die Einbruchsstelle all jener Zweideutigkeiten und Ungewissheiten, ob man erwählt sei oder nicht und ob es der Teufel oder Gott ist, der im Leiden wirkt (P. Bühler, Die Anfechtung bei M. Luther, Zwingli-Verlag/Zürich 1942, 180ff), und das, obwohl Luther seit 1518/19 – trotz mancher persönlicher Einbrüche – eine Gewissheit im Wort und in Christus (extra nos) lehrt und glaubt. Die Vorordnung der Gnade Gottes als sein „eigentliches Werk“ ist also nicht von vornherein feststehende theologische Wahrheit, sondern muss – angesichts der fundamentalen Zweideutigkeit Gottes, der auch in der Gestalt des Teufels wirksam ist – immer erst errungen, erobert werden. Wie man sich hierzu – mit oder ohne Christus – verhält, das ist dann die bleibende Frage; aber eben diese Frage sollte klar sein, und Luther verhilft zu ihrer deutlichen Wahrnehmung. Ob er das hier liegende Problem des Wirkens

Gottes mit Hilfe der Unterscheidung der verschiedenen necessitates in De servo arbitrio gültig gelöst hat, darf hier offen bleiben; richtig und wichtig an ihr ist, dass das göttliche Geheimnis keine direkt das Böse wirkende causa prima ist, sondern als „Treiber" „in" allen Dingen, selbst in der Hölle, wirkt (diese aktive Konnotation Luthers muss man bei non-theistischer Interpretation des Geheimnisses als „Treiber" ohnehin zurücknehmen). – K. Barth hat dies alles – mehr als oftmals Luthers eigenste Verehrer und Nachfolger – bei Luther gesehen (es bleibe bei ihm ein verborgener Gott zurück, „den wir *hinter* seiner Offenbarung *auch* noch zu fürchten und zu verehren hätten") und – natürlich abgelehnt: die Offenbarung in Jesus Christus ist die einzige, endgültige und verbindliche, die Gottes Allmacht, Wollen und Tun bezeichnet, KD II/1, 236f; 609f; vgl. II/2,70f. Hier wird die Gotteserfahrung erkennbar domestiziert und verharmlost. Man versteht den traditionell lutherischen, notwendigen Widerspruch an dieser Stelle, denn Luther öffnet in der Tat und ebenso rechtens wie realistisch die Tore zur Wahrnehmung der Zwiegesichtigkeit des Göttlichen: Gottes offenbares Wort und Gott selbst sind ausdrücklich zu unterscheiden (WA 18, 684). Wie all dies mit der bleibend gültigen reformatorischen Entdeckung zusammenzudenken ist, das bleibt die hier nicht zu verfolgende, nur eben zu bezeichnende Aufgabe. Die Paradoxalität des Komplementaritätsbegriffs scheint die Spur für die Lösung zu legen, ohne dass die bis zum Zerreißen und zur Unverträglichkeit gespannten Gegensätze und Widersprüche der einschlägigen Realitätswahrnehmung übertüncht werden müssen.

248 Wer hierüber religionsgeschichtlich nachlesen möchte, wähle die noch immer einschlägigen Bücher von R. Otto oder M. Eliade.

249 Soweit Psychologie die hier angesprochenen Dimensionen in den Blick bekommen kann, sei – außer auf C.G. Jung – auf die sog. transpersonale Psychologie in ihren verschiedenen Varianten verwiesen (A.H. Maslow, St. Grof, K. Wilber u.a.).

250 U. Eco, Der Name der Rose, Große erweiterte Ausgabe, Zweitausendeins/Frankfurt o.J., 624.634f. Nicht dass Ecos Urteil zu einem theologischen Maßstab erklärt würde, aber seine Wahrnehmung stimmt aufs genaueste mit der theologischen Einsicht in die Unsinnigkeit gegenständlicher und in die unvermeidliche Notwendigkeit ungegenständlicher, non-theistischer Gotteserkenntnis überein, wie in Kapitel II dargelegt.

251 C.Fr. v. Weizsäcker, Der Garten des Menschlichen, 437.

252 Brihad-Aranyaka-Upanishad I,4, in: Upanishaden, Übertragen und eingeleitet von A. Hillebrandt, Diederichs/Düsseldorf u.a. ³1975, 55; vgl. Mundaka Upanishad 3,2: „Der, welcher das höchste Brahman kennt, wird selbst zu Brahman" (ebd., 186). Gegenwärtig wird diese Anschauung am stärksten verbreitet in der Weise des Ramana Maharshi von Tiruvannamalai: in seinen Reden wird das Selbst mit dem Göttlichen identifiziert (vgl. H. Zimmer, Der Weg zum Selbst [wie oben Anm. 216] 27, 35, 85, 104f. – Dasselbe in christlicher Advaita-Adaption bei H. Le Saux (Abishiktananda), Wege der Glückseligkeit, Kösel/München, 73ff.

253 Vgl. W. Jäger, Die Welle ist das Meer (wie oben Anm. 216), 49, vgl. 14 ("göttlicher Kern") oder 35 ("unsere wahre göttliche Identität") u.ö. Es dürfte aber, wo im Zeichen des Zen eine solche Identifizierung von Menschlichen und Göttlichen behauptet wird, eine semantische Unangemessenheit vorliegen: Zen kennt kein Göttliches und keinen Gott. Sobald man – durchaus Zen-ungemäß – „göttlich" für „Leere" oder „Nichts" einsetzt, liegt ein durch kein Zen- gedeckter Ausdruck einer Identitätsannahme vor. Daher wahrt z.B. H. Enomiya Lasalle – bei gewissen Formulierungsschwankungen – genau diese Unterscheidung und bleibende Indirektheit: „Nach christlicher Auffassung kann der Mensch niemals Gott werden", weswegen er die Zweideutigkeit Eckharts kritisiert (Zen-Buddhismus, Text der Auflage Bachem/Köln ²1972, 315); er spricht von der Gefahr, in die Identität abzuleiten (ebd., 401), und daher vom nur „Berühren" des Absoluten in der Erleuchtung (ebd., 398). An anderer Stelle (Nachwort der 3. Auflage 1974) spricht er jedoch von der

„vollständigen ‚Einswerdung'" im Zen und bei den christlichen Mystikern (ebd., 434 u.ö.) und von der gesuchten „Vereinigung" und „Einswerdung" mit Gott (ebd., 431), ja von „Umwandlung in Gott …, auf die allein es schließlich ankomme (ebd., 378). Der Schlüssel zu diesem Schwanken dürfte in Lasalles Dürkheim-Zitat liegen: „Der Dualismus wird keineswegs vernichtet, sondern auf eine andere Ebene gehoben" (ebd., 401). – Auch bei D.T. Suzuki kommt es – natürlich – zu keiner wirklichen Identitätsbehauptung, wenn er Zen als das dritte Auge für das tiefste – ungegenständliche – Geheimnis aller Dinge beschreibt, in welches wir von Angesicht zu Angesicht – wie zwei Spiegel – schauen und in dessen Abgrund des Namenlosen im satori wir stürzen, wobei es ausdrücklich keine verborgene Tiefe des Geistes, kein höheres Selbst und keine Wahrheit des Zen, keine Gotteserkenntnis, nur aller Dinge Leerheit und Welt wie sie ist, gibt (Die große Befreiung, Weller/Leipzig ²o.J., 58, 69, 85–87, 135, 150).

254 W. Jäger a.a.O., 82–84. Das Bild von Welle und Meer suggeriert offenbar Unzutreffendes und bleibt unangemessen.

255 Dass es so etwas wie einen Zusammenbruch der Ichgrenzen – speziell im sexuellen Akt – gibt, das weiß man seit langem (vgl. M. Scott Peck, Der wunderbare Weg, Arkana/Goldmann, München 1997, 87ff, 93ff), und er ist schon oft religiös gedeutet worden. Die religionsgeschichtlich alte Erfahrung der Sexualität als Ort religiöser Selbstüberschreitung würde im Sinne des hier (weiter unten) Dargelegten ihre Präzision finden. Sie wäre nicht Erfahrung der Einheit und Identität mit dem Letzten, Göttlichen, sondern nur deren bzw. dessen implizierte „Mitwahrnehmung". Doch dieser sexuelle Vorgang ist deutlich etwas anderes als die Erfahrung des satori. Die Überschreitung aller Gegensätze in Zen und Advaita scheint hiermit zwar nichts zu tun zu haben, doch die Zustimmung zu ihnen und der Wunsch nach ihrer Einheits- und Ganzheitserfahrung dürfte nicht ganz selten auf der Linie und in der erwünschten Analogie jener sexuellen Erfahrungen stattfinden: in geheimer Verwechslung beider.

256 Entsprechend hätte die ungegenständliche Meditation vielleicht auch zu lernen, dass sie im satori nicht – wie oft vermutet und in Anspruch genommen – jenseits von Zeit (und Raum) geriete, sondern nur jenseits der Newton'schen Zeit, vgl. Kapitel V, Anm. 272. Aber auch das bleibe der Kontrolle jener „empirischen Meta-Physik" der Meditation vorbehalten.

257 Vgl. schon Kap. I S. 62ff.

258 Z.B. Ramana Maharshi bei H. Zimmer a.a.O., 26, 75, 108, 142.

259 Es scheint, als wenn in jüngster Zeit – vermutlich durch Einfluss der allgemein kulturellen wie religiösen Rückfragen aus dem Westen? – tatsächlich eben diese Tendenz einer stärkeren Bejahung des Einzelnen und Vielen im Buddhismus sich abzeichnet: H.E. Lasalle sieht spät – gegen Ende seines Lebens – die Gleichzeitigkeit beider Auffassungen (Zen-Buddhismus [wie Anm. 253] 424), die gleiche Tendenz berichten M. v. Brück/Wh. Lai, Buddhismus und Christentum [wie Kap. II Anm. 81] 513. Ebenso G. Mehren in seinem Vorwort zu H. Zimmer, Der Weg zum Selbst a.a.O., 9.

260 R. Maharshi, Sei, was du bist. Hg. von D. Godman, O.W. Barth 2001, 184f u.ö.

261 M. Buber, Urdistanz und Beziehung, Lambert Schneider/Heidelberg ⁴1978. Fr. Gogarten, Protestantismus und Wirklichkeit, 1923, zuletzt abgedruckt in: Anfänge der dialektischen Theologie, Teil 2, hg. von J. Moltmann, Kaiser/München ²1967, 191ff: die Beziehung sei „in dieser Urscheidung und in diesem Urverhältnis gegeben", die den „ungeheure[n] Anspruch des Ich, das eigentliche Prinzip der Wirklichkeit zu sein", „als die widergöttliche Überheblichkeit des Geschöpfes, das sich zum Schöpfer machen will", entlarvt (205). Nach dem theismuskritischen Durchgang, auf neuer Ebene, bewährt sich mithin die zitierte Einsicht Bubers und Gogartens, die jedoch unter den Vorbehalt des primär unpersönlichen Göttlichen (wie Kap. II beschrieben) zu stellen, in diesem Rahmen aber bleibend gültig ist.

262 Gerne hätte ich noch die religiösen Grundworte „Offenbarung" (des Fremden und Heiligen, dem religiösen Bewusstsein nicht zugänglichen) und „Wort Gottes" hier eingeführt und – auch sie in unvermeidlicher Rückung und Verschiebung für das konfessionelle Denken wie als Zumutung für die freie Religiosität – erläutert. Der begrenzte Raum verbietet es für diesmal. Denn man darf auch diese Begriffe weder ihrer neoliberalen Ausblendung noch ihrer konfessionellen und dialektisch-theologischen Überanstrengung überlassen. Auch Offenbarung gibt es nicht nur in Christus, alle Welt kann vielmehr Ort und Organ der Offenbarung werden. So verstanden aber müsste sie ein bleibendes Thema sein.

263 C.Fr. v. Weizsäcker, Der Garten des Menschlichen, 203, 220f, 298–301, 311. – Wahrheitsmodell Schlüssel/Schloss statt Bild/Abbild ebd., 204, 430.

264 Vgl. Kapitel VII.

265 Stories for Friends, 75 years J.-E. Berendt, 2001/Frankfurt, Begleitheft.

266 M. Houllebecq, Suche nach Glück, Köln 2000, 119.

267 Ein vorwärtsweisender Gebrauch der lutherischen Bekenntnisschriften eröffnet sich, sobald man sich darauf besinnt, dass im Herzen eben dieser Bekenntnisschriften die Schmalkaldischen Artikel mit Luthers Lehre von Gesetz und Evangelium stehen, womit das hermeneutische Prinzip der Verwandlung und Offenhaltung eben dieser Theologie – durch den von Luther inaugurierten „Gestaltwandel des Gesetzes" – verankert ist (vgl. Kapitel VII). Die reformierte Tradition ist in der Fortführung der Reihe ihrer Bekenntnisschriften bekanntlich ohnehin flexibler und offener, dafür ist sie religiös verschlossener. Vgl. sehr schön J. Hempel, Zur Aktualisierung Lutherischer Bekenntnisschriften, in: ders., Kirche wird auch in Zukunft sein, EVA/Leipzig 1994, 93ff.
Dennoch bleibt es ein Problem, dass die Theologiestudierenden so weitgehend in – reformiert wie lutherisch – altprotestantischen Denk- und Sprachmustern aufwachsen und gebildet werden, so dass sie den Sprung in die zeitgenössischen religiösen Sprechwelten oft nicht oder nur mühsam finden und ungekonnt schaffen – wenn sie ihn denn überhaupt wollen (darüber weiter Kapitel V).

268 Diese Veränderungen müssen wir selbst neu schaffen und verantworten. So gibt es zwar gewisse Vorstufen religiöser Autonomie in Luthers Glaubensverständnis und Gewissensfreiheit, doch kennt Luther das neuzeitliche, neu-protestantische Autonomieverständnis, welches aus anderen Wurzeln stammt, nicht; das in Gottes Wort gebundene Gewissen – sei es in den Ablassthesen, sei es in seinem berühmten Bekenntnis zu Worms – ist nun einmal etwas anderes als das neuprotestantisch-autonome Gewissen des neuzeitlichen und heutigen Menschen. Das neuprotestantische Missverständnis der reformatorischen Theologie, das diese Unterschiede einebnete, sollte daher heute nicht wiederholt werden. Es macht also nicht viel Sinn, erneut die derzeit gemeinte religiöse Autonomie fast umstandslos aus Luther ableiten zu wollen, wie dies derzeit wieder versucht wird (vgl. U. Barth, Die Geburt religiöser Autonomie. Martin Luthers Ablassthesen von 1517, in: Das protestantische Prinzip, hg. v. A. v. Scheliha und M. Schröder, Kohlhammer/Stuttgart u.a. 1998, 3ff; die von Barth ebd., 35 bestrittene Interpretation Brechts behält eben doch historisch Recht). Mindestens ebenso berechtigt, in genauer Betrachtung und historisch gesehen sogar noch eher angemessen scheint daher F. Wagners These, (historisch genau verstandene) Reformation und Autonomie schlössen sich aus (Protestantische Reflexionskultur, in: Protestantische Identität heute, hg. von Fr.W. Graf und Kl. Tanner, Gütersloh 1992, 31ff, hier 33). So gilt es heute, die komplementäre Kompatibilität von reformatorischer Theologie und heutiger Autonomie zu erkennen und zu bewähren – mit Luther über Luther hinaus.

269 Diese Integration der „natürlichen" Religiosität und Theologie in die biblisch-reformatorische Theologie und umgekehrt: die Integration und Vermischung der biblisch-reformatorischen Theologie mit der „natürlichen" in der Begegnung beider scheint mir die einzig mögliche Lösung des Problems der „unbewältigten natürlichen Theologie" zu sein (vgl.

den so überschriebenen schönen Beitrag von Chr. Gestrich in ZThK 68/1971, 82ff). Nur in solchem Begegnungs-, Beziehungs- und Arbeitsprozess, nicht durch irgendeine systematische Definition oder Abgrenzung dürfte dieses alte Problem lösbar und – da es sich unausweichlich immer wieder neu stellt, solange Menschen leben – behandelbar sein. Wird „natürliche Religion" in solch ständigen Bezug und Begegnung mit den älteren Formen biblisch-reformatorischer Erfahrung gebracht, so erübrigt sich die theologiegeschichtlich fast eingeschliffene, jedoch wenig hilfreiche Ablehnung dieses Begriffs, vgl. oben Anm. 19.

Kapitel V

270 Die erheblichen Folgen, die dies – und anderes hier Dargelegte –, nähme man es ernst, für die theologische Ausbildung, Fortbildung und für die Gewährung von Moratorien und Entwicklungszonen für PastorInnen hätte, sind nicht zu übersehen.

271 U. Eco, Kant und das Schnabeltier, Hanser/München 2000, 65, 68f: „Dass das Sein dem Reden, durch das wir uns innerhalb seines Horizontes niederlassen, Grenzen setzt, bedeutet nicht die Negation der hermeneutischen Aktivität: Es ist vielmehr deren Bedingung", „Die Sprache konstruiert das Sein nicht *ex novo*: Sie befragt es, und sie findet immer und in irgendeiner Weise etwas *Vorgegebenes* (wobei das nicht bedeutet, daß dieses Vorgebene bereits abgeschlossen und vollständig ist)." Zur unbegrenzten Semiose (Peirce) vgl. U. Eco, Zeichen. Einführung in einen Begriff und seine Geschichte, es 895, Suhrkamp/Frankfurt 1977, 162ff, 168ff.

272 Zur Zeitlichkeit des Seins vgl. außer den eindrucksvollen Werken von Prigogine (Vom Sein zum Werden, Piper/München 1979 und ders./I. Stengers, Dialog mit der Natur ebd., 1980) jüngst noch Fr. Cramer, Symphonie des Lebendigen, insel-tb 2188, 1998, 9: „Zeit ist Sein, und Sein ist Zeit", 33: „der Sinn von Sein kann nur in der Zeitlichkeit gefunden werden". Dann allerdings würde es sich nicht mehr um die „präparierte" und ausschnitthaft reduzierte Zeit der reversiblen Systeme Newtons, Einsteins, Rutherfords/Bohrs/Heisenbergs, sondern um eine vieldimensionale „offene" Zeit (Picht/v. Weizsäcker) handeln, vgl. A.M. Klaus Müller, Die präparierte Zeit, Radius/Stuttgart 1972 und C.Fr. v. Weizsäcker, Der Garten des Menschlichen, 315f (Picht: „Die Zeit ist selbst das Sein" und „Die Menge der Möglichkeiten wächst"), 344, 435f, 560f; ders., Die Einheit der Natur, 172ff, 241ff. – In dieser Perspektive wäre dann auch in „empirischer Metaphysik" zu prüfen, ob die angenommenen mystischen Einheitserfahrungen wirklich das Ende von Zeit und Zeitlichkeit bedeuten und jenseits ihrer sind, wie oft behauptet wird; ob es sich in ihr nicht vielmehr um eine andere (nicht präparierte, nicht-Newton'sche) Weise der Zeitlichkeit handelt – eine Fragestellung, die bisher vielleicht nur zu wenig Aufmerksamkeit und Reflexion erfuhr – auch bei der Reflexion von Meditation?

273 Daher ist hier m.E. auch denen zu widersprechen, die da meinen, es gelte heute ausdrücklich an unentmythologisierten Bildern der Bibel festzuhalten, welche genau und unersetzbar seien; man dürfe sie nicht übersetzen, habe sie vielmehr zu schützen und ihnen treu zu bleiben. Selbst J.B. Metz, von dem diese Sätze stammen (zit. Bei T.R. Peters, J.B. Metz, Theologie des vermissten Gottes, Grünewald/Mainz 1998,100), sucht sich also hier einen Ort der Unwandelbarkeit und Geschichtslosigkeit Gottes zu erhalten.

274 Dazu, dass die Chiffre „Entmythologisierung" durch seit Bultmanns Tagen erfolgte Einsichten – speziell zum Mythos-Begriff – ungenau und schief geworden ist, vgl. in einer unübersehbar gewordenen Literatur besonders eindrucksvoll K. Hübner, Die Wahrheit des Mythos, Beck/München 1985 sowie die Arbeiten von H. Blumenberg; ähnlich für die Unersetzlichkeit des Mythos schon damals E. Lohmeyer in Kerygma und Mythos I, ed. H.-W. Bartsch, Reich/HH-Bergedorf, ³1954, 139ff). Das unbefriedigte und unabgeschlossene, unabschließbare Übersetzungs- und Transformationsbedürfnis, das aus jener niemals endenden Semiose folgt, bleibt jedoch von dieser berechtigten Kritik unberührt. Dass die

zentralen religiösen Sachverhalte nicht oder nur begrenzt *direkt* – in existentialer Interpretation – zugänglich sind, sondern der Bilder, Symbole oder anderer Analoga bedürfen, bedeutet daher nicht, dass damit schon die alten Mythen und Metaphysiken der biblischen und kirchlichen Tradition ins Recht gesetzt wären. Wenn man der Einsicht in die Vorläufigkeit und Diesseitigkeit all unserer Sprach- und Vorstellungsversuche nicht entgeht, dann gibt es keinen Grund, die spätantiken Bilder, Visionen und Vorstellungen zu verabsolutieren und zu kanonisieren, nachdem sie ihre hermeneutische Kraft wesentlich eingebüßt haben.

Kann es also nicht mehr um Entkleidung von Bildern und Mythen gehen, so muss es doch *um eine Verschiebung zu neuen Bildern, Analogien und Symbolen* bis hinein in die der Gottesvorstellung und Christologie gehen (vgl. Kapitel II und III), da es einen „neuen Mythos" (in irgend einem strengen Sinn des Wortes) schwerlich noch geben kann. Die heute vielfache „Arbeit am Mythos" und seine erneute Rechtfertigung (Levy-Strauss, Blumenberg, Marquardt, zur Übersicht vgl. M. Fuhrmann [Hg.], Terror und Spiel. Probleme der Mythenrezeption, München 1971) belegt die Reichhaltigkeit der Interpretationsgeschichte von der Antike bis zu Schelling/Hölderlin und weiter, zeigt aber schwerlich, dass „der" oder „ein" Mythos heute noch Heimat bzw. Gehäuse seiner unverzichtbaren Motive sein kann noch dass er eine gegenwärtig gültige Deutungs- und Selbstverständigungsform sei. Ob man künftig irgendwann einen neuen Gesamtentwurf als neuen „Mythos" bezeichnen wird, wie das um 1900 aus Bachofens und Nietzsches Erbe vielfach geschah und heute hin und wieder unscharf versucht wird, muss offen bleiben. Jedenfalls wäre ein solcher Mythos von ganz anderer Art als der antike Mythos und rechtfertigt dessen unbesehene Kanonisierung (in biblischen Texten) ebenso wenig wie die der ihm nachfolgenden Metaphysik, auch wenn er einen Überschuss an unübersetzbaren Geheimnis-, Lebens- und Todesbildern in sich birgt. *Symbol und Analogie* treten daher im heutigen Denken, soviel ich sehe, sinnvollerweise in zentraler Funktion an die Stelle des Mythos und der ihm nachfolgenden Metaphysik – nicht allerdings im Blick auf *Welt*deutung und sinnvolle -kohäsion. Dieser Platz bleibt derzeit unbesetzt; auch Analogie und Symbol füllen ihn nicht aus. Beide wahren aber – entgegen der als Folge direkter Existential- oder Psychologieinterpretation drohenden Reduktion – das Geheimnis und wissen, dass es existentielle Sachverhalte gibt, die ohne Bild und Symbol/Analogie nicht ausgedrückt werden können. Eine Entsymbolisierung wird daher niemand vorschlagen wollen.

Die auch heute wieder – angesichts des dominierenden Rationalismus nicht ohne Grund – im Gang befindliche vielfache Remythisierung (der Natur, des Matriarchats, in der Esoterik) oder Konstruktion artifizieller Mythenwelten des „Herrn der Ringe" u.ä. verlangt ebenso nachvollziehende wie kritische Interpretation und Symbolisierung der gemeinten Sachverhalte, nicht aber Anerkennung und Reproduktion des Mythosbegriffs und neuer Mythologien. Das derzeitige Mythos-Interesse scheint unter der Hand eine theologische Aufwertung des Mythosbegriffs und seiner Ontologien mit sich zu bringen, was ein derzeit deutlich regressives Beharren auf biblischen und altkirchlichen Sprachmustern als den einzig oder vorrangig legitimen zur Folge hat.

Der kulturelle Kontakt zu den alten Vorstellungswelten reißt heute unübersehbar ab, daher die Notwendigkeit von Transformation in neue Bilder und Symbole. Die Hermeneutik des Entmythologisierungsprogramms ist daher nicht einfach falsch, sie ist nur eben ungenügend geworden, wie jeder Übersetzungsversuch des Unsagbaren sich immer wieder überholt, ohne doch etwas von seiner Notwendigkeit zu verlieren. Auch unsere Übersetzung in heutige Symbole wird sich eines Tages überholen, ohne darum heute illegitim zu sein. Die heute beliebte Bultmann-Kritik bleibt, da sie nichts Vergleichbares und Besseres an die Stelle seines Impulses setzt, durchaus richtig und – regressiv, unproduktiv. Bultmanns Programm sollte mithin als Chiffre notwendiger Transformationen im Bewusstsein bleiben, solange ein ähnlich produktiver Ersatz nicht gefunden und in Gang gesetzt ist.

275   Quod illis tunc erat spiritus, nunc nobis est litera, vgl. dazu Kap. VII S. 346f.

276   Über all dies vgl. bereits Kapitel IV und weiter Kapitel VII.

277   So verschieden die Inhalte sein mögen – in einem stimmen alle Religionen überein: sie stellen den Menschen vor die Aufgabe, sich selbst und seine Tiefendimension auf die eine oder andere Weise ernst zu nehmen. Hier überwindet die Gemeinsamkeit der Religionen das beliebte Verhaltensmuster, mit dem Hinweis auf die Vielheit der verschiedenen Religionen sich jedem Ernstnehmen religiöser Fragen zu entziehen. Wer auch nur irgendeine Religion – und sei es in diesem Lichte gesehen die eigene Religiosität – ernst nimmt, gerät ans Ende seiner Beliebigkeit. Die Vielfalt der in dem zentralen Anliegen des Unbedingtseins übereinstimmenden Religionen beendet die Ökumene der Beliebigkeit und den Versuch, alle Religionen in völliger Distanziertheit und achselzuckender Beliebigkeit gegeneinander auszuspielen.

278   Dies ist natürlich auch die Position, die lange genug die Verbreitung der historisch-kritischen Wissenschaft – sei es im Blick auf das altkirchliche Dogma (Harnack), sei es im Blick auf die Bibelkritik und Entmythologisierung (Bultmann) – von den Gemeinden fernzuhalten suchte, in der Meinung, sie in ihrem Glauben so schützen zu können und zu müssen. Gerade so aber wurde der bis heute nachwirkende Hiatus zwischen Bildung/religiösem Bewusstsein/distanzierter Christlichkeit und Kirche/Theologie mitbewirkt und verstärkt. Dieselbe Frage wiederholt und verschärft sich heute – im Zeichen der alternativen Spiritualität und christlichen Distanziertheit – auf einem unvergleichlich radikalisierten Niveau.

279   In Wesentlichem, nicht freilich in allem ist das biblische und reformatorische Denken dem religiösen Bewusstsein und dem theologischen Liberalismus voraus: Mancherlei von dem, was wir heute religiös erfahren und theologisch wissen, wie z.B. das Beharren auf der autonomen religiösen Erfahrung, der interreligiösen Wahrheit, den immer wieder thematisierten christologischen Wandlungen, der Erweiterung des Offenbarungsbegriffs (bei Troeltsch, R. Otto u.a.) oder die Einsicht in die „Weiterentwicklung der Religion" ist mit biblisch-reformatorischer Wahrheit zwar kompatibel, stammt jedoch nicht aus ihr und ist doch theologisch gültig. Offenbarwerden religiöser Wahrheit lässt sich eben nicht auf biblische Offenbarung beschränken. Vgl. Kapitel II, III, IV.

280   Vgl. schon Kap. IV.

281   Über die Anwendung des galatischen Konflikts auf diese Frage vgl. Kap. II, Anm. 71 und Kap. VII.

282   So bereits C.G. Jung, Über die Beziehung der Psychotherapie zur Seelsorge, Vortrag vor Elsässer Pfarrern im Jahre 1932, G.W. XI, 355ff.

283   Pfarrer- und Lehrerschaft gehören bekanntlich zu den forbildungsunwilligsten Berufsgruppen unter den im sozial-kommunikativen Felde Arbeitenden. Die in den 1970er Jahren verstärkte Fortbildung hat längst flächendeckend wieder abgenommen und wird z.T. von kirchenleitenden Stellen offen heraus niedergeredet („dergleichen Ausgebildete haben wir schon zu viele herumlaufen") – was sicher auch, aber nicht nur eine Rückfrage an die bisherige Ausbildungsqualität bedeutet. Kein Sozialarbeiter oder Therapeut würde es wagen, mit so wenig ständiger Fortbildung, Supervision und Feedbackarbeit wie Pfarrer und Lehrer seine Arbeit zu tun. Darüber, wie in universitären, kirchenleitenden und pfarramtlichen Kreisen über diese Aufgabe gesprochen und diese herablassend beiseite geschoben wird, ließe sich ein eigener Roman schreiben.

284   Neben dem umgangssprachlichen Begriff der „klassischen" Theorien (Theologien) gibt es in unserem Jahrhundert den quanten- und relativitätstheoretischen Gebrauch dieses Begriffs, der auch den theologischen Begriff überraschend erläutert und präzisiert. Er besagt dort, dass die Einsichten der „klassischen" Physik (z.B. Newtons) auf dem neuen Niveau des nächsten Paradigmas (der Einstein'schen Relativitätstheorie) für ihren Geltungsbereich durchaus erhalten und gültig bleiben, wobei aber gewisse Unschärfen der älteren Theorie

(z.B. von Newtons Raumbegriff) erst eigentlich hervortreten, bewusst und benennbar werden, also eine gewisse Relativierung und gleichzeitig eine Präzision erfahren. Dies bestätigt sich analog in der religiösen Erfahrung, dass nämlich die – auch in der christlichen Theologiegeschichte – klassischen theologischen Grundbegriffe unserer Tradition sich – unter gewissen Bedeutungsverschiebungen, die sie im neuen Paradigma erfahren – durchaus bewähren, erhalten und in Gültigkeit bleiben, zugleich aber leicht, jedoch mit revolutionären Folgen verschoben, präzisiert und verändert werden. An einer ganzen Reihe – gleich zu benennender – klassischer theologischer Grundbegriffe tritt die längst spürbare, aber bisher nicht benennbare und erklärbare Unschärfe der älteren („klassischen") theologischen Theorie hervor, die schon immer – gemessen an der genau gespürten religiösen Erfahrung – nicht mehr ganz plausibel war.

Hin und wieder wird die Meinung geäußert, der Begriff des Paradigmas habe Schwächen und sei bereits veraltet und verstaubt, man vgl. z.B. die eindrücklichen Problematisierungen des Begriffs bei J.B. Metz in: H. Küng, D. Tracy (hg.), Das neue Paradigma von Theologie, Benziger Verlag/Gütersloher Verlagshaus 1986, 119ff. Doch im allgemeinen, scheint mir, sind Begriff und Vorstellung und das mit ihnen bezeichnete Problem – trotz diskutierbarer Schwächen – noch immer unersetzt und unabgegolten. Ich benutze sie daher.

285   Zu diesem nachmetaphysischen Begriff von „meta-physisch" vgl. die übernächste Anmerkung.

286   Vgl. Kap. VII sowie zur unendlichen Semiose S. 284ff in diesem Kapitel. Zur Überwindung des drohenden Relativismus durch den Begriff der Unbedingtheit vgl. Kap. III S. 135f.

287   Hierzu vgl. Kap. II S. 82ff und Kap. IV S. 219ff. Beides – radikal weltimmanente und meta-physische Transzendenz – findet sich heute deutlich nebeneinander, in und auch jenseits der Kirche. Über die verbreitete Verwechslung und Irreführung, als wäre die metaphysische Erfahrung näher an der religiösen oder „Gottes"erfahrung als die weltimmanente vgl. Kapitel IV S 218ff. Da allerdings die immanente Transzendenz die weniger begriffene und zugängliche ist, muss sie im theologischen wie religiösen Bewusstsein als Möglichkeit vorrangig bewusst gemacht und betont werden.

288   Nur der Religionsbegriff als solcher – schon kaum noch seine pan(en)theistische Konnotation – gehört zum paradigmatischen Geltungsbereich dieses Begriffes. Er ist die Einbruchsstelle immer neuer religiöser Kreativität in die etablierten Religionssysteme. Hingegen sind die inhaltlichen Konturen, die ich – oben Kap. IV – aus reformatorischem Erbe ihm zugeordnet habe, nur ein zusätzlicher Vorschlag und ein Angebot, der keine paradigmatische Kraft hat (obwohl das Verständnis von „Religion" ohne solche Präzisionen und Konkretionen leicht von Struktur- und Inhaltsleere bedroht bleibt).

289   Vgl. Kapitel I S. 54ff.

290   Vgl. Kapitel I S. 62ff und Kapitel III.

291   Vgl. Kapitel II, zur präzisionsbedürftigen Mystik vgl. Kap. IV S. 215ff und S. 261ff.

292   Vermutlich hat nur der Zerfall der ehemaligen Bestimmungsstücke der Christologie paradigmatischen Rang. Die von mir genannten Gesichtspunkte einer neuen Christologie dagegen stellen eher nur Aufgaben, die das Paradigma uns stellt, dar. Sie stehen daher hier nur uneigentlich unter den Bestimmungsstücken des neuen Paradigmas. Vgl. Kapitel III.

293   WA 7, 592f.

294   Vgl. St.H. Pfürtner / U. Schoenborn (Hg.), Der bezwingende Vorsprung des Guten, LIT/Hamburg 1994. – Die Frage nach *Leid und Bösem*, die in der bisherigen Form m.E. nicht länger sinnvoll ist, macht – zusammen mit der veränderten Weise der heute möglichen *Gewissheit* (vgl. Kapitel VI) – die Wasserscheide zwischen der alten und der heutigen Welt und ihrer Frömmigkeit, der alten und der heute nötigen und möglichen Identität, zwischen dem klassischen und dem heute fälligen Paradigma von Theologie und Gewissheit aus. Doch dieses Kapitel vom Bösen bleibt, da es vermutlich ein noch ganz anderes,

über die Tradition wie über die derzeit versuchten Lösungsversuche (H. Jonas, J.B. Metz u.a.) hinausgreifendes Denken verlangt, in diesem Buch bis auf einige Andeutungen ausgespart. Doch genannt werden musste auch diese Problem-Facette beim Versuch der Erfassung des neuen Paradigmas. Vgl. Kap. IV S. 253ff.

295 Vgl. S. 104f. Über C.Fr. v. Weizsäckers reichhaltige und unvergleichlich weiterführende Ansatzpunkte vgl. ders., Die Einheit der Natur (1971), Einleitung zu G. Krishna, Biologische Basis der Glaubenserfahrung (O.W. Barth/Weilheim 1971) und Der Garten des Menschlichen (1977).

296 Vgl. S. 309ff in diesem Kapitel.

297 Ein eindeutiges Verhalten zu politischen und gesellschaftlichen Fragen scheint der sich abzeichnenden alternativen Spiritualität und Religion angesichts der strukturellen Verdrängung von Politik durch Ökonomisierung und Privatisierung alles Humanen und Religiösen leider nicht eigen und essentiell zu sein. (Hier sind die christlichen Kirchen unseres Raumes – glücklicherweise – nach langen Schwankungen, speziell im Luthertum, von einer im Ganzen dankenswerten Klarheit und Entschiedenheit.) Daher scheint die Frage des Verhältnisses zum Politischen und Gesellschaftlichen nur zu den Soll-, nicht zu den Ist-Bestimmungen des neues Paradigmas zu gehören. Somit ist dieses Thema nicht hier, sondern nur auf der Inhaltsebene als thematische *Aufgabe* – gegen das sich abzeichnende Paradigma und in seiner Ergänzung – zur Geltung zu bringen (wie Kapitel IV S. 245ff geschehen). Schillebeeckx, Metz, Boff u.a. allerdings haben die Politisierung als Zentralelement des neuen Paradigmas angenommen (mit ihren Beiträgen in: H. Küng, D. Tracy, Das neue Paradigma von Theologie [wie oben Anm. 284]). Ich glaube aber, dass hier – leider – nur eine allzu berechtigte und notwendige Hoffnung und daher eine Aufgabe, aber kein mit der Kraft der faktischen Entwicklungen sich aufdrängendes paradigmatisches Element gegeben ist.

298 Dass die genannten Bestimmungsstücke des neuen Paradigmas durch Ergänzung, Widerspruch und Neuinterpretation von theologischer Seite ihrerseits eine Modifikation erfahren müssen, also keineswegs kritikresistent und widerspruchslos hinzunehmen sind, zeigte sich z.B. schon oben an dem gegenüber der verbreiteten Auffassung des Begriffs wesentlich veränderten Autonomieverständnis, dem in seinen Schwächen beschriebenen Religionsverständnis, am Widerspruch gegen die im derzeitigen Paradigma verbreitete Ausblendung von Politik wie an der Auffassung von Pluralismus, dessen Beliebigkeitsmoment kritisiert und durch ein streitbar-dialogisches und unbedingtes Ernstnehmen – mitten im Pluralismus – verändert werden muss. Ihre paradigmatische Anerkennung bedeutet daher nicht (wie ein kurzschlüssiger Blick annehmen könnte), es würden bürgerlich-neoliberale Definitionselemente von Humanität mit den christlichen gleichgesetzt oder verwechselt.

299 Zum Beleg, wie gegenwärtig noch diese Vermeidungen sind, notiere ich zwei (beliebig zu vermehrende) Beispiele:

In einem nächtlichen Fernsehgespräch mit G. Gauß hat ein renommierter und hochgebildeter Naturwissenschaftler im Jahre 1999 gemeint: Er wolle niemanden kränken und schon gar die Grundlagen des christlichen Abendlandes nicht niederreden, aber er müsse doch sagen, dass er, seit er Darwin kennen gelernt habe, diesem und nicht der Bibel geglaubt habe.

Entsprechend hat Helmut Schmidt in einer Hamburger Vortragsreihe prominenter Zeitgenossen „Warum ich (k)ein Christ bin …" (1997, texte aus katharinen, tak nr. 2 herbst 97) gemeint: „Ich glaube nicht, ich kann nicht an die Wunder der Bibel glauben, nicht an das leere Grab. Ich glaube, Gott ist der Herr allen Geschehens, aber mit der heiligen Dreieinigkeit von Gott und Sohn und Heiligem Geist habe ich ganz große Schwierigkeiten. Und ich bin der Frage gewärtig: Bin ich vielleicht deshalb kein Christ? Oder bin ich vielleicht nur ein ganz schlechter Christ? Aber muss ich als Christ, der zu sein ich behaupte, muss ich wirklich glauben, dass Eva aus der Rippe des Adam geschaffen wurde? Wo ich doch weiß – wie inzwischen alle Naturwissenschaftler der ganzen Welt wissen –, dass alle heute existierenden Lebewesen entstanden sind durch biologische Evolution, durch Mutation und Selektion. Ich hatte persönlich gar keine Schwierigkeit zu sagen, die der biologischen Evolution zugrunde liegenden Prinzipien sind von Gott. Aber das ist nicht, was meine Pastoren von mir verlangen, dass ich glauben soll (Einwurf von Hauptpastor D.: „Darüber müssten wir nochmals reden." [Man beachte: keine ungehörte Zustimmung, etwa „Doch, Sie täuschen sich, ich bin einverstanden", was sich gebührt hätte, sondern Problematisierung und Verschiebung]). Jedenfalls mein Konfirmationspastor hier in Hamburg, der war da ganz anderer Meinung, jedenfalls auch anderer Meinung als Sie [an Hauptpastor D. gerichtet] und mit ihm viele andere Kirchenobere." – In der auf diese Vortragsreihe („Warum ich (k)ein Christ bin") antwortenden Vortragsreihe der Hamburger Hauptpastoren ist nur die Rede H.J. Seelers, des einzigen Laien, der beigezogen wurde, den kritischen Motiven von Schmidt, Leutheusser-Schnarrenberger u.a. gerecht geworden und hat ihnen ein eindrückliches Echo gegeben (Dogmenfreies Christentum?, tak nr. 5, Herbst 98, 97ff).

Man kann sich bei all dem sicher darüber wundern, wie wenig theologisch Grundlegendes noch zum Bildungsgut unserer Zeit gehört, wenn derlei von jenen beiden klugen Gesprächspartnern gesagt werden konnte. Man wird diese Situation aber *auch* der kirchlichen Aufklärungs- und theologischen Transformationsverweigerung zurechnen müssen („Mein Konfirmationspastor"): die Bibel als naturwissenschaftliche Konkurrenz zur Darwinschen Evolutionstheorie! Dass dergleichen sich evident zusammen- und nicht gegeneinander denken lässt, erscheint hier noch nicht einmal am Horizont. Dies ist die Quittung für den allzu lange gepflegten Schutz der Gemeinden und d.h. der Öffentlichkeit der Kirche vor der theologischen Aufklärung – noch immer?

300 Die Meditationen: Der Garten des Menschlichen, 398ff, 432ff; „Wir werden alle noch …" ebd., 597.

301 Zur „Kulturkrise als die notwendige, wenn auch tödlich gefährliche Stufe einer noch offenen geschichtlichen Verwandlung" C.Fr. v. Weizsäcker, Wahrnehmung der Neuzeit, Hanser/München 1983, 120.

302 GW II, 21ff, 35ff.

303 Chr. Blumhardt, Christus in der Welt. Briefe an Richard Wilhelm, hg. von A. Rich, Zwingli-Verlag/Zürich 1958, 32, 38, 46, 61, 96, 100, 140, 164, 200, 236. – Verzicht Ehrenvorsitz: R. Wilhelm, Der geistige Mittler zwischen China und Europa, hg. von Salome Wilhelm, Diederichs/Düsseldorf-Köln 1956, 331f.
Mein Bezug auf diese Blumhardt'schen Gedanken ist wegen des bei ihm implizierten Anti-Institutionalismus' (der damals, unter den Bedingungen der wilhelminischen Kirchlichkeit, begreiflich war), seiner Annahme einer geheimen Weltbewegung zum Reiche Gottes und zur Herrschaft Christi u.a. durchaus selektiv, ungenau und problematisch, aber das theologisch ungemein wichtige Motiv dieses Briefwechsels bleibt, meine ich, nennenswert und eindrucksvoll.

304 „Missionieren" muss also nicht den alten Sinn der Abwerbung von anderen Glaubensweisen und Religionsgemeinschaften haben (woran ich mich nicht beteiligen würde), wohl aber lassen sich die ungezählten, in einer religiös weithin diffus und identitätslos gewordenen Gesellschaft Menschen ansprechen. Das ist genug Aufgabe und berechtigtes Missionsziel! Genauere Ideen hierzu sind hier nicht zu diskutieren.

Kapitel VI

305 Vgl. W. Lesch / G. Schwind (Hg.), Das Ende der alten Gewissheiten, Grünewald/Mainz 1993. Zum nicht einzutragenden Bindu vgl. Kapitel II S. 93ff.

306 „Niemals können wir wissen …": WA 56, 252.268, vgl. WA 3, 330.420.462.485; 4, 87. – Zur synergistischen Gefährdung der frühen Gewissheit: M. Kroeger, Rechtfertigung und

Gesetz, V&R/Göttingen 1968, 133ff. – Zur Zwiegesichtigkeit Gottes bei Luther vgl. S. 253ff. Sie tritt – von der heutigen Erfahrung relativistischer Gewissheit aus gesehen – auch bei Luther stärker hervor und erscheint betonenswerter als früher.

307 Eine Duplik, Hanser-Ausgabe VIII, 33.

308 A. Camus, Tagebücher 1935–1951, rowohlt 22194/Reinbek 1972, 61.

309 Romeo und Julia, 3. Aufzug 5. Szene, Übersetzung aus einer Verfilmung der 1960er Jahre.

310 WA 6, 208.

311 Die kühle Theorie dieser Dinge ist diese: Die Seele muss zu solchen Wahrnehmungen und Hilfen aufwachen, muss mit ihnen ernährt werden und allmählich in solch eine Wahrheit hineinwachsen, die größer ist als sie selber. Das entstehende innere Loslassen, Innewerden des Grundes, das Vertrautwerden mit solchen Texten, Melodien und Bildern ist ein allmählich wachsender Prozess der Seele. Seltene charismatische Momente, in denen Gewissheit durch Zusprache oder Handauflegung unmittelbar, nicht allmählich entsteht, sollen dabei als Möglichkeit nicht bestritten werden. Aber die nicht selten gebrochene Problem- und enttäuschte Nachgeschichte solch charismatischer Möglichkeiten sollte bedacht bleiben und uns auf andere Bahnen, auf die Bahnen der Notwendigkeit von Allmählichkeit und innerem Wachstums führen. Man beachte: auch die ehemals unmittelbar zugesprochene Gewissheit der reformatorischen Theologie Luthers war vermutlich schon damals – aufs ganze gesehen – nur zugänglich und im Herzen haftend, weil man in der Kontinuität der damaligen – durch Bibel und Gesangbuch sozialisierten – Lebensverläufe, die sich mitten in den individuellen Umbrüchen weitgehend erhielt, in diese Gewissheit prozesshaft hineinwuchs und weil die Seele mit ihr allmählich eins wurde, weil sie eben nicht nur zugesprochen und verkündet wurde. Zu ihr gehörte die lebenslange „Kunst" der Unterscheidung von Gesetz und Evangelium, die der Teufel zu hintertreiben suchte. Dies dürfte wieder ein Beispiel dafür sein, dass die Theorie des gegenwärtigen Plateaus (hier der seelsorgerlichen Theorie) bewusst und sichtbar macht, präzisiert, was in der alten klassischen Theorie der Gewissheit nur ungenau und schon damals nur in Grenzen richtig, nicht ganz stimmig war. So erhält sich auch auf unserem neuen Niveau der Kern der alten Gewissheit, nur eben spezifisch verschoben und präzisiert.

312 Im Blick auf die hier anstehenden Weiterentwicklungen bin ich mir der nur zu begrenzten Bedeutung meiner Auswahl von Liedern und meiner musikalischen Lebenswelt bewusst. Doch ich muss mich zu dieser Auswahl und zu dem biographisch-geschichtlichen Ort meiner Zitate und Gewissheiten bekennen. Die Jüngeren müssen ihre eigenen Texte und Musiken – im Gestaltwandel des Gesetzes und der Gewissheiten – finden. Werden ihre Musiken adäquat – nur anders – leisten, was die alten Musiken gewährten? Ich hoffe es inständig und skeptisch, denn hier, in anderen vitalen – außereuropäischen, auch außerchristlichen – musikalischen Kulturen wartet ein wesentliches Potential religiöser Erneuerung. Einen wirklichen Prozess kontinuierlicher Aneignung solcher Musiken gibt es bisher in den Kirchen erstaunlich wenig.

313 Luther WA 6, 272 u.ö., Schütz SWV 320.

314 Vgl. Anm. 294.

315 Luther WA 19, 223.

316 „Du musst Bilder des Lebens haben": M. Luther, Ein Sermon von der Bereitung zum Sterben, WA 1, 688.

Kapitel VII

317 R.M. Rilke, Briefe an einen jungen Dichter, Insel 1929, 23.

318 Fr. Gogarten, Politische Ethik, Diederichs/Jena 1932, 1ff „Das ethische Phänomen".

319 Auch über die Tatsache, dass die Erfahrung dieses „Du sollst …" uns durchaus überfordern kann und dass diese Überforderung die Forderung nicht unwahr macht, sondern uns an unsere Grenzen führt und so die condition humaine offenbart, wurde bereits Kap.

IV S. 205ff gesprochen. Die Erfahrung des Gesetzes beginnt (hermeneutisch) allermeist im Ethischen, führt dann aber (religiös, theologisch) weit darüber hinaus bis hinab in die vorethischen und biologischen Wurzeln des Menschlichen, in denen wir nicht machbar und ethisch steuerbar, sondern vorgegeben sind. Freiheit ist nicht jenseits des Gesetzes, sondern unter den Bedingungen seiner Wahrheit.

320 N. Kazantzakis, Rechenschaft vor El Greco, Herbig/München 1978, 527.

321 Pindar: Fr. 143 bei O. Werner (Hg.), Pindar, Siegesgesänge und Fragmente, Heimeran/ München, 464ff.

322 Zu all diesem bereits Kap. IV S. 202ff. Hier wäre das Gespräch mit K. Berner, Gesetz im Diskurs, Neukirchen-Vluyn 1996, sowie mit „‚Gesetz‘ als Thema biblischer Theologie“, Jb. f. bibl. Theologie 4 (1989) von Gewinn, kann aber hier nicht stattfinden.

323 Lev 26,36 „Und denen, die von euch übrig bleiben, will ich ein feiges Herz machen in ihrer Feinde Land, dass sie soll ein rauschend Blatt jagen, und sollen fliehen davor, als jagte sie ein Schwert, und fallen, da sie niemand jagt.“

324 „Rauschendes Blatt“ z.B. WA 19, 226, vgl. 216; 17 I, 72.

325 Mehrfach in verschiedenen Formulierungen zitiert: Wohin gehen wir?, Hanser/München 1997, 24.40; Der Garten des Menschlichen, 544, 554 u.ö.

326 Vgl. G. Ebeling, Erwägungen zur Lehre vom Gesetz, in: Wort und Glaube Bd.(I), Mohr/Tübingen 1960, 255ff, hier 290f („Das Gesetz ist primär ein Geschehen und erst sekundär eine Lehre“; er zitiert WA 39 I, 437: „Nam lex iam adest, ist schon da. Lex prius adest in facto“); entsprechend H.W. Krummwiede, Usus legis und usus historiarum, KuD 1962, 238ff, hier 261: „… dass der usus historiarum … dem usus politicus und theologicus des Gesetzes entspricht …, der usus historiarum ist vielmehr ein modus des usus legis“. Auch geschichtliche Erfahrungen können also Ort seiner Erfahrung sein.

327 These 20: Das Verborgene an Gott wird per passiones et crucem wahrgenommen – conspecta intelligit: „so man des wahrnimmt“, wie Luther das nooumena kathoratai aus Röm 1,20 bald übersetzen wird. Daher: voluit rursus Deus ex passionibus cognosci (WA 1, 362 f). Dass damit trotz deutlicher christologischer Anspielung auch die Kreuze und Leiden als Erfahrung der Menschen gemeint sind, zeigt die Parallelstelle in den Resolutiones, wo der Plural cruces sich in der entsprechenden Aufzählung findet (WA 1, 613). Das ist das in der Schöpfung „anonym“ ergehende und waltende Gesetz, von dem G. Wingren spricht (Schöpfung und Gesetz, Göttingen/V&R 1960, 65.68.70).

328 WATR 3, 485, 11ff (21./25.12.1537)

329 Nur ein Gebot in allen zehnen: „Also sehen wir, dass dies [3.] Gebot gleich wie das andere [2.] nichts anderes sein soll denn eine Übung und Treiben des ersten Gebotes. Das ist des Glaubens, Trauens, der Zuversicht, Hoffnung und Liebe zu Gott. Damit ja das erste Gebot in allen Geboten der Hauptmann … sei“ (WA 6, 233f), vgl. „Auf dass, wie gesagt, alle Werke im ersten Gebot und Glauben bleiben und der Glaube sich in denselben übe und stärke“ (WA 6, 249), vgl. WA 30 II, 664 „Sicut ergo primum praeceptum Primum est et solum ante omnia et sine aliis (Nec enim ab aliis habet, ut sit primum)“. Dazu vgl. zuletzt A. Peters, Kommentar zu Luthers Katechismen I, Die zehn Gebote, V&R/Göttingen 1990, 105ff über Zentrierung des Dekalogs um 1. Gebot. – In allen mandata immer nur der eine mandans zu beachten, weil die Beziehung zu ihm entscheidend ist: WA IV, 305.

330 „Grob fleischlich Exempel“: WA 6, 207; entbunden von allen Geboten und Gesetzen: WA 7, 24f. Wie Luther die biblische Paränese übt, aber keine Lehre vom tertius usus daraus macht, zeigt eindrucksvoll G. Heintze, Luthers Predigt von Gesetz und Evangelium, Kaiser/München 1958, z.B. 258. Zusammenfassend jetzt gut B. Lohse, Luthers Theologie, V&R/Göttingen 1995, 293f. Entsprechend hat Luther sich z.B. auch immer gegen Kirchenordnungen gesperrt, weil sie das sinnvolle Wachstum von Ordnungen verhindern und gesetzlich werden könnten, und dies sogar da, wo ihm der Inhalt der vorgeschlagenen Ordnungen durchaus gut gefiel wie bei der Ordnung des Franz Lambert v. Avignon, die

ihm zur Begutachtung aus Hessen zugeschickt worden war (Brief an Phil. v. Hessen vom 7.1.1527, WABr 4, 157ff, Nr. 1071).

331 „Was einst geboten war, ist es jetzt nicht mehr, was früher untersagt war, kann jetzt zur Pflicht werden. Luther lehnt die Vorstellung ab, als gebe es zeitlose Normen, die unveränderlich wie die Sterne über uns stehen, nicht beirrt durch Not und Wechsel des Irdischen" (H. Dörries, Wort und Stunde, Bd. III, V&R/Göttingen 1970, 63).

332 Beste Monographie noch immer H. Bornkamm, Luther und das Alte Testament, Mohr/Tübingen 1948. Gute Zusammenfassung bei B. Lohse, Theologie Luthers a.a.O., 291f. Dass nicht nur die praecepta iudicialia und ceremonialia, sondern alle Gestalten des Gesetzes – auch die moralischen und theologischen – wandelbar sind, ist Luthers Innovation gegenüber der Tradition (speziell gegenüber Hieronymus).

333 WA 39 I, 47 Disputatio de fide 1535, Thesen 52ff.

334 An dieser Stelle – der Relativierung aller Einzelgebote – schließt sich Luthers eindrückliche Kritik jeder Gesetzlichkeit an, wie er sie in den Wittenberger Unruhen als Ausdruck seines Freiheitsverständnisses gegenüber Karlstadt u.a. in seinen Predigten vom März 1522 unvergesslich durchgeführt hat.

335 G. Ebeling, Zur Lehre vom triplex usus legis in der reformatorischen Theologie, in: Wort und Glaube (I), Mohr/Tübingen 1960, 58ff (hier wird 61 zitiert aus WA 40I, 174 „In usu rerum, non in rebus ipsis vis sita est"), vgl. ders., Erwägungen zur Lehre vom Gesetz, ebd., 255ff, hier 289ff (es geht im Gesetz nicht um die Inhalte, sondern um das „Angegangensein von der schlechthinnigen Fraglichkeit"), vgl. auch Ebelings Nachweis der schon früh, in den Dictata, erfolgten entsprechenden existentiellen Umprägung des substantia-Begriffs in: Lutherstudien I, Mohr/Tübingen 1971, 24ff.

336 Zum „mündlichen Wort" vgl. H. Oestergaard-Nielsen, Scriptura sacra et viva vox, V&R/Göttingen 1957.

337 Sicher wird unter diesem Gesichtspunkt – jedenfalls in der Potenz ihrer Möglichkeiten – auch eine Stärke und Prärogative des Luthertums vor der reformierten Tradition und daher letztlich die überfällige Revision, mindestens aber die notwendige Ergänzung des Troeltsch/Weber'schen Urteils über die Weltgeltung des Reformiertentums im Unterschied zur angeblichen lutherischen Provinzialität (welche unter anderen Gesichtspunkten leider unbestreitbar ist) deutlich, *wenn denn* das Luthertum dieses eigene Erbe nur endlich vollziehen und sich nicht biblizistisch verbarrikadieren wollte (s.u.).

338 WA 4, 365.

339 WA 5, 27 „Primo grammatica videamus, verum ea Theologica", vgl. dazu S. Raeder, Grammatica Theologica, Mohr/Tübingen 1977, 34ff.

340 B. Lohse hat in seiner Darstellung der Theologie Luthers – über das hier Gesagte hinaus – die ganze Reihe der Punkte hervorgehoben, an denen Luther, der sich gänzlich als gehorsamer Traditionalist verstand, dennoch seine neuen Akzente setzte und so eine weitreichende Umdisposition der theologischen Topoi und der theologischen Gesamtsystematik veranlasste: in der Christologie (communicatio idiomatum), in der Trinitätslehre, in der Abendmahlslehre, in der Lehre von Gesetz und Evangelium (Gnade personal und Gabe): ders., Luthers Theologie 245ff, 249ff. – Auf diese bis in die Tiefenstrukturen seiner Theologie führende Wandlungsfähigkeit wurde bereits oben im Christologie-Kapitel hingewiesen. Speziell wenn man bedenkt, wie früh und klar Luther sich vom Substanz-Begriff ab- und dem „Wort" zugewandt hat (vgl. Kap. III Anm. 179), ahnt man, wie tiefgreifend er – bei bleibendem Bewusstsein dogmatischer Kontinuität – die altkirchliche Welt und ihre Naturen-Lehre überschritten hat.

341 Vgl. das ausführlich zusammengestellte Material bei H.-W. Krummwiede, Glaube und Geschichte in der Theologie Luthers, V&R/Göttingen 1952, 39ff, 61ff, 66ff, 96f, 107ff: Entheiligung und historische Individualität kennzeichnen Luthers Geschichtsbegriff, nicht Entwicklung (112f).

342 Dies war bereits 1923 der berechtigte Einwand Paul Tillichs gegen die frühe dialektische Theologie (G.W. VII, 216ff), dem Barth nie, Gogarten und Bultmann erst später Rechnung getragen haben. Im Verhältnis zur altkirchlichen Christologie hat sich dasselbe Problem unbewältigt erhalten.

343 Aus „Kritik der Hegelschen Rechtsphilosophie", Ausgabe Cotta/Stuttgart Bd. I 1962, 497. Die Voraussetzung dieser Stelle lautet: „Die Vernunft hat immer existiert, nur nicht immer in der vernünftigen Form. Der Kritiker kann also an jede Form des theoretischen und praktischen Bewusstseins anknüpfen und aus den *eigenen* Formen der existierenden Wirklichkeit die wahre Wirklichkeit als ihr Sollen und ihren Endzweck entwickeln", ebd. I, 448. – Zuletzt treffend über diese Vorgänge M. v. Dönhoff, Zivilisiert den Kapitalismus (1997), oder auch E. Eppler, Die Wiederkehr der Politik, Insel/Frankfurt 1998.

344 H. Freyer, Theorie des gegenwärtigen Zeitalters, DVA/Stuttgart 1955, 79ff.

345 Könnte es sein, dass – so wie vielleicht auch oben (Kapitel III) in der Neudeutung des Opfers Christi in seinem Sterben – auch hier bei der Aufgabe der neuen Dekaloge auch für die katholische Kirche noch ungeahnte Konsequenzen und anstehende Dimensionen sich melden?

346 WA Bibl. 7, und im Antilatomus WA 8.

347 Die LeserInnen mögen erwägen, ob sie die Annäherungen des evangelisch-katholischen Symposions „Zur Gegenwartsbedeutung der Rechtfertigungsbotschaft" („Im Licht der Gnade Gottes", hg. von W. Härle, P. Neuner, LIT/Münster 2004), die in fast ungebrochenem theistischen Sprechmuster und fast ohne jeden Bezug auf Religionsbegriff und religiöse Erfahrung verfährt (Ausnahme 251ff), als Vergegenwärtigung der Rechtfertigungslehre ansehen wollen.

348 Vgl. O.H. Pesch, Stellungnahme zum Papstbrief zur Schwangerschaftsberatung, vorgetragen in der Vorlesung am 2. Februar 1998 (ungedruckt): Die Stellungnahme Roms „betrifft nicht eine Frage der Lehre und fällt somit gar nicht in den Gegenstandsbereich lehramtlicher Tätigkeit, schon gar nicht der höchstrangigen … Es wäre also aus theologischen Gründen Widerstand der Bischöfe angemessen gewesen."

349 Zitat mit Beleg in: Die Notwendigkeit der unakzeptablen Kirche, 178.

350 Mit Spannungen leben. Eine Orientierungshilfe des Rates der EKD zum Thema „Homosexualität und Kirche", EKD-Texte 57, 1996: „Sünde": 17, 18, 21,41; 53; „Liebe und Gestaltung": 21f, 45.

351 Vgl. den schönen Text von Fulbert Steffensky „Der unerwartete Preis der Freiheit", Dokumente des Kirchentages 1999, 582ff.

352 Zit. bei C.Fr. v. Weizsäcker, Werner Heisenberg in memoriam, in: ders. und B.L. v. d. Waerden, Werner Heisenberg, Hanser/München 1977, 8.

353 Entsprechend den konfessionellen Revisionen gebührt natürlich auch der sog. dialektischen Theologie, speziell auch ihrem hermeneutischen Flügel (Bultmann, Gogarten), in dem die Modernitätsthematik im Blick auf das neutestamentliche und reformatorische Denken fundamental begonnen wurde, eine analoge Fortschreibung. Sie hatte aber immerhin die – heute schon wieder viel weiter zu treibende – Aufgabe genau verstanden, wie Gogartens Problemanzeige „Die nachchristliche Gestalt des Gesetzes" in seinem Buch „Die Wirklichkeit des Glaubens" (Vorwerk/Stuttgart 1957, 101ff) zeigt.

354 Vgl. die Hinweise auf die Texte von S. Lenz und H. Broch oben Kapitel IV Anm. 221.

Ralph Fischer

Ehrenamtliche Arbeit, Zivilgesellschaft und Kirche

Bedeutung und Nutzen unbezahlten Engagements für Gesellschaft und Staat
Mit einem Geleitwort von Nikolaus Schneider
Ca. 230 Seiten, ca. 50 Abb. Kart.
Ca. € 18,–
ISBN 3-17-018560-8

In Deutschland engagieren sich über 20 Millionen Bürgerinnen und Bürger ehrenamtlich. Diese hohe Zahl engagierter Menschen bedeutet jedoch nicht eine gleichmäßige Verteilung auf alle Engagementfelder. Immer weniger Menschen etwa sind bereit, sich in den Kirchen ehrenamtlich zu engagieren. Auf die Herausforderungen des gesellschaftlichen Wandels haben die Kirchen bislang nicht mit zukunftweisenden Konzepten reagiert. Es ist ihnen nicht gelungen, ihre gesellschaftliche Bedeutung in einem demokratietheoretischen Diskurs darzulegen, und sie haben ihr Potential als Werteagenturen und Sozialkapital generierende Institutionen zu wenig genutzt. Es gilt, einen Diskurs zum Ehrenamt zu initiieren, damit die Kirchen die Belange von Gesellschaft und Staat auch in Zukunft stützen und begleiten können. Dafür will dieses Buch Anregungen und Hilfestellung geben.

Der Autor:

Ralph Fischer, Fulda, evangelischer Diakon und Diplom-Sozialpädagoge, Fachreferent für Kirchenvorstände und Synoden.

W. Kohlhammer GmbH
70549 Stuttgart · Tel. 0711/7863 - 7280 · Fax 0711/7863 - 8430

Michael Thiele

Geistliche Beredsamkeit

Reflexionen zur Predigtkunst
320 Seiten. Kart.
€ *20,–*
ISBN 3-17-018352-4

Predigt ist Rede, virtueller Dialog mit der Zuhörerschaft. Sie fällt unter die Kategorie der Geselligkeit: Homilie ist in ihrer Grundbedeutung Zusammensein, durchaus mit erotischen Anteilen: der zündende Funke muss überspringen.

Aber auch Störungen der Predigtkunst, Kommunikationsprobleme während der Predigt, arbeitet der Autor auf, widmet sich ferner der politischen Predigt, dem Wort zum Sonntag, der Kasualpraxis, der Predigtvorbereitung und Predigtschulung.

Thieles Predigtlehre ist eine Praxistheorie im besten Sinne des Wortes; sie verschränkt Theorie und Praxis mit dem Ziel, die gängige Predigtwirklichkeit zu reflektieren und Vorschläge für überzeugende Predigtarbeit zu machen.

Der Autor:

Dr. **Michael Thiele** ist Professor für Rhetorik an der Hochschule für Technik Karlsruhe und Privatdozent für Religiöse Rhetorik an der Universität Frankfurt/Main.

W. Kohlhammer GmbH
70549 Stuttgart · Tel. 0711/7863 - 7280 · Fax 0711/7863 - 8430